Le DÉVELOPPEMENT GLOBAL de l'ENFANT de 6 à 12 ans
en CONTEXTES ÉDUCATIFS

PRESSES DE L'UNIVERSITÉ DU QUÉBEC
Le Delta I, 2875, boulevard Laurier, bureau 450
Québec (Québec) G1V 2M2
Téléphone : 418-657-4399 • Télécopieur : 418-657-2096
Courriel : puq@puq.ca • Internet : www.puq.ca

Membre de
L'ASSOCIATION
NATIONALE
DES ÉDITEURS
DE LIVRES

Diffusion / Distribution :

CANADA et autres pays
Prologue inc.
1650, boulevard Lionel-Bertrand
Boisbriand (Québec) J7H 1N7
Téléphone : 450-434-0306 / 1 800 363-2864

FRANCE
Sodis
128, av. du Maréchal
de Lattre de Tassigny
77403 Lagny
France
Tél. : 01 60 07 82 99

BELGIQUE
Patrimoine SPRL
168, rue du Noyer
1030 Bruxelles
Belgique
Tél. : 02 7366847

SUISSE
Servidis SA
Chemin des Chalets
1279 Chavannes-de-Bogis
Suisse
Tél. : 22 960.95.32

La *Loi sur le droit d'auteur* interdit la reproduction des œuvres sans autorisation des titulaires de droits. Or, la photocopie non autorisée – le « photocopillage » – s'est généralisée, provoquant une baisse des ventes de livres et compromettant la rédaction et la production de nouveaux ouvrages par des professionnels. L'objet du logo apparaissant ci-contre est d'alerter le lecteur sur la menace que représente pour l'avenir de l'écrit le développement massif du « photocopillage ».

Le DÉVELOPPEMENT GLOBAL de l'ENFANT de 6 à 12 ans en CONTEXTES ÉDUCATIFS

Caroline Bouchard et Nathalie Fréchette
avec la collaboration de Caroline Bégin, Geneviève Cadoret, Annie Charron,
Robert Rigal et Emmanuelle Roy

Préface de Pierre Pagé
Postface de Christiane Bourdages Simpson

2011

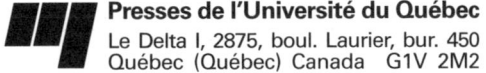

Presses de l'Université du Québec
Le Delta I, 2875, boul. Laurier, bur. 450
Québec (Québec) Canada G1V 2M2

Catalogage avant publication de Bibliothèque et Archives nationales du Québec et Bibliothèque et Archives Canada

Bouchard, Caroline, 1975-

    Le développement global de l'enfant de 6 à 12 ans en contextes éducatifs

    (Collection Éducation à la petite enfance)

    Comprend des réf. bibliogr.

    ISBN 978-2-7605-2444-6

    1. Enfants - Développement. 2. Enseignement primaire. I. Fréchette, Nathalie, 1966- . II. Titre. III. Titre : Développement global de l'enfant de six à douze ans en contextes éducatifs. IV. Collection : Collection Éducation à la petite enfance.

HQ767.9.B682 2010   305.231   C2010-941812-3

Nous reconnaissons l'aide financière du gouvernement du Canada par l'entremise du Fonds du livre du Canada pour nos activités d'édition.

La publication de cet ouvrage a été rendue possible grâce à l'aide financière de la Société de développement des entreprises culturelles (SODEC).

Mise en pages :
    INFOSCAN COLLETTE-QUÉBEC

Couverture :
    Conception : RICHARD HODGSON

1 2 3 4 5 6 7 8 9 PUQ 2011 9 8 7 6 5 4 3 2 **1**

Tous droits de reproduction, de traduction et d'adaptation réservés
© 2011 Presses de l'Université du Québec
Dépôt légal – 1ᵉʳ trimestre 2011
Bibliothèque et Archives nationales du Québec / Bibliothèque et Archives Canada
Imprimé au Canada

Préface

Pierre Pagé

La pertinence et la nécessité du livre *Le développement global de l'enfant de 6 à 12 ans en contextes éducatifs* de Caroline Bouchard et Nathalie Fréchette seront abordées en termes d'éthique professionnelle. Le savoir est un élément important pour le développement des compétences éthiques et professionnelles des enseignantes et des éducatrices en service de garde en milieu scolaire (SGMS) œuvrant auprès des enfants de 6 à 12 ans. Mais, pour paraphraser l'une des dernières contributions de Varela (2004), un neurobiologiste des sciences cognitives et un philosophe de la neurophénoménologie, nous devons poser la question suivante : « Quel savoir pour l'éthique ? »

Dans le cas des enseignantes du préscolaire et du primaire, bien sûr, il ne faut pas négliger les connaissances disciplinaires et didactiques prescrites par le curriculum de l'école québécoise (lecture, écriture, mathématiques, sciences et technologies, univers social, arts, éducation physique, éthique et culture religieuse, etc.).

Mais est-ce suffisant ? Ce livre pose que des connaissances de pointe sur les processus de développement global des enfants de 6 à 12 ans et sur les processus d'apprentissage, de socialisation et d'enculturation[1] sont essentielles pour une intervention éducative de qualité, et ce, tant pour les enseignantes du préscolaire et du primaire que pour les éducatrices en SGMS. Pourquoi ce type de connaissances s'avère-t-il essentiel ? Parce que, au-delà des programmes éducatifs prescrits par le système scolaire, l'élément clé de l'adaptation socio-scolaire des élèves est l'enseignante et l'éducatrice. Ainsi, les connaissances que possèdent les intervenantes éducatives sur le développement de l'enfant viennent colorer leurs croyances et convictions sur l'apprentissage et moduler leurs pratiques éducatives auprès des élèves.

On comprend ainsi l'importance pour l'étudiante et l'enseignante d'être exposées en formation initiale et continue aux connaissances scientifiques de pointe afin de devenir une agente de développement signifiante pour l'enfant, une médiatrice de ses apprentissages et une passeuse de valeurs et de culture. Ces connaissances, mises en contexte en fonction des différents milieux de vie de l'enfant, doivent être suffisamment approfondies sur le plan des processus impliqués

---

1   L'enculturation renvoie au processus de transmission de la culture du groupe à l'enfant (Dasen, 2000).

dans les développements neurologiques, cognitifs, langagiers, psychomoteurs, socioaffectifs et éthiques pour soutenir les apprentissages multiples à réaliser par les élèves au cours de la période de 6 à 12 ans. À cet égard, nous devons souligner la pertinence des choix éditoriaux effectués par les auteures concernant les notions utiles pour la pratique des intervenantes éducatives au préscolaire et au primaire et leur souci constant de faciliter le passage de la théorie à la pratique. Il s'agit d'une contribution importante aux savoirs que toute éducatrice ou enseignante du préscolaire et du primaire se doit d'acquérir afin de pouvoir répondre aux multiples besoins collectifs et individuels des enfants.

En plus des outils culturels (systèmes sémiotiques tels que le langage, les mathématiques ou les conventions) développés par sa société d'appartenance pour l'aider à construire une signification de sa réalité, l'enfant doit intérioriser un système de valeurs lui permettant notamment d'interagir en harmonie avec son environnement social. Des valeurs telles que la justice, l'équité ou la compassion sont souvent proposées comme des valeurs universelles qui deviennent de plus en plus importantes pour vivre ensemble dans le contexte de notre monde agité. L'école comme lieu de socialisation devra davantage faire ressortir les liens d'interdépendance qui unissent tous les humains entre eux et ceux les reliant à la nature.

En lien avec le développement et l'apprentissage, le concept d'interdépendance conduit à des repositionnements importants. Au plan théorique, le présent livre en est un excellent exemple, les théories du développement et de l'apprentissage centrées sur l'individu (par exemple les conceptions behavioriste, constructiviste et computationnelle) laissant place à des théories interactionnistes (par exemple les perspectives historicoculturelle, socioécologique et énactive)[2]. Au plan de l'intervention éducative, il s'agit de miser sur l'apprentissage coopératif plutôt que sur l'apprentissage individuel puisque, en fin de compte, la force de l'humanité est collective et émerge des liens d'interdépendance diversifiés et des réseaux tissés entre ses membres.

---

2. La plupart de ces théories du développement et de l'apprentissage et les processus y étant associés sont traités dans les chapitres qui suivent, à l'exception de la théorie de l'énaction qui est moins connue. Elle émerge des travaux de Francisco Varela qui établissent que l'esprit culturellement construit, la pensée écologiquement située, sont corporellement inscrits dans notre corps, notamment dans des réseaux neuronaux complexes et diversifiés. Nos diverses capacités s'avèrent ainsi inséparables de notre corps, de notre langage et de notre histoire culturelle; elles nous permettent de donner un sens à notre monde.

Par ailleurs, le livre est divisé en fonction des dimensions du développement abordées (neurologique, moteur et psychomoteur, socioaffectif, cognitif et langagier) et des divers âges des enfants (6-9 ans et 9-12 ans). Les connaissances scientifiques de pointe étant spécialisées, il s'avère difficile de procéder autrement. Comme Piaget le soulignait, la pensée a besoin de différencier avant d'intégrer. De même, la science procède souvent par réductionnisme afin de mieux comprendre un phénomène avant de le resituer dans un ensemble plus large.

De là découle le défi important qui attend le lecteur. Dans une perspective de développement global, il s'agit, au-delà de cette segmentation, de reconstruire la globalité de l'enfant. Ce livre facilite sa tâche en établissant des liens entre les aspects théoriques et empiriques, d'une part, et les pratiques éducatives, d'autre part. Les auteures se mettent ainsi au service des intervenantes éducatives en favorisant l'émergence d'une réflexion informée et critique. Elles apportent donc une contribution importante à la formation de praticiens réflexifs, capables de relier leurs pratiques éducatives en milieu scolaire aux multiples connaissances scientifiques de pointe sur le développement et l'apprentissage des enfants de 6 à 12 ans.

Ce livre rejoint ainsi concrètement le Programme québécois de formation à l'enseignement, notamment les compétences à « Agir en tant que professionnelle ou professionnel héritier, critique et interprète d'objets de savoirs ou de culture dans l'exercice de ses fonctions » et à « agir de façon éthique et responsable dans l'exercice de ses fonctions » (Ministère de l'Éducation du Québec, 2001b, p. 59) en favorisant le développement d'une attitude critique de l'intervenante éducative par rapport à ses valeurs et à ses actions. En somme, au plan de la formation des professionnelles de l'éducation et de l'enseignement œuvrant auprès des enfants de 6 à 12 ans, ce livre contribue au développement : *a)* des compétences conceptuelles, c'est-à-dire des savoirs relatifs aux multiples processus de développement et d'apprentissage ; *b)* des compétences procédurales, c'est-à-dire des savoir-faire reliés aux pratiques éducatives ; *c)* et aux compétences éthiques, c'est-à-dire des savoir-vivre associés aux valeurs guidant l'action éducative.

En résumé, en tant que professeur-chercheur en développement et apprentissage de l'enfant impliqué depuis plusieurs années à divers titres dans la formation initiale et continue des éducatrices et enseignantes œuvrant au préscolaire et au primaire, ce livre m'apparaît essentiel, nécessaire au développement de professionnelles réflexives et critiques. Au cours de ces années, j'ai acquis la conviction que ce qui fait la différence dans la classe est moins le programme éducatif préconisé que l'enseignante et ses pratiques éducatives avec les enfants. La seule façon d'améliorer les pratiques éducatives des intervenantes au préscolaire et au primaire est d'abord de les arrimer aux connaissances scientifiques sur le développement et l'apprentissage et, ensuite, de les ancrer dans une éthique basée notamment sur l'idée d'interdépendance entre les humains et entre les humains et la nature.

Les auteures et leurs collaborateurs méritent toute notre admiration pour avoir mené à terme ce formidable projet, qui vient enrichir les connaissances sur le développement et l'apprentissage et surtout les partager avec les personnes chargées de l'éducation des enfants au préscolaire et au primaire. Il s'agit là, à mon avis, du mandat le plus important des professeurs-chercheurs engagés dans la formation initiale et continue des maîtres et des éducatrices en SGMS.

Remerciements

*T*out comme le premier ouvrage, celui-ci n'aurait pu prendre forme sans l'appui de l'équipe des Presses de l'Université du Québec, qui a cru en nous deux fois plutôt qu'une et en ce projet en particulier qui allie la théorie à la pratique, au service du personnel éducateur et enseignant en milieu scolaire, pour le mieux-être des enfants. Grâce à son professionnalisme, cette équipe a su faire de ce second ouvrage un outil didactique et de référence des plus agréables à utiliser et à consulter. Nous vous en sommes très reconnaissantes!

Notre reconnaissance s'adresse aussi à monsieur Pierre Pagé, professeur-chercheur au Département d'études sur l'enseignement et l'apprentissage de l'Université Laval et vice-doyen à la recherche et aux études avancées à la Faculté des sciences de l'éducation, pour la qualité de sa préface. Il s'est montré généreux dans la réflexion posée, dans le partage de son savoir accumulé au fil des ans. Il a su saisir ce que vous voulions transmettre aux éducatrices et aux enseignantes! Cette préface agrémente notre livre et fournit même des réponses à certains de nos questionnements. Sa participation à cet ouvrage est des plus enrichissantes pour nous et nous lui en savons gré!

Nous tenons également à remercier chaleureusement madame Christiane Bourdages Simpson pour sa postface. Tout comme monsieur Pagé, elle a su révéler l'importance de situer l'enfant, « ce qu'il est, ce qu'il sait, ce qu'il fait, comment il agit et comment il apprend » pour reprendre textuellement ses mots, au cœur des interventions pédagogiques de qualité des différents acteurs du milieu scolaire. Encore une fois, merci beaucoup!

Aux éducatrices en services de garde en milieu scolaire et aux enseignantes au préscolaire-primaire, nous désirons témoigner toute notre admiration. Merci pour tout ce que vous faites pour les enfants et, surtout, d'être la source de notre inspiration! Sans prétention, nous souhaitons réellement répondre à vos besoins en matière de formation, qu'elle soit initiale ou continue!

Nous voulons également remercier les personnes nommées ci-après pour leurs précieux commentaires lors de la révision de certains chapitres: Diane Berger, Sylvain Coutu, Sara Lefrançois, Paul Morissette et Julie Vaillancourt. Leurs lumières ont contribué à bonifier le contenu de cet ouvrage pour le bénéfice des éducatrices et des enseignantes. D'autres amis et collègues que nous remercions sincèrement ont aussi participé, de près ou de loin, à la rédaction de ce livre. Il s'agit de : Nathalie Bigras et Pierre Toussaint (codirecteurs de la collection « Éducation à la petite enfance »), Gilles Cantin, Lucie Champagne, Bénédicte Blain-Brière, Isabelle Boucher, Lise Lemay et Joell Eryasa.

Nous nous devons de souligner l'excellent travail réalisé par les collaborateurs de cet ouvrage, sans qui ce livre n'aurait pu atteindre ce niveau de qualité. Il s'agit, par ordre alphabétique, de Caroline Bégin, Geneviève Cadoret, Annie Charron, Robert Rigal et Emmanuelle Roy. Ces divers spécialistes ont su rendre cet ouvrage dès plus complets, à la fine pointe des recherches dans leur domaine respectif. Ils se sont faits complices de cet ambitieux projet et ont su répondre aux exigences avec brio. À toutes et à tous, nous vous disons mille fois merci pour votre implication irréprochable dans ce projet !

Nous tenons également à remercier **très chaleureusement et affectueusement** Raymond pour les illustrations qui donnent une touche si particulière à cet ouvrage.

Des remerciements de Caroline !

Nathalie, je ne saurais dire combien ta collaboration à ce livre a été précieuse pour moi. En fait, je ne sais vraiment pas si j'y serais arrivée sans toi… Quelle équipe nous avons formée ! Je te sais gré d'avoir à nouveau cru en ce projet qui nous paraissait si fou encore une fois ! Mais nous y sommes arrivées ensemble ! Je te remercie pour ta complicité, ton apport indéniable, ta persévérance, ton accompagnement irréprochable et ton amitié !

J'éprouve une immense gratitude envers mon conjoint, qui m'accompagne jour après jour dans mes projets les plus fous, les plus ambitieux, mais aussi dans les moments les plus difficiles. Merci, Sébastien, de faire partie de ma vie, d'être la personne que tu es auprès de moi ! Je remercie mes fils, Tristan et Matis, que j'adore, de me permettre de tenir le rôle qui m'est le plus cher : être maman ! Encore une fois, j'exprime tout le bonheur que j'ai de vous accompagner sur la route du développement global, vous qui entrez graduellement dans cette période du 6-12 ans. Tristan, mon petit écolier, j'espère que tu pourras t'accomplir dans la vie scolaire que tu entames, en souhaitant qu'on préserve ton goût de jouer. Matis, lorsque tu entreras à ton tour dans le monde scolaire, je te souhaite d'y découvrir le plaisir d'apprendre, à travers le jeu. Que la vie vous soit douce et bonne!

Des remerciements de Nathalie!

Caroline, les mots me manquent pour te dire combien j'ai apprécié notre collaboration. Près de six ans après nos premières réflexions, nous voici arrivées à bon port. Au cours de ce projet, nous avons beaucoup ri, mais eu aussi nos moments de découragement, pour finalement accoucher de ces deux magnifiques ouvrages dont nous pouvons être très fières! Tes connaissances et ta rigueur intellectuelle m'ont permis de me dépasser et d'aller plus loin dans la rédaction de ce livre. Sans tes encouragements et ton amitié, je n'aurais pu y parvenir. Je souhaite de tout mon cœur que nous ayons à nouveau l'occasion de collaborer dans un autre projet. Merci!

Je tiens à remercier la communauté de l'école Tourterelle, de Brossard. Depuis trente ans, et ce, grâce à mes parents audacieux (merci à eux), ce milieu scolaire influence ma vie, tant professionnelle que personnelle. J'y ai notamment appris l'importance d'être attentive aux besoins des enfants et de les accompagner dans leur développement.

Ce livre n'aurait pu exister sans le soutien indéfectible de mon conjoint. Daniel, ton soutien et ton écoute m'ont permis de mener à terme ce projet, qui, avouons-le, est arrivé à un moment bien particulier dans nos vies. Je te remercie de comprendre mon besoin de me réaliser à travers mes projets qui ne vont pas toujours de soi. Finalement, merci à mes deux amours, Chloé et Olivier, qui viennent de quitter la période du 6-12 ans et qui ont été ma source d'inspiration pour la rédaction de cet ouvrage. Olivier, à l'aube de ton entrée dans le monde des adultes, je te souhaite de réaliser les rêves qui te motivent depuis si longtemps! Chloé, alors que l'adolescence se pointe le bout du nez, je te souhaite d'entreprendre cette période avec la joie de vivre qui te caractérise. À vous deux, soyez heureux et profitez de tous les moments de bonheur que la vie vous offre!

TABLE DES MATIÈRES

Préface vii

Remerciements xiii

Introduction : le développement global de 6 à 12 ans 1
    I.1. Le développement global de l'enfant : définition 6
    I.2. Le développement global de 6 à 12 ans : portrait de l'ouvrage 7

1 Le cerveau de l'enfant : le développement neurologique de 6 à 12 ans 13
    1.1 Le cerveau de l'enfant : introduction 15
    1.2 Le cerveau se développe : développement cérébral 16
    1.3 La tour de contrôle : cortex préfrontal 24
    1.4 J'apprends grâce à la malléabilité de mon cerveau :
        plasticité cérébrale et apprentissage 31
    1.5 Le cerveau et l'apprentissage de la lecture : bases neurologiques de la lecture 34
    1.6 Soutenir le développement neurologique : pratiques éducatives et enseignantes 39
    1.7 Le stress et le développement neurologique : approfondissement 41
    1.8 Le cerveau de l'enfant : conclusion 45

    Appliquer pour mieux comprendre : exercices récapitulatifs 47
    Réfléchir pour mieux intervenir : exercices réflexifs 47
    Pour en savoir un peu plus : documents complémentaires 48

Partie 1 – Le développement de l'enfant de 6 à 9 ans 51

2 J'agis et je grandis : le développement moteur et le développement psychomoteur de 6 à 9 ans 53
    2.1 J'agis et je grandis : introduction 55
    2.2 Mon corps change : croissance 57
    2.3 Je joue et je découvre les sports : motricité globale 62
    2.4 Je contrôle les mouvements de mes doigts : motricité fine 73
    2.5 J'agis pour comprendre : développement psychomoteur 88
    2.6 Soutenir le développement moteur et le développement psychomoteur : pratiques éducatives et enseignantes 105
    2.7 Des difficultés motrices et psychomotrices : approfondissement 109
    2.8 J'agis et je grandis : conclusion 113
    Appliquer pour mieux comprendre : exercices récapitulatifs 115
    Réfléchir pour mieux intervenir : exercices réflexifs 116
    Pour en savoir un peu plus : documents complémentaires 117

3 Moi et les autres : le développement socioaffectif de 6 à 9 ans 119
    3.1 Moi et les autres : introduction 121
    3.2 Je construis ma personnalité : théorie d'Erikson 122
    3.3 Qui suis-je ? : concept de soi 125
    3.4 J'apprécie qui je suis : estime de soi 133
    3.5 J'entre en relation avec autrui : interactions sociales entre pairs 137
    3.6 Les maux pour s'exprimer : agressivité et comportements d'agression 152
    3.7 Soutenir le développement socioaffectif : pratiques éducatives et enseignantes ... 160
    3.8 L'intimidation : approfondissement 164
    3.9 Moi et les autres : conclusion 172
    Appliquer pour mieux comprendre : exercices récapitulatifs 173
    Réfléchir pour mieux intervenir : exercices réflexifs 174
    Pour en savoir un peu plus : documents complémentaires 175

4 Je m'ouvre sur le monde : le développement cognitif de 6 à 9 ans 177
    4.1 Je m'ouvre sur le monde : introduction 179
    4.2 Je construis mon intelligence : théorie de Piaget 180
    4.3 Je pense en interaction avec autrui : théorie historicoculturelle de Vygotski 192
    4.4 Je traite l'information : traitement de l'information 196
    4.5 Une ou des formes d'intelligence : intelligences multiples 205
    4.6 Je saisis ce que les autres pensent et ressentent : pensée sociale 209

4.7	Le bien et le mal : développement de la pensée morale	214
4.8	J'apprends à me questionner et à réfléchir : philosophie pour enfant	218
4.9	Soutenir le développement cognitif : pratiques éducatives et enseignantes	223
4.10	Le trouble déficitaire de l'attention avec ou sans hyperactivité (TDAH) : approfondissement	228
4.11	Je m'ouvre sur le monde : conclusion	236
	Appliquer pour mieux comprendre : exercices récapitulatifs	237
	Réfléchir pour mieux intervenir : exercices réflexifs	238
	Pour en savoir un peu plus : documents complémentaires	238

5 J'apprends à lire et à écrire : le développement du langage, de la lecture et de l'écriture de 6 à 9 ans ... 241

5.1	J'apprends à lire et à écrire : introduction	243
5.2	Mes acquis à l'oral : développement du langage oral	244
5.3	Mon entrée formelle dans l'écrit : développement du langage écrit	249
5.4	Soutenir le développement du langage, de la lecture et de l'écriture : pratiques éducatives et enseignantes	272
5.5	La présentation d'albums de littérature de jeunesse : approfondissement	280
5.6	J'apprends à lire et à écrire : conclusion	282
	Appliquer pour mieux comprendre : exercices récapitulatifs	282
	Réfléchir pour mieux intervenir : exercices réflexifs	283
	Pour en savoir un peu plus : documents complémentaires	283

Partie 2 – Le développement de l'enfant de 9 à 12 ans ... 285

6 Je grandis en santé : le développement moteur et le développement psychomoteur de 9 à 12 ans ... 287

6.1	Je grandis en santé : introduction	289
6.2	Mon corps change : croissance	289
6.3	Je contrôle mes mouvements : développement moteur	295
6.4	Je me représente mon corps : schéma corporel et image corporelle	300
6.5	J'expérimente : développement psychomoteur	302
6.6	Je prends soin de ma santé : saines habitudes de vie	306
6.7	Soutenir le développement moteur et le développement psychomoteur : pratiques éducatives et enseignantes	316
6.8	La puberté : approfondissement	320
6.9	Je grandis en santé : conclusion	326
	Appliquer pour mieux comprendre : exercices récapitulatifs	327
	Réfléchir pour mieux intervenir : exercices réflexifs	328
	Pour en savoir un peu plus : documents complémentaires	329

**7   J'interagis avec les autres et j'apprends à me définir :
le développement socioaffectif de 9 à 12 ans** 331
   7.1 J'interagis avec les autres et j'apprends à me définir : introduction 333
   7.2 Je définis graduellement ma personnalité : théorie d'Erikson 334
   7.3. Je me connais mieux : concept de soi 340
   7.4 J'apprends à m'apprécier : estime de soi 351
   7.5 Je vis en collectivité : relations avec les pairs 354
   7.6 Je pars pour l'école des grands : transition vers le secondaire 367
   7.7 Soutenir le développement socioaffectif : pratiques éducatives et enseignantes 370
   7.8 Les troubles du comportement : approfondissement 374
   7.9 J'interagis avec les autres et j'apprends à me définir : conclusion 381
   Appliquer pour mieux comprendre : exercices récapitulatifs 382
   Réfléchir pour mieux intervenir : exercices réflexifs 383
   Pour en savoir un peu plus : documents complémentaires 383

8   Ma pensée se complexifie : le développement cognitif de 9 à 12 ans 385
   8.1 Ma pensée se complexifie : introduction 387
   8.2 Du concret à l'abstrait : théorie de Piaget 388
   8.3 Les fonctions mentales supérieures : théorie historicoculturelle de Vygotski 394
   8.4 Je manipule efficacement les informations : traitement de l'information 396
   8.5 J'ai du succès dans mes études : réussite scolaire 402
   8.6 J'aime l'école : motivation scolaire 406
   8.7 Le bien ou le mal : développement moral 412
   8.8 Soutenir le développement cognitif : pratiques éducatives et enseignantes ... 417
   8.9 Les enfants aux potentiels cognitifs différents : approfondissement 420
   8.10 Ma pensée se complexifie : conclusion 429
   Appliquer pour mieux comprendre : exercices récapitulatifs 430
   Réfléchir pour mieux intervenir : exercices réflexifs 430
   Pour en savoir un peu plus : documents complémentaires 431

**9   Je deviens un communicateur, un lecteur et un scripteur stratégique :
le développement du langage, de la lecture et de l'écriture de 9 à 12 ans** ... 433
   9.1 Je deviens un communicateur, un lecteur et un scripteur stratégique :
       introduction 435
   9.2 Je communique : développement du langage oral 435
   9.3 Je deviens un lecteur stratégique : appropriation de la lecture 441
   9.4 Je deviens un scripteur stratégique : appropriation de l'écriture 452
   9.5 J'aime lire et écrire : motivation en lecture et en écriture 459
   9.6 Soutenir le développement du langage, de la lecture et de l'écriture :
       pratiques éducatives et enseignantes 465
   9.7 J'apprécie des œuvres littéraires : approfondissement 476

9.8 Je deviens un communicateur, un lecteur et un scripteur stratégique : conclusion. 481
Appliquer pour mieux comprendre : exercices récapitulatifs 482
Réfléchir pour mieux intervenir : exercices réflexifs 483
Pour en savoir un peu plus : documents complémentaires 483

Conclusion : le développement global de 6 à 12 ans 487

Postface 491

Réponses 493

Références 509

Index 543

Auteurs 549

Introduction

LE DÉVELOPPEMENT GLOBAL DE 6 À 12 ANS

Caroline Bouchard et Nathalie Fréchette

Introduction

LE DÉVELOPPEMENT GLOBAL DE 6 À 12 ANS

I.1. Le développement global de l'enfant : définition 6

I.2. Le développement global de 6 à 12 ans : portrait de l'ouvrage 7

La période qui s'étend de 6 à 12 ans correspond à l'âge scolaire chez l'enfant. Elle constitue le moment le plus long de l'enfance, marquée par le passage à l'école primaire, un milieu de vie privilégié où l'enfant pourra apprendre et se développer. La mission de l'école s'articule autour de trois axes : « 1) instruire, avec une volonté réaffirmée ; 2) socialiser, pour apprendre à mieux vivre ensemble ; et 3) qualifier, selon des voies diverses » (MEQ, 2001b, p. 3). Ces différents enjeux autour de la maîtrise des savoirs, l'apprentissage du vivre-ensemble, le développement du sentiment d'appartenance à une collectivité et la réussite scolaire, sociale et professionnelle de tous, s'actualisent dans le contexte éducatif de la classe, dont l'enseignante[1] constitue le cœur. Comme guide, l'enseignante s'appuie sur le *Programme de formation de l'école québécoise* (PFÉQ) basé sur le développement de compétences et qui reconnaît l'apprentissage comme un processus actif où l'enfant est le premier agent de ses apprentissages (MEQ, 2001b).

---
1. Tout au long de cet ouvrage, le terme « enseignante » sera privilégié à celui d'« enseignant » pour témoigner de la plus grande représentation des femmes dans le milieu scolaire. La même logique sera appliquée dans le contexte des services de garde en milieu scolaire (SGMS).

À cet égard, « le rôle de l'enseignante dans l'acquisition des connaissances et dans le développement des compétences est essentiel et une intervention systématique de sa part est requise tout au long de l'apprentissage » (MEQ, 2001b, p. 5). Cet accompagnement lui demande certes de maîtriser le programme établi, mais également de bien comprendre l'enfant dans toute son unicité, sa globalité et sa complexité, soit dans le respect de ce qu'il est et de ce qu'il peut devenir. Or, outre l'éducation préscolaire, le Programme de formation au primaire ne fait pas explicitement référence au développement de l'enfant. Pourtant, mieux cerner les enjeux développementaux de l'enfance permet à l'enseignante de mieux situer le niveau de développement propre à chaque élève de sa classe, de manière à mettre en place des contextes d'apprentissage signifiants et à mieux orienter ses pratiques enseignantes. Ultimement, cela concourt à susciter des apprentissages chez l'élève qui se développe.

Parallèlement, les éducatrices[2] en service de garde en milieu scolaire (SGMS) entendent répondre aux besoins des élèves en dehors des heures de classe (Conseil supérieur de l'éducation – CSÉ, 2006). Bien qu'il n'existe pas de programme particulier pour les SGMS, ces derniers doivent établir un programme d'activités qui tienne compte des valeurs, des principes et des objectifs du projet éducatif de leur école (MEQ, 2004). Notons que la responsable du SGMS siège au Conseil d'établissement de l'école afin d'assurer cette continuité. Même s'il ne constitue pas le prolongement même de la classe, comme l'affirme le CSÉ (2006), le SGMS représente néanmoins un lieu privilégié pour soutenir le développement global de l'enfant (MEQ, 2004). Le fait est que le nombre de SGMS a

---

2. Bien que sa formation soit parfois différente de celles des éducatrices des services de garde en milieu scolaire, la responsable du service de garde en milieu scolaire est également désignée par l'appellation « éducatrice ».

plus que triplé en 20 ans (Association des services de garde en milieux scolaire du Québec, 2008, cité dans ISQ, 2010), accueillant par le fait même un plus grand nombre d'enfants d'âge scolaire au Québec. À titre indicatif, mentionnons que les enfants en maternelle y passent en moyenne 14 heures par semaine et ceux de 1re et 2e année les fréquentent à raison de 12 heures par semaine en moyenne. De fait, jusqu'à 28 % des élèves peuvent s'y retrouver plus de 15 heures par semaine, et ce, en plus des heures de classe (ISQ, 2010). On voit là encore une fois l'importance pour l'éducatrice de bien connaître l'enfant pour mieux l'accompagner dans son parcours scolaire, personnel, social et, éventuellement, professionnel.

Cet ouvrage présente donc le développement global de l'enfant âgé de 6 à 12 ans circonscrit en contextes éducatifs. Il est rédigé pour les éducatrices en SGMS et les enseignantes au préscolaire-primaire, en formation ou en exercice. D'ailleurs, tout au long des chapitres, nous interchangerons les appellations « éducatrices » et « enseignantes », l'une ayant parfois préséance sur l'autre et inversement, pour montrer leur importance dans le soutien du développement de l'enfant. Bien que leurs rôles respectifs puissent être complémentaires, elles se rassemblent autour d'un même point : la nécessité de posséder des connaissances suffisamment élaborées en matière de développement afin de mieux soutenir l'apprentissage des enfants de 6 à 12 ans. Comme le rappelle Berger (2010) en citant le PFÉQ, « tous doivent collaborer pour créer des conditions d'apprentissage-enseignement les plus favorables et faire de l'école une véritable communauté d'apprentissage » (MEQ, 2001b, p. 6). Pour ce faire, ce livre présente les principaux concepts théoriques sur le développement de l'enfant permettant de favoriser l'intentionnalité dans les gestes éducatifs posés. Puis, en appui au cursus scolaire, il permet à l'enseignante d'avoir une meilleure compréhension des besoins, des intérêts et du niveau de développement de chacun des enfants de sa classe afin de mieux orienter sa pratique professionnelle. Dévoilons maintenant la définition du développement global retenue dans le cadre de cet ouvrage, un détour essentiel vers une meilleure compréhension de l'enfant dans la partie suivante.

1.1 Le développement global de l'enfant
Définition

De manière à définir le développement global, Pelletier (2001, p. 10) propose la définition suivante : « Un processus progressif et continu de croissance simultanée de toutes les dimensions de la personne. Il sous-entend l'acquisition de connaissances, la maîtrise d'habiletés et le développement d'attitudes sur les plans cognitif, psychomoteur, social, affectif et moral. » Le développement est un processus global dans la mesure où les différentes dimensions qui le composent forment un tout, soit la personne qu'est l'enfant. Aussi, Bouchard et Fréchette (2008a) imaginent-elles un casse-tête où plusieurs pièces s'emboîtent les unes dans les autres pour constituer un tout. La dimension neurologique s'ajoute ici en raison de l'impact considérable qu'a cette dimension sur le processus de développement et l'apprentissage de l'enfant.

Le développement s'effectue pendant une période de temps donnée, telle une année scolaire, et selon un processus graduel et continu sous-tendu par la maturation, la pratique et l'accompagnement de l'éducatrice ou de l'enseignante. Ce développement se réalise aussi dans le cadre des différents milieux de vie de l'enfant, comme à la maison, dans la classe ou au SGMS. Comme le rapporte Bouchard (2010), les écrits soulignent l'importance de considérer les différents systèmes[3] présents dans l'environnement de l'enfant pour mieux comprendre son développement (Bornstein, Hahn, Gist et Haynes, 2006 ; Bronfenbrenner, 1979, 2000 ; Scott-Little, Kagan et Frelow, 2006). Suivant toutes ces considérations, le développement global peut se définir comme le développement simultané, intégré, graduel et continu de toutes les dimensions de l'enfant, dans le cadre de ses différents milieux

---
3. Urie Bronfenbrenner (1979, 2000) a développé le modèle écologique du développement humain qui se compose des systèmes suivants, du plus proximal au plus distal : l'ontosystème/l'enfant, le microsystème/la famille, la classe, le SGMS, etc., le mésosystème/la relation entre des microsystèmes, l'exosystème/les contextes sociaux, le macrosystème/les attitudes et valeurs culturelles et le chronosystème/le temps (Cloutier, 2005). Pour plus d'informations à ce sujet, le lecteur est invité à consulter Bouchard et Fréchette (2008).

de vie (Bouchard, 2010). Ces dimensions touchent aux développements neurologique, moteur et psychomoteur, socioaffectif, cognitif et langagier qui composent les chapitres de cet ouvrage présentés dans la partie suivante.

1.2. Le développement global de 6 à 12 ans
Portrait de l'ouvrage

Le présent ouvrage comprend neuf chapitres qui traitent des dimensions du développement de l'enfant de 6 à 12 ans dans les contextes éducatifs des SGMS et de la classe au préscolaire-primaire. Outre le premier chapitre qui couvre le développement neurologique pour toute la période de l'enfance, les huit autres chapitres sont répartis en deux tranches d'âge : 1) 6 à 9 ans ; 2) 9 à 12 ans. Ainsi, nous présenterons les développements moteur et psychomoteur, socioaffectif, cognitif et langagier jusqu'à 9 ans, d'une part, et de 9 à 12 ans[4], d'autre part. Chacun des chapitres qui constitue une pièce du casse-tête du développement global comporte les sections suivantes : une introduction, un contenu théorique proprement dit, une section abordant les pratiques éducatives de l'éducatrice en service de garde en milieu scolaire et celles des enseignantes au préscolaire-primaire, un approfondissement visant l'enrichissement du contenu, une conclusion, des exercices récapitulatifs et réflexifs et, enfin, des suggestions de documents complémentaires pour aller plus loin. La section qui suit offre un portrait plus précis de l'ouvrage, en présentant brièvement chacun des chapitres.

Le **chapitre 1** titré « Le cerveau de l'enfant : le développement neurologique de 6 à 12 ans » jette les bases de l'ouvrage, ce qui est fort pertinent, car le développement neurologique est le fondement de tout le développement de

---
4. Signalons que l'ordre des chapitres ne reflète pas une conception particulière du développement, mais vise plutôt à mieux éclairer l'enchaînement des idées.

l'enfant. En d'autres mots, les développements moteur, psychomoteur, socioaffectif, cognitif et langagier prennent naissance dans le développement neurologique. Dans ce premier chapitre, nous verrons quelques principes du développement neurologique de l'enfant âgé entre 6 et 12 ans. Puis, nous détaillerons le développement du cortex préfrontal qui est une région déterminante dans le contrôle des fonctions cognitives supérieures comme calculer, planifier, résoudre un problème, porter un jugement, etc. Nous décrirons ensuite quelques principes neurologiques liés à l'apprentissage, notamment ceux qui ont été relevés pour la lecture. Enfin, avant la section « approfondissement » qui porte sur l'influence du stress sur le développement neurologique, nous ferons brièvement état des grands principes entourant la pratique éducative en service de garde en milieu scolaire et la pratique enseignante en classe pour mieux soutenir le développement neurologique des enfants de 6 à 12 ans.

Le **chapitre 2** porte sur le développement moteur et le développement psychomoteur de 6 à 9 ans. Concernant le développement moteur, nous aborderons la croissance, la motricité globale et la motricité fine, cette dernière étant associée au graphisme. En lien avec le développement psychomoteur, nous exposerons la manipulation et l'acquisition de concepts, l'organisation spatiale, l'organisation temporelle et l'organisation spatiotemporelle. Puis, nous présenterons les pratiques éducatives et enseignantes à privilégier afin de mieux soutenir les développements moteur et psychomoteur chez l'enfant de 6 à 9 ans. Une section portant sur les difficultés motrices et psychomotrices permettra d'approfondir certaines notions avant de conclure.

Le **chapitre 3** permet de cerner le développement socioaffectif chez les enfants de 6 à 9 ans. Dans un premier temps, nous nous pencherons sur le développement personnel à travers la notion de personnalité selon Erikson. Ensuite, nous traiterons du développement du concept de soi comme tel, pour ensuite plonger dans l'univers de l'estime de soi. Quant au développement social, nous verrons les interactions sociales à travers le jeu et le concept de compétence sociale. Des aspects affectifs s'y ajouteront avec le développement émotionnel. En outre, l'amitié permettra de mieux cerner les relations significatives qui se créent entre les enfants à cet âge. L'agressivité et les comportements d'agression seront ensuite présentés ainsi que les pratiques éducatives et enseignantes reliées au développement socioaffectif de 6 à 9 ans. Enfin, et avant de conclure ce chapitre, la section « approfondissement » trace un portrait de la situation de l'intimidation dans les écoles primaires au Québec.

Après avoir exposé la théorie piagétienne, nous nous intéresserons à la théorie vygotskienne dans le **chapitre 4** sur le développement cognitif de 6 à 9 ans. Nous présenterons le traitement de l'information qui concerne la compréhension de la pensée des autres par les enfants. La théorie triarchique de Sternberg ainsi que celle des intelligences multiples de Gardner seront ensuite examinées. Les sections suivantes concernent, dans l'ordre, la pensée sociale, le développement moral et la philosophie pour enfants. En guise d'approfondissement, nous analyserons le trouble de l'attention avec ou sans hyperactivité afin de cerner ce que vivent les enfants qui en sont atteint. Le chapitre se conclut par un rappel des principales notions couvertes.

Le **chapitre 5** qui clôt la première partie du présent ouvrage porte sur le développement du langage, de la lecture et de l'écriture de 6 à 9 ans. De prime abord, il peut sembler toucher davantage la réalité de l'enseignante. Toutefois, un coup d'œil aux notions couvertes permet d'avoir une opinion différente sur la question, surtout en ce qui a trait au langage et à l'exploitation de la littérature jeunesse. Par ailleurs, l'ensemble des notions couvertes peuvent permettre à l'éducatrice de mieux situer le niveau de développement et les apprentissages que les enfants de son groupe font en classe. Il se décline donc en cinq sections. Dans la première section, nous aborderons le développement du langage, préalable important au développement de la langue écrite. Dans la deuxième section, nous nous pencherons sur le développement de la lecture et de l'écriture au préscolaire et au début du primaire en présentant notamment le cheminement des apprentissages de l'enfant en lecture et en écriture. Nous décrirons des pratiques éducatives et enseignantes qui permettent de soutenir l'enfant dans son développement de la langue orale et écrite dans la troisième section. Nous consacrerons notre quatrième section à un approfondissement sur la façon de présenter un album de littérature de jeunesse en classe. Nous conclurons ce chapitre en relevant les principales étapes que parcourt l'enfant dans son apprentissage de la lecture et de l'écriture.

Le **chapitre 6** marque l'entrée dans la deuxième partie de l'ouvrage. Dans cette partie, nous utiliserons le terme « jeune » au lieu de celui « enfant » pour rendre mieux compte de la réalité scolaire à cet âge. Ce chapitre, consacré au développement moteur et au développement psychomoteur des jeunes de 9 à 12 ans, décrit les changements morphologiques associés à la croissance, la consolidation de la motricité globale et fine et celle du schéma corporel, d'une part, et, d'autre part, l'organisation spatiale et l'organisation temporelle. Puis, il aborde la question des saines habitudes de vie, à travers l'alimentation, la pratique d'activités physiques et l'éducation à la sécurité. Des pratiques éducatives et enseignantes à privilégier pour soutenir le développement moteur et le développement psychomoteur entre 9 et 12 ans sont ensuite proposées. En approfondissement, la puberté est enfin présentée.

Dans le cadre du **chapitre 7**, nous exposerons le développement socioaffectif du jeune de 9 à 12 ans. Nous reviendrons sur la théorie d'Erikson afin d'approfondir nos connaissances sur le développement de la personnalité, en nous attardant entre autres sur la construction de l'identité. Après avoir examiné l'évolution du concept de soi durant cette période développementale, nous poursuivrons notre réflexion sur l'estime de soi. Au cœur de la vie des 9-12 ans, les relations avec les pairs et les amitiés formeront le sujet de la section suivante. Puis, le sujet de la motivation scolaire sera exploré, car elle joue un rôle très important pour l'adaptation scolaire et sociale des jeunes. De même, il sera question d'une étape cruciale pour les jeunes de cet âge, soit la transition entre le primaire et le secondaire. Après avoir présenté différentes stratégies pour soutenir le développement socioaffectif entre 9 et 12 ans, les troubles de comportements seront traités en approfondissement.

Le **chapitre 8** nous plonge dans le développement cognitif du jeune de 9 à 12 ans. Tout comme au chapitre 4, nous poursuivrons notre apprentissage sur la théorie piagétienne, en abordant, entre autres, la période de la pensée formelle. Nous approfondirons aussi la théorie vygostkienne. Nous examinerons les changements qui se produisent sur le plan du traitement de l'information ainsi que sur celui du développement moral chez les jeunes de cet âge. Par la suite, nous verrons comment, grâce à des pratiques éducatives et enseignantes variées, il est possible de soutenir le développement cognitif entre 9 et 12 ans. En approfondissement, nous verrons la notion d'intelligence et son impact sur le développement des jeunes et leur cheminement scolaire.

Le **chapitre 9** bouclera l'ouvrage et portera sur le développement du langage, de la lecture et de l'écriture de 9 à 12 ans. Dans un premier temps, nous présenterons le développement du langage oral, plus précisément celui du vocabulaire et de la compréhension d'expressions chez le jeune. Puis nous nous intéresserons au développement de la compréhension en lecture, à l'acquisition chez le jeune de compétences rédactionnelles et orthographiques, de même qu'à la motivation à lire et à écrire. En contextes éducatifs, diverses interventions pédagogiques sont suggérées pour soutenir les communicateurs, lecteurs et scripteurs stratégiques de la classe. C'est d'ailleurs ce que nous verrons dans la section portant sur les pratiques enseignantes et éducatives. Finalement, nous aborderons la compétence à apprécier des œuvres littéraires avant de conclure ce chapitre.

En somme, la couleur particulière de cet ouvrage provient des choix éditoriaux effectués quant aux notions présentées ainsi qu'à l'attention particulière accordée aux pratiques éducatives de l'éducatrice en SGMS et à celles des enseignantes au préscolaire-primaire. De nombreux exemples tirés de situations concrètes permettent aussi d'illustrer le propos des auteures tout au long des chapitres qui composent ce livre. L'approfondissement de certaines notions

pertinentes pour toute personne œuvrant auprès des 6 à 12 ans complète la partie théorique de chaque chapitre. Des exercices récapitulatifs et réflexifs favorisent l'application des notions théoriques, de même que la consolidation des apprentissages. De plus, à la fin de chaque chapitre, des documents complémentaires sont proposés pour aller plus loin ; il peut s'agir de livres, de sites Internet ou de matériel audiovisuel. Êtes-vous prêts à apprendre et à vous développer ? Alors nous vous invitons à monter à bord…

Bonne route vers l'apprentissage !

Le cerveau de l'enfant

LE DÉVELOPPEMENT NEUROLOGIQUE DE 6 À 12 ANS

Geneviève Cadoret, Caroline Bouchard et Nathalie Fréchette

1 Le cerveau de l'enfant

LE DÉVELOPPEMENT NEUROLOGIQUE DE 6 À 12 ANS

1.1 Le cerveau de l'enfant : introduction 15
1.2 Le cerveau se développe : développement cérébral 16
    1.2.1 Le système nerveux : ses composantes 17
    1.2.2 Le cerveau en construction : mécanismes cérébraux 18
    1.2.3 À chacun son cerveau : facteurs influençant
          le développement cérébral 22
1.3 La tour de contrôle : cortex préfrontal 24
    1.3.1 Une région à part : particularité du cortex préfrontal 25
    1.3.2 Le cortex préfrontal de l'enfant : son rôle développemental 27
    1.3.3 Une mission essentielle : contrôle des fonctions cognitives 29
1.4 J'apprends grâce à la malléabilité de mon cerveau :
    plasticité cérébrale et apprentissage 31
1.5 Le cerveau et l'apprentissage de la lecture :
    bases neurologiques de la lecture 34
    1.5.1 Le cerveau lit : mécanismes neurologiques de la lecture 34
    1.5.2 Un problème de lecture : dyslexie 37
1.6 Soutenir le développement neurologique : pratiques éducatives
    et enseignantes 39
1.7 Le stress et le développement neurologique : approfondissement ... 41
1.8 Le cerveau de l'enfant : conclusion 45

Appliquer pour mieux comprendre : exercices récapitulatifs 47
Réfléchir pour mieux intervenir : exercices réflexifs 47
Pour en savoir un peu plus : documents complémentaires 48

1.1 Introduction

Le cerveau de l'enfant

Dès l'âge de 6 ans, le cerveau de l'enfant a atteint environ 90 % de sa taille adulte (Dekaban et Sadowsky, 1978 ; Lenroot et Giedd, 2006). Ce chiffre ne signifie pas que la croissance du cerveau est terminée, bien au contraire. Jusqu'à la fin de l'adolescence, de nombreuses transformations cérébrales se produiront et lui permettront de grandir et d'apprendre. Le cerveau d'un enfant est une structure en constante évolution qui doit s'adapter en permanence (Bjorklund, 1997). Par exemple, à 9 ans, le cerveau de Maika a des zones qui sont matures et d'autres qui ne le sont pas encore, comme celles associées aux fonctions cognitives les plus complexes. Graduellement, et au fil de la maturation et de la stimulation, ces régions pourront se développer. Pour fonctionner, son cerveau en plein développement doit constamment s'ajuster à cet état de fait, ce qui influence inévitablement les comportements de Maika. Ainsi, dans ses productions écrites, Maika est très rapide pour tracer les lettres, car elle maîtrise très bien l'écriture cursive. Par contre, elle éprouve encore de la difficulté à trouver les bons mots pour exprimer ce qu'elle veut écrire. Elle doit donc prendre son temps pour articuler ses capacités motrices très avancées avec ses habiletés d'écriture qui sont en plein développement.

Le cerveau peut être comparé à un grand orchestre dans lequel plusieurs musiciens jouent de différents instruments (Cadoret et Bouchard, 2008). Imaginons que dans cet orchestre les trompettistes soient plus âgés et plus avancés dans la maîtrise de leur instrument que les violonistes. L'harmonie de la pièce musicale risque d'en être affectée. Si le chef d'orchestre décide de jouer une œuvre où prédominent les trompettes, le résultat sera différent de celui qu'il aurait obtenu s'il avait sollicité autant les violons que les trompettes. Le chef d'orchestre doit s'adapter à cette situation en attendant que tous les musiciens aient atteint une maîtrise suffisante et adéquate de leur instrument. C'est le cas dans l'exemple de Maika présenté ci-dessus.

Dans ce chapitre, nous présenterons tout d'abord quelques principes du développement neurologique de l'enfant âgé entre 6 et 12 ans. Puis, nous détaillerons plus particulièrement le développement du cortex préfrontal qui est une région déterminante dans le contrôle des fonctions cognitives supérieures comme calculer, planifier, résoudre un problème, porter un jugement, etc. Nous décrirons ensuite quelques principes neurologiques liés à l'apprentissage, notamment ceux qui ont été relevés pour la lecture. Les progrès en neurosciences permettent effectivement de mieux comprendre comment le cerveau de l'enfant fonctionne, même si de nombreuses interrogations persistent, surtout lorsque des déficits en modifient la trajectoire développementale. Enfin, avant d'aborder la section « approfondissement » qui porte sur l'influence du stress sur le développement neurologique, nous ferons brièvement état des grands principes entourant la pratique éducative en service de garde en milieu scolaire et la pratique enseignante en classe pour mieux soutenir le développement neurologique des enfants de 6 à 12 ans.

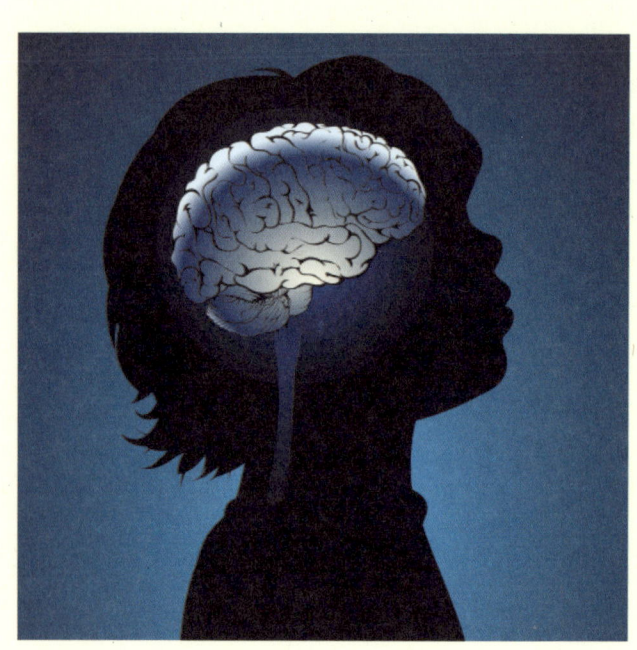

1.2 Développement cérébral
Le cerveau se développe

Au cours de l'enfance, le cerveau change et évolue. Sa destinée est de devenir un cerveau adulte, mais les événements auxquels il devra réagir vont influencer son développement et lui donner son identité. Il s'agit donc d'une aventure propre à chacun. La section suivante présente quelques-uns des mécanismes supportant ce développement cérébral.

Le système nerveux

1.2.1 Ses composantes

Système nerveux central : *comprend le cerveau et la moelle épinière.*

Système nerveux périphérique : *réseau de fibres par lequel circule l'information neurologique.*

Le système nerveux comprend deux grandes parties illustrées à la figure 1.1 : le système nerveux central et le système nerveux périphérique. Le **système nerveux central** *comprend le cerveau et la moelle épinière*, alors que le **système nerveux périphérique** est un *réseau de fibres par lequel circule l'information neurologique* (Cadoret et Bouchard, 2008). Imaginons la scène suivante. Vous êtes en classe et vous donnez à vos élèves un exercice à réaliser sur papier. En regardant vos élèves, vous remarquez aussitôt qu'Émilie débute l'exercice dans un ordre inversé. Cette information visuelle représentant l'action d'Émilie est immédiatement captée et envoyée par le système nerveux périphérique vers votre cerveau qui l'intègre. Celui-ci décide alors de l'action à poser. Il envoie un message vers vos muscles par le système nerveux périphérique et vous vous déplacez près d'Émilie pour la corriger et la soutenir dans la réalisation de son exercice. Cet exemple illustre à quel point les systèmes nerveux central et périphérique travaillent en étroite collaboration.

Le cerveau se compose de deux parties ou hémisphères cérébraux : l'hémisphère gauche et l'hémisphère droit. Chaque hémisphère comprend en surface plusieurs couches de cellules. L'ensemble de ces couches se nomme écorce cérébrale, ou cortex, par analogie avec l'écorce d'un arbre. Chaque hémisphère est subdivisé en lobes, puis en aires qui supportent des fonctions différentes. Comme illustré en rouge sur la figure 1.2, nous avons par exemple dans le lobe frontal une aire motrice responsable des comportements moteurs dans chaque hémisphère. Dans cette aire motrice, les cellules régissent les mouvements de notre corps. Nous avons également des aires dévolues aux fonctions sensorielles liées à nos sens, aux fonctions émotives, comme le contrôle de l'anxiété, aux fonctions cognitives, comme la mémoire, et au langage. Les deux hémisphères de notre cerveau communiquent entre eux par des voies appelées le corps calleux. C'est le corps calleux qui nous permet

Système nerveux central

Système nerveux périphérique

Figure 1.1

d'avoir des fonctions coordonnées entre les parties droite et gauche de notre corps. Par exemple, quand Jonathan apprend à espacer les mots écrits avec son doigt, ses deux hémisphères collaborent étroitement. L'hémisphère droit contrôle ses mouvements de la main gauche pour venir poser l'index à un endroit précis sur la ligne, tandis que l'hémisphère gauche contrôle ses mouvements de la main droite pour l'écriture. Les deux mains agissent de façon coordonnée.

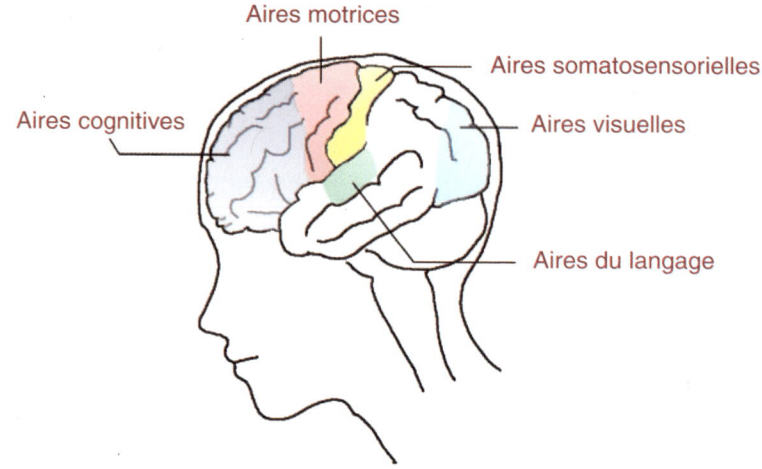

Figure 1.2
Les aires cérébrales

Le cerveau en construction

1.2.2 Mécanismes cérébraux

Neurones : *cellules de base du système nerveux.*

Synapses : *lignes de communication entre les neurones.*

Synaptogénèse : *production massive de connexions.*

Entre 6 ans et le début de l'adolescence, les processus de développement neurologique enclenchés au cours de la période entourant la naissance se poursuivent. Les **neurones**[1], qui sont les *cellules de base du système nerveux*, continuent à se connecter entre eux pour construire des réseaux. Ces connexions neuronales, appelées **synapses**, constituent *les lignes de communication entre les neurones*. C'est notamment grâce à ces connexions que le développement neurologique de l'enfant s'effectue. Les connexions neuronales s'établissent en deux temps et selon deux mécanismes : la synaptogénèse et la stabilisation sélective. Il y a tout d'abord une *production massive de connexions*, ce que l'on nomme **synaptogénèse**. On pourrait même parler de surproduction, car plus de synapses sont formées qu'il n'en restera à l'âge adulte (Bourgeois, 2001, 2005).

---

1. Pour plus d'informations sur les neurones ou d'autres concepts présentés ici, le lecteur peut consulter Cadoret et Bouchard (2008).

Stabilisation sélective : *processus d'élimination de synapses.*

Une fois ces liens établis, un processus d'élimination se met en place qui cible les synapses non utilisées (Changeux et Danchin, 1976). Ce que le cerveau n'emprunte pas comme ligne de communication est détruit et ne restent que les connexions qui sont utilisées, voire stimulées. Ce *processus d'élimination de synapses* est le mécanisme de **stabilisation sélective** ou émondage (Changeux et Danchin, 1976, cités dans Cadoret et Bouchard, 2008). Ce phénomène fait en sorte qu'il est crucial pour l'enfant d'utiliser ses connexions et d'être stimulé dans plusieurs domaines d'apprentissage, car de cette activité dépend la richesse de son cerveau d'adulte. Nous verrons les implications de ce mécanisme dans la section portant sur l'apprentissage et la plasticité du cerveau.

Myélogénèse : *permet d'enrober les fibres nerveuses de myéline.*

Comme nous l'avons vu dans Cadoret et Bouchard (2008), un autre procédé essentiel du développement neurologique est la **myélogénèse** qui consiste à *enrober les fibres nerveuses de myéline*. Cette isolation des lignes de communication est critique, car elle accélère la transmission du signal entre les cellules et rend les réseaux neuronaux plus fonctionnels. Lorsque la myéline est atteinte comme dans la maladie de la sclérose en plaques, la communication entre les neurones est perturbée et des déficits apparaissent en fonction de la région du cerveau qui subit la perte de myéline. Si la démyélinisation se produit

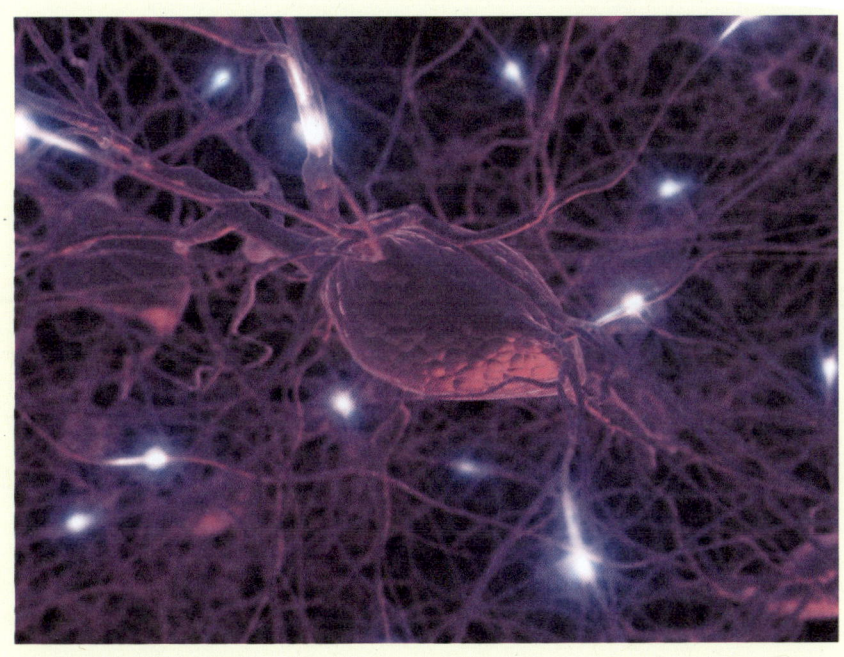

dans une région motrice, la personne aura des déficits moteurs et pourrait avoir de la difficulté à marcher par exemple. La myélogénèse commence lors de la vie intra-utérine et se poursuit au-delà de l'adolescence, la phase la plus intense se déroulant entre la moitié de la grossesse et l'âge de 2 ans (Sampaio et Truwit, 2001 ; Yakovlev et Lecours, 1967). La progression de la myélogénèse conditionne le développement des comportements chez l'enfant. Ainsi, l'élève est prêt à apprendre le principe de la multiplication lorsque les réseaux de neurones supportant les opérations mentales complexes sont suffisamment myélinisés pour fonctionner.

Ces processus neurologiques que sont la myélogénèse et l'organisation des connexions, voire la stabilisation sélective, font qu'au cours du développement les structures du cerveau changent. Les techniques d'imagerie cérébrale comme l'imagerie par résonance magnétique (IRM) présentée dans la capsule 1.1 permettent d'évaluer ces changements, comme ceux touchant le rapport entre la matière grise et la matière blanche. La matière grise est constituée des cellules, tandis que la matière blanche comprend les fibres qui, une fois myélinisées, donnent l'apparence blanche. Au cours du développement, le volume de matière grise tend à suivre une courbe en U inversé : le volume augmente, atteint un pic, puis diminue.

Capsule 1.1

Photographier le cerveau : l'imagerie par résonance magnétique (IRM)

La recherche en neuroscience a permis de développer de nouveaux outils de visualisation du cerveau, comme la résonance magnétique fonctionnelle, qui sont de plus en plus utilisés avec les enfants. Ces outils représentent une avancée incroyable, car ils permettent de détecter et d'observer directement les changements liés à l'activité cérébrale lorsque le sujet pense, regarde, entend ou agit. Toutefois, il ne faut pas oublier que le cerveau est une structure étonnamment complexe. Les images du cerveau obtenues en IRM sont formées de volumes en trois dimensions de 1 à 2 millilitres, appelées voxels. Chaque voxel contient environ 35 à 70 millions de neurones, environ 500 billions de synapses et environ 32 km de fibres myélinisées (Lenroot et Giedd, 2006). Donc, une concentration prodigieuse à explorer. Les activations cérébrales révélées par la résonance magnétique fonctionnelle sont donc le produit de l'activité de nombreuses cellules. C'est en quelque sorte la pointe de l'iceberg.

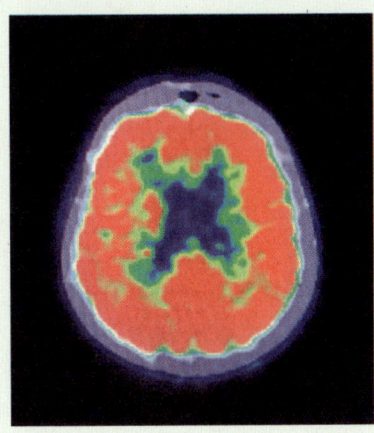

En navigation, les marins utilisent ces pointes comme repères pour avancer, mais ils tiennent compte aussi de la partie cachée de l'iceberg, sinon ils risqueraient de faire fausse route. En neuroscience, il est également primordial de tenir compte des mécanismes sous-jacents aux activations cérébrales détectables par résonance magnétique fonctionnelle.

Chaque région cérébrale a son propre rythme de développement. Ainsi, les régions qui contrôlent les fonctions motrices, comme lorsqu'il s'agit de contrôler sa force de préhension, se développent avant les régions d'association intégrant ces mêmes fonctions motrices et sensorielles (Lenroot et Giedd, 2006 ; Toga, Thompson et Sowell, 2006). Lorsqu'en mathématique, Maxime, qui a 7 ans, manipule et classe des formes géométriques, il utilise ses capacités de préhension qui sont déjà à un stade avancé de développement. Pour reconnaître les formes sans forcément les regarder, il combine les informations motrices avec les informations tactiles qui lui permettent de repérer les angles et les courbes des formes avec ses doigts. L'intégration de ces informations se produit dans les aires d'association et facilite la représentation mentale des formes. Dans le cortex frontal où siègent les fonctions cognitives comme raisonner, calculer et analyser, le volume de matière grise atteindrait son pic vers l'âge de 11-12 ans.

La matière blanche a un profil de développement un peu différent (Toga *et al.*, 2006). Le volume de matière blanche augmente de façon presque linéaire avec l'âge et uniformément entre les différentes régions cérébrales. Ce qui signifie que plus l'enfant grandit, plus la connectivité de son cerveau augmente, plus les réseaux deviennent efficaces pour contrôler et intégrer les fonctions sensorielles, motrices, socioaffectives, cognitives et langagières.

1.2.3 Facteurs influençant le développement cérébral
À chacun son cerveau

Le cerveau est composé des mêmes structures chez tous les individus, soit des mêmes parties. Néanmoins, d'une personne à l'autre, il existe des variations de taille et de trajectoire développementale (Allen, Damasio et Grabowski, 2002). La raison en est qu'un des déterminants critiques du développement cérébral est le patrimoine génétique légué par les parents biologiques. Les études avec des jumeaux ont démontré que l'influence des gènes ne s'exprime pas de la même façon dans toutes les régions cérébrales (Lenroot *et al.*, 2009; Thompson *et al.*, 2001). Par exemple, les volumes de matière grise dans les parties frontales du cerveau sont plus ressemblants chez des jumeaux monozygotes, ayant donc le même patrimoine génétique, que chez des jumeaux dizygotes. Cela signifie que le développement de ces régions responsables des fonctions cognitives est fortement influencé par les gènes.

Les études en IRM ont aussi démontré des différences neurologiques importantes entre les garçons et les filles. Par exemple, dans certaines régions cérébrales comme le cortex frontal, le volume de matière grise atteindrait son plus haut niveau de développement plus tardivement chez les garçons que chez les filles. Les études de Giedd *et al.* (1999) ont montré que le volume de certaines structures comme l'hippocampe, qui est essentiel dans l'apprentissage et la mémoire spatiale lorsqu'il s'agit de se rappeler mentalement d'un trajet, augmente plus rapidement chez les filles que chez les garçons. Les filles pourraient donc avoir une certaine prédisposition à maîtriser plus tôt les fonctions contrôlées par l'hippocampe. En revanche, pour d'autres structures comme le noyau amygdalien impliqué dans les fonctions émotives et la régulation de l'anxiété, c'est l'inverse qui se produirait.

Son volume augmenterait plus rapidement chez les garçons que chez les filles (Wilke, Krägeloh-Mann et Holland, 2007). Il est encore difficile de comprendre l'impact fonctionnel de ces disparités, c'est-à-dire leurs conséquences réelles sur le contrôle des comportements. Mais elles suggèrent fortement des différences dans la dynamique du fonctionnement cérébral entre les garçons et les filles.

Conjointement à ces influences génétiques, de plus en plus de recherches démontrent que les expériences de l'enfant jouent un rôle déterminant dans son développement cérébral. Récemment, Hyde et ses collaborateurs (2009) ont montré qu'à la suite d'un entraînement musical spécifique de piano de 15 mois, des enfants de 6 ans présentaient des changements structuraux dans des régions corticales liées à la musique comme le cortex auditif, comparativement à des enfants du même âge qui avaient suivi un seul cours de musique par semaine à l'école. Par ses expériences, l'enfant peut donc influencer le développement structurel de son cerveau. Nous ignorons toutefois les limites et la portée de tels phénomènes. Reprenons l'exemple du chef d'orchestre qui décide d'entraîner de façon intensive les violonistes. Quel impact cela aura-t-il sur l'orchestre en général? En voyant les violonistes s'améliorer, les autres musiciens pourront être encouragés à se perfectionner. Ainsi, l'ensemble de l'orchestre profitera de l'entraînement particulier des violonistes. À l'inverse, certains musiciens peuvent se sentir délaissés et maintenir, voire diminuer, leur niveau de performance musicale. Le chef d'orchestre doit donc faire preuve de discernement.

Le fait que le développement cérébral peut être influencé par les expériences de l'enfant signifie également qu'à l'autre extrême un manque de stimulation puisse affecter son degré de maturation neurologique. Dans une étude avec des singes, Sánchez, Hearn, Do, Rilling et Herndon (1988) ont comparé le cerveau de singes élevés seuls en captivité à celui de singes élevés en collectivité. Ils ont trouvé que les singes élevés seuls en captivité avaient des déficits cognitifs qui étaient associés à une moindre quantité de matière blanche que les singes vivant en collectivité. Le cerveau de ces singes présentait donc moins de connexions neuronales que celui des singes élevés en collectivité, alors que la taille absolue de leur cerveau était comparable.

En somme, la construction du cerveau de l'enfant est influencée par de multiples facteurs, tant génétiques qu'environnementaux. L'adage « l'hérédité propose et l'environnement dispose » en témoigne bien ! Au cours de son développement, l'enfant doit par conséquent vivre des expériences riches, stimulantes et variées touchant toutes les sphères de son développement. Apprendre à coordonner ses mouvements, à respecter les autres, à résoudre un problème mathématique, la mélodie d'une chanson, tels sont des apprentissages variés qui favorisent le développement global de l'enfant. À l'instar de la petite enfance, la période de l'enfance est un moment clé pour stimuler le cerveau à toutes ces habiletés, notamment en vue des apprentissages scolaires à effectuer.

1.3 Cortex préfrontal — *La tour de contrôle*

L'écorce cérébrale ou le cortex qui recouvre le cerveau est divisé en aires qui sont représentées schématiquement à la figure 1.2. Ces régions se distinguent les unes des autres par le type de cellules qui les composent, par l'agencement de ces cellules et par les liens que les aires établissent entre elles. Au niveau du cortex, il existe un réseau de communication très dense qui relie les différentes aires entre elles et qui supporte la complexité de nos comportements. Quand Rosalie rédige une production écrite, elle doit élaborer un projet d'écriture, ordonner ses idées, les rapporter en contrôlant ses mouvements manuels lors de l'écriture, tout en vérifiant visuellement que le message écrit est lisible pour l'enseignante. Toutes ces opérations reposent sur ce réseau de communications entre les différentes aires corticales.

Une région à part

1.3.1 Particularité du cortex préfrontal

Toutes les aires du cerveau sont importantes. Les aires motrices garantissent la fluidité de nos mouvements comme lorsque nous écrivons. Grâce aux aires visuelles, nous pouvons apprécier les subtilités physiques de notre environnement, comme la diversité des couleurs des feuilles à l'automne. Pour leur part, les aires auditives supportent la perception de la musique par exemple. De toutes les aires cérébrales, *celles qui sont situées dans la partie la plus antérieure du cerveau*, **les aires préfrontales**, jouissent d'un certain prestige. Ces aires sont illustrées à la figure 1.3 ci-dessous.

Aires préfrontales : *aires situées dans la partie la plus antérieure du cerveau.*

Au cours de l'évolution des espèces, les aires préfrontales ont pris de plus en plus d'importance, pour occuper, chez l'homme, près d'un tiers de tout le cortex cérébral. Elles sont sollicitées dans les fonctions humaines les plus complexes liées au langage, à la mémoire, aux

Figure 1.3

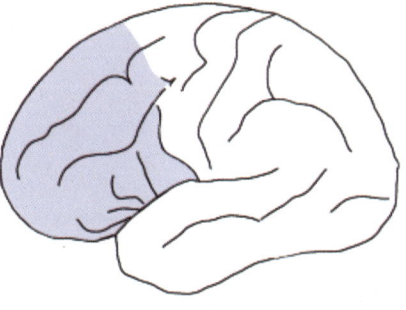
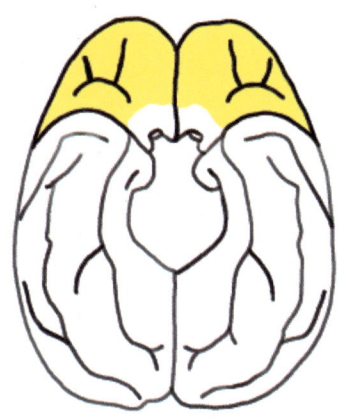
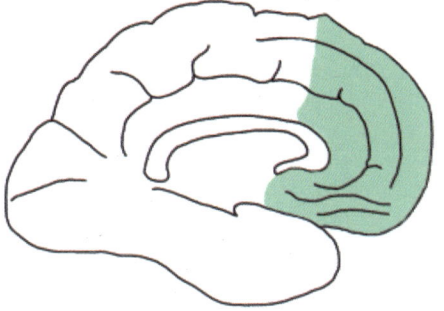

fonctions cognitives et sociales. Pour certains chercheurs, le cortex préfrontal se situerait au sommet de la hiérarchie cérébrale (Fuster, 2001).

Au niveau le plus bas se trouveraient les aires primaires sensorielles et motrices, et l'ascension dans la hiérarchie vers les aires préfrontales permettrait une intégration accrue des fonctions. Par exemple, lorsque Jonathan, 10 ans, doit préparer son sac d'école avant de quitter la classe, il doit à la fois penser aux devoirs qu'il aura à faire, organiser ses effets scolaires afin que tout rentre dans son sac, sans oublier qu'il devra passer au local de musique s'il veut emprunter une guitare pour se pratiquer dans la soirée, tout cela, en écoutant les consignes verbales données par son enseignante. Ces opérations nécessitent un effort d'intégration, car Jonathan n'a que quelques minutes pour quitter la classe, récupérer une guitare, s'habiller et prendre son autobus. Son cortex préfrontal lui est alors très utile.

L'une des particularités du cortex préfrontal est son réseau impressionnant de connexions avec les autres structures du cerveau (Petrides et Pandya, 2004). Selon Dehaene (2007), « le lobe frontal en connexion avec de multiples aires associatives du cortex cingulaire et des lobes pariétaux et temporaux fournirait un espace de délibération interne, informé de l'ensemble de nos perceptions et de nos souvenirs, mais détaché des contingences sensorimotrices immédiates et tourné vers l'avenir (p. 414) ». En d'autres mots, le cortex préfrontal serait l'endroit où nos idées sont rassemblées, confrontées, recombinées, synthétisées, pour permettre que notre comportement futur soit guidé par l'ensemble des informations disponibles, présentes ou passées.

Comme le montre la figure 1.3, le cortex préfrontal comprend trois grandes régions. La partie la plus ventrale, soit celle située en dessous, est le cortex orbital. La région située dans la partie interne est le cortex médian, tandis que la région qui occupe la partie la plus externe est le cortex latéral. Nous savons aujourd'hui que ces trois grandes régions ont des fonctions spécifiques qui sont résumées dans le tableau 1.1. Si une lésion survient dans une de ces régions, les effets seront propres à la fonction de cette zone. Par exemple, des patients avec une lésion dans la région orbitale auront de bonnes habiletés cognitives, mais ils afficheront des déficits au plan social (Damasio, Grabowski, Frank, Galaburda et Damasio, 1994 ; Stuss et Benson, 1986).

Tableau 1.1
Fonctions des trois grandes régions du cortex préfrontal

Cortex préfrontal	Fonctions	Si cette région est atteinte...
Orbital	Émotions	Changements de personnalité
	Habiletés sociales	Irrespect des règles sociales et morales
		Impulsivité et manque d'attention
		Comportements à risques
Médian	Attention	Manque de spontanéité
		Apathie, désintérêt
		Perte de concentration
Latéral	Mémoire de travail	Difficulté à planifier, à organiser, à exécuter des séquences d'actions.
	Résolution de problèmes	
	Raisonnement	
	Organisation temporelle des comportements	

1.3.2 Le cortex préfrontal de l'enfant — Son rôle développemental

Le cortex préfrontal possède une trajectoire développementale étalée dans le temps, et ce, au moins jusqu'à l'adolescence. Il mérite donc une attention soutenue pendant de longues années, notamment à la période scolaire. Dans cette visée, le rôle de l'éducatrice et de l'enseignante est primordial. En suivant les besoins, les intérêts et le niveau de développement des enfants, les activités et les situations d'enseignement-apprentissage proposées favoriseront le développement graduel et continu du cortex préfrontal de l'enfant. Nous reviendrons sur ce point dans la section portant sur les pratiques éducatives et enseignantes.

Ce développement graduel et continu fait aussi en sorte qu'une atteinte précoce ou une déficience ne peut se matérialiser que beaucoup plus tard au cours du développement. Imaginons une région cérébrale qui prend beaucoup de temps à se développer et dont la fonction est de contrôler la manipulation de concepts abstraits comme des règles mathématiques. Si une atteinte survient dans cette région vers l'âge de 2 ans, on ne peut s'attendre à un déficit en mathématique, car à cet âge l'enfant n'est pas capable d'exprimer ou de témoigner de sa maîtrise des règles mathématiques, comme l'est un enfant de 10 ans par exemple. Les effets de la lésion peuvent passer inaperçus au début et devenir de plus en plus évidents au fur et à mesure que l'enfant grandit et que son cerveau se développe. Cela a été démontré sur des modèles animaux comme le singe (Franzen et Myers, 1973 ; Goldman-Rakic, Isserof, Schwartz et Bugbee, 1983), mais aussi chez l'humain.

Voici l'histoire de JP, un cas classique rapporté dans les écrits (Ackerly et Benton, 1948). JP naît en 1912 dans une famille de classe moyenne sans histoire médicale particulière. JP suit un développement qui semble normal. Le seul élément notable est une chute de son lit à l'âge de 4 ans qui entraîne une perte de conscience et des convulsions. Quelques anomalies de comportements commencent toutefois vers l'âge de 2-3 ans. JP à l'habitude de « vagabonder ». Il s'éloigne de chez lui sur de longues distances, sans démontrer d'inquiétude lorsqu'il est perdu. Son entrée à l'école marque le début de problèmes plus graves. JP est toujours en conflit avec ses pairs ; il est qualifié de « vantard », « despote », tout en étant exagérément poli avec les adultes. Bien que ses résultats scolaires soient acceptables, ses problèmes de comportements avec les autres font qu'à l'âge de 13 ans, il est exclu de l'école et évalué par des professionnels de la santé. Les évaluations démontrent un niveau intellectuel dans la moyenne, mais de grandes difficultés à s'organiser et à planifier des actions à long terme. Il est rapporté que son ajustement social est extrêmement pauvre.

À l'adolescence et à l'âge adulte, ses problèmes s'accentuent. JP vole des voitures à répétition, il est incapable de conserver un emploi et est très isolé socialement. À l'âge de 20 ans, des tests neurologiques plus poussés démontrent une destruction massive du lobe frontal dans chacun des hémisphères, gauche et droit. Le bilan est que les problèmes majeurs de JP seraient dus à une malformation congénitale du lobe frontal qui était présente dès la petite enfance. Cette histoire démontre que lorsqu'une lésion précoce survient dans le cortex préfrontal, les difficultés peuvent mettre du temps à émerger, ce qui retardera d'autant l'établissement d'un diagnostic précis. Il en est ainsi de ces régions qui mettent de longues années à se développer !

Une mission essentielle

1.3.3 Contrôle des fonctions cognitives

Pour une grande partie des fonctions cognitives comme comprendre des phrases complexes, lire et compter, il est nécessaire de manipuler mentalement des informations qui sont maintenues temporairement en mémoire. Prenons l'exemple de Kathia qui est en 2e année et qui essaie d'additionner les chiffres 75 et 46, sans l'aide de papier ou de crayon. Dans un premier temps, elle additionne les chiffres 5 et 6 et garde le résultat en mémoire, le temps d'additionner les chiffres 7 et 4. Elle doit ensuite réactiver le résultat de l'opération précédente pour combiner les deux résultats et rapporter la solution finale. Cette manipulation impliquant la mémoire demande un certain contrôle qualifié de « processus exécutif » (Baddeley, 1986).

Les études en imagerie cérébrale et l'observation de patients ayant des lésions neurologiques ont démontré que le cortex préfrontal latéral est essentiel dans ces processus de contrôle cognitif (Petrides, 1991, 1994). Nadia, 8 ans, et Maude, sa sœur aînée âgée de 11 ans, ont toutes deux fait une sortie au Jardin botanique avec le service de garde, mais à trois années d'intervalle. Quand Nadia doit rapporter l'ordre des événements passés et juger si cet ordre est le même que celui décrit par sa sœur aînée ayant vécu la même sortie, mais quelques années plus tôt, elle doit organiser et comparer des informations qui sont emmagasinées dans sa mémoire. Or, le cortex préfrontal est impliqué dans cet exercice. Il est également essentiel pour planifier une séquence d'actions comme pour établir un itinéraire ou organiser les activités d'une journée. Il sera recruté pour surveiller l'efficacité de nos processus cognitifs, ce qui est à la base de la réflexion. Lorsque Moïra, enseignante en 3e année, évalue la logique des explications qu'elle est en train de donner aux enfants compte tenu de leur degré de compréhension, voire de leur niveau de développement, elle exerce cette fonction de surveillance ou d'autocontrôle.

Le rôle du cortex préfrontal peut aussi consister à inhiber ou modifier un comportement dans des situations changeantes. Par exemple, Philippe connaît la réponse à la question posée par Moïra, son enseignante. Toutefois, il doit restreindre son envie de lever sa main, car Moïra vient de spécifier que seuls les élèves qui n'ont pas encore répondu peuvent proposer leur réponse, ce qui n'est pas le cas de

Philippe. Aussi, dans une situation de conflits interpersonnels, Philippe doit apprendre à retenir ses gestes et ses paroles qui pourraient être blessantes pour l'autre enfant et envenimer la résolution du problème. De même, il doit inhiber ses propres émotions et réactions pour se placer dans la perspective d'autrui et ainsi mieux communiquer avec lui. On peut voir là les liens entre le développement neurologique et toutes les dimensions du développement de l'enfant, qu'elles soient motrices, socioaffectives, cognitives ou langagières.

Entre l'âge de 6 et 12 ans, le développement des connexions du cortex préfrontal permet à l'enfant une meilleure maîtrise de ses habiletés cognitives. Toutefois, à l'heure actuelle, nous ignorons comment le cortex préfrontal en développement assume progressivement son rôle dans le contrôle cognitif. Existe-t-il des périodes plus sensibles que d'autres permettant aux connexions préfrontales de s'établir de manière optimale ? Étant donné que le cortex préfrontal comprend plusieurs aires, celles-ci se développent-elles en même temps ou de façon chronologique ? Doit-on s'attendre à un ordre dans la maîtrise des fonctions ? Ces questions demeurent entières. En collaboration avec Hélène St-Jean, Dionne et Cadoret (2009) étudient d'ailleurs le développement des fonctions qui sont plus particulièrement contrôlées par le cortex préfrontal latéral.

Imaginons la situation suivante. Comme éducatrice, vous décidez de raconter une histoire différente chaque jour aux élèves du groupe, du lundi au jeudi, mais avec les mêmes personnages. Le contexte reste le même, mais les aventures diffèrent. Le vendredi, vous questionnez les enfants sur des événements qui se sont produits, soit dans l'histoire du lundi, celle du mercredi ou celle du jeudi. Des études en imagerie ont montré que chez l'adulte, l'activité de rappel va nécessiter un effort et l'action du cortex préfrontal latéral pour isoler, parmi des souvenirs assez similaires, un détail donné (Cadoret, Pike et Petrides, 2001). Chez l'enfant, nos résultats montrent qu'à l'âge de 6 ans cette capacité est encore précaire chez certains, alors qu'elle est beaucoup plus robuste rendu à l'âge de 8 ans. Il peut donc être judicieux d'amener l'enfant de 6 ans voire plus jeune, à exercer cette fonction et de solliciter chez lui une activité de rappel qui demande un effort ou une stratégie. L'enfant apprendra du même coup que s'il veut se rappeler d'un détail précis, un mot de vocabulaire dans une histoire lue par exemple, il est important qu'il soit attentif pour emmagasiner l'information dans sa totalité en considérant ses particularités. Notons que les thèmes de l'attention et de la mémoire seront abordés dans le chapitre 4 portant sur le développement cognitif des enfants de 6 à 9 ans.

1.4 *J'apprends grâce à la malléabilité de mon cerveau* Plasticité cérébrale et apprentissage

Apprendre signifie que des changements neurologiques se produisent dans le cerveau, et ce, même pour les apprentissages les plus élémentaires comme l'habituation et le conditionnement classique. L'habituation peut être illustrée par l'exemple suivant. Vous enseignez depuis quelques semaines dans une école, mais vous ignorez que la sonnerie annonçant la fin des périodes a changé pour un son beaucoup plus strident que celui que vous connaissiez. La première fois que vous entendez la nouvelle sonnerie, par effet de surprise, vous sursautez. Les jours suivants, même si le son reste strident, vous ne sursautez plus : vous vous êtes habitués. Le conditionnement classique est une forme plus complexe d'apprentissage qui repose sur l'association entre deux stimulations. Continuons avec l'exemple précédent. Pour la sortie de midi, la sonnerie de l'école suit le carillon de l'église voisine de deux minutes. Par association, dès que vous entendez les cloches de l'église, vous anticipez la sonnerie de l'école. Même le samedi, alors que la sonnerie de l'école ne sonne pas, vous avez comme l'impression de l'entendre une fois que les cloches de l'église ont résonné. D'après des expériences sur des modèles animaux plus simples que le modèle humain, ces formes d'apprentissage et leur rétention à court terme seraient supportées par un changement d'efficacité dans les connexions synaptiques (Kandel, 2000). En d'autres mots, si nous reprenons l'exemple des sonneries, il est probable que l'association entre la sonnerie de l'école et le carillon de l'église se soit renforcée par des changements de connexions synaptiques.

Pour la plupart des apprentissages, la pratique permettra la consolidation des acquis en mémoire, en convertissant ce qui a été mémorisé à court terme en une mémoire à plus long terme. La mémoire à court terme est une mémoire temporaire, c'est-à-dire qui ne dure qu'un court laps de temps, soit environ 30 secondes, par exemple pour mémoriser un numéro de téléphone juste le temps de le signaler. La mémoire à long terme, quant à elle, dure plus longtemps. Elle peut durer des années, voire toute la vie (voir le chapitre 4). La consolidation des acquis dans une mémoire à long terme serait possible grâce à une croissance de nouvelles connexions synaptiques, ce qui entraînerait des changements structuraux dans les connexions neuronales (Kandel, 2000).

La pratique et l'expérience qui varient d'un enfant à l'autre vont donc permettre des modifications distinctives de l'architecture du cerveau, constituant alors les bases biologiques de l'identité (Kandel, 2000). Bien que l'architecture globale du cerveau reste la même d'un enfant à l'autre, chaque enfant aura dans ses réseaux neurologiques une signature de ses acquis selon les expériences et les occasions d'apprentissage vécues. À titre d'exemple, le cerveau de Naomi qui pratique la danse sera différent d'un autre enfant qui joue d'un instrument de musique ou de celui qui chante dans une chorale ou qui suit des cours d'arts plastiques.

Dans une série d'études, Mills et ses collègues (1997, 2005) ont enregistré des signaux électroencéphalographiques associés à la compréhension des mots chez des enfants. Tout au long du développement, ces signaux deviennent de plus en plus latéralisés, c'est-à-dire de plus en plus dominants dans un des hémisphères cérébraux, gauche ou droit. Les chercheurs ont observé que la latéralisation des signaux ne dépend pas de l'âge chronologique de l'enfant, c'est-à-dire que celle-ci ne résulterait pas uniquement d'un processus de maturation, mais découlerait aussi de la quantité de vocabulaire appris, donc de l'expérience langagière de l'enfant. En d'autres mots, ces résultats autorisent à penser qu'un enfant qui connaît beaucoup de mots pour son âge aura des signaux plus latéralisés, ce qui signifierait un stade de maturation avancée pour les circuits neurologiques concernés, par rapport à un autre enfant du même âge qui posséderait moins de mots de vocabulaire.

Enfin, rappelons que l'apprentissage et les mécanismes neurologiques sous-jacents sont facilités si l'enfant a un sommeil adéquat (voir Cadoret et Bouchard, 2008). Pendant le sommeil, le cerveau serait réactivé pour faciliter l'encodage et l'impression de nos expériences (Dang-Vu, Desseilles, Peigneux et Maquet, 2006). Pour un enfant qui fait beaucoup d'apprentissages dans une journée, comme c'est souvent le cas à l'école, le sommeil est d'autant plus important pour que ces apprentissages s'inscrivent dans sa mémoire.

1.5 Le cerveau et l'apprentissage de la lecture
Bases neurologiques de la lecture

De tous les apprentissages qui se font à l'école, celui de la lecture figure parmi les plus étudiés par les chercheurs en neurosciences, ce qui permet aujourd'hui de mieux en comprendre les mécanismes neurologiques.

1.5.1 Le cerveau lit
Mécanismes neurologiques de la lecture

Rosalie, 8 ans, est déjà une lectrice compétente. Elle lit des romans de toutes sortes et comprend sans difficulté les expressions à double sens. Un passage de l'histoire qu'elle lit révèle que Mia est dans la lune. Rosalie sait alors très bien que Mia n'est pas sur la lune, mais bien qu'elle est distraite. Rosalie a dépassé l'étape du décodage et comprend désormais que le sens des mots prend de la valeur selon le contexte dans lequel ils se trouvent. Cette compréhension révèle que les voies neurologiques qui supportent la lecture ont atteint un degré de maturation avancé chez Rosalie.

Lorsqu'on lit un texte comme celui que vous avez sous les yeux en ce moment, on a l'impression qu'il s'agit d'un processus général de reconnaissance immédiate et globale des mots. Toutefois, comme l'écrit Dehaene (2007), c'est une intuition trompeuse : « Notre cerveau ne passe pas directement de l'image des mots à leur sens. À notre insu, toute une série d'opérations cérébrales et mentales s'enchaînent avant qu'un mot ne soit décodé. Celui-ci est disséqué, puis recomposé en lettres, bigrammes, syllabes, morphèmes[2]... La lecture parallèle et rapide n'est que le résultat ultime chez le lecteur expert d'une automatisation de ces étapes de décomposition et de recomposition » (p. 290).

---

2. Nous approfondirons ces différents aspects du langage oral et écrit (lecture et écriture) dans les chapitres 5 et 9 portant sur le développement du langage, de la lecture et de l'écriture chez l'élève.

L'identification des mécanismes neurologiques qui supportent la lecture est une tâche extrêmement complexe. Les données obtenues en recherche, qu'elles proviennent de l'imagerie cérébrale, de l'observation de patients ayant des déficits en lecture et des travaux en psychologie expérimentale, ont permis d'accroître notre connaissance des réseaux neurologiques qui contrôlent la lecture. Néanmoins, notre compréhension des mécanismes en jeu est loin d'être complète, surtout chez l'enfant dont le cerveau change constamment au cours du développement.

Le processus de lecture commence par la capture visuelle des mots. La perception visuelle du détail des lettres se fait par une petite zone de la rétine de l'œil, la fovéa, qui est riche en récepteurs visuels. Cette zone étant étroite, il est nécessaire de la déplacer pour balayer toute la surface du mot, un peu comme un scanner. La lecture est donc un processus dynamique qui est contraint par notre capacité à déplacer notre regard. Cette contrainte explique pourquoi il nous est difficile de lire plus de 400 à 500 mots par minute, ce qui est déjà considérable en soi. L'information captée par les cellules de la fovéa est ensuite acheminée au cerveau pour être décodée.

De façon schématique et résumée, voici les grandes étapes du traitement neurologique de la lecture, tel qu'il est connu à ce jour. Premièrement, les caractéristiques élémentaires des lettres, comme leurs traits, leur orientation et leur couleur, sont traitées. Ensuite, cette information est acheminée vers le lobe temporal de l'hémisphère gauche, dans une région qui sert à la reconnaissance visuelle des mots. C'est la région occipito-temporale-ventrale (Dehaene, Le Clec, Poline, Le Bihan et Cohen, 2002) qui se situe près de la jonction entre les lobes occipital et temporal. Les neurones de cette région sont essentiels à la lecture, car ils favorisent la reconnaissance des mots, quelles que soient leur taille et leur forme. Ils permettent aussi de lire les mots, que ceux-ci soient écrits en majuscules ou minuscules, en lettres scriptes ou manuscrites. Comme le démontre Stanislas Dehaene, *même si la police de ce texte change, vous êtes capables de continuer votre lecture grâce aux neurones de cette région cérébrale.*

Puis, l'information est envoyée dans deux principaux circuits qui engagent des aires cérébrales distinctes. L'un est identifié comme la voie phonologique et permet de convertir le mot en sons par conversion de lettres ou groupes de lettres en sons (les phonogrammes). L'autre, identifié comme la voie lexicale, permet de retrouver le sens des mots. Ces deux voies travaillent en parallèle et leur utilisation dépend de la régularité des mots, de leur fréquence et de la langue dans laquelle ils sont écrits. Lorsque nous lisons un mot fréquent comme « cheminée », nous utilisons la voie directe qui récupère d'abord le mot et son sens, pour ensuite, à partir de cette information, en recouvrer la prononciation. Lorsque nous lisons des mots nouveaux comme « sérotonine », nous utilisons la voie phonologique qui décrypte les lettres, en déduit une prononciation et tente d'accéder au sens du mot. Selon ce que nous lisons et comment nous le lisons, à voix haute ou pas, ces voies sont mobilisées. Ce schéma de fonctionnement serait universel chez tous les lecteurs, que les mots apparaissent en caractères chinois ou arabes. Chez l'enfant, la maturation progressive du cerveau et l'apprentissage de la lecture permettent l'intégration harmonieuse de ces deux voies et une maîtrise de plus en plus grande de la lecture (Dehaene, 2007).

Mais comment les mécanismes neurologiques se mettent-ils en place ? Dans une étude de résonance magnétique fonctionnelle, Church, Coalson, Lugar, Petersen et Schlaggar (2008) ont demandé à des enfants âgés entre 7 et 10 ans et à des adultes de lire à voix haute des séries de mots. Les enfants étaient installés dans un scanner et l'activité cérébrale associée à la lecture des mots était enregistrée. Les résultats ont démontré que chez les enfants, l'activation cérébrale dans les régions du circuit phonologique était supérieure à l'activité observée chez les adultes, pour une performance équivalente. Cette observation suggère que pour la lecture, les enfants de cet âge utilisent davantage les mécanismes phonologiques que les adultes. Selon Pugh et ses collaborateurs (2001) qui utilisent la même méthodologie, au fur et à mesure que l'enfant s'améliore en lecture, l'utilisation des mécanismes phonologiques déclinerait pour les mots fréquemment rencontrés et l'accès direct au traitement lexical augmenterait. Au cours du développement, la maturation cérébrale fait en sorte que l'enfant privilégie initialement le décodage phonologique pour appréhender les mots. La capacité de reconnaître les lettres et les groupes de lettres et de les transformer en sons du langage (les phonogrammes) est donc une étape clé de la lecture.

La région occipito-temporale gauche qui est essentielle à la reconnaissance visuelle des mots commencerait à se spécialiser vers 7-8 ans et atteindrait sa maturité au début de l'adolescence, à condition que l'enfant lise suffisamment pour devenir expert (Dehaene, 2007). Ensuite, au fur et à mesure que l'enfant développe sa **conscience phonémique**, c'est-à-dire sa *capacité à manipuler mentalement les sons du langage*, d'autres régions des circuits phonologique et lexical augmenteraient progressivement leur activation, notamment le cortex préfrontal inférieur ou aire de Broca (Turkeltaub, Gareau, Flowers, Zeffiro et Eden, 2003). On voit ici le lien étroit qui s'établit entre la maturation du cerveau et l'apprentissage de la lecture. Dans une perspective pédagogique, il est donc crucial d'offrir à l'enfant des situations d'enseignement-apprentissage qui respectent et stimulent les mécanismes neurologiques d'acquisition de la lecture.

Conscience phonémique : *capacité à manipuler mentalement les sons du langage.*

1.5.2 Dyslexie
Un problème de lecture

Chez certains enfants, le processus de lecture est perturbé, notamment chez ceux atteints de dyslexie. Quand Alexandre voit le mot « animal », il décodera plutôt « aminal ». L'une des caractéristiques de ce déficit est la difficulté à convertir les signes de l'écriture en sons du langage. Ces troubles dériveraient d'un problème plus fondamental encore qui serait lié à des troubles du traitement des phonèmes et de la conscience phonémique. Les enfants dyslexiques souffriraient d'une représentation imparfaite des sons du langage qui introduirait un flou dans la représentation des mots parlés et gênerait leur appariement avec les signes écrits (Dehaene, 2007).

Mais la dyslexie est-elle liée à une difficulté neurologique ? Dans la plupart des études d'imagerie cérébrale, une sous-activation du lobe temporal gauche a été observée chez les dyslexiques comparativement à des sujets témoins, et ce, autant chez l'adulte que chez l'enfant âgé de 8 à 12 ans (Paulesu *et al.*, 2001 ; Shaywitz *et al.*, 1998). L'amplitude de la sous-activation permettrait de prédire la sévérité des troubles de la lecture. Une autre anomalie observée chez les dyslexiques est que le cortex frontal inférieur gauche est suractivé pendant la lecture ou d'autres tâches phonologiques. Il semble qu'en réaction à une activité trop faible au niveau temporal, les aires frontales seraient mobilisées et témoigneraient d'un effort volontaire, conscient, pour avoir accès à la lecture, mais qui ne serait malheureusement pas toujours fructueux (Georgiewa *et al.*, 1999, 2002). Lorsque Jonathan lit « aminal », il fait un effort pour essayer de décoder le sens réel du mot, mais son déficit fait en sorte que cet effort reste vain car le traitement de l'information au niveau temporal est perturbé.

Les différences d'activation seraient dues à une malformation corticale dans les aires cérébrales qui supportent la lecture. Cette malformation serait en partie héritée. Au sein d'une même fratrie, si l'un des membres est frappé de dyslexie, la probabilité que l'un de ses apparentés directs souffre de la même pathologie est de l'ordre de 50 % (Galaburda, Loturco, Ramus, Fitch et Rosen, 2006). Grâce à la plasticité du cerveau, il est toutefois possible de remédier en partie à ces difficultés. Dans une étude longitudinale, des chercheurs ont montré que les profils d'activation s'améliorent à la suite d'une remédiation phonologique chez les enfants qui ont des difficultés de lecture (Shaywitz, Shaywitz, Blachman, Pugh, Fulbright et Skudlarski, 2004). Dans une autre étude, Temple et ses collaborateurs (2003) ont montré que par une rééducation intensive, il était possible de restaurer une activité cérébrale proche de la normale chez les enfants dyslexiques. Ces régions restaurées ne sont pas forcément les mêmes que chez des lecteurs non dyslexiques et des activations dans l'hémisphère droit peuvent être observées, mais cela démontre que le cerveau possède une étonnante capacité de compensation.

1.6 Soutenir le développement neurologique
Pratiques éducatives et enseignantes

La présente section se veut relativement brève, étant donné que les évidences scientifiques en matière de soutien neurologique, dans le sens où l'effet neurologique est vérifié, sont rares chez les enfants qui présentent un développement typique. En fait, les données dont nous disposons ont surtout été récoltées à partir de recherches réalisées auprès d'enfants qui affichent des déficits. Il est toutefois possible d'affirmer que les pratiques éducatives ou enseignantes qui favorisent des apprentissages signifiants chez l'enfant s'avèrent une contribution au développement neurologique de celui-ci et, à ce titre, sont extrêmement importantes. Comment l'éducatrice ou l'enseignante peut-elle s'assurer que ses interventions ou son enseignement favorise le développement neurologique de l'enfant ? Voilà la question qui se pose.

Dans sa classe ou son groupe, l'enseignant ou l'éducatrice n'a pas de scanner ou de système d'électroencéphalographie pour mesurer l'impact de ses méthodes d'enseignement ou de ses interventions sur le développement du cerveau de l'élève. Il lui est donc difficile d'avoir une estimation directe de leurs effets sur les apprentissages réalisés. Cependant, indirectement, certains signes peuvent être considérés et servir de balises. L'un de ces indices clés est l'apprentissage de l'élève, c'est-à-dire ce qu'il acquiert, retient et maîtrise au point de le transférer quel que soit le contexte. Quand Laurent, enseignant en 6e année, décide de stimuler les habiletés d'écriture de ses élèves par des jeux de rôles qui sont retranscrits sous forme de romans, et que tous y participent et améliorent leur écriture, il est fort probable que leur cerveau sorte gagnant de cette expérience. L'enseignant joue un rôle de premier plan dans la réalisation de ces apprentissages.

Certains apprentissages se font sur une longue période de temps, parce que les structures neurologiques qu'ils requièrent ont besoin de temps pour se développer. Apprendre à tracer des lettres en écriture cursive est probablement l'un des apprentissages sensorimoteurs les plus complexes. Le système nerveux de l'enfant doit moduler la force de préhension appliquée sur le crayon, assurer l'enchaînement des mouvements, calibrer ces mouvements dans l'espace restreint de la feuille, surveiller visuellement et proprioceptivement que les mouvements sont exécutés selon les modèles d'écriture requis. Avant d'être acquis, mémorisé et transférable, le geste d'écriture demande de la pratique et du temps.

Du préscolaire à la 6e année, chaque éducatrice ou enseignante contribue à un apprentissage qui atteindra sa forme aboutie quelquefois seulement au secondaire, lorsque l'enfant maîtrisera une forme d'écriture efficace, personnalisée et lisible. La contribution au développement neurologique s'inscrit par conséquent dans un tout, un peu comme dans une course à relais. Il faut s'assurer que le témoin ne tombe pas au cours de la transmission, que la transmission d'un relais à l'autre facilite la progression vers l'avant et n'entraîne pas de recul. Dans une course à relais, si l'un des membres de l'équipe a progressé plus lentement, cela ne veut pas dire que toutes les courses vont se faire au même rythme. Pour certaines phases du relais, les conditions permettront peut-être d'aller plus vite. Lorsqu'il était en première année, Nathan trouvait la calligraphie difficile et avait beaucoup de difficultés à tracer les lettres sans avoir mal au poignet. Aujourd'hui, en deuxième année, il a beaucoup changé morphologiquement. Il a grandi et se tenir à son pupitre est moins contraignant qu'auparavant. Il trouve finalement que la calligraphie est beaucoup plus facile, même si elle est de type cursif. Son apprentissage s'effectue d'ailleurs à un rythme beaucoup plus rapide cette année.

Contribuer au développement neurologique de l'enfant, c'est être opportuniste dans ses interventions éducatives et son enseignement. C'est savoir tirer profit de chaque situation pour permettre à l'enfant d'apprendre. Il a tant à découvrir! Si après une période de mathématiques, vous constatez que vos élèves ne captent plus d'informations, pourquoi ne pas leur permettre d'aller jouer dehors quelques minutes? Ensuite, il vous sera plus facile de leur demander un effort d'attention, de réflexion ou de concentration. Contribuer au développement neurologique de l'enfant ne revient donc pas à le stimuler à tout prix, mais plutôt à exploiter de façon judicieuse les ressources neurologiques dont dispose chaque enfant.

En somme, apprendre implique des modifications neurologiques, d'où l'importance que chaque enfant puisse vivre des expériences enrichissantes pour le bon développement de son cerveau. Comme le signalent Post, Hohmann, Bourgon et Léger (2004) en citant Shore (1997), « le cerveau est construit pour bénéficier de l'expérience » et « les actions affectent directement l'organisation du cerveau » (p. 3) (rapportés dans Cadoret et Bouchard, 2008). Tout le défi de l'éducation consiste à respecter les besoins et les intérêts de l'enfant, de même qu'à lui offrir les conditions optimales de stimulations en fonction de son niveau de développement. Le défi est de taille car beaucoup de mécanismes neurologiques sous-jacents aux apprentissages scolaires restent encore méconnus.

1.7 Le stress et le développement neurologique
Approfondissement

Le cortex préfrontal est la région la plus sensible aux effets néfastes du stress (Arnsten, 2009). Il peut s'agir d'un stress aigu, c'est-à-dire ponctuel comme vivre un accident, ou encore un stress chronique qui se répète de façon régulière, comme des pressions trop fortes pour réussir vécues chaque jour par l'enfant. Dans ces cas, le fonctionnement du cortex préfrontal est altéré, ce qui nuit aux performances cognitives de l'individu, voire à sa réussite scolaire. Par exemple, Véronique, qui est âgée de 10 ans, a sa mère qui est atteinte d'une dépression majeure. Elle n'est pas disponible affectivement pour Véronique qui doit se débrouiller seule pour faire ses devoirs, garnir sa boîte à lunch, choisir ses vêtements, etc. Véronique vit cette situation avec beaucoup de stress et ses apprentissages s'en trouvent affectés.

En situation de stress, la concentration de certains neurotransmetteurs comme la dopamine est augmentée. Les **neurotransmetteurs** sont des *agents chimiques essentiels dans la communication entre les neurones*[3]. Ce changement de concentration fait en sorte que les fonctions cognitives sont perturbées. La régulation du comportement ne se fait plus à partir du raisonnement, de la réflexion et de la planification, mais devient plus émotionnelle et réflexe. Ce mécanisme peut nous sauver la vie en situation de danger, soit lorsque nous avons besoin de réagir rapidement. Ainsi, Laurent a besoin de s'échapper rapidement devant un chien qui veut l'attaquer. À l'inverse, cette situation devient nuisible si notre réaction mérite une analyse. Par exemple,

Neurotransmetteurs : *agents chimiques essentiels dans la communication entre les neurones.*

---
3. Pour plus d'informations sur les neurotransmetteurs, voir Cadoret et Bouchard (2008).

Sophie vient de renverser un gros pot de peinture dans le local au service de garde. Elle a alors le réflexe de fuir, même si une analyse de la situation lui aurait permis de chercher du papier absorbant pour limiter les dégâts avant que le pot ne se soit complètement vidé. Des études chez le rat ont démontré que le stress vécu de façon chronique est d'autant plus dévastateur qu'il entraîne des changements architecturaux dans le cortex préfrontal au niveau des ramifications des neurones, ce qui implique des dommages plus profonds. Heureusement, chez l'adulte, ces effets semblent réversibles après quelques semaines de non-stress (Lupien, McEwen, Gunnar et Heim, 2009).

Le stress peut affecter le développement cérébral de l'enfant. Les sources de stress varient : vivre en contexte de pauvreté, de mauvais traitements, d'abus sexuels ou encore un stress occasionné par des problèmes de santé mentale chez les parents. D'après Lupien *et al.* (2009), il existerait au cours du développement des périodes de vulnérabilité pendant lesquelles certaines parties du cerveau pourraient être atteintes par des agents stressants. L'hippocampe serait plus vulnérable pendant l'enfance, tandis que le cortex frontal serait plus fragile au moment de l'adolescence.

La sévérité du stress est également un déterminant important. Des études chez les animaux ont montré qu'un jeune singe est stressé s'il est séparé de sa mère. Cependant, si cette séparation est momentanée et que le jeune singe apprend que sa mère va revenir après un court laps de temps, le stress diminue et l'apprentissage effectué semble favoriser la résilience au stress à l'âge adulte (Parker, Buckmaster, Justus, Schatzberg et Lyons, 2005). Un stress sévère dans le sens où il s'avère intense et perdure dans le temps peut par contre modifier la trajectoire développementale d'un enfant. Ainsi, les effets d'un stress vécu pendant l'enfance ne peuvent se manifester qu'à la puberté ou même à l'âge adulte. C'est un peu comme l'histoire de JP. Si un enfant subit des mauvais traitements pendant l'enfance qui affectent le développement précoce de son cortex préfrontal, il se peut que les effets ne se matérialisent qu'à l'âge adulte, sous forme d'une maladie mentale due à un dysfonctionnement préfrontal comme la dépression.

La plasticité cérébrale offre heureusement un contrepoids à ces effets et de l'espoir pour les enfants. Si dans l'histoire de JP les médecins ignoraient le déficit au niveau du cortex préfrontal, dans le cas

Capsule 1.2

Le projet Verglas : le stress prénatal et ses effets sur l'enfant

En janvier 1998, le Québec a connu une importante tempête de verglas qui a causé de nombreux soucis, particulièrement en Montérégie. De nombreuses familles ont vu leur maison endommagée et ont dû aller vivre dans des centres pour sinistrés. Parmi certaines de ces familles, il y avait des femmes qui étaient enceintes. Une équipe de l'Université McGill a alors décidé de suivre 150 familles afin de mesurer les effets du stress prénatal sur l'enfant, et ce, tout au long de son développement. Comme nous venons de le voir, le stress influe sur les neurotransmetteurs et le fonctionnement de fonctions cognitives. L'une des hypothèses de cette recherche posait que le stress vécu par la mère durant sa grossesse aurait un effet sur le fonctionnement cognitif des enfants à naître, et ce, à cause des modifications dans la concentration des neurotransmetteurs, mais aussi de la présence d'hormones tel le cortisol (King et Laplante 2002, 2004, 2006a, 2006b ; Laplante, Barr, Brunet, Galbaud du Fort, Meaney et Saucier, 2004 ; Laplante, Brunet, Schmitz, Ciampi et King, 2008 ; Laplante *et al.*, 2007). Pour ce faire, les mères ont rempli de nombreux questionnaires afin d'évaluer le stress objectif et subjectif qu'elles avaient ressenti lors du Verglas.

Stress objectif : *renvoie à la sévérité de l'événement qu'un individu a vécu.*

Subjectif ou **relatif :** *renvoie à l'interprétation que l'individu fait d'une situation.*

Nous avons déjà énoncé que la sévérité du stress est un déterminant important sur le niveau de stress perçu par l'enfant. C'est pourquoi dans le cadre de cette recherche, King et Laplante (2006a) distinguent le stress objectif de celui subjectif. Le **stress objectif** renvoie « *à la sévérité de l'événement qu'un individu a vécu* » (King et Laplante, 2006a, p. 2). Dans le Projet Verglas, le stress objectif a été mesuré selon quatre composantes : la durée (le nombre de jours sans électricité et téléphone), les pertes matérielles et monétaires, les changements (le nombre de changements de résidence et les changements de routine) et les menaces (blessures et inquiétudes pour sa sécurité) (King et Laplante, 2006a). Le stress **subjectif** ou **relatif** est *l'interprétation que l'individu fait d'une situation*, peu importe la sévérité du stress objectif (King et Laplante, 2005b ; King et Laplante, 2005c ; King et Laplante, 2006a ; Lupien, 2009). Ainsi, dans cette étude, le stress objectif pourrait par exemple être le nombre de jours passés sans électricité, alors que le stress subjectif serait la réaction de la mère par rapport à cette situation.

> **Capsule 1.2** (suite)

Outre les mères, les enfants ont été et sont toujours évalués sur tous les aspects de leur développement. Des tests moteurs, socioaffectifs et cognitifs sont passés afin de vérifier si le stress vécu par leur mère influence ces aspects de leur développement. Finalement, les enseignantes de ces enfants collaborent aussi à cette recherche en répondant à des questionnaires qui dressent leur portrait dans un cadre scolaire. Les résultats montrent que les enfants dont les mères ont été exposées à un stress objectif élevé durant le verglas performent moins bien que les enfants dont les mères n'ont pas subi ce type de stress. Ainsi, à l'âge de 5 ans et demi, il est possible d'observer près de sept points de différence lors de la mesure de leur quotient intellectuel. Les enfants de mères ayant vécu un stress objectif élevé ont également un vocabulaire moins étendu que les enfants dont les mères ont vécu un stress objectif faible. De plus, les enfants des mères qui ont été exposées à un stress lors du troisième trimestre de leur grossesse ont une plus faible coordination bilatérale que les enfants dont les mères ont vécu le stress lors de leur premier ou de leur deuxième trimestre de grossesse (King et Laplante, 2006a, 2006b ; Laplante *et al.*, 2004 ; Laplante *et al.*, 2007 ; Laplante *et al.*, 2008).

Lorsque les enfants étaient âgés de 6 ans et demi, les chercheurs ont aussi constaté une augmentation de problèmes comportementaux et d'inattention chez ceux dont les mères avaient été exposées à un stress objectif élevé, et ce, en comparaison avec les enfants dont les mères n'avaient pas vécu ce type de stress (King et Laplante, 2006a ; Laplante *et al.*, 2008). Pour King et Laplante (2006a), il est clair que le stress prénatal est un **facteur de risque** pour le développement de l'enfant, soit un *événement qui augmente la probabilité que le développement de l'enfant se déploie plus difficilement* (Bee et Boyd, 2008).

Facteur de risque : *événement qui augmente la probabilité que le développement de l'enfant se déploie plus difficilement.*

d'atteintes physiques ou psychologiques faites aux enfants, il est possible de détecter les difficultés, quelquefois par le comportement de l'enfant, et de remédier à la situation. D'après les principes de plasticité cérébrale, placer l'enfant dans un environnement sécurisant, sensible et où il reçoit du soutien, lui permettre de fréquenter un environnement scolaire enrichi, pourraient non seulement contrecarrer les effets immédiats du stress vécu, mais prévenir l'apparition tardive de problèmes de santé mentale à l'âge adulte (Lupien *et al.*, 2009).

Les enfants participant à cette recherche sont maintenant âgés de 11 et 12 ans. La question est maintenant de déterminer ce qui cause les différences observées chez les enfants du projet Verglas. Si, comme le soutiennent Lupien *et al.* (2009), il existe au cours du développement de l'enfant des périodes de vulnérabilité où son cerveau serait affecté par le stress, est-il possible que le développement prénatal soit l'une de ces fenêtres ? Les chercheurs ont d'ailleurs décidé d'utiliser la résonance magnétique afin de vérifier si les structures cérébrales des enfants ont été affectées par le stress vécu par leur mère (King *et al.*, 2009). Cette recherche est en cours et les résultats sont à surveiller dans les prochaines années !

1.8 Conclusion — *Le cerveau de l'enfant*

Le cerveau est une structure essentielle car il gère nos actions, nos pensées et nos émotions. Au cours du développement de l'enfant, le cerveau s'organise. En étant adéquatement stimulé, il suit une trajectoire qui lui permettra à l'âge adulte d'assumer pleinement le contrôle de fonctions très diverses. Dans chaque trajectoire s'inscrit l'histoire personnelle de l'enfant : son bagage génétique, les influences de son environnement comme ses expériences. La période de 6 à 12 ans est une période très importante du développement neurologique. Non seulement l'enfant y est stimulé par les apprentissages scolaires effectués, mais c'est aussi la période où il choisit les activités dans lesquelles il veut se perfectionner, comme des activités sportives ou artistiques. Il développe sa personnalité, ses traits distinctifs qui le différencient de ses pairs. Ainsi, Mathieu, qui est inscrit au club d'échecs, développe des habiletés de concentration et de stratégies. Pour sa part, Florence, qui, à la même heure, préfère jouer dans la cour de récréation, développe sa créativité en inventant de nouveaux jeux avec ses amis. Chaque enfant est un être unique à qui enseigner, à éduquer, voire à qui apprendre, à découvrir et à accompagner dans une optique de développement global harmonieux et optimal.

Toute action éducative ou toute pratique enseignante qui favorise l'apprentissage de l'enfant est une contribution au développement neurologique de celui-ci et, à ce titre, est extrêmement importante, que ce soit quand Isabelle enseigne à ses élèves les principes du baromètre, quand Chantal apprend le crochet ou le tricotin aux enfants de son groupe au service de garde, ou quand Nicolas est initié par le directeur aux règles de vie de l'établissement dès son entrée à l'école. Comme nous l'avons vu dans ce chapitre, apprendre sous-entend des modifications neurologiques et il est donc primordial que chaque enfant puisse vivre des expériences enrichissantes pour le bon développement de son cerveau.

Appliquer pour mieux comprendre

Exercices récapitulatifs

À partir des notions vues dans le cadre du présent chapitre, répondez aux questions suivantes. Vous trouverez les réponses à ces questions à la fin du livre.

1. Ce que le cerveau n'emprunte pas comme ligne de communication est détruit et ne restent que les connexions qui sont utilisées, voire stimulées. Ce processus d'élimination de synapses se nomme _____.

2. Vrai ou faux. Chaque région cérébrale a son propre rythme de développement.

3. Vrai ou faux. Le développement du cerveau de l'enfant est influencé par les gènes que ses parents lui ont légués.

4. Quelle partie du cerveau est responsable de rassembler, confronter, recombiner et synthétiser nos idées, pour permettre que notre comportement futur soit guidé par l'ensemble des informations disponibles, présentes ou passées ?

5. Quel est le nom du processus par lequel les stimulations reçues, en l'occurrence des pratiques enseignantes et éducatives favorisant des apprentissages signifiants pour l'enfant, peuvent moduler l'architecture de son cerveau ?

Réfléchir pour mieux intervenir

Exercices réflexifs

Afin d'aller plus loin dans l'exercice de votre pensée, les questions suivantes vous sont posées en lien avec le contenu du chapitre. Bonne réflexion !

- Quel baromètre dois-je utiliser pour savoir si mon intervention ou mon enseignement favorise le développement neurologique de l'enfant ?

- La maturité neurologique de l'enfant est-elle juste une question d'âge chronologique ?

Pour en savoir un peu plus

Documents complémentaires

Les documents suivants vous sont proposés afin de compléter les informations présentées dans le cadre de ce chapitre ; il peut s'agir de livres, de sites Internet ou de documents audiovisuels.

Livres

Batigne, S. (2002). « Le système nerveux », dans S. Batigne (dir.), *Le corps humain : comprendre notre organisme et son fonctionnement*, Montréal, Québec Amérique, p. 42-53.

Cadoret, G. et C. Bouchard (2008). « Première pièce du puzzle. Le développement neurologique de 0 à 5 ans », dans C. Bouchard, avec la collaboration de N. Fréchette, *Le développement global de l'enfant de 0 à 5 ans en contextes éducatifs*, Québec, Presses de l'Université du Québec.

Carter, R., S. Aldridge, M. Page et S. Parker (2010). *Le cerveau humain*, Montréal, Éditions du Renouveau pédagogique.

Fédération canadienne des services de garde à l'enfance (2002). *Nourriture du corps, nourriture de l'esprit, neurologie du développement. La recherche en neurologie du développement : leçons à tirer pour les éducatrices dans leur pratique auprès des enfants*, Halifax, Fédération canadienne des services de garde à l'enfance.

Parent, A. (2009). *Histoire du cerveau. De l'antiquité aux* neurosciences, Québec, Les Presses de l'Université Laval.

Revue *Cerveau et Psycho*. Éditions pour la science.

Dehaene, S. (2007). *Les neurones de la lecture*, Paris, Odile Jacob.

Théodule, M.J. (2005). « Grandir, l'enfant et son développement », *La recherche, 388*, p. 29-79.

Toga, A., P. Thompson et E. Sowell (2005). « La turbulente dynamique de la matière grise », *La recherche, 388*, juillet-août, p. 42-51.

Sites Internet

Cité des sciences à Paris, <http://www.cite-sciences.fr/college>, pages sur les conférences liées au cerveau consultée le 10 février 2010.

Centre d'études sur le stress humain (CESH), <http://stresshumain.ca>, page consultée le 23 janvier 2010.

Fédération canadienne des services de garde à l'enfance, <http://www.cccf-fcsge.ca/publications/publications_fr.html>, voir le document *La recherche en neurologie du développement : leçons à tirer pour les éducatrices dans leur pratique auprès des enfants*.

Société américaine des neurosciences, <http://www.sfn.org>, Brain briefings, page consultée le 15 novembre 2007.

« Le cerveau à tous les niveaux », <http://lecerveau.mcgill.ca/flash/index_d.html>, page consultée le 15 novembre 2007.

Développement du cerveau des jeunes enfants, <http://www.pbs.org/wnet/brain>, page consultée le 15 novembre 2007.

Documents audiovisuels

Centre national de documentation pédagogique (1998). *In situ : encyclopédie des sciences. Cerveau et communication*, Montréal, Télé-Québec.

Edelmann, C. (1990). *Naissance du cerveau*, Paris, Film du Levant.

« Le stress et les enfants », <http://www.radio-canada.ca/emissions/decouverte/2009-2010/Reportage.asp?idDoc=98156>.

LE DÉVELOPPEMENT DE L'ENFANT DE 6 À 9 ANS

J'agis et je grandis

LE DÉVELOPPEMENT MOTEUR ET LE DÉVELOPPEMENT PSYCHOMOTEUR DE 6 À 9 ANS

Robert Rigal, Caroline Bouchard et Nathalie Fréchette

2 J'agis et je grandis

LE DÉVELOPPEMENT MOTEUR ET LE DÉVELOPPEMENT PSYCHOMOTEUR DE 6 À 9 ANS

2.1 J'agis et je grandis : introduction 55
2.2 Mon corps change : croissance 57
    2.2.1 Je grandis : croissance staturale 58
    2.2.2 Je prends du poids : croissance pondérale 59
    2.2.3 Des hormones à l'alimentation : facteurs influençant la croissance 60
2.3 Je joue et je découvre les sports : motricité globale 62
2.4 Je contrôle les mouvements de mes doigts : motricité fine 73
    2.4.1 J'apprends à écrire : calligraphie 73
        Je tiens mon crayon et j'oriente ma feuille :
            tenue du crayon et écriture 76
        La gauche ou la droite : main d'écriture 78
        J'écris des mots : tracé libre ou guidé 79
        La script ou la cursive : formes d'écriture manuscrite 82
        J'écris efficacement : lisibilité et vitesse d'écriture 84
    2.4.2 J'utilise une ou deux mains : coordination manuelle et bimanuelle 85
2.5 J'agis pour comprendre : développement psychomoteur 88
    2.5.1 Je manie les objets pour mieux comprendre :
           manipulation et concepts 89
    2.5.2 Je me situe dans l'espace : organisation spatiale 93
        Je construis mon espace : les composantes de l'organisation
            spatiale et leur acquisition 94
        De quel côté faut-il aller ? : orientation droite-gauche 97
    2.5.3 Je saisis le temps qui passe : organisation temporelle 100
        Qui arrive en premier ? : ordre 100
        Est-ce qu'on arrive bientôt ? : durée 101
    2.5.4 Je suis au bon endroit au bon moment :
           organisation spatiotemporelle 103
2.6 Soutenir le développement moteur et le développement psychomoteur :
    pratiques éducatives et enseignantes 105
2.7 Des difficultés motrices et psychomotrices : approfondissement 109
2.8 J'agis et je grandis : conclusion 113
Appliquer pour mieux comprendre : exercices récapitulatifs 115
Réfléchir pour mieux intervenir : exercices réflexifs 116
Pour en savoir un peu plus : documents complémentaires 117

2.1 Introduction

J'agis et je grandis

Après les ajustements des premières années, le développement moteur des enfants d'âge scolaire témoigne de réels progrès, grâce à un meilleur contrôle neuromusculaire. L'évolution du système nerveux, que nous venons de voir au chapitre précédent, permet une préparation et une réalisation plus justes des mouvements du corps par un meilleur contrôle des muscles. Sauter à la corde, jouer au ballon-panier et grimper le mur d'escalade sont des comportements moteurs complexes que l'enfant de 6 à 9 ans maîtrise de mieux en mieux. La coordination motrice lui permet la pratique d'un large éventail d'activités sportives et les changements morphologiques associés à la croissance augmentent sa force musculaire, ce qui améliore du même coup ses performances motrices. Parallèlement, son développement psychomoteur favorise l'acquisition de concepts. En effet, les activités concrètes de manipulation comme trier des objets d'un ensemble selon certaines caractéristiques ouvrent le chemin de l'abstraction de la pensée à cet âge.

Avant de poursuivre, précisons d'emblée que les termes « développement moteur » et « développement psychomoteur » ne recouvrent pas la même réalité. D'une part, le **développement moteur** *concerne l'amélioration, avec l'âge et la pratique, des aptitudes et de la performance motrice des enfants.* Cette amélioration résulte de l'association de deux facteurs : l'évolution des structures neuromusculaires et la pratique d'activités motrices. Ainsi, c'est à cet aspect que l'éducation motrice, partie prenante de l'éducation physique et à la santé au préscolaire-primaire, s'adresse afin de renforcer le contrôle moteur des enfants et d'améliorer leur coordination et leur performance motrices. D'autre part, le **développement psychomoteur** *a trait au développement cognitif et à sa facilitation par les actions motrices au cours des 10 premières années de la vie* (Rigal, Nader, Bolduc et Chevalier, 2009). Pour Camélia, 6 ans, les notions de lourd et de léger s'expliquent difficilement de manière verbale. Par contre, il suffit de lui demander de soulever deux objets, un lourd et l'autre léger, pour qu'elle comprenne immédiatement les deux concepts et les distingue. De manière plus précise, ce sont les informations proprioceptives différentes, issues des contractions musculaires distinctes dans les deux cas, qui

> **Développement moteur :** *concerne l'amélioration, avec l'âge et la pratique, des aptitudes et de la performance motrice des enfants.*
>
> **Développement psychomoteur :** *a trait au développement cognitif et à sa facilitation par les actions motrices au cours des 10 premières années de la vie.*

Sens proprioceptif: assemble toutes les informations en provenance de nos muscles et de nos articulations.

Action motrice: constitue un comportement moteur réalisé en situation d'apprentissage et générant des informations ou perceptions lors de la manipulation d'objets pour les utiliser dans l'acquisition de concepts.

permettent à Camélia cette acquisition cognitive. Rappelons que le **sens proprioceptif** *rassemble toutes les informations en provenance de nos muscles et de nos articulations* (Cadoret et Fréchette, 2008).

Le Boulch (1972) écrivait que l'éducation psychomotrice était une forme «d'éducation par le mouvement». Toutefois, ce n'est pas le mouvement, ni la motricité d'ailleurs, qui sont sources de modifications cognitives, mais bien l'action motrice en elle-même. L'**action motrice** *constitue* donc *un comportement moteur réalisé en situation d'apprentissage et générant des informations ou perceptions lors de la manipulation d'objets pour les utiliser dans l'acquisition de concepts.* Les actions motrices, et leurs résultats, sont sources d'informations perceptives à partir desquelles l'enfant conceptualise des notions plus ou moins complexes et abstraites. L'action, sollicitant la participation active et consciente du sujet, débouche sur la connaissance (Rigal *et al.*, 2009). Ainsi, la manipulation et les actions motrices de Camélia lui permettent d'intégrer les concepts de lourd et de léger et de faire de nouveaux apprentissages. En bref, le développement moteur concerne l'évolution de l'habileté motrice chez l'enfant, tandis que le développement psychomoteur traite du lien entre ses actions motrices et son développement cognitif.

Dans ce chapitre, nous explorerons différents aspects du développement moteur et du développement psychomoteur de l'enfant âgé de 6 à 9 ans. Concernant le développement moteur, nous verrons la croissance, la motricité globale et la motricité fine, cette dernière étant associée au graphisme. En lien avec le développement psychomoteur, nous exposerons la manipulation et l'acquisition de concepts, l'organisation spatiale, l'organisation temporelle et l'organisation spatio-temporelle. Puis, nous présenterons les pratiques à privilégier par le personnel éducateur en service de garde en milieu scolaire et le personnel enseignant au préscolaire-primaire, afin de mieux soutenir les développements moteur et psychomoteur chez l'enfant de 6 à 9 ans. Une section portant sur les difficultés motrices et psychomotrices permettra d'approfondir certaines notions avant de conclure.

2.2 Croissance

Mon corps change

La croissance morphologique qui concerne la taille et le poids de l'enfant est certainement l'aspect le plus visible de la métamorphose du corps de 6 à 9 ans. Depuis son entrée en maternelle, Mathilde a déjà bien grandi, comme en témoignent de manière évidente les photos d'elle : sa taille et son poids ont augmenté. À noter que la croissance morphologique de Mathilde dépend essentiellement de facteurs génétiques, hérités de ses parents, et de facteurs alimentaires, les premiers fournissant la base sur laquelle agiront les seconds. Mais ce n'est pas parce que ses deux parents sont grands que Mathilde aura nécessairement la même taille qu'eux ! La croissance comprend effectivement deux grandes composantes que nous présentons dans la prochaine section : la croissance staturale et la croissance pondérale.

Je grandis

2.2.1 Croissance staturale

Entre la naissance et la fin de l'adolescence, la taille augmente d'environ 3,5 fois, l'enfant grandissant en moyenne de 5 à 8 cm par année (Massicotte, 1990). Ces changements résultent de l'accroissement de la taille des os composant le squelette axial, soit celui de l'axe vertical du corps, le crâne, la colonne vertébrale, le bassin et les jambes. De 6 à 9 ans, les tailles moyennes et le poids des garçons et des filles s'équivalent (Massicotte, 1990). Il en résulte, en d'autres termes, que pour un âge donné, les filles sont généralement plus proches de leur taille adulte que les garçons! Pendant cette période, il est aussi possible de relever une légère poussée de croissance vers 7-8 ans, et ce, chez les deux sexes.

Pendant la croissance, les os augmentent en longueur et en diamètre par l'addition constante de nouvelles cellules cartilagineuses pré-osseuses qui se minéralisent ou se calcifient progressivement. Cette calcification des os du squelette s'effectue dans un ordre bien défini. Cela permet en particulier de vérifier si l'âge physiologique d'un enfant correspond à son âge chronologique, en comparant les radiographies des os de son poignet à celles d'enfants témoins du même âge, regroupées dans des chartes. La calcification des os requiert l'apport indispensable de vitamine D et de phosphate de calcium, les deux étant apportés par l'alimentation; la première permet la fixation du second sur les cellules osseuses. Les carences en vitamine D et en phosphate de calcium sont rares chez les enfants de nos sociétés, ainsi que le rachitisme qu'elles provoquent, et ce, grâce à leur présence supplémentaire dans certains aliments comme le lait en particulier. Plusieurs autres vitamines comme les vitamines A, E, K, C et celles du groupe B sont indispensables aux mécanismes de la croissance. Il faut se rappeler qu'un excès d'une vitamine ne compense pas la déficience quantitative d'une autre: leurs actions sont spécifiques. Ainsi, et comme nous le verrons dans le chapitre 6, une alimentation équilibrée en vitamines est essentielle à la croissance de l'enfant (Benton, 2008a).

Cartilage de croissance: *les os s'allongent grâce au cartilage de croissance.*

Diaphyse: *partie longue des os.*

Les *os s'allongent grâce au* **cartilage de croissance** ou de conjugaison, situé à chaque extrémité de la **diaphyse**, qui est *la partie longue des os* illustrée à la figure 2.1. Puis, ils s'épaississent en largeur

Figure 2.1
La croissance des os longs

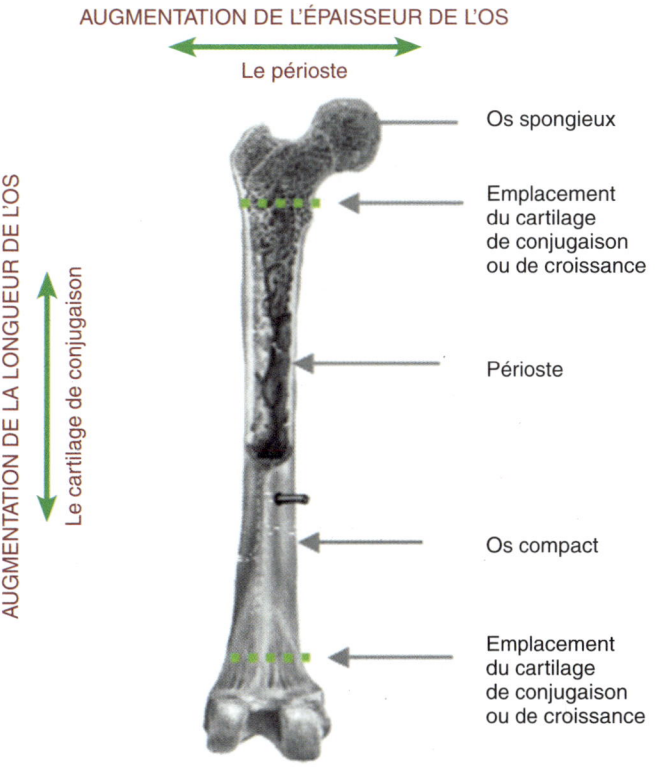

par l'action du **périoste**, *gaine entourant la diaphyse*. Lorsque Chloé, 9 ans, est tombée à bicyclette et s'est fracturé le bras, c'est grâce au périoste que son os s'est ressoudé par la formation d'un *anneau osseux autour de la fracture*, le **cal**. Heureusement, nous conservons cette possibilité tout au long de notre vie. Ce cal est si résistant qu'une autre fracture à ce même endroit est pratiquement impossible!

Périoste: *gaine entourant la diaphyse.*

Cal: *anneau osseux autour de la fracture.*

2.2.2 Croissance pondérale
Je prends du poids

Globalement, le poids d'une personne adulte est d'environ 20 fois supérieur à celui de sa naissance. En moyenne, le poids augmente de 2500 g par an entre l'âge de 2 ans et l'adolescence (Massicotte, 1990). Le poids, ou la masse corporelle totale, résulte de la somme de la masse de tissus maigres (MTM), que constituent les os, les muscles, le système nerveux, le sang et les organes internes, et de celle des tissus gras (MTG) ou tissus sous-cutanés. Si, jusqu'aux environs de

2 ans, les filles et les garçons ont à peu de chose près la même proportion de ces deux masses, après cet âge, l'écart se creuse. En effet, le rapport MTG/MTM diminue pour les garçons, mais augmente pour les filles, essentiellement parce que ces dernières possèdent davantage de tissus gras et les premiers plus de muscles. Il y a donc des différences liées au sexe quant à la répartition de ces deux masses, bien que, d'un point de vue morphologique, taille et poids soient comparables pour les filles et les garçons de cette tranche d'âge (Costill et Wilmore, 2006).

Comment se fait-il que nous prenions du poids ? D'abord, parce que la taille de nos os, nos muscles et nos organes internes augmente avec l'âge ainsi que leur poids ! Nous disposons aussi, dans les tissus sous-cutanés de notre corps, des cellules adipeuses, cellules constituant des réservoirs pour les graisses (Roche, 1981). Si chaque cellule emmagasine un supplément de graisse, le volume des tissus, ainsi que le poids, augmentent. Plusieurs facteurs agissent sur notre poids, comme les comportements alimentaires et la pratique ou non d'activités physiques. Il y a aussi l'hérédité, notamment le poids des parents. Selon l'OMS (2004), un enfant de 9 ans qui présente un surpoids et dont l'un des parents est obèse a plus de risque de souffrir d'obésité qu'un enfant du même âge dont les deux parents présentent un poids santé. Nous reviendrons sur cette question des facteurs influençant la croissance pondérale dans le chapitre 6, notamment dans l'optique de promouvoir de saines habitudes de vie auprès des élèves.

2.2.3 Facteurs influençant la croissance
Des hormones à l'alimentation

Hormones: *substances chimiques sécrétées par les glandes endocrines ou glandes à sécrétion interne comme l'hypophyse, la thyroïde et la parathyroïde, les glandes surrénales, le pancréas, les ovaires et les testicules.*

Hypothalamus : *structure de l'encéphale active, entre autres, dans le contrôle des émotions.*

La croissance dépend de facteurs internes, gènes et hormones, et de facteurs externes, tels que l'alimentation et la pratique d'activités physiques. Les **hormones** sont des *substances chimiques sécrétées par les glandes endocrines ou glandes à sécrétion interne comme l'hypophyse, la thyroïde et la parathyroïde, les glandes surrénales, le pancréas, les ovaires et les testicules*. À noter que ces hormones circulent dans tout le corps grâce au sang. Le système hormonal est sous la dépendance de l'**hypothalamus**, une *structure de l'encéphale active, entre autres, dans le contrôle des émotions* (Parent et Cloutier, 2009).

Hypophyse : *clé de voûte du système hormonal.*

Cette structure agit directement sur l'**hypophyse**, *clé de voûte du système hormonal*, qui stimule ensuite les sécrétions des autres glandes endocrines, lesquelles, à leur tour, la contrôlent (Parent et Cloutier, 2009). Si l'hypophyse ne sécrète pas suffisamment d'hormones de croissance, l'enfant ne grandit pas selon son modèle génétique : il est alors question de nanisme hypophysaire. Ainsi, sa taille est proche de la normale à la naissance, mais n'augmente que très peu par la suite. Des hormones de synthèse, substances élaborées chimiquement, permettent aujourd'hui de compenser en partie ce déficit (Kennedy, Davis, Smith, Gaedigk, Pearce et Kearns, 2008).

L'hypothalamus étant au cœur du système émotionnel, il est également aisé de comprendre que toute forme de stress vécue par les enfants comme les problèmes de santé mentale des parents, les représailles constantes des adultes, la domination par la fratrie, une mauvaise estime de soi, voire une situation générant de l'anxiété, agira sur la libération des facteurs de croissance. La croissance de l'enfant en sera par le fait même perturbée, tant celle staturale que pondérale. C'est ainsi, par exemple, que dans une étude conduite afin de déterminer les effets d'une alimentation enrichie sur la croissance, les enfants d'un groupe subissant les sévices d'une infirmière, à l'insu des responsables de l'étude, ont vu leur taille augmenter moins rapidement que celle d'enfants d'un groupe témoin non victime de sévices, et ce, malgré le fait que les premiers recevaient un régime alimentaire amélioré par rapport aux seconds (Tanner, 1964).

Précisons que nous héritons d'un modèle de croissance qui se réalisera dans la mesure où aucun facteur négatif n'interférera avec lui. En effet, tous les enfants d'un âge donné n'ont pas la même taille. Cela résulte en partie du modèle génétique hérité des parents, mais peut aussi, dans des cas de malnutrition, refléter le milieu social dans lequel vivent les enfants. Prenons l'exemple de Mathilde et de Jade qui ont des parents de tailles équivalentes, mais qui grandissent dans des environnements différents. Mathilde est un peu plus grande que Jade : la première dispose d'une alimentation variée et suffisante, alors que Jade souffre de malnutrition. Ainsi, l'apport alimentaire satisfaisant de Mathilde, tant en termes de quantité que de qualité des aliments, permet l'expression optimale de son modèle génétique.

À l'inverse, la malnutrition de Jade, soit une nourriture en quantité suffisante, mais mal équilibrée, ne permet pas cette pleine expression de son bagage génétique. Pour d'autres enfants, il peut aussi s'agir de dénutrition, soit le fait que la nourriture soit en quantité et qualité insuffisantes. Les lacunes alimentaires, tout comme le milieu dans lequel vit l'enfant, se répercutent donc sur sa taille. Si des conditions extrêmes se produisent, maladies ou carences alimentaires et affectives, alors la croissance staturale peut ralentir. Toutefois, cette croissance peut reprendre si les conditions dans lesquelles vit l'enfant redeviennent normales (Tanner, 1964). Ce mécanisme de rattrapage porte le nom de **processus de compensation**. Il est d'ailleurs exemplifié dans la capsule 2.1.

Processus de compensation : *mécanisme permettant à la croissance de reprendre si les conditions entourant l'enfant redeviennent normales.*

2.3 Motricité globale
Je joue et je découvre les sports

Axelle, Laurence, Elliot et Émile font leur entrée au primaire. Déjà, ils maîtrisent la plupart des grands patrons moteurs que sont la course, le saut, le lancer, le coup de pied à un ballon. Ils contrôlent bien leur équilibre statique ou sur place sur une jambe, aussi bien que celui dynamique ou en mouvement. Au fur et à mesure de leur croissance,

Capsule 2.1

Sous-alimentation et croissance : un cas extrême de rattrapage

Fuginaga, Kasuga, Uchida et Saiga (1990) rapportent le cas de deux jeunes enfants japonais retrouvés dans un monastère où ils avaient été sous-alimentés. Alors âgés de 5 et 6 ans au moment où ils ont été recueillis, ils n'avaient que la taille d'enfants d'un an ! Quatre ans plus tard, et grâce à une alimentation saine notamment, ils ont retrouvé une taille comparable à celle d'enfants du même âge qu'eux. Leur développement moteur ainsi que leurs aptitudes cognitives étaient aussi similaires à ceux d'enfants de leur âge. Plus proche de nous, certains cas d'adoption de bébés en provenance de pays où sévit la dénutrition montrent la réalité du rattrapage avec une augmentation très rapide de leurs croissances staturale et pondérale (Cohen, Lojkasek, Zadeh, Pugliese et Kiefer, 2008). Ainsi, une alimentation saine jointe à un milieu de vie sécurisant et stimulant sur tous les plans du développement favorise la croissance de l'enfant.

leurs performances motrices augmentent également, grâce à l'accroissement de leur vitesse d'exécution et à l'amélioration graduelle de leur coordination. En retour, cela leur confère une plus grande efficacité dans l'exécution d'activités physiques et améliore la connaissance qu'ils ont de leur corps, leur schéma corporel.

Parler de **schéma corporel**, c'est faire appel à cette *conscience que nous avons de l'ensemble de notre corps, à l'arrêt ou en mouvement* (Papalia, Olds et Feldman, 2010 ; Rigal, 2003). Cette connaissance et utilisation du corps s'améliore, notamment, par l'intégration dans la mémoire des sensations kinesthésiques en provenance de notre corps en mouvement ainsi qu'à l'arrêt et avec la pratique d'activités physiques. En effet, nous devenons plus habiles au fur et à mesure que nous nous exerçons. Le schéma corporel permet à l'élève « d'agir et d'interagir dans divers contextes de pratique d'activités physiques et d'en arriver à adopter un mode de vie sain et actif » (MEQ, 2001, p. 256). En plus de l'utilisation du corps, le schéma corporel inclut l'identification de ses parties, savoirs essentiels du volet de l'éducation physique et à la santé du PFEQ (MEQ, 2001). L'épreuve du Dessin du Bonhomme, présentée à la capsule 2.2, permet notamment d'avoir accès à l'évolution de la représentation du schéma corporel de l'enfant.

Au primaire, non seulement l'enfant améliore-t-il son efficience motrice et ses habiletés à entrer en relation avec les autres, mais il y acquiert aussi les connaissances nécessaires pour assurer son bien-être. D'ailleurs, à cet âge, il adore les cours d'éducation physique, est infatigable et passerait sa journée à courir, sauter et lancer, pour peu qu'on l'y incite et que l'on adapte la taille des équipements ou celles des terrains à ses possibilités. Par exemple, il peut être indiqué d'ajuster la hauteur des panneaux de basket-ball dans la cour d'école ou au gymnase et la taille des terrains de soccer et de baseball à ses capacités motrices. Si la croissance se poursuit de façon équivalente pour les garçons et les filles, quelques différences se font jour pour le développement moteur. Les filles obtiennent de meilleurs résultats que les garçons aux activités de souplesse ou d'équilibre, mais des performances légèrement inférieures aux activités requérant de la force, comme pour les sauts, la course, les lancers (Haubenstricker et Seefeldt, 1986). La différence, dans ce dernier groupe d'activités, se creuse d'ailleurs avec l'âge.

Schéma corporel : *conscience que nous avons de l'ensemble de notre corps, à l'arrêt ou en mouvement.*

Capsule 2.2

Le dessin du bonhomme

Le test du Dessin du Bonhomme de Goodenough (1957) consiste à demander à l'enfant de dessiner un bonhomme. La reproduction graphique obtenue, répliquant la représentation mentale de l'enfant, varie ainsi en fonction de son âge. La première étape, dès 3-4 ans, est celle du bonhomme têtard, dessiné de face, où seules la tête et les jambes sont représentées, la tête sous la forme d'un rond plus ou moins fermé et les jambes par un trait. Elle est suivie par l'étape du bonhomme de neige, vers 4-5 ans, où un cercle figure la tête, un autre le corps et des traits, les membres ; des points pour les yeux peuvent être présents dans le cercle. Puis, les autres parties du corps seront progressivement introduites vers 6-7 ans avec des proportions des parties du corps de plus en plus proches de celles de la réalité ; les membres sont fixés aux endroits appropriés (Baldy, 2008 ; Rigal, 2003).

Vers 8-9 ans, les détails comme les yeux, les oreilles, les lèvres et les doigts s'ajoutent, tout en correspondant à la réalité. Le dessin est d'ailleurs bien identifiable sexuellement, ce dont témoignent les habits ou les bijoux qui figurent sur les dessins. Il arrive aussi, à cet âge, que l'enfant dessine parfois autant ce qu'il connaît que ce qui est simplement visible : il dessinera ainsi par transparence les jambes sous la robe ! La taille que le dessin occupe sur la page, l'endroit où il se situe peuvent en plus constituer des indicateurs privilégiés par le psychologue pour évoquer la personnalité de l'enfant.

La course, apparue vers 2 ans, présente les caractéristiques adultes dès l'âge de 7 ans. La figure 2.2 montre que l'enfant pousse alors plus sur sa jambe postérieure, tout en inclinant son corps vers l'avant, et les bras participent davantage à la propulsion de son corps qu'à sa stabilisation. Il en résulte que la vitesse de course s'accroît de 4,5 m/s (mètres/seconde) à 6 ans à plus de 5,2 m/s à 8 ans, calculée

Figure 2.2
La course chez l'enfant

Caractéristiques (7-8 ans) : tronc incliné vers l'avant, balancer des bras vertical en phase avec les mouvements de la jambe opposée, poussée vers le bas et l'arrière complète en extension de la jambe de propulsion, phase de suspension nettement visible.
Tiré de Rigal *et al.*, 2009, p. 79.

sur une distance de 25 m avec une prise d'élan de près de 5 m (Haubenstricker et Seefeldt, 1986). De façon générale, les garçons de 6 à 8 ans sont, en moyenne, légèrement plus rapides que les filles d'environ 5 centimètres/seconde, notamment en raison d'un développement musculaire un peu plus important (Rigal, 2003).

Concernant les sauts, pour prendre l'impulsion du saut ou l'appel, l'enfant utilise ses deux jambes comme dans le saut en longueur sans élan pieds joints ou en extension à pieds joints, en partant accroupi et en sautant verticalement le plus haut possible. Par contre, il utilise une seule de ses jambes pour le triple saut, le saut en hauteur, en longueur et à cloche-pied. À 6 ans, Léonie peut déjà sauter près de 1 m dans un saut en longueur en extension, appel deux pieds (voir la figure 2.3) ; elle pourra en réaliser un de 1,30 m à 8 ans. Aux mêmes âges, Alexandre saute respectivement 1,05 m puis 1,35 m (Haubenstricker et Seefeldt, 1986). Lorsqu'il devra sauter en hauteur, appel deux pieds, son saut atteindra 18 cm vers 6 ans et 25 cm à 8 ans. Pour le saut à cloche-pied présenté à la figure 2.4, où la force et l'équilibre requis sont plus importants, il faut attendre 5 ans pour que l'enfant fasse une dizaine de sauts enchaînés (Rigal, 2003). Le jeu de la marelle devient dès lors possible et surtout agréable pour Léonie.

Différentes activités motrices sont de nature balistique, c'est-à-dire qu'une force de propulsion doit être appliquée à un objet pour le projeter, comme dans les lancers et les frappers. Pour le lancer illustré à la figure 2.6, l'enfant n'utilise dans un premier temps que son bras.

Figure 2.3
Le saut en longueur sans élan chez l'enfant

Caractéristiques (6-8 ans): tronc bien incliné vers l'avant (45 degrés), balancer net des bras vers l'arrière, importante flexion des jambes et vive extension; arrivée sur les deux pieds avec extension puis flexion des jambes.

Tiré de Rigal *et al.*, 2009, p. 80.

Figure 2.4
Le saut à cloche-pied chez l'enfant

Caractéristiques (5-6 ans): inclinaison nette du tronc vers l'avant, les bras participant à la prise d'élan (synchronisme jambe libre et bras opposé) avec la jambe libre (extension-flexion nette et vive à la hanche), extension nette de la jambe d'appui et retombée sur l'avant de la plante des pieds.

Tiré de Rigal *et al.*, 2009, p. 82.

Figure 2.5
La roulade avant chez l'enfant

Caractéristiques (7-8 ans): tronc bien arrondi, tête bien rentrée pendant l'appui, dos rond facilitant le rouler, cuisses fléchies sur le tronc, poussée énergique des bras et des jambes; jambes fléchies à l'arrivée, pieds près des fesses, ce qui facilite le relever avec la projection des bras vers l'avant, sans l'aide des mains au sol.

Tiré de Rigal *et al.*, 2009, p. 84.

Figure 2.6
Le lancer par-dessus l'épaule chez l'enfant

Caractéristiques (6-7 ans) : rotation importante du tronc du côté du bras lanceur, large ouverture du bras lanceur vers l'arrière et le haut avec extension du coude vers l'avant et le haut pendant le lancer, bras libre horizontal vers l'avant, poids du corps sur la jambe arrière du même côté que le bras au départ et avancer de la jambe opposée en fin de lancer pour achever l'impulsion.

Tiré de Rigal *et al.*, 2009, p. 83.

Puis, entre l'âge de 3 et 5 ans, il prend de l'élan en se tournant du côté de son bras lanceur. Entre 5 et 6 ans, il prend de l'élan en tournant son corps du côté de son bras lanceur et, en fin de lancer, il fait un pas en avant du pied situé du même côté que son bras lanceur, soit le bras ipsilatéral. D'ailleurs, plus de filles que de garçons continuent à lancer de cette façon tout au long de leur développement, par manque de pratique ou de stimulations appropriées d'un adulte.

À la dernière étape du développement du lancer, l'enfant imprime une forte impulsion à l'engin lancé par la poussée préalable de la jambe située du même côté que le bras lanceur et transfère le poids de son corps sur le pied opposé au bras lanceur à la fin du lancer. C'est dans cette activité que les différences entre les garçons et les filles sont les plus visibles et s'accentuent avec l'âge. À 6 ans, Cassandre lance une balle à une distance de 5 m et Isaac à 10 m ; à 8 ans, elle la projette à 10 m alors qu'Isaac la propulse à une distance de 16 m (Haubenstricker et Seefeldt, 1986). Chez Isaac, la pratique du baseball a d'ailleurs facilité l'acquisition plus précoce d'un lancer en opposition jambe-bras (Halverson, Roberton, Safrit et Roberts, 1977 ; Le Mercier, 1999).

Plusieurs activités motrices globales requièrent aussi une bonne **coordination visuomanuelle** qui *consiste à guider visuellement la main ou le pied* (Rigal, 2003). À noter que le terme « coordination oculomanuelle » est largement répandu, mais il est erroné, car ce n'est pas l'œil qui guide la main, mais bien la vision en elle-même. C'est le cas pour attraper un ballon ou dribbler, frapper une balle avec une

Coordination visuomanuelle : *consiste à guider visuellement la main ou le pied.*

Temps de réaction :
temps s'écoulant entre la présentation d'un stimulus et la réponse attendue du sujet.

raquette ou un ballon avec le pied. Ces activités sont, par nature, perceptivomotrices, combinant la perception et la réponse motrice. Elles requièrent un traitement rapide de l'information pour réagir vite, soit le temps de réaction, et une vitesse élevée de mouvements. Le **temps de réaction** est le *temps s'écoulant entre la présentation d'un stimulus et la réponse attendue du sujet* (Whiting, 1969). Entre l'âge de 5 et 8 ans, les temps de réaction diminuent rapidement, de près de 500 millisecondes (ms) à 5 ans à 220 ms vers 8 ans. Parallèlement, la vitesse des mouvements augmente. Cela permet à Isaac de réagir ou d'agir plus rapidement et de façon plus efficace pour attraper la balle lorsqu'il joue au baseball, par exemple.

Dans l'attraper, il n'est donc pas étonnant qu'Émile, 6 ans, après avoir échappé le ballon vers 3 ans parce qu'il fermait ses bras trop tardivement, les plie maintenant vers son tronc pour coincer le ballon entre ses mains, formant ainsi une coupe pour accueillir ce ballon (voir la figure 2.7). Après 5 ans, l'enfant commence aussi à se déplacer en fonction de la trajectoire du ballon si celui-ci ne vient pas directement à lui, les garçons attrapant alors mieux que les filles.

Pour le dribble, vers 5 à 6 ans, l'enfant frappe plusieurs fois de suite le ballon, bras tendu vers l'avant, pieds fixes au sol. Puis, de 7 à 8 ans, il commence à fléchir le bras, se déplace en marchant, tout en contrôlant visuellement son activité, comme illustré à la figure 2.8. Plus tard, enfin, l'enfant surveillera le ballon du « coin de l'œil » en s'aidant de la main pour le faire rebondir et le guider dans la bonne direction. Sa vision périphérique et sa proprioception se substitueront à sa vision centrale dans le contrôle de cette activité (Paillard, 1982). Rose, 9 ans,

Figure 2.7
L'attraper des deux mains chez l'enfant

Caractéristiques (5-7 ans) : les yeux suivent la trajectoire du ballon, déplacements possibles du corps vers la trajectoire du ballon, coudes fléchis et avant-bras tendus vers l'avant et s'ajustant à la trajectoire, saisie coordonnée du ballon par les mains.
Tiré de Rigal *et al.*, 2009, p. 86.

Figure 2.8
Le dribble chez l'enfant

Caractéristiques (7-8 ans) : tronc légèrement incliné vers l'avant, déplacement coordonné du corps, coude fléchi et contact avec le ballon pendant sa phase ascendante et poussée avec les doigts au lieu d'un frapper.
Tiré de Rigal *et al.*, 2009, p. 87.

qui pratique le basket-ball depuis plus d'un an, peut maintenant se déplacer en regardant les autres joueurs et non pas garder les yeux rivés sur le ballon à ses pieds.

Dès son jeune âge, l'enfant frappe un ballon au sol avec le pied comme le montre la figure 2.9. Entre 4 et 6 ans, il le frappe en faisant simplement un pas vers l'avant, sans élan de la jambe de frappe. Puis, la prise d'élan ou l'armé se précise graduellement et le frapper acquiert de plus en plus de force. Après 7 ans, le ballon est propulsé avec force vers l'avant, ce qui explique pourquoi l'enfant est souvent plus habile autour de cet âge lorsqu'il joue au soccer. Pour le frapper de volée, ce que fait souvent le gardien de but au soccer pour renvoyer le ballon à ses partenaires, il faut préalablement lancer le ballon dans les airs avant de le frapper avec la jambe tendue vers l'avant. Ce frapper devient de plus en plus efficace vers 5 à 6 ans lorsque l'enfant contrôle mieux son équilibre et l'armé, c'est-à-dire la prise d'élan, de la jambe de frappe (Rigal, 2003).

Figure 2.9
Le coup de pied à un ballon au sol

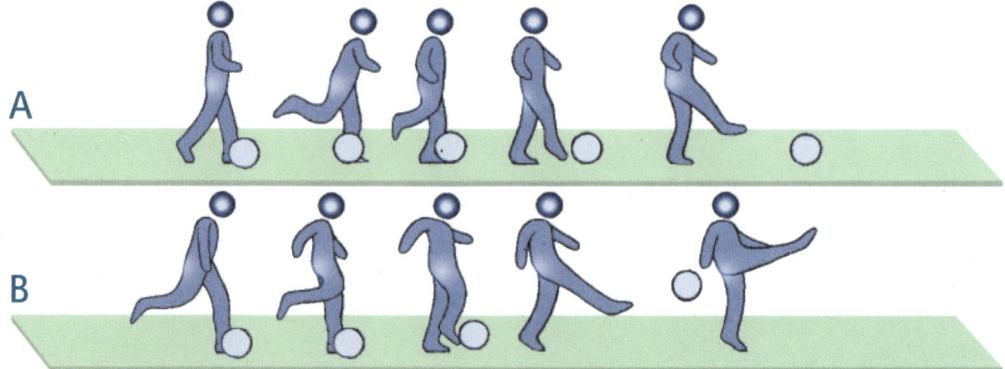

Caractéristiques A (4-7 ans) : tronc légèrement incliné vers l'arrière, bras en opposition avec les jambes, prise d'élan plus importante de la jambe arrière avec extension à la hanche et flexion au genou, retour vers l'avant par flexion de la hanche, extension du genou, la jambe continuant vers le haut après le frapper.

Caractéristiques B (8-10 ans) : inclinaison du tronc vers l'arrière pendant la préparation, bras en extension pour compenser les mouvements de la jambe de frappe, armé très vif de la jambe de frappe vers l'arrière puis retour.

Tiré de Rigal *et al.*, 2009, p. 88.

Pour frapper un objet comme une rondelle, une balle ou un volant avec un instrument tel un bâton ou une raquette, le geste augmente en complexité. D'abord parce qu'un élément extérieur modifie la « longueur » du bras de l'enfant et éloigne la partie de l'instrument qui frappe de son corps. Ensuite, parce qu'il faut ajuster le déplacement, la trajectoire de l'instrument à celle de la balle : c'est une activité d'anticipation-coïncidence (Rigal, 2003). L'instrument de frappe et l'objet à frapper doivent se rencontrer en même temps et au même endroit. Il en sera largement question au point 2.5.4. Il est alors fréquent que l'enfant rate le volant de badminton ou le frappe avec la main tenant la raquette, au lieu de le faire avec le tamis ! Il devra alors reculer le coude de la main tenant la raquette ou tendre davantage le bras tenant le volant, pour que volant et tamis se trouvent sur la même trajectoire !

Figure 2.10
Le frapper avec engin chez l'enfant

Caractéristiques (6-7 ans) : appui sur les deux jambes, celle du côté du bras frappeur en arrière, rotation préparatoire du corps de ce côté, bras fléchis au coude, mains au niveau de l'épaule arrière, extension des bras vers l'avant dans un plan horizontal pendant le retour séquentiel bassin, tronc, épaules vers l'avant pour le frapper et transfert du poids du corps sur la jambe avant après la frappe.

Tiré de Rigal *et al.*, 2009, p. 90.

En somme, à son entrée à l'école, l'enfant maîtrise bien la plupart des savoir-faire moteurs. Il tourne en courant et s'arrête facilement, saute près de 80 cm avec élan, saute sans difficulté à cloche-pied, attrape un ballon et le lance à plusieurs mètres, monte et descend les escaliers un pied après l'autre, sautille sur place ou en avançant. Le tableau 2.1 résume ces progrès moteurs qu'il réalise.

Tableau 2.1
Le développement moteur chez l'enfant de 6 à 9 ans

	6-7 ans		7-9 ans	
	6 ans	**6 ½ ans**	**7 ans**	**8 ans**
Motricité globale	★ Lance une balle à 10 m (G) et 6 m (F). ★ Traverse une poutre d'équilibre de 4 cm de large et 2,5 m de long en 9 s. ★ Saute, à pieds joints, 90 cm en longueur. ★ Saute, à pieds joints, 20 cm en hauteur.	★ Fait un lancer ayant les caractéristiques de celui de l'adulte, avec avancée de la jambe controlatérale. ★ Galope. ★ Monte à une échelle. ★ Suit des rythmes.	★ Court à 4,5 m/s. ★ Lance une balle à 13 m (G) et 7,5 m (F). ★ Saute, à pieds joints, 1 m en longueur. ★ Fait une roulade avant, arrivée debout.	★ Court à 5 m/s. ★ Saute, à pieds joints, 1,15 m en longueur. ★ Sautille avec des modèles variés (2-2-; 3-2). ★ Lance une balle à 18 m (G) et 10 m (F).
Motricité fine	★ La précision du contrôle des mouvements des doigts augmente. ★ Découpe du carton, du tissu, des formes complexes.		★ Précision accrue dans le contrôle des activités de cette catégorie. ★ Disparition des syncinésies d'imitation.	
Activités perceptivomotrices	★ Reproduit un losange en plus des autres figures géométriques. ★ Écrit de façon lisible.		★ Écrit bien et vite (30 lettres/min dans la copie de phrases).	★ Aide dans la plupart des activités de la vie quotidienne (ranger, mettre la table, nettoyer).
Adaptation des conduites motrices	★ Utilise des outils (cuisine, bricolage). ★ Distingue la droite de la gauche sur lui-même. ★ Boucle sa ceinture de sécurité en voiture.		★ Écrit bien et plus vite (60 lettres/min dans la copie de phrases).	★ Distingue la droite de la gauche sur autrui.

Tiré de Rigal *et al.*, 2009, p. 59-60.

2.4 Motricité fine
Je contrôle les mouvements de mes doigts

Dans les activités de motricité fine, nous pouvons soit utiliser une main, comme pour écrire, soit les deux à la fois, comme dans la plupart des activités manuelles. Dans ce dernier cas, il faut *coordonner les mouvements des deux mains*, ce que l'on appelle la **coordination bimanuelle** (Cadoret, Blanchet et Bouchard, 2008 ; Rigal, 2003). Lorsque Maximilien tape un texte à l'ordinateur en classe ou pèle une orange pour sa collation au service de garde, il utilise sa coordination bimanuelle. Les prochaines sections présentent ces aspects de la motricité fine : l'apprentissage de la calligraphie et la coordination manuelle ou celle des deux mains dans les activités bimanuelles.

Coordination bimanuelle : *coordonner les mouvements des deux mains.*

2.4.1 Calligraphie
J'apprends à écrire

Dès son entrée scolaire, l'enfant maîtrise déjà très bien sa motricité manuelle dans les activités de la vie quotidienne, ludiques ou liées à l'alimentation. Pour les activités associées à un apprentissage comme l'écriture ou le découpage, l'élève profitera des contextes signifiants proposés par son enseignante, où il pourra s'exercer régulièrement dans des situations variées. Par exemple, Annette, enseignante en 1re année, consacre du temps quotidien pour faire écrire les élèves le plus souvent possible et dans différents contextes. Elle profite aussi de toutes ces occasions pour modéliser des pratiques. La maîtrise du geste graphique de l'écriture, soit la vitesse et la lisibilité, facilite l'apprentissage des autres aspects de l'écriture, au préscolaire aussi bien qu'au primaire. Toutefois, au préscolaire, l'enfant est surtout invité à exercer sa calligraphie à travers le dessin et l'écriture de son prénom, par exemple. Le plaisir via le jeu doit d'ailleurs être au cœur de ses apprentissages[1].

L'écriture est une activité perceptivomotrice. Elle comporte une dimension perceptive, soit la prise d'informations quant à la forme des lettres ou des mots à tracer, et une composante motrice, soit la

---
1. Pour plus d'informations à ce sujet, consulter Bouchard et Charron (2008).

préparation du geste moteur et son exécution. Le geste graphique, bien que limité à une seule main, sollicite néanmoins la participation de différents groupes musculaires répartis dans l'ensemble du corps pour maintenir la position assise adéquate, aussi bien que pour déplacer le crayon sur la page. En effet, et comme le présente la capsule 2.3, la motricité globale est impliquée dans le maintien de la position assise. Chez l'enfant, le contrôle du geste graphique s'affine avec l'âge et la pratique, comme pour associer le tracé individuel des lettres « m-a-i-n » au déplacement de la main, pour unir ou juxtaposer les lettres et ainsi former le mot « main ».

Capsule 2.3

Je m'assieds bien et tiens mon dos droit : la motricité globale au service de l'écriture

En classe, il arrive très souvent qu'un enfant, lorsqu'il écrit, adopte une position assise inadéquate ayant des répercussions sur sa colonne vertébrale. Philippe, enseignant, prend donc soin de vérifier que chacun des enfants de sa classe s'assoie face à la table, en appui sur ses deux fesses, les pieds à plat au sol et le dos droit ou légèrement incliné vers l'avant, afin que ses yeux ne soient pas trop près de la feuille, comme le montre la figure 2.11. En particulier, il évite que les enfants placent un de leurs pieds sous leurs fesses, ce qui courbe la colonne vertébrale dans l'une ou l'autre des directions. Il examine aussi la hauteur de la chaise et de la table. Il s'assure que leurs avant-bras reposent sur la table : le bras qui écrit s'appuie par au moins sa moitié antérieure et en entier pour l'autre (Ajuriaguerra *et al.*, 1964). Notons que le corps ne s'appuie pas sur la table par le tronc, collé ou affalé sur celle-ci, mais par l'intermédiaire du bras opposé à celui qui écrit, ce qui assure la stabilité de la feuille d'écriture. La tête doit enfin être à environ 30 cm de la ligne d'écriture, comme on peut le voir encore une fois à la figure 2.11. L'enseignante ou l'éducatrice ne doit pas craindre de rappeler à l'enfant la posture correcte, bien au contraire ! Cette posture intervient directement dans l'écriture chez l'enfant.

Capsule 2.3 (suite)

Figure 2.11
La position assise et celle des bras

POSITIONS ASSISES APPROPRIÉES

POSITIONS ASSISES INADÉQUATES

Sur le coin de la chaise et sur le bord de la table	Avant-bras hors de la table	De profil au lieu de face	Tête trop inclinée et tronc arrondi

LE DÉVELOPPEMENT MOTEUR ET LE DÉVELOPPEMENT PSYCHOMOTEUR DE 6 À 9 ANS

Je tiens mon crayon et j'oriente ma feuille

Tenue du crayon et écriture

Nous avons déjà vu dans Cadoret et collaboratrices (2008) que le mode de saisie du crayon change avec l'âge et la pratique, de la prise palmaire à la prise tridigitale dynamique, le crayon étant alors saisi par la pince pouce-index, appuyé contre le côté du majeur (Saida et Miyashita, 1979). La figure 2.12 illustre cette forme tridigitale de saisie du crayon qui s'améliore vers l'âge de 6 ou 7 ans. Rappelons que l'éducateur ou l'enseignant a tout avantage à en favoriser une prise adéquate chez l'enfant pour diminuer les crispations musculaires. Allen et Wellman (1980) ont observé trois positions possibles de la main lors de l'écriture. La plus fréquente est dite normale, la pointe du crayon étant dirigée vers le haut de la page. C'est celle à privilégier. Dans une deuxième, dite inversée, la pointe est dirigée vers le corps et, dans la troisième nommée «parallèle», la pointe est orientée le long d'une ligne parallèle à l'axe des épaules. Ces chercheurs ont aussi constaté qu'entre l'âge de 6 et 10 ans, les droitières adoptent plus souvent la position normale que les droitiers, et ce, dans une proportion de 57 à 68 % pour les premières comparativement à 16 à 40 % pour les seconds. Bryson et MacDonald (1984) ont, de leur côté, relevé un écart similaire entre les gauchères et les gauchers, soit 60 % de positions normales pour les filles contre 60 % de positions inversées pour les garçons.

Avec les ajustements de la position du corps, des modifications apparaissent dans la localisation et l'orientation de la feuille sur laquelle le sujet écrit. Simone, droitière, décale sa feuille à droite par rapport

Figure 2.12
La saisie du crayon

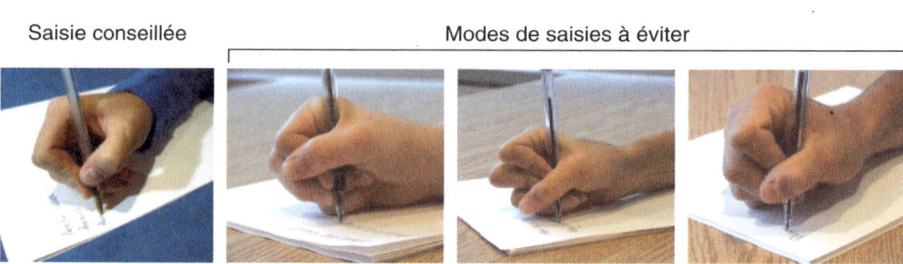

Tiré de Rigal *et al.*, 2009, p 149.

au milieu de son corps et l'oriente obliquement d'environ 30° vers le haut et la gauche. Globalement, sa feuille est parallèle à son avant-bras avec lequel elle écrit, comme l'illustre la figure 2.13. Cette position lui permet une progression de la main le long de la ligne d'écriture, favorisée par l'ouverture de l'articulation de son coude, qui, elle, reste fixe sur la table. Ainsi, cela lui concède une meilleure vue d'ensemble de son texte écrit.

En résumé, nous pouvons dire que la prise tridigitale permet à l'enfant d'utiliser au maximum la mobilité de son pouce et de son index, appliquant moins de force sur le crayon avec ce type de prise et, donc, se fatiguant moins vite. Des études montrent que les dernières phalanges du pouce et de l'index s'avèrent bien équipées au niveau des récepteurs tactiles, ce qui fait que l'enfant sent mieux le crayon avec une telle saisie pouce-index qu'avec une autre prise incluant les autres phalanges ou la paume de la main (Kellya, Terenghid, Hazarid et Wiberga, 2005).

Figure 2.13
Placer sa feuille de papier : la position de la feuille de papier chez une droitière

La gauche ou la droite

Main d'écriture

À 6 ans, l'enfant a une manualité déjà bien déterminée, le plus souvent à droite. D'ailleurs, près de 85 % des personnes sont droitières et 10 %, gauchères (Rigal, 2003). Dans les 5 % qui restent se composent deux autres groupes : les ambimanes et les ambidextres. Les **ambimanes** sont des *personnes qui utilisent une main dans certains cas et l'autre dans d'autres cas, sans que les mains soient interchangeables*. C'est le cas de Laurence qui est droitière, mais qui lance le ballon de la main gauche. Les **ambidextres** sont des *personnes aussi habiles d'une main que de l'autre, et ce, dans toutes les activités*. On comprendra facilement que les enfants ambidextres sont rarissimes !

Chez les enfants gauchers, les parents s'inquiètent souvent, au début de l'apprentissage de l'écriture, des conséquences possibles de la manualité gauchère de leur enfant : ses apprentissages scolaires vont-ils en souffrir ? Ne faudrait-il pas changer cette main d'écriture au profit de la droitière ? Il n'y a pas de réponse toute faite à cette dernière question et chaque cas doit être traité individuellement. De façon générale, les pressions antérieures exercées sur les gauchers pour les obliger à écrire avec leur main droite ont largement disparu et il importe de respecter leur prédisposition à écrire de cette main. Les laisser écrire de la main gauche constitue probablement la meilleure décision, soit celle qui causera le moins de problèmes par la suite. La vitesse d'écriture des gauchers est en effet semblable à celle des droitiers. Pierre, éducateur, s'adapte à cet apprentissage en s'assurant que la position adoptée par l'enfant est confortable, qu'il se sent à l'aise et qu'il n'est pas assis à droite d'un droitier !

L'enfant gaucher n'est pas le miroir de l'enfant droitier dans le domaine graphique. Bien que les caractéristiques de la position assise restent semblables, le gaucher ou la gauchère place plutôt sa feuille à gauche, souvent même bien décalée de manière à ce que son corps ne gêne pas le déplacement de son bras. Il l'oriente vers le haut et la droite s'il place la main sous la ligne d'écriture, pour éviter d'être gêné dans le déplacement latéral du bras. Il arrive aussi fréquemment que le gaucher place sa main en crochet au-dessus de la ligne, avec l'ensemble de l'avant-bras sur la table, la feuille orientée vers le haut et la gauche (voir figure 2.14). Cela évite de cacher la partie du mot écrite et supprime le problème du bras collé au tronc. Dans ce cas,

---

Ambimanes : *personnes qui utilisent une main dans certains cas et l'autre dans d'autres cas, sans que les mains soient interchangeables.*

Ambidextres : *personnes aussi habiles d'une main que de l'autre, et ce, dans toutes les activités.*

Figure 2.14
L'orientation de la feuille de papier et la position de la main chez les gauchers

Sur la ligne

Sous la ligne avec une inclinaison de 90° de la feuille de papier

Au-dessus de la ligne, en « crochet »

 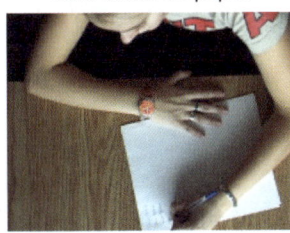 

Tiré de Rigal *et al.*, 2009, p. 146.

pour faciliter les exercices de copie, il est préférable que le modèle soit rédigé en dessous des lignes sur lesquelles l'enfant écrira pour qu'il soit bien visible (Herron, 1980). Le crayon peut alors être tenu un peu plus loin de l'extrémité touchant la feuille pour permettre une meilleure visibilité de la trace. En choisissant un crayon à mine dure ou un stylo dont l'encre sèche très vite, on évite de salir la feuille en passant la main sur le texte qui vient d'être écrit.

J'écris des mots

Tracé libre ou guidé

Tracé libre : *sur une page blanche.*

Tracé guidé : *par des pages lignées et comportant des lettres en pointillé sur lesquelles l'enfant repasse pour acquérir la forme du geste.*

Deux approches sont possibles pour favoriser les premiers contacts avec l'écriture : le **tracé libre** *sur une page blanche* ou le **tracé guidé** *par des pages lignées et comportant des lettres en pointillé sur lesquelles l'enfant repasse pour acquérir la forme du geste*. La figure 2.15 montre ces deux types d'approches dans l'apprentissage du tracé. Le tracé libre, sans modèle ou information sur le sens et la direction du tracé à effectuer, est privilégié au préscolaire. Même s'il peut sembler que l'enfant acquiert de mauvaises habitudes comme tracer spontanément le « o » dans le sens des aiguilles de la montre avec cette approche, gênant alors la liaison éventuelle avec d'autres lettres, plus naturelle lorsque la lettre est tracée en sens contraire, il n'en demeure pas moins qu'il y a place à l'écriture spontanée au préscolaire. Par ailleurs, Cadoret et collaboratrices (2008) soulignent l'importance pour l'enfant d'écrire sur de grands formats de papier ou un tableau, et ce, plus l'enfant est jeune. Sur une feuille blanche, et comme l'illustre la

Figure 2.15
J'apprends à écrire : les étapes du tracé graphique

Je repasse les traits des différents chemins

Copier les lettres et mots suivants en continuant le modèle
Extrait de G. Grandcoin-Joly (2000). *Graphisme : Maternelle grande section*, Paris, Bordas.

Tiré de Rigal *et al.*, 2009, p. 170.

figure 2.16, il n'est certes pas simple de bien écrire horizontalement. Toutefois, ce n'est qu'à partir de la 1re année que l'apprentissage de l'écriture se fait réellement sous la forme d'un tracé guidé, afin d'aider graduellement l'élève à lier les lettres à l'intérieur d'un même mot.

Dans le tracé guidé, la présence de « trottoirs » et de lignes pour déterminer la hauteur des lettres, celle des hampes, soit les boucles vers le haut comme dans « *l* » et « *b* », et des jambages, soit les boucles vers le bas comme dans « *j* » et « *g* », fournit également un guide intéressant pour l'acquisition des mouvements appropriés (voir la figure 2.15). En première année, il convient donc de proposer des guides pour favoriser l'apprentissage d'une écriture efficace chez l'enfant, et ce, même s'il existe une crainte infondée que tout le monde écrive de la même manière en utilisant de tels guides. Si l'on en juge par la diversité des écritures adultes, on ne court aucun danger !

Figure 2.16
J'écris de mieux en mieux : l'évolution du graphisme chez l'enfant

Tiré de Rigal *et al.*, 2009, p. 166.

Toutefois, on peut très bien laisser l'enfant écrire librement, sans modèle à suivre, afin de susciter et d'entretenir chez lui le goût d'écrire. En tout temps, il convient effectivement de favoriser le plaisir d'écrire chez l'enfant, sur du papier à lettre comportant des motifs, des cartons en couleur de grands formats, etc. Nous aborderons cet aspect de la motivation à lire et à écrire qui influe sur la réussite des élèves en langue d'enseignement dans le chapitre 9 portant sur le langage de 9 à 12 ans.

La script ou la cursive

Formes d'écriture manuscrite

Nous utilisons deux formes d'écriture manuscrite : la script et la cursive, également appelée liée ou anglaise. Pour la première, les lettres sont essentiellement composées de portions graphiques de cercles «o» ou de droites, «l», ou de leur combinaison (c, d, u, m, s, B, T, X, Z). Elles sont semblables aux caractères d'imprimerie, tels que vous les lisez en ce moment. Pour la deuxième, soit la cursive, les parties de la lettre et les différentes lettres sont reliées entre elles par un mouvement graphique continu, le plus souvent non interrompu, pour produire des boucles, « *lll* », des ponts ou des arches, « *nnn* », des vagues ou des guirlandes, « *uuu* », des traits, «lll».

Plusieurs auteurs proposent leur méthode pour apprendre à écrire (Desrosiers et Tremblay, 2005 ; Gavazzi, 2006 ; Grandcoin-Joly, 2000 ; Lecture, écriture, 2005). De façon générale, l'apprentissage est systématisé par la reproduction de modèles de lettres, pointillées ou non, sur des pages le plus souvent lignées. Pour la cursive, il n'est pas rare de voir que la lettre «q» comporte un jambage en arrière (*q*). À notre avis, ce jambage est à éviter afin que les enfants ne confondent pas les lettres «*g*» et «*q*». Le jambage n'est d'ailleurs pas davantage pertinent pour les «p» ou «d». Les lettres sont parfois regroupées en grandes familles, ce qui permet d'ajuster l'une ou l'autre des composantes motrices du geste pour passer de l'une à l'autre. Par exemple, pour lier les lettres «*e*» et «*l*» dans le mot «*elle*», le passage de la lettre «*e*» à la lettre «*l*» se fait en augmentant l'amplitude du geste de la courbe.

Qu'en est-il de l'influence des formes cursive et script sur la vitesse d'écriture ? À lisibilités équivalentes, la cursive est légèrement plus rapide que la forme script (Suen, 1984 ; Vinh Bang, 1959). C'est ce que Vinh Bang (1959) a mis en évidence dans une étude où des enfants, dont les âges variaient de 6 à 18 ans, devaient écrire la même phrase à vitesse normale, puis rapide le plus de fois possibles en deux minutes, en s'assurant à chaque fois que le texte soit lisible. La moitié des 5 000 enfants avaient eu un apprentissage en cursive et l'autre moitié en script. Or, les résultats indiquent que la vitesse d'écriture est passée de 15 à 135 lettres/minute pour la script et de 21 à 140 lettres/minute pour la cursive. La vitesse s'est donc accrue avec l'apprentissage et la pratique pour les deux types d'écriture. Toutefois, et comme on pouvait s'y attendre, les levers du crayon entre les lettres pour les tracer ont légèrement ralenti le déroulement en script. Pour la cursive, par contre, qui profite de la présence des liaisons entre la fin d'une lettre et le début de la suivante, le mouvement a été plus continu.

Capsule 2.4

Miroir, miroir. Dis-moi comment j'écris ? L'écriture en miroir

Il arrive parfois, en première année scolaire, que l'enfant écrive « en miroir », soit de droite à gauche, en inversant le sens de formation des lettres et celui du déplacement du crayon. Il peut aussi écrire « à l'envers » certaines lettres ou chiffres tels que И, Ƨ, Σ, Ɛ, particularité disparaissant presque toujours vers l'âge de 8 ans. La lecture de cette forme d'écriture, que Léonard de Vinci utilisait presque systématiquement, est facilitée par l'aide d'un miroir, d'où son appellation. Ce graphisme pourrait résulter d'une immaturité de la perception spatiale et visuelle des lettres. Très fréquemment, l'acquisition de la lecture le corrige, comme quoi la lecture est souvent au service de l'écriture. Ne pouvant relire que difficilement ce qu'il vient d'écrire, l'enfant tend alors à modifier son mouvement scripteur (Hildreth, 1950). La présentation d'indications sur le sens de l'écriture prévient l'écriture en miroir et en facilite la rééducation.

J'écris efficacement

Lisibilité et vitesse d'écriture

L'apprentissage graphique vise à faire acquérir par l'enfant une écriture lisible et relativement rapide, voire efficace, où les lettres et les mots sont bien espacés, en script comme en cursive (MEQ, 2001). La **lisibilité** *est associée à la qualité du tracé, à la maîtrise des mouvements des doigts et de la main*. La **vitesse d'écriture** *représente* plutôt *l'aspect quantitatif, soit le nombre de lettres ou de mots écrits dans un temps donné*, par exemple 30 secondes. En première année, Arthur commence par établir une correspondance terme à terme entre la forme de la lettre perçue et sa reproduction motrice par essais et erreurs. Graduellement, avec l'âge, la reconnaissance immédiate de la lettre ou du mot en permet la retranscription directe par les gestes moteurs appropriés qui sont mémorisés. En d'autres mots, il n'est plus nécessaire pour lui d'imaginer le geste à faire, puisqu'il le connaît et le maîtrise déjà. On peut voir là le lien entre le développement moteur et la mémoire qui est au cœur du développement cognitif de l'enfant.

En ce qui a trait à la vitesse d'écriture, maintenant, quatre facteurs l'affectent. Premièrement, la maturation neuromusculaire de l'enfant dépend dans une large mesure de son âge, comme nous l'avons déjà vu au chapitre 1 (Sage, Zesiger et Garitte, 2009). Deuxièmement, on retrouve la pratique du geste impliqué dans l'écriture: la répétition des gestes associés aux différentes lettres améliore le contrôle moteur et l'enregistrement dans la mémoire des mouvements associés aux diverses formes des lettres. Troisièmement, la diminution des contractions ou des mouvements parasites au fur et à mesure que l'apprentissage progresse rend le geste de l'enfant plus coulant, plus fluide. Quatrièmement, le niveau en lecture influe sur la vitesse d'écriture: le temps de fixation et d'analyse des lettres ou mots à reproduire diminue avec celui que requièrent la préparation de l'acte moteur et sa réalisation. En d'autres mots, mieux l'enfant sait lire, plus vite il transforme la perception des mots en mouvement graphique.

La reconnaissance immédiate de la forme, associée aux progrès en lecture et à la mémoire visuelle ainsi que la sélection du geste moteur adéquat, déjà construit, dispensent l'enfant de lever constamment les yeux pour regarder vers le modèle à écrire. Nous pouvons le vérifier si nous décidons par exemple de recopier un texte écrit en chinois ou en arabe! Les enfants de 6 ans écrivent ainsi deux fois plus

---

Lisibilité: *est associée à la qualité du tracé, à la maîtrise des mouvements des doigts et de la main.*

Vitesse d'écriture: *représente l'aspect quantitatif, soit le nombre de lettres ou de mots écrits dans un temps donné.*

de lettres en 30 secondes lorsqu'ils connaissent par cœur le mot à écrire, leur prénom par exemple, que lorsqu'ils doivent d'abord le déchiffrer, comme pour le mot « wagon » (Rigal, 1977). Pour les enfants âgés de 9 ans, le nombre de lettres écrites à partir du prénom ou d'une phrase à recopier est pratiquement le même, ce qui témoigne de la combinaison perceptivomotrice propre à l'écriture. Finalement, l'habileté de la main utilisée pour l'écriture augmente aussi au détriment de l'autre avec l'âge et la pratique. À 6 ans, les enfants écrivent 50 % plus de lettres avec leur main préférée qu'avec l'autre et à 9 ans, ils en écrivent deux fois plus (Rigal, 1977).

2.4.2 Coordination manuelle et bimanuelle
J'utilise une ou deux mains

Les activités motrices manuelles ou manipulatoires sont normalement guidées visuellement et nécessitent de la dextérité, mais aussi de la coordination visuomanuelle. À 6 ans, les informations proprioceptives et visuelles du déplacement de la main sont bien associées chez l'enfant (Rigal, 2003). Arielle, 7 ans, dirige sa main vers son crayon, sans avoir à la suivre du regard tout au long de son déplacement, alors que sa sœur Juliette, 4 ans, doit ajuster la trajectoire finale de sa main vers le crayon, en s'aidant de sa vision.

Pour saisir un objet, il y a plusieurs étapes à franchir (voir le tableau 2.2). Il faut d'abord savoir où se situe cet objet. C'est l'étape de la localisation. Ensuite, l'étape de l'identification renvoie au fait d'en connaître ses caractéristiques. En effet, on ne saisit pas une fraise et un caillou de la même manière (Cadoret et Fréchette, 2008)! Par la suite, les activités de motricité fine requièrent deux autres étapes distinctes, mais complémentaires: le transport de la main vers l'objet et sa saisie-manipulation. Pour rapprocher la main de l'objet à saisir, nous utilisons la musculature proximale, les muscles de l'épaule et du coude. C'est en effet grâce aux mouvements combinés de l'épaule et du coude que nous déplaçons la main se tenant à l'extrémité de l'avant-bras pour la conduire vers la cible (Rigal et al., 2009).

Tableau 2.2
Les étapes de la saisie d'un objet

Localisation	Où se trouve l'objet à saisir ? Par terre, sur la table, en haut de l'armoire, près ou loin de moi ? Est-il stable ou en mouvement ?
Identification	Quelles sont ses caractéristiques propres ? Gros-petit ; lourd-léger ; fragile-robuste ; sec-glissant ; etc.
Transport de la main	Comment rapprocher ma main de l'objet à saisir ? Directement, en passant par-dessus un autre objet, en entrant dans une boîte ?
Saisie-manipulation	Comment ajuster l'écartement de mes doigts et la force appropriée pour saisir l'objet ? Mettre le pouce en opposition aux autres doigts, saisir délicatement ou serrer très fort ? Tourner la main pour prendre un objet verticalement ou horizontalement ?

Healy, Liederman et Geschwind (1986) ont clairement différencié deux grandes catégories d'activités manuelles. D'abord, il y a les activités manuelles globales, dites proximales, comme le fait de lancer, mais aussi de porter une valise ou prendre un seau d'eau par terre. Dans ces activités, on peut aussi bien utiliser une main que l'autre. À noter que pour le lancer, 97 % des droitiers utilisent leur main droite et seulement 72 % des gauchers leur main gauche. Ensuite, on retrouve les activités de motricité fine, dites distales, de saisie et de manipulation comme coudre, se raser, écrire, jouer du piano. Ici, 97 % des droitiers et 89 % des gauchers effectuent ces manipulations avec leur main préférée (Healy *et al.*, 1986).

Healy et collaborateurs (1986), ainsi que Steenhuis et Bryden (1989), ont établi six types d'activités manuelles, certaines étant proximales et d'autres distales, en utilisant les résultats à une série de tests évaluant la motricité fine : 1) atteindre-saisir ; 2) utiliser et manipuler des outils ; 3) lancer ; 4) porter ; 5) pointer ; et 6) les activités bimanuelles. Toutes ces activités manuelles ne requièrent pas le même degré de dextérité (Rigal, 1992). Premièrement, pour la famille « atteindre-saisir » comme pour ramasser une bille par terre, prendre un trombone ou un verre, l'une ou l'autre des mains peut être utilisée, comme c'est aussi le cas pour la famille « pointer » avec le doigt pour utiliser une calculatrice, frapper sur un clavier, composer un numéro de téléphone. Dans ces deux cas, l'enfant combine le contrôle proximal de l'épaule au contrôle distal de ses doigts, grâce à la pince digitale.

Deuxièmement, « l'utilisation et la manipulation » d'outils concernent un nombre étendu d'activités quotidiennes, requérant un contrôle fin et précis résultant d'un apprentissage unimanuel comme écrire, dessiner, peindre, coudre ou couper avec un couteau, utiliser un tournevis, manger avec une cuillère ou une fourchette. D'ailleurs ces activités figurent généralement dans les questionnaires de préférence manuelle destinés à déterminer la manualité d'une personne. Troisièmement, les « lancers » de la balle, du ballon, du javelot et des fléchettes sollicitent également la motricité globale du corps et l'ajustement temporel de l'intervention de ses différentes parties ; ils nécessitent aussi un long apprentissage associé à un seul bras. Quatrièmement, pour les porters comme dans le cas d'une boîte à lunch ou d'un sac d'école, la main ne sert qu'à prendre l'objet et l'enfant, lorsqu'il ressent de la fatigue, change pour l'autre sans aucune difficulté.

Activités bimanuelles : *requièrent la coordination simultanée des mouvements des deux mains dans la plupart des activités de la vie quotidienne.*

Enfin, et cinquièmement, les **activités bimanuelles** *requièrent la coordination simultanée des mouvements des deux mains dans la plupart des activités de la vie quotidienne* (Cadoret *et al.*, 2008 ; Rigal, 2003). Il peut s'agir de tenir un objet tel qu'un râteau, un balai ou un bâton de hockey, de combiner l'utilisation de deux objets comme le couteau et la fourchette, ou enfin de réaliser une tâche comme jouer d'un instrument de musique. La réalisation de ces tâches exige l'activation

coordonnée des deux hémisphères cérébraux : les deux mains se synchronisent pour produire une action motrice globale satisfaisante. Il s'agit là d'un lien explicite entre la dimension neurologique et la dimension motrice du développement de l'enfant.

Ces activités bimanuelles requièrent également la dissociation et la coordination simultanées des mouvements des membres supérieurs ou des mains. Il existe des activités bimanuelles de **coopération**, dans lesquelles *la main dominante effectue les mouvements les plus complexes* comme écrire, peler une pomme, visser une vis avec un tournevis, couper avec des ciseaux, par exemple. On en retrouve aussi de **coordination**, où *les deux mains font en même temps des actions aussi complexes les unes que les autres*, comme taper à l'ordinateur, lacer ses souliers, jouer du piano, etc. Il faut donc ici dissocier les mouvements des deux mains pour ensuite les coordonner. Enfin, cela signifie que les syncinésies, soit les mouvements parasites d'une main accompagnant un mouvement de l'autre main, ont pratiquement disparu (Cadoret *et al.*, 2008 ; Rigal, 2003 ; Zazzo et Galifret-Granjon, 1979). À ce sujet, le lecteur peut consulter l'approfondissement qui aborde, entre autres, les syncinésies chez l'enfant.

Coopération : *la main dominante effectue les mouvements les plus complexes.*

Coordination : *les deux mains font en même temps des actions aussi complexes les unes que les autres.*

2.5 Développement psychomoteur
J'agis pour comprendre

Nous avons déjà relevé que le développement psychomoteur caractérisait l'acquisition de concepts par les activités de manipulation et les actions motrices. Par exemple, en prenant dans ses mains des objets aux formes différentes, Juan, qui est âgé de 6 ans, associe les informations visuelles, tactiles, kinesthésiques et verbales pour acquérir les noms et les propriétés des cubes, sphères, cylindres, pyramides, etc. En triant, regroupant, établissant des ensembles équivalents ou distincts, il acquiert la notion de nombre ainsi que celle de classification. Ce développement intervient comme préalable aux premiers apprentissages, notamment aux apprentissages cognitifs, le concret préparant le terrain de l'abstraction. Son importance, évidente au cours des premières années, s'estompe au fil des ans, alors que les fonctions cognitives, s'appuyant sur le langage, s'améliorent (Rigal, 1996a ; Rigal *et al.*, 2009). Il en résulte que le raisonnement supplante peu à peu l'expérimentation motrice, en particulier lorsque l'enfant accède au stade des opérations concrètes puis formelles, qui seront traitées aux chapitres 4 et 8.

2.5.1 Manipulation et concepts
Je manie les objets pour mieux comprendre

Manipulation : *consiste à tenir un objet avec une ou les deux mains et à le soumettre à une opération, à faire quelque chose avec.*

La **manipulation** *consiste à tenir un objet avec une ou les deux mains et à le soumettre à une opération, à faire quelque chose avec.* Dès sa naissance, en expérimentant, l'enfant acquiert directement de l'information par l'intermédiaire de ses sens, par son propre vécu. Il tire ses connaissances des actions effectuées sur les objets et son environnement, soit l'apprentissage actif (Morissette et Bouchard, 2008 ; Fréchette et Bouchard, 2008). Il peut ainsi en déterminer les caractéristiques

comme leur poids, leur forme, leur texture, leur fragilité et leurs possibilités, comme le fait de rouler, s'empiler, se casser, rebondir, etc. À titre d'exemple, Gweha, 7 ans, sépare les triangles, les cercles, les carrés et les rectangles en carton de différentes épaisseurs et couleurs afin de les regrouper en fonction de ces différents critères. Ce faisant, elle apprend à discriminer et à reconnaître pour associer ce qui va ensemble ; elle peut aussi se corriger elle-même si elle se rend compte qu'elle a fait une erreur en contrôlant le résultat final de son travail. Pour Gweha, ces manipulations sont utiles, entre autres, dans l'apprentissage des notions mathématiques s'appuyant sur le concret (MEQ, 2001), en particulier en ce qui concerne la numération[2]. En classe, le nombre est introduit lors d'activités de manipulation et de comptage qui permettent de trier, classer, ordonner, regrouper des objets pour former des ensembles semblables ou différents. Les doigts sont largement utilisés à ce moment-là pour le comptage et les opérations d'addition et de soustraction.

L'apprentissage de la numération, soit du concept de nombre, se déroule en trois étapes. Dans un premier temps, ce sont de véritables objets concrets, comme ceux de la figure 2.17, qui sont utilisés pour ajouter, soustraire, regrouper pour former des ensembles. Dans ce cas, l'action motrice accompagne le raisonnement de l'enfant (Andries, Magalhes et Valentin Lefranc, 2009 ; Poirier, 2001 ; Rigal, 1996a). Par le comptage, l'enfant passe du nombre « 1, 2, 3, etc. » à la numérosité qui fait appel à la quantité : « 2 inclut 1 », « 3 inclut 2 et 1 », « 4 inclut 3, 2 et 1 » et ainsi de suite (Brissiaud, 2007 ; Cerquetti-Aberkane et Berdonneau, 1994). Ce comptage doit être coordonné en déplaçant les objets ou en les pointant pour éviter que l'enfant n'oublie un élément ou qu'il ne compte le même élément deux fois.

En outre, dans la classe ou au service de garde, il est possible de faciliter la compréhension de la notion de terme à terme : à chaque élément d'un ensemble doit correspondre un élément d'un autre ensemble. À titre d'exemple, Caroline, enseignante en première année, expose aux enfants les questions suivantes : « Avons-nous assez de livres pour chaque élève de la classe ? Avons-nous assez de pommes

---

2. La numération permet de représenter une quantité d'objets à l'aide de signes, comme les chiffres arabes dans notre culture. Le terme « numérosité d'un ensemble » utilisé plus bas renvoie pour sa part à la quantité d'objets qui le constituent. Grâce au dénombrement, on peut en préciser le nombre exact. Ainsi, le concept de numératie couramment utilisé englobe ces deux notions.

Figure 2.17
Ensembles d'objets concrets utilisés dans la manipulation pour trier, classer, ordonner : la manipulation concrète

pour que chacun en ait deux à la collation ? » Ce faisant, elle soutient les enfants dans leur apprentissage de l'équivalence concrète de deux collections ou ensembles ; ils pourront ainsi compter le nombre d'élèves, puis le nombre équivalent de livres ou de pommes pour les distribuer.

Dans une deuxième étape, l'apprentissage de la numération peut être qualifiée de semi-concrète, les objets n'étant plus présents ; l'enfant utilise seulement leur représentation mentale. Les exercices se feront alors avec des représentations graphiques et des dessins permettant d'entourer des images pouvant constituer des ensembles de trois par exemple, comme l'expose la figure 2.18. Ainsi, lorsque Caroline donne un exercice où elle demande aux élèves de regrouper des objets en fonction de leurs caractéristiques, elle s'assure que ceux-ci possèdent bel et bien la notion du nombre demandé.

Finalement, lors de la dernière étape qui est qualifiée d'abstraite, le travail de numération se fait directement sur les nombres écrits et les opérations (voir la figure 2.19). Les activités sur le **nombre cardinal**, qui *caractérise la quantité d'objets*, seront complétées par des activités sur le **nombre ordinal** qui, lui, *caractérise l'ordre, y compris celui de la suite numérique*. Maxime compte les crayons de couleur qui sont sur sa table : il y en a 6. Dans ce cas, 6 est un nombre cardinal. Qu'il commence par l'un ou l'autre des crayons, le nombre sera toujours le même puisque la quantité de crayons sur la table reste identique. Au gymnase, Maxime fait une course avec ses camarades et il arrive

Nombre cardinal : *caractérise la quantité d'objets.*

Nombre ordinal : *caractérise l'ordre, y compris celui de la suite numérique.*

Figure 2.18
La manipulation semi-concrète

Forme des ensembles de trois papillons.

Y a-t-il plus de lions ou d'éléphants ?

Figure 2.19
La manipulation abstraite : le passage du semi-concret à l'abstrait

	🐟🐟	+	🐟🐟🐟	=	🐟🐟🐟🐟🐟
Remplacé par :	**2**	+	**3**	=	**5**

sixième. Dans ce cas, le nombre 6 est un nombre ordinal, il indique une position dans une file, un ordre ; il n'est pas possible de commencer à compter par n'importe quel enfant. Il faut commencer par celui qui est arrivé le premier et continuer dans l'ordre des arrivées.

En somme, ce sont les situations concrètes et les manipulations par les actions motrices ou l'utilisation des doigts qui conduisent à la compréhension et à l'acquisition de la notion du nombre, et il en est de même pour les formes géométriques ou la mesure. Cela aide l'enfant à comprendre par exemple le sens du nombre et de sa construction : pour passer d'un nombre au suivant, on ajoute toujours un élément. En comparant deux ensembles d'objets, il acquiert les concepts de plus, moins, pareil, préalables à l'acquisition du nombre. Mais pour cela, il a besoin du soutien de l'enseignante ou de l'éducatrice pour connaître le nom des nombres qui n'est pas donné par la manipulation directe.

2.5.2 Organisation spatiale
Je me situe dans l'espace

Organiser notre espace, c'est pouvoir nous situer par rapport à des points de repère, en établissant des rapports entre les éléments qui nous entourent et nous-même (Rigal, 2003). Cette organisation comporte deux dimensions : l'orientation spatiale et la structuration spatiale. Lorsque Juliette, qui est âgée de 8 ans, revient à la maison depuis l'école, elle utilise son orientation spatiale, car, grâce à sa perception, elle se sert directement des informations en provenance du milieu comme les édifices, les magasins, la caserne de pompier et l'église pour continuer son chemin tout droit ou tourner à gauche ou à droite au coin d'une rue. Par contre, si Jérémie, 9 ans, prépare le prochain coup au jeu de dames ou d'échecs, alors il fait appel à la structuration spatiale pour laquelle il lui faut réfléchir sur les données perceptives, pour imaginer ou se représenter quelque chose de nouveau. En utilisant les informations qu'il a devant lui, il construit mentalement, soit « dans sa tête », une solution qu'il réalisera par une action ; il déplacera par exemple le pion à droite et non pas à gauche (Rigal *et al.*, 2009). Cependant, dans certaines activités, les deux aspects interviennent simultanément. C'est ce qui se produit dans une chasse aux trésors : l'enfant doit reconnaître, perceptivement, les éléments sur le terrain, tout en profitant des indications sur la direction à prendre pour se rendre à la prochaine étape, et ce, dans le but ultime de trouver le trésor !

Je construis mon espace

Les composantes de l'organisation spatiale et leur acquisition

Pour développer son organisation spatiale, l'enfant peut se situer par rapport aux objets du milieu environnant de trois façons distinctes ou selon trois types de plans : topologique, projectif ou métrique (Piaget et Inhelder, 1948). Il peut d'abord, même avant l'âge de 6 ans, faire une description de la place ou de la position des objets sur un plan topologique. Il est alors question de relations qualitatives entre un élément et un autre que présente le tableau 2.3. Ce sont ces termes dont nous nous servons le plus souvent pour décrire un itinéraire, ranger nos choses, retrouver les objets, prendre le crayon sur la table, etc. Toutefois, ces rapports ne se modifient pas toujours au cours de

Tableau 2.3
La terminologie associée aux trois catégories de rapports spatiaux

Espace topologique	Espace projectif	Espace métrique
à côté	d'ici	près de (plus, moins, très)
dans	depuis là	loin de (plus, moins, très)
dedans	de ma place	frontière
dehors	en ligne	mètre
dessus (au-)	devant	kilomètre
dessous (au-)	derrière	pouce
entre	en avant	pied, pas
sur	vers l'avant	mille
sous	en arrière	année lumière
au coin	vers l'arrière	perpendiculaire
autour de	sur le côté de	parallèle
auprès de	à droite de	profondeur
fermé	à gauche de	mesurer
ouvert	en haut	volume
au milieu	en bas	surface
côte à côte	en face de	longueur
ici	de face	largeur
là	face à face	circonférence
là-bas	de dos	centre
où	dos à dos	sphère
loin (de)	vers	sommet
près (de)	vis à vis	carré
au bord	de part et d'autre	un, deux
au bout	du centre vers le bord	
au fond	ligne de fuite	
contre	caché	
à l'intérieur	dissimulé	
à l'extérieur	projeter	
le long	de profil	
dans l'angle		

Tiré de Rigal *et al.*, 2009, p. 305.

certaines transformations : par exemple, si Jade s'éloigne un peu de Mégane, elle demeure tout de même à côté d'elle ! Les enfants acquièrent facilement les termes associés aux rapports topologiques, et ce, dès le préscolaire (Rigal, 2003).

La deuxième façon de se situer spatialement est d'utiliser les rapports projectifs. Ce sont des rapports plus complexes que les rapports topologiques, car pour s'en servir, il faut pouvoir utiliser ses perceptions pour se mettre à la place d'une autre personne et essayer de deviner ce qu'elle voit depuis la place où elle se trouve. Or, comme nous le verrons au chapitre 4, ce n'est que vers l'âge de 7 ans que l'égocentrisme de la pensée de l'enfant disparaît, lui permettant alors d'objectiver son point de vue en se mettant à la place d'autrui. Ainsi, en ce qui a trait au plan projectif, l'enfant comprend que la personne située en face de lui ne voit pas la même chose que lui, que sa droite n'est pas du même côté que la sienne, mais bien du côté opposé ! La capsule 2.5 illustre ce phénomène.

Capsule 2.5

Que verrais-je si je me trouvais à un autre endroit que celui où je me trouve présentement ?

Une mise en situation simple permet d'illustrer la caractéristique de l'espace projectif. L'enfant est assis à une table et il voit devant lui trois éléments : un silo, un ours en peluche et une maison (voir la figure 2.20). Des « photos » prises de sa place, puis des points A, B, C lui sont alors présentées. L'enfant n'a aucune difficulté à montrer la photo prise depuis « sa place ». Puis, on prend une poupée que l'on place en B et la même chose est faite pour A ou C. On présente à l'enfant les mêmes quatre photos en lui demandant de montrer celle qui correspond à ce que la poupée voit d'où elle est. Surprise ! L'enfant de moins de 6 ans sélectionne toujours l'image prise de sa place ! Celui de 7 ans, par contre, choisit l'image prise de B et qui constitue le bon choix ! Pourquoi ? Pour l'enfant de 6 ans, tout le monde voit la même chose que lui, indépendamment de l'endroit où se trouvent les autres personnes ! L'enfant de plus de 7 ans, lui, a compris que les points de vue changent selon l'endroit où l'on se trouve et, après réflexion, il désigne l'image correspondant à la photo prise depuis l'endroit indiqué. Le premier enfant recourt ainsi à un plan topologique alors que le second accède au plan projectif.

Capsule 2.5 (suite)

Figure 2.20
L'espace projectif

De l'endroit où il est assis, l'enfant doit répondre à deux questions :
1. Laquelle de ces photos le photographe a-t-il prise quand il était à ta place ?
2. Laquelle de ces photos le photographe a-t-il prise quand il était en A, en B, en C ?

1. Tous les enfants choisissent la photo 1.
2. Pour les enfants du stade préopératoire, le photographe prend toujours la photo 1, quelle que soit sa position, photo qui correspond à ce qu'eux voient.
   Les enfants du stade opératoire vont choisir l'image 2 pour A, l'image 6 pour B et l'image 3 pour C.

Tiré de Rigal *et al.*, 2009, p. 308.

Dans les sports collectifs comme le soccer, il est tout aussi difficile pour l'enfant de 6-8 ans d'envisager un détour dans la trajectoire du ballon en direction du but. L'enfant peut ainsi privilégier la ligne droite entre lui, ses partenaires et le but, même si des adversaires risquent d'attraper le ballon (Rigal, 2003). Plus tard, autour de 9-10 ans, il recherchera un partenaire démarqué, même si le ballon fait un détour : pour lui, la ligne droite directe ne sera pas nécessairement le chemin le plus sûr pour marquer un but ! Cela lui servira à se démarquer, c'est-à-dire à sortir du groupe des joueurs et, ainsi isolé, à attirer l'attention de ses partenaires pour qu'ils lui envoient le ballon. On voit là les aptitudes projectives mises à profit par l'enfant dans cet exemple.

Enfin, sur un plan métrique ou euclidien, l'enfant acquiert la notion de mesure vers 8-9 ans. À titre d'exemple, il devient apte à mesurer les distances séparant les objets les uns des autres avec une règle. Puis, éventuellement, il sera capable, en utilisant une « échelle » comme les centimètres, de reporter ces valeurs sur des axes de coordonnées pour reproduire sur papier les données de son problème de mathématique. Les rapports métriques font largement appel aux possibilités opératoires des enfants en s'appuyant sur la mesure et sa représentation abstraite. Quand Cassandra, 9 ans, au téléphone avec son amie Daphnée, lui dit qu'elle mesure 125 cm, cette dernière peut se représenter cette dimension. Non seulement Daphnée, qui a le même âge, peut-elle dire que Cassandra est plus grande qu'elle, mais elle peut aussi affirmer aussi qu'elle fait 5 cm de plus qu'elle !

De quel côté faut-il aller ?

Orientation droite-gauche

Notre corps n'est pas symétrique de l'avant à l'arrière, mais il l'est latéralement. Cette asymétrie antéropostérieure, avec un devant et un derrière, jointe à notre symétrie latérale, nous permet de diviser l'espace en deux grands hémi-espaces que nous avons appelés droite et gauche. L'utilisation de ces termes pose des difficultés et bien des enfants, parfois même des adultes, ont du mal à réagir à brûle-pourpoint à une consigne comme « tourne à droite », probablement parce que ces termes possèdent une valeur relative et non pas absolue, c'est-à-dire qu'ils changent en fonction de notre propre orientation : ce qui est à ma droite lorsque je suis de face passe à ma gauche si je me tourne de 180° (Rigal, 1994 ; Rigal *et al.*, 2009). Jusqu'à l'âge de 6 ans, l'enfant applique aux autres par « réflexion » sa propre orientation, comme s'il se regardait dans un miroir. Dans ce cas, la « droite » de la personne située en face de lui est la même que la sienne, alors que c'est « sa gauche ». Julien, enseignant en 1re année, demande à ses élèves de prendre leur crayon dans la main droite en tenant le sien dans sa propre main droite. Il lui faudra alors se mettre dos à eux pendant quelques secondes pour qu'ils voient directement sa main droite levée et fassent aisément la translation. C'est ainsi que ses élèves utiliseront la bonne main pour prendre leur crayon.

Il existe différents questionnaires ou épreuves qui permettent de suivre l'évolution de la connaissance de ces notions de droite et de gauche (Rigal, 2003). Grâce à ces derniers, il est possible de constater que ces notions commencent à être appliquées à notre propre corps vers l'âge de 6-7 ans. À cet âge, Éloi peut répondre correctement à la question : « Montre-moi *ta* main droite. » Par contre, c'est autour de l'âge de 8 ans que les notions de droite et de gauche pourront être transférées sur autrui, et ce, grâce à la prise de perspective d'autrui. Lorsqu'on demande à Angelina, qui a cet âge, « Montre-moi *ma* jambe gauche », elle réussit sans difficulté à la montrer. Ce n'est que vers l'âge de 9 ans que ces notions pourront être appliquées entre les personnes, de face ou de dos. À titre d'exemple, lorsqu'on demande à Joachim : « Emma est-elle "à droite" ou "à gauche" d'Éva ? », il ne montre aucune hésitation en donnant la bonne réponse.

La réussite de ces épreuves dépend de la maîtrise de la rotation mentale pour, à partir de ce que l'enfant voit, imaginer ce que d'autres peuvent voir (Rigal, 1996b). L'application de ces notions aux objets est parfois délicate, voire souvent impossible pour un enfant de 7 ans qui tente d'utiliser l'orientation droite-gauche. Par exemple, si l'on demande à Léo « saute à la droite du cerceau », cela ne veut rien dire pour lui et n'est pas signifiant, car le cerceau est symétrique et n'a donc pas de droite ni de gauche ! La figure 2.21 en témoigne. Pour que cet exercice, figurant, hélas, dans bon nombre de livres, prenne un sens pour Léo et pour vérifier s'il maîtrise correctement ces concepts, il faut en changer les consignes et dire, par exemple : « Saute pour que le cerceau soit à ta gauche. » C'est le sujet orienté et non plus l'objet lui-même qui sert de point de référence. Il aurait aussi été possible de lui dire de sauter à la droite ou à la gauche d'un autre enfant qui regarde dans la même direction que lui !

Figure 2.21
Les orientations relatives

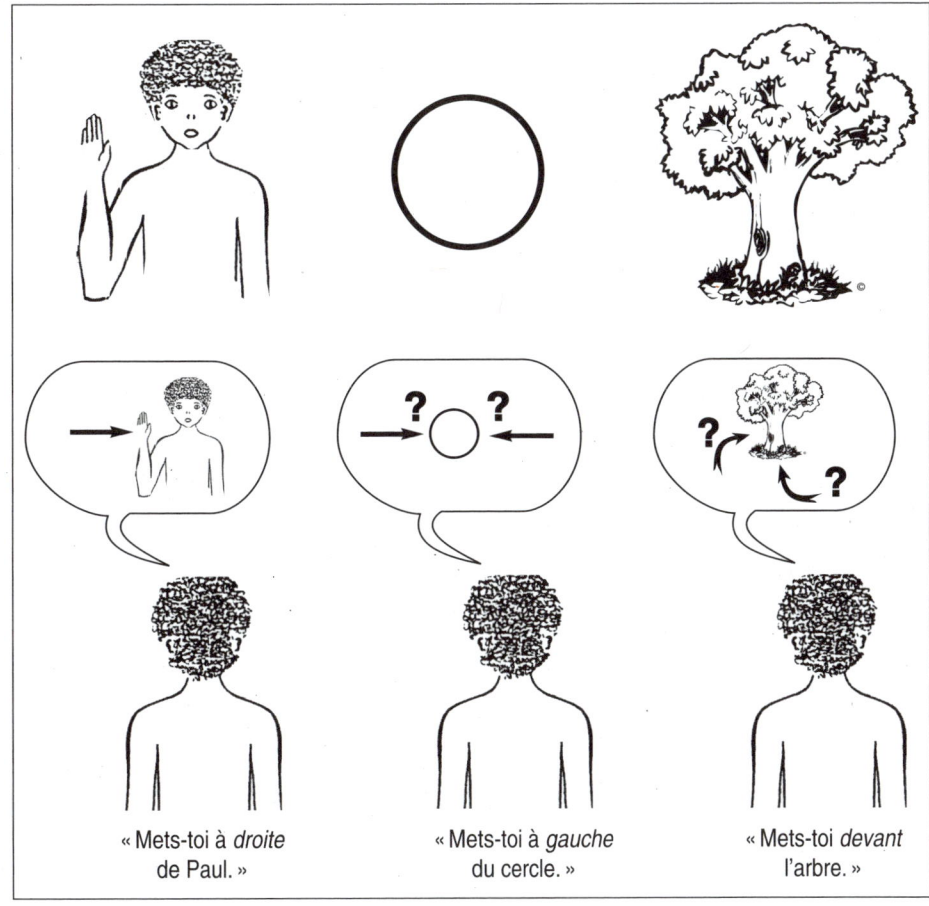

Tiré de Rigal *et al.*, 2009, p. 317.

Latéralité : *consiste en la prise de conscience de l'existence des deux côtés symétriques du corps.*

Il est important de dissocier l'orientation droite-gauche de la latéralité. La **latéralité**, en effet, *consiste en la prise de conscience de l'existence des deux côtés symétriques du corps* auxquels on a donné les noms « droite » et « gauche ». Il s'établit une prédominance physiologique naturelle dans l'utilisation d'une partie du corps qui est préférée par rapport à l'autre (Cadoret et Fréchette, 2008 ; Rigal, 2003). L'orientation droite-gauche, elle, est acquise en plusieurs étapes, comme nous venons de le voir (Rigal, 1994). Elle est donc de l'ordre de la cognition et de la connaissance. Les termes utilisés sont « à droite de » et « à gauche de », en référence à une personne : « Guillaume est *à droite de* Julia » (Rigal *et al.*, 2009).

2.5.3 Organisation temporelle

Je saisis le temps qui passe ?

Organisation temporelle : *maîtrise des notions associées au temps, soit l'ordre ou la succession, la durée et le rythme.*

À quelle heure mes parents viennent-ils me chercher ? Pourquoi Nicolas a-t-il eu sa flûte avant moi ? Est-ce qu'on arrive bientôt ? Quiconque fréquente des enfants sait combien l'**organisation temporelle** est une notion complexe pour eux ! Et pour nous aussi ! Le temps n'est pas visible comme l'espace qui nous entoure. Nous le structurons en trois modalités : le passé, le présent et le futur, le présent n'étant qu'une frontière éphémère séparant deux durées infinies. Ce concept d'organisation temporelle inclut la *maîtrise des notions associées au temps, soit l'ordre ou la succession, la durée et le rythme* (Rigal *et al.*, 2009). Si ces notions s'améliorent entre l'âge de 6 à 9 ans, elles sont encore loin d'être acquises à 9 ans !

Qui arrive en premier ?

Ordre

Pour rendre compte de l'ordre, il faut pouvoir dire si un événement s'est produit avant, pendant ou après un autre. Afin d'y arriver, le simultané doit être dissocié du successif. Deux événements sont dits simultanés lorsqu'ils se produisent en même temps : Camille et Amélie sont entrées dans la cour de l'école ensemble. Ils sont dits successifs lorsque l'un se produit avant l'autre : William a fini son devoir avant Zachary. Avant l'âge de 7 ans, il est fréquent que l'enfant se fie davantage au résultat final d'un événement plutôt qu'à son déroulement. Pourquoi ? Voici un exemple qui illustre bien cette façon d'envisager le temps. Oswaldo, 7 ans, voit devant lui deux voitures qui partent et s'arrêtent en même temps, mais qui ont roulé à des vitesses différentes. Puis, on lui demande si les deux voitures se sont arrêtées en même temps. Pour lui, la voiture ayant parcouru la plus courte distance s'est arrêtée avant l'autre, et ce, même s'il vient d'être témoin qu'elles se sont arrêtées en même temps ! Il lie son jugement aux informations spatiales : s'il y a un décalage dans l'espace, il ne peut pas y avoir de simultanéité dans le temps ! Après l'âge de 7 ans, grâce à l'évolution de ses compétences cognitives, il lui sera plus facile de différencier l'ordre temporel de l'ordre spatial et il sera en mesure de répondre que les deux voitures se sont arrêtées au même moment.

Très rapidement, dès la 1re année, et souvent même au préscolaire, l'enfant connaît les jours de la semaine, les mois et les saisons et les récite dans l'ordre. C'est l'accès au temps social et au calendrier avec la connaissance du jour de la semaine, son quantième dans le mois, le mois et l'année (Dupuis, 2002). Vers l'âge de 8 ans, l'heure est bien lue, avec ou sans aiguilles, et le jour du mois et l'année sont correctement identifiés (Dupuis, 2002 ; Fraisse, 1967). En somme, la notion d'ordre est importante dans l'organisation temporelle, celle-ci ayant à son tour des implications dans l'apprentissage en général.

Est-ce qu'on arrive bientôt ?

Durée

Chez l'enfant de moins de 7 ans, la durée est relative au contenu ou au résultat de l'activité : « Quand on fait beaucoup de choses, ça prend plus de temps ! » À titre indicatif, on demande à Nathan, qui a 6 ans, de tracer lentement, entre deux lignes, des bâtons de 2 cm de hauteur. Puis, on lui demande de faire la même tâche, très vite, sans se soucier des lignes, et ce, pendant la même durée. Lorsqu'on lui demande de se prononcer sur le temps qu'il a pris pour réaliser les deux tâches, Nathan dira clairement qu'il a eu plus de temps dans le deuxième cas que dans le premier, parce qu'il « a fait plus de traits » ! Il ne peut donc pas y avoir d'identité de durées si les résultats des deux actions comparées sont divergents, bien que dans les faits elles soient égales ! (Mellier, 2002 ; Montangero, 1977.) C'est toute la différence entre l'évaluation subjective de la durée et sa mesure objective avec une montre. Lors de longs déplacements en voiture, après avoir roulé pendant un certain temps, le refrain le plus entendu venant de l'arrière est « Est-ce qu'on arrive bientôt ? », si les enfants n'ont que le paysage à contempler !

La perception de la durée est subjective et son évaluation dépend de la vitesse, du nombre de changements, de la motivation par rapport à la tâche à accomplir (Fraisse, 1967). Revenons à l'exemple des voitures que nous avons vu précédemment. Oswaldo voit toujours les deux voitures rouler sur la table pendant la même durée, mais à des vitesses différentes. On lui demande maintenant si elles ont roulé le « même temps » l'une et l'autre. Il répondra sans doute que celle ayant parcouru la plus grande distance a roulé le plus longtemps alors qu'en réalité, elles ont roulé pendant la même durée. Le même raisonnement s'applique lorsque Rosalie, elle aussi âgée de 7 ans, voit de l'eau s'écouler par deux tubes identiques dans deux vases de diamètres différents. Elle dira, sans aucune gêne, que l'eau a coulé plus longtemps dans le verre qui s'est le plus rempli, alors qu'elle a bien vu que l'eau a commencé à couler et s'est arrêtée de couler en même temps dans les deux vases ! Elle dira d'un ton assuré : « L'eau a coulé plus de temps parce qu'il est plus plein ! » La durée à cet âge n'est pas homogène et ne passe pas de façon identique pour tous. Rosalie peut fort bien affirmer que « lorsque je serai vieille, j'aurai le même âge que mon père ». Après avoir répondu qu'elle a 6 ans à la question « quel âge as-tu ? », son amie Martine répond « je ne sais pas » à la question « cela fait combien d'années que tu es née ? » (Mellier, 2002).

Après l'âge de 7 ans, il s'établit une indépendance plus nette de la durée par rapport à l'action (Fraisse, 1967). Ainsi, Simon, qui vient d'avoir 8 ans, comprend que s'il fait quelque chose rapidement, il prendra moins de temps au total. Par contre, il lui est toujours difficile d'indiquer la durée approximative d'un événement, comme bien des adultes d'ailleurs ! Une durée réelle de 20 secondes peut, à cet âge, sembler durer entre cinq secondes et 10 minutes (Fraisse, 1967) ! Il n'y a donc rien d'étonnant à ce que Zakya, qui est en 1re année, demande « C'est quand midi ? », même si son enseignante vient de lui dire, il y a cinq minutes, que le dîner aura lieu dans deux heures !

La perception du temps varie aussi en fonction des événements en jeu. Si les enfants du groupe de Sophie au service de garde savent que le clown invité pour la journée pédagogique viendra à 10 h, dès 9 h ils trouveront le temps bien long ! Habituellement, les enfants trouvent que le temps ne passe pas vite et ils en surestiment la durée ! Le temps paraît plus long qu'il ne l'est dans la réalité. En revanche, lorsque le clown doit partir à 11 h après son numéro, ils trouvent que le temps a passé bien rapidement. Cette fois, ils en sous-estiment la durée, et le temps paraît plus court qu'il ne l'est effectivement. Trente minutes de jeux à l'ordinateur seront perçues comme étant plus brèves que 30 minutes de devoirs ! D'ailleurs, la récréation passe toujours trop vite !

L'idée d'un temps continu et de durées communes à des activités différentes apparaît graduellement et lentement chez l'enfant, en prenant en considération les paramètres d'espace, de vitesse, de changements perçus et de travail accompli (Fraisse, 1967 ; Mellier, 2002). Ce sont les interactions vitesse-durée-espace qui causent le plus de difficultés aux enfants de moins de 7 ans, même s'ils ont très tôt une idée de la vitesse de dépassement. Cela tient à la relation existant entre les « plus » de ces trois aspects, l'enfant ne pouvant en considérer que deux à la fois : si je vais « plus » vite, alors je fais « plus » de choses, mais si je fais « plus » de choses, j'ai aussi eu « plus » de temps, alors qu'on sait que si l'on roule « plus » vite, on met « moins » de temps ! L'enfant a ainsi du mal à comprendre qu'en roulant plus vite, on met moins de temps à parcourir une même distance. Par exemple, si Mathieu, qui a 6 ans, doit courir moins vite que Noémie, courir moins pour lui signifie tout simplement être derrière elle, en gardant la même distance par rapport à Noémie, et non pas voir l'écart spatial se creuser entre eux avec le temps !

2.5.4 Organisation spatiotemporelle
Je suis au bon endroit au bon moment

Spatiotemporelle : *association simultanée d'une dimension spatiale et d'une dimension temporelle.*

Les activités **spatiotemporelles** comportent l'*association simultanée d'une dimension spatiale et d'une dimension temporelle*. Elles requièrent une appréciation juste de la vitesse et un ajustement à l'espace (Rigal, 2003). Où les retrouve-t-on ? Dans toutes les activités d'anticipation-coïncidence, comme attraper une balle, lancer le ballon à un coéquipier en train de courir pour qu'il l'attrape, sauter à la corde et les activités de nature perceptivomotrice figurent parmi les plus complexes à réaliser correctement. Dans ces activités perceptivomotrices, il faut anticiper la réalisation d'un mouvement, le déplacement du corps ou celui de l'objet, pour coïncider ou être au même endroit lors de l'arrivée d'un objet en mouvement. Le soccer est un exemple typique d'une activité spatiotemporelle. Ainsi, Cédric, 9 ans, doit s'assurer que le partenaire à qui il passe le ballon va bien le recevoir. Cette compétence se retrouve aussi, par exemple, dans plusieurs autres activités sportives ou motrices, comme frapper une balle au vol avec une raquette au tennis, parcourir une distance donnée en un temps prédéterminé, récupérer le bâton dans une course à relais. Dans ce dernier cas, il faut passer le bâton dans un intervalle spatial donné, sans ralentir la vitesse du bâton.

Notons que l'organisation spatiotemporelle ne s'applique pas seulement aux activités motrices. Examinons les situations suivantes. Claire, éducatrice, montre cinq images à Rémi, âgé de 8 ans, en lui disant : « Voici la première image, la deuxième, la troisième, la quatrième et la cinquième. » Puis, après les avoir mélangées, elle lui demande de les remettre dans l'ordre de présentation. Il s'agit ici d'un exercice de succession temporelle. Dans un deuxième temps, Claire pose les cinq images à l'envers, en ligne sur la table devant lui. Elle les retourne successivement devant lui, de la première à la dernière, puis, après les avoir mélangées, elle demande à Rémi de les replacer de la même façon : il s'agit là d'un exercice d'organisation spatiale.

Enfin, après les avoir à nouveau mises à l'envers devant Rémi, Claire lui montre les images une par une, mais cette fois en les retournant dans le désordre, c'est-à-dire qu'elle peut commencer par la troisième, puis la première, ensuite la cinquième, etc. Une fois cette tâche terminée, elle mélange toutes les images et demande à Rémi de les remettre à la bonne place, ainsi que dans le même ordre qu'au départ. Il s'agit ici d'un exercice d'organisation spatiotemporelle. Rémi doit donc associer la série d'images à la place qu'elles occupaient. Par cette série d'exercices, Claire a permis à Rémi de renforcer ses capacités d'organisation spatiale, temporelle et spatiotemporelle.

2.6 Soutenir le développement moteur et le développement psychomoteur
Pratiques éducatives et enseignantes

Si les actions pédagogiques possibles, dans ces deux domaines, sont excessivement nombreuses, alors il s'avère impossible, dans le cadre de ce livre, de les aborder de façon exhaustive. Nous donnons ici quelques exemples concluant le chapitre lui-même, laissant à chaque éducatrice ou enseignante le loisir de les compléter. Dans ce cadre, la collaboration entre le personnel enseignant ou éducateur et l'enseignant en éducation physique est à rechercher pour connaître par exemple les points à améliorer de tel ou telle élève, l'endroit où ils en sont rendus dans leur programme d'études. En règle générale, l'enseignant en éducation physique ne rencontre les enfants que deux périodes par semaine, alors qu'ils passent plusieurs heures en classe et au service de garde. Ce sont donc des contextes éducatifs propices à une action pédagogique favorisant le développement moteur et le développement psychomoteur.

L'observation de l'enfant en mouvement nous permet de voir facilement si la manière dont il bouge est appropriée ou non, voire efficace. Plusieurs questions peuvent orienter cette observation de la motricité globale, et ce, dans le but ultime de mieux soutenir son développement moteur. À la course, ses jambes sont-elles mobilisées dans l'axe ou décrivent-elles un mouvement vers l'extérieur? Ses bras font-ils un mouvement de l'arrière vers l'avant pour augmenter la poussée? À partir de ses observations, Nicole, éducatrice au service de garde, propose à Maika, qui est âgée de 6 ans, de ne pas laisser les bras le long de son corps, mais plutôt de s'en servir pour courir! Elle vient ainsi appuyer les interventions de l'enseignant en éducation physique qui lui, peut lui montrer, mais aussi expliquer à Maika que ses bras doivent se déplacer de l'arrière vers l'avant, en même temps que sa jambe opposée effectue son mouvement dans la même direction. L'enseignant en éducation physique peut aussi compléter en lui disant de bien pousser sur sa jambe arrière vers l'avant. Maika et Yasmine montent tout naturellement sur les toiles d'araignée disponibles dans les parcs ou aux espaliers dans les gymnases. Toutefois, pour faire de l'escalade sur des supports artificiels, il est important de leur faire remarquer qu'elles doivent avoir trois appuis sur les saillies, une main ou un pied étant utilisé pour assurer la progression en atteignant une quatrième saillie. Il est donc pertinent de soutenir le développement de la motricité globale des enfants dans les activités qu'ils aiment pratiquer.

Pour l'apprentissage de l'écriture, par quelle calligraphie l'enseignante doit-elle commencer? La script ou la cursive? Au Québec, la script est d'abord proposée à l'enfant pour aller rapidement vers la cursive. À 6 ans, Océane a ainsi débuté par l'écriture script de base en capitales, en portant son attention sur l'ordre dans lequel les traits

qui composent chaque lettre doivent être tracés. Vers l'âge de 7 ans, on lui a appris à tracer chaque lettre sans lever le crayon. Vers 8 ans, le début et la fin du tracé de la lettre sont prolongés pour préparer la liaison avec la lettre suivante. Le cahier est alors incliné légèrement vers la gauche afin d'amorcer un début d'écriture penchée. À 9 ans, Océane acquiert naturellement l'écriture cursive en reliant des groupes de lettres comme *Océane*. Vers 10 ans, elle atteindra un rythme d'écriture plus rapide par liaison complète des lettres, rapidité pouvant faire l'objet d'un apprentissage systématique. À noter que les capacités d'apprentissage des enfants leur permettent de passer de la script à la cursive bien avant l'âge de 9 ans.

En ce qui a trait au développement psychomoteur, différentes interventions sont possibles et, ici aussi, nous ne pouvons donner que quelques exemples pour l'un ou l'autre des points que nous avons abordés dans ce chapitre. Ainsi, pour travailler l'orientation droite-gauche, indispensable à une bonne orientation dans notre milieu environnant, Rachida, éducatrice, a trouvé des images sur lesquelles se trouvent plusieurs enfants en train de jouer. Elle peut alors leur demander de faire un « X » en bleu sur les bras gauches des enfants apparaissant sur l'image, un « O » rouge sur leur jambe droite, etc. Elle n'oublie pas de tenir compte de l'âge des enfants, soit plus précisément de leur niveau de développement. Avant 7 ans, il est effectivement préférable d'avoir une majorité d'images où les enfants sont de dos. Les exercices doivent se faire à partir et en fonction de la droite et de la gauche des enfants ou de celles d'autres personnes qui sont de dos, de côté ou de face. Cette activité dirigée n'est présentée qu'à titre indicatif, toute situation signifiante pour l'enfant pouvant être l'occasion d'un apprentissage sur le plan de l'orientation spatiale.

Pour travailler la notion de durée, Rachida peut demander aux enfants de faire un tour complet du gymnase alors qu'elle les chronomètre. À leur arrivée, elle leur communique le temps qu'ils ont mis, puis elle leur demande de le refaire plus lentement ou plus vite. Elle s'assure à chaque fois de la réponse motrice appropriée des enfants. Rachida aurait tout aussi bien pu leur demander d'indiquer le temps qu'il faut pour faire le tour du gymnase, puis leur faire faire la tâche et comparer leur réponse au temps réel demandé. En reprenant cette activité dans d'autres contextes initiés par les enfants, comme lorsqu'ils proposent de transporter des ballons d'un bout à l'autre du gymnase, passer dans un parcours d'obstacles, monter aux espaliers d'une extrémité à l'autre, les parcourir horizontalement puis descendre à l'autre extrémité, Rachida favorise la maîtrise progressive de la notion de durée.

Il peut être intéressant de prendre des activités de la vie quotidienne, en mettant l'accent sur les termes « avant » et « après ». Par exemple, l'éducatrice d'Audrey, qui vient d'entrer en maternelle, lui demande de décrire les différentes actions qu'elle doit effectuer lorsqu'elle se lave les mains. Audrey est toute fière de lui dire : « Quand je me lave les mains, j'ouvre le robinet pour faire couler de l'eau, je me mouille les mains, puis je prends du savon, je me frotte les mains, je les rince, je ferme le robinet et enfin je m'essuie les mains. » L'éducatrice peut alors aider Audrey à préciser ces étapes en lui posant des questions comme celles-ci : « Qu'as-tu fait après avoir pris du savon ? Qu'as-tu fait avant de t'essuyer les mains ? »

Dans la cour ou au gymnase, les parties de ballon chasseur ou de soccer favorisent la coordination spatiotemporelle. Au ballon chasseur, l'enfant qui lance doit tenir compte de la distance à laquelle se trouve celui ou celle qu'il veut atteindre et la vitesse de son déplacement. De l'autre côté, celui qui ne veut pas se faire toucher par le ballon, doit modifier très rapidement sa position pour ne pas se trouver sur la trajectoire. Il peut aussi, en regardant le lanceur, savoir si celui-ci regarde ou non dans sa direction et être donc une cible potentielle. Pour ce qui est du soccer maintenant, un sport fort populaire auprès des enfants, en plus de développer l'habileté visuopédestre, les joueurs vont y apprendre à bien préparer et coordonner la force de frappe, sa direction et à tenir compte des déplacements des partenaires et adversaires.

Enfin, Annie, éducatrice au service de garde scolaire, a trouvé une activité qui plaît aux enfants où ils sont divisés en deux groupes. Les enfants de l'un des groupes lancent à tour de rôle un ballon à vitesse moyenne devant eux. Les enfants de l'autre groupe, situés à une distance de plus de 5 m, à angle droit avec la trajectoire du ballon, essaient de toucher le ballon qui roule avec le ballon qu'eux-mêmes viennent de lancer, en le faisant aussi rouler par terre. Dans un autre exercice, elle vérifiera si Amanda ajuste sa vitesse de course et la direction de celle-ci pour essayer d'attraper le ballon que vient de lui lancer Francis dans les airs. Dans un premier temps, elle peut demander à Francis, qui se trouve sur le côté, de lancer le ballon doucement et bien vers le haut, en avant d'Amanda, qui peut alors courir pour l'attraper assez facilement. Puis, Francis augmente la vitesse du ballon et en modifie la trajectoire pour qu'Amanda ait à accélérer ou ralentir, tout en ajustant la direction de sa course à celle du ballon. Ainsi, elle développe l'organisation spatiotemporelle des enfants. Voilà autant de moyens pour soutenir le développement moteur et le développement psychomoteur des enfants de 6 à 9 ans.

2.7 Des difficultés motrices et psychomotrices
Approfondissement

Syncinésies : *mouvements ou contractions musculaires parasites effectués inconsciemment et accompagnant un mouvement volontaire.*

Même si la plupart des enfants évoluent selon ce qui est attendu, des difficultés motrices temporaires ou permanentes peuvent survenir dans le cours de leur développement. Parmi celles-ci se trouvent les **syncinésies**. Il s'agit de *mouvements ou de contractions musculaires parasites effectués inconsciemment et accompagnant un mouvement volontaire* (Cadoret, Blanchet et Bouchard, 2008 ; Rigal, 2003 ; Zazzo et Galifret-Granjon, 1979). Elles concernent le plus souvent les bras : le bras non actif effectue une activité semblable à celle imposée à l'autre. Voici un exemple de syncinésie. Michèle, éducatrice, demande à Vincent, qui est âgé de 6 ans, de se mettre debout devant elle. Il doit garder le bras droit le long de son corps, mettre son bras gauche à l'horizontale et son avant-bras à la verticale. Michèle lui demande ensuite d'effectuer des rotations en tournant rapidement son poignet gauche d'un côté, puis de l'autre. C'est l'épreuve dite des marionnettes (Zazzo et Galifret-Granjon, 1979). Il est fort probable que la main droite de Vincent fasse des mouvements semblables à ceux de sa main gauche.

Cette difficulté de dissociation des deux membres supérieurs ressort aussi dans la difficulté à effectuer en même temps deux mouvements distincts, comme frapper le dessus de la tête avec la main gauche, tout en se caressant le ventre avec la main droite. Ou bien il peut s'agir d'écrire la lettre « O » avec la main droite, tout en faisant des petits carrés avec la main gauche. Il est aussi possible d'observer des syncinésies dans des mouvements du visage : cligner seulement d'un œil, lever seulement le coin droit des lèvres, etc. On peut d'ailleurs observer les syncinésies de l'enfant qui commence à écrire lorsqu'il sort sa langue et la déplace vers la droite en même temps que son crayon. Ces mouvements parasites disparaissent normalement avant l'âge de 9 ans, grâce à la maturation du système nerveux.

Il arrive aussi que des enfants soient maladroits. Il peut alors être question de **dyspraxie** ou de trouble de l'acquisition de la coordination (CIM-10, 1994). Il s'agit d'une *difficulté à acquérir une habileté motrice apprise et non pas spontanée*, comme faire de la bicyclette, écrire, manger avec une fourchette et un couteau. Cette difficulté peut provenir de l'une ou l'autre des phases de la mise en place d'un geste : la planification de ce qu'il faut faire, la programmation du mouvement ou comment le faire, et la réalisation du geste par l'enfant. La dyspraxie est à distinguer de la maladresse qui peut être normale dans le cours du développement, soit lorsque l'enfant veut faire quelque chose et que l'évolution de ses structures neuromusculaires ne lui permet pas encore une pleine maîtrise de ses mouvements. C'est le cas de Charles, 6 ans, qui n'arrive pas encore à lancer le ballon dans le panier de basket-ball, ce qui est tout à fait compréhensible.

> **Dyspraxie :** *difficulté à acquérir une habileté motrice apprise et non pas spontanée.*

Par contre, la maladresse est réelle lorsqu'un enfant ne réalise pas les activités attendues en fonction de son âge chronologique. C'est le cas pour 5 à 8 % des enfants entre l'âge de 5 et 11 ans (Rigal *et al.*, 2009). L'enfant trébuche, perd facilement son équilibre et tombe, mange, s'habille, écrit et dessine maladroitement, n'attrape pas un ballon qui lui a été lancé. Les difficultés de ces enfants ne disparaissent pas naturellement avec la maturation des structures neuromusculaires. Une proportion équivalente à 46 % des enfants identifiés comme maladroits à 5 ans le sont encore à 15 ans (Cantell, Smyth et Ahonen, 1994) et plusieurs le restent encore à l'âge adulte (Cantell *et al.*, 1994 ; Geuze, 2005). À force de répétitions et d'apprentissage, une partie de ces difficultés peut s'atténuer. Il y a quelques mois, Joseph, 7 ans, n'arrivait pas à boutonner sa chemise. En l'entraînant à boutonner un gilet à gros boutons, puis un autre avec de plus petits boutons, sa mère a finalement réussi à ce qu'il le fasse avec sa chemise, même si cela lui prend encore plus de temps que les autres enfants de son âge.

Il arrive par ailleurs que des enfants aient de la difficulté à contrôler leurs gestes graphiques, comme en témoigne la figure 2.16 (p. 81). Ces difficultés deviennent de plus en plus évidentes après deux ou trois ans d'apprentissage de l'écriture. Il est alors question de **dysgraphie**, ce qui donne une *écriture peu lisible et lente, sans trouble*

> **Dysgraphie :** *écriture peu lisible et lente, sans trouble neurologique diagnostiqué.*

neurologique diagnostiqué (Ajuriaguerra, 1977 ; Thoulon-Page, 2009). L'écriture de ces enfants est mal organisée spatialement et présente des malformations des lettres ou des mots. Ajuriaguerra (1977) a différencié plusieurs types d'enfants dysgraphiques. D'abord, il y a les raides, qui ont une écriture crispée avec de fortes tensions musculaires. Puis ceux dont le graphisme est relâché et qui ont une écriture irrégulière avec des lettres présentant des tremblements ou des bosses. Ensuite, les impulsifs qui tracent des lettres non achevées : ils veulent écrire vite, mais le font mal. Enfin, les maladroits, avec leurs lettres déformées, sont difficiles à lire, tandis que les lents et précis ont une écriture régulière, mais très lente par recherche d'une trop grande perfection (Thoulon-Page, 2009). Dans tous ces cas, il est possible de reprendre systématiquement les exercices d'apprentissage, tout en aidant l'enfant par des démonstrations ou en guidant sa main pour qu'il sente bien le mouvement à réaliser.

Les difficultés psychomotrices sont aussi variées. En ce qui concerne l'organisation spatiale, elles apparaissent aussi bien dans l'orientation et la structuration spatiales que dans l'orientation droite-gauche. Lors des premiers jours à l'école, certains enfants peuvent avoir du mal à retrouver le chemin de la bibliothèque ou du gymnase seuls, alors que d'autres n'auront aucune hésitation dès le second jour ; une fois l'anxiété des premiers jours passée, comme deux ou trois semaines plus tard, ils sauront se repérer facilement. Si, une fois l'adaptation au nouveau milieu établie, les difficultés persistent, il est possible que l'enfant ait des difficultés d'organisation spatiale que l'orthopédagogue pourra traiter. Rappelons néanmoins que chaque enfant est unique et que la durée de cette période d'adaptation peut varier selon les enfants.

Des difficultés se retrouvent aussi en écriture, par exemple, lorsque les lignes écrites montent ou descendent, que les lettres ne sont pas au même niveau les unes par rapport aux autres ; elles surgissent aussi en mathématiques où les enfants n'alignent pas correctement les nombres lors des additions ou des soustractions, ne différencient pas le sens de la lecture des nombres de gauche à droite du sens des calculs de droite à gauche. Sur le plan de l'orientation droite-gauche, ces désorganisations spatiales se manifestent chez l'enfant lorsqu'il y a confusion de cette orientation sur soi et une difficulté à la transposer sur autrui. Au-delà de l'écriture, ces difficultés apparaissent aussi souvent en lecture chez l'enfant présentant des troubles de l'organisation spatiale. Il confond alors des mots à la suite de leur inversion, comme « sac-cas » et « sel-les ». Les spécialistes qui interviennent dans le domaine scolaire, comme les orthopédagogues, doivent alors être sollicités pour traiter ces dernières difficultés ; enseignantes et éducatrices peuvent attirer l'attention des parents sur la possibilité et la nécessité de telles consultations.

Enfin, une dernière difficulté d'organisation spatiale qu'il est possible d'observer chez l'enfant, pour ne nommer que celle-ci, est la **dyspraxie visuospatiale**. Près de 3 % des enfants scolarisés en sont atteints. Ils ont alors de *la difficulté à mobiliser leur regard*. Il en résulte des difficultés à dénombrer les objets, écrire droit, s'orienter dans le milieu environnant, situer les objets les uns par rapport aux autres, s'organiser, reproduire des figures symétriques par rapport à un axe de symétrie (Mazeau, 2005). Ici aussi l'intervention des spécialistes œuvrant en milieu scolaire est à considérer. Comme nous venons de

> **Dyspraxie visuospatiale :** *difficulté éprouvée par les enfants à mobiliser leur regard.*

nous en rendre compte, des difficultés surgissent au cours du développement moteur, mais aussi au cours du développement psychomoteur des enfants. Grâce aux interventions des enseignants et des éducateurs, associées à celles des spécialistes, de nombreux enfants voient heureusement leurs difficultés diminuer et même disparaître.

2.8 Conclusion — *J'agis et je grandis*

Comme nous l'avons vu dans ce chapitre, beaucoup de changements se produisent chez l'enfant entre l'âge de 6 et 9 ans, tant au plan morphologique, moteur que psychomoteur. La croissance se poursuit de façon similaire pour les garçons et les filles : leur taille augmente de façon régulière ainsi que leur poids. En ce qui a trait au développement moteur, les enfants contrôlent de plus en plus leur motricité globale et peuvent amorcer la pratique de différents sports suivant leurs goûts et intérêts. De façon générale, les garçons réussissent mieux que les filles aux épreuves nécessitant de la force, mais celles-ci obtiennent fréquemment de meilleurs résultats aux épreuves d'équilibre ou de souplesse. Bien que la motricité spontanée soit favorisée, il n'est pas exclu de leur faire profiter de conseils lorsque la manière dont ils réalisent un mouvement ne correspond pas à la manière la plus économique et performante de le faire. Les enfants améliorent aussi grandement leur motricité fine, ce qui transparaît en particulier dans le graphisme en écriture. Cet apprentissage doit être bien encadré afin d'éviter que de mauvaises habitudes de posture, de saisie du crayon, de mauvaises directions du tracé des lettres ne s'installent. Par le fait même, la lisibilité et la vitesse de l'écriture s'améliorent considérablement de 6 à 9 ans.

Sur le plan psychomoteur, les enfants mettent à profit les actions motrices associées à la manipulation pour acquérir des concepts, dans la science et la technologie comme en mathématique. La construction de la notion du nombre est favorisée dans une très large mesure par des activités de triage, classement, regroupement, addition et soustraction d'éléments d'ensembles. L'organisation spatiale profite de l'évolution cognitive des enfants : ils peuvent se mettre à la place d'autrui pour envisager ce qu'une autre personne voit d'un autre endroit que le leur; ils maîtrisent l'orientation droite-gauche et commencent à utiliser la mesure. Dans le domaine de l'organisation temporelle, ils comprennent de mieux en mieux la succession des événements ainsi que des jours de la semaine et des mois, ont une meilleure idée de l'évaluation de la durée et reproduisent plus facilement des structures rythmiques. Enfin, c'est dans le domaine spatiotemporel où les progrès sont moins grands : les enfants ont de la difficulté à tenir compte en même temps de l'espace et du temps, comme pour faire une passe à un partenaire en mouvement au football. Le progrès sera donc de plus en plus manifeste à la période du développement qui se situe de 9 à 12 ans.

Enfin, nous avons présenté quelques-unes des difficultés éprouvées par certains enfants, qu'elles soient liées à leur développement moteur, comme les dyspraxies ou la maladresse, ou à leur développement psychomoteur, par exemple des problèmes d'organisation spatiale ou temporelle.

Appliquer pour mieux comprendre

Exercices récapitulatifs

À partir des notions vues dans le cadre du chapitre, trouvez la ou les affirmations exactes pour chaque question. À noter qu'il peut y avoir plus d'une bonne réponse par question. Vous trouverez les réponses à ces questions à la fin du livre.

1. Samuel n'a plus de syncinésies d'imitation : il ne bouge plus sa main droite lorsqu'on lui demande de faire des mouvements rapides de rotation du poignet de sa main gauche. Selon vous, quel âge a-t-il ?

   a) Samuel a 1 an.

   b) Samuel a entre 2 et 4 ans.

   c) Samuel a entre 5 et 9 ans.

   d) Aucune de ces réponses.

2. Un enfant recopie, écrit, un texte d'autant plus vite qu'il

   a) sait bien lire.

   b) a eu un long apprentissage en écriture.

   c) le fait avec sa main non dominante.

   d) écrit en capitales d'imprimerie.

3. Selon vous, un enfant dribble correctement avec un ballon s'il

   a) frappe le ballon pendant la phase ascendante du rebond.

   b) avance le pied controlatéral à la main qui dribble.

   c) utilise simultanément les deux mains.

   d) accompagne le ballon par des mouvements de flexion-extension du bassin.

4. L'orientation spatiale inclut :

   a) la localisation d'objets en termes de rapports qualitatifs de séparation, voisinage, enveloppement ;

   b) la reconnaissance de la gauche et de la droite par rapport à soi ;

   c) l'identification de la droite et de la gauche sur autrui ;

   d) l'interprétation d'une carte ou d'un plan.

5. Vrai ou faux ?

 a) La calcification osseuse peut se produire en l'absence de vitamine D.

 b) La carence d'une vitamine peut être compensée par l'excès d'une autre vitamine.

 c) De façon générale, il y a peu de différences qualitatives entre le développement moteur des garçons et celui des filles.

 d) De façon générale, les performances des garçons sont légèrement supérieures à celles des filles aux épreuves nécessitant de la force.

 e) Les activités de manipulation sont importantes dans le développement cognitif des enfants parce qu'elles fournissent un point de départ concret aux mécanismes de l'abstraction.

 f) La taille des filles est toujours plus proche de sa valeur adulte que celle des garçons.

 g) Un enfant de 8 ans qui utilise sa main droite pour certaines activités et sa main gauche pour les autres est un ambidextre.

 h) Un enfant de 7 ans peut identifier correctement la main droite et la main gauche d'une personne assise en face de lui.

Réfléchir pour mieux intervenir

Exercices réflexifs

Afin d'aller plus loin dans l'exercice de votre pensée, les questions suivantes vous sont posées en lien avec le contenu du chapitre. Bonne réflexion !

- Quelles activités puis-je proposer aux enfants de 6 à 9 ans pour améliorer leur motricité globale ?
- Comment faciliter l'apprentissage de la calligraphie chez les enfants de 6 à 9 ans ?
- Comment aider Audrey, 7 ans, qui a de la difficulté à situer les événements dans l'ordre chronologique ?
- Comment aider les enfants à acquérir la notion de durée ?
- Comment favoriser l'acquisition des notions spatiales et en particulier l'orientation droite-gauche chez l'enfant ?
- Comment soutenir l'acquisition du rythme en classe ou au gymnase ?

Pour en savoir un peu plus

Documents complémentaires

Les documents suivants vous sont proposés afin de compléter les informations présentées dans le cadre de ce chapitre ; il peut s'agir de livres, de sites Internet ou de documents audiovisuels.

LIVRES

Brigance, A.H. (1997). *Stratégies et pratique*, Vanier, Centre franco-ontarien de ressources pédagogiques.

Duché, P. (2009). *Activités physiques et développement de l'enfant*, Paris, Ellipses.

Dumont, C. et S. Pichette (2005). *Calli, cahier de calligraphie cursive*, 2e éd., Montréal, CEC.

Dumont, C. et S. Pichette (2005). *Calli, cahier de calligraphie script*, Montréal, CEC.

Musson, S. (1999). *Les services de garde en milieu scolaire*, Québec, Les Presses de l'Université Laval.

Rigal, R., L. Abi Nader, G. Bolduc et N. Chevalier (2009). *L'éducation motrice et l'éducation psychomotrice au préscolaire et au primaire*, Québec, Presses de l'Université du Québec.

Thoulon-Page, C. (2009). *La rééducation de l'écriture de l'enfant*, 2e éd., Paris, Masson.

SITES INTERNET

Agence pour la santé publique du Canada, *Guide d'activité physique canadien pour les enfants*, <http://www.phac-aspc.gc.ca/hp-ps/hl-mvs/pag-gap/cy-ej/children-enfants/index-fra.php>, page consultée le 24 février 2010.

Beaumont, J., *Les enfants en service de garde en milieu scolaire*, <http://ccdmd.qc.ca/ri/5-12ans/>, page consultée le 15 décembre 2009.

Fréchette, N. et P. Morissette, *Banque de vidéos en psychologie du développement de l'enfant de 0 à 12 ans*, <http://www.ccdmd.qc.ca/ri/developpement>, page consultée le 15 octobre 2009.

Vignettes en lien avec les thématiques du chapitre :

Titre de la vignette	Numéro
Devinettes chez les enfants de 6 à 10 ans	405
Classification : collection non figurale	406

Ministère de l'Éducation, du Loisir et du Sport, *Pour un virage santé*, <http://www.mels.gouv.qc.ca/sections/virageSante/index.asp?page=references_a>, page consultée le 24 février 2010.

Santé Canada, *Le guide alimentaire canadien*, <http://www.hc-sc.gc.ca/fn-an/food-guide-aliment/index-fra.php>, page consultée le 24 février 2010.

DOCUMENT AUDIOVISUEL

Moreau, M. (1974). *Au seuil de l'opératoire*, Montréal, Office du film du Québec.

Moi et les autres

LE DÉVELOPPEMENT SOCIOAFFECTIF DE 6 À 9 ANS

Caroline Bouchard, Nathalie Fréchette et Emmanuelle Roy

3 Moi et les autres

LE DÉVELOPPEMENT SOCIOAFFECTIF DE 6 À 9 ANS

3.1 Moi et les autres : introduction 121

3.2 Je construis ma personnalité : théorie d'Erikson 122
    3.2.1 Je deviens compétent : travail ou infériorité 123

3.3 Qui suis-je ? : concept de soi 125
    3.3.1 Je m'identifie à travers autrui : moi social 126
    3.3.2 Au féminin comme au masculin : moi sexué 128
    3.3.3 Je vis des émotions : moi émotionnel 129

3.4 J'apprécie qui je suis : estime de soi 133

3.5 J'entre en relation avec autrui : interactions sociales entre pairs ... 137
    3.5.1 J'interagis en jouant : évolution du jeu, au cœur
          des interactions sociales 137
    3.5.2 Amis pour la vie : amitié entre pairs 142
    3.5.3 J'ai ma place dans mon groupe ou ma classe :
          acceptation par les pairs 145

3.6 Les maux pour s'exprimer : agressivité et comportements d'agression 152
    3.6.1 Physiques, verbaux, directs ou indirects :
          types de comportements d'agression 153
    3.6.2 Comprendre les comportements d'agression :
          facteurs de risque et de protection 157

**3.7 Soutenir le développement socioaffectif : pratiques éducatives
et enseignantes** 160

3.8 L'intimidation : approfondissement 164
    3.8.1 De la violence physique au taxage : formes d'intimidation 166
    3.8.2 Causes et impacts : facteurs et conséquences de l'intimidation ... 167

3.9 Moi et les autres : conclusion 172

Appliquer pour mieux comprendre : exercices récapitulatifs 173

Réfléchir pour mieux intervenir : exercices réflexifs 174

Pour en savoir un peu plus : documents complémentaires 175

3.1 Introduction

Moi et les autres

Dans le local de Nicole au service de garde, on a confié à Didier, Rachid et Stella la tâche de nettoyer le bocal de Vermillon, le poisson rouge. Ils prennent soin de s'entendre afin de coordonner les différentes actions à poser. Aussi, à mesure qu'ils exécutent ensemble cette opération, ils développent leur confiance en eux et se valorisent. Cette expérience éducative supervisée par Nicole favorise non seulement le développement de leur estime de soi et leur personnalité en s'affirmant, mais également leur développement global. Tour à tour, ils utilisent effectivement leurs habiletés à communiquer pour coopérer, leurs capacités cognitives pour justifier leurs choix et actions, ainsi que leurs habiletés motrices pour attraper Vermillon dans l'épuisette et le transporter dans un bocal d'eau provisoire.

Le contexte éducatif de l'école, voire de la classe ou du local au service de garde, fait vivre à l'enfant des expériences sociales et affectives nombreuses, variées et complexes de 6 à 9 ans. Au gré de ces expériences, tant en interaction avec les adultes qui l'entourent qu'avec ses pairs, il construit sa personnalité, développe son estime de soi, crée des liens d'amitié, apprend à gérer ses émotions et à s'autocontrôler. Notons que plus l'enfant avance en âge, plus le nombre de pairs présents auprès de lui est grand, plus ils exercent une influence sur lui, et, par conséquent, plus ils prennent une place importante dans le développement de sa personne (Rubin, Bukowski et Parker, 2006).

Le présent chapitre porte donc sur le développement socioaffectif de l'enfant âgé de 6 à 9 ans. Nous y abordons d'abord le développement personnel à travers la notion de personnalité selon Erikson. Puis, nous traitons le développement du concept de soi comme tel, pour ensuite plonger dans l'univers de l'estime de soi. Quant au développement social, nous voyons les interactions sociales à travers le jeu et le concept de compétence sociale. Des aspects affectifs s'y ajoutent par l'entremise du développement émotionnel. Aussi, l'amitié permet de mieux cerner les relations significatives qui se créent entre les enfants. L'agressivité et les comportements d'agression sont ensuite présentés ainsi que les pratiques éducatives et enseignantes reliées au développement socioaffectif de 6 à 9 ans. Enfin, et avant de conclure ce chapitre, la section « approfondissement » trace un portrait de la situation relative à l'intimidation dans les écoles primaires au Québec.

3.2 Théorie d'Erikson
Je construis ma personnalité

Personnalité : *réactions émotionnelles et comportementales propres à chaque enfant, qui résultent à la fois de son tempérament et des influences provenant de son environnement.*

À l'âge scolaire, l'enfant poursuit le développement de sa personnalité. La **personnalité** se définit comme l'ensemble des *réactions émotionnelles et comportementales propres à chaque enfant, qui résultent à la fois de son tempérament et des influences provenant de son environnement* (Bee et Boyd, 2008 ; Cloutier, 2005a ; Olds et Papalia, 2005). Erik Erikson (1980) a développé une théorie du développement de la personnalité qui s'étale sur toute la vie. Cette théorie comprend huit stades qui sont illustrés à la figure 3.1. À chacun de ces stades correspond un défi développemental à relever entre deux pôles, l'un positif et l'autre négatif. La résolution du conflit engendre une force

Figure 3.1
**Le développement de la personnalité selon Erikson :
les huit stades et les forces adaptatives qui s'y rattachent**

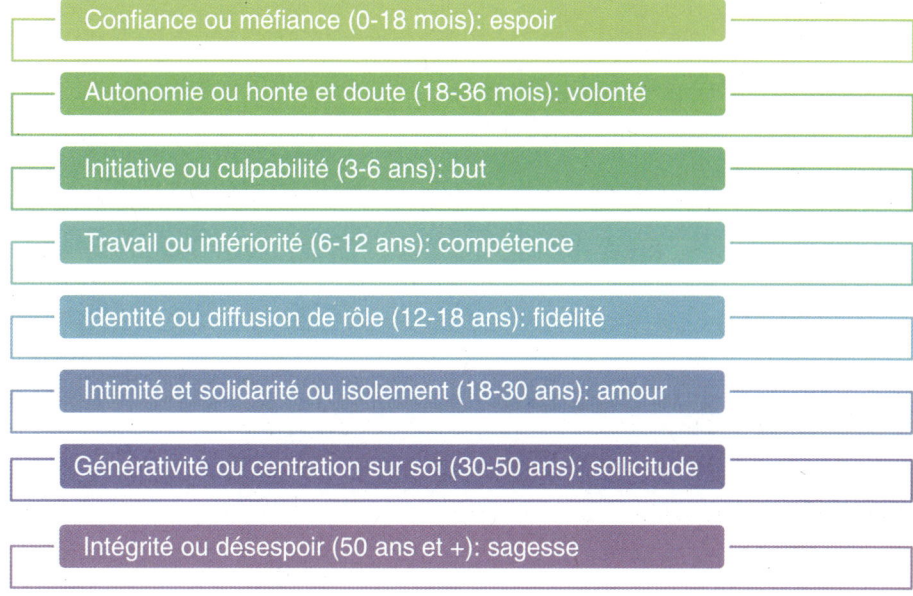

adaptative qui s'inscrit dans la personnalité de l'enfant, prêt à franchir l'étape suivante (Cloutier, 2005b). Il est à noter que les défis non relevés des stades antérieurs s'additionnent et leurs enjeux se répercutent sur les stades ultérieurs. Dans la section qui suit, nous décrivons le quatrième stade de la théorie d'Erikson.

Je deviens compétent

3.2.1 Travail ou infériorité

Ayant maintenant traversé trois stades entre la naissance et 5 ans[1], l'enfant doit maintenant faire face à un nouveau défi dans le développement de sa personnalité selon Erikson (1980) : le travail ou l'infériorité. C'est le quatrième stade de sa théorie qui s'étend de l'âge de 6 à 12 ans, tel qu'illustré dans la figure 3.1. À cette période du développement socioaffectif, l'enfant doit assimiler différentes habiletés scolaires et sociales, ce qui l'amène à développer un sentiment de compétence,

---

1. Pour plus d'informations, le lecteur peut consulter Fréchette et Morissette (2008) ainsi que Bouchard et Fréchette (2008).

force adaptative qui résulte d'ailleurs de l'atteinte d'un équilibre à ce stade. À l'âge scolaire, l'enfant apprend de nouvelles choses et vit de nouvelles expériences. En ce sens, le thème dominant de ce quatrième stade est l'apprentissage (Cloutier, 2005b).

Ainsi en est-il de Sophie, 7 ans, qui apprend à lire, à écrire et à effectuer des calculs simples. Par les nombreux apprentissages qu'elle réalise depuis son entrée en première année, elle développe un réel sentiment de compétence. En comparant ses propres capacités à celles de ses camarades de classe, Sophie développe une meilleure connaissance d'elle-même. Elle devient par le fait même de plus en plus autonome et développe graduellement son estime de soi. Il arrive toutefois que Sophie éprouve un sentiment d'infériorité, notamment lorsque cette comparaison sociale lui procure le sentiment d'être inadéquate. Ainsi, elle risque de régresser à un stade antérieur de la théorie d'Erikson et de manquer d'initiative pour poursuivre un but ou une tâche, comme faire un devoir plus difficile qu'à l'habitude. À plus ou moins long terme, il peut donc en résulter des difficultés et des échecs scolaires (Westen, 2000). À cet égard, le soutien de son enseignante, de son éducatrice et de ses parents est primordial.

L'enfant peut aussi, au contraire, devenir un bourreau de travail afin d'avoir le sentiment d'être à la hauteur et ainsi d'échapper au sentiment d'infériorité. C'est le cas d'Émile dont les parents exercent une pression constante et indue afin qu'il atteigne les plus hauts standards dans tous les domaines de sa vie, comme les matières scolaires, le violon et l'apprentissage de l'espagnol comme troisième langue. Émile vit constamment avec la peur d'échouer. Cela ne signifie pas que les adultes impliqués auprès de l'enfant ne doivent pas le stimuler et l'encourager, mais plutôt se laisser guider par ses besoins et ses préférences, de même que par son niveau de développement. Pour sa part, et avec l'aide de l'adulte, l'enfant lui-même doit rechercher un équilibre entre les deux pôles en jeu.

Il importe en outre de mentionner que dans le développement de la personnalité selon Erikson, certains événements peuvent faire régresser l'enfant à un stade antérieur (Cloutier, 2005b). Il en est ainsi de l'enfant victime d'intimidation à l'école. S'il se sent responsable des menaces psychologiques subies, il est possible qu'il développe un sentiment de culpabilité et que son estime de soi en soit affectée. D'où l'importance de l'aider et d'intervenir immédiatement auprès de ceux qui l'intimident. Nous reviendrons plus loin sur ce point dans la section 3.8 portant sur l'intimidation.

3.3 Concept de soi
Qui suis-je ?

Concept de soi : *ensemble riche et détaillé de perceptions que la personne a au sujet d'elle-même, dans différents contextes, et qui est influencé par ses expériences personnelles ainsi que par le regard des autres.*

Le **concept de soi**[2] est un *ensemble riche et détaillé de perceptions que la personne a au sujet d'elle-même, dans différents contextes, et qui est influencé par ses expériences personnelles ainsi que par le regard des autres* (Bee et Boyd, 2008 ; Martinot, 2001). Il s'agit donc d'une description de soi, qui évolue dans le temps, en fonction de différentes caractéristiques, habiletés, attitudes et valeurs définissant une personne plutôt qu'une autre (Beck, 2006 ; Héroux et Farrell, 1985 ; Martinot, 2001). Le concept de soi se construit notamment sur la base des processus social, émotionnel et cognitif, maintenant plus élaborés qu'à la période préscolaire. En outre, le niveau de maîtrise du langage de l'enfant lui permet l'expression verbale de cette même description et la représentation de soi (Harter, 1999).

---

2. Plusieurs notions présentées dans ce chapitre, dont le concept de soi, sont illustrées sur le site Web « Le développement de l'enfant », <http://www.ccdmd.qc.ca/ri/developpement>. Vous trouverez la liste des vignettes vidéo dans la section « Pour en savoir un peu plus » qui figure à la fin du chapitre.

Par exemple, Mila affirme à son sujet : « J'ai presque 7 ans. Je suis bonne à l'école, mais pas tellement dans les sports. J'aime beaucoup dessiner aussi. » Si, vers 4-6 ans, Mila se comparait uniquement à son amie Frédérique et utilisait des comportements spécifiques pour se décrire comme « Je peux faire mes boucles seules, mais pas Frédérique », jusqu'à 8 ans, elle utilisera la comparaison avec plusieurs personnes à la fois pour y parvenir (Ruble, 1980). Par la suite, à partir de 8-9 ans, elle prendra peu à peu conscience de la différence qui peut exister entre l'image qu'elle a d'elle-même et celle qu'elle croit que les autres ont d'elle (Gosselin et Cloutier, 2005a). Puis, comme le précisent Gosselin et Cloutier (2005a), vers l'âge de 10 ans, Mila se décrira à partir non seulement de ses caractéristiques physiques, mais également de son caractère propre (ses qualités, ses défauts, ses préférences, etc.).

À l'instar de Bee et Boyd (2008), nous présentons le concept de soi en nous attardant aux trois grandes dimensions qui le composent : le moi social, le moi sexué et le moi émotionnel. Il convient de signaler que graduellement, l'enfant de 6 à 9 ans se construit une identité personnelle relative « à des préférences, des attitudes, des rôles socialement prescrits et culturellement légitimés » (Tap, 2005, p. 279). Nous approfondirons la question de l'identité personnelle dans le chapitre 7 auprès des 9-12 ans.

3.3.1 Moi social
Je m'identifie à travers autrui

Le regard des autres occupe une place importante dans l'idée que l'enfant se fait de lui-même. Par leurs réactions et leurs commentaires, tant positifs que négatifs, les personnes gravitant autour de lui modulent ses comportements ainsi que sa façon de se percevoir. Ainsi, le regard de l'enseignante ou de l'éducatrice posé sur l'enfant n'est pas sans influencer son concept de soi, voire ses comportements. Jacinthe, enseignante en 2e année, veille à poser un regard objectif sur les compétences de ses élèves. Il lui arrive par exemple de répondre de la façon suivante au propos de Mona, déplorant son « échec » en mathématiques, comme elle le dit si bien : « Il est vrai que tu as de meilleurs résultats en français qu'en mathématiques, mais il ne s'agit que de quelques points de différence. Je peux t'aider à t'améliorer si tu veux. »

À l'âge scolaire, le regard des pairs prend également de plus en plus d'importance. La perception qu'un enfant a de lui-même peut par conséquent provenir de la comparaison sociale, c'est-à-dire de l'évaluation que l'enfant fait de lui-même en se comparant à ses pairs, soit de sa classe ou de son groupe au service de garde (Olds et Papalia, 2005). Cette comparaison, ainsi que les interventions de l'éducatrice ou de l'enseignante, lui permettent de structurer son identité, de reconnaître ses forces et ses limites ainsi que de développer sa confiance en soi (MEQ, 2001b). À titre d'exemple, Mona sait pertinemment qu'elle est moins forte que Joëlle en mathématiques, ces notes en témoignant. De même, nous verrons que les pairs agissent sur l'estime de soi des enfants. Ainsi, Mona se sent d'autant plus dévalorisée par ses notes en mathématiques que, d'une part, elle y accorde de l'importance et que, d'autre part, les propos de Joëlle à son égard vont en ce sens: « Je suis bien meilleure que toi en math. » Comme le rapportent Olds et Papalia (2005), les pairs ont un impact positif dans la mesure où ils permettent à l'enfant de dépasser l'influence parentale, mais aussi un impact négatif lorsqu'ils lui imposent des valeurs ou croyances qui ne sont pas encore développées, questionnées chez lui. Le rôle de l'éducatrice ou de l'enseignante peut donc consister à interroger l'enfant à propos de l'intériorisation abusive de ces idées.

Toutes ces influences venant de l'extérieur peuvent être conjuguées à une prophétie autoréalisatrice voulant que la perception entretenue à propos des autres et de leurs comportements puisse les amener à réagir selon ce que l'on attend d'eux. Dans le domaine scolaire, on évoque souvent l'effet Pygmalion qui consiste à influencer l'évolution d'un élève en émettant une hypothèse sur son devenir scolaire (Bouchard, Gravel et Cloutier, 2006a; Rosenthal et Jacobson, 1973). Dans l'exemple de Mona présenté ci-dessus, on peut voir l'importance pour Jacinthe, son enseignante, d'avoir un regard objectif basé sur des faits et non des perceptions. Ainsi, elle s'attarde à observer les enfants de sa classe pour s'assurer d'avoir constamment un regard critique sur ses propres perceptions, notamment par rapport à leurs comportements. Ces effets peuvent enfin influer sur ce qu'on attend des élèves selon qu'ils sont de sexe féminin ou masculin, ce qui nous conduit à l'identité sexuée comme partie prenante du moi sexué.

3.3.2 Moi sexué
Au féminin comme au masculin

Le développement du concept de soi sous-tend le développement d'une identité sexuée chez l'enfant. Comme l'écrit Tap (2005, p. 282), « toute identité personnelle est nécessairement sexuée, aussi bien biologiquement que socio-culturellement » (Bergonnier-Dupuis et Mosconi, 2000; Hurtig et Pichevin, 1986; Zazzo, 1985). Dès son jeune âge, l'enfant apprend à s'identifier en tant que fille ou garçon. Grâce à ses capacités cognitives, et plus particulièrement à la maîtrise du concept de conservation que nous verrons dans le chapitre 4, l'enfant de 5 à 6-7 ans possède un réel sentiment d'appartenance physique et psychologique à son sexe. Ce *moment où l'identité sexuée est habituellement acquise* se nomme **consolidation du genre** (Beck, 2006; Bouchard et Fréchette, 2008a; Germain, 2009; Maccoby, 1990; Rubble, Martin et Berenbaum, 2006).

Consolidation du genre: *moment où l'identité sexuée est habituellement acquise.*

Stéréotypes: *croyances entretenues par des individus envers des membres d'autres groupes et du leur.*

À travers l'identification à un sexe apparaissent souvent des **stéréotypes** qui consistent en des *croyances entretenues par des individus envers des membres d'autres groupes et du leur* (Bourhis, 1994, rapporté par Plante, 2009), comme le fait d'appartenir au sexe féminin ou au sexe masculin. En milieu scolaire, l'un des contextes de socialisation par excellence, Mosconi (1999) pose l'hypothèse que des apprentissages sociaux s'effectuent, des modèles et des représentations liés aux rôles sociaux de sexe se transmettent, soit aux rôles à jouer en tant que fille ou garçon, homme ou femme, dans la société (Bouchard *et al.*, 2006a). À titre indicatif, des stéréotypes de genre y persistent, par exemple que les mathématiques constituent un domaine d'apprentissage où les garçons réussissent mieux que les filles (Guimond et Roussel, 2001; Nosek, Banaji et Greenwald, 2002; Quinn et Spencer, 2001, dans Plante, 2009; Nowell et Hedges, 1998). En contre-partie, de meilleurs résultats scolaires en français sont plus souvent associés aux filles qu'aux garçons (Eccles, Jacobs et Harold, 1990; Guimond et Roussel, 2001; Jacobs, Lanza, Osgood, Eccles et Wigfield, 2002, cités dans Plante, 2009).

À partir de ces constats, les questions suivantes se posent: ces stéréotypes influent-ils sur la réussite des élèves dans ces matières scolaires et à l'école en général? Le cas échéant, de quelle manière exercent-ils une influence? Plante (2009) rapporte effectivement que les filles réussissent mieux que les garçons dans la langue d'enseignement et qu'un plus grand nombre d'entre elles étudient dans des disciplines universitaires reliées aux langues ou à l'éducation (OCDE, 2003, 2008). Par ailleurs, elle ajoute que la réussite des garçons en mathématiques s'avère similaire et parfois même inférieure à celle des filles (Mullis, Martin et Foy, 2008; OCDE, 2005), contrairement à ce que l'on pourrait croire. Ce dernier constat est étonnant si l'on considère que plus de garçons que de filles étudient à l'université dans des disciplines rattachées aux mathématiques (OCDE, 2008, dans Plante, 2009). Enfin, les résultats de Plante (2009) montrent que les stéréotypes agissent indirectement sur la réussite scolaire des élèves, par l'entremise de l'intériorisation de ces croyances dans leur motivation scolaire précisément. Selon Bouchard et St-Amant (1996), les stéréotypes influencent la perception que les filles et les garçons ont de l'école en général et de la réussite scolaire. Les filles vivraient plus de proximité avec le milieu scolaire que les garçons, ce qui favoriserait leur réussite.

En guise de conclusion, Plante suggère de s'attaquer à ces stéréotypes, notamment à celui du français par rapport aux garçons qui s'avère très ancré et qui a beaucoup d'emprise dans la société. Ainsi, « la socialisation des filles et des garçons doit être dépouillée de stéréotypes sexuels », notamment en milieu éducatif (Conseil du statut de la femme – CSF, 2008, p. 29). De la même manière, il faut susciter la réflexion quant aux limites imposées aux filles et aux garçons par la simple division sociale des sexes (CSF, 2008). L'idée est avant tout de favoriser l'égalité des chances pour tous!

3.3.3 Moi émotionnel
Je vis des émotions

Au-delà du moi social et du moi sexué, le concept de soi recouvre aussi le moi émotionnel de l'enfant, soit tout ce qui concerne l'univers de ses émotions. Nous le traiterons ici à travers la **compétence émotionnelle** qui peut être définie, selon Royer et Coutu (2010), comme la *compétence de l'enfant à ressentir des émotions en adéquation avec la situation, à en prendre conscience et à les exprimer de façon appropriée au contexte.* Par exemple, Laurent vient d'apprendre que son dessin

> **Compétence émotionnelle :** *compétence de l'enfant à ressentir des émotions en adéquation avec la situation, à en prendre conscience et à les exprimer de façon appropriée au contexte.*

ne sera finalement pas retenu pour la dernière phase du concours « À la découverte des jeunes artistes » de la commission scolaire. Soudainement, son sourire s'affaisse et un sentiment de tristesse l'envahi complètement. Dès lors, son éducateur prend soin d'accueillir l'émotion en la nommant explicitement : « C'est décevant que ton dessin n'ait pas été retenu hein… ». Aussi prend-il soin de le guider dans l'expression de celle-ci et d'en limiter les effets sur l'ensemble du groupe (Royer et Coutu, 2010) : « Je comprends que tu sois triste. Tu avais mis beaucoup d'efforts dans ce dessin. Aimerais-tu que l'on en parle pendant que les autres font leurs devoirs ? »

En citant Denham (2006), Royer et Coutu (2010) précisent que la compétence émotionnelle de l'enfant touche à quatre aspects : l'expérience des émotions, l'expression des émotions, la connaissance à propos des émotions et la régulation émotionnelle. D'abord, l'expérience des émotions touche à la capacité de ressentir des émotions et d'être en mesure de les identifier. L'enfant doit graduellement « apprendre à reconnaître ses émotions comme lui étant propres » (Royer et Coutu, 2010, p. 53), c'est-à-dire à prendre conscience de leur existence à l'intérieur de lui, à les faire siennes. Puis, il convient pour lui d'apprendre à les identifier, de manière à mieux les exprimer. Pour Laurent, le simple fait que son éducateur ait nommé la tristesse et la déception a contribué à en reconnaître la manifestation à l'intérieur de lui-même.

L'expression des émotions est liée à la capacité de l'enfant de révéler les émotions qu'il ressent, ainsi que l'intensité de leur manifestation (Denham, Bassett et Wyatt, 2007). Ainsi, Laurent n'envisage pas de dissimuler sa déception, l'exprimant au contraire dans tout son corps. En même temps, et même s'il ressent intensément cette émotion, il parvient à l'exprimer par la parole, grâce au soutien de son éducateur. On peut voir là le rôle essentiel que peut jouer l'adulte en accompagnant l'enfant dans l'expression de ses émotions. Parallèlement, et comme le relèvent Royer et Coutu (2010, p. 55), l'adulte doit être « authentique par rapport à ce qu'il ressent, empathique et ouvert aux émotions de ses élèves, les acceptant aisément ». Ainsi, par sa sensibilité, il autorise l'expression de soi et favorise par le fait même la compétence émotionnelle, au cœur des transactions sociales (Royer et Coutu, 2010).

Toujours dans le cadre de la compétence émotionnelle, l'enfant doit posséder une connaissance relative aux émotions, autant par rapport aux autres que par rapport à lui-même. Il peut s'agir de connaître les émotions de base comme la joie, la tristesse et la colère, leur expression respective, certaines causes et conséquences de leur manifestation, etc. (Denham *et al.*, 2007). Des recherches rapportées par Denham *et al.* (2007) montrent d'ailleurs un lien entre la connaissance des émotions par de jeunes enfants et leur statut social auprès de leurs pairs, leur prosocialité, l'évaluation par l'adulte de leur compétence sociale, le fait d'initier et d'être l'objet de contacts sociaux et de refouler leur agressivité (Denham, Caverly, Schmidt, Blair, DeMulder, Caal *et al.*, 2002; Denham, McKinley, Couchoud et Holt, 1990; Denham, Mitchell-Copeland, Strandberg, Auerbach et Blair, 1997).

En outre, la connaissance des émotions implique également de saisir qu'une même situation puisse entraîner des niveaux différents de manifestation d'émotions ou carrément des émotions différentes. Ainsi, Laurent a-t-il éprouvé de la tristesse à l'idée que son dessin n'ait pas été retenu dans la cadre du concours, alors que dans la même situation, Paul aurait pu ressentir plus de colère que de tristesse. Dans le même ordre d'idées, cette connaissance des émotions implique de connaître l'existence des émotions mixtes, comme le fait de vivre à la fois de la colère et de la tristesse ou des émotions complexes comme la honte et la culpabilité (Denham *et al.*, 2007). En citant Harter (1996), Olds et Papalia (2005) présentent un tableau (reproduit ci-après) résumant les niveaux de compréhension des émotions contradictoires chez l'enfant, comme le fait de pouvoir ressentir simultanément de la joie et de la peur. Ces niveaux de compréhension des émotions contradictoires y sont également exemplifiés.

En dernier lieu, la régulation émotionnelle se définit comme la façon de prendre en charge ses émotions et de les exprimer selon les situations (Denham, 2006, dans Royer et Coutu, 2010). Au fil de ses expériences et par l'accompagnement de l'adulte, l'enfant doit relever le défi qui consiste à apprendre à « contenir ses émotions ou à leur trouver un exutoire, tout en maintenant intacts son environnement et ses relations interpersonnelles » (Royer et Coutu, 2010, p. 53). Tout comme la connaissance des émotions, la régulation des émotions est un élément essentiel de la compétence sociale que nous verrons plus loin. Denham *et al.* (2007) citent en exemple

Tableau 3.1
Les niveaux de compréhension des émotions contradictoires chez l'enfant

Niveau	Âge	Caractéristique	Exemple
0	3-6 ans	L'enfant n'est pas en mesure de saisir que deux émotions similaires comme la tristesse et la colère peuvent être vécues simultanément.	« Des fois je suis triste, des fois je suis fâchée. »
1	6-7 ans	L'enfant a tendance à classifier les émotions dans des catégories selon qu'il les juge positives ou négatives (désagréables). Il peut reconnaître la coexistence de deux émotions similaires, mais seulement si elles sont dirigées vers la même cible.	« Quand ma mère me chicane, cela me rend triste et fâché. »
2	7-8 ans	L'enfant peut admettre le fait que deux émotions semblables peuvent coexister, même lorsqu'elles son dirigées vers des cibles différentes. Néanmoins, il n'arrive pas à saisir que deux émotions contradictoires comme la joie et la tristesse peuvent coexister.	« Quand j'ai gagné ma première médaille au championnat provincial de natation, j'étais tellement content. Mais je n'étais pas triste que mon ami Paul contre qui je nageais ait perdu. Je ne peux pas être content et triste en même temps. »
3	8-10 ans	L'enfant peut reconnaître la présence simultanée d'émotions positives et négatives (désagréables) en lui. Il est en mesure de comprendre que l'on peut ressentir des émotions contradictoires en même temps, mais seulement lorsqu'elles sont dirigées vers des personnes différentes.	« Parfois, je me fâche contre mon grand frère Léon. Avec ma petite sœur Élodie, je m'entends bien. Je suis alors contente de continuer à jouer seulement avec elle. »

Adapté de Olds et Papalia (2005), p. 191.

des travaux démontrant une relation entre la régulation des émotions et la popularité auprès des pairs (Denham *et al.*, 2003; Fantuzzo, Sekino et Cohen, 2004, cités dans Bee et Boyd, 2008).

Il arrive toutefois que certains enfants aient de la difficulté à maîtriser leurs émotions, pour diverses raisons. Cette difficulté a parfois pour conséquence d'aboutir à des comportements agressifs ou anxieux chez eux (Rose-Krasnor et Denham, 2009). C'est le cas de Sarah qui a tendance à bousculer les autres qui sont en rang, à faire des crises de colère, à pleurer très fort, etc. De fait, Sarah vit une situation familiale pénible qui lui fait vivre des émotions très intenses et difficiles à réguler, d'où l'importance de la soutenir par rapport à ce qu'elle vit.

L'empathie peut également faire partie du moi émotionnel de l'enfant, en ce qu'elle implique la compréhension des émotions chez autrui. Néanmoins, nous aborderons cette notion dans le prochain chapitre, avec la résolution de problèmes interpersonnels, et ce, parce que le traitement cognitif qu'elle requiert a préséance sur le traitement socioémotionnel. En effet, l'empathie exige d'abord d'être en mesure de reconnaître et d'identifier des émotions chez l'autre et se décentrer afin de saisir la perspective d'autrui, pour ensuite être sensible à l'autre (Desbiens et Demers, 2006). Finalement, précisons que l'évaluation affective du concept de soi renvoie à l'estime de soi, objet de la prochaine section.

3.4 Estime de soi — *J'apprécie qui je suis*

Estime de soi : *jugement personnel que l'enfant porte sur lui-même, à savoir l'appréciation globale et affective de sa personne.*

Alors que le concept de soi consiste en une description de ses caractéristiques propres, l'**estime de soi** renvoie plutôt au *jugement personnel que l'enfant porte sur lui-même, à savoir l'appréciation globale et affective de sa personne* (Harter, 1978, 1985, 1990 ; Martinot, 2001). Cette appréciation évolue selon les différentes étapes de la vie et s'enrichit en fonction des différentes expériences que vit l'enfant (Papalia, Olds et Feldman, 2010). Pour certains, l'attachement est à la base de l'estime de soi (Duclos, 2000). Ainsi, un enfant ayant un attachement sécurisant est plus susceptible d'éprouver un sentiment de valeur personnelle puisqu'il se sent digne d'être aimé (Papalia *et al.*, 2010).

Vers l'âge de 7-8 ans, l'enfant possède une réelle opinion d'ordre affectif à propos de lui-même, notamment par rapport aux cinq domaines de l'estime de soi : les habiletés scolaires comme « Je suis bon à l'école », les caractéristiques athlétiques comme « Je cours vite », l'apparence physique comme « Je me trouve belle », l'acceptation par les pairs comme « Plusieurs personnes me choisissent pour être en équipe avec moi », le comportement tel que « Je suis gentil avec les autres » et le sentiment général d'efficacité personnelle comme « Je réussis habituellement ce que j'entreprends ». Précisons que ce dernier domaine du sentiment général d'efficacité personnelle se subdivise en deux parties, soit le sentiment de compétence dans les domaines que l'enfant juge importants, d'une part, et la quantité et la qualité du soutien social qui lui est offert, d'autre part (Harter, 1985).

Pour effectuer cette évaluation de soi, l'enfant se base sur les quatre facteurs suivants : l'approbation, la compétence, la moralité et le pouvoir. Premièrement, l'approbation correspond au sentiment d'être aimé, apprécié et approuvé par les personnes significatives qui nous entourent. Deuxièmement, l'estime de soi comprend le sentiment de compétence de l'enfant dans l'exécution de tâches que lui-même juge importantes. Troisièmement, la moralité concerne le fait pour l'enfant de se conformer à des règles et à une éthique de vie. Enfin, le pouvoir renvoie à l'influence qu'il a l'impression d'exercer sur sa propre vie et sur celle des autres, notamment lors de l'affirmation de soi, l'expression de ses besoins et de ses préférences, la prise de décision, etc. Mieux l'enfant se classe par rapport à ces quatre facteurs, meilleure sera l'opinion qu'il a de lui-même. À noter que l'un de ces facteurs peut être plus prégnant que les autres (Coopersmith, 1967, dans Olds et Papalia, 2000).

L'estime de soi correspond en quelque sorte à l'écart entre ce qu'un enfant désire être et la façon dont il se perçoit bel et bien. Plus cet écart est faible, plus le niveau d'estime de soi est élevé. À l'inverse, un écart important entre ce que l'enfant perçoit à propos de lui-même et ce qu'il souhaiterait être témoigne d'une plus faible estime de soi (Beck, 2006). À titre d'exemple, Morgane, 8 ans, obtient des notes plutôt faibles en sciences et technologie, même si elle souhaite ardemment exceller dans ce domaine, sa mère étant enseignante en chimie au secondaire. Si les échecs de Morgane se répètent et se confirment dans le temps, il est fort probable que son estime de soi en soit de plus en plus affectée. Toutefois, Morgane sait qu'elle fournit les efforts nécessaires pour s'améliorer dans cette matière et elle réussit assez bien dans plusieurs autres domaines de sa vie, dont la musique. Cet exemple de Morgane nous permet d'ajouter que l'estime de soi ne dépend pas seulement de son évaluation personnelle, mais aussi du regard posé sur elle par les autres et de ses diverses expériences (Duclos, 2004 ; Harter, 2006 ; Mead, 1934).

Par la nature du regard posé sur l'enfant, les parents, l'enseignant, l'éducateur et les pairs ont un rôle essentiel à jouer dans la construction de l'estime de soi, passeport pour la vie, comme l'exprime bien Duclos (2004). C'est d'ailleurs l'un des apprentissages communs au domaine du développement personnel du PFÉQ que « d'accroître son estime de soi » (MEQ, 2001b, p. 253). Ainsi, Jérôme, enseignant en 3e année, soutient bel et bien Morgane dans ses apprentissages en sciences et technologie. Toutefois, il veille à ce que Morgane se forge une bonne estime de soi en basant aussi son évaluation d'elle-même sur d'autres compétences, en l'occurrence le piano et le chant. De concert avec Jérôme, l'éducatrice de Morgane renforce aussi son estime de soi en l'aidant à regarder certaines de ses aptitudes en sciences et technologie sous un angle plus positif ou en lui faisant voir l'une ou l'autre de ses forces. De même, les parents de Morgane ont été informés de la situation et sont de connivence avec le personnel scolaire. Devant ces efforts concertés, l'estime de soi de Morgane ne pourra que s'améliorer. Encore une fois, on voit l'importance du rôle de l'adulte dans la construction de l'estime de soi de l'enfant (Musson, 1999). La communication entre tous les acteurs impliqués auprès de lui l'est tout autant, sans omettre la nécessité de diversifier les sources de stimulations, de valorisation et d'apprentissages dans la classe ou le groupe au service de garde.

Rappelons qu'à l'âge de 8 ans, et relativement à la théorie d'Erikson que nous venons de voir, Morgane tente de se construire un sentiment de compétence. Par ailleurs, et avec l'apparition de la pensée opératoire concrète que nous étudierons dans le prochain chapitre, Morgane devient de plus en plus apte à récupérer les images de soi positives qui proviennent de ses expériences passées et de les intégrer afin de constituer progressivement son estime de soi. Notons que ce sentiment de valeur personnelle est intériorisé très tôt dans l'enfance. Il fait également partie du noyau stable de la personnalité, un modèle interne, qui influence par la suite la manière de composer avec les succès et les échecs et de s'adapter à son milieu (Bee et Boyd, 2008). Selon Duclos (2005), rapporté dans Papalia *et al.* (2010), l'estime de soi serait un facteur de protection dans le développement de l'enfant. Ainsi, comparativement aux enfants qui ont une faible estime de soi, ceux qui ont une bonne estime de soi manifestent des attitudes et des habiletés comme celles énumérées dans le tableau 3.2 (Duclos, 2000). L'importance de l'estime de soi dans tout le développement de l'enfant et son adaptation présente et ultérieure ne fait donc aucun doute, d'où la pertinence de s'y attarder, notamment dans la section portant sur l'intervention pédagogique. Aussi, l'estime de soi se développe à travers les relations avec les pairs, objet de la prochaine section.

Tableau 3.2
Les attitudes et les habiletés des enfants affichant une bonne estime de soi

- Sentiment de sécurité et détente
- Sentiment général de bien-être
- Sentiment de confiance envers les adultes
- Capacité de se souvenir de leurs succès
- Capacité de percevoir leurs qualités et leurs habiletés
- Capacité d'affirmation personnelle et autonomie
- Persévérance face aux difficultés
- Capacité de percevoir leurs différences
- Capacité de percevoir et de respecter les différences des autres
- Capacité de se faire respecter
- Motivation face aux nouveaux défis ou apprentissages
- Sentiment de bien-être dans un groupe

Tiré de G. Duclos (2000), p. 31.

3.5 Interactions sociales entre pairs
J'entre en relation avec autrui

À l'âge de deux ans, seulement 10 % des interactions sociales impliquent d'autres enfants, tandis qu'à la période scolaire, la proportion grimpe à plus de 30 % (Rubin *et al.*, 2006). De même, le nombre de pairs augmente considérablement avec l'âge. Cette diversification, intensification et complexification des interactions sociales à l'âge scolaire conduit l'enfant à développer sa **compétence sociale**, soit sa *capacité à interagir efficacement avec autrui* (Dodge, 1985 ; Rose-Krasnor, 1997 ; Rubin et Rose-Krasnor, 1992). À titre indicatif, la compétence sociale peut regrouper l'acceptation par les pairs et l'amitié. Rappelons que la compétence émotionnelle vue précédemment se trouve au cœur des interactions sociales entre pairs, voire de la compétence sociale (Rose-Krasnor et Denham, 2009). Avant de traiter ces notions, attardons-nous aux niveaux d'interaction sociale dans le jeu.

Compétence sociale : *capacité à interagir efficacement avec autrui.*

3.5.1 Évolution du jeu, au cœur des interactions sociales
J'interagis en jouant

Contrairement au rapport éducateur-enfant ou enseignant-enfant, celui enfant-enfant en est un égalitaire. Les pairs ont en effet une fonction socialisante propre et distincte, notamment à travers le jeu. À travers eux et dans des situations ludiques, l'enfant apprend à respecter les règles du jeu, à s'affirmer, à discuter, à exprimer ses émotions, à développer une intimité, à mieux se définir, à réfléchir, etc. Le jeu s'avère donc un terrain fertile pour le développement de sa compétence sociale (Gillain Mauffette, 2009). Signalons que dans le cadre des interactions sociales, les niveaux de compétence sociale respectifs des enfants en interaction s'interfluencent (Rose-Krasnor, 1997). Par exemple, si Jamil interagit avec Yasid qui, lui aussi, présente de bonnes habiletés sociales, il y a de fortes chances que leur interaction soit de meilleure qualité que si l'un d'eux interagit avec un enfant affichant de moins bonnes habiletés sociales.

À l'instar de différents auteurs, Gillain Mauffette (2009) rapporte les six caractéristiques suivantes comme étant associées au jeu : 1) il est plaisant, même s'il exige de maintenir des efforts ; 2) il est choisi spontanément et délibérément par l'enfant ; 3) ce dernier est motivé à jouer de manière intrinsèque, soit pour la simple satisfaction qu'il en retire ; 4) le jeu se met en scène seul ou à plusieurs, avec le matériel de son choix ; 5) il dure le temps souhaité ; et 6) il comprend souvent un élément de faire-semblant (Gillain Mauffette, 2009 ; Moyles, 2005 ; Zigler, Singer et Bishop-Joseph, 2004). Pour sa part, Elkind (2007) signale à quel point le jeu, même à l'âge scolaire, constitue plus qu'une activité où règne le plaisir, mais bien un moyen pour l'enfant d'apprendre à propos du monde qui l'entoure, de soi et des autres. Si le jeu est au cœur du mandat du préscolaire, il en est autrement pour le primaire, notamment au premier cycle. Est-ce à tort ou à raison ? Quoi qu'il en soit, voyons maintenant les différents types de jeux chez l'enfant.

Smilansky (1968) relève quatre types de jeux : le jeu fonctionnel, le jeu de construction, le jeu symbolique et le jeu de règles. « Cette typologie s'échelonne du jeu simple et non-structuré comme le jeu fonctionnel, au jeu plus complexe et structuré qui impliquent des règles souvent négociées » (Bouchard et Fréchette, 2008a, p. 277). Nous présentons ici les lignes de forces de ces types de jeux qui sont décrits en détails par Bouchard et Fréchette (2008a), tout en précisant leur évolution à l'âge scolaire.

Jeu fonctionnel : *type de jeu basé sur des « mouvements simples et répétés, avec ou sans objets ».*

Jeu de construction : *type de jeu basé sur l'utilisation de matériel pour construire ou créer un objet.*

Même si le jeu fonctionnel est surtout observé chez les enfants de 1-2 ans, il peut aussi se manifester chez les enfants âgés entre 6 et 9 ans. Le **jeu fonctionnel** renvoie aux *« mouvements simples et répétés, avec ou sans objets »* (Gosselin et Cloutier, 2005b, p. 378). C'est le cas notamment lorsqu'on aperçoit des enfants courir dans la cour d'école. Puis, le **jeu de construction** se manifeste particulièrement à partir de 3 ans et jusqu'à environ 6 ans. Ce jeu est basé sur *l'utilisation de matériel pour construire ou créer un objet*, comme c'est le cas pour les jeux de blocs à assembler, les casse-têtes, le dessin, la pâte à modeler, etc. (Gosselin et Cloutier, 2005b ; Olds et Papalia, 2005). L'enfant peut utiliser le même matériel que lors des jeux fonctionnels, mais l'idée ici est plutôt de construire quelque chose (Weitzman, 1992 ; Weitzman et Greenberg, 2002) ou de produire un objet (Gosselin et Coutier, 2005b).

Jeu symbolique : *jeu de rôles lié à la fantaisie et à l'imagination, avec ou sans matériel.*

Le **jeu symbolique** ou à faire semblant prédomine de 3 à 7 ans, atteignant son apogée vers 6-7 ans (Weitzman, 1992 ; Weitzman et Greenberg 2002). Ce type de jeu concerne le *jeu de rôles lié à la fantaisie et à l'imagination, avec ou sans matériel* (Gosselin et Cloutier, 2005b). Le jeu symbolique permet à l'enfant de dépasser les frontières de la réalité, d'explorer des rôles qu'il sera éventuellement appelé à jouer, de dépasser les limites de la parole pour s'exprimer, etc. À titre d'exemple, Clovis aime bien jouer au jeu des espions avec Charles et Hugo. De leur côté, Thalia et Béatrice préfèrent jouer à l'école. Notons que le jeu symbolique est relié au développement de l'enfant (Saracho et Spodek, 1998). En effet, les interactions y durent plus longtemps, les enfants sont plus nombreux à y participer et s'y engagent davantage, tout en démontrant plus de comportements coopératifs (Berk et Winsler, 1995 ; Connolly, Doyle et Reznick, 1988, rapporté dans Cloutier, 2009). Aussi, il favorise le développement de l'imaginaire et la créativité, voire la pensée, et le langage (Newman, Coople et Bredekamp, 2000, dans Cloutier, 2009).

Jeu de règles : *type de jeu impliquant des règles, une structure et un objectif comme la victoire.*

Enfin, c'est surtout le **jeu de règles** qui prend place entre 6 et 9 ans, voire jusqu'à 11 ans. Ce type de jeu consiste en « *une activité impliquant des règles, une structure et un objectif comme la victoire* » (Olds et Papalia, 2005, p. 131). Il requiert donc la compréhension et le respect de règles (Gosselin et Cloutier, 2005b, p. 378). C'est le cas par exemple des jeux de société, de cachette, de ballon chasseur, de marelle, de hockey, etc. Même si la popularité des jeux de règles atteint son apogée chez les enfants âgés entre 6 et 11 ans, ils demeurent présents tout au long de la vie (Gosselin et Cloutier, 2005b ; Smilansky, 1968). Comme le soulignent Gosselin et Cloutier (2005b), si le jeu stimule le développement de l'enfant, il en est aussi un témoin fidèle !

Le jeu d'échecs en est un exemple. S'il permet notamment de mettre à profit des habiletés cognitives essentielles à l'apprentissage de la mathématique comme l'élaboration de stratégies, la formulation d'hypothèses et l'organisation spatiale, c'est grâce à son niveau de développement cognitif plus élevé que l'enfant d'âge scolaire peut être à même de pratiquer ce jeu avec de plus en plus d'efficience.

Notons que le niveau d'interaction sociale dans le jeu augmente significativement avec l'âge. Parten (1932) a ainsi élaboré une typologie qui tient compte du niveau d'interaction sociale dans les types de jeux précédemment présentés. Il peut s'agir des jeux inoccupé, observateur, solitaire, parallèle, associatif, coopératif et de compétition. À l'âge scolaire, les jeux coopératifs et de compétition prévalent, qu'ils soient de type fonctionnel, de construction, symbolique ou de règles. Dans le **jeu coopératif,** *les enfants construisent le jeu ensemble autour d'un but commun, au fur et à mesure qu'il évolue.* D'ailleurs, c'est leur collaboration qui amène le jeu à évoluer (Weitzman, 1992; Weitzman et Greenberg, 2002). Par exemple, Daphné et Jia Li décident de monter un spectacle à partir de différentes musiques du monde et costumes mis à leur disposition. C'est ensemble qu'elles décident finalement de réorienter et de reconstruire le jeu autour d'un spectacle de marionnettes, dans le théâtre construit spécialement par les élèves et l'équipe du service de garde.

Jeu coopératif: *type de jeu que les enfants construisent ensemble autour d'un but commun, au fur et à mesure qu'il évolue.*

Jeu de compétition: *type de jeu qui place l'enfant dans une situation où il se mesure à lui-même ou aux autres, dans le but de faire preuve d'une plus grande habileté.*

Quant à lui, le **jeu de compétition** *place l'enfant dans une situation où il se mesure à lui-même ou aux autres, dans le but de faire preuve d'une plus grande habileté* (Bouchard et Fréchette, 2008a). Il est important que ce type de jeu soit initié par les enfants eux-mêmes, plutôt que par l'adulte afin de ne pas outrepasser leurs besoins et intérêts. Aussi, le jeu compétitif ne doit pas être recherché comme une stratégie de l'éducatrice ou de l'enseignante lui permettant d'atteindre un but quelconque dans ses interventions, par exemple en affirmant « Qui va terminer en premier » ou « Regarde comme Ariane réussit bien ». Le jeu compétitif peut engendrer de l'anxiété chez l'enfant ou contribuer à diminuer son estime de soi (Bouchard et Fréchette, 2008a).

Par ailleurs, entre 6 et 9 ans, il n'est pas rare d'entendre ceci de la bouche des enfants : « C'est les filles avec les filles et les gars avec les gars. » La ségrégation sexuelle qui renvoie au fait de se regrouper avec des enfants du même sexe pour jouer est effectivement évidente de 4 à 11 ans, particulièrement à partir de l'âge scolaire (Maccoby, 1998 ; Ruble, Martin et Berenbaum, 2006). En outre, cette ségrégation sexuelle serait initiée par les filles plutôt que les garçons. Les raisons qui expliquent ce phénomène sont nombreuses. D'abord, les garçons tendent à jouer en plus grand groupe de trois enfants ou plus que les filles. De leur côté, les filles jouent habituellement en groupe de 2-3 enfants contrairement aux garçons (Daniels-Beirness, 1989).

En situation de jeu, les filles ont tendance à s'expliquer et à utiliser des stratégies de coopération, tandis que les garçons sont plus susceptibles de privilégier des stratégies liées au pouvoir comme l'influence verbale, le contact corporel, etc. Les garçons se retrouvent plus spontanément en situation de concurrence pour assurer leur prédominance et maintenir leur statut. De manière naturelle, ils vont simuler des luttes, courir et se bousculer. Ils préfèrent aussi opter pour des jeux de rôle (Bouchard *et al.*, 2006a ; CSÉ, 1999 ; Maccoby, 1998). Cette tendance à vouloir jouer avec un pair de même sexe serait aussi liée aux renforcements sociaux reçus des adultes ou encore aux stéréotypes véhiculés dans la société. Enfin, l'idée de la compatibilité intrinsèque est évoquée, c'est-à-dire que les filles jouent entre elles et les garçons entre eux parce qu'ils possèdent des affinités, des intérêts et des attitudes communs dans le jeu (Maccoby, 1998). La ségrégation sexuelle se met donc en place dans le jeu, lui-même au cœur des interactions sociales entre pairs. Encore une fois, le fait de considérer les jeux sans égard au genre constitue une avenue prometteuse puisqu'elle favorise un développement et des apprentissages optimaux.

3.5.2 Amitié entre pairs
Amis pour la vie

Meagan et Flore sont toutes deux d'accord pour affirmer haut et fort qu'elles sont les meilleures amies du monde. L'**amitié** correspond à un *lien d'attachement réservé à quelques individus seulement et basé sur la confiance mutuelle* (Beck, 2006 ; Poulin, Cantin, Vitaro et Boivin, 2009). Il s'agit là d'une relation plus intime reposant sur un choix

Amitié : *lien d'attachement réservé à quelques individus seulement et basé sur la confiance mutuelle.*

réciproque, à l'intérieur de laquelle les enfants apprécient s'engager dans des activités communes (Berndt et McCandless, 2009, dans Coutu et Royer, 2010). Précisons que la notion de pairs diffère de celle d'ami, puisqu'un enfant peut interagir avec plusieurs enfants dans son groupe au service de garde ou dans sa classe, sans pour autant les considérer comme des amis (Zaouche-Gaudron, 2005).

Les relations d'amitié sont généralement stables dans le temps, surtout à partir de l'adolescence. Les enfants choisissent habituellement des amis de même sexe, du même âge et qui présentent les mêmes intérêts, attitudes et comportements (Haselager, Hartup, van Lieshout et Riksen-Walraven, 1998; Kovacs, Parker et Hoffman, 1996, rapportés dans Poulin *et al.*, 2009). Par ailleurs, l'amitié n'est ni basée sur un lien de sang, ni sur l'attrait sexuel. Elle fait surtout appel à des émotions positives et des sentiments de compréhension, d'intimité, de soutien, de respect, de loyauté, d'aide, de partage et de solidarité, bien que des émotions négatives, soit désagréables, puissent émerger de temps à autre, comme lors de chicanes ponctuelles. Ainsi arrive-t-il à Meagan et Flore de se disputer pour savoir qui prendra le ballon ou encore qui essuiera le tableau.

L'amitié est favorable au développement socioaffectif en ce qu'elle apporte à l'enfant un soutien et du réconfort. Meagan est souvent la confidente de Flore depuis que ses parents viennent de se séparer. Aussi, cette relation lui permet-elle d'exprimer différentes émotions et de se sentir comprise. L'amitié comporte donc des fonctions de socialisation et de divertissement. Meagan et Flore aiment bien passer du temps ensemble et faire différentes activités. C'est aussi dans ce cadre qu'elles apprennent à développer et à pratiquer de nouvelles habiletés, comme s'affirmer, coopérer, discuter et négocier. En ce sens, l'amitié permet le développement langagier en favorisant leur communication. Sur le plan cognitif, elle peut être l'occasion de confronter ses propres idées et d'argumenter. L'amitié favorise donc tous les aspects du développement de l'enfant (Hartup, 1992, 1996; Newcomb et Bagwell, 1995; Rubin, Fredstrom et Bowker, 2008), pourvu qu'il ne s'agisse pas de pairs dérangeants ou déviants (Cairns, Cairns, Neckerman, Gest et Gariépy, 1988, dans Rose-Krasnor, 1997).

Les réponses aux questions «Que signifie pour toi être ami?» et «Qu'attends-tu de ton ami?» permettent aux chercheurs de tracer le développement de l'amitié. Selman et Selman (1979) ont ainsi défini quatre stades de l'amitié, présentés dans le tableau 3.3: la camaraderie temporaire, l'aide à sens unique, la collaboration réciproque, les relations intimes réciproques ainsi que l'indépendance et l'autonomie (dans Papalia *et al.*, 2010). Signalons que ces stades de l'amitié peuvent se chevaucher. Entre l'âge de 3 et 7 ans, soit au stade de la camaraderie temporaire, l'amitié est relativement superficielle. En fait, l'enfant ne se base que sur des raisons esthétiques comme «C'est mon amie parce qu'elle est belle», de biens matériels comme «C'est mon ami parce qu'il a un jeu vidéo que j'aime», de proximité comme «C'est mon ami parce que je la vois à tous les jours dans la classe», etc., pour justifier son amitié.

Tableau 3.3
Les stades de l'amitié selon Selman et Selman (1979)

Âge	Stade	Exemple
3-7 ans	Camaraderie temporaire	«C'est mon ami parce qu'on joue au soccer.»
4-9 ans	L'aide à sens unique	«C'est mon ami parce qu'il a un jeu qui m'intéresse.»
6-12 ans	La collaboration réciproque	«C'est mon ami parce que nous nous aidons dans nos devoirs.»

Tiré d'Olds et Papalia (2005).

Puis, de l'âge de 4 à 9 ans environ, l'enfant se situe au stade de l'aide à sens unique. Par exemple, Jérémie n'est plus l'ami de Dominic parce qu'il ne veut pas jouer avec lui. Progressivement, l'enfant apprécie ses amis pour leurs qualités personnelles et non plus seulement en raison de critères extérieurs: « C'est mon ami parce qu'il est gentil et qu'il partage ses jouets avec moi. » Parallèlement, entre 6 et 12 ans, c'est le stade de la collaboration réciproque, voire des concessions mutuelles, mais pour parvenir à des fins personnelles plutôt que partagées. Ainsi, Justin est ami avec Amir parce qu'il n'a pas d'autres personnes avec qui jouer ce samedi! Durant ce stade, les enfants reconnaissent l'importance de la confiance dans la relation d'amitié. C'est pourquoi Meagan dit que Flore est son amie parce que cette dernière garde pour elle les secrets qu'elle lui confie. Mentionnons que les filles ont tendance à avoir moins d'amies que les garçons, mais à développer des relations plus intimes qu'eux. Pour leur part, les garçons ont un plus grand nombre d'amis comparativement aux filles, mais leurs relations sont moins intimes (Daniels-Beirness, 1989). De même, les filles ont tendance à être plus exclusives dans leur amitié (Parker et Asher, 1993, dans Beck, 2006). Nous verrons la suite de la présentation de l'amitié dans le développement socioaffectif de 9 à 12 ans.

3.5.3 *J'ai ma place dans mon groupe ou ma classe* Acceptation par les pairs

Acceptation par les pairs: *degré d'appréciation d'un enfant par ses pairs en tant que partenaire social dans la classe ou le groupe au service de garde.*

L'acceptation par les pairs concerne le *degré d'appréciation d'un enfant par ses pairs en tant que partenaire social dans la classe ou le groupe au service de garde* (Beck, 2006). Elle diffère de l'amitié en ce qu'elle peut être à sens unique, c'est-à-dire non réciproque. Ainsi en est-il de Thomas qui nomme Frédérick dans ses préférences sociales, ce qui n'est pas le cas de ce dernier. Elle est un indicateur fiable de l'ajustement psychologique de l'enfant, présent et ultérieur, d'où l'importance de s'y attarder (Beck, 2006). L'acceptation par les pairs est habituellement mesurée selon la technique de la sociométrie. Cette technique s'apparente à une radiographie socioaffective d'un groupe de pairs, voire des réseaux d'affinité qui s'en dégagent (Parlebas, 1992). Il peut notamment s'agir de demander à l'enfant de nommer trois pairs avec qui il aime le plus jouer et trois autres avec qui il aime le moins jouer, et ce, dans sa classe ou son groupe au service de garde (Coie et Dodge, 1983).

Ces préférences sociales sont habituellement déterminées pour les pairs de même sexe exclusivement (Daniels-Beirness, 1989), étant donné qu'il y a habituellement peu de désignations positives pour le sexe opposé. Comme nous l'avons vu plus haut, les enfants préfèrent habituellement jouer avec des pairs de même sexe. Enfin, précisons que ces préférences sociales dépendent du contexte dans lequel elles se manifestent. Il est donc possible qu'un enfant ait un statut social différent selon les groupes au sein desquels il évolue (Bee et Boyd, 2008). Par exemple, Thomas récolte peu de désignations positives de la part de ses pairs en classe, mais davantage des joueurs de son équipe au hockey.

Quoi qu'il en soit, cette comptabilisation des désignations sociales permet de dégager quatre catégories d'acceptation par les pairs (voir le tableau 3.4) : populaire, rejeté, controversé et négligé (Beck, 2006 ; Coie, Dodge et Coppotelli, 1982). Cette catégorisation permet de regrouper les deux tiers des enfants, le dernier tiers se composant habituellement de ceux que l'on ne peut classer dans ces catégories ou encore d'enfants dont les scores se situent dans la moyenne. Signalons que ces catégories ne doivent pas être utilisées à des fins abusives par l'enseignante ou l'éducatrice, mais bien comme des informations privilégiées dans la gestion de sa classe ou de son groupe, lui permettant d'ajuster son enseignement ou son intervention éducative. Précisons aussi que ce statut ne constitue pas une caractéristique personnelle propre à l'enfant puisqu'il peut parfois être appelé à différer d'un contexte à l'autre et à se modifier quelque peu dans le temps.

Tableau 3.4
Les catégories représentant le degré d'acceptation par les pairs

Catégorie	Nomination positive	Nomination négative
Enfant populaire	+	−
Enfant rejeté	−	+
Enfant controversé	+	+
Enfant négligé	−	−

Popularité : *fait d'être aimé et recherché par une majorité de pairs.*

La première catégorie est celle de la **popularité** qui renvoie au *fait d'être aimé et recherché par une majorité de pairs*. Il existe deux types d'enfants populaires : le populaire-prosocial et le populaire-antisocial (Beck, 2006). La majorité des enfants populaires se retrouvent dans la sous-catégorie « prosociale ». Ces enfants affichent habituellement des habiletés sociales, émotionnelles et cognitives supérieures à la moyenne, telles que l'altruisme, l'empathie, des comportements positifs, un sens de l'humour et une capacité à communiquer et à résoudre des problèmes interpersonnels ; il en va de même pour les habiletés scolaires. Par ailleurs, les enfants populaires-prosociaux sont capables de s'adapter aux situations nouvelles et de prendre des initiatives, possèdent une bonne estime de soi et sont habituellement attirants physiquement (Beck, 2006 ; Bee et Boyd, 2008). D'ailleurs, ils ont tendance à avoir plus d'amis et des relations sociales plus positives avec eux (Gest, Graham-Bermann et Hartup, 2001). Dans le groupe de Patricia, on dit par exemple de Florient qu'il est un pair ayant une influence positive sur les autres, car il suit d'emblée les consignes, se conforme aux règles de vie et mène à bien les différentes tâches demandées. D'ailleurs, il est souvent recherché et choisi dans les activités d'équipe. La capsule 3.1 fournit plus de détails sur les comportements prosociaux, notamment en ce qui a trait aux différences garçons-filles.

Capsule 3.1

Que disent certaines recherches à propos de la prosocialité des filles et des garçons ?

La prosocialité renvoie aux comportements sociaux orientés vers le bénéfice d'autrui ou le partage de coûts et bénéfices avec autrui. Il peut s'agir du don, du partage, de l'échange, de la coopération, d'un service rendu, de l'aide – du soutien, du réconfort, etc. (Bouchard, 2010 ; Bouchard, Cloutier et Gravel, 2006a ; Bouchard, Gravel et Cloutier, 2006b). Les études montrent l'existence d'une différence qui favorise les filles dans la prosocialité lorsqu'elle est évaluée par les adultes, voire perçue par les enseignants, tendance qui est nettement moins marquée dans les données provenant des enfants eux-mêmes (Bouchard et al., 2006a, b ; Eisenberg et Fabes, 1998 ; Eisenberg, Fabes et Spinrad, 2006). Pourquoi la réputation des filles en matière de prosocialité est-elle supérieure à celle des garçons, alors que l'évaluation de leurs comportements ne révèle pas nécessairement de différences ? Plusieurs explications peuvent être avancées. Bouchard et al. (2006a) proposent trois hypothèses explicatives qui s'inter-influenceraient.

Premièrement, il est possible que les comportements différents des filles et des garçons en classe puissent teinter la perception entretenue par les adultes à propos d'un enfant. Par exemple, le fait que les garçons ont en général un niveau moteur plus élevé que celui des filles pourrait perturber l'environnement pédagogique de la classe et provoquer un biais défavorable à l'égard des garçons (CSÉ, 1999, 2001 ; Mosconi, 1998, 1999). Deuxièmement, il pourrait s'agir d'un effet du regard posé sur le comportement de l'enfant selon qu'il est de sexe féminin ou masculin, et non pas sur ses habiletés prosociales proprement dites. Les conceptions de l'adulte concernant la masculinité et la féminité créeraient chez lui des attentes liées aux rôles sociaux qui serviraient de point de référence à son évaluation de la prosocialité. L'impact de ces stéréotypes de genre serait déterminant parce qu'il agirait sur la socialisation des enfants, notamment celle qui prend place à l'école (Bouchard et al., 2006a).

Troisièmement, Bouchard, Cloutier, Gravel et Sutton (2008) démontrent que le langage des garçons, et plus particulièrement leur compétence à communiquer, influe sur la perception des enseignantes en maternelle à propos de leur prosocialité. En d'autres mots, les garçons qui possèdent de meilleures compétences à communiquer sont considérés comme plus prosociaux par leur enseignante. Précisons que cette tendance ne ressort pas chez les filles, ce qui tend encore une fois à démontrer un effet associé aux rôles sociaux de sexe, à savoir ce que l'on attend d'un enfant selon qu'il est de sexe féminin ou masculin. Comme l'a démontré Bem (1981), la vision de tout observateur est teintée par la « schématique de genre », ce qui peut conduire l'adulte à porter des jugements sur les comportements des filles et des garçons en conformité avec les stéréotypes de genre prévalant dans sa culture. Après tout, Chiland (1997) soutient que « toute culture, comme tout individu, est confrontée à l'existence de deux sexes et brode, sur le canevas biologique, des fantasmes de ce que sont la masculinité et la féminité » (p. 25). Halte aux stéréotypes !

Quant à la sous-catégorie populaires-antisociaux, elle constitue une minorité de jeunes agressifs, déviants et défiant l'autorité qui s'affilient et s'influencent négativement entre eux (Allen, Porter, McFarland, Marsh et McElhaney, 2005, dans Bee et Boyd, 2008). Ces jeunes peuvent être perçus par leurs pairs comme « cool » (Sandstrom et Coie, 1999, dans Papalia *et al.*, 2010). Comme cette catégorie émerge habituellement à la fin de la période scolaire ou à l'adolescence, nous approfondirons ce point dans le chapitre 7 portant sur le développement socioaffectif de 9 à 12 ans.

Figure 3.2
Catégories et sous-catégories d'enfants populaires et impopulaires

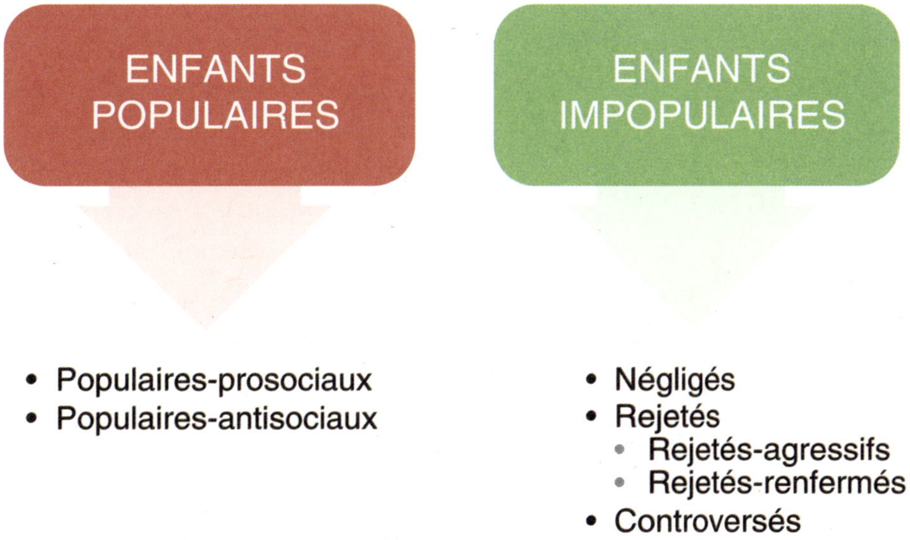

ENFANTS POPULAIRES

- Populaires-prosociaux
- Populaires-antisociaux

ENFANTS IMPOPULAIRES

- Négligés
- Rejetés
  - Rejetés-agressifs
  - Rejetés-renfermés
- Controversés

Par opposition aux enfants populaires, les enfants impopulaires peuvent l'être pour de multiples raisons, dont les suivantes : peu d'habiletés sociales, émotionnelles et sociocognitives, une faible estime de soi, des comportements agressifs et hostiles, des particularités physiques, de la timidité, des problèmes de comportement, etc. (Bierman, Smoot et Aumiller, 1993 ; Masten et Coatsworth, 1998, dans Olds et Papalia, 2005). Les enfants impopulaires peuvent être regroupés en deux catégories : négligés et rejetés. Tandis que les enfants négligés sont ignorés par leurs pairs, les enfants rejetés sont plutôt repoussés par eux. Habituellement, les enfants négligés continuent de bien fonctionner sur le plan scolaire. Toutefois, sur le plan socioaffectif, ils interagissent peu avec leurs pairs.

Alors que certains enfants plus solitaires et timides peuvent être relativement indifférents par rapport à cette situation de négligence (Beck, 2006), d'autres peuvent néanmoins souffrir de dépression et de solitude (Cillessen, van Izendoorn, van Lieshout et Hartup, 1992; Rubin, Hymel, Mills et Rose-Krasnor, 1991; Wentzel et Asher, 1995, dans Olds et Papalia, 2005). C'est le cas notamment des filles chez qui le phénomène de la dépression est surtout observé (Oldenburg et Kerns, 1997). Malheureusement, les adultes entourant les enfants négligés ne remarquent parfois pas leur isolement. Enfin, et comme le statut dépend du contexte social, il peut arriver que les enfants négligés deviennent populaires au sein d'un autre groupe de pairs (Olds et Papalia, 2005). Ainsi en est-il de Romain, 8 ans et demi, un enfant plutôt négligé dans sa classe, mais pourtant bien populaire dans son club de judo.

Quant à eux, les enfants rejetés entretiennent une réputation négative et se comportent conformément à cette réputation. En groupe, ils se mettent souvent en évidence par l'entremise de comportements négatifs. Une étude montre qu'entre 13% et 16% des enfants sont rejetés et exclus par leurs pairs au primaire (Terry et Coie, 1991). Ces enfants affichent de moins bons résultats scolaires et sont donc plus susceptibles d'abandonner l'école (Greenman, 2009; Greenman, Schneider et Tomada, 2009; Parker et Asher, 1987). En outre, il existe deux sous-groupes d'enfants rejetés: rejetés-renfermés ou rejetés-repliés et rejetés-agressifs. Les enfants rejetés-renfermés sont conscients de leur isolement social et du fait qu'ils ne sont pas appréciés et recherchés par leurs pairs (Olds et Papalia, 2005). Ils se sentent seuls et malheureux. Ils peuvent ainsi faire face à de l'anxiété et du retrait social (Hart, et al., 2000). Par conséquent, ils ont une faible estime de soi qui peut se répercuter sur leur rendement scolaire et leurs relations familiales. Ils sont donc des proies faciles pour les «fiers-à-bras» dans les cours d'école, voire des victimes potentielles d'intimidation (Sandstrom et Cillessen, 2003).

Comparativement aux rejetés-renfermés ou repliés, le sous-groupe «**rejetés-agressifs**» est composé d'un plus grand nombre d'enfants. Ces enfants qui se disent indifférents à leur rejet ont tendance à surestimer leurs compétences sociales (Zakriski et Coie, 1996, dans Bee et Boyd, 2008). Ils *se caractérisent par de l'impulsivité, des conflits relationnels et de l'immaturité socioaffective*. Leurs habiletés sociales, émotionnelles et sociocognitives sont peu développées, ce

Rejetés-agressifs:
se caractérisent par de l'impulsivité, des conflits relationnels et de l'immaturité socioaffective.

qui fait qu'ils interprètent mal les situations sociales et affichent des problèmes de comportement (Coie et Dodge, 1998; Crick, Casas et Nelson, 2002, dans Beck, 2006). Charles-Antoine voit par exemple de l'hostilité dans un geste amical et des machinations dans des torts involontaires, particulièrement lorsqu'il se sent anxieux. À titre indicatif, il peut percevoir un compliment comme un sarcasme, considérer une simple demande comme un ordre à exécuter, etc. Les enfants rejetés-agressifs ne peuvent apprendre les compétences sociales avec leur groupe de pairs, car cela demande des concessions mutuelles qu'ils ne sont pas capables de faire.

Agressivité et rejet par les pairs, l'œuf ou la poule[3]? Voilà la question qui se pose. Comme le souligne Greenman (2009) en citant plusieurs auteurs, l'agressivité est souvent reliée au rejet par les pairs dans le développement de l'enfant (Asher et Coie, 1990; Gosselin et Cloutier, 2005b; Coie et Dodge, 1988). Toutefois, la question que cet auteur soulève est la suivante : « Est-ce le rejet qui amène l'agressivité ou l'agressivité qui entraîne le rejet ? » La réponse se situe probablement des deux côtés de la question. Quoi qu'il en soit, il est démontré que les enfants qui ont souvent recours à des comportements d'agression et qui subissent de surcroît le rejet de leur pairs sont les plus à risque d'éprouver des problèmes d'adaptation sociale (Greenman, 2009).

Enfin, la dernière catégorie concerne les enfants controversés qui obtiennent à la fois un grand nombre de désignations positives et négatives. Ces enfants manifestent parfois des comportements d'hostilité, parfois des comportements prosociaux envers les autres. Même si certains pairs ne les aiment pas, ces enfants possèdent habituellement des caractéristiques qui les protègent du rejet social. Ils ont plusieurs amis qui sont populaires et s'avèrent satisfaits des relations

---

3. Cette expression est empruntée à Greenman (2009) dont est inspiré ce paragraphe.

sociales qu'ils entretiennent avec leurs pairs (Newcomb, Bukowski et Pattee, 1993). Tout comme le sous-groupe « populaire-antisocial », ils utilisent parfois l'agression indirecte pour parvenir à leurs fins et maintenir leur statut de dominance sociale (DeRosier et Thomas, 2003). Ce statut change à mesure que les pairs réagissent à leurs comportements (Beck, 2006). Approfondissons donc la notion d'agressivité et les comportements d'agression qui en découlent dans la section suivante.

3.6 Les maux pour s'exprimer
Agressivité et comportements d'agression

S'il est vrai que trop d'agressivité peut nuire au développement de l'enfant, force est d'admettre qu'il en faut un minimum pour survivre en société et affronter les défis de la vie quotidienne Comme le mentionnent Bélanger, Gosselin, Bowen, Desbiens et Janosz (2006), l'agressivité est présente chez tout être humain. En fait, elle est non seulement normale dans le cours du développement, mais elle est nécessaire à l'adaptation humaine. D'ailleurs, Gosselin et Cloutier (2005b) soulignent : « Ne faut-il pas apprendre à se battre pour réussir dans la vie ? Comment concilier force et détermination sans dynamisme intérieur ? » (p. 378). Ainsi, Pascale, 8 ans et demi, utilise ses forces intérieures pour effectuer une routine sur la poutre en gymnastique lors d'une compétition particulièrement relevée. De même, devant ses devoirs à compléter, Axelle sollicite une part d'énergie pour se mobiliser. Dans ces deux cas, devrait-on parler de « dynamisme » ou de force constructive plutôt que d'agressivité ? La question demeure. Cependant, à l'instar de la réflexion suscitée par Gosselin et Cloutier (2005b), l'agressivité dont il sera question ici concerne non pas cette force constructive amenant l'enfant à s'affirmer ou à se mobiliser, mais bien force négative qui pousse l'enfant à adopter un comportement visant à nuire aux autres ou encore à attaquer l'intégrité d'autrui, physiquement ou psychologiquement.

Souvent intentionnelle, l'agressivité se manifeste concrètement par des comportements d'agression (Bee et Boyd, 2008 ; Gosselin *et al.*, 2006). Ces *comportements* peuvent être *dirigés vers une personne ou un objet*. Dans ce cas, il s'agit d'une **agression instrumentale** et elle peut se manifester de différentes façons. Lorsque David brise la

Agression instrumentale : comportement dirigé vers une personne ou un objet.

construction réalisée par un camarade du service de garde, c'est bien d'agression instrumentale dont il fait preuve. C'est aussi ce que Philippe fait en empêchant Kevin d'accéder à la place qui lui a été assignée dans l'autobus scolaire (Bee et Boyd, 2008; Bélanger *et al.*, 2006).

Selon Coie et Dodge (1998), les comportements d'agression peuvent aussi être qualifiés de réactifs ou de proactifs (dans Bélanger *et al.*, 2006). L'**agression** est dite **réactive** lorsque *la personne est frustrée par une situation ou se défend, car elle se sent menacée* (Coie et Dodge 1998, dans Bélanger *et al.*, 2006; Prud'homme, 2008). C'est ce qui se passe lorsque Noah pousse Fanny après que cette dernière eut pris le ballon qu'il avait dans ses mains, sans le lui demander, sans même qu'il ait pu le lui refuser.

> **Agression réactive:** la personne est frustrée par une situation ou se défend, car elle se sent menacée.

Par contre, une **agression proactive** *survient sans frustration ou provocation apparente* (Coie et Dodge, 1998, dans Bélanger *et al.*, 2006; Tremblay, Gervais et Petitclerc, 2008). Bowen, Desbiens, Rondeau et Ouimet (2000) croient que cette forme d'agression serait modelée et renforcée par l'environnement de l'enfant (dans Bélanger *et al.*, 2006). Dans l'exemple précédent, Fanny fait preuve d'agression proactive en saisissant délibérément le ballon des mains de Noah, ce dernier étant alors privé de l'objet déjà en sa possession. Si, en plus, Fanny obtient l'approbation de ses pairs en étant encouragée à prendre le ballon puis, en recevant des félicitations de ses amies parce qu'elle l'a obtenu, il y a fort à parier qu'elle répétera ce type de comportement d'agression dans d'autres situations. De plus, comme nous l'avons vu précédemment dans ce chapitre, l'acceptation par le groupe de pairs prend de plus en plus de place à l'âge scolaire. Les comportements d'agression peuvent donc être un moyen utilisé par l'enfant pour obtenir l'approbation d'un groupe (Prud'homme, 2008).

> **Agression proactive:** survient sans frustration ou provocation apparente.

3.6.1 Types de comportements d'agression
Physiques, verbaux, directs ou indirects

L'agression, qu'elle soit réactive ou proactive, prend des formes variées selon, notamment, l'âge des enfants ainsi que l'étape de développement à laquelle ils se trouvent. **Les comportements d'agression physique** *se caractérisent par l'utilisation de la force ou d'un objet pour*

> **Comportements d'agression physique:** se caractérisent par l'utilisation de la force ou d'un objet pour compromettre l'intégrité de l'autre.

compromettre l'intégrité de l'autre (Lavoie, 2000, dans Bélanger *et al.*, 2006 ; Tremblay *et al.*, 2008). L'enfant se bagarre, frappe, pousse, tire les cheveux par exemple.

Selon Gagnon (1989), plus de 50 % des enfants ne recourent plus à l'agression physique au début du primaire (rapporté dans Bourcier, 2008). En effet, seulement de 4 % à 10 % des enfants de cette tranche d'âge agressent physiquement les autres sur une base régulière (Gagnon, 1989, dans Gosselin et Cloutier, 2005b ; Tremblay *et al.*, 2008). Selon Lacourse et ses collaborateurs (2006), les enfants qui, à la maternelle, ne maîtrisent pas leurs comportements d'agression, sont plus susceptibles de présenter des problèmes de comportement par la suite (dans Tremblay *et al.*, 2008). En outre, les enfants du primaire qui continuent de manifester des comportements d'agression physique courent plus de risques d'être agressifs à l'adolescence (Nagin et Tremblay, 1999, rapporté par Tremblay *et al.*, 2008).

> **Comportements d'agression verbale:** se caractérisent par l'utilisation du langage dans le but de compromettre l'intégrité de l'autre.

Vers l'âge de 3 ans, l'agression physique laisse progressivement la place aux **comportements d'agression verbale,** soit à *l'utilisation du langage dans le but de compromettre l'intégrité de l'autre* (Bee et Boyd, 2008; Bélanger *et al.*, 2006; Tremblay *et al.*, 2008). En effet, c'est généralement à partir de cet âge que l'enfant devient plus compétent sur le plan langagier, étant maintenant apte à utiliser les mots pour exprimer ses besoins, formuler des demandes ou nommer certaines émotions (Bouchard et Charron, 2008; Gosselin et Cloutier, 2005b). Cependant, l'enfant peut aussi utiliser ses compétences langagières pour provoquer ou blesser l'autre. Lavoie (2000), dans Bélanger *et al.* (2006), indique que cette forme de comportements d'agression peut prendre différentes formes, allant de la moquerie à l'exclusion. Si chez les enfants de la période préscolaire, qui sont toujours égocentriques, la portée des mots utilisés n'est pas toujours cernée, il en est autrement chez les enfants de 6 à 9 ans (Bourcier, 2008). Lorsque Amin, qui est en 2e année, dit à Thomas «T'es juste un gros laid!» ou encore «T'es complètement nul en sport!», il sait très bien que cela le blessera.

Dans les exemples que nous venons de voir pour l'agression physique et l'agression verbale, le comportement d'agression se manifeste directement: les enfants se frappent ou insultent un autre enfant, en sa présence. Toutefois, il arrive que les comportements d'agression soient plus subtils et qu'ils se fassent sans que la personne agressée en soit consciente, du moins au début (Verlaan et Besnard, 2006). Il faut alors parler de **comportements d'agression indirecte.** Selon Tremblay et ses collaborateurs (2008), cette forme d'agression «*consiste à causer du tort à quelqu'un en répandant des rumeurs à son sujet, en essayant de l'humilier, de le rabaisser ou de l'exclure du groupe*» (p. 4). L'objectif poursuivi par l'agression indirecte est la rupture des relations interpersonnelles (Verlaan et Besnard, 2006). Forme plus complexe et plus évoluée de l'agression verbale, ses manifestations sont liées au développement du langage, mais aussi au développement des habiletés sociales (Tremblay *et al.*, 2008; Verlaan et Besnard, 2006).

> **Comportements d'agression indirecte:** consistent à causer du tort à quelqu'un en répandant des rumeurs à son sujet, en essayant de l'humilier, de le rabaisser ou de l'exclure du groupe.

En milieu scolaire, on estime qu'environ 25% des filles seraient touchées par cette forme d'agression indirecte, soit comme agresseur, victime ou témoin (Bélanger *et al.*, 2006; Verlaan, Turmel et Charbonneau, 2004). Voici un exemple d'agression indirecte qui se rencontre fréquemment en milieu scolaire. Coralie est en 3e année et elle est le leader d'un petit groupe de filles dans sa classe. Elle fait des commentaires sur tous et chacun à ses amies, à l'insu des personnes concernées.

Coralie peut se moquer des vêtements portés par Claudiane, puis dénigrer les compétences d'Émilio en arts plastiques, tout en médisant sur son enseignante. Les comportements de Coralie ne sont pas dirigés vers une personne en particulier, comme dans l'intimidation que nous approfondirons dans la section 3.8, mais visent généralement l'ensemble de ses relations. Il est donc possible de constater « le caractère détourné et insidieux » de l'agression indirecte (Verlaan, Déry, Besnard, Toupin et Pauzé, 2009, p. 40).

Comment peut-on expliquer cette forme de comportements d'agression ? Qu'est-ce qui poussent des enfants de cet âge à agir ainsi ? Pourquoi les filles semblent-elles utiliser davantage l'agression indirecte que les garçons ? Une première explication est que notre société semble moins tolérante envers les filles lorsqu'elles manifestent des comportements d'agression physique. Les parents, les éducatrices et les enseignantes les réprimandent plus que les garçons lorsqu'elles agressent les autres physiquement. La pression sociale amènerait donc les filles à utiliser davantage les comportements d'agression indirecte qui sont moins visibles et, par le fait même, moins susceptibles de leur valoir des remontrances (Verlaan *et al.*, 2004).

Deuxièmement, comme nous l'avons vu dans la section sur l'amitié, les filles développent des liens amicaux basés sur l'intimité, le soutien et le partage de confidences (Daniels-Beirness, 1989). Elles sont donc sensibles à l'estime des autres et accordent beaucoup d'importance aux relations interpersonnelles. Les échanges qui ont lieu dans le cadre de ces relations fournissent des éléments qui peuvent, par la suite, être utilisés dans l'agression indirecte (Verlaan *et al.*, 2004). En outre, contrairement à ce qu'on pourrait croire, les fillettes qui utilisent l'agression indirecte ne sont pas isolées socialement. En fait, elles sont généralement bien intégrées dans un réseau social et y sont même très influentes (Verlaan *et al.*, 2009). Il semble que l'utilisation de cette forme de comportements d'agression contribue à maintenir leur position sociale dans le groupe de pairs (Verlaan, Déry, Toupin et Pauzé, 2005). Si ce n'était pas le cas, elles ne pourraient pas influencer et manipuler l'opinion du groupe (Verlaan *et al.*, 2004).

Il est intéressant de noter qu'en vieillissant les garçons se mettent eux aussi à manifester davantage de comportements d'agression indirecte. Qu'est-ce qui explique ce changement ? Probablement que les manifestations d'agression physique sont moins tolérées lorsqu'ils atteignent la préadolescence, ce qui les contraint à modifier leur façon d'agir (Verlaan et Besnard, 2006). Toutefois, les garçons ne perçoivent pas l'agression indirecte de la même façon que les filles de leur âge et ils ne l'utilisent pas dans les mêmes proportions. Une étude réalisée par Crick et Groetpeter (1995) et rapportée par Verlaan et ses collaborateurs (2005) indique que 17,4 % de filles utilisent l'agression indirecte comparativement à 2 % de garçons. Les filles perçoivent l'agression indirecte comme tout aussi dommageable que l'agression physique. Or, les garçons la considèrent comme étant moins nuisible que l'agression physique (Verlaan *et al.*, 2004), ce qui peut aussi expliquer pourquoi les garçons y recourent moins fréquemment.

3.6.2 Comprendre les comportements d'agression
Facteurs de risque et de protection

Quels sont les facteurs qui font que certains enfants manifestent davantage de comportements d'agression ? C'est ce que nous allons tenter de comprendre ici. Plusieurs recherches rapportent des facteurs de risque qui sont présents dès le développement prénatal et qui pourraient influer sur les conduites agressives des enfants. Parmi ceux-ci, le jeune âge de la mère, l'exposition du fœtus à la nicotine durant la grossesse, la dépression maternelle ainsi qu'un faible revenu familial augmenteraient de près de 15 fois le risque qu'un enfant manifeste des comportements violents ultérieurement (Normand et Schneider, 2009 ; Tremblay *et al.*, 2008).

Certaines caractéristiques propres à l'enfant semblent aussi constituer des facteurs de risque à la manifestation de comportements d'agression. Ainsi, plusieurs recherches ont établi des liens entre le tempérament et les comportements d'agression des enfants. Le **tempérament** est une *prédisposition à des réactions comportementales et émotionnelles qui sont innées et qui se manifestent donc dès la naissance* (Kagan, 1999, rapporté par Fréchette et Morissette, 2008)[4]. Plus précisément, le tempérament difficile ou réactif est celui qui est évoqué (Tremblay *et al.*, 2008). Parmi les critères qui permettent d'établir cette catégorie de tempérament, certains semblent influer

Tempérament :
prédisposition à des réactions comportementales et émotionnelles qui sont innées et qui se manifestent donc dès la naissance.

---
4. Pour plus de détails sur le tempérament et l'attachement, le lecteur peut consulter Fréchette et Morissette (2008).

davantage sur les manifestations d'agression. Il s'agit du contrôle des émotions, l'intensité des émotions, l'absence de crainte et la recherche de stimulations (Normand et Schneider, 2009). Les enfants présentant ses traits sont donc plus à risque d'être agressifs dans leurs rapports avec les autres.

D'autres chercheurs font des liens entre le type d'attachement et les comportements d'agression. L'**attachement** est la *tendance de l'enfant à rechercher la proximité et le contact avec une personne particulière dans des moments de détresse, de maladie et de fatigue* (van Ijzendoorm, 2005, rapporté par Fréchette et Morissette, 2008). Les travaux d'Ainsworth ont permis de relever trois types d'attachement : sécurisant, insécurisant ambivalent et insécurisant fuyant (Fréchette et Morissette, 2008). Il semble que l'attachement sécurisant agisse comme facteur de protection en ce qui concerne les manifestations d'agression (Bélanger *et al.*, 2006 ; Provost, Tarabulsy, St-Laurent et Lemelin, 2009). Le sentiment de confiance en soi qui a été mis en place grâce à l'attachement sécurisant favorise les relations harmonieuses avec les autres, l'estime de soi et les habiletés sociales (Bélanger *et al.*, 2006). Il semble donc que l'attachement insécurisant soit un facteur de risque dans le développement des comportements d'agression, particulièrement chez des enfants présentant d'autres facteurs de risque comme un tempérament difficile ou des habiletés sociales peu développées (Provost *et al.*, 2009).

Attachement : *tendance de l'enfant à rechercher la proximité et le contact avec une personne particulière dans des moments de détresse, de maladie et de fatigue.*

D'autres dimensions du développement peuvent également constituer des facteurs de risque ou de protection eu égard à l'agression. Sur le plan langagier, il semble que les retards développementaux augmentent les risques d'apparition de manifestations d'agression. Bien qu'il soit difficile de déterminer si les difficultés langagières sont la cause ou un effet des comportements d'agression, plusieurs recherches trouvent des liens significatifs entre les deux, particulièrement pour l'agression physique (Normand *et al.*, 2009) : plus un enfant accumule des retards langagiers, et ce, dès la période préscolaire, plus il risque d'utiliser l'agression physique (Bouchard et Charron, 2008 ; Tremblay *et al.*, 2008). Par ailleurs, la compétence émotionnelle que nous venons de voir et les habiletés sociocognitives, que nous aborderons dans le prochain chapitre, sont des éléments clés dans la résolution des conflits entre les enfants. Elles agissent comme facteur de protection dans la manifestation d'agressions. Les enfants qui ont peu développé la compétence émotionnelle ou qui ont peu d'habiletés sociales sont plus enclins à avoir recours aux comportements d'agression (Tremblay *et al.*, 2008).

Le milieu familial peut aussi influer sur l'utilisation de l'agression dans les relations interpersonnelles. Ainsi, lorsque les parents manifestent eux-mêmes des comportements d'agression, ils renforcent des comportements de même nature chez leur enfant (Bélanger *et al.*, 2006; Tremblay *et al.*, 2008). Les parents servent alors de modèle à l'enfant, l'incitant à interagir de la même façon avec ses pairs.

Les styles éducatifs adoptés par les adultes intervenant auprès des enfants semblent aussi influencer les manifestations d'agression. Ainsi, les adultes qui ne démontrent pas de chaleur dans leurs rapports avec les enfants, qui sont inconstants dans leurs pratiques éducatives ou qui supervisent peu leurs activités, caractéristiques qui peuvent être retrouvées dans les styles éducatifs autoritaires ou permissifs, favorisent l'apparition de comportements d'agression chez les enfants (Connor, 2009; Gosselin et Cloutier, 2005b). Par contre, l'utilisation du style démocratique constituerait un facteur de protection et diminuerait les risques que l'enfant adopte des comportements d'agression (Bouchard et Fréchette, 2008a; Connor, 2009). Ce style d'intervention favorise, entre autres, la résolution de problèmes et l'établissement de relations positives avec autrui (Bouchard et Fréchette, 2008a). De plus, le soutien des enfants dans leurs activités permet de moduler leurs manifestations d'agression, tant dans la famille que dans la classe ou dans le groupe au service de garde, en proposant un encadrement clair et sécurisant (Connor, 2009; Gosselin et Cloutier, 2005b).

Plusieurs recherches démontrent que le maintien et la fréquence de comportements d'agression durant le parcours scolaire sont liés à la mésadaptation scolaire (Bélanger *et al.*, 2006; Tremblay *et al.*, 2008). Il est donc important que tous les intervenants en milieu scolaire soutiennent les enfants afin de leur permettre de développer des outils qui leur permettront de remplacer les comportements d'agression par d'autres comportements plus adaptés. Le domaine du développement personnel du PFÉQ (MEQ, 2001b) indique que les jeunes doivent développer « des compétences qui aident à agir de façon positive, saine et efficace » (p. 253). Que ce soit par des interventions individuelles auprès des élèves concernés, des modifications dans l'environnement scolaire ou le programme d'activités en service de garde, il est possible d'agir sur les manifestations d'agression et même de les prévenir. D'ailleurs, différents programmes tels *Fluppy, Vers le pacifique* ou *Branchons-nous sur les rapports de forces*, permettent de travailler ces aspects avec les enfants du primaire, en collaboration avec leurs parents. Ces programmes peuvent contribuer à créer un bon climat au sein du groupe ou de la classe, tout en y favorisant des interactions sociales positives (Royer et Coutu, 2010).

3.7 Soutenir le développement socioaffectif
Pratiques éducatives et enseignantes

Plusieurs notions ont été présentées dans le cadre de ce chapitre. Un point saillant consiste en l'importance de soutenir l'estime de soi de l'enfant, base de sa réussite sociale et scolaire, présente et ultérieure. L'estime de soi est étroitement liée au sentiment de compétence personnel et à la qualité des relations que l'enfant entretient avec les autres. Rappelons que la confiance en soi et en son entourage constitue un préalable au développement de l'estime de soi. Par conséquent, la confiance en soi influence l'estime de soi. Il apparaît aussi évident que la valeur que l'enfant s'accorde à lui-même n'est pas entièrement indépendante de l'estime qu'il a pour les autres personnes significatives dans son environnement ni de l'estime que ces mêmes personnes éprouvent à son égard. L'estime de soi dépend en quelque sorte du soutien que l'enfant pense recevoir des personnes qui l'entourent, particulièrement de ses parents, de son enseignante, de son éducatrice et de ses pairs.

L'estime de soi joue un rôle important dans le développement de l'enfant, voire dans le développement de sa personnalité. Rappelons que, pour Duclos (2007), l'estime de soi serait un facteur de protection dans l'adaptation (rapporté dans Papalia *et al.*, 2010). Il importe donc de constamment avoir avec eux des attitudes qui rehaussent l'estime de soi (Duclos, 2000). Le tableau 3.5 présente quelques-unes des attitudes à adopter pour favoriser une estime de soi positive chez l'enfant. Précisons que ces attitudes correspondent au style éducatif démocratique où l'adulte consulte l'enfant, est sensible à ses besoins et ses

Tableau 3.5
Attitudes favorisant l'estime de soi de l'enfant

- Être présent de façon chaleureuse.
- Être fiable dans les réponses à ses besoins.
- Souligner et valoriser ses succès.
- Souligner ses difficultés à ménageant sa fierté et en lui donnant des moyens de s'améliorer.
- Établir des règles conduites sécurisantes et claires.
- Être constant dans l'application des règles.
- Réduire les facteurs de stress.
- Souligner les forces de l'enfant.
- Soutenir l'enfant face à ses difficultés.

Tiré de G. Duclos (2000), p. 32-33.

intérêts et en tient vraiment compte dans son intervention[5]. Ainsi, il l'encourage à faire des choix, à prendre des décisions et à résoudre des problèmes (Hohmann *et al.*, 2007, dans Bouchard et Fréchette, 2008a). Toutes les occasions de la vie courante sont bonnes pour souligner les bons coups d'un enfant et ainsi favoriser son estime de soi. Par ailleurs, l'enseignante ou l'éducatrice peut saisir l'occasion de la lecture d'un album jeunesse autour du thème de l'estime de soi pour en parler avec les enfants.

Avec l'enfant qui semble avoir une moins bonne estime de soi, il peut être bon de chercher avec lui les causes de cette faible évaluation de lui-même et de voir quels sont les domaines concernés. Par exemple, son sentiment d'incompétence touche-t-il un domaine important pour lui, comme sa réussite scolaire ? Un autre moyen pour améliorer l'estime de soi de l'enfant est de veiller à lui offrir du soutien émotif et des approbations sociales, qu'ils viennent des pairs, de l'éducatrice ou de l'enseignante. Puis, relativement à la théorie d'Erikson, il faut tenter de l'aider à se fixer des objectifs, si petits soient-ils, et à les atteindre. Enfin, il convient de l'encourager à gérer lui-même les situations problématiques auxquelles il fait face au lieu de les fuir (Santrock, 1997).

---

5. Pour plus d'informations à ce sujet, consulter Bouchard et Fréchette (2008b).

Soutenir l'estime de soi signifie que l'on soutient également les interactions sociales entre les pairs. En effet, nous avons démontré que les enfants ayant un statut social dit « impopulaire » ont souvent une faible estime d'eux-mêmes. Or, en agissant sur ce plan, les effets collatéraux seront multiples. Rappelons que des programmes québécois comme *Fluppy* ou *Vers le Pacifique* peuvent aussi contribuer au développement de la compétence sociale. Par ailleurs, à la base de l'estime de soi et des interactions entre pairs se trouve le concept de soi. Dans le contexte de la classe ou du service de garde, l'éducatrice ou l'enseignante a un rôle à jouer pour aider l'enfant à construire un concept de soi positif. Par exemple, elle peut développer un sentiment de sécurité chez l'enfant, notamment à travers un environnement où les règles de vie sont claires, précises et constantes, et ce, dès le début et tout au long de l'année scolaire. Par ces règles qui respectent aussi les élèves, elle s'assure de favoriser leur autonomie et leur sens des responsabilités. Aussi, les attentes envers eux leur sont-elles communiquées clairement et explicitement. De même, il est important d'accorder une attention particulière au climat du groupe ou de la classe afin qu'il soit caractérisé par des rapports démocratiques (Maltais, Herry et Bessette, 2006).

Le concept de soi peut également être soutenu en créant un sentiment d'identité chez l'enfant, notamment lorsque les activités qui se déroulent dans le groupe ou la classe « mettent en valeur les forces,

les intérêts et les différences de chaque enfant », et ce, dans le respect d'autrui (Maltais *et al.*, 2006, p. 257). Cela a pour effet « d'encourager l'acceptation et l'appréciation de chacun » dans toute son unicité (Maltais *et al.*, 2006, p. 257). En dernier lieu, il peut s'agir de favoriser un sentiment d'appartenance au groupe ou à la classe. Les enfants doivent avoir la conviction qu'ils contribuent à la vie du groupe ou de la classe et contribuer au sentiment de solidarité. L'apprentissage coopératif est alors tout à fait indiqué (Maltais *et al.*, 2006).

En outre, accueillir les émotions des enfants, les aider dans la saine gestion et expression de celles-ci, contribue à leur mieux-être (Royer et Coutu, 2010). Il peut alors être pertinent de privilégier des interventions visant à mettre des mots sur le vécu de l'enfant. Par exemple, Louise s'adresse à Antoine en lui disant : « J'ai appris que tu avais une compétition de taekwondo en fin de semaine. Cela te rend-il nerveux ? » Elle enchaîne en l'interrogeant sur ses émotions positives : « Qu'est-ce que tu aimes le plus dans ce sport ? » Devant la colère imminente de Joshua, elle s'approche doucement de lui en disant, d'un ton calme et rassurant : « Tu sembles fâché Joshua. Aimerais-tu venir m'en parler afin que l'on trouve calmement une solution ensemble ? » Bref, l'idée n'est pas seulement de montrer à l'enfant que l'on reconnaît son émotion, mais aussi de l'aider à la gérer.

Pour ce qui est des comportements d'agression chez l'enfant, il peut être indiqué de favoriser le développement de l'empathie, du raisonnement moral, la capacité à s'autocontrôler ainsi que la compétence à communiquer. L'encadrement pédagogique, l'attitude de l'enseignant ou de l'éducatrice, le climat et l'organisation de la classe ou du groupe au service de garde sont d'autres facteurs qui contribuent à contrôler les manifestations d'agression. Lanaris (2006) suggère différentes interventions proactives et étaye l'encadrement pédagogique en lien avec les enfants présentant des problèmes de comportements en classe. Ainsi, à partir des travaux de Dreikurs, Grunwald et Pepper (1971), elle propose à l'enseignant de poser ces questions aux élèves de sa classe afin qu'y règne un climat démocratique, et ce, dès la première journée d'école : Pourquoi êtes-vous dans cette classe ? Comment souhaitez-vous que la classe fonctionne ? Quel rôle allez-vous jouer dans le fonctionnement de la classe ? Quelles sont vos attentes envers moi, en tant qu'enseignante ? Qu'attendez-vous de vous-mêmes ? En lien avec l'établissement de règles de vie et des conséquences, elle propose les balises suivantes, suggérées par Trudeau, Desrochers et

Tousignant (1997): « Les règles et les conséquences doivent être : connues, comprises, partagées, utiles, raisonnables et appliquées avec constance[6]. Un tel code de vie favorise chez les élèves la création de liens significatifs avec son milieu et l'apprentissage de comportements adaptés » (p. 151).

Avec l'aide de ressources professionnelles de l'école, il est aussi possible de faire des interventions plus spécifiques, par exemple de nature cognitivo-comportementale, touchant aux comportements et aux pensées (Massé, Desbiens et Lanaris, 2006). C'est d'ailleurs ce que propose le programme américain *Positive Behavioral Interventions and Supports* (PBIS), qui offre des outils pour soutenir l'affirmation de soi, dans le respect de l'autre (PBIS, 2009). Enfin, le prochain chapitre présentera certains programmes qui promeuvent la résolution de problèmes interpersonnels de manière positive. Dans la prochaine section sur l'intimidation, nous allons approfondir les comportements d'agression.

3.8 Approfondissement — L'intimidation

Carl a mal au ventre et ne veut plus aller à l'école. Dès qu'il se retrouve dans la cour d'école, un autre enfant plus vieux rit de sa veste et l'appelle « le rejet ». Lorsque Carl en parle à une éducatrice, elle lui conseille de ne pas s'en occuper et de le laisser faire, en lui disant qu'il finira bien par se lasser et arrêter. Ainsi, Carl se sent terriblement incompris. Dramatise-t-il la situation ou est-ce l'adulte à qui il s'est confié qui la banalise? L'intimidation est devenue une préoccupation majeure en milieu scolaire, en raison des multiples conséquences qu'elle peut entraîner : symptômes de dépression, perte d'estime de soi, agressivité, absentéisme scolaire, etc. Pourtant, toute situation d'agression ou de conflit n'est pas considérée comme de l'intimidation.

Intimidation : *actes répétitifs d'agression physique ou verbale dirigés vers un enfant en particulier.*

L'**intimidation** renvoie à des *actes répétitifs d'agression physique ou verbale dirigés vers un enfant en particulier* (Espelage, Bosworth et Simon, 2000, rapportés dans Rubin, Bukowski et Parker, 2006). Selon Olweus (1991), cité par Lepage, Marcotte et Fortin (2006), une situation

---
6. Pour plus d'informations, le lecteur est invité à consulter le chapitre de Lanaris dans Massé *et al.* (2006).

Tableau 3.6
Les trois caractéristiques d'une situation d'intimidation

★ Actions négatives, physiques ou psychologiques, d'un enfant envers un autre dans l'intention de lui faire du mal.

★ Déséquilibre dans le rapport de force entre l'intimidateur et la victime.

★ Répétition des actions négatives.

Inspiré de Prud'homme (2008).

d'intimidation comprend trois éléments présentés dans le tableau 3.6. Tout d'abord, la victime doit être exposée à des actions négatives, physiques ou verbales, dans lesquelles l'intention est de lui faire du mal. Ensuite, il doit exister un déséquilibre dans le rapport de force, réel ou perçu, entre l'intimidateur et la victime (Prud'homme, 2008). Enfin, la situation d'intimidation doit se répéter fréquemment, confirmant le déséquilibre dans le rapport de force entre les enfants.

C'est en raison de ce déséquilibre dans le rapport de force que l'intimidation est considérée comme un comportement violent et que le terme « violence » sera préféré ici à celui d'« agression » (Prud'homme,

2008). Ainsi, bien qu'il s'agisse de situations inacceptables, une bagarre entre deux enfants qui se considèrent de forces équivalentes ou encore une moquerie ponctuelle ne sont pas considérées comme de l'intimidation. En revanche, la situation vécue par Carl à son école en est un bon exemple. Malheureusement, en lui répondant que la situation va finir par passer, l'adulte à qui Carl s'est confié a non seulement banalisé les actions qu'il subit, mais aussi, les sentiments qui l'habitent.

Bien que des comportements d'intimidation soient observés chez les enfants de 6 à 9 ans, ils sont aussi présents dans le groupe des 9 à 12 ans, et même chez les jeunes du secondaire. Cependant, l'intimidation est plus fréquente dans les écoles primaires que dans les écoles secondaires (Craig et Pepler, 2003, cités dans Breton, 2004).

3.8.1 Formes d'intimidation
De la violence physique au taxage

À l'école primaire, l'enfant qui intimide vise généralement ses pairs de même sexe (Sécurité publique Canada, 2009). Ces gestes d'intimidation entre les enfants peuvent prendre des formes diverses, bien visibles ou plus subtiles. Lorsque Jonathan pousse un autre enfant, qu'il le bouscule, qu'il le frappe ou qu'il lui donne un coup de pied, il utilise de la violence physique. Tout comme pour l'agression physique, cette forme d'intimidation est plus fréquente chez les garçons que chez les filles (Turcotte et Lamonde, 2004). Elle est plus facile à reconnaître et, généralement, les adultes se sentent autorisés à intervenir lorsqu'ils en sont témoins. La violence psychologique est celle qui est plus souvent banalisée, alors que le tort qu'elle cause à la victime est aussi grave. Elle peut être de nature sociale ou verbale.

La violence psychologique de type social est souvent indirecte et renvoie aux rumeurs qu'on fait circuler au sujet d'un enfant, à son exclusion des activités du groupe ou encore, lorsqu'on agit comme si l'enfant n'existait tout simplement pas (Association canadienne de la santé publique, 2004). Par exemple, quand Juliette passe devant Isabelle en l'ignorant, qu'elle fait circuler des rumeurs à son sujet, qu'elle « parle dans son dos » ou encore qu'elle invite tous les enfants de sa classe à sa fête, sauf Isabelle, elle utilise cette forme de violence sociale. Cette forme d'intimidation s'observe davantage chez les filles que chez les garçons (Casey-Cannon, Hayward et Gowen, 2001, cités dans Sécurité publique Canada, 2009).

Quand Gabriel se moque de l'habillement d'un pair, qu'il le traite de noms comme dans la situation vécue par Carl ou qu'il le menace, il utilise de la violence psychologique de type verbal. Cette forme de violence verbale concerne les actions directes telles qu'injurier un autre enfant, l'insulter, lui faire des menaces ou encore, passer des commentaires sur son apparence (Association canadienne de la santé publique, 2004). Dans les écoles primaires, la violence verbale est la forme de violence la plus répandue (Turcotte et Lamonde, 2004), et les élèves, comme les adultes, se montrent tolérants à l'égard de celle-ci (Bowen et Desbiens, 2004).

Lorsqu'un enfant prend l'objet d'un autre contre son gré, sous peine de menaces (violences verbale ou sociale) ou en recourant à la violence physique, on parle plutôt de « taxage ». Par exemple, quand Claudio demande à un autre enfant de lui donner son 5 $ et qu'il le menace de l'attendre après l'école pour le battre, il a recours au taxage. Le **taxage** est une *forme d'intimidation qui se définit comme un comportement violent pratiqué dans le but d'extorquer de l'argent ou des biens à un autre enfant* (Le Blanc et Deguire, 2002). Le taxage est considéré comme un acte grave et criminel, qui nécessite des actions répressives (St-Germain, 2003). Même si cette problématique est plus présente au secondaire, les enfants du primaire peuvent aussi en être victimes (Ministère de la Sécurité publique, 2002). D'ailleurs, la peur de se faire taxer est ressentie de façon plus importante chez les enfants du primaire que chez ceux du secondaire (Ministère de la Sécurité publique, 2002).

Taxage: *forme d'intimidation qui se définit comme un comportement violent pratiqué dans le but d'extorquer de l'argent ou des biens à un autre enfant.*

3.8.2 Facteurs et conséquences de l'intimidation
Causes et impacts

Comme nous venons de le voir, avoir des amis répond à un besoin essentiel dans le processus de socialisation chez l'enfant d'âge scolaire (Robichaud, 2003). Dans ce contexte, un enfant qui se sent rejeté par ses pairs parce qu'il est victime d'intimidation en souffre inévitablement. Les enfants victimes d'intimidation peuvent éprouver d'autres difficultés telles qu'une détresse émotive, des symptômes psychosomatiques (p. ex., maux de ventre, maux de cœur), une baisse d'estime de soi, du stress et de la solitude (Lepage, Marcotte et Fortin, 2006; Turcotte et Lamonde, 2004). En vieillissant, ils sont également plus enclins à présenter d'autres problèmes comme le décrochage scolaire, la dépression, etc. (Statistique Canada, 1999, cité dans Turcotte et Lamonde, 2004). En outre, certains enfants se sentent si souffrants et impuissants devant l'intimidation dont ils sont victimes qu'ils vont jusqu'à faire une fugue ou une tentative de suicide, d'où l'importance de les soutenir. À cet effet, l'encadré apparaissant à la fin de cette section fournit quelques principes pouvant guider l'intervention auprès d'eux.

De son côté, l'enfant qui intimide se croit souvent supérieur aux autres et n'est jamais à court de justifications pour expliquer ou banaliser son geste. Il agit rarement seul et manifeste peu d'empathie envers sa victime. Selon Pepler et Craig (2000), il importe de s'attarder aux comportements d'intimidation sous l'angle du développement des enfants, car cette violence a une incidence sur leurs rapports interpersonnels futurs. Par exemple, en intimidant ses pairs dans la cour de l'école, Luc apprend qu'en ayant recours à l'agression et au pouvoir, il obtient ce qu'il veut. En grandissant, il peut se livrer à d'autres formes d'agression dans ses relations amoureuses, professionnelles, etc. (Agence de la santé publique du Canada, 2004). Si le comportement de Luc n'est pas corrigé suffisamment tôt, le problème risque de persister et de s'aggraver (Paquin et Drolet, 2006). De surcroît, comme nous l'avons relevé précédemment dans ce chapitre, la façon avec laquelle Luc interagit avec les autres l'expose au rejet de ses pairs (Turcotte et Lamonde, 2004). En effet, un jeune qui aime les rapports de force avec ses pairs peut être craint ou tout simplement délaissé parce que les enfants ne souhaitent plus être identifiés à lui. Une fois adulte, le comportement de l'intimidateur peut persister et s'accompagner d'autres problèmes comme la dépression, la délinquance, etc. (Lepage *et al.*, 2006).

Par conséquent, les enfants qui intimident leurs pairs ont eux aussi besoin d'aide afin d'améliorer leurs relations interpersonnelles. S'il est nécessaire d'imposer des sanctions, il est encore plus bénéfique de demander à l'enfant qui intimide de poser un geste réparateur auprès de celui à qui il a fait du mal et de l'outiller afin qu'il puisse répondre à ses besoins autrement (Fortier, 2002). Par exemple, Luc pourrait être privé de récréation (sanction) et avoir à rendre un service à sa victime (geste réparateur). La créativité de l'enfant intimidateur peut être mise à contribution pour trouver un geste réparateur positif et concret (Fortier, 2002). Les gestes réparateurs sont variés et peuvent aller du service à rendre à la victime, jusqu'à la rédaction d'un texte sur le respect en passant par l'accomplissement d'une responsabilité collective impopulaire (Prud'homme, 2004). Si Luc pose un geste réparateur, ses comportements négatifs sont plus susceptibles de s'atténuer, voire de disparaître au fil des interventions. L'enseignante ou l'éducatrice veilleront à intervenir dès que les comportements d'intimidation seront portés à leur connaissance afin d'éviter leur répétition.

En outre, il faut garder en tête qu'un enfant peut porter les deux chapeaux et être à la fois intimidateur et victime d'intimidation (Turcotte et Lamonde, 2004). C'est le cas de Tommy qui est un enfant turbulent. Certains enfants de sa classe ne souhaitent pas se mettre en équipe avec lui, l'excluent de leurs jeux et rient de lui en l'appelant « la tornade » ! Une fois rendu dans la cour d'école, Tommy évacue sa frustration en bousculant régulièrement un autre garçon timide et plus jeune que lui. Lorsque Tommy se plaint que les autres ne veulent pas jouer avec lui, on a tendance à penser qu'il y est sûrement pour quelque chose, qu'il l'a peut-être un peu « cherché ». Le cas de Tommy n'est donc pas vraiment pris au sérieux car on le considère en partie responsable de son propre malheur. Pourtant, Tommy est un enfant qui vit à la fois les inconvénients de la victime et ceux de l'intimidateur, mais son comportement turbulent n'attire pas spontanément la sympathie de ceux qu'il côtoie...

Dans une situation d'intimidation, il n'y a pas qu'une victime et un intimidateur. Les enfants témoins et les adultes qui gravitent autour d'eux sont aussi des acteurs importants. Ainsi, contrairement à ce qu'ils pensent, les enfants qui sont témoins d'une situation d'intimidation sont loin d'être neutres. En fait, dans 85 % des cas d'intimidation, des élèves sont témoins de situations d'intimidation. Toutefois, peu d'entre eux tentent de mettre fin à l'incident, soit entre 11 et 22 % (Atlas et Pepler, 1998 ; Craig et Pepler, 1997, cités dans Sécurité publique Canada, 2009), et ce, pour différentes raisons. L'enfant peut avoir peur d'être lui-même victime de représailles, il peut penser que cette situation ne le regarde pas ou, encore, il ne veut pas être considéré comme un panier percé (en langage commun, « *stool* »). Qu'ils observent la situation d'intimidation en silence ou qu'ils s'en mêlent en encourageant l'enfant qui intimide, les témoins renforcent le comportement de l'intimidateur et lui envoient le message que la violence est acceptable. Cependant, lorsque les enfants témoins prennent parti contre l'intimidateur, l'incident s'arrête dans les 10 secondes qui suivent, et ce, dans la moitié des cas (Hawkins, Pepler et Craig, 2001). Il est donc important de sensibiliser les jeunes témoins à leur rôle et au pouvoir qu'ils ont sur la situation.

Quant aux adultes, même si leur rôle est important, ils ne sont généralement pas au courant de l'intimidation à laquelle sont soumis les enfants et lorsqu'ils en sont avertis, ils interviennent peu (Sécurité publique Canada, 2009). En effet, dans un sondage canadien, 75 % des enseignants ont dit intervenir pour mettre fin à une situation d'intimidation, alors que seulement 25 % des enfants étaient en accord avec cette affirmation (Charach, Pepler et Ziegler, 1995). Pourtant, les actes d'intimidation se déroulent le plus fréquemment dans des lieux qui sont sous la surveillance des adultes, comme la cour d'école (Borg, 1999, dans Turcotte et Lamonde, 2004). Du point de vue des enfants, ils devraient jouer un rôle déterminant (Charach *et al.*, 1995).

Par exemple, Julie, éducatrice au service de garde, est intervenue dès qu'elle a vu un petit groupe de filles exclure Jessica et lui crier des noms dans la cour d'école. Elle a tenu à s'adresser à tous les enfants présents et à leur signifier son désaccord, leur demandant s'ils aimeraient cela être à la place de Jessica. Elle leur a dit que les mots font souvent plus mal que les coups. Tout en dénonçant le rapport de force, Julie n'a laissé aucune place aux justifications données par le groupe de filles puisque rien ne peut légitimer l'utilisation de la violence verbale, tout comme la violence physique d'ailleurs. En somme, une situation d'intimidation entre enfants est un déséquilibre de pouvoir qui exige l'intervention de l'adulte (Prud'homme, 2004). La capsule 3.2 fournit des pistes d'intervention visant à soutenir l'enfant victime d'intimidation et à contrer les gestes de l'intimidateur.

Capsule 3.2

Soutien et victimisation : des pratiques éducatives et enseignantes

L'adulte a un rôle important à jouer dans les situations d'intimidation vécues entre enfants. Pour ce faire, voici quelques pistes d'intervention que celui-ci peut appliquer en fonction du rôle joué par les trois autres acteurs impliqués, soit l'enfant victime d'intimidation, l'enfant qui intimide et les enfants témoins.

Tout d'abord, afin de donner l'exemple, il est important que les membres de l'équipe-école soient des modèles d'empathie, d'affirmation positive et de non-violence dans leurs communications avec les enfants et les autres adultes qui les entourent. Il faut aussi développer « des antennes » afin de détecter les enfants dont le comportement a changé, qui sont souvent seuls ou qui se replient sur eux-mêmes. L'organisation d'activités basées sur la coopération, au lieu de la compétition, permet d'inclure tous les enfants, de les faire travailler en les considérant sur un pied d'égalité, tout en favorisant la réalisation d'un objectif commun.

Dans un cadre scolaire, il est primordial de mettre en place un code de vie comprenant des règles de conduite claires où l'intimidation n'est pas tolérée et où les adultes interviennent de façon concertée. Dès la maternelle, on prend le temps de sensibiliser les élèves à la problématique de l'intimidation. Il faut saisir toutes les occasions possibles pour informer les élèves des trois éléments de la définition de l'intimidation : les actions négatives, le rapport de force et l'aspect répétitif. Il est aussi souhaitable de miser sur le développement de l'empathie des enfants en leur posant des questions comme celle-ci : « Comment penses-tu que Carl se sent quand on rit de son habillement ou qu'on le traite de rejet ? »

Puisque les enfants sont parfois réticents à signaler une situation d'intimidation à un adulte, il faut les amener à faire la distinction entre dénoncer et rapporter ou être un panier percé. Quand on dénonce une situation, on le fait pour aider quelqu'un. Quand on rapporte ou qu'on fait le panier percé, on le fait dans le but de créer du tort à quelqu'un. Dans le mot dénoncer, il y a le mot NON et c'est ce que les enfants doivent comprendre : on dit « non » à ce qui se passe (Prud'homme, 2008).

Afin de rétablir le rapport de force, l'adulte doit intervenir dès qu'il est au courant d'une situation d'intimidation et prendre position en la dénonçant publiquement (Prud'homme, 2004). Dans le cas où la situation se passe à l'école, il est important que l'enseignante ou l'éducatrice communique avec les parents afin de les informer de la situation. De plus, l'équipe-école doit prendre en considération les parents qui lui font part des situations d'intimidation dont est victime leur enfant.

Il est possible de responsabiliser l'enfant qui intimide de plusieurs façons. Tout d'abord, en refusant toute justification de son geste d'intimidation et en lui faisant comprendre que le recours à la violence est inacceptable. Puis, en lui donnant une sanction et en lui demandant de trouver une action de réparation publique pour l'enfant victime, on lui permet de transformer son rapport à l'autre (Prud'homme, 2004). L'enfant qui intimide a la capacité de changer et il est important de l'aider à utiliser ses forces de façon constructive. Enfin, il est possible de le soutenir dans sa capacité à se donner un pouvoir positif (Fortier, 2002), en privilégiant le développement de sa compétence sociale (Sécurité publique Canada, 2009).

Capsule 3.2 (suite)

En l'encourageant à respecter ceux qui l'entourent et en développant son empathie, on favorise l'établissement et le maintien d'interactions positives avec ses pairs.

En ce qui concerne l'enfant qui est victime d'intimidation, il est important de le renforcer en l'outillant et en lui donnant confiance en lui, sans le surprotéger ou faire les choses à sa place (Prud'homme, 2004). De cette façon, il apprendra à s'affirmer positivement et clairement face à l'enfant qui l'intimide. Il faut aussi l'inviter à évaluer les différentes options qui s'offrent à lui dans une telle situation. Il faut l'encourager à s'affirmer, mais aussi à se retirer de la situation problématique et à aller chercher de l'aide le cas échéant. Il est possible de cibler à l'avance, avec lui, les adultes à qui il peut se confier et auprès de qui il peut dénoncer la situation dès qu'elle se produit.

Dans toute situation d'intimidation, il faut sensibiliser les enfants témoins au rôle qu'ils peuvent jouer pour que la situation cesse! En regardant la scène d'intimidation sans rien dire, ils sont complices d'une certaine façon et donnent du pouvoir à l'intimidateur. Il faut donc bien leur faire comprendre l'importance de dénoncer l'intimidation et de briser le silence pour y mettre fin.

Enfin, il importe d'effectuer un suivi auprès des enfants concernés. Car il ne faut pas croire que le fait de ne plus entendre parler d'une situation d'intimidation signifie qu'elle n'existe plus. Il est d'ailleurs suggéré de donner aux enfants les coordonnées d'une ressource d'intervention comme Tel-jeunes afin qu'ils puissent se confier en tout temps (Tel-jeunes : 1-800-263-2266 ou <http:\\www.teljeunes.com>).

3.9 Conclusion
Moi et les autres

Le présent chapitre a fait état des informations probantes en matière de développement socioaffectif de l'enfant de 6 à 9 ans. En fait, les notions de personnalité, de concept de soi, d'estime de soi, de compétence sociale, d'agressivité et de comportements d'agression ont été présentées parce que nous croyons qu'elles sont centrales pour l'enseignante ou l'éducatrice. Nous avons vu que la confiance en soi est à la base du développement de l'estime de soi. Puis, la capacité de l'enfant à établir des relations sociales positives et à faire preuve de compétence sociale est gage d'un développement sain, maintenant et plus tard (Coutu et Royer, 2010 ; Hartup, 1989). Cette capacité implique également sa compétence émotionnelle, soit le fait de vivre des émotions, de les exprimer, de posséder des connaissances générales dans le domaine émotionnel et de les réguler. Lorsque des relations plus intimes se développent entre les enfants, nous avons parlé d'amitié. Puis, les différents types de comportements d'agression ont été présentés, de même que leurs causes et conséquences. L'intimidation, problématique de plus en plus prépondérante et surtout préoccupante dans les milieux scolaires, a été abordée en guise d'approfondissement. En corollaire à toutes ces notions d'ordre personnel, social et affectif, nous avons présenté des éléments clés à considérer dans l'intervention pédagogique auprès des enfants de 6 à 9 ans.

Appliquer pour mieux comprendre
Exercices récapitulatifs

À partir des notions vues en classe, répondez aux questions suivantes. Vous trouverez les réponses à ces questions à la fin du livre.

1. Qu'est-ce qui distingue le concept de soi de l'estime de soi ? Fournissez un exemple concret permettant d'illustrer cette distinction chez un enfant de 6 à 9 ans.

2. Lors d'un conflit qui perdure avec son amie Emmanuelle, Valérie, 8 ans, arrive difficilement à identifier et à exprimer ce qu'elle ressent. Au service de garde, elle manifeste des comportements de retrait, ce qui laisse croire à Éric, son éducateur, qu'elle a besoin de soutien dans cette situation. En lien avec la compétence émotionnelle, de quelle façon Éric pourrait-il soutenir Valérie ?

3. Maximilien, Alexandre et Justin jouent aux supermagiciens dans le module de jeux de la cour d'école. Ensemble, ils décident des personnages à incarner et des rôles à y jouer. Tour à tour, ils se pourchassent pour se lancer des formules magiques, inventant par le fait même des potions qui les transforment en divers superhéros. Tout à coup, Maximilien se lasse et décide de changer les règles du jeu, avec l'accord de ses compagnons qui le suivent. De quels type de jeu et niveau d'interaction sociale est-il question dans cette situation ?

4. Lors d'une rencontre de parents, vous devez leur présenter de l'information sur les comportements d'agression. Préparez un tableau, avec des exemples, qui leur permettra de bien comprendre et de distinguer les différentes formes d'agressivité chez l'enfant d'âge scolaire.

5. Vous souhaitez sensibiliser les enfants à la problématique de l'intimidation. Nommez et expliquez les différentes formes que peut prendre l'intimidation, en illustrant chacune avec un exemple concret.

Réfléchir pour mieux intervenir

Exercices réflexifs

Afin d'aller plus loin dans l'exercice de votre pensée, les questions suivantes vous sont posées en lien avec le contenu du chapitre. Bonne réflexion !

- Avez-vous tendance à aider les enfants à identifier et à exprimer leurs émotions dans le contexte de la classe ou du groupe en service de garde ? Si oui, de quelle façon ? Qu'en est-il de votre propre compétence émotionnelle ?

- Quelles sont les interventions pédagogiques que vous privilégiez afin de favoriser l'estime de soi chez l'enfant ?

- Comment qualifieriez-vous les rapports que les filles et les garçons entretiennent entre eux dans votre groupe ou votre classe ? Sont-ils empreints de stéréotypes de genre ? Qu'en est-il de vos propres représentations, voire de vos perceptions et de vos comportements verbaux et non verbaux ? Varient-ils selon que vous interagissez avec une fille ou un garçon ?

- Quelles stratégies éducatives pourriez-vous utiliser afin de prévenir les conduites agressives dans votre classe ou dans votre groupe ?

- Lorsque vous êtes témoin d'intimidation, comment avez-vous tendance à réagir ? De quelle façon pourriez-vous intervenir autrement auprès des enfants victimes d'intimidation, des enfants qui intimident et des enfants qui sont témoins de cette situation ?

Pour en savoir un peu plus

Documents complémentaires

Les documents suivants vous sont proposés afin de compléter les informations présentées dans ce chapitre; il peut s'agir de livres, de sites Internet ou de documents audiovisuels.

LIVRES

Duclos, G. (2004). *L'estime de soi: un passeport pour la vie*, 2ᵉ éd., Montréal, Éditions de l'Hôpital Ste-Justine.

Massé, L., N. Desbiens et C. Lanaris (2006). *Les troubles du comportement à l'école. Prévention, évaluation et intervention*, Montréal, Gaëtan Morin Éditeur.

Prud'homme, D. (2008). *Violence entre enfants: casse-tête pour les parents*, Montréal, Éditions du Remue-ménage.

Tessier, R., G. Tarabulsy et M.A. Provost (1996). *Les relations sociales entre les enfants*, Québec, Presses de l'Université du Québec.

Tessier R. et G. Tarabulsy (1996). *Le développement émotionnel et social de l'enfant*, Québec, Presses de l'Université du Québec.

Tremblay, R.E. (2008). *Prévenir la violence dès la petite enfance*, Paris, Odile Jacob.

SITES INTERNET

Beaumont, J. *Les enfants au service de garde en milieu scolaire*, CCDMD, <http://www.ccdmd.qc.ca/ri/5-12ans>, page consultée le 15 octobre 2009.

Centre d'excellence pour le développement des jeunes enfants, <http://www.excellence-jeunesenfants.ca>, page consultée le 15 octobre 2009.

Fréchette, N. et. P. Morissette, *Banque de vidéos en psychologie du développement de l'enfant de 0 à 5 ans*, <http://www.ccdmd.qc.ca/ri/developpement>, page consultée le 15 octobre 2009.

Vignettes en lien avec les thématiques du chapitre:

Titre de la vignette	Numéro
Les sous groupes chez les filles de 6 ans	407
Relations entre les filles et les garçons de 6 ans	408
Enfants impopulaires: perception des 6 ans	409
Amitié chez les enfants de 7 ans	412
Concept de soi chez les 8-9 ans	411
Agressivité indirecte chez les filles de 5 ans	218
Concept de genre chez les 9 ans	413

Institut Pacifique, *Vers le pacifique*, <http://www.institutpacifique.com/fr/vp2.php>, page consulté le 30 octobre 2009.

Observation canadien pour la prévention de la violence à l'école, <http://www.preventionviolence.ca/index.html>, page consultée le 10 juin 2010.

Regroupement des maisons d'hébergement pour femmes victimes de violence conjugale, *Des mots sans maux*, <http://www.desmotssansmaux.com/>, page consultée le 1er juin 2010.

DOCUMENTS AUDIOVISUELS

Gervais, J. et R.E. Tremblay (2008). *L'agressivité chez les jeunes enfants : Guide interactif pour observer, comprendre et intervenir*, Montréal, ONF.

Lumbruso, V. et B. Cyrulnik (2001). *La planète des enfants : observer et comprendre*, Montréal, Télé-Québec ; Issy-les-Moulineaux, Guilgamesh, vol. 2 (VHS), env. 39 min.

Maher, J.-P., C. Bujold, M. Fournier et G. Nadon (2005). *Aux origines de l'agression : la violence de l'agneau*, Montréal, Da Vinci Productions.

Parent, K. (2001). *Jeux d'enfants : les enfants rejetés*, Montréal, Société Radio-Canada (DVD), env. 48 min.

Simard, M. (2010). *Le petit monde d'Elourdes*, Montréal, Les productions virages, DVD, env. 1 h 19 min.

4
Je m'ouvre sur le monde
LE DÉVELOPPEMENT COGNITIF DE 6 À 9 ANS

Nathalie Fréchette et Caroline Bouchard

4 Je m'ouvre sur le monde

LE DÉVELOPPEMENT COGNITIF DE 6 À 9 ANS

4.1 Je m'ouvre sur le monde : introduction 179
4.2 Je construis mon intelligence : théorie de Piaget 180
    4.2.1 Je me fie aux apparences : pensée intuitive 180
    4.2.2 Je fais des liens logiques : période opératoire concrète 187
        C'est la même chose : conservation 188
        Je regroupe les objets en catégorie : inclusion des classes 189
        Du plus petit au plus grand : sériation 190
        Je généralise mes expériences : raisonnement inductif 190
4.3 Je pense en interaction avec autrui : théorie historicoculturelle
de Vygotski 192
4.4 Je traite l'information : traitement de l'information 196
    4.4.1 Je me concentre : capacité d'attention 196
    4.4.2 Je me souviens : mémoire 199
4.5 Une ou des formes d'intelligence : intelligences multiples 205
4.6 Je saisis ce que les autres pensent et ressentent : pensée sociale 209
    4.6.1 L'inférence : capacité de base pour penser et interagir avec autrui 210
    4.6.2 Ce que les autres ressentent : reconnaissance
         et compréhension des émotions d'autrui 211
4.7 Le bien et le mal : développement de la pensée morale 214
    4.7.1 La morale de contrainte : développement moral selon Piaget 215
    4.7.2 La morale préconventionnelle : développement moral selon Kohlberg . . . 216
4.8 J'apprends à me questionner et à réfléchir : philosophie pour enfant 218
4.9 Soutenir le développement cognitif : pratiques éducatives
et enseignantes 223
4.10 Le trouble déficitaire de l'attention avec ou sans hyperactivité (TDAH) :
approfondissement 228
4.11 Je m'ouvre sur le monde : conclusion 236
Appliquer pour mieux comprendre : exercices récapitulatifs 237
Réfléchir pour mieux intervenir : exercices réflexifs 238
Pour en savoir un peu plus : documents complémentaires 238

4.1 Introduction

Je m'ouvre sur le monde

Additionner, soustraire, résoudre des problèmes, tenir compte de plusieurs aspects d'une même situation et classer des objets à partir d'un ensemble sont des habiletés propres au développement cognitif de 6 à 9 ans. Durant cette étape de développement, l'enfant réalise des progrès cognitifs considérables, tant pour effectuer des opérations mentales que pour appliquer des règles ou résoudre des situations problématiques. Cette évolution cognitive lui permet aussi de développer son raisonnement moral en comprenant progressivement les notions de bien et du mal et aussi d'élargir son répertoire de stratégies de résolution de problèmes interpersonnels.

Ce chapitre vise à présenter le développement cognitif de l'enfant de 6 à 9 ans. La thématique de la construction de l'intelligence selon Piaget est d'abord présentée avec un bref rappel de la période préopératoire, puis la période opératoire concrète, qui débute vers l'âge de 6-7 ans, sera abordée. Nous poursuivrons avec la théorie historico-culturelle de Vygotski qui jette un autre regard sur le développement cognitif de l'enfant, issu d'une culture et d'une histoire qui lui sont propres. Par la suite, nous étudierons le traitement de l'information en nous attardant, entre autres, sur l'attention et la mémoire.

La théorie triarchique de Sternberg ainsi que celle des intelligences multiples de Gardner sont ensuite présentées, car les interventions éducatives qu'elles sous-tendent permettent de soutenir les enfants en tenant compte de la diversité de leurs forces. La pensée est aussi considérée sous l'angle « social », à travers la capacité de l'enfant à résoudre des problèmes de nature interpersonnelle. La septième section du chapitre traite de la notion du bien et du mal, à travers le développement moral de l'enfant. Par la suite, nous explorerons la philosophie pour enfant qui permet de développer différentes compétences réflexives. La section qui suit porte sur les pratiques éducatives et enseignantes à privilégier pour favoriser le développement de la pensée. En guise d'approfondissement, nous nous pencherons sur le trouble de l'attention avec ou sans hyperactivité afin de cerner ce que vivent les enfants qui en sont atteints. Le chapitre se conclut par un rappel des principales notions couvertes.

4.2 Théorie de Piaget
Je construis mon intelligence

La théorie de Jean Piaget couvre le développement cognitif de la naissance à l'adolescence, à travers les quatre périodes présentées dans le tableau 4.1 Dans le cadre de ce chapitre, nous verrons brièvement le stade de la pensée intuitive de la période préopératoire puis nous débuterons la présentation de la période des opérations concrètes. Nous poursuivrons l'exploration de cette période dans le chapitre 8 qui porte sur le développement cognitif des enfants de 9 à 12 ans.

Tableau 4.1
Les quatre périodes du développement cognitif d'après Piaget

1. Période sensorimotrice (0 à 2 ans)
2. Période préopératoire (2 à 7 ans)
   - 2.1. Stade de la pensée symbolique (2-4 ans)
   - 2.2. Stade de la pensée intuitive (4 à 6-7 ans)
3. Période opératoire concrète (6-7 à 12 ans)
4. Période opératoire formelle (12 ans et plus)

Tiré de Morissette et Bouchard (2008), p. 308.

4.2.1 Pensée intuitive
Je me fie aux apparences

La période préopératoire de la théorie de Piaget débute avec l'acquisition de la fonction symbolique, autour de l'âge de 2 ans, et se termine vers 6-7 ans. Elle se caractérise par la formation progressive des concepts, l'émergence du raisonnement, soit la capacité de faire des liens entre des événements et d'en tirer des conclusions, et l'égocentrisme de la pensée de l'enfant. Afin de marquer l'évolution cognitive de la période préopératoire, Piaget la divise en deux stades : la pensée symbolique ou préconceptuelle et la pensée intuitive. Le stade de la pensée symbolique se situe entre 2 et 4 ans. Bien que durant ce

stade, la pensée semble désorganisée, voire parfois illogique, il est possible d'observer une progression dans les modes de raisonnement de l'enfant.

Le second stade, celui de la pensée intuitive, s'échelonne de 4 à 6-7 ans (Bee et Boyd, 2008; Cloutier et Gosselin, 2005a; Demers et Larivée, 2007; Legendre-Bergeron, 1980; Santrock, 2004). Durant ce stade, l'enfant doit agir et manipuler pour raisonner (Demers et Larivée, 2007; Santrock, 2004). Les **opérations mentales** sont « *des réflexions qui permettent de comparer, de mesurer, de transformer et de combiner des ensembles d'objets* » (Papalia, Olds et Feldman, 2010, p. 143). L'enfant de cet âge éprouve de la difficulté à exécuter mentalement des opérations, comme additionner ou soustraire des éléments d'une série d'objets. Ce dernier stade en est un de transition vers la période suivante, celle des opérations concrètes, qui est caractérisée par la capacité de l'enfant à effectuer des opérations mentales (Bee et Boyd, 2008; Cloutier et Gosselin, 2005a).

Opérations mentales : *réflexions qui permettent de comparer, de mesurer, de transformer et de combiner des ensembles d'objets.*

Au stade de la pensée intuitive, les enfants ont une pensée instable, changeante et qui peut être qualifiée de prélogique (Demers et Larivée, 2007 ; Legendre-Bergeron, 1980). La perception qu'ils ont de la situation, plus particulièrement l'apparence des choses, influence leur raisonnement, entraînant ainsi des erreurs de logique dans leurs réponses. Bien qu'à certains moments leurs réponses soient adéquates et qu'il puisse être possible d'y percevoir un début de logique, leur raisonnement à ce stade est toujours limité aux représentations imagées (Legendre-Bergeron, 1980). Par exemple, Simon, qui est âgé de 5 ans, croit que son amie Valérie a plus de crayons de cire que lui, bien que les deux enfants en aient exactement le même nombre. Or, les crayons de cire de cette dernière sont cassés, donnant ainsi l'impression à Simon qu'elle a plus de crayons. Il n'arrive pas à comprendre qu'au départ Valérie avait la même quantité de crayons que lui, car les apparences influencent ses conclusions. En effet, comme les crayons de Valérie sont brisés, cela donne l'impression à Simon qu'elle en a plus que lui. Le tableau 4.2 présente les principales caractéristiques de la pensée intuitive[1] ainsi que des exemples associés.

Égocentrisme : *difficulté à adopter le point de vue de l'autre.*

L'enfant qui se situe au stade intuitif fait preuve d'**égocentrisme,** c'est-à-dire qu'il a de la *difficulté à adopter le point de vue de l'autre* (Bee et Boyd, 2008 ; Cloutier et Gosselin, 2005a ; Papalia *et al.*, 2010). L'égocentrisme se manifeste dans le raisonnement de l'enfant, tant sur

Tableau 4.2
Les principales caractéristiques de la pensée intuitive

Caractéristique	Description	Exemple
Égocentrisme	Difficulté pour l'enfant d'adopter le point de vue de l'autre.	Laurie ne comprend pas que Juliette a aussi envie qu'elle de jouer avec les instruments de musique.
Centration	Fait de percevoir un aspect de la situation au détriment des autres.	Julia pense que Sebastian a une plus grande quantité de blocs qu'elle, car ceux de Sebastian prennent plus de place sur la table.
Irréversibilité	Incapacité de faire mentalement une opération en sens inverse.	Rachid ne comprend pas que le biscuit cassé est aussi gros qu'avant qu'il ne tombe.
Raisonnement transductif	Raisonnement qui passe du particulier au particulier.	Félix croit qu'il ne peut manger sa collation, car il n'a pas fait de sieste aujourd'hui.

Inspiré de Papalia, Olds et Feldman (2010).

---
1. Plusieurs notions présentées dans ce chapitre, dont l'égocentrisme, sont illustrées sur le site Web *Le développement de l'enfant,* <http://www.ccdmd.qc.ca/ri/developpement>. Vous trouverez la liste des vignettes vidéo dans la section *Pour en savoir un peu plus* qui figure à la fin du chapitre.

le plan cognitif que moral (voir la section 4.7), ainsi que dans ses relations sociales (Demers et Larivée, 2007). Par exemple, Hans ne comprend pas que son ami Édouard veut lui aussi jouer avec le ballon lors de la récréation. Il éprouve de la difficulté à le partager et cela entraîne un conflit avec Édouard. Pendant l'étape de la pensée intuitive, l'égocentrisme diminue progressivement, pour finir par disparaître avec l'entrée progressive dans la période opératoire concrète (Legendre-Bergeron, 1980).

Très souvent, la pensée intuitive est décrite à partir des limites du raisonnement des enfants dans la réalisation des tâches qui seront saisies lors de la période opératoire concrète (Demers et Larivée, 2007). Parmi ces tâches, on retrouve celles permettant de vérifier la maîtrise du concept de **conservation,** soit *la compréhension que deux quantités restent égales, malgré certaines transformations opérées, pourvu que l'on n'ait rien ajouté ou enlevé* (Cloutier et Gosselin, 2005a ; Lehalle et Mellier, 2005 ; Papalia *et al.*, 2010). Le principe de conservation élaboré par Piaget s'applique à la matière comme à la pâte à modeler, aux liquides, mais aussi à la surface, à la masse, au nombre, à la longueur et au volume. Le tableau 4.3 illustre les types de conservation pour lesquels Piaget a conçu différents tests pour en vérifier la compréhension chez l'enfant.

Conservation : *l'enfant comprend que deux quantités restent égales, malgré certaines transformations opérées, pourvu que l'on n'ait rien ajouté ou enlevé.*

Afin de mieux saisir le concept de conservation, détaillons une des épreuves piagétiennes les plus connues : la conservation de la matière (voir aussi le tableau 4.3). L'adulte dispose deux boules de pâte à modeler devant l'enfant et lui demande de s'assurer qu'il y a la même quantité de pâte à modeler dans les deux. Une fois qu'il a terminé cette tâche, il lui demande de confirmer qu'il y a la même quantité de pâte à modeler dans les deux boules. Dès que l'enfant a confirmé cet état de fait, l'adulte lui demande de faire une galette avec l'une des deux boules. Ensuite, il lui demande s'il y a la même quantité de pâte à modeler dans la galette et dans la boule. L'enfant qui se situe à la période préopératoire répondra qu'il n'y a pas la même quantité de pâte à modeler. Et lorsqu'on lui demandera de justifier sa réponse, il pourra répondre qu'il y en a plus dans la galette, car elle couvre une plus grande superficie que la boule ou encore qu'il y en a plus dans la boule parce qu'elle est plus haute.

Tableau 4.3
Les différents types de conservation

Type de conservation et âge d'acquisition	Présentation	Transformation	Question posée à l'enfant	Réponse de l'enfant
Nombre (6 à 7 ans)	Deux rangées parallèles de boutons.	On augmente ou diminue l'espace entre les boutons d'une rangée.	Y a-t-il le même nombre de boutons dans les deux rangées?	Alyssa répond qu'il y a plus de boutons dans la rangée espacée, car elle prend plus de place ou est plus longue.
Liquide (6 à 7 ans)	Deux verres identiques contenant la même quantité de liquide.	On verse le liquide d'un des verres dans un verre plus bas et plus large.	Y a-t-il la même quantité de liquide dans les deux verres?	Camille répond qu'il y a moins de liquide dans le verre bas et large, car le liquide y monte moins haut.
Longueur (7 à 8 ans)	Deux crayons de même longueur, placés côte à côte et alignés.	On décale un des deux crayons afin qu'ils ne soient plus alignés.	Est-ce que les deux crayons sont de la même longueur?	Olivier répond que le crayon qui est décalé vers la gauche est plus court.
Matière (7 à 8 ans)	Deux boules identiques de pâte à modeler.	On fait des miettes avec l'une des boules de pâte à modeler.	Est-ce qu'il y a la même quantité de pâte à modeler dans la boule et dans les miettes?	Samuel répond qu'il y a plus de pâte à modeler dans les miettes parce qu'il y en a plus et qu'elles prennent plus de place sur la table.
Surface (7 à 8 ans)	Deux grands cartons verts représentant des prés. Sur chaque carton, on dépose le même nombre de petites maisons et une vache.	Sur l'un des cartons, on disperse les maisons et sur l'autre, on les aligne le long du pré, collées les unes aux autres.	Est-ce que la vache mange plus d'herbe dans le 1er ou le 2e pré?	Mia répond qu'il y a plus d'herbe à manger dans le pré où les maisons sont alignées.
Poids (9 à 10 ans)	Deux boules identiques de pâte à modeler.	On fait des miettes avec l'une des boules de pâte à modeler.	Est-ce que la boule et les miettes pèsent la même chose?	Léo répond que les miettes sont moins pesantes parce qu'elles sont plus petites.
Volume (11 à 12 ans)	Deux contenants, de formes différentes, mais avec la même quantité d'eau et un bloc de bois.	On dépose l'objet dans le premier contenant, puis dans le second.	Est-ce que l'objet déplace la même quantité d'eau dans les deux situations?	Annabelle répond qu'il y a plus d'eau déplacée dans le contenant où l'eau est montée plus haut.

Inspiré de Bee et Boyd (2008); Larivée (2007) et Papalia *et al*. (2010).

Centration : *l'enfant ne perçoit qu'un aspect de la situation en ignorant les autres.*

Irréversibilité : *l'enfant n'arrive pas à faire l'opération mentale en sens inverse.*

En proposant cette explication, l'enfant fait preuve de **centration**, c'est-à-dire *qu'il ne perçoit qu'un aspect de la situation en ignorant les autres* (Bouchard, Fréchette et Gravel, 2008; Demers et Larivée, 2007). Ici, l'enfant tient seulement compte de la superficie de la pâte à modeler, sans considérer son épaisseur. Une autre explication à cette réponse est l'**irréversibilité** *de la pensée de l'enfant qui n'arrive pas*

encore à faire l'opération mentale en sens inverse (Bee et Boyd, 2008 ; Bouchard *et al.*, 2008 ; Lehalle et Mellier, 2005 ; Papalia *et al.*, 2010). Il n'est donc pas capable de revenir à l'état initial qui est de refaire mentalement une boule avec sa galette et de conclure qu'il y a la même quantité de pâte à modeler, s'il ne peut la manipuler concrètement. Les apparences, donc sa perception, le trompent, ce qui l'amène à donner la mauvaise réponse. C'est le même phénomène que la conservation de la surface où l'enfant se base aussi sur sa perception. En regardant le champ où les maisons sont alignées, l'enfant à l'impression que la vache a plus d'espace pour bouger et donc plus d'herbe à manger. Dans l'autre champ, les maisons obstruent la vision de l'enfant, le poussant à conclure qu'il y a moins d'herbe à manger. Le film *Au seuil de l'opératoire* de Moreau (1974) illustre très bien l'évolution de la pensée chez les jeunes de cet âge.

À cause de sa pensée de nature intuitive, l'enfant éprouve aussi des difficultés avec la **classification,** c'est-à-dire *la capacité de se représenter les choses en les regroupant en catégories* (Bee et Boyd, 2008 ; Olds et Papalia, 2005). Vers 4-5 ans, la compréhension de la classification est à l'étape des **collections non figurales** qui en est une de transition avant l'étape de l'inclusion des classes de la période opératoire concrète (Legendre-Bergeron, 1980). L'enfant *peut classer des objets en fonction de leurs ressemblances, mais sans les hiérarchiser*. Ainsi, Anne-Julie, 5 ans, est maintenant capable de regrouper des images de fruits en fonction de leur catégorie. Elle regroupe d'un côté les quatre pommes et de l'autre, les 10 poires. Par contre, si on lui demande de nous dire s'il y a plus de poires ou de fruits, elle répondra qu'il y a plus de poires. Se laissant encore distraire par les apparences et ne comprenant pas encore le principe de la hiérarchisation des classes, Anne-Julie oublie que les pommes et les fruits font partie d'une même catégorie qui les englobe, soit celle des fruits.

Classification :
la capacité de se représenter les choses en les regroupant en catégories.

Collections non figurales :
classements des objets en fonction de leurs ressemblances, mais sans les hiérarchiser.

Théories de l'esprit :
théories échafaudées pour expliquer comment les autres personnes pensent, ce qu'elles croient ou désirent.

Plusieurs recherches appuient la séquence proposée par Piaget et il semble que ces limites soient belles et bien présentes chez les enfants âgés de 4 à 6-7 ans. Toutefois, certains chercheurs croient que l'égocentrisme des enfants disparaîtrait plus rapidement que ne le pensait Piaget. En effet, il semble que les enfants construisent des **théories de l'esprit**, c'est-à-dire des *théories échafaudées pour expliquer comment les autres personnes pensent, ce qu'elles croient ou désirent* (Deneault et Morin, 2007 ; Flavell, Green et Flavell, 1990, dans Morissette et Bouchard, 2008). Pour y arriver, ils doivent dépasser l'égocentrisme pour se mettre à la place de l'autre.

Selon Flavell, l'enfant de 4-5 ans développe des règles pour comprendre autrui. Grâce à celles-ci, il peut comprendre ce que l'autre vit et pense (Flavell, Green et Flavell, 1990, rapportés dans Morissette et Bouchard, 2008). Il peut aussi saisir que les apparences peuvent être trompeuses et influencer les pensées (Deneault et Morin, 2007). Ce sont ces capacités qui permettent à Benjamin, qui est âgé de 5 ans, de saisir que Christophe peut être trompé par les apparences et penser que le ballon de soccer est rangé dans l'armoire où il devrait se trouver habituellement et non à l'endroit où Benjamin l'a caché.

D'autres recherches démontrent aussi que les connaissances préalables de l'enfant influencent ses résultats aux différentes épreuves proposées par Piaget (Bee et Boyd, 2008). En effet, l'enfant obtient de meilleurs résultats s'il connaît les réalités sur lesquelles on le questionne. Ainsi, lorsqu'on demande à Claudine de réaliser une tâche de conservation du volume, cette dernière a peu de connaissances sur les phénomènes physiques en jeu. Elle n'a pas les connaissances requises pour expliquer le mouvement de l'eau lorsqu'on y immerge un objet, par exemple. Cela pourrait expliquer pourquoi elle donne une réponse erronée et dit qu'il y a plus d'eau, car le niveau monte. La clarté des directives, le type de matériel utilisé et le contexte dans lequel on pose nos questions sont des facteurs qui peuvent aussi influencer les réponses des enfants. Plus l'enfant se sent en confiance et familier avec la personne et le matériel, moins il risque de commettre des erreurs dans ses réponses et plus celles-ci sont susceptibles de refléter son véritable potentiel intellectuel. On peut penser que le même phénomène pourra s'observer en classe. Si Noah s'y sent bien et qu'il a une relation de confiance avec Jean-Luc, son enseignant, alors les conditions sont plus susceptibles d'être favorables à ses apprentissages.

4.2.2 Période opératoire concrète

Je fais des liens logiques

Vers l'âge de 7 ans arrive la période opératoire concrète où l'enfant devient capable d'effectuer des opérations mentales intériorisées et de traiter logiquement des informations (Brochu, 2007 ; Lehalle et Mellier, 2005). L'action est dite intériorisée parce qu'il est en mesure d'agir en pensée sur la réalité (Brochu, 2007). En d'autres mots, l'enfant a de moins en moins besoin de repères concrets ou de manipulations directes pour l'aider à penser (voir les chapitres 2 et 6). C'est pourquoi Raphaël est maintenant capable d'additionner des pommes, sans nécessairement les manipuler avec ses mains. De plus, cette période est qualifiée de concrète parce qu'elle porte sur du matériel tangible ou encore sur des réalités proches de l'enfant (Brochu, Larivée et Demers, 2007). Bien que Raphaël puisse compter mentalement des pommes par exemple, il serait plus difficile pour lui d'additionner des molécules qui sont loin d'être tangibles ou d'être une réalité connue pour lui. Avec l'entrée dans la période opératoire concrète, l'enfant peut structurer logiquement les différentes données d'une même situation ou problématique pour la résoudre (Legendre-Bergeron, 1980). Il est maintenant capable d'organiser sa pensée de façon cohérente, de voir les liens qui existent entre les différents éléments, de dépasser les apparences, etc.

La période opératoire concrète constitue donc un changement majeur dans la façon de penser de l'enfant, car bon nombre des limites de la période préopératoire sont dépassées, notamment l'irréversibilité. En effet, l'acquisition de la **réversibilité**, soit la *capacité de faire mentalement l'opération en sens inverse*, permet à l'enfant de dépasser ses intuitions et d'être de plus en plus logique dans ses raisonnements (Brochu, 2007). Toutefois, il est important de noter que cette logique s'applique seulement au matériel concret ; l'enfant éprouve toujours de la difficulté à raisonner sur des abstractions, comme des idées ou des concepts non tangibles. Par exemple, Thomas, qui a 7 ans, réussit très bien la tâche de conservation avec la pâte à modeler que nous avons décrite précédemment. Par contre, si on lui proposait une tâche de conservation plus abstraite, portant sur des concepts complexes comme la conservation du volume, il est fort probable qu'il ne pourrait pas répondre correctement. En effet, selon Legendre-Bergeron (1980),

Réversibilité : *capacité de l'enfant de faire mentalement l'opération en sens inverse.*

LE DÉVELOPPEMENT COGNITIF DE 6 À 9 ANS

durant la période opératoire concrète, « la pensée n'est pas indépendante de son contenu » (p. 153). Ce n'est qu'à la période opératoire formelle que Thomas sera en mesure d'appliquer la réversibilité sur des abstractions ou des concepts moins tangibles, comme le volume. Nous aborderons cette période des opérations formelles dans le chapitre 8.

L'enfant qui est dans la période opératoire concrète peut maintenant se **décentrer** et *considérer les différents aspects d'une même situation* (Bee et Boyd, 2008; Papalia *et al.*, 2010). C'est ce qui permet à Ana-Malia, 8 ans, de résoudre des problèmes de mathématiques de plus en plus élaborés. Elle peut distinguer les éléments qui sont pertinents à la résolution du problème de ceux qui ne le sont pas, ce qui lui permet d'arriver à la bonne solution. La capacité de se décentrer permet, entre autres, d'acquérir des éléments de la compétence portant sur la résolution de problèmes du domaine de la mathématique, de la science et la technologie (MEQ, 2001b). Signalons que le développement de cette capacité pourra être réinvestie dans la résolution de conflits interpersonnels, sujet abordé plus loin dans le présent chapitre.

> **Décentrer:** *considérer les différents aspects d'une même situation.*

C'est la même chose

Conservation

À la période des opérations concrètes, l'enfant maîtrise progressivement le concept de conservation. Si l'on reprend la tâche de conservation de la matière décrite plus haut, Alyah, qui se situe à la période opératoire concrète, répondra qu'il y a la même quantité de pâte à modeler dans la boule que dans la galette. Et lorsqu'on lui demandera de justifier sa réponse, comme elle est maintenant capable de se décentrer, Alyah sera en mesure d'utiliser différents types arguments. Par exemple, elle évoquera la compensation en disant que bien que la galette occupe une plus grande surface sur la table, elle est plus mince. Ou encore, elle utilisera le principe d'identité en disant que l'on n'a pas ajouté ou retiré de pâte à modeler dans la galette ou dans la boulette (Brochu, 2007; Legendre-Bergeron, 1980).

Comme nous l'avons vu précédemment, le concept de conservation s'applique à différentes réalités: nombre, liquide, longueur, matière, surface, poids et volume. Or, la compréhension du concept de conservation ne se fait pas au même moment pour toutes ces épreuves. En effet, bien qu'Aliyah soit capable de résoudre adéquatement les tâches

Décalage horizontal : *incapacité à généraliser son raisonnement afin de l'appliquer à des contenus différents.*

de conservation de la matière et du liquide, elle n'arrive pas à réussir les tâches de conservation de la surface ou du volume. Comment expliquer ce phénomène ? Par ce que Piaget nomme le **décalage horizontal** ou l'*incapacité à généraliser son raisonnement afin de l'appliquer à des contenus différents*. Le décalage est dit horizontal parce qu'il se déroule à l'intérieur d'une même période développementale (Bee et Boyd, 2008 ; Cloutier et Gosselin, 2005a ; Papalia *et al*, 2010). Le tableau 4.3, présenté dans une section précédente, nous donne les âges auxquels les différents types de conservation sont maîtrisés. Les conservations de poids et de volume font appel à des concepts plus abstraits, ce qui peut expliquer pourquoi leur acquisition se fait plus tardivement dans la période opératoire concrète. Au chapitre 8, nous nous attarderons plus longuement sur les conservations du poids et du volume.

Je regroupe les objets en catégorie

Inclusion des classes

Inclusion des classes : *compréhension des relations qui existent entre les classes d'objets, entre un tout et ses différentes parties.*

Comme nous l'avons vu précédemment, durant la période préopératoire, les enfants éprouvent de la difficulté à regrouper et à inclure les objets dans plus d'une catégorie. C'est ce qui est arrivé à Anne-Julie lorsqu'on lui a demandé s'il y avait plus de poires ou de fruits. Or, durant la période opératoire concrète, l'enfant développe progressivement ses habiletés logicomathématiques, dont **l'inclusion des classes**. Il peut maintenant comprendre *les relations qui existent entre les classes d'objets*, *entre un tout et ses différentes parties* (Bee et Boyd, 2008 ; Brochu *et al*., 2007 ; Cloutier et Drapeau, 2008 ; Papalia *et al*., 2010). Il comprend que certaines catégories en englobent d'autres, comme le fait que les pommes et les poires sont des fruits ou encore que les roses et les tulipes sont des fleurs contenues dans la catégorie plus large des plantes. Il comprend aussi qu'il y a d'autres types de plantes que les fleurs, comme les arbres. Par exemple, si l'on place Maëlle, âgée de 8 ans, devant une table sur laquelle il y a huit images de roses, trois de tulipes et deux d'arbres et qu'on lui demande s'il y a plus de roses que de plantes, Maëlle nous répondra qu'il y a plus de plantes. Elle comprend que la classe des roses est incluse dans celle des plantes.

Sériation
De plus petit au plus grand

En plus d'être capable de classer les objets en catégories, l'enfant qui en est à la période des opérations concrètes peut aussi les ordonner. Pour y arriver, il doit les comparer les uns au autres, pour ensuite les classer en ordre croissant par exemple (Bee et Boyd, 2008 ; Brochu *et al.*, 2007). L'illustration suivante donne un aperçu de cette capacité chez l'enfant.

Cette opération logicomathématique fait son apparition au même moment que l'inclusion des classes et la compréhension sur concept de conservation (Legendre-Bergeron, 1980). Il faut dire que ces différentes capacités font appel aux mêmes compétences cognitives. Pour sérier des objets, il faut être en mesure de les comparer afin de déterminer les points communs et distinctifs. Est-ce que ce crayon est plus grand ou plus petit que le précédent ? Quel crayon est le suivant ? Pourquoi ? La même question se pose pour l'inclusion des classes : la rose est-elle une fleur au même titre que la tulipe ? L'enfant doit se décentrer afin de tenir compte de toutes les caractéristiques de chacun des objets afin de les sérier correctement. La sériation, tout comme l'inclusion des classes, permettrait donc aux élèves de consolider les concepts du domaine de la mathématique, comme résoudre une situation (MEQ, 2001b).

Raisonnement inductif
Je généralise mes expériences

Ces nouvelles capacités interreliées que sont la conservation, l'inclusion des classes et la sériation viennent modifier la façon dont l'enfant raisonne et tire des conclusions sur tout ce qui l'entoure dans son environnement. Durant la période préopératoire, l'enfant raisonnait en faisant des liens de cause à effet entre des événements qui n'étaient

Raisonnement inductif : *raisonnement exercé par l'enfant à partir d'événements particuliers pour en tirer une théorie qu'il pourra généraliser.*

pas nécessairement liés. C'est ce raisonnement qualifié de transductif qui fait que Marie-Rose ne veut pas aller se coucher, car il ne fait pas encore nuit ! La pensée opératoire concrète permet maintenant à l'enfant de porter des jugements à partir *d'événements particuliers pour en tirer une théorie qu'il pourra généraliser* (Bee et Boyd, 2008 ; Larivée, 2007). Ce raisonnement, nommé **raisonnement inductif**, est d'ailleurs l'un des apprentissages communs du domaine de la mathématique, de la science et de la technologie (MEQ, 2001b).

À titre d'exemple, Julien, qui est âgé de 7 ans, a comme responsabilité d'arroser les plantes de la classe. Lorsqu'il revient des vacances de Noël, il constate qu'une plante a été oubliée et n'a pas reçu d'eau depuis deux semaines ! Elle se trouve dans un piteux état. Il a observé le même phénomène à la maison lors de son retour de vacances de ski. Ces expériences l'amènent à conclure que toutes les plantes qui manquent d'eau seront dans un mauvais état. Cet exemple témoigne de l'importance pour l'enfant d'expérimenter diverses choses par lui-même, et ce, afin de développer son jugement critique, résoudre des problèmes, compétences qu'il pourra appliquer aux contenus disciplinaires reliés au domaine de la mathématique, de la science et de la technologie notamment. On peut voir là l'importance de l'apprentissage actif. D'ailleurs, en s'inspirant du projet éducatif de l'école, le service de garde peut offrir des activités qui soutiendront ce type d'apprentissage chez l'enfant.

Les enfants de cet âge sont curieux et aiment faire des découvertes. Le raisonnement inductif les aide à comprendre les résultats de leurs explorations et leur environnement. Toutefois, ce raisonnement a ses limites. Comme nous l'avons vu, l'enfant éprouve toujours de la difficulté à faire preuve d'abstraction et il n'est pas toujours en mesure de faire des déductions afin de réfléchir à différentes possibilités pour une même situation, particulièrement lorsque cette dernière lui est peu familière (Bee et Boyd, 2008). Par exemple, si l'on demande à Bastien, qui est âgé de 8 ans, de déterminer ce qui influence la vitesse d'une balançoire, il aura de la difficulté à trouver la réponse. Pour y arriver, il faudrait qu'il trouve les différents facteurs en jeu : le poids de la personne sur la balançoire, la force de la poussée, la longueur de la balançoire, etc. Puis, il faudrait qu'il expérimente le tout en isolant chacun de ces facteurs. Cette problématique est trop complexe pour que Bastien puisse la résoudre. Ce type de raisonnement se développera à la période opératoire formelle que nous aborderons au chapitre 8.

4.3 Je pense en interaction avec autrui
Théorie historicoculturelle de Vygotski

Comme nous l'avons vu précédemment, la théorie de Piaget insiste sur l'interaction avec le monde physique pour favoriser le développement cognitif de l'enfant, voire l'apprentissage actif. Cette théorie mise aussi sur les efforts que l'enfant fait pour interagir avec son environnement. La théorie de Vygotski est souvent opposée à celle de Piaget, en raison de la plus grande importance accordée, par le premier, aux interactions avec les autres dans le développement de la pensée. Pourtant, Piaget considère l'influence du monde social comme un facteur de développement cognitif de l'enfant, au même titre que Vygostki (Cloutier et Gosselin, 2005a). Toutefois, pour Piaget, ce développement est universel et s'effectue sans égard au contexte culturel dans lequel l'enfant évolue. Pour sa part, Vygotski soutient qu'il est déterminé par le contexte culturel dans lequel il a lieu (Bodrova et Leong, 2007). D'ailleurs, Bodrova et Leong (2007) rapportent des travaux démontrant que ce ne sont pas tous les enfants qui atteignent les opérations formelles, ce qui tend à appuyer la thèse vygotskienne (Bruner, 1973; Jahoda, 1980; Scribner, 1977; Torkia-Lagacé, 1981).

Le rôle des parents, des enseignantes et des éducatrices ou même d'enfants un peu plus âgés, soit les pairs experts, est central dans le développement cognitif. Plus spécifiquement, leur rôle se précise à travers deux notions théoriques essentielles pour comprendre l'intervention éducative: l'étayage[2] et la zone proximale de développement. D'abord, l'étayage ou l'échafaudage consiste pour l'adulte ou le pair expert à être attentif aux incompréhensions de l'enfant afin de susciter chez lui le dépassement de ses capacités actuelles (Bouchard et al., 2008). En d'autres mots, l'**étayage** *consiste à soutenir et guider les apprentissages de l'enfant, notamment par le dialogue, en tenant compte de ses capacités actuelles et potentielles.*

Étayage: *consiste à soutenir et guider les apprentissages de l'enfant, notamment par le dialogue, en tenant compte de ses capacités actuelles et potentielles.*

2. Ce concept a été proposé par Jérome S. Bruner, mais nous le nommons ici étant donné son lien intrinsèque avec la zone proximale développement de Vygotski (Gilly, 1995).

Prenons le cas de Nicolas, âgé de 7 ans, qui demande de l'aide à son enseignante pour résoudre son problème de mathématiques et que cette dernière prend le temps de lui répondre en le questionnant, en lui proposant des éléments de réponses, bref en dialoguant avec lui. C'est le dialogue entre l'élève et son enseignante, au cœur de l'interaction sociale, qui amènera Nicolas à pousser plus loin sa compréhension du problème en question, jusqu'à sa résolution par lui-même. Doyon et Fisher (2010a) soutiennent ainsi que « l'intervention de l'éducatrice ou l'enseignante doit suivre la logique de l'enfant, s'efforcer de la comprendre et de répondre en tendant des ponts vers lui » (p. 9).

Pour cela, il nous faut tenir compte d'une deuxième notion, soit la **zone proximale de développement**. Cette notion fait référence à l'*écart qui existe entre ce qu'un enfant peut accomplir de lui-même et le niveau potentiel qu'il pourrait atteindre avec l'aide d'un adulte ou d'un pair expert* (Vergnaud, 2000). Selon Parent et Caron (2007), afin d'optimiser la zone proximale de développement, il est important que l'adulte ou le pair expert aient une définition conjointe de la situation ou de la problématique afin de bien saisir les besoins de l'enfant. Reprenons

Zone proximale de développement : écart qui existe entre ce qu'un enfant peut accomplir de lui-même et le niveau potentiel qu'il pourrait atteindre avec l'aide d'un adulte ou d'un pair expert.

l'exemple de Nicolas présenté plus haut. Pour guider Nicolas, l'enseignante doit d'abord discuter avec lui afin de savoir ce qui pose problème. Quel est l'élément du problème de mathématiques qu'il ne saisit pas? Puis, l'enseignante peut guider Nicolas afin qu'il cerne les éléments importants du problème et, par la suite, lui laisser du temps pour y réfléchir et essayer de trouver par lui-même la solution.

Si, par la suite, Jacinthe constate que Nicolas n'arrive toujours pas à trouver la solution, elle peut le questionner pour susciter et alimenter sa réflexion. Ces comportements de soutien correspondent à de l'étayage. Rappelons que l'étayage doit se faire en tenant compte des niveaux actuel et potentiel de l'enfant. Ainsi, lorsque cette même enseignante tente d'amener André, un autre enfant de sa classe, à indiquer les éléments importants du problème, cela ne fonctionne pas complètement. En fait, la pensée d'André n'est pas tout à fait rendue à cette étape dans sa compréhension de cette notion de mathématiques. Jacinthe devra donc ajuster son intervention pédagogique afin d'amener André plus loin dans sa pensée et ainsi de le faire progresser, ce qui renvoie à la différenciation dans l'enseignement. Comme Doyon et Fisher (2010b) le précisent, « c'est le soutien de l'adulte à un moment du développement où l'enfant est en quelque sorte réceptif à un apprentissage donné qui lui permettra de franchir le pas. Et c'est la communication, dans le cadre d'interactions entre les personnes, qui médiatise cet apprentissage » (p. 51).

Un autre élément qui différencie la théorie de Piaget de celle de Vygotski est le rôle du langage dans le développement cognitif de l'enfant. Piaget y reconnaît l'apport du langage, mais soutient que c'est le développement de l'intelligence, particulièrement l'acquisition de la fonction symbolique, qui permet le développement du langage, et non l'inverse (Parent et Caron, 2007). Pour Vygotski, le langage est plus important pour deux raisons. Premièrement, vers deux ans, le langage permet à la pensée de se réaliser, c'est-à-dire que le langage permet à l'enfant de structurer sa pensée. Après l'âge de 2 ans, le langage et la pensée se développent conjointement, soit en s'interinfluençant (Vygotski, 1997). Deuxièmement, selon Vygotski, le langage est l'un des moyens privilégiés pour communiquer, échanger des informations avec les autres. C'est notamment par le langage que les adultes, enseignantes et éducatrices, donnent la majorité de leurs explications aux enfants. Par exemple, en lien avec le projet éducatif, le service de garde de l'école La Rochelle a décidé de faire une journée d'activités sur la botanique. C'est en lui nommant diverses sortes de fleurs que Yoan, éducateur, aide Maxime à comprendre qu'il existe des catégories ou des familles de fleurs comme les marguerites, les roses, les tulipes, etc.

La pensée de l'enfant se développe aussi dans un environnement social de plus en plus large, issu d'une culture : la famille, le personnel éducateur et enseignant, les amis, etc. Ce contexte social où l'éducatrice et l'enseignante jouent un rôle de passeur culturel est primordial (Bruner, 1983).

> Le passeur culturel accompagne la personne, élève ou adulte, dans la construction de son identité culturelle en créant des occasions signifiantes de découverte et d'expression de la culture francophone tout en étant ouvert sur les autres cultures. Par des interventions qui éveillent les sentiments d'appartenance, de compétence et d'autonomie, le passeur culturel encourage une démarche de réflexion sur le rapport à soi, le rapport à l'autre et le rapport à l'environnement (Matteau, Abord-Hugon et Bourbonnais, 2009. p. 10).

Par exemple, dans le cadre d'une activité reliée au thème des châteaux forts et chevaliers choisi par les enfants de sa classe, Sophie, enseignante en 2e année, propose d'exploiter ce thème par la littérature jeunesse. Ainsi, grâce à différents documentaires, elle en vient à présenter des éléments de la culture associés à l'époque médiévale, comme le travail des forgerons qui consistaient à fabriquer des outils en fer, leurs outils comme les forces de métal et la pioche, le donjon du château du seigneur, la catapulte, des châteaux historiques comme celui de Carcassonne en France, etc. Elle propose également aux enfants d'utiliser les technologies de l'information afin de recueillir différentes données. Ainsi, Sophie agit à titre de médiatrice de la culture.

Dans la section « Soutenir le développement cognitif », nous reviendrons sur la façon dont l'étayage peut être utilisé par le personnel éducateur ou enseignant pour aider les enfants durant leur parcours scolaire. Puis, d'autres éléments s'ajouteront dans le chapitre sur le développement cognitif de 9 à 12 ans.

4.4 Traitement de l'information
Je traite l'information

Bien que Piaget et Vygotski proposent des visions pertinentes du développement cognitif, celles-ci n'expliquent pas tous les processus qui y sont en jeu. Ainsi, depuis plus de 30 ans (Halford, 2002), différents modèles et théories suggèrent d'étudier le développement cognitif en examinant la façon dont l'information est manipulée ou traitée par notre cerveau. Les théories du traitement de l'information réfèrent aux changements cognitifs qui surviennent avec l'âge et aux différences individuelles dans les processus intellectuels fondamentaux, comme la mémoire et l'attention (Bee et Boyd, 2008 ; Larivée, 2007). Selon Halford (1999), rapporté par Larivée (2007), la capacité du traitement de l'information augmente avec l'âge grâce à la maturation du système nerveux et, notamment, au développement du cortex préfrontal que nous avons vu au chapitre 1.

4.4.1 Capacité d'attention
Je me concentre

Attention : *phénomène neurologique et cognitif complexe qui maintient l'individu vigilant pour lui permettre d'analyser les informations qu'il perçoit et le soutient dans ses activités cognitives, voire l'apprentissage au sens large.*

Pour apprendre, il faut porter attention au contenu qui nous est proposé. L'**attention** est un *phénomène neurologique et cognitif complexe qui maintient l'individu vigilant pour lui permettre d'analyser les informations qu'il perçoit et le soutient dans ses activités cognitives, voire l'apprentissage au sens large* (Croisile, 2009 ; Massé, Lanaris et Couture, 2006 ; Matlin, 2001). Selon Desmarais et ses collaborateurs (2004), « l'attention est donc un important régulateur de l'activité cognitive » (p. 17). Pour qu'il y ait apprentissage, l'enfant doit sélectionner certains éléments parmi d'autres ou des contenus de son environnement, les reconnaître et les mémoriser.

L'attention n'est pas un processus unique et statique (Larochelle et Robitaille, 2000). En effet, il y a différents types d'attention qui, tout en pouvant être sollicités simultanément, traitant l'information de façons différentes. L'**attention sélective** demande à l'enfant *de se concentrer sur une seule tâche, tout en excluant les autres stimulations qui le sollicitent* (Croisile, 2009 ; Larochelle et Robitaille, 2000 ; Massé *et al.*, 2006 ; Maltlin, 2001 ; Papalia *et al.*, 2010). Bien que les enfants soient

Attention sélective : *attention qui permet de se concentrer sur une seule tâche, tout en excluant les autres stimulations qui le sollicitent.*

capables de se concentrer sur une seule tâche très tôt dans leur développement, c'est autour de l'âge de 6 ans qu'ils deviennent réellement capable de résister à la distraction, grâce à la maturation neurologique (voir chapitre 1), notamment celle du lobe frontal, ce qui leur permet de mieux filtrer les informations qui se présentent à eux (Anderson et Jabobs, 2004 ; Desmarais, Kaplan, Roussy, Dagenais, Lortie, Lepage, Spiers, Lambany, et Nolin, 2004).

Une fois que l'enfant concentre son attention sur une information, il doit la *maintenir dans le temps afin de poursuivre l'activité en cours*. C'est l'**attention maintenue** (Drouin et Huppé, 2005 ; Larochelle et Robitaille, 2000). Dans un contexte favorable, où il y a peu de distractions, dans la classe durant une période de lecture par exemple, un enfant de 6 à 9 ans peut maintenir son attention durant environ 15 minutes (Larochelle et Robitaille, 2000 ; Massé *et al.*, 2006). En vieillissant et avec l'expérience, l'enfant pourra progressivement augmenter la durée de l'attention maintenue (Matlin, 2001).

Attention maintenue : *attention que l'enfant maintient dans le temps afin de poursuivre l'activité en cours.*

Attention partagée :
attention qui permet à l'enfant de traiter deux informations ou plus à la fois.

Finalement, l'**attention partagée** lui *permet de traiter deux informations ou plus à la fois* (Croisile, 2009 ; Desmarais *et al.*, 2004 ; Drouin et Huppé, 2005 ; Larochelle et Robitaille, 2000 ; Massé *et al.*, 2006 ; Matlin, 2001). C'est ce type d'attention qui est utilisé lorsqu'un élève poursuit une discussion tout en dessinant ou encore lorsqu'il lit les consignes tout en écoutant le complément d'information donné par son enseignante. Cette forme d'attention exige des processus cognitifs plus complexes que l'attention sélective, car l'enfant doit déplacer son attention d'une situation à l'autre, tout en enregistrant les informations qui sont nécessaires à la réalisation de la tâche qui lui est demandée (Desmarais *et al.*, 2004). L'attention partagée est un processus qui peut s'améliorer avec l'expérience et l'entraînement (Matlin, 2010). Il est donc normal que les élèves du 1er cycle éprouvent plus de difficultés à partager leur attention que ceux du 2e et du 3e cycle.

En classe, pour apprendre adéquatement, les enfants doivent être en mesure d'utiliser les trois types d'attention. Par exemple, lorsque son enseignante présente de nouveaux contenus en science et technologie, Louis-Antoine utilise son attention sélective pour se concentrer sur ce que Carmen présente, tout en excluant les autres distractions qui sont dans la classe. Il discrimine donc les éléments essentiels de ceux qui ne le sont pas. Il maintient aussi son attention pour suivre la présentation de Carmen. Finalement, il utilise son attention partagée pour l'écouter et prendre des notes sur le sujet.

Il arrive ainsi que des distractions fragilisent l'attention de l'élève. Les bruits dans le corridor, les travaux dans la cour, un collègue de classe qui frappe son crayon sur son bureau sont autant de distractions externes qui peuvent nuire à la capacité d'attention de l'élève en classe. L'attention peut aussi être modulée par des distractions internes comme le stress, la fatigue, l'anxiété, la faim ressentie à l'approche du dîner ou tout simplement ses propres pensées (Croisile, 2009 ; Larochelle et Robitaille, 2000 ; Massé *et al.*, 2006). À titre d'exemple, Youri dort mal à la maison depuis l'arrivée de sa petite sœur, car cette dernière ne fait pas ses nuits. Comme il n'a pas tout le sommeil dont il a besoin, Youri est souvent distrait en classe. Par le fait même, il n'arrive pas à sélectionner et à mémoriser les nouvelles informations qui y sont transmises. La section suivante explore donc la place de la mémoire dans le développement cognitif.

4.4.2 Mémoire

Je me souviens

Mémoire : *processus mentaux qui permettent à l'enfant d'apprendre de nouvelles informations, de les retenir et des récupérer lorsqu'il en a besoin.*

Après avoir porté attention à l'information, il est important qu'elle soit mémorisée afin que l'on puisse la réutiliser. La **mémoire** renvoie à tous les *processus mentaux qui permettent à l'enfant d'apprendre de nouvelles informations, de les retenir et des récupérer lorsqu'il en a besoin* (Croisile, 2009 ; Parent et Cloutier, 2009). Pour mémoriser, l'enfant doit traiter l'information en trois étapes. Tout d'abord, elle doit être encodée, c'est-à-dire que l'information doit être codée ou enregistrée sous une forme différente de sa forme initiale afin de lui donner du sens (Boyd, Wood, Wood et Hétu, 2009 ; Cyr et Dion, 2006 ; Parent et Cloutier, 2009). Lorsque Jonathan apprend ses mots pour sa dictée hebdomadaire, il peut les mémoriser en les lisant à voix haute ou en les écrivant par exemple. Ce faisant, il utilise différentes stratégies mnémotechniques pour rendre les mots signifiants pour lui.

Une fois l'information encodée, elle est ensuite emmagasinée dans la mémoire pour un usage ultérieur (Boyd *et al.*, 2009 ; Cyr et Dion, 2006 ; Parent et Cloutier, 2009). Pour ce faire, l'information doit être organisée et idéalement reliée à d'autres informations déjà mémorisées (Cyr et Dion, 2006). Ainsi, Jonathan peut faire des liens avec des mots de même famille qu'il a appris au cours des semaines précédentes. Il peut aussi s'agir de les relier sur le plan de leur sonorité ou de leur sens. Finalement, l'information doit être récupérée et ramenée à l'esprit afin de l'utiliser (Boyd *et al.*, 2009 ; Parent et Cloutier, 2009). C'est ce que fait Jonathan le jour même de la dictée lorsqu'il recourt à nouveau à ses propres stratégies, de manière à faire émerger la bonne orthographe des mots appris.

Il existe différents modèles et nomenclatures associés à la mémoire. Parent et Cloutier (2009) proposent de regarder la mémoire en fonction de la durée de la rétention du contenu ou selon la nature du contenu qui est mémorisé. Généralement, dans le cadre scolaire, c'est la durée de rétention du contenu qui est priorisée. Le modèle le plus courant pour expliquer la durée de rétention est celui proposé par Atkinson et Shiffrin (1968) (dans Boyd *et al.*, 2009 ; Parent et Cloutier, 2009). Selon ces auteurs, il existe trois types de mémoires : la mémoire sensorielle, la mémoire à court terme et la mémoire à long terme. La mémoire sensorielle est brève et agit comme un filtre : si l'on porte attention à l'information, elle sera transférée vers la mémoire à court terme (Boyd *et al.*, 2009 ; Parent et Cloutier, 2009 ; Thomas et Michel, 1994). Par contre, si nous n'y portons pas attention, l'information ne sera tout simplement pas traitée.

La mémoire à court terme retient l'information de quelques secondes à quelques minutes. Son **empan**, soit la *quantité d'informations qu'elle peut contenir*, va de 5 à 9 éléments, chez les adultes (Barrouillet, Camos, Morlaix et Suchaut, 2008 ; Boyd *et al.*, 2009 ; Desmarais *et al.*, 2004 ; Parent et Cloutier, 2009). En ce qui concerne l'empan de mémoire des enfants, les recherches n'indiquent pas s'il diffère ou non de celui des adultes. Ici aussi, il faut porter attention à l'information afin qu'elle soit dirigée vers la mémoire à long terme (Boyd *et al.*, 2009 ; Parent et Cloutier, 2009 ; Thomas et Michel, 1994).

Plusieurs auteurs distinguent la mémoire à court terme de la mémoire de travail (Dworczak, 2004 ; Lemaire ; 2005). La mémoire de travail permet, entre autres, de traiter l'information pour des tâches cognitives quotidiennes, en rendant disponibles les informations nécessaires à leur réalisation (Barrouillet *et al.*, 2008 ; Desmarais *et al.*, 2004 ; Dworczak, 2004). La mémoire de travail joue donc un rôle primordial dans les apprentissages, notamment ceux qui seront effectués dans un cadre scolaire (Dworczak ; 2004 ; Rossi, 2005). Ainsi, lorsque Rose lit un texte, elle doit faire appel à cette mémoire. En effet, elle doit décoder le texte en se rappelant les sons que forment les lettres ainsi que le sens des mots qu'elle lit, pour éventuellement constituer l'histoire entière.

Finalement, la mémoire à long terme permet de garder l'information de quelques minutes à plusieurs années et peut contenir une quantité quasi illimitée d'informations (Barrouillet *et al.*, 2008 ; Boyd *et al.*, 2009 ; Parent et Cloutier, 2009 ; Rossi, 2005). En plus d'entreposer l'information, la mémoire à long terme est aussi responsable de l'ensemble du processus de mémorisation (Thomas et Michel, 1994). C'est grâce à cette mémoire que Patricia peut se rappeler d'une pièce musicale qu'elle a apprise dans ses périodes de musique à l'école.

Bien que la durée de rétention de l'information soit importante, il est aussi intéressant d'étudier la mémoire sous l'angle des contenus mémorisés. Selon Squire et Kandel (2002), rapportés dans Parent et Cloutier (2009), il existe une mémoire déclarative et une mémoire

> **Empan :** *quantité d'informations que la mémoire peut contenir.*

procédurale. La mémoire déclarative porte sur des savoirs ; elle inclut la mémoire épisodique et la mémoire sémantique (Boyd *et al.*, 2009 ; Parent et Cloutier, 2009 ; Rossi, 2005). Lorsque Léonie raconte sa visite au musée du textile qu'elle a fait avec sa classe de 2e année, elle utilise sa mémoire épisodique. Cette forme de mémoire fait référence aux événements que l'enfant a vécus ou dont il a été témoin (Boyd *et al.*, 2009 ; Parent et Cloutier, 2009 ; Rossi, 2005). Par contre, lorsque Léonie explique comment les tissus sont créés, c'est à sa mémoire sémantique qu'elle fait appel. Cette mémoire comprend les connaissances générales qui sont acquises de différentes façons, notamment à l'école (Boyd *et al.*, 2009 ; Parent et Cloutier, 2009 ; Rossi, 2005).

Contrairement à la mémoire déclarative, la mémoire procédurale ne porte pas sur des savoirs, mais sur des savoir-faire, tant sur le plan moteur que sur le plan cognitif (Boyd *et al.*, 2009 ; Parent et Cloutier,

2009; Rossi, 2005). Les savoir-faire sont des comportements ou des processus qui ont d'abord été appris et qui sont devenus des automatismes (Rossi, 2005). À titre d'exemple, quand Léonie découpe des morceaux de papier pour réaliser son projet d'arts plastiques, elle utilise sa mémoire procédurale pour utiliser les ciseaux. En d'autres mots, elle connaît et utilise la procédure à suivre pour mener à bien son activité. C'est le même phénomène qui est en jeu lorsqu'elle lit les consignes pour réaliser son projet. Ces deux visions de la mémoire, celle qui se préoccupe de la durée de la rétention et celle qui s'intéresse aux types de contenus, sont complémentaires. Elles permettent d'obtenir un portrait plus global du fonctionnement de la mémoire chez l'enfant.

Tout au long de l'enfance, la mémoire évolue pour devenir de plus en plus performante. Entre 6 et 9 ans, la vitesse du traitement de l'information augmente, influencée par la maturation neurologique et les stimulations du milieu (Desmarais *et al.*, 2004; Schneider, 2002). L'entrée dans la période opératoire concrète permet aussi à l'enfant de développer des stratégies mnémoniques, soit des stratégies pour mieux mémoriser, reposant principalement sur la logique et l'organisation de l'information (Croisile, 2009; Cyr et Dion, 2006; Papalia *et al.*, 2010). Ces stratégies signifiantes pour l'enfant peuvent soutenir l'encodage ou la récupération de l'information (Schneider, 2002). Le rôle des adultes tels que les parents, les enseignants et les éducateurs peut donc consister à apporter de l'aide à l'enfant pour découvrir ses propres stratégies mnémotechniques, soit celles qui font du sens pour lui.

Métamémoire : *conscience que développe l'enfant des stratégies qu'il utilise pour mémoriser divers éléments et des limites de sa mémoire.*

En fait, c'est autour de l'âge de 7 ans que l'enfant développera sa **métamémoire**, soit la *conscience des stratégies qu'il utilise pour mémoriser divers éléments et des limites de sa mémoire* (Bee et Boyd, 2008; Croisile, 2009; Cyr et Dion, 2006). Parmi les stratégies mnémotechniques utilisées par les élèves, la lecture à voix haute est l'une des plus fréquentes. Près de 60 % des enfants de 7 ans l'utilisent (Croisile, 2009). C'est ce que fait Faroud, 7 ans, lorsqu'il apprend ses mots pour la dictée du vendredi; il les épelle à haute voix devant son parent. La maîtrise de l'inclusion des classes permet aussi à l'enfant de développer progressivement une autre stratégie mnémotechnique qui est d'organiser l'information afin de la mémoriser. Toujours vers l'âge de 7 ans, autour de 10 % des enfants utilisent cette façon de procéder. Par contre, vers 10 ans, près de 60 % des enfants privilégieront cette stratégie mnémotechnique (Croisile, 2009; Cyr et Dion, 2006). À titre d'exemple, en plus de la lecture à voix haute, Marie-Julie qui est en 3e année utilise sa capacité à organiser l'information pour apprendre ses mots de dictée. Elle change les mots de place dans la liste et les regroupe en fonction du type de mot: elle fait un groupe avec les noms, un autre avec les verbes et un dernier avec les déterminants.

À noter que plus la métamémoire est développée, meilleures sont les capacités d'apprentissage et de récupération chez les enfants. L'école aide l'élève à raffiner sa métamémoire. À travers les situations d'apprentissage et d'évaluation, elle lui permet de vérifier ses stratégies mnémotechniques et cognitives afin de voir celles qui fonctionnent et de modifier celles qui s'avèrent moins performantes (Croisile, 2009; Schneider, 2002). Si Ariane a appris ses tables de multiplication quelques minutes avant le contrôle de mathématiques et qu'elle n'obtient pas un bon résultat, elle peut comprendre que sa stratégie n'a pas fonctionné et qu'elle doit essayer autre chose.

Le parcours scolaire et la mémoire s'influencent donc mutuellement. En effet, d'après Barrouillet et ses collaborateurs (2008), l'aptitude des élèves à progresser à l'école est en lien avec l'amélioration du fonctionnement de leur mémoire de travail, mais aussi de leur mémoire à long terme. Pour approfondir de nouveaux contenus ou encore pour en acquérir de nouveaux, il est important de pouvoir utiliser ceux qui sont déjà acquis. Le PFEQ (MEQ, 2001b) est construit en ce sens. Peu importe les domaines d'apprentissage, les acquis de chacun des cycles s'appuient sur les précédents afin de pousser plus loin les apprentissages de l'élève.

Dans le même sens, les enfants qui éprouvent des difficultés sur le plan de la mémoire de travail ont plus de difficultés en classe, notamment sur le plan verbal (Alloway, Gathercole, Kirkwood et Elliot, 2009). Généralement, ces enfants présentent des problèmes d'attention et de planification (Alloway *et al.*, 2009). Comme nous l'avons vu précédemment, l'attention est primordiale pour qu'il y ait mémorisation. Il n'est donc pas surprenant que les enfants qui éprouvent des problèmes de mémorisation aient aussi des difficultés à être attentifs (Desmarais *et al.*, 2004).

Mentionnons que le stress influe sur le processus de mémorisation. Bien qu'un minimum de stress soit nécessaire aux performances intellectuelles, un stress trop intense ou encore un manque de stress affaiblit les compétences mnémoniques des enfants (Maheu et Lupien, 2003). De manière plus précise, un trop grand stress empêche un bon fonctionnement de la mémoire de travail, ce qui entrave la récupération ou l'intégration de l'information, et ce, particulièrement lorsqu'une situation est perçue comme menaçante (Boyd *et al.*, 2009 ; Maheu et Lupien, 2003). C'est ce qui arrive à Étienne qui est âgé de 8 ans. Lorsque son enseignante lui pose des questions en classe, il est capable d'y répondre puisqu'il en connaît les contenus. Par contre, lorsqu'il est en situation d'évaluation, il devient très anxieux et n'arrive pas à performer adéquatement, car son anxiété entrave la récupération de l'information.

Fonctions cognitives : *processus cognitifs sollicités lorsqu'une personne doit faire face à des situations nouvelles, la recherche d'informations et le contrôle des comportements.*

Comme nous l'avons abordé au chapitre 1, la mémoire et l'attention sont essentielles pour la réalisation des **fonctions cognitives**, aussi appelées fonctions exécutives, soit les *processus cognitifs sollicités lorsqu'une personne doit faire face à des situations nouvelles, la recherche d'informations et le contrôle des comportements* (Baddely, 1996 ; Grégoire, 2004 ; Meulemans, 2006). Et pour en faciliter le développement, il devient impératif que certaines informations soient automatisées, c'est-à-dire s'effectuent sans que l'élève y accorde une attention particulière. La maturation des aires associatives et du lobe frontal du cerveau permet cette automatisation de certains processus cognitifs (Desmarais *et al.*, 2004 ; Grégoire, 2004). Reprenons l'exemple de Kathia, qui est en 2e année, donné au chapitre 1. Il y est dit qu'elle essaie d'additionner les chiffres 75 et 46, sans l'utilisation de papier ni de crayon. Or, l'exécution de cette tâche sera facilitée et la mémoire de travail moins entravée si elle connaît préalablement ses tables d'addition « par cœur » (Meulemans, 2006 ; Racicot, 2008). On peut voir là l'importance de la mémoire et de l'attention dans le développement des fonctions cognitives chez l'enfant.

4.5 Intelligences multiples — *Une ou des formes d'intelligence*

Existe-t-il une ou des intelligences ? Quelles formes prennent-elles ? Varient-elles d'une culture à l'autre, d'un individu à l'autre ? C'est à ces questions que nous allons maintenant tenter de répondre.

Pour plusieurs auteurs, l'intelligence est constituée de plusieurs composantes, indépendantes les unes des autres (Bee et Boyd, 2007 ; Godfroid, 2008 ; Olds et Papalia, 2005 ; Sternberg, 2002). Parmi ceux-ci, Sternberg propose une théorie triarchique composée de trois formes d'intelligence, plutôt qu'une seule : analytique, expérientielle et pratique (Godfroid, 2008 ; Grégoire, 2004 ; Larivée, 2007 ; Parent et Cloutier, 2009 ; Sternberg, 2002). L'intelligence analytique intervient, entre autres, dans la résolution de problèmes. C'est elle qui permet à l'élève de cibler les éléments qui sont importants, de faire des liens avec les connaissances qu'il a mémorisées et qui pourraient l'aider à résoudre la situation problématique (Larivée, 2007 ; Parent et Cloutier, 2009). Les compétences d'ordre intellectuel font appel à ce type d'intelligence en demandant notamment à l'élève « d'exploiter les informations et de résoudre des problèmes » (MEQ, 2001b, p. 13). Toutefois, pour Sternberg, l'intelligence ne se limite pas à son aspect analytique.

Ainsi, l'intelligence expérientielle permet à l'enfant de réagir aux stimuli en fonction de ses expériences et des stimuli qui sont en cause (Cloutier, 2005c ; Godfroid, 2008 ; Larivée, 2007 ; Parent et Cloutier, 2009). En effet, plus les informations sont familières et connues, plus elles seront traitées rapidement (Grégoire, 2004). Par contre, des nouvelles informations feront en sorte que l'enfant aura besoin de plus de temps pour se les approprier (Grégoire, 2004). Lorsque Normand demande à ses élèves de lui proposer des explications sur le phénomène des aurores boréales, ces derniers pourront répondre plus ou moins rapidement en fonction de leurs connaissances sur le sujet. Toutefois, ils pourront intuitivement avoir des pistes de réponse en faisant des liens avec des connaissances qu'ils ont déjà (Grégoire, 2004 ; Larivée, 2007 ; Sternberg, 2002).

Finalement, la dernière forme d'intelligence est une intelligence pratique qui permettrait aux enfants de s'adapter aux exigences de leur vie quotidienne (Grégoire, 2006; Larivée, 2007; Parent et Cloutier, 2009). Cette adaptation est possible grâce aux connaissances implicites des comportements à avoir dans un contexte donné (Grégoire, 2006). À titre d'exemple, Jérôme utilise cette forme d'intelligence lorsqu'il s'ajuste aux méthodes pédagogiques de la suppléante qui diffèrent de celles de son enseignante attitrée. L'intelligence pratique permet aussi aux enfants de modifier leur environnement afin qu'il soit plus adapté à la situation (Grégoire, 2006).

Selon Sternberg (2002), ces trois formes d'intelligence sont interdépendantes et se complètent dans la réalisation de tâches ou de résolution de problèmes. C'est pourquoi, dans chacun des exemples donnés précédemment, toutes les formes d'intelligence sont appelées à contribuer à la réalisation des tâches qui sont décrites. En effet, pour répondre aux questions de son examen d'anglais, Claudine doit recourir à son intelligence analytique pour cibler les éléments pertinents lui permettant de rédiger ses réponses, à son expérience pour déterminer les informations qui sont connues et à son sens pratique pour s'ajuster au temps qui lui est imparti. Cependant, il semble que chaque personne a une forme d'intelligence privilégiée avec laquelle elle aura tendance à aborder les situations qu'elle rencontre (Cloutier, 2005c; Grégoire, 2006; Sternberg, 2002). Notons que les enfants apprennent plus aisément lorsqu'on fait justement appel à leur forme d'intelligence privilégiée (Cloutier, 2005c; Larivée, 2007).

Plusieurs autres psychologues, dont Howard Gardner, se sont intéressés aux différentes formes d'intelligence. Gardner a ainsi élaboré la théorie des intelligences multiples. Selon lui, l'intelligence est « la faculté de résoudre des problèmes ou de produire des biens qui ont une valeur dans une ou plusieurs cultures ou collectivités » (Gardner, 1996, p. 30). De plus, il souligne que l'intelligence repose sur un potentiel biopsychologique propre à l'humain (Belleau, 2001; Larivée, 2007; Sternberg, 2002). En effet, Gardner soutient que les différentes formes, présentées dans sa théorie de l'intelligence, relèvent de régions particulières du cerveau et fonctionnent suivant leurs propres règles (Godfroid, 2008). Cette affirmation reste toutefois à être démontrée (Godfroid, 2008; Larivée, 2007; Sternberg, 2002).

Tout comme Sternberg, Gardner croit que chaque individu possède toutes les formes d'intelligence et développe un profil qui lui est propre, en fonction du milieu dans lequel il évolue ainsi que de ses caractéristiques personnelles (Amstrong, 2009 ; Dworczak, 2004 ; Cloutier, 2005a ; Godfroid, 2008). Les valeurs mises de l'avant par ce dernier favorisent le développement de certaines formes d'intelligence plutôt que d'autres (Amstrong, 2009 ; Cloutier, 2005a ; Lalonde-Graton, 2004 ; Sternberg, 2002). Ainsi, le milieu scolaire valorise généralement le développement des intelligences linguistique et logicomathématique. Signalons toutefois que des efforts sont faits par plusieurs milieux pour soutenir le développement des diverses formes d'intelligence, notamment en proposant des activités d'apprentissage variées et touchant différentes formes d'intelligence. La complétion d'une suite logique ou la réparation d'un jouet qui est brisé sont des problématiques dont la résolution fait appel à plusieurs types d'intelligence. La théorie des intelligences multiples élargit donc le nombre d'intelligence à considérer et propose huit types d'intelligence que nous décrivons dans le tableau 4.4 (Gardner, 2009).

Tableau 4.4
Les 8 types d'intelligence selon Gardner

Type d'intelligence	Description
Linguistique	Forme d'intelligence qui fait appel à la lecture, à l'écriture, à l'écoute et à l'expression orale.
	Plus spécifiquement, il s'agit d'une sensibilité aux différents éléments du langage parlé et écrit.
Logicomathématique	Forme d'intelligence qui fait appel aux opérations logiques et mathématiques telles que le calcul, la classification, la résolution de problèmes et l'établissement de lien logique.
	Cette forme d'intelligence n'inclut pas seulement les sciences, mais également la philosophie.
Spatiale	Forme d'intelligence qui fait appel à la représentation mentale et à la capacité d'imaginer des objets dans l'espace, des mouvements, et ce, sans support concret.
	Perception des trois dimensions de l'espace.
	Sens de l'orientation.
Kinesthésique	Forme d'intelligence qui fait appel à l'utilisation du corps avec précision et souplesse pour s'exprimer, atteindre un but, résoudre des problèmes ou pour créer ou manipuler des choses.
Musicale	Forme d'intelligence qui fait appel aux compétences musicales telles que la reconnaissance des sons, l'appréciation et la création musicale, le rythme, le mouvement, la composition et le chant.
Interpersonnelle	Forme d'intelligence qui fait appel aux aptitudes de comprendre les autres et d'être à leur écoute.
	Habiletés à percevoir, à comprendre les émotions, les attitudes et les intentions des autres.
	Interactions harmonieuses avec autrui.
	Habiletés à la résolution de conflits interpersonnels.
Intrapersonnelle	Forme d'intelligence qui fait appel aux aptitudes à se comprendre soi-même et à être à l'écoute de soi (sentiments profonds, forces, faiblesses, etc.).
	Aisance dans la capacité à réfléchir et à se questionner.
	Facilité pour argumenter, émettre son opinion.
Naturaliste	Aptitude à comprendre l'organisation de la nature et à déterminer comment on s'y inscrit.
	Curiosité pour la nature et intérêts en ce sens.

Adapté de S. Fournier (2007). *Les 8 intelligences de votre enfant*, Saint-Lambert, Éditions Enfants Québec ; S. Larivée (2007). *Intelligence*, tome 1, Saint-Laurent, Édition du Renouveau pédagogique.

La théorie de Gardner ne fait pas consensus (Amstrong, 2009 ; Larivée ; 2007 ; Sternberg, 2002). Certains soutiennent qu'il est préférable de considérer les intelligences musicales et kinesthésiques de Gardner comme des talents, sinon le concept même d'intelligence perd de sa signification (Amstrong, 2009 ; Dworczak, 2004 ; Grégoire, 2006 ; Larivée, 2007). Suivant cette logique, qu'est-ce qui pourrait nous empêcher d'ajouter « l'intelligence manuelle », « l'intelligence financière » ou « l'intelligence agricole » ? (Bouchard *et al.*, 2008).

Certains auteurs, dont Larivée (2007), se questionnent sur l'aspect scientifique de la théorie des intelligences multiples. Bien que les intelligences linguistiques, logicomathématiques et spatiales peuvent être mesurées par des tests standardisés, il en est autrement des autres formes d'intelligence (Amstrong, 2009 ; Grégoire, 2004 ; Larivée, 2007). D'ailleurs, Gardner préfère parler d'évaluation contextualisée dans le milieu naturel (Larivée, 2007). Ainsi, on pourrait évaluer l'intelligence musicale de Thomas en lui demandant de reproduire un rythme qu'il vient d'entendre. Il existe aussi des questionnaires pour évaluer les différentes formes d'intelligences qui ne sont pas mesurées par des tests standardisés. Toutefois, leur validité psychométrique est questionnée (Grégoire, 2004). De plus, à la suite de la réaction favorable du milieu de l'éducation, Gardner semble avoir mis l'accent sur le développement d'outils pédagogiques plutôt que sur la validation de sa théorie (Grégoire, 2004 ; Larivée, 2007).

Quoi qu'il en soit, la théorie des intelligences multiples nous encouragent à dépasser l'idée selon laquelle une seule forme d'intelligence est requise pour réussir. Cependant, comme le souligne Larivée (2007), il ne faut pas oublier que les intelligences linguistiques et logicomathématiques sont nécessaires pour la plupart des apprentissages scolaire.

4.6 Je saisis ce que les autres pensent et ressentent
Pensée sociale

Flavell (1976, 1977, 1985) a mené des recherches afin de connaître ce que les enfants savent et ne savent pas à propos de l'activité de penser d'autrui, ce que l'on nomme la pensée sociale ou la cognition sociale. Avant l'âge de 4-5 ans, ses travaux et ceux reliés à la théorie de l'esprit autorisent à penser que l'enfant ne reconnaît pas que les autres ont des pensées dans leur tête, notamment lorsque la personne ne semble pas absolument occupée à penser. Puis, avec l'acquisition des opérations concrètes, la pensée de l'enfant devient moins égocentrique et il est plus à même de considérer le point de vue de l'autre (Bouchard *et al.*, 2008). Cette partie vise ainsi à présenter le développement de la pensée sociale de l'enfant de 6 à 9 ans, voire sa compréhension du monde social, essentiel dans l'établissement et le maintien de relations sociales positives avec les autres qui nous entourent (Rubin, Bukowski et Parker, 2006).

4.6.1 Capacité de base pour penser et interagir avec autrui

L'inférence

En situation d'interaction sociale, l'enfant doit constamment inférer les intentions, les pensées, les croyances, les perceptions et les émotions de l'autre, soit les déduire à partir de ce qu'il perçoit (Bouchard *et al.*, 2008). Le tableau 4.5 illustre les étapes préalables à cette capacité d'inférer. Selon Flavell (1974, 1992), une inférence appropriée découle d'abord de la capacité de l'enfant à reconnaître que l'autre peut avoir des pensées qui lui sont propres et qui s'avèrent différentes des siennes. Puis, il doit ressentir le besoin de s'engager dans une réflexion et une confrontation de ses propres pensées avec celles d'autrui. Enfin, l'enfant doit avoir la capacité cognitive et les informations nécessaires pour produire cette inférence sur les comportements, les pensées, les intentions et les émotions des autres et évaluer l'impact des siennes sur autrui (Bouchard *et al.*, 2008).

Cette capacité à inférer requiert de maîtriser les opérations concrètes qui ne sont acquises qu'entre l'âge de 6-7 ans et 11 ans, comme nous venons de le voir. Ainsi, l'enfant devra acquérir, par la pratique, l'habitude de valider ses inférences et de vérifier celles des autres durant des épisodes de négociations interpersonnelles. En ce sens, le soutien de l'éducatrice ou de l'enseignante peut lui être d'une aide précieuse, en lui offrant des occasions de « s'exercer » à penser, à lire et à comprendre les actions et les réactions d'autrui, à se représenter la perspective d'autrui dans une situation donnée (Bouchard *et al.*, 2008).

Tableau 4.5
Les étapes dans la capacité d'inférer chez l'enfant

1.	Existence	Prendre conscience qu'il existe des phénomènes psychologiques chez autrui et chez soi-même.
2.	Besoin	Trouver profitable de s'efforcer de comprendre la perspective d'autrui et de clarifier la sienne par rapport à celle des autres.
3.	Inférence	Interpréter les comportements, les pensées, les intentions et les émotions des autres et évaluer l'impact des nôtres sur autrui.

Tiré de Bouchard *et al.* (2008).

4.6.2 Reconnaissance et compréhension des émotions d'autrui
Ce que les autres ressentent

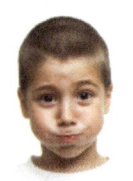

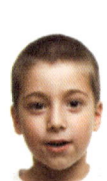

Les émotions de base comme la joie, la tristesse, la colère, la surprise, la peur et le dégoût sont universelles (Ekman, 1982). Comme le précisent Gosselin et Cloutier (2005a), les émotions de joie, de tristesse et de colère sont respectivement les plus faciles à reconnaître, notamment dans l'expression du visage de l'autre. Or, dès l'âge de 3 ans, l'enfant est en mesure de les reconnaître (Boyatzis, Chazan et Ting, 1993; Stifter et Fox, 1986, cités dans Gosselin et Cloutier, 2005a), même si c'est surtout à l'âge de 6 ans que cette capacité émerge réellement (Camras et Allison, 1985; Kirouac, Doré et Gosselin, 1985, cités dans Gosselin et Cloutier, 2005a). Pour ce qui est de la peur, la surprise et le dégoût, elles sont graduellement reconnues à partir de l'âge de 3-5 ans jusqu'à la fin de l'enfance (Gosselin, 1995 ; Gosselin, Roberge et Lavallée, 1995, rapportés dans Gosselin et Cloutier, 2005a).

D'ailleurs, les émotions de peur et de surprise sont souvent confondues entre elles, tout comme le sont la colère et le dégoût. Pourquoi ? Comme l'expliquent Gosselin et Cloutier (2005a) en citant Gosselin et Simard (1999), la ressemblance dans l'expression faciale de ces deux dernières émotions, comme le relèvement des sourcils, pourrait être à l'origine de cette confusion. Widen et Russell (2003) signalent aussi qu'il pourrait s'agir d'une moins bonne distinction entre ces deux émotions chez l'enfant, différenciation qui se raffinerait tout au long de l'enfance (dans Gosselin et Cloutier, 2005a).

> **Empathie :** *aptitude à ressentir les émotions des autres et à y réagir conséquemment.*

La question de la compréhension des émotions chez l'autre est associée à la notion d'**empathie**, soit au développement de l'*aptitude à ressentir les émotions des autres et à y réagir conséquemment* (Bouchard *et al.*, 2008). Selon Feshbach et Feshbach (1982), et comme le rapportent Desbiens et Demers (2006), la manifestation d'empathie exige que l'enfant ait recours à trois éléments essentiels, les deux premiers étant surtout reliés au domaine cognitif et le dernier s'avérant plutôt d'ordre socioaffectif : 1) la reconnaissance et l'identification des émotions chez l'autre, voire leur discrimination ; 2) l'adoption de la perspective d'autrui ; 3) la sensibilité et la réponse émotive à l'égard de l'autre, et ce, même si les pensées, les émotions et les motivations de l'enfant empathique diffèrent d'autrui (Cartron, 1999). Par exemple, lors d'un concours d'échecs organisé par leur éducateur au service de garde, Chao reconnaît et nomme la tristesse de Sarah en lui disant : « Tu es triste d'avoir perdu, hein, Sarah ? » Aussi a-t-il la capacité de considérer, de traduire le point de vue de celle-ci et d'émettre une réponse comportementale sensible à son égard en ajoutant : « Tu pourras peut-être te reprendre une autre fois. On pourrait rejouer ensemble si tu veux. »

Flavell (1985) sépare en trois grandes périodes de développement les changements dans les réactions aux émotions vécues par autrui : 1) l'empathie non inférentielle ; 2) l'empathie inférentielle ; 3) l'inférence sans empathie. Au cours de la première période située entre 6 mois et 4-5 ans, l'enfant manifeste surtout de l'empathie non inférentielle. Cette capacité s'exprime chez l'enfant par le fait, maintes fois observé, qu'il ressent lui-même le sentiment de l'autre ou un sentiment relié, comme une sorte de contagion. La seconde période de l'empathie inférentielle ou avec inférence s'amorce vers l'âge de 4-5 ans et elle se poursuit jusqu'au début de l'adolescence (11-12 ans). Précisons au passage que toute personne est susceptible d'éprouver à la fois de l'empathie non inférentielle et de l'empathie inférentielle (Bouchard *et al.*, 2008).

Durant cette période d'empathie inférentielle, l'enfant réagit encore à l'émotion exprimée par l'autre, mais ressent réellement un état émotif en lui-même. Il ne s'agit pas d'une simple contagion des réactions émotives de l'autre. Par ailleurs, il devient de plus en plus apte à poser une inférence sur ce que l'autre ressent. Toutefois, il lui arrive encore que ses hypothèses ou ses inférences ne soient pas nécessairement représentatives de la réalité de son interlocuteur (Bouchard *et al.*, 2008). Enfin, la capacité de faire une inférence sans empathie se développe durant la même période, entre l'âge de 4-5 ans et 11-12 ans. Cette capacité implique que l'enfant parvienne graduellement à inférer l'émotion de l'autre, sans se laisser dominer par les sentiments qui le pousseraient à agir en conséquence de la compréhension du besoin d'autrui.

En somme, et de manière générale, on peut considérer qu'autour de l'âge de 8 ans, l'enfant acquiert les habiletés de prise de perspective d'autrui, ce qui ne signifie pas pour autant que son comportement social va dans le même sens (Eisenberg, Fabes, Murphy, Karbon, Smith et Maszk, 1996, cités dans Desbiens et Demers, 2006). Dans l'exemple de Chao présenté plus haut, il aurait très bien pu ressentir l'émotion vécue par Sarah, sans pour autant aller vers elle pour la réconforter. Comme la capacité d'empathie requiert notamment une pleine maîtrise des émotions, elle s'apprend graduellement et c'est l'affaire de toute une vie. En terminant, mentionnons que l'enfant faisant preuve d'empathie affiche habituellement plus de comportements prosociaux et un plus grand respect des valeurs morales (Cartledge et Milburn, 1995 ; Goldstein, 1999, cités dans Desbiens et Demers, 2006). Aussi, le fait d'être empathique atténuerait la présence de comportements d'agression chez l'enfant (Feshbach, 1997 ; Miller et Eisenberg, 1988 ; Shechtman, 2002, cités dans Desbiens et Demers, 2006).

4.7 Développement de la pensée morale
Le bien et le mal

> **Développement moral :** processus par lequel l'enfant apprend à distinguer le bien du mal afin de porter un jugement sur ses actions et celles des autres.

Dans ses relations avec les autrui, l'enfant exerce son jugement moral. Le **développement moral** concerne le *processus par lequel l'enfant apprend à distinguer le bien du mal afin de porter un jugement sur ses actions et celles des autres*. Le terme « raisonnement moral », souvent employé dans les écrits, témoigne du lien direct entre le niveau de développement cognitif de l'enfant et son jugement moral. En fait, la moralité se développe parallèlement au développement cognitif. La raison en est que le développement moral met en jeu le raisonnement logique de l'enfant, sa capacité à intégrer plusieurs informations d'une même situation et à réfléchir sur les différents scénarios entourant sa prise de décision. Logiquement, l'enfant peut exercer son jugement moral seulement à partir du moment où sa pensée n'est plus égocentrique et ne fait plus preuve de centration, pouvant ainsi considérer le point de vue d'autrui et l'ensemble des dimensions d'une situation (Olds et Papalia, 2000). En somme, la moralité nous amène à porter un jugement sur nos actions, nos pensées, nos sentiments, nos émotions, etc.

Comme Gosselin et Cloutier (2005b) le rapportent, deux auteurs sont le plus souvent associés au développement moral, à savoir Piaget (1932) et Kohlberg (1969). Pour eux, le raisonnement moral donne lieu à l'intériorisation progressive des normes culturelles en vigueur dans une société donnée, initialement imposées de l'extérieur. D'abord, l'enfant agit en fonction des demandes et des interdits qui proviennent des autres, notamment les personnes significatives de son entourage. Puis, peu à peu, il apprend à connaître et à adhérer aux conventions sociales. Ces deux théories du développement moral chez l'enfant sont présentées dans les sections suivantes, et ce, même si de nombreux auteurs admettent l'influence du milieu culturel sur le développement moral de l'enfant depuis plusieurs années (Thomas et Michel, 1994). Ces théories n'en constituent pas moins des assises importantes pour comprendre cet aspect du développement de l'enfant.

4.7.1 Développement moral selon Piaget

La morale de contrainte

Dans le but d'établir le développement de la pensée morale des enfants, Piaget (1932) a questionné des enfants de 5 à 13 ans en leur présentant des situations comme la suivante, rapportée dans Gosselin et Cloutier (2005b) : « En voulant remplir l'encrier de son père pour lui rendre service, Odile en a échappé tout le contenu et a taché la nappe d'un grand cercle noir. De son côté, en voulant jouer avec l'encrier de son père, Manolo fit une petite tache sur la nappe. Qui est le plus fautif des deux enfants ? Odile ou Manolo ? Pourquoi ? » Les réponses à ces questions ont permis à Piaget de dégager deux stades du raisonnement moral : la morale de contrainte ou hétéronome et la morale de coopération ou autonome.

À noter que l'âge auquel les enfants atteignent l'un ou l'autre de ces stades varient selon les sources, mais la séquence demeure la même. En d'autres mots, on dit souvent des stades du raisonnement moral de Piaget qu'ils représentent davantage des pôles d'un continuum sur lequel l'enfant peut se situer, plutôt que des paliers ayant une structure précise, comme c'est le cas dans sa théorie en général (Perry et Bussey, 1984 ; Rest, 1983, cités dans Gosselin et Cloutier, 2005b). Nous ne présentons ici le premier stade du raisonnement moral qui s'étend de 5 à 8 ans environ, le deuxième stade étant abordé dans le chapitre 7 chez les 9-12 ans.

Morale de contrainte : *morale basée sur des règles rigides qui viennent des autres. Elle est caractéristique d'un jugement absolu par l'enfant du type blanc/noir, bon/mauvais, c'est-à-dire non nuancé.*

La **morale de contrainte** ou hétéronome est partie prenante du développement moral de l'enfant jusqu'à 7-9 ans environ (Gosselin et Cloutier, 2005b). Comme son nom le laisse entendre, *elle est basée sur des règles rigides qui viennent des autres. Elle est caractéristique d'un jugement absolu par l'enfant du type blanc/noir, bon/mauvais, c'est-à-dire non nuancé* (Beck, 2006). Par exemple, Simone, 6 ans, affirme que son frère Paul, 11 ans, n'est pas gentil parce qu'il a cassé tous les verres qui se trouvaient sur le comptoir de la cuisine en voulant y grimper pour atteindre les armoires. Simone ne considère toutefois pas que Paul avait pourtant l'intention de ranger les verres dans l'armoire pour faire plaisir à ses parents. Le jugement moral de Simone est ici basé sur la gravité de la faute, soit sur ses effets concrets, plutôt sur l'intention derrière le geste, ce qui est le cas des enfants au premier stade (Gosselin et Cloutier, 2005b ; Olds et Papalia, 2000).

Dans l'exemple de l'encrier présenté ci-dessus, l'enfant interrogé pourrait affirmer qu'il faut punir Odile parce que c'est elle qui a fait la plus grosse tache sur la nappe. La faute se mesurerait ici aux conséquences matérielles, non pas sur la base de l'intention. Au deuxième stade, soit à partir de 8-9 ans environ, nous verrons dans le chapitre 8 que l'intention prend une place importante dans la moralité, notamment grâce aux caractéristiques de la pensée opératoire. L'enfant du deuxième stade dirait ainsi qu'il faut punir Manolo ayant posé le geste dans une mauvaise intention, soit celle de prendre l'encrier sans la permission de son père.

4.7.2 Développement moral selon Kohlberg
La morale préconventionnelle

En s'inspirant des travaux de Piaget, Kohlberg entreprend ses propres travaux sur le développement moral des enfants. Ses données confirment celles de Piaget voulant que le niveau de raisonnement moral dépende de l'âge et de la maturation cognitive de l'enfant. Aussi, tout comme Piaget, Kohlberg considère que l'enfant intériorise progressivement les normes socioculturelles venues des autres pour se les approprier graduellement (Gosselin et Cloutier, 2005b). Kohlberg a utilisé des études de cas centrées sur la notion de justice, comme l'histoire classique d'Heinz présentée dans la capsule 4.1.

Capsule 4.1

L'un des cas les plus connus de Kohlberg (1969)

En Europe, une femme atteinte d'un cancer était condamnée à mourir. Les médecins croyaient qu'il n'y avait qu'un seul médicament qui pouvait la sauver ; c'était une sorte de radium découvert récemment par un pharmacien de la même ville. Le pharmacien réclamait 2000 $ pour une dose du médicament alors qu'il lui en coûtait 200 $ pour le fabriquer. Heinz, le mari de la femme malade, se présenta chez tous ceux qu'il connaissait pour emprunter de l'argent, mais ne put réunir que la moitié de la somme requise. Il expliqua au pharmacien que sa femme allait mourir et lui demanda de vendre son médicament moins cher ou de lui faire crédit. Mais le pharmacien refusa. Heinz se découragea et la nuit suivante, il alla voler le médicament chez le pharmacien pour sauver sa femme. Heinz aurait-il dû agir ainsi ? Pourquoi ?

Tiré de Gosselin et Cloutier (2005b).

La figure 4.1 illustre les types de raisonnement moral que Kohlberg a divisé en trois niveaux et six stades. Il faut dire que Kohlberg a aussi décrit le stade 7 du développement moral, nommé « mystique ». Ce stade désigne en quelque sorte une méta-éthique où la personne devient capable de se questionner à propos de toute action ou intention en se demandant pourquoi celle-ci est morale ou pas (*Le cerveau à tous les niveaux,* 2010). Quoi qu'il en soit, dans le cadre de ce chapitre, nous ne verrons que le niveau 1 de la morale préconventionnelle ou prémorale qui s'étend de 4 à 10-13 ans. La suite sera présentée dans le chapitre 8 sur le développement cognitif de 9 à 12 ans.

Le premier niveau de raisonnement moral nommé « **morale préconventionnelle ou prémorale** » s'observe chez l'enfant âgé entre 4 et 10-13 ans. À cet âge, le raisonnement moral est *basé sur le contrôle extérieur, l'enfant fait ce que les autres lui disent de faire et agit en conséquence, dans le seul but d'éviter des sanctions ou d'obtenir des récompenses* (Cloutier et Gosselin, 2005b ; Olds et Papalia, 2000). Ce

Morale préconventionnelle ou prémorale : *morale basée sur le contrôle extérieur, l'enfant fait ce que les autres lui disent de faire et agit en conséquence, dans le seul but d'éviter des sanctions ou d'obtenir des récompenses.*

Figure 4.1
Les six stades du raisonnement moral de Kohlberg (1969)

Niveau I — Morale préconventionnelle
- Stade 1 : orientation de la punition et de l'obéissance
- Stade 2 : orientation du relativisme utilitariste

Niveau II — Morale conventionnelle
- Stade 3 : orientation de la bonne concordance interpersonnelle
- Stade 4 : la loi et l'ordre

Niveau III — Morale postconventionnelle
- Stade 5 : le contrat social
- Stade 6 : orientation des principes éthiques universels

niveau comprend deux stades : 1) l'orientation vers la punition et l'obéissance simple ; 2) l'orientation du relativisme utilitariste. L'exemple de Simone, 6 ans, présenté plus haut est caractéristique du premier stade. En effet, Simone en est au stade de l'orientation vers la punition et l'obéissance. Son raisonnement s'articule autour des pensées suivantes : « Que m'arriverait-il dans un tel cas ? Je me ferais sans doute gronder. » Au deuxième stade, soit celui de l'orientation du relativisme utilitariste, le raisonnement moral est orienté vers une perspective « donnant-donnant ». L'enfant se conforme aux règles par intérêt personnel, mais aussi dans un principe de bonne concordance interpersonnelle (Papalia *et al.*, 2010). Ainsi, Zacharie décide de ne pas déroger à la règle selon laquelle on ne peut quitter la cour d'école lors de la période de dîner, d'une part, parce qu'il croit que cela peut être relativement risqué pour sa sécurité et, d'autre part, parce que son éducatrice ne serait pas contente de lui.

En terminant, et comme le relèvent Gosselin et Cloutier (2005b), il convient de signaler que le raisonnement moral n'est pas toujours en lien avec le comportement adopté. Par exemple, Jasmine sait très bien que pour demeurer en santé, tant physiquement que psychologiquement, elle doit faire de l'exercice physique régulièrement. C'est d'ailleurs une valeur et une habitude que tente d'inculquer le personnel de son école en mettant sur pied des activités parascolaires tout aussi intéressantes les unes que les autres. Toutefois, Jasmine a du mal à se mobiliser pour s'y inscrire et y participer, malgré un raisonnement intérieur en ce sens.

4.8 *J'apprends à me questionner et à réfléchir* Philosophie pour enfants

Peut-on soutenir les enfants afin de leur apprendre à penser et non quoi penser ? C'est ce que croient les tenants de la philosophie pour enfants. Cette approche a été développée grâce aux travaux de Matthew Lipman et d'Ann Margaret Sharp, débutés il y a près de 40 ans, et elle permet aux enfants de 3 à 17 ans de faire de la philosophie en visant le développement de la pensée (Daniel et Michel,

2001 ; Sasseville, 1999)[3]. Pour Lipman (1978), cité dans Daniel (1998), « la pensée de l'enfant n'est ni illogique ni incomplète, mais dotée des caractéristiques essentielles du bien-penser » (p. 343). Qu'est-ce que le « bien penser » ? Toujours selon Lipman (1978), il s'agit d'une pensée qui « est autonome, critique et raisonnable » (Daniel, 1998, p. 343). C'est pourquoi la philosophie pour enfants utilise la pensée de l'enfant pour ce qu'elle est et l'amène un peu plus loin dans son mode de fonctionnement, notamment sur le plan de la logique et du raisonnement (Daniel, 1998 ; Lafortune et Robinson, 2000 ; Leleux, 2008 ; Lipman, 2006).

Comment faire de la philosophie avec les enfants ? Il ne s'agit pas d'étudier les textes de grands philosophes tels que Socrate ou Descartes. En fait, la classe, dès la maternelle, doit devenir une communauté de recherche philosophique (Lipman, 2006). Ce faisant, on crée un environnement qui soutient les élèves dans leur apprentissage de la pensée par et pour eux-mêmes (Lipman, 2006 ; Sasseville, 1999). Au cœur de cette communauté de recherche réside le dialogue. Selon Sasseville (1999), guidé par l'enseignante, le dialogue stimule la réflexion : les échanges avec les autres membres de la communauté permettent à l'enfant de structurer sa pensée, de se questionner, de se construire comme personne. Sharp (1999) souligne que : « c'est en parlant avec les autres que l'on devient soi-même quelqu'un » (p. 56). Par ailleurs, le programme « Éthique et culture religieuse » comprend une compétence sur la pratique du dialogue (MELS, 2007). Cette dernière s'évalue à travers l'organisation de la pensée, l'élaboration de son point de vue et les interactions avec les autres (MELS, 2007). La philosophie pour enfants peut donc permettre de développer cette compétence.

Pour démarrer le dialogue, la communauté de recherche fait la lecture d'un conte philosophique ou d'un roman pour les plus vieux. Il existe une série de textes appropriés à chacun des groupes d'âge. Afin de favoriser l'engagement dans la démarche et de s'approprier le contenu de l'histoire, chaque membre de la communauté, incluant l'animateur, est invité à lire une partie du texte à haute voix (Savard, 1999). Une fois la lecture terminée s'amorce la deuxième étape qui

---

3. Pour plus de détails sur l'approche de la philosophie pour les enfants, les lecteurs sont invités à consulter : M. Sasseville (dir.) (1999). *La pratique de la philosophie avec les enfants*, Québec, Les Presses de l'Université Laval.

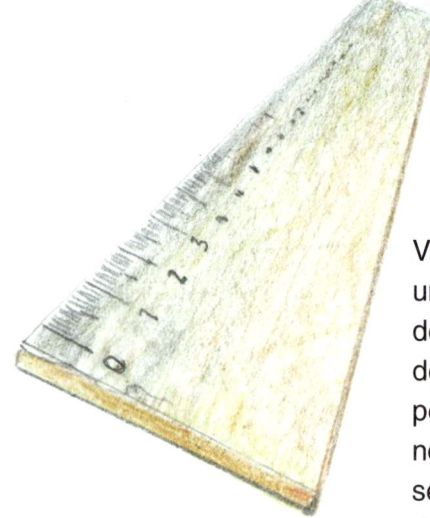

consiste en la formulation de questions sur le sens ou encore des situations présentées dans l'histoire (Daniel, 2009 ; Savard, 1999). Le questionnement a comme objectif de soutenir l'intérêt des élèves, d'alimenter leur réflexion et, ultimement, de leur apprendre à penser par eux-mêmes (Leleux, 2001).

Comme nous l'avons vu avec la théorie historicoculturelle de Vygotski, l'animateur de la communauté de recherche, généralement une enseignante, fait de l'étayage en soutenant les enfants dans cette démarche : il suggère des pistes de réflexion, il demande à un enfant de clarifier sa question par exemple, tout en évitant d'influencer sa pensée. De plus, il s'assure que les questions répondent à un certain nombre de critères philosophiques qui sont expliqués aux élèves et présentés au tableau 4.6. Pour ce faire, l'enseignante doit être à l'écoute de son groupe et favoriser le respect de l'autre par ses attitudes. Une fois la cueillette de questions terminée, il faudra choisir la ou les questions qui seront approfondies. Ce choix peut se faire de différentes façons, comme par un vote des membres de la communauté de recherche (Daniel, 2009 ; Savard, 1999). Le tableau 4.7 nous donne des exemples de questions philosophiques d'enfants du 2e cycle qui répondent aux critères présentés précédemment.

Certaines thématiques proposées par les romans ou contes philosophiques et les questions qui en découlent portent sur des enjeux éthiques. À titre d'exemple, la question « Doit-on dénoncer un ami qui commet un vol ? » demande à l'enfant de réfléchir sur les notions du bien et du mal que nous avons abordées précédemment, mais aussi sur l'amitié, les valeurs qui sont véhiculées par la société, etc. Ce type de questionnement peut relever du domaine du développement personnel et constitue une compétence du programme d'Éthique et culture religieuse (MELS, 2007).

Après avoir choisi des questions, la communauté de recherche tente d'y répondre par le dialogue (Daniel, 2009 ; Lipman, 2006 ; Savard, 1999) ; à tour de rôle, les enfants proposent des réponses. L'animateur pose des questions afin de les faire réfléchir sur leurs réponses et de les amener à structurer leur pensée et leur argumentaire. En voici des exemples tirés de Savard (1999) : « Quelqu'un pourrait-il nous donner un exemple de… ? », « Peut-on vraiment associer telle idée à telle autre idée ? », « Que veux-tu dire par ce mot ? ». Ainsi, les enfants doivent

Tableau 4.6
Les 14 critères à respecter afin qu'une question soit philosophique

1. Est centrée sur la recherche de sens.
2. Est centrée sur la signification (compréhension) de concepts.
3. Est générale (on) vs particulière (je).
4. Cherche l'origine ou la cause des choses.
5. Cherche les conséquences des choses.
6. Cherche des relations (linguistiques et logiques entre les mots, les phrases, les idées…).
7. Cherche les ressemblances et les distinctions.
8. Établit des nuances (apprendre vs comprendre, écouter vs entendre).
9. Questionne les acquis, les préjugés, les traditions.
10. Cherche des justifications.
11. Porte sur la recherche de critères.
12. Cherche des relations entre les moyens et fins, entre partie et tout.
13. Relève des ambiguïtés.
14. Suppose une diversité de points de vue.

Inspiré de Daniel, Lafortune, Pallascio et Schleifer (2000).

Tableau 4.7
Exemples de questions philosophiques

Tout ce qui nous arrive fait-il partie du destin ?
Est-ce qu'on a une âme sœur ?
Pourquoi les maladies existent-elles ?
Pourquoi attrape-t-on des maladies ?
Y a-t-il une fin à l'univers ?

réfléchir, comparer, trouver des critères pour proposer des réponses à la question posée. Les arguments font émerger des contre-arguments et permettent aux enfants de progresser dans leur façon de penser, car le dialogue les pousse à explorer, à investiguer et à rechercher. Le dialogue leur permet de profiter de l'expérience et des connaissances des autres (Lipman, 2006).

À la fin de chaque étape, l'animateur demande aux élèves quelles sont les compétences qu'ils ont utilisées pour faire les tâches demandées (Sasseville, 1999). De cette façon, les enfants peuvent prendre conscience de leurs mécanismes de pensée et relever les stratégies qui sont les plus efficaces pour atteindre les objectifs visés afin de les appliquer dans leur vie quotidienne (Daniel, 1998; Sasseville, 1999).

Depuis quelques années, la philosophie pour enfants est utilisée comme outil de prévention de la violence. L'organisme La Traversée, situé à Saint-Lambert au Québec, a mis sur pied le programme *Prévention de la violence et Philosophie pour enfants* qui est offert dans différentes écoles primaires. Mariant les principes de la philosophie pour enfants et la prévention de la violence, ce programme tente de donner aux enfants les outils nécessaires pour faire face aux situations difficiles qu'ils peuvent vivre à l'école et à la maison, comme l'intimidation que nous avons abordée au chapitre 3, ou encore dans leur vie quotidienne, tels les conflits entre pairs. À la suite de l'implantation de ce programme, des chercheurs ont tenté d'en vérifier l'efficacité. Ils ont, entre autres, étudié les effets sur l'estime de soi et les habiletés sociales, composantes importantes des comportements de violence. Le programme semble avoir peu d'influence sur les habiletés sociales; en revanche, il a un impact sur l'estime de soi des enfants. Ces résultats amènent les chercheurs à conclure que la philosophie pour enfant ne modifie pas le comportement, mais plutôt la façon de penser (Cinq-Mars, 2005).

En conclusion, il est intéressant de constater que le fonctionnement de la communauté de recherche dans la philosophie pour enfant s'approche du **style d'intervention démocratique** (Bouchard et Fréchette, 2008a). En effet, ce style d'intervention fait appel *au partage du pouvoir entre l'adulte et les enfants du groupe ou de la classe, où ils sont encouragés à faire des choix, à prendre des décisions et à résoudre des problèmes* (voir Bouchard et Fréchette, 2008a). Toute la démarche de la communauté de recherche repose sur ces principes.

Style d'intervention démocratique: *style basé sur le partage du pouvoir entre l'adulte et les enfants du groupe ou de la classe, où ils sont encouragés à faire des choix, à prendre des décisions et à résoudre des problèmes.*

De plus, la philosophie pour enfant favorise l'apprentissage par l'action et l'expérimentation, par le dialogue et le fonctionnement de la communauté de recherche (Bouchard et Fréchette, 2008a ; Daniel, 1998 ; Sasseville, 1999).

4.9 Soutenir le développement cognitif
Pratiques éducatives et enseignantes

Différentes stratégies permettent de soutenir l'enfant sur le plan cognitif. À titre d'exemple, dans la classe d'Isabelle, enseignante, les enfants choisissent d'effectuer une recherche sur les étoiles et les constellations. Ainsi, Isabelle les invite d'abord à lui transmettre ce qu'ils connaissent du sujet, tout en complétant une carte conceptuelle au tableau. De cette façon, elle soutient les raisonnements inductif et déductif chez les élèves de sa classe. En effet, pour compléter la carte conceptuelle, les enfants doivent comparer les informations entre elles. Ils doivent ensuite, les sérier et les hiérarchiser. Pour y arriver, ils doivent être en mesure de se décentrer afin de considérer les différents aspects des informations énoncées.

Puis, en petites équipes, elle leur offre la possibilité d'effectuer une recherche documentaire à la bibliothèque ou encore sur Internet, ce qui leur permet de récolter plusieurs informations. Du coup, elle leur permet d'exercer, entre autres, leurs compétences d'ordre intellectuel en leur demandant d'exploiter l'information et d'exercer leur jugement critique et celle méthodologique en exploitant notamment les technologies de l'information et de la communication ou TIC (MEQ, 2001b). Enfin, elle leur propose d'aller visiter une exposition sur les étoiles au Planétarium.

Nous avons précédemment mentionné qu'il existe une zone proximale de développement, soit un niveau de développement potentiel à atteindre pour chaque enfant. Rappelons que l'étayage est la clé du travail à l'intérieur de cette zone. Selon les principes pédagogiques qui orientent cette stratégie d'accompagnement, il faut structurer adéquatement la participation d'un enfant aux situations d'apprentissage. Notamment, par l'outil qu'est le dialogue, on vise à faciliter l'acquisition par l'enfant de connaissances (Gravel, Pagé, Lemay *et al.*, 2006; Rogoff, 1990). Ainsi, selon les principes de l'étayage, le soutien apporté par l'adulte à l'enfant par l'entremise du dialogue est favorable aux progrès cognitifs. Il ne s'agit pas ici pour l'adulte de transmettre ses façons de penser à l'enfant, qui n'est pas au même niveau de développement cognitif de toute façon, mais bien de l'accompagner pour qu'il progresse lui-même dans sa pensée (Bouchard *et al.*, 2008).

Pour illustrer notre propos, nous présentons ci-après un exemple d'étayage lié à l'apprentissage de l'anglais. Rappelons d'abord que l'étayage ne doit pas être considéré comme un processus d'intervention dirigé, mais plutôt comme une façon d'amener chaque enfant à progresser, en tenant compte de ce qu'il est et de son niveau de développement. Julie, enseignante spécialiste, prend soin d'éveiller l'intérêt des enfants en utilisant une histoire avec des personnages qu'ils connaissent déjà pour leur permettre d'apprendre de nouveaux mots dans une langue seconde. Puis, elle simplifie la tâche en mettant des mots clés avec des images dans la classe, soit des mots-étiquettes. Par exemple, on retrouve des affiches avec des verbes apposés sur les murs, où des enfants font l'action en question. De cette façon, elle soutient les élèves en leur offrant des points de repère visuels pour apprendre plus efficacement ces mots. Régulièrement, elle leur fait écouter des chansons en anglais afin qu'ils se familiarisent avec la sonorité de cette langue. Julie prend soin de choisir des chansons qu'ils connaissent depuis leur enfance, comme le *Joyeux anniversaire* ou encore des chansons qui sont interprétées par leurs artistes préférées, comme Miley Cyrus. Ainsi, elle s'assure de maintenir leur intérêt pour l'apprentissage de cette langue seconde.

Il arrive aussi que Julie anticipe les erreurs que les enfants peuvent commettre, tant à l'écrit qu'à l'oral. Par exemple, elle rappelle à Zaki comment prononcer le son *th* dans le mot *three* lorsqu'elle lui demande de compter jusqu'à 10. Comme Zaki éprouve de la difficulté à prononcer ce mot, elle lui dit qu'il doit se rappeler de bien appuyer sa langue sur ses dents du haut, ce qui facilitera la prononciation de ce son. Aussi lui donne-t-elle le truc de mettre son index devant sa bouche et de vérifier si sa langue touche son index au moment de prononcer le « *th* » dans « *th*ree ».

Julie renforce les efforts que font les enfants, dont Zaki, pour parler anglais dans sa classe. Elle précise que même si certains mots sont difficiles, ils progressent bien. Bien entendu, elle prend garde de ne pas les surcharger d'informations. L'observation des élèves lui permet d'ajuster sa pratique. Puis, elle les encourage en leur disant : « Ce n'est pas grave que vous vous soyez trompés, vous pouvez recommencer. » Elle doit parfois aider certains élèves en leur donnant des indices : « Ce mot est utilisé pour parler d'un outil dont tu te sers pour écrire », en l'occurrence « *pencil* ». Un autre exemple est présenté dans le tableau 4.8 qui expose encore une fois les étapes de l'étayage, voire de l'accompagnement de l'enfant.

Les enseignantes et les éducatrices peuvent-elles soutenir le développement de la mémoire de l'enfant ? Selon Racicot (2008), il est effectivement possible de leur apprendre à développer leurs compétences mnésiques. Tout d'abord, il faut penser que tous les enfants n'ont pas les mêmes styles d'apprentissage et qu'ils utilisent différents canaux, visuel, auditifs

« *run* »

Tableau 4.8
Les étapes de l'étayage selon Berger (2000), associé à un exemple

Étapes	Exemple
1. Éveiller l'intérêt des enfants pour la tâche ou pour l'activité.	« Aimez-vous les volcans ? Nous allons essayer d'en créer un. Qu'en dites-vous ? »
2. Simplifier la tâche en :	
⭐ Réduisant le nombre d'étapes menant à la solution ;	L'adulte peut préalablement avoir préparé le matériel nécessaire pour l'activité (papier journal, eau, colle, broche, etc.)
⭐ Aidant l'enfant à choisir de meilleures stratégies ;	Les enfants débutent la construction du volcan en manipulant la broche. « Croyez-vous que le volcan va bien tenir de cette façon ? Que pourriez vous faire pour solidifier la structure ? »
⭐ Accomplissant à sa place certaines parties de la tâche.	« Que diriez-vous si l'on plaçait le papier de cette façon (en le faisant). Pensez-vous qu'il tiendrait mieux ainsi ? »
3. Soutenir l'intérêt et l'enthousiasme de l'enfant.	« Il est magnifique ton volcan. »
	« Marie-Michèle, quelle bonne idée tu as eu ici ! »
	« Merci Christophe d'aider Alban ! »
4. Anticiper et signaler les erreurs et aider l'enfant à les corriger.	« Attention ! Si vous mélangez tout ce bicarbonate de soude avec le vinaigre, que va-t-il se produire ? »
5. Éviter les frustrations à l'enfant en cultivant son désir de réussir et en dédramatisant les erreurs.	« Ce n'est pas grave si cela n'a pas fonctionné. Pouvez-vous tenter de m'expliquer pourquoi vous avez obtenu ce résultat ? »
	« Que pourriez-vous faire à la place ? Prenez le temps d'y penser d'ici la prochaine période où nous retravaillerons sur notre volcan. »
6. Indiquer les solutions à l'enfant, en veillant autant que possible à expliquer le déroulement des étapes qui y mènent.	« Pour faire la lave, il faut mélanger le vinaigre et le bicarbonate de soude. Cela créé une réaction chimique qui fait déborder le liquide du contenant dans lequel il se trouve, tout en faisant de la mousse, et ce, jusqu'à temps que le bicarbonate de soude soit complètement dissout. »

ou kinesthésiques, pour mémoriser (Lemaire, 2005 ; Racicot, 2008 ; Thomas et Michel, 1994). Certains d'entre eux utilisent davantage les supports visuels et préfèrent lire ou voir les choses à mémoriser. D'autres utilisent l'audition et le fait d'entendre les aident à mieux retenir les informations (Croisile, 2009 ; Lemaire ; 2005). Par exemple, lorsqu'elle étudie, Jeanne se parle à voix haute, comme si elle faisait la classe à d'autres. Par contre, Miguel préfère relire les informations qu'il doit mémoriser. Pour plusieurs enfants, la manipulation des objets soutient la mémorisation de certains concepts (Lemaire, 2005; Racicot, 2008). C'est d'ailleurs ce qu'a révélé le chapitre 2 sur le développement psychomoteur notamment.

Dans un principe de différenciation pédagogique, l'enseignante de même que l'éducatrice doivent tenir compte de ces différences chez les enfants qui composent leur groupe. Par exemple, l'enseignante peut prononcer le mot « demoiselle » quelques fois, tout en l'écrivant au tableau. Elle peut aussi donner des « réglettes » pour permettre aux enfants de manipuler lors de la réalisation d'une opération mathématique (Racicot, 2008). L'éducatrice, en collaboration avec les enfants de son groupe, peut illustrer les règles de vie, établies en lien avec le projet éducatif de l'école, qui seront affichées dans le local. D'ailleurs, des recherches démontrent que l'utilisation de deux canaux ou plus pour la mémorisation est plus efficace que l'utilisation d'un seul (Lemaire, 2005; Parent et Cloutier, 2010). Ainsi, les élèves retiennent 9 mots sur 16 lorsqu'on les leur présente écrits avec l'image correspondante, alors qu'ils n'en retiennent que 7 s'ils ne sont pas accompagnés d'une image (Croisile, 2009). Par contre, il semble que l'interférence sonore vienne entraver la mémorisation de nouvelles informations (Maheu et Lupien, 2003). Rappelons qu'en classe, des bruits dans le couloir de l'école ou à l'extérieur lorsque les fenêtres sont ouvertes peuvent détourner l'attention de l'enfant qui est en situation d'apprentissage, l'empêchant ainsi de traiter adéquatement l'information pour la mémoriser.

L'utilisation de la philosophie pour enfants permet à l'enseignante de soutenir le développement cognitif de l'enfant. En effet, la philosophie exige de l'élève de recourir à ses capacités cognitives telles que la logique, l'attention et la mémoire. Elle favorise l'utilisation des raisonnements inductif et déductif, sollicités aussi dans le domaine de la mathématique, la science et la technologie. Pour lire le roman ou le conte à la base de la communauté de recherche, l'élève doit, entre autres, faire appel à ses compétences langagières pour la lecture des textes (MEQ, 2001b). De plus, la formulation des questions philosophiques ainsi que les critiques à formuler permettent notamment à l'élève de développer la compétence relative à la communication orale (MEQ, 2001b).

La philosophie favorise aussi le développement de la métacognition, car l'enfant doit identifier les différentes habiletés cognitives qu'il utilise dans la communauté de recherche. Cette approche touche aussi au développement moral, en formant son jugement et en visant le bien commun pour la majorité, plutôt que le bien individuel (Daniel, 1998 ; Sasseville, 1999). Notons en outre que la communauté de recherche aborde aussi le développement socioaffectif de l'enfant. Ce dernier doit faire preuve de collaboration, de respect et de tolérance à l'égard de l'autre, dans tout le processus de la communauté de recherche (Sasseville, 1999). Enfin, il semble que la philosophie pour enfants ait une influence positive sur la perception que les élèves ont de leurs apprentissages (Lafortune, Mongeau, Daniel et Pallascio, 2002).

4.10 Le trouble déficitaire de l'attention avec ou sans hyperactivité (TDAH)
Approfondissement[4]

En milieu scolaire, les troubles de l'attention, avec ou sans hyperactivité, sont l'un des troubles les plus souvent relevés par les enseignantes et les éducatrices. Il touche de 3 à 7 % des enfants d'âge scolaire. Les garçons atteints s'avèrent 4 à 9 fois plus nombreux que les filles et de 50 à 80 % des enfants touchés le sont encore à l'adolescence (Barkley, 1997 ; Goupil, 2007 ; Massé, 1999 ; Massé *et al.*, 2006 ; Tremblay et Royer, 1995). Selon Bouvard, Le Heusey et Mouren (2006), la différence entre la prévalence de ce trouble chez les filles serait sous-estimée. Selon eux, les filles seraient plus touchées par le trouble d'attention sans hyperactivité et impulsivité (Bouvard *et al.*, 2006). Comme elles dérangent moins dans la classe, elles sont moins souvent diagnostiquées que les garçons.

Les enfants souffrant d'un trouble de l'attention (TDA) éprouvent diverses difficultés qui sont présentées dans le tableau 4.9. Il est important de souligner que ces difficultés peuvent aussi témoigner d'un autre problème comportemental ou psychologique, comme un trouble anxieux par exemple (Tremblay et Royer, 1995). Et comme le rappellent

---

4. Cette section a été écrite avec la collaboration de M. Robert Rigal, coauteur des chapitres 2 et 6.

Tableau 4.9
Les difficultés éprouvées par les enfants souffrant d'un trouble de l'attention

Difficultés	Descriptions	Exemple
Difficulté à se mettre au travail ou en action	L'enfant n'arrive pas à se mobiliser pour se mettre au travail, particulièrement si la tâche ne l'intéresse pas.	Samuel n'arrive pas à faire ses exercices de français lorsque son enseignante lui en donne la consigne.
Difficulté à s'organiser	L'enfant manque d'organisation dans son travail, oublie les étapes à effectuer, perd ou détériore ses effets scolaires.	Coralie perd constamment ses cahiers.
Difficulté à soutenir son attention	L'enfant est facilement distrait par des éléments internes ou externes.	Pascal n'arrive pas à jouer à un jeu de mémoire avec un camarade du service de garde scolaire. Il est constamment dérangé par les activités qui se déroulent autour de lui.
Difficulté à maintenir un effort constant	L'enfant manque de persévérance lorsqu'il accomplit des tâches routinières ou lui demandant des efforts au plan cognitif; il perd rapidement de l'intérêt.	Yan se lasse rapidement lorsqu'il fait ses devoirs à la maison, même s'il en reconnaît l'importance.
Difficulté à partager son attention	L'enfant éprouve de la difficulté à faire plus d'une tâche à la fois.	Myriam n'arrive pas à prendre des notes en écoutant son enseignante.
Difficulté à s'ajuster en cours d'action	L'enfant n'arrive pas à ajuster son attention lorsqu'il change d'activité, par exemple.	Après la partie de ballon-feu, Édouard n'arrive pas à retrouver son calme pour la collation.
Difficulté avec la mémoire de travail	L'enfant n'arrive pas à maintenir les informations dans sa mémoire de travail ou à les utiliser adéquatement.	Malgré de nombreuses heures consacrées à l'apprentissage des tables de multiplication, Xavier n'arrive pas à les utiliser correctement
Difficulté à suivre les règles et les consignes	L'enfant respecte peu les règles ou les consignes, mais pas par opposition : il semble les oublier.	Gabriel oublie de se laver les mains après avoir fait de la peinture.
Difficulté de perception du temps et de l'espace	L'enfant a de la difficulté à respecter les échéances et à se projeter dans le temps. Il est aussi difficile pour lui d'organiser son espace.	Amanda n'arrive pas à remettre ses travaux à temps et a de la difficulté à utiliser son agenda.

Inspiré de Drouin et Huppé (2005) et Massé, Lanaris et Couture (2006).

Tremblay et Royer (1995, p. 3) « ce n'est pas la catégorie qu'on attribue à un élève qui le définit : elle ne fait qu'indiquer les caractéristiques associées à son trouble ». En d'autres mots, bien que l'on doive tenir compte des difficultés éprouvées par l'élève, il ne faut pas oublier que l'enfant lui-même n'est pas ce trouble et que comme tous les enfants, il possède aussi des forces qu'il faut reconnaître.

Il est possible de distinguer trois formes de troubles de déficit de l'attention : 1) trouble avec inattention prédominante ; 2) trouble d'inattention avec hyperactivité-impulsivité prédominante ; et 3) trouble mixte (Massé, 1999 ; Vantalon, 2005). Pour parler de trouble avec inattention prédominante, l'enfant doit présenter au moins six symptômes d'inattention parmi ceux qui sont présentés dans le tableau 4.9, sans pour autant présenter des symptômes d'hyperactivité ou d'impulsivité (Drouin et Huppé, 2005 ; Massé, 1999 ; Massé *et al.*, 2006). Contrairement aux deux autres types qui seront présentés par la suite, le trouble avec inattention prédominante peut être plus difficile à détecter, car les enfants atteints ne sont pas perturbateurs (Bouvard *et al.*, 2006).

Notons que le TDA se manifeste clairement dans les tâches où il y a une demande d'attention soutenue et qui sont moins attrayantes pour l'enfant, comme les devoirs par exemple (Bouvard *et al.*, 2006 ; Massé, 1999). C'est le cas de Victoria pour qui la période des devoirs et des leçons est particulièrement pénible. Elle prend un temps fou pour les faire, car elle éprouve de la difficulté à se concentrer : elle regarde les oiseaux par la porte-jardin de la cuisine ou encore l'horloge sur le mur. Elle vit aussi la même chose en classe lorsque son enseignante fait des exposés ou lors des périodes de travaux individuels. Ces problèmes d'attention font en sorte qu'elle prend du retard dans ses apprentissages.

Le trouble déficitaire de l'attention avec hyperactivité-impulsivité prédominante (TDAH) diffère du trouble précédent (Chevalier, Guay, Achim, Lageix et Poissant, 2006 ; DSM-IV, 2004 ; Goupil, 2007 ; Massé *et al.*, 2006). Dans ce cas, l'enfant doit présenter au moins six symptômes d'hyperactivité ou d'impulsivité sans toutefois présenter suffisamment de symptômes d'inattention (Massé, 1999). Le tableau 4.10 présente les symptômes de l'hyperactivité et de l'impulsivité.

Tableau 4.10
Les symptômes de l'hyperactivité et de l'impulsivité

Symptômes	Exemple
Hyperactivité	
Bouge constamment	Alexis a de la difficulté à demeurer assis sur sa chaise. Il se tortille constamment, balance ses jambes, tape du pied ou encore pianote sur son bureau.
Parle trop	Myriam n'est pas capable de se taire lorsque sa professeure parle. Ses parents disent même qu'elle parle dans son sommeil.
Fébrilité	Jeffrey semble toujours être dans l'urgence et dans un état d'excitation constant. Il est assis sur le bout de sa chaise, prêt à partir.
Comportement moteur inadapté à la situation	Lors de la visite de sa classe au musée, Carlos court sans arrêt, touche aux toiles et grimpe un peu partout, malgré les interventions répétées de son enseignante et du parent accompagnateur.
Impulsivité	
Difficulté à attendre son tour	Xiue n'arrive pas à attendre que son enseignante ait terminé de répondre aux questions d'un autre élève pour lui poser sa propre question.
Impulsivité cognitive	Maxime dit tout ce qui lui passe par la tête, sans tenir compte du contexte dans lequel il se trouve ou des personnes qui sont présentes.
Impulsivité comportementale	Guillaume s'impose dans le jeu de deux de ses camarades à la récréation.

Adapté de Drouin et Huppé (2005).

Qu'est-ce que l'hyperactivité ? Comme nous l'avons vu dans la section portant sur l'attention, la capacité d'attention soutenue est d'environ 15 minutes de 6 à 9 ans. Après quelques périodes d'attention soutenue, il est normal que les enfants aient besoin de bouger, et ce, particulièrement chez les plus jeunes. Toutefois, l'enfant touché par le TDAH présente un niveau excessif d'activité, le jour et la nuit. (Bouvard *et al.*, 2006 ; Goupil, 2007 ; Massé, 1999 ; Massé *et al.*, 2006). Cette activité peut être motrice ou verbale (Goupil, 2007 ; Massé, 1999 ; Massé *et al.*, 2006.) Laurent bouge constamment ses jambes lorsqu'il est assis ; il lui arrive même de se lever pendant que son enseignante expose la matière et que tous les autres enfants du groupe sont assis et à l'écoute. À titre d'exemple, Laurent parle tout le temps et son enseignante doit constamment lui demander de se taire (Massé *et al.*, 2006, Vantalon, 2005).

Très souvent, l'hyperactivité s'accompagne d'impulsivité. Selon Massé *et al.* (2006), l'impulsivité peut se manifester dans les comportements, mais aussi dans les fonctions cognitives. C'est le cas de Laurent qui répond aux questions de son enseignante ou de son éducatrice avant même qu'elles aient terminé de les poser. En plus de bouger sans arrêt, Laurent a de la difficulté à attendre son tour, à partager le matériel ou encore à travailler en coopération avec ses camarades. Il est facilement excité et a de la difficulté à se calmer (Massé *et al.*, 2006).

Finalement, certains enfants sont atteints du trouble mixte (Massé, 1999). Ils présentent à la fois des symptômes d'inattention, comme ceux manifestés par Victoria, et des symptômes d'hyperactivité et d'impulsivité montrés par Laurent.

Pour tous les types de troubles de l'attention, Bouvard et ses collaborateurs (2006) relèvent qu'il est possible d'observer une baisse des symptômes lorsqu'on propose une nouvelle tâche aux enfants. Toutefois, une fois la tâche devenue familière, les symptômes reviennent à leur niveau habituel.

Près de 75 % des enfants qui reçoivent des services éducatifs dans les écoles, par exemple l'orthopédagogie, sont touchés par le TDAH (Massé *et al.*, 2006). Généralement, ces élèves présentent des retards dans leurs apprentissages et n'arrivent pas à atteindre les objectifs prévus dans le programme d'enseignement de leur année scolaire (Drouin et Huppé, 2005). Par ailleurs, les enfants manifestant de l'impulsivité et de l'hyperactivité souffrent souvent d'insomnie (Paavonen *et al.*, 2009), ce qui peut affecter les apprentissages qu'ils ont à réaliser dans le cadre scolaire.

En plus des difficultés d'apprentissage, ils peuvent aussi présenter des difficultés de comportement et sociales. C'est ce qui se produit avec Hans qui ne demande pas à Juliette si elle veut lui prêter son compas avant de le prendre. Lorsque cette dernière se fâche, Hans ne tient pas compte de sa réaction et continue à utiliser son instrument, ce qui peut occasionner des conflits interpersonnels. Les enfants souffrant de TDAH sont souvent rejetés par leurs pairs, car ils sont imprévisibles et perçus comme perturbateurs (Vantalon, 2005).

Le diagnostic du TDA ou du TDAH est complexe et doit faire l'objet d'une évaluation par un spécialiste, comme un médecin ou un psychologue. En effet, l'impression des enseignantes ou des éducatrices n'est pas suffisante, quoique essentielle, pour déterminer si un enfant est touché par le TDA ou le TDAH (Goupil, 2007 ; Guay, Lageix et Parent,

2006 ; Tremblay et Royer, 1995). En plus des entrevues auprès des parents, des éducateurs et des enseignants, l'enfant doit passer des examens physiques et psychométriques (Goupil, 2007). Les déficits moteurs et cognitifs doivent apparaître avant l'âge de 7 ans et durer depuis au moins 6 mois (DSM-IV, 2004 ; Massé, 1999). De plus, l'enfant doit éprouver des difficultés d'adaptation dans au moins deux milieux différents : à l'école et à la maison par exemple (Cloutier, 2005d ; DSM-IV, 2004 ; Massé, 1999). Finalement, il doit présenter des conduites inadaptées par rapport à son âge (DSM-IV, 2004 ; Massé, 1999).

Qu'est-ce qui fait qu'un enfant souffre de TDA/TDAH ? Les recherches sur le sujet n'arrivent pas à déterminer des causes précises. Selon Massé *et al.* (2006), il semble que les facteurs déclenchant ce trouble soient multiples. Il résulterait de la difficulté de certaines cellules nerveuses à sécréter adéquatement un neurotransmetteur, notamment la dopamine, une substance chimique assurant la communication entre les neurones dans l'encéphale, en particulier le cortex préfrontal, le cervelet ainsi que des noyaux gris, au centre du cerveau. Cette substance influerait sur les fonctions exécutives qui permettent, entre autres, de maintenir l'attention et de contrôler les comportements moteurs et verbaux (Massé *et al.*, 2006). D'autres hypothèses circulent comme celles associées à des facteurs génétiques, puisqu'un enfant a plus de chances d'avoir un TDA/TDAH si l'un des parents en est atteint (Lecompte et Poissant, 2006 ; Massé *et al.*, 2006). Il est aussi possible que des éléments bioenvironnementaux, comme la présence de substances chimiques puissent également intervenir dans l'explication (Lecompte et Poissant, 2006).

Comment intervenir avec les enfants qui présentent un TDA ou un TDAH ? Voilà la question qui se pose. Le traitement le plus fréquent consiste à prescrire un médicament comme le Ritalin ou le Concerta qui stimule particulièrement les régions frontales du cerveau en se substituant à la dopamine, ce qui favorise la concentration et diminue l'hyperactivité des enfants ayant cette particularité (Drouin et Huppé, 2005). D'ailleurs, des chercheurs ont récemment démontré que les enfants atteints de TDA/TDAH qui prennent une médication obtiennent une moyenne plus élevée en mathématiques que les enfants n'en prenant pas (Scheffler, Brown, Fulton, Hinshaw, Levine et Stone, 2009). L'élève pouvant maintenant se concentrer sur sa tâche retrouve souvent un rendement scolaire normal et, par le fait même, une meilleure estime de soi. Selon Drouin et Huppé (2005), cette « réaction positive à la médication serait observée dans 80 % à 95 % des cas » (p. 13). Bien que le traitement médical soit efficace, il n'est pas pour autant suffisant pour soutenir l'enfant dans les défis qui se posent à lui. En effet, il faut prévoir des interventions pour soutenir l'élève dans les difficultés d'apprentissage qu'il rencontre à l'école et ses problèmes de comportement (Laporte et Guay, 2006; Tremblay et Royer, 1995).

En dehors de la médication, d'autres pistes d'intervention sont possibles. En combinaison avec la médication, un suivi psychothérapeutique peut s'avérer intéressant. L'approche cognitivo-comportementale aide l'enfant à s'autocontrôler et à résoudre les situations problématiques qui se présentent à lui (Massé, 1999). Il existe également des activités sur ordinateur et des programmes de remédiation cognitive (Laporte et Guay, 2006). Il s'agit, dans ce dernier cas, de traitements rééducatifs, le plus souvent sous forme de jeux informatisés, pour améliorer les processus attentionnels et la mémoire. Comme pour l'approche cognitivo-comportementale, ces programmes mettent l'accent sur la métacognition, l'autorégulation et le contrôle (Laporte et Guay, 2006; Poissant, 2006). L'élève apprend à gérer ses comportements en utilisant des stratégies qui le guident pendant qu'il effectue sa tâche (Laporte et Guay, 2006; Massé, 1999; Poissant, 2006). Il est aussi important que l'enfant se dépense physiquement, en lui proposant des activités physiques sur une base régulière afin de dépenser son trop plein d'énergie.

Capsule 4.1

Je me concentre en classe : des stratégies pour soutenir les élèves souffrant de TDA/TDAH

Au-delà de ce que nous venons de nommer, différentes stratégies s'offrent aux enseignantes et aux éducatrices afin de soutenir l'enfant qui présente un trouble de l'attention avec ou sans hyperactivité. Une première stratégie consiste à aménager la classe ou le local de façon à favoriser l'attention des élèves. Ainsi, elles peuvent placer l'élève près d'elles, au lieu de le laisser au fond de la classe ou du local au service de garde. Elles peuvent aussi délimiter l'espace à la disposition de celui-ci (Drouin et Huppé, 2005 ; Massé, 1999 ; Tremblay et Royer, 1995). À titre d'exemple, Rose, l'éducatrice de Cédric, lui met un napperon devant sa place à l'heure des repas. Cela permet à Cédric de bien délimiter son espace et de manger de façon agréable pour lui et les autres qui l'entourent. De plus, elle lui a assigné une place tout près d'elle. De cette façon, il lui est plus facile de le superviser. Finalement, il est important de ranger tout le matériel qui pourrait distraire l'enfant lorsqu'il entreprend une tâche et garder seulement ce qui est nécessaire à sa réalisation (Drouin et Huppé, 2005 ; Tremblay et Royer, 1995). C'est ce que fait Bertrand, l'enseignant de Cédric. Lorsqu'il lui donne un exercice de mathématiques, il lui demande de ne garder que son crayon, sa gomme à effacer et sa règle. Tout le reste de son matériel est rangé dans son pupitre.

L'enseignante et l'éducatrice peuvent travailler sur la façon de présenter les tâches à réaliser. En décomposant la tâche en parties, en variant la façon de les présenter, puis en les cumulant pour progresser, elles soutiennent ainsi l'attention de l'enfant (Drouin et Huppé, 2005 ; Massé, 1999 ; Tremblay et Royer, 1995). Lorsqu'elles donnent les consignes, elles s'assurent que l'enfant les regarde et les écoute. Lorsque c'est possible, il est préférable qu'elles les énoncent une à la fois (Royer et Fortin, 1997). Elles les énoncent clairement, en prenant soin de demander à l'élève de les répéter. Elles font aussi en sorte de capter son attention en variant le ton de leur voix, par exemple (Drouin et Huppé, 2005 ; Massé, 1999 ; Tremblay et Royer, 1995). Finalement, l'enseignante et l'éducatrice encouragent le jeune en lui donnant une rétroaction positive chaque fois que c'est possible (Drouin et Huppé, 2005 ; Tremblay et Royer, 1995). C'est ce que font Bertrand et Rose avec Cédric. Le plan d'intervention, proposé par le spécialiste, cible des comportements spécifiques à travailler. Cédric en est informé afin qu'il puisse collaborer et progresser. Ainsi, s'il écoute les consignes ou encore s'il termine une tâche demandée, un collant est mis dans un tableau inséré dans son agenda. Lorsqu'il a accumulé dix collants, Cédric obtient un privilège.

La prise en charge du TDA/TDAH doit s'appuyer sur la collaboration entre les différentes personnes qui entourent l'élève : les parents, l'enseignante, l'éducatrice, le psychologue, l'orthopédagogue et l'éducatrice spécialisée doivent être impliqués dans le plan d'intervention (Drouin et Huppé, 2005). Enfin, tous s'entendent pour dire qu'il est important que les intervenants scolaires restent en contact avec les parents pour les informer du comportement et des progrès de l'élève (Drouin et Huppé, 2005 ; Laflamme, Lavoie et Vautour, 1999 ; Poissant, Barabé, Labranche, 1999 ; Rigal, Nader, Bolduc, et Chevalier, 2009 ; Tremblay et Royer, 1995). De cette façon, les parents pourront renforcer les interventions faites à l'école et encourager leur enfant.

4.11 Conclusion

Je m'ouvre sur le monde

Ce chapitre nous a permis de mieux comprendre le développement cognitif des enfants de 6 à 9 ans. Dans un premier temps, nous avons vu les changements dans les structures de la pensée entre les périodes préopératoire et opératoire concrète de la théorie de Piaget. Par la suite, la théorie historicoculturelle de Vygotski a permis de comprendre les applications des notions d'étayage et de zone proximale de développement dans un contexte scolaire. L'approche du traitement de l'information nous a permis d'approfondir nos connaissances sur l'attention et la mémoire afin de saisir comment elles interagissent dans l'acquisition des connaissances. La théorie triarchique de l'intelligence et celle des intelligences multiples nous ont fait remarquer qu'il existe différentes formes d'intelligence et qu'il est important d'en tenir compte lors de nos interventions avec les enfants.

Nous avons abordé le thème de la pensée sociale afin de saisir comment la cognition influence les relations interpersonnelles. Puis, la conception du bien et du mal a été étudiée dans la section du développement moral. Nous avons aussi découvert la philosophie pour enfants : une discipline qui cherche à soutenir, entre autres, le développement du raisonnement. En approfondissement, nous avons choisi d'étudier les troubles de l'attention avec ou sans hyperactivité afin de mieux comprendre cette problématique qui touche un grand nombre d'enfants d'âge scolaire.

Tout au long de ce chapitre, nous avons pu voir comment le Programme de formation de l'école québécoise vise à soutenir le développement cognitif de l'enfant. En effet, plusieurs des compétences qui s'y retrouvent sont en lien avec cet aspect, et ce, dans différents domaines d'apprentissage, nous rappelant une fois de plus, que le développement de l'enfant se fait globalement.

Appliquer pour mieux comprendre
Exercices récapitulatifs

À partir des notions vues en classe, répondez aux questions suivantes. Vous trouverez les réponses à ces questions à la fin du livre.

1. Décrivez les changements cognitifs qui s'opèrent entre la période préopératoire et la période opératoire concrète, pour la conservation, l'inclusion des classes et le raisonnement.

2. Dans la cadre de l'application d'une démarche scientifique, Christiane, éducatrice, questionne les enfants de son groupe et échange avec eux. Aussi prend-elle soin de les observer afin de relever les zones potentielles d'apprentissage propres à chacun. De quel concept relié à l'intervention pédagogique est-il question dans cette situation?

3. Distinguez les différentes formes de mémoire qui vous ont été présentées.

4. Quel est le stade de la moralité selon Kohlberg impliqué dans les situations suivantes?

    a) Frédéric décide de ne pas prendre le crayon de Maxime car s'il se fait prendre, il ne pourra plus compter sur son amitié.

    b) Charles décide de ne pas prendre le crayon de Maxime par crainte de se faire prendre par son enseignante.

5. Expliquez en quoi le TDAH diffère du TDA.

Réfléchir pour mieux intervenir
Exercices réflexifs

Afin d'aller plus loin dans l'exercice de votre pensée, les questions suivantes vous sont posées en lien avec le contenu du chapitre. Bonne réflexion !

- Quelles sont mes stratégies pour soutenir le développement cognitif des enfants de mon groupe ?
- Est-ce que j'utilise le dialogue pour amener l'enfant plus loin dans ses apprentissages ? Et de quelle manière ?
- Est-ce que je varie les stratégies afin de m'adresser aux différentes formes d'intelligence ou ai-je tendance à privilégier celles auxquelles je suis habitué ?
- Est-ce que je contribue au développement moral des enfants de ma classe ou de mon groupe ? Et de quelle manière ?
- M'arrive-t-il de leur imposer des règles en vigueur dans la société plutôt que de simplement les guider graduellement vers l'intériorisation de leurs propres valeurs ?

Pour en savoir un peu plus
Documents complémentaires

Les documents suivants vous sont proposés afin de compléter les informations présentées dans ce chapitre ; il peut s'agir de livres, de sites Internet ou de documents audiovisuels.

Livres

Bouchard, C., N. Fréchette et F. Gravel (2008). « Le développement cognitif de 3 à 5 ans », dans C. Bouchard, avec la collaboration de N. Fréchette, *Le développement global de l'enfant de 0 à 5 ans en contextes éducatifs*, Québec, Presses de l'Université du Québec.

Cloutier, R., P. Gosselin et P. Tap (2005). *Psychologie de l'enfant*, 2ᵉ éd., Montréal, Gaëtan Morin Éditeur.

Gélinas, F. et M. Roussel (2006). *Les intelligences multiples dès la maternelle*, Montréal, Chenelière Éducation.

Gilly, M. (1995). « Approches socioconstructives du développement cognitif de l'enfant d'âge scolaire », dans D. Gaonac'h et C. Golder (dir.). *Manuel de psychologie pour l'enseignement*, Paris, Hachette Éducation.

Lafleur, R. (2006). *FOCUS – Méthodologie d'interventions et d'activités d'auto-régulation pour les enfants aux prises avec le TDAH*, Anjou, CEC.

Morissette, P. et C. Bouchard (2008). « Le développement cognitif de 0 à 3 ans », dans C. Bouchard, avec la collaboration de N. Fréchette, *Le développement global de l'enfant de 0 à 5 ans en contextes éducatifs*, Québec, Presses de l'Université du Québec.

Piaget, J. (1968). *La formation du symbole chez l'enfant: imitation, jeu, image et représentation*, 4ᵉ éd., Neuchâtel, Delachaux et Niestlé.

Vergnaud, G. (2000). *Lev Vygotski: pédagogue et penseur de notre temps*, Paris, Hachette.

Sites Internet

Beaumont, J. *Les enfants en service de garde en milieu scolaire*, <http://cdmd.qc.ca/ri/5-12ans/>, page consultée le 15 décembre 2009.

Centre d'excellence pour le développement des jeunes enfants, <http://www.excellence-jeunesenfants.ca>, page consultée le 25 septembre 2006.

Fréchette, N. et P. Morissette, *Banque de vidéos en psychologie du développement de l'enfant de 0 à 5 ans,* <http://www.ccdmd.qc.ca/ri/developpement>, page consultée le 29 septembre 2009.

Vignettes en lien avec les thématiques du chapitre:

Titre de la vignette	Numéro
Devinettes chez les enfants de 6 à 10 ans	416
Classification: collection non figurale	238
Classification: hiérarchisation des classes	419
Conservation des substances: stade 2	236
Conservation de la substance: stade 3	418
Conservation des liquides: stade 1	239
Conservation des liquides: stade 3	420

Université Laval, *La philosophie et les enfants*, <http://www.fp.ulaval.ca/philoenfant/philo.asp#top>, page consultée le 12 décembre 2009.

Documents audiovisuels

Alain, P. (2005). *Des enfants philosophent*, Québec, Université Laval.

Moreau, M. (1974). *Au seuil de l'opératoire*, Montréal, Office du film du Québec.

Rochon, M. et P. Tonietto (2008). *Les échecs et l'école*, Montréal, Société Radio-Canada.

5
J'apprends à lire et à écrire

LE DÉVELOPPEMENT DU LANGAGE, DE LA LECTURE ET DE L'ÉCRITURE DE 6 À 9 ANS

Annie Charron, Caroline Bouchard et Caroline Bégin

5 J'apprends à lire et à écrire

LE DÉVELOPPEMENT DU LANGAGE, DE LA LECTURE ET DE L'ÉCRITURE DE 6 À 9 ANS

5.1 J'apprends à lire et à écrire : introduction 243
5.2 Mes acquis à l'oral : développement du langage oral 244
5.3 Mon entrée formelle dans l'écrit : développement du langage écrit ... 249
    5.3.1 Au-delà des sons : conscience phonologique 250
    5.3.2 Comment découvrir l'écrit : conscience de l'écrit 253
    5.3.3 « A, B, C, D, E, F, G… » : connaissance des lettres 255
    5.3.4 La clé du coffre au trésor de l'écrit : compréhension du principe alphabétique 255
    5.3.5 Le code secret de l'écrit : système d'écriture alphabétique 257
    5.3.6 Le parcours de l'enfant en lecture : développement de la lecture ... 259
    5.3.7 Explorateur jusqu'au bout… des yeux : décodage, fluidité et compréhension en lecture 262
    5.3.8 Outillé pour lire : stratégies de compréhension en lecture 264
    5.3.9 Les premiers pas de l'enfant en écriture : modèle de Ferreiro ... 266
    5.3.10 La tresse de l'écrit : modèle de Frith 269
5.4 Soutenir le développement du langage, de la lecture et de l'écriture : pratiques éducatives et enseignantes 272
    5.4.1 Un vrai moulin à paroles : soutenir le développement du langage ... 273
    5.4.2 Le plaisir d'apprendre à lire : soutenir le développement de la lecture 275
    5.4.3 Le plaisir d'apprendre à écrire : soutenir le développement de l'écriture par les orthographes approchées 277
5.5 La présentation d'albums de littérature de jeunesse : approfondissement 280
5.6 J'apprends à lire et à écrire : conclusion 282
Appliquer pour mieux comprendre : exercices récapitulatifs 282
Réfléchir pour mieux intervenir : exercices réflexifs 283
Pour en savoir un peu plus : documents complémentaires 283

5.1 Introduction
J'apprends à lire et à écrire

Les enfants du préscolaire ont généralement très hâte à la 1re année, car ils savent qu'ils y apprendront à lire et à écrire. Les nombreux apprentissages préalablement réalisés sur le plan langagier les aideront à développer leur compétence à lire et à écrire. Chanter des chansons, réciter des comptines, se faire lire des histoires favorisent effectivement la maîtrise de l'oral et préparent l'enfant à entrer dans l'écrit. Comme le mentionne le Réseau canadien de recherche sur le langage et l'alphabétisation (2009), le développement de la langue écrite d'un enfant est influencé par la qualité de ses premiers apprentissages. En effet, les activités en émergence de l'écrit, qui ont permis à l'enfant d'explorer, manipuler, découvrir et jouer avec les sons et les lettres avant son entrée à l'école, favorisent le développement d'habiletés métalinguistiques entre 6 et 9 ans. Mais qu'en est-il de leur développement langagier ? Comment les enfants vont s'approprier les lettres de l'alphabet ? Quelles sont les composantes de l'écrit qu'ils devront développer pour apprendre à lire et à écrire efficacement ?

Le présent chapitre qui porte sur le développement du langage, de la lecture et de l'écriture des enfants de 6 à 9 ans tentera de répondre à ces questions. Cet apprentissage de la langue écrite est complexe, car plusieurs processus cognitifs entrent en jeu. Plus précisément, ce chapitre comprend cinq sections. Dans la première section, nous abordons le développement du langage oral, préalable important dans le développement de la langue écrite. Dans la deuxième section, nous présentons le développement de la lecture et de l'écriture au préscolaire et au début du primaire, notamment à travers les divers apprentissages de l'enfant en lecture et en écriture. Nous décrivons des pratiques éducatives et enseignantes qui permettent de soutenir l'enfant dans son développement de la langue orale et écrite dans la troisième section. Nous consacrons la quatrième section à un approfondissement sur la façon de présenter des albums de littérature de jeunesse en classe. Cinquièmement, nous concluons ce chapitre en relevant les principales étapes qu'a franchies l'enfant pour apprendre à lire et écrire.

5.2 Développement du langage oral
Mes acquis à l'oral

Habiletés métalinguistiques : *capacité d'un enfant à réfléchir de façon consciente sur la langue orale, d'en identifier les composantes et de pouvoir en faire une manipulation contrôlée.*

Phonétique : *sons produits par l'appareil phonatoire de l'enfant.*

Phonologie : *organisation des sons d'une langue donnée.*

Les **habiletés métalinguistiques** correspondent à la *capacité d'un enfant à réfléchir de façon consciente sur la langue orale, d'en identifier les composantes et de pouvoir en faire une manipulation contrôlée* (Gombert, 1990). Le langage oral comporte quatre composantes : les sons, les mots, les phrases et la communication. La composante « sons » renvoie à la phonétique et à la phonologie. La **phonétique** concerne « *les sons produits par l'appareil phonatoire de l'enfant* » (Bouchard, 2010, p. 21) tandis que la **phonologie** renvoie à « *l'organisation des sons d'une langue donnée* » (Bouchard, 2010, p. 21). Si l'on s'intéresse, par exemple, à la façon qu'a Éloi de prononcer la lettre « l » en collant sa langue au palais, en ouvrant sa bouche et en expirant un peu d'air, il s'agit de phonétique. Mais si l'on se questionne sur le premier son du mot *château*, il s'agit de phonologie. L'enfant de 6 à 9 ans a généralement développé une bonne base en langage oral durant la petite enfance, pour peu que l'on lui ait offert du soutien à cet égard[1].

---
1. Pour plus d'informations à ce sujet, le lecteur est invité à consulter Bouchard (2008) et Bouchard et Charron (2008).

Capacités métaphonologiques : *capacité d'identifier et de manipuler de façon intentionnelle les différentes unités phonologiques (syllabe, attaque-rime, phonème).*

Dès son entrée à la maternelle, le jeune enfant vit des activités qui l'amèneront à développer ses **capacités métaphonologiques** ; il pourra alors *identifier et manipuler de façon intentionnelle les différentes unités phonologiques (syllabe, attaque-rime, phonème)*. Un bon nombre de travaux montrent que les capacités métaphonologiques précoces constituent un prédicteur de la réussite ultérieure de l'enfant, tant pour la lecture de mots et de pseudo-mots que pour la compréhension et l'orthographe (Frost, 2001 ; Juel, 1988 ; Gombert et Colé, 2000 ; Morin, 2002 ; Sprenger-Charolles, Béchennec et Lacert, 1998 ; Tangel et Blachman, 1995). Les recherches démontrent que c'est la combinaison de tâches de fusion et de segmentation phonémiques, deux opérations cognitives en phonologie, avec l'enseignement des lettres et des correspondances lettres-sons, qui favorisent l'acquisition des habiletés ultérieures en lecture (Bara, Gentaz et Colé, 2004 ; Schneider, Roth et Ennemoser, 2000). Pour illustrer ce qu'est la fusion et la segmentation, prenons l'exemple suivant. Pascale, enseignante de 1re année, propose aux élèves des devinettes pour travailler la conscience phonologique : « Devinette 1 – quel légume a-t-on lorsque l'on fusionne le son /ch/ avec le son /ou/ ? Réponse : le mot "chou" ; devinette 2 – combien y a-t-il de sons si l'on segmente le mot "brocoli" ? Réponse : 7 sons /b/r/o/c/o/l/i/ ».

La composante « mots » renvoie au vocabulaire et à la sémantique. Le **vocabulaire** correspond à l'*ensemble des mots compris (compréhension ou langage réceptif) et utilisés (production ou langage expressif)*. Les enfants de 6 à 9 poursuivent leur acquisition du vocabulaire à raison de 2 000 à 3 000 mots par année, ce qui représente 8 nouveaux mots par jour (Giasson, 2003). Précisons que c'est grâce à la lecture qu'ils font cette progression fulgurante. L'enseignement du vocabulaire devrait par conséquent faire l'objet d'un enseignement explicite. Selon Beck, McKeown et Kucan (2002), le vocabulaire oral, soit les mots utilisés pour parler et écouter, devrait être enseigné au préscolaire et en 1re année (6-7 ans), tandis que le vocabulaire oral et le vocabulaire écrit, qui touche plutôt aux mots reconnus à la lecture ou utilisés pour l'écriture, devraient être enseignés dès la 2e année du primaire.

Vocabulaire : *ensemble des mots compris (compréhension ou langage réceptif) et utilisés (production ou langage expressif).*

Dès le préscolaire, le vocabulaire utilisé par l'enfant doit être riche et varié. Enseigner le vocabulaire en jouant à regrouper les mots en famille de mots comme feuille, feuillage et feuillus leur permet de mieux récupérer ces mots dans leur mémoire (Graves, 2000). Il est aussi possible de leur présenter les mots par thématique, tels que sorcière, monstre, citrouille, etc. Dans le programme ministériel *Progression des apprentissages,* il est mentionné que, dès la 2e année du primaire, l'enseignante réalise des interventions auprès des élèves leur permettant d'observer que les mots appartenant à une même famille ont un lien de sens comme c'est le cas de piano, pianiste et pianoter. Parallèlement, il peut s'agir de leur faire remarquer que les mots ayant un lien de sens ne sont pas toujours de la même famille morphologique : sapin, Noël, cadeau, etc.

> **Sémantique :** *concerne les sens des mots et leur organisation à l'intérieur des messages qu'on peut exprimer dans une langue.*

De son côté, la **sémantique** *concerne les sens des mots et leur organisation à l'intérieur des messages qu'on peut exprimer dans une langue* (Bouchard, 2010). Pour les jeunes enfants, les mots véhiculent du sens et ils ont parfois de la difficulté à différencier le monde physique (p. ex. un soleil, un livre, une banane) du monde du langage (p. ex. la signification du mot). Une expérience menée auprès d'adultes analphabètes, à qui on a présenté sous forme d'images un train et une coccinelle et à qui on a demandé de dire quel est le mot le plus long, ont répondu le mot *train*. Selon eux, leur réponse se justifie par le fait que le train représente un long objet (Kolinsky, Cary et Morais, 1987). Notons que la majorité des mots courants de la langue française sont dits polysémiques (Polguère, 2003), c'est-à-dire qu'une même forme écrite peut avoir différents sens. Par exemple, le mot orange est polysémique. Dans le dictionnaire électronique du *Petit Robert* (2007), on retrouve sous le mot *orange,* deux sens différents : 1) Fruit comestible de l'oranger (agrume), d'un jaune tirant sur le rouge ; et 2) D'une couleur semblable à celle d'une orange.

La sémantique regroupe aussi toutes les expressions comme les locutions, c'es-à-dire « un groupe de mots fixé par l'usage et formant une unité grammaticale » (Druide Informatique inc., 2009) et les collocations, c'est-à-dire la « proximité d'éléments linguistiques dans un énoncé comme les cooccurrences » (*Ibid.*). Plusieurs albums de littérature de jeunesse présentent de nombreuses expressions aux enfants sous forme ludique, par exemple *Léon et les expressions* ou *L'autobus colère.* Les enfants peuvent donc comprendre que dans certaines expressions, des mots perdent leur sens propre (la locution) et d'autres amplifient le sens d'un mot (la collocation). Dans l'expression ou la locution « donner sa langue au chat », l'enfant doit comprendre qu'il n'est pas question de se couper la langue et de la donner à un chat, mais plutôt de « s'avouer incapable de trouver une solution »

(*Petit Robert*, 2007). Dans l'expression ou collocation « *chanter comme un pinson* », le verbe conserve son sens propre, mais est amplifié par *comme un pinson* qui veut dire très bien. Même si les expressions font l'objet d'un enseignement à partir du 2ᵉ cycle du primaire selon le document ministériel *Progression des apprentissages* (MELS, 2009), il peut être fort intéressant d'y initier les enfants dès le préscolaire.

La composante « phrase » renvoie à la morphologie et à la syntaxe. D'abord, la **morphologie** *concerne la structure des mots*. En développant des capacités métamorphologiques, l'enfant en vient à être conscient des caractéristiques de la langue comme les préfixes, les suffixes et les racines du mot; cela lui permet de créer des mots nouveaux ou de préciser le sens donné à ces nouveaux mots. Par exemple, Maya, 7 ans, dit à son éducatrice la phrase suivante: « Papa et maman partiront en voyage. » Le suffixe « -ont » à la 3ᵉ personne du pluriel nous indique qu'on parle de plus d'une personne et que le voyage aura lieu éventuellement, car le temps de verbe utilisé est le futur. Toutefois, lorsque Maya donne comme titre à son dessin

Morphologie: *concerne la structure des mots.*

Syntaxe : *concerne la structure des phrases.*

Capacités métasyntaxiques : *capacité qu'a l'enfant de raisonner de façon consciente sur les aspects syntaxiques du langage et de contrôler l'usage des règles de grammaire.*

Pragmatique : *usage des mots selon le contexte.*

« Les papillons roses volent », le suffixe « -s » à la fin du nom « papillon », l'adjectif « rose » et le suffixe « -ent » ne sont perceptibles qu'à l'écrit. Seul le déterminant « les » indique à l'oral le pluriel de cette phrase.

Pour sa part, la **syntaxe** *concerne la structure des phrases*, voire l'ordre des mots dans la phrase (Bouchard, 2010). Les **capacités métasyntaxiques** renvoient à la *capacité qu'a l'enfant de raisonner de façon consciente sur les aspects syntaxiques du langage et de contrôler l'usage des règles de grammaire* (Gaux et Gombert, 1999). À 6 ans, « un enfant aurait utilisé ou entendu de 80 à 90 % des structures syntaxiques qu'il utilisera ou entendra dans sa vie adulte (Giasson, 1990, p. 10) ». Ce fait tend à démontrer que l'enfant a d'ores et déjà une bonne connaissance de la syntaxe à son entrée à l'école.

La composante « communication » du langage renvoie à la **pragmatique**, c'est-à-dire à l'*usage des mots selon le contexte* social (Dardier, 2004). Le contexte linguistique qui se rapporte par exemple au choix des mots ou la forme syntaxique n'est effectivement pas suffisant pour communiquer efficacement, bien qu'il soit indispensable. En fait, dans toute situation de communication, il existe un contexte situationnel qui permet de saisir le sens du message émis, et ce, au-delà des mots eux-mêmes (Bouchard et Charron, 2008 ; Rickheit, Strohner et Vorwerg, 2008). Par exemple, lorsqu'à l'heure du dîner Jaffré dit à Kaïna, sa camarade de classe de 8 ans, « Je n'ai rien pour manger mon spaghetti », cette dernière comprend qu'il veut se procurer un ustensile comme une fourchette pour manger son repas et pas seulement l'informer de ce fait. Kaïna recourt donc à ses compétences à communiquer pour saisir le message de Jaffré.

Dans l'exemple présenté ci-dessus, Kaïna tient compte des éléments suivants pour inférer le besoin de Jaffré d'obtenir une fourchette pour manger : c'est l'heure du dîner, Jaffré est devant son plat réchauffé et prêt à manger à la cafétéria, il regarde en direction de sa fourchette dont elle n'a pas besoin pour son propre repas, etc. Certes, Jaffré aurait pu communiquer plus clairement son intention en choisissant notamment des mots plus précis. Toutefois, étant donné ses habiletés pragmatiques, Kaïna a bien compris l'essence du message de Jaffré. De 6 à 9 ans, l'enfant est donc de plus en plus apte à tenir compte du contexte de la situation de communication afin de savoir quoi et quand communiquer, en fonction de son interlocuteur, de l'endroit où il est et de son intention de communication.

En terminant, résumons en affirmant que les acquis pragmatiques de l'enfant mettent non seulement sa compétence linguistique en jeu, mais impliquent aussi pour lui de recourir à des connaissances sociales et culturelles particulières. En ce sens, plus l'enfant possède un répertoire diversifié de vocabulaire, plus il est susceptible d'utiliser des mots appropriés pour communiquer clairement avec autrui (Leaper et Smith, 2004). De la même manière, mieux il connaît les conventions sociales et culturelles en vigueur, plus ses propos sont efficients.

5.3 Développement du langage écrit
Mon entrée formelle dans l'écrit

L'entrée à l'école signifie pour plusieurs enfants l'apprentissage formel de la lecture et de l'écriture. Pour en venir à savoir lire et écrire comme un expert, l'enfant devra s'approprier des stratégies, des habiletés, des connaissances et des attitudes liées à la langue écrite. Voyons de plus près le parcours de l'enfant dans son apprentissage de la lecture et de l'écriture.

5.3.1 Conscience phonologique
Au-delà des sons

Conscience phonologique : *capacité de l'enfant à manipuler consciemment et volontairement les différentes unités de la langue orale.*

La **conscience phonologique** fait référence à *la capacité de l'enfant à manipuler consciemment et volontairement les différentes unités de la langue orale,* comme la syllabe, la rime et le phonème (Bouchard et Charron, 2008). Maéva, 8 ans, consciente que le mot « gâteau » est composé de deux syllabes, que le mot « ballon » rime avec « cochon », que le mot « singe » commence par le même son que « savon » et que le mot « jus » est composé de deux sons, a développé des habiletés métaphonologiques. Comme nous l'avons déjà mentionné, plusieurs recherches montrent que les habiletés métaphonologiques de l'enfant représentent un bon prédicteur de sa réussite en lecture et en écriture (Gombert et Colé, 2000 ; Snow, Burns et Griffin, 1998 ; Stahl et Murray, 1998), elle-même reliée à sa réussite scolaire en général. Comme le précise Boudreau (2005), la conscience phonologique ne peut permettre l'apprentissage de la lecture à elle seule. Toutefois, elle est indispensable à la mise en place des mécanismes de décodage nécessaires en début d'apprentissage de la lecture et de l'écriture.

Syllabe : *ensemble des phonèmes formant une unité qu'on prononce d'une seule émission de voix.*

La **syllabe** correspond à *l'ensemble des phonèmes formant une unité qu'on prononce d'une seule émission de voix* (Bouchard et Charron, 2008, p. 382). Pour l'enfant qui apprend à jouer avec les mots, la syllabe est l'unité qui s'isole le mieux dans un mot. L'identification et la segmentation des mots en syllabes apparaissent chez les enfants dès l'âge de 4-5 ans (Costermans et Giurgea, 1988). Elle est donc l'unité qu'ils vont d'abord développer en conscience phonologique, notamment au préscolaire. Pour travailler la compréhension de la syllabe, il est recommandé de segmenter les mots en syllabes orales, c'est-à-dire de prononcer le mot comme on le dit à l'oral, car l'idée est surtout de travailler les habiletés phonologiques de l'enfant.

Dans le mot « poule », il y a une syllabe orale, /poul/, et non deux syllabes, pou/le, car on ne prononce pas la lettre « e » lorsqu'on l'oralise. Il est à noter qu'il est plus facile de séparer un mot en syllabes lorsque celles-ci se terminent par des voyelles. Par exemple, Camille,

6 ans, sépare avec plus de facilité le mot « bateau » en syllabes, qui se termine par deux voyelles, que le mot « voiture », qui se termine par une consonne lorsqu'on l'oralise « voi/tur ». En fait, on ne prononce pas la lettre « e » comme dans le cas de « valise », « jambe », « chatte ». Signalons que l'enfant n'a pas besoin d'avoir appris à lire pour segmenter en syllabes orales des mots. L'enseignement formel de la langue écrite amène les enseignants à travailler la syllabe écrite afin que les élèves n'oublient pas la lettre « e » qui se trouve dans plusieurs mots en français.

Voyelle: *élément central de la syllabe.*

Digrammes: *sons représentés par deux lettres.*

Trigrammes: *sons représentés par trois lettres.*

À l'intérieur de la syllabe, la **voyelle** est l'*élément central de la syllabe* (Bouchard et Charron, 2008). Par exemple, l'enseignante de Liam lui demande de trouver le nombre de syllabes dans le mot « radis » (deux syllabes: ra/dis) et de nommer les deux voyelles présentes (a dans *ra* et i dans *dis*). Il est à noter que certains **digrammes**, c'est-à-dire les *sons représentés par deux lettres* comme « in », « ou », « en », « on » ou certains **trigrammes**, c'est-à-dire les *sons représentés par trois lettres* comme « eau », « ein », « ain », sont considérés comme des voyelles (Bouchard et Charron, 2008). À titre d'illustration, dans le mot « loup », nous avons une syllabe qui se compose d'un digramme « ou ».

Rime: *répétition d'un même son à la fin de deux mots.*

La **rime** correspond à « *la répétition d'un même son à la fin de deux mots* » (Bouchard et Charron, 2008, p. 382). Par exemple, le prénom « Emmanuelle » rime avec le mot « belle » et le mot « chocolat » rime avec le prénom « Nicolas ». Encore une fois, il est plus facile pour les enfants de faire des rimes lorsque celles-ci se terminent par une voyelle plutôt que par une consonne. Par exemple, pour Antoine, 6 ans et demi, il est plus facile de trouver une rime avec le mot « spaghetti » qu'avec le mot « parc », car la rime comporte trois sons /a/, /r/ et /c/, contrairement à « spaghetti » qui implique un seul son /i/. Mais la rime ne se trouve pas seulement à la fin des mots. À l'intérieur de chaque syllabe, il y a une rime et cette rime contient toujours une voyelle. Par exemple, dans le mot « paradis », on retrouve trois syllabes contenant une voyelle, où chacune présente une rime: « a » dans /pa/, « a » dans /ra/ et « i » dans /dis/. Selon Lecocq (1991), les premières manifestations d'une conscience de la rime s'observeraient vers l'âge de 4 ans, mais selon Leybaert, Van Reybroeck et Ponchaux (2004), cela aurait plutôt lieu vers l'âge de 5 ans.

Phonème : *plus petite unité que l'on puisse segmenter à l'oral.*

Conscience phonémique : *capacité de manipuler consciemment les phonèmes présents dans un mot.*

Le **phonème** correspond, quant à lui, à « *la plus petite unité que l'on puisse segmenter à l'oral* » (Bouchard et Charron, 2008, p. 381). *La capacité à manipuler consciemment les phonèmes présents dans un mot* correspond plutôt à la **conscience phonémique**. Par exemple, dans le mot « cheval », il y a cinq phonèmes (sons) : « ch » « e » « v » « a » « l ». Dans le mot « chanson », il y en a quatre : « ch » « an » « s » « on »[2]. Les enfants francophones extraient plus facilement les voyelles que les consonnes, parce que les voyelles ont le même nom et son, alors que les consonnes ont un nom et un son différents. Par exemple, Maximilien, 7 ans, a plus de facilité à identifier à l'oral les voyelles dans le mot « photo » que les consonnes. Il le prouve lorsqu'il dit : « J'entends

2. Le son « an » s'écrit [ã] en alphabet phonétique international (API). Dans le cadre de cet ouvrage, nous avons fait le choix d'inscrire le son comme il s'écrit et de ne pas utiliser l'API.

deux "o" dans le mot "photo" ». Les débuts d'une conscience du phonème se manifesteraient vers l'âge de 6-7 ans, ce qui correspond au moment de l'apprentissage de la lecture et de l'écriture (Leybaert, Van Reybroeck et Ponchaux, 2004). Le phonème est donc la dernière unité apprise par l'enfant. Le niveau de conscience phonémique de l'élève est un gage du succès ultérieur en lecture (Castle et Colthart, 2004).

Relevons, au passage, que certaines recherches démontrent que les enfants manipulent les unités linguistiques dans l'ordre suivant : la rime, la syllabe et le phonème (Alegria et Morais, 1979 ; Lecocq, 1991). D'autres travaux privilégient plutôt l'enseignement de la syllabe, ensuite des unités à l'intérieur de la syllabe, qu'on appelle unités intrasyllabiques, et enfin des phonèmes, et ce, en fonction de la progression de chaque enfant (Nyssen, Terwagne et Godenir, 2001). Quoiqu'il en soit, il est important de se rappeler qu'il faut respecter la progression d'apprentissage de ces unités linguistiques selon le niveau de développement de chaque enfant.

5.3.2 Conscience de l'écrit
Comment découvrir l'écrit

Avant même de commencer l'enseignement formel de l'écrit, soit la lecture et l'écriture, il est souhaitable que les enfants aient développé des habiletés liées à la conscience de l'écrit. Mais qu'est-ce que la conscience de l'écrit ? L'enfant de nature curieuse se pose généralement les questions suivantes : À quoi sert l'écrit ? Comment cela fonctionne-t-il ? Comment puis-je m'approprier l'écrit ? (Chauveau, 2000 ; Charron et Bouchard, 2008.) Pour en arriver à se poser ces questions, l'enfant doit d'abord être conscient de la présence de l'écrit dans son environnement : les écrits sur les emballages de différents produits, les journaux et les revues que papa et maman lisent, les panneaux publicitaires croisés lors de balades en voiture, les albums pour enfants, etc. De plus, l'enfant veut connaître l'utilité de l'écrit. Des chercheurs comme Chauveau (1997) ainsi que Purcell-Gates et Dahl (1991) rapportent que les enfants de la maternelle qui se sont faits une idée de l'utilité de la lecture ont de meilleures chances de réussite en lecture à la fin de la 1re année. Le tableau 5.1 présente et illustre différentes fonctions de l'écrit.

L'enfant veut aussi comprendre comment l'écrit fonctionne. En lisant des albums et en écrivant devant les enfants, l'adulte lui permet d'apprendre à tenir l'album à l'endroit, à tourner les pages dans le bon sens du début à la fin, à lire et à écrire de gauche à droite et de haut en bas. L'enfant s'aperçoit qu'un même objet est utilisé pour représenter l'écrit : les lettres. On remarque que les jeunes enfants apprennent assez tôt la chanson de l'alphabet. Toutefois, ce n'est pas parce que l'enfant connaît cette chanson qu'il est capable de nommer le son et le nom de chacune des lettres. Il est donc important d'offrir des situations d'apprentissage contextualisées où l'enfant sera graduellement amené à les apprendre. Par exemple, à partir des prénoms des enfants de sa classe de 1re année, Sophie présente les lettres et les sons à ses élèves au moyen de devinettes : « Quels sont les prénoms qui contiennent le son /f/ ? Oui, vous avez raison, il y a Philippe et Fanny. Avez-vous remarqué que le son /f/ ne s'écrit pas de la même manière ? Pouvez-vous me trouver d'autres mots avec le son /f/ écrit avec la lettre "f" ou avec les lettres "ph" ? »

Tableau 5.1
Présentation et illustration des fonctions de l'écrit

Fonction	Illustration des fonctions
Exprimer ses besoins, ses sentiments et ses goûts.	Alexanne, 6 ans, veut inviter ses amis à son anniversaire. Avec son éducatrice du service de garde, elle rédige son message d'invitation qu'elle transcrira ensuite dans les petites cartes qu'elle a créées.
Garder en mémoire et organiser des informations.	Dans la classe préscolaire de Nancy, chaque élève a une responsabilité qu'elle prend soin d'écrire sur une affiche. Ainsi, elle s'assure avec les enfants que toutes les responsabilités sont comblées et que chacun se souvient de sa tâche.
S'informer et informer.	Pour documenter leur recherche, Alexandre et Emma, 8 ans, lisent un livre sur le *Titanic*. Ensuite, ils présentent le résultat de leur recherche à la classe afin d'informer les élèves sur le sujet.
Découvrir, explorer, apprendre, connaître.	Avec son ami, Félix-Antoine, 9 ans, regarde la carte du Canada et essaie d'apprendre le nom des provinces canadiennes.
Communiquer avec les autres.	Les élèves de la classe de 1re année de Sylvain correspondent avec des élèves d'une autre école du quartier. À la fin de l'année scolaire, ils se rencontreront pour échanger de vive voix dans le cadre d'une activité spéciale.
Créer, imaginer.	Pour présenter les créations artistiques des enfants du service de garde à leurs parents, Michelle, éducatrice, leur propose de donner un nom original à leur chef-d'œuvre.
Agir et faire agir.	Sophie organise une expérience scientifique avec ses élèves de 2e année. Elle lit chacune des étapes de l'expérience et les enfants collaborent à la réalisation de chacune d'elles.

Inspiré de Bédard *et al.* (2005), Boisvert et Gagnon (2005), dans Bouchard et Charron (2008).

5.3.3 Connaissance des lettres
« A, B, C, D, E, F, G… »

Préalablement à l'apprentissage de la lecture, l'enfant doit connaître le nom des lettres. Les voyelles sont souvent présentées en premier à l'enfant, car la correspondance sons-lettres est plus facile à établir puisqu'elle est univoque, par exemple /a/ pour « a »). Tandis que pour les consonnes, le son et le nom sont différents, comme /be/ pour « b ». Selon le document *Progression des apprentissages*, l'élève doit en venir à être capable par lui-même de nommer les lettres dans l'ordre alphabétique, d'identifier les différents allographes tels que les lettres minuscules, les lettres majuscules, les voyelles et les consonnes dans un mot à la fin de sa 1re année (MELS, 2009).

De plus, il doit être amené à manipuler et à regrouper les lettres pour former des combinaisons comme les lettres « p, q, d, b », qui ont la même forme, à jouer avec les lettres des prénoms des enfants du groupe-classe, à reconnaître des différences ou ressemblances entre des lettres-mots, etc. Manon, enseignante en 1re année, écrit un message du matin au tableau : « Bonjour, mes coquins ! Ce matin, c'est la fête de Samuel. Bisous, Manon. » Elle invite les enfants à nommer les lettres qu'ils connaissent et leur fait remarquer dans le message les lettres majuscules en début de phrase et aux noms propres ainsi que les lettres minuscules. Pour réussir en lecture, les enfants doivent d'abord reconnaître les lettres et développer leurs habiletés métaphonologiques (Ehri, Nunes, Stahl et Willows, 2001), d'où l'importance de les soutenir sur ces plans. La section 5.4 sera d'ailleurs l'occasion de présenter différentes pratiques éducatives et enseignantes favorisant le développement de ces habiletés chez l'enfant de 6 à 9 ans.

5.3.4 Compréhension du principe alphabétique
La clé du coffre au trésor de l'écrit

Disposant de bonnes habiletés phonologiques, l'enfant est plus susceptible de développer sa compréhension du principe alphabétique. Le **principe alphabétique** correspond à « *la connaissance des lettres et à la conscience des lettres et de leur relation avec les sons* » (FCSGE et RCRLA, 2007, p. 12). Plus précisément, le principe alphabétique

> **Principe alphabétique :** connaissance des lettres et conscience des lettres et de leur relation avec les sons.

LE DÉVELOPPEMENT DU LANGAGE, DE LA LECTURE ET DE L'ÉCRITURE DE 6 À 9 ANS

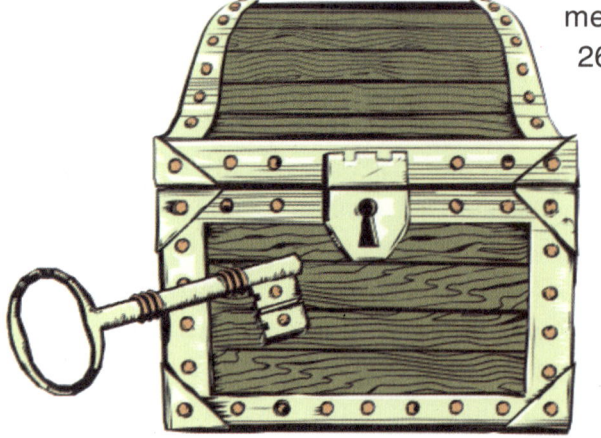

met en correspondance les graphèmes, soit les 26 lettres de l'alphabet ou les groupes de lettres comme « ou, in, ch et eau », et les 36 phonèmes qu'on retrouve en français (Catach, 1995). D'après le document *Progression des apprentissages,* dès la 1re année du primaire, l'enseignant fait des interventions pour que l'élève apprenne à connaître les graphèmes les plus couramment employés pour représenter un phonème. À titre d'exemples, nommons les phonogrammes « o », « au », « aux », « eau », « eaux » pour écrire le son /o/ et l'identification des lettres ou graphèmes « ch » dans le mot « chat » en le reliant au son /ch/ (MELS, 2009).

Ainsi, dans le système alphabétique français, un phonème peut correspondre à une ou plusieurs lettres et l'inverse est également possible (Jaffré et Fayol, 1997). Illustrons cette affirmation avec le son « o » qui peut s'écrire de différentes façons : « o », « au », « eau », « aux » et « eaux ». En développant une compréhension adéquate du principe alphabétique, l'enfant augmente ses chances de réussite à long terme en ce qui concerne son apprentissage de la lecture (Stanovich, 1986). En effet, en ayant la capacité de distinguer à l'écrit les différents sons produits à la lecture, il sera plus en mesure d'en dégager un sens qui soit approprié.

En service de garde, au préscolaire et au primaire, lorsque l'éducatrice ou l'enseignante montre une lettre aux enfants, il est important qu'elle présente simultanément le son et le nom de la lettre. Par exemple, Simon, éducateur auprès d'enfants de 1re année, écrit son nom sur une feuille en leur mentionnant que la première lettre de son prénom s'appelle « s » et qu'elle fait le son /s/. Pour que les enfants puissent comprendre le principe alphabétique, ils doivent non seulement connaître le nom des lettres, mais aussi le son qui lui est associé. L'apprentissage des correspondances entre les unités orales, les phonèmes et les unités écrites, soit les lettres ou les groupes de lettres, permet à l'enfant de s'approprier le code de l'écrit. Mais de quoi est constitué ce code? Dans la section suivante, nous répondons à cette question.

Le code secret de l'écrit

5.3.5 Système d'écriture alphabétique

Le système d'écriture alphabétique est un plurisystème, c'est-à-dire qu'il repose sur un code écrit composé de trois sous-codes : le code phonographique, le code morphographique et le code logographique (Catach, 1995). L'apprentissage du code écrit correspond à l'entrée formelle dans l'écrit à 6-7 ans et se poursuit chez les élèves de 8-9 ans et plus.

Le **code phonographique** *se compose des **phonogrammes**, soit les lettres ou les groupes de lettres qui transcrivent les sons du langage.* En français, il existe 130 phonogrammes distincts (Catach, 1995). Pour écrire le mot « autobus », Gabrielle, 7 ans et demi, explique à son enseignante qu'elle entend les sons /o/ /t/ /o/ /b/ /u/ /s/ et qu'elle va transcrire ces sons par les lettres et groupes de lettres suivants : « au », « t », « o », « b », « u », « s ». Comme les enfants font leur entrée dans l'écrit par la stratégie phonologique, le code phonographique est le premier qu'ils développent, car, rappelons-le, il sert à transcrire à l'écrit les sons du langage.

Le **code morphographique** *comprend des **morphogrammes**, soit des lettres muettes qui ne traduisent pas des sons, mais plutôt le sens*. Il en existe deux types : les morphogrammes lexicaux qui précisent la famille de mots auquel le mot appartient, par exemple, la lettre muette « t » dans le mot « cha**t** », et la lettre muette « d » dans le mot « gran**d** ». Les morphogrammes grammaticaux indiquent le genre, le nombre, le mode ou le temps. C'est le cas de la lettre muette « e » dans « joli**e** », de la lettre « s » dans « chien**s** » et dans « tu cour**s** ». Dans sa dictée, Yasmine, 8 ans, écrit « Les chats jouent. » et se souvient que son enseignante lui a dit qu'il faut mettre un « t », car au féminin on utilise le « t » pour écrire « chatte », et qu'il faut mettre un « s », car il y a plus d'un chat quand on utilise le déterminant « Les ». Pour écrire le mot « jouent », l'élève doit comprendre qu'il s'agit ici du morphogramme grammatical « -ent » qui indique la 3ᵉ personne du pluriel. Sauf pour les lettres muettes qui marquent la personne comme dans « Ils nag**ent** » et qui est enseigné en 3ᵉ année du primaire, les élèves apprennent les

---

Code phonographique : se compose des **phonogrammes**, soit les lettres ou les groupes de lettres qui transcrivent les sons du langage.

Code morphographique : comprend des **morphogrammes**, soit des lettres muettes qui ne traduisent pas des sons, mais plutôt le sens.

rôles des lettres muettes dès le premier cycle du primaire et doivent être capables de les identifier seuls à partir de la 3e année du primaire selon le document *Progression des apprentissages*.

Code logographique : renvoie aux mots qui se prononcent de façon identique, les homophones ou les **logogrammes**, mais qui s'écrivent différemment pour que le lecteur puisse en récupérer le sens.

Le **code logographique** *renvoie aux mots qui se prononcent de façon identique, les homophones ou les* **logogrammes**, *mais qui s'écrivent différemment pour que le lecteur puisse en récupérer le sens.* C'est le cas des mots « cou », « coup » et « coût » par exemple. Dans la production écrite qu'il a en devoir, David, 9 ans, veut écrire « ver de terre » et il demande à son éducateur de l'aider à choisir le bon homophone parmi les choix proposés par son enseignante : « *vert* », « *vers* », « *verre* », « *ver* » ou « *vair* ». Ainsi, son éducateur cherche avec lui dans un dictionnaire électronique afin de comprendre les différents sens de chacun des mots et de trouver la réponse. Le tableau 5.2 présente un résumé des sous-codes du code écrit en définissant et en illustrant chacun d'eux.

Tableau 5.2
Résumé des trois sous-codes du code écrit

Code	Définition	Exemple à partir du mot « pot »
Phonographique	Les phonogrammes correspondent aux lettres ou groupes de lettres qui transcrivent les phonèmes.	« p » et « o » sont les phonogrammes.
Morphographique	Les morphogrammes qui traduisent du sens.	« t » est le morphème lexical.
Logographique	Les logogrammes renvoient aux mots qui se prononcent de façon identique, mais qui s'écrivent différemment.	« Pot » et « peau » sont des logogrammes.

La connaissance du code de l'écrit est nécessaire pour l'apprenti scripteur-lecteur engagé de 6-7 ans (Chauveau, 2007). Comme le mentionne Morais (2004), en acquérant le code de sa langue, l'élève peut établir les correspondances graphème-phonème qui sont pertinentes en lecture et les correspondances phonème-graphème, qui elles, sont pertinentes en orthographe. Plus l'enfant avance en âge, plus il a acquis ces correspondances. Ainsi, l'enfant de 8-9 ans les maîtrise davantage puisqu'il lit plus couramment qu'en début d'apprentissage de la lecture.

5.3.6 Développement de la lecture
Le parcours de l'enfant en lecture

La lecture est l'un des apprentissages les plus importants pour l'enfant en début de scolarité primaire (Makdissi et Boisclair, 2004). Du lecteur « en émergence » à son entrée au préscolaire au lecteur confirmé qu'il deviendra à la fin de son primaire, l'enfant parcourt un chemin qui lui permet de développer sa compétence à lire. Le tableau 5.3 présente la progression en lecture de l'enfant de 6 à 12 ans. Cette progression sera ensuite expliquée et illustrée à l'aide d'exemples concrets, en particulier pour les enfants de 6 à 9 ans concernés dans ce chapitre.

Tableau 5.3
Le cheminement typique de l'enfant dans son développement de la lecture

Tranche d'âge	Cheminement typique de l'enfant	Compétence à lire des textes variés
5ᵉ et 6ᵉ année (10-11 ans et 11-12 ans)	Lecteur confirmé	Stratégies de compréhension plus complexes
3ᵉ et 4ᵉ année (8-9 ans et 9-10 ans)	Apprenti stratège	Stratégies de compréhension de base
Chevauchement entre la fin de la 2ᵉ année et le début de la 3ᵉ année (7-8 ans et 8-9 ans)	Lecteur en transition	Lecture courante
À la fin de la 2ᵉ année (7-8 ans)	Lecteur débutant	Identification correcte des mots
Milieu de la 1ʳᵉ année (6-7 ans)	Apprenti lecteur	Découverte du principe alphabétique
La plupart des enfants du préscolaire (5-6 ans) et du début de la 1ʳᵉ année (6-7 ans)	Lecteur « en émergence »	Reconnaissance logographique

Adapté de Giasson (2003).

L'enfant de 5-6 ans qu'on décrit comme lecteur en émergence ne sait pas lire et il n'a pas encore compris le principe alphabétique. Cet enfant adore se faire raconter des histoires, est sensibilisé aux différentes fonctions de l'écrit et est capable de reconnaître des mots dans son environnement (Giasson, 2003). Romane, 6 ans, adore que son éducatrice en service de garde lui lise des albums. Lorsqu'elle connaît bien certaines histoires, Romane les raconte à ses amis de son groupe qui ne savent pas encore lire comme elle.

L'apprenti lecteur découvre le principe alphabétique, ce qui l'amène à pouvoir lire des mots et des phrases et à comprendre de petits textes. Cependant, cet enfant ne maîtrise pas encore complètement le code. Il utilise le contexte pour émettre des hypothèses en lecture lorsqu'il n'est pas capable de lire certains mots, mais oublie parfois de les vérifier (Giasson, 2003). Louka, 7 ans, essaie de lire un petit livre. À la première page, il hésite sur un mot. Il décide alors d'utiliser l'image lui donnant accès au contexte de l'histoire et tente de décoder le mot à lire.

Le lecteur débutant consolide et intègre ses habiletés d'identification de mots (Giasson, 2003). L'élève a maintenant une bonne maîtrise du code et peut lire de façon autonome de nouveaux textes.

Toutefois, sa lecture n'est pas encore fluide, car il hésite encore sur certains mots, ce qui lui demande d'en identifier quelques-uns (Giasson, 2003). En lisant un nouveau texte dans son manuel, Théo, 7 ans et demi, ne reconnait pas tous les mots et elle doit parfois prendre le temps de les identifier avant de poursuivre, ce qui rend sa lecture plus ou moins fluide.

Le lecteur en transition est celui qui doit lire plus régulièrement et aisément (Giasson, 2003). Il a un répertoire plus vaste de mots qu'il est capable de reconnaître rapidement. Ainsi, l'enfant arrête moins souvent sa lecture pour décoder certains mots. Toutefois, l'élève qui lit couramment n'a pas nécessairement développé une bonne compréhension. Il faut donc s'assurer qu'il identifie et comprend bien les textes qu'il lit (Giasson, 2003). Marion, 8 ans, lit au quotidien, car elle est une passionnée de petites collections d'albums jeunesse. Son éducatrice la questionne souvent sur ses lectures. Marion réussit généralement bien à résumer en ses mots ses lectures.

Toujours selon Giasson (2003), l'apprenti stratège est encouragé à maîtriser des stratégies de compréhension en lecture. Certaines de ces stratégies ont été développées au début de son apprentissage de la lecture, alors que d'autres doivent être maîtrisées pour l'aider à comprendre des textes plus complexes. Léonie, 9 ans, avant de lire un texte, a pris l'habitude de se questionner, notamment sur le sujet du texte et sur ce qu'elle connaît du sujet. Une belle habitude à développer et à conserver ! Enfin, le lecteur stratège et le lecteur confirmé feront l'objet du chapitre 9 où l'on s'intéressera à l'enfant de 9 à 12 ans.

5.3.7 *Explorateur jusqu'au bout... des yeux*
Décodage, fluidité et compréhension en lecture

La lecture comprend l'habileté à identifier les mots, par le décodage ou par la reconnaissance globale, à lire de façon fluide et à comprendre un texte. Commençons par l'identification des mots par le décodage. Le décodage permet d'identifier des mots inconnus en utilisant le principe alphabétique, soit en appliquant les règles de correspondance graphème-phonème ; le décodage correspond à la voie indirecte en lecture. À l'inverse, le lecteur utilise la voie directe lorsqu'il identifie les mots de façon globale, en retrouvant leur représentation visuelle dans le lexique mental qu'il a en mémoire. Dans ce cas, les mots traités qu'il a doivent lui être familiers.

Des études longitudinales ont montré que les enfants qui présentent des lacunes en conscience phonologique en 1re année ont un développement très lent de l'apprentissage de la stratégie de décodage (Juel, 1988 ; Sprenger-Charolles, Béchennec et Lacert, 1998). Un minimum de conscience phonologique est donc nécessaire pour lire et pour orthographier (Juel, Griffith et Gough, 1986).

Il n'y a pas de recette miracle : plus le lecteur débutant lit, plus il développe sa fluidité en lecture. La pratique de la lecture doit avoir lieu à l'école, mais aussi à la maison. Selon Giasson (2003), deux conditions sont nécessaires pour développer la fluidité en lecture : lire souvent et lire des textes faciles. Les élèves ont une lecture plus fluide généralement vers la fin du premier cycle, soit vers l'âge de 7-8 ans, et au début du deuxième cycle, soit vers l'âge de 8-9 ans (Giasson, 2003).

Les recherches démontrent que dès l'âge de 8 ans il est possible de distinguer les bons lecteurs de ceux qui commencent à accuser un retard en lecture (Giasson, 2003).

La reconnaissance instantanée des mots et la lecture par groupe de mots représentent les deux composantes de la fluidité en lecture. La première composante, **reconnaître des mots de façon instantanée**, renvoie à l'*habileté de l'élève à accéder directement aux mots qui font partie de son lexique mental*, ce qui lui permet de conserver une bonne vitesse de lecture. En reconnaissant rapidement les mots, il est plus facile de comprendre les phrases lues. Par exemple, Louis-Philippe, 8 ans, lit chaque jour en classe et chaque soir avant de se coucher. Il reconnaît de plus en plus les mots qu'il lit, ce qui l'aide à mieux comprendre le texte. À l'opposé, Anaïs, 8 ans aussi, n'aime pas la lecture et fait souvent semblant de lire lors des périodes de lecture. Elle utilise encore beaucoup le décodage pour lire, car elle reconnaît peu de mots, ce qui rend ses lectures très ardues.

> **Reconnaissance des mots de façon instantanée :** habileté de l'élève à accéder directement aux mots qui font partie de son lexique mental.

La deuxième composante, **lire par groupes de mots**, renvoie à l'*habileté de l'élève à utiliser les indices syntaxiques*, c'est-à-dire la façon dont la phrase est construite, *et les indices graphiques*, par exemple la ponctuation, *pour identifier dans la phrase des groupes de mots qui sont reliés par le sens* (Giasson, 2003). Depuis que Cédric, 9 ans, scinde ses textes par groupes de mots avec un crayon, par exemple « Dans mon grand chaudron,/ j'ai versé du bouillon/ et des légumes. », il a amélioré sa fluidité en lecture.

> **Lecture par groupes de mots :** habileté de l'élève à utiliser les indices syntaxiques.

Giasson (2003) propose des échelles qui permettent d'observer le développement de la fluidité en lecture des élèves. Le tableau 5.4 présente et illustre ce développement.

Lire consiste aussi à comprendre un texte. La **compréhension en lecture**[3] peut être définie comme la *capacité à construire, à partir du texte et des connaissances antérieures, une représentation mentale cohérente de la situation évoquée par le texte* (Rouet, 2001). La compréhension en lecture implique aussi que l'élève reconstruise le sens d'un texte (Réseau canadien de recherche sur le langage et l'alphabétisation, 2009). Cette reconstruction se fait à partir de l'interaction entre le lecteur, le texte et le contexte (Giasson, 1990).

> **Compréhension en lecture :** capacité de l'élève à construire, à partir du texte et des connaissances antérieures, une représentation mentale cohérente de la situation évoquée par le texte.

---

3. Pour plus d'informations à ce sujet, le lecteur est invité à consulter Giasson (1990).

Tableau 5.4
Grille d'observation de la fluidité en lecture

Échelles	Illustrations
Lecture sous-syllabique	L'élève reconnaît quelques lettres sans arriver à lire des syllabes.
Lecture syllabique	L'élève déchiffre syllabe par syllabe.
Lecture hésitante	L'élève lit mot après mot.
Lecture hésitante courante	L'élève lit par groupes de mots, mais éprouve encore certaines difficultés.
Lecture courante	L'élève lit sans hésitation.
Lecture expressive	L'élève lit couramment en mettant le ton.

Tiré de Giasson (2003).

Outillé pour lire
5.3.8 Stratégies de compréhension en lecture

Vers 6-7 ans, l'enfant qui est en apprentissage de la lecture doit mettre en place différentes stratégies de compréhension en lecture. Une **stratégie de lecture** est définie par Giasson (2000) comme *un moyen ou une combinaison de moyens mis en œuvre de façon consciente et contrôlée par le lecteur pour parvenir à comprendre un texte.*

Avant de commencer la lecture d'un texte, l'enfant peut ainsi mettre à profit des stratégies de lecture qui consistent à préciser son intention de lecture, activer ses connaissances antérieures, élaborer des prédictions, survoler le texte afin d'en déterminer la forme.

Pierre-Luc, enseignant en 1re année, fait la lecture à ses élèves tous les jours et profite de ce moment pour présenter ou réactiver des stratégies de lecture. Avant de commencer la lecture de l'album *Tortue pingouin*, il questionne les élèves : « À partir du titre et en regardant l'image de la page couverture, pouvons-nous prédire le sujet de cet album ? Qui en est l'auteur ? Qui en est l'illustrateur ? Est-ce que nous avons déjà lu des albums écrits et illustrés par cet auteur ? Quel est le but de notre lecture ? De quel type de livre s'agit-il ? Est-ce que la lecture de cet album va nous apprendre des choses sur les tortues ou les pingouins ou est-ce un livre qui nous permettra de nous divertir ? Est-ce que vous avez des connaissances sur les tortues ou les pingouins

> **Stratégie de lecture :**
> moyen ou combinaison de moyens mis en œuvre de façon consciente et contrôlée par le lecteur pour parvenir à comprendre un texte.

qui pourraient nous être utiles lors de la lecture ? Est-ce que vous voulez que je vous présente le personnage principal de l'histoire ? Est-ce que vous connaissez la signification du mot "dandiner", car il se retrouve à quelques reprises dans le texte ? etc. » Ces questions ont pour objectif d'encourager les élèves à discuter et à se préparer à la lecture de l'album.

Ensuite, pendant la lecture, l'utilisation de stratégies contribue à soutenir l'enfant dans sa compréhension en lecture. Les stratégies peuvent porter : 1) sur la phrase, en lisant des mots dont le sens est familier à l'oral, en tâchant de comprendre le sens des expressions et des mots peu courants et en établissant des liens dans la phrase ; 2) sur l'établissement de liens entre les phrases et entre les paragraphes ; enfin, 3) sur le texte par la gestion et la compréhension du texte. L'enseignant peut proposer des stratégies plus précises, par exemple en suggérant à ses élèves de relire et d'ajuster sa vitesse de lecture, de définir les idées principales et les idées secondaires, de comprendre les mots et les expressions difficiles, de comprendre le sens des phrases et des passages difficiles, d'élaborer des inférences, d'identifier correctement des référents et des anaphores, de se questionner et d'émettre de nouvelles prédictions et d'utiliser l'imagerie mentale. Certaines de ces stratégies sont d'ailleurs expliquées dans le chapitre 9.

Enseignante au premier cycle depuis plusieurs années, Véronique a décidé de montrer à ses élèves des stratégies pour identifier et reconnaître des mots nouveaux dans un texte. Plus précisément, elle leur apprend à utiliser différents moyens : être attentifs au contexte de la phrase ou du texte, procéder par décodage, tenir compte de la forme du mot- préfixes, suffixes et racines, observer comment la phrase est construite et, enfin, procéder par reconnaissance globale. Après avoir fourni les explications, Véronique organise une période d'ateliers où elle reprend les stratégies enseignées en les appliquant avec un petit groupe d'élèves en difficulté.

Enfin, après la lecture, le travail de compréhension n'est pas terminé. Il est important que le lecteur utilise d'autres stratégies ; par exemple, il peut : 1) dégager de l'information à partir des principaux points du texte et intégrer cette information à ses connaissances antérieures ; 2) organiser les informations en rédigeant un résumé ou en faisant un schéma; enfin, 3) réagir au texte en y portant un jugement, en objectivant ses apprentissages et en évaluant sa compréhension du texte.

François enseigne à des élèves de 3e année. Dans sa classe, il prévoit créer un club de lecture où chaque élève sera invité à rédiger quelques résumés de livres lus durant la période de lecture personnelle ou à la maison. Ce résumé sera affiché sur le babillard du club de lecture. Pour que les élèves s'acquittent bien de cette tâche, François revoit avec eux le schéma du récit composé à partir de la situation initiale, l'élément déclencheur, les péripéties et le dénouement pour ensuite leur enseigner explicitement la façon d'écrire un bon résumé.

5.3.9 Modèle de Ferreiro
Les premiers pas de l'enfant en écriture

À partir de ses recherches réalisées avec des enfants hispanophones du préscolaire, Ferreiro et Gomez (1988) propose un modèle du développement de l'écriture chez l'enfant. Pour elle, même si les enfants ont des différences individuelles considérables, l'acquisition de la langue écrite en tant qu'objet conceptuel suit une progression à travers des étapes bien ordonnées (Ferreiro, 2002). Son modèle est composé de six stades différents, allant du gribouillis et dessins à la formation de pseudo-lettres, de lettres et de mots. Comme le mentionne Thériault (1996), certains stades renvoient à ce qui se produit chez l'enfant avant même qu'il ne développe sa conscience phonologique et d'autres sont atteints après cette même prise de conscience.

Avant de présenter le tableau 5.5, il convient de noter que le français est une langue dite opaque, c'est-à-dire que les correspondances graphèmes et phonèmes ne se font pas terme à terme, contrairement à la langue espagnole qui est une langue dite transparente où les correspondances entre les graphèmes et les phonèmes sont quasi univoques. Par exemple, il existe différentes façons d'écrire le son /o/ en français comparativement à l'espagnol où le son /o/ s'écrit toujours avec la lettre « o ». Cette précision permet de comprendre que les âges qui ont été associés à chaque stade proviennent de résultats obtenus par des enfants hispanophones, non par des enfants francophones. Ainsi, les résultats de Lavoie (1989) montrent que les élèves québécois de 1re année évoluent plus rapidement que ceux de l'échantillon de Ferreiro et Gomez-Palacio (1988).

Les deux premiers stades sont ceux du gribouillis et de la distinction entre le dessin et l'écrit. En général, les enfants de 6 ans ont dépassé ou sont en voie de dépasser ces deux stades. Le troisième stade concerne les écritures présyllabiques. À ce stade, les enfants réalisent qu'il y a une différence entre l'acte d'écrire et l'acte de dessiner. Ils ont alors besoin de communiquer une signification. Ils veulent écrire différents mots, mais ils utilisent souvent les mêmes lettres, généralement celles de leur prénom, comme illustré dans le tableau 5.5.

Le quatrième stade porte sur les écritures syllabiques. À ce moment, les apprentis scripteurs en viennent à établir une relation entre la forme sonore des mots et leur aspect graphique, ce qui fait que l'enfant a souvent tendance à écrire autant de lettres que le nombre de syllabes décelées dans les mots. Par exemple, pour écrire le mot « macaroni », les enfants vont écrire seulement les voyelles de chacune des syllabes : « AAOI ». Durant cette étape, Ferreiro (2002) croit que les enfants sont capables de maîtriser le système alphabétique, pourvu qu'ils en soient les scripteurs. Toutefois, ils ne comprennent pas les écrits des autres. De plus, les jeunes enfants se voient souvent confrontés à un conflit cognitif lorsqu'ils sont appelés à écrire des mots monosyllabiques (une syllabe) ou dissyllabiques (deux syllabes), car, selon eux, un nombre minimal de caractères est essentiel pour l'écriture des mots. En général, ils croient qu'un mot est composé d'un minimum de trois lettres (Ferreiro, 2000). Samuel, 6 ans, veut écrire le mot *tortue*. D'emblée, il écrit les lettres « t » et « u ». À la relecture de son mot, il mentionne qu'il va ajouter d'autres lettres, car il ne croit pas qu'un mot puisse contenir seulement deux lettres !

Tableau 5.5
L'évolution du processus d'écriture chez l'enfant

Stade	Représentation graphique	Caractéristique
1. Stade du gribouillis		L'enfant précise qu'il a dessiné des amis se tenant par le cou et qu'il a écrit le mot *ami*. Le dessin représente à la fois l'objet (les amis) et la trace écrite.
2. Stade de la distinction entre le dessin et l'écrit		L'enfant explique qu'il a dessiné un chapeau et qu'il a écrit en dessous le mot *chapeau*.
3. Stade présyllabique (utilisation de pseudo-lettres et de lettres)	Prénom de l'enfant : Noah Mot écrit : chien	L'enfant utilise des lettres pour écrire des mots. Il utilise généralement celles qu'il connaît, souvent tirées de son prénom. De plus, il va ajuster son écrit au sens des mots, c'est-à-dire qu'il va employer des petites lettres pour écrire le mot *coccinelle* par exemple.
4. Stade syllabique	Mot écrit : bateau	L'enfant utilise une lettre, souvent des voyelles, pour écrire chacune des syllabes d'un mot.
5. Stade syllabico-alphabétique	Mot écrit : cerise	L'enfant commence à comprendre le principe alphabétique et essaie d'écrire les sons qu'il entend dans le mot.
6. Stade alphabétique	Mot écrit : ami	L'enfant comprend le principe alphabétique. Il écrit (graphèmes) les sons (phonèmes) qu'il entend dans le mot. Parfois, il va écrire le mot de façon orthographique, car il l'a enregistré dans son lexique mental.

Inspiré des stades proposés par Ferreiro et Gomez (1988).

Le cinquième stade, ou stade des écritures syllabico-alphabétiques, correspond à l'étape où « l'enfant tantôt analyse quelques syllabes en termes de sons élémentaires, tantôt semble ne pas les analyser et propose une lettre, voire deux, pour une syllabe » (Ferreiro, 2002, p. 110). Pour Ferreiro, cette étape en est une de transition, et ce, en raison de cette alternance entre le quatrième stade et le sixième stade.

Le dernier et sixième stade renvoie aux écritures alphabétiques. Il indique que l'enfant est capable de se représenter tous les phonèmes d'un mot. Notons que l'enfant n'utilise pas toujours la norme orthographique dans ses écrits, même s'il a atteint le stade alphabétique. Par ailleurs, même s'il peut segmenter des mots plus adéquatement, cela ne signifie pas qu'il a terminé de construire sa compréhension du système d'écriture.

Après les écritures alphabétiques, l'élève de 6-7 ans qui est en 1re année apprendra différentes stratégies qui lui permettront d'écrire les mots de façon orthographique. Cet apprentissage de l'orthographe fera l'objet d'un enseignement tout au long de son primaire. D'après le programme *Progression des apprentissages*, les élèves du 1er cycle doivent apprendre à orthographier 500 mots d'ici la fin du cycle et 1000 mots pour les élèves du 2e cycle du primaire (MELS, 2009).

5.3.10 Modèle de Frith
La tresse de l'écrit

Pour résumer le chemin que parcourt l'enfant pour développer son langage écrit, nous nous référerons au modèle de Frith (1985), car il rend bien compte du processus entourant cette acquisition. Contrairement au modèle de Ferreiro qui traite seulement du développement de l'écriture, ce modèle explicite le rapport entre l'acquisition de la lecture et l'acquisition de l'écriture, en l'occurrence l'orthographe. Le modèle de Frith est composé de trois étapes successives communes ayant deux

Capsule 5.1

Les préoccupations des jeunes scripteurs

En s'inspirant des travaux de Ferreiro réalisés en contextes hispanophones, Montésinos-Gelet a réalisé des études auprès d'enfants francophones. Selon elle, les jeunes scripteurs francophones ont différentes préoccupations (Montésinos-Gelet, 2007). Contrairement à Ferreiro qui propose une évolution étapiste, c'est-à-dire suivant diverses étapes, Montésinos-Gelet croit que les enfants ne franchissent pas nécessairement ces préoccupations de façon chronologique et qu'ils peuvent avoir plus d'une préoccupation. Ainsi, l'enfant ayant des préoccupations visuographiques accordera beaucoup d'importance à l'apparence matérielle de l'écriture comme l'écriture linéaire, orientée de gauche à droite, composée de lettres qui peuvent être de diverses formes.

Lorsque l'enfant prend conscience que l'écrit véhicule du sens et cherche à comprendre le lien entre la trace écrite et ce sens, on dit qu'il a des préoccupations sémiographiques et lexicales. La mémorisation lexicale est un moyen conventionnel de mettre en lien le sens et la trace écrite. L'enfant choisit « de produire des traces différentes pour des mots différents, et ce, même si son répertoire de lettres peut être limité avant l'enseignement systématique de l'écrit » (Montésinos-Gelet, 2007, p. 43).

Les préoccupations relatives au principe alphabétique correspondent à la mise en relation entre l'oral et l'écrit. Les enfants ayant ces préoccupations sont plus conscients des sons de la langue et tentent de mémoriser les correspondances phonèmes/graphèmes. Ceux qui ont des préoccupations phonographiques tâcheront notamment de faire correspondre l'ordre des lettres à celui des sons à l'oral ; de considérer tous les phonèmes du mot pour qu'un lecteur puisse lire et comprendre le mot ; de ne pas introduire des lettres qui n'ont pas de fonction ou de ne pas répéter inutilement la transcription d'un phonème (Montésinos-Gelet, 2007). Il est important de mentionner que les enfants ayant ce type de préoccupations n'écrivent pas forcément lisiblement, mais déploient beaucoup d'efforts pour établir un lien entre l'oral et l'écrit.

Enfin, l'enfant ayant des préoccupations orthographiques n'écrit pas de manière orthographique, mais il tente plutôt de comprendre les normes régissant le système alphabétique. Montésinos-Gelet (2007) affirme « qu'il se peut qu'un enfant puisse écrire de manière orthographique sans avoir de préoccupations orthographiques », et ce, lorsqu'un enfant a lexicalisé un mot ou bien s'il écrit un mot régulier au niveau des correspondances phonèmes-phonogrammes. À titre indicatif, Pierre-Alexandre peut écrire de façon orthographique le mot *ami* simplement parce que les correspondances phonèmes-phonogrammes se font terme à terme.

niveaux d'expertise chacune. Le premier niveau renvoie à une stratégie en apprentissage et le deuxième niveau, à une maîtrise de cette même stratégie. Ces étapes, présentées dans le tableau 5.6, vont graduellement amener l'enfant à devenir un lecteur et un scripteur expert.

Tableau 5.6
La tresse de l'écrit : le modèle de Frith

Stade	Lecture	Écriture
1a	logographique	
1b	logographique	logographique
2a	logographique	alphabétique
2b	alphabétique	
3a	orthographique	
3b	orthographique	orthographique

Adapté de Frith (1985).

Étape logographique : étape où l'enfant peut reconnaître immédiatement certains mots familiers grâce à leur configuration.

À la première étape, appelée **logographique**, *l'enfant est capable de reconnaître immédiatement certains mots familiers grâce à leur configuration*. Ce stade apparait chez l'enfant avant son entrée scolaire, ce qui correspond à la tranche d'âge de 3 à 6 ans. Cette prédisposition à reconnaître des mots de façon globale ou « à deviner les mots », sans tenir compte de l'ordre des lettres, est possible grâce aux indices visuels ou contextuels, ainsi que par l'utilisation d'un système sémantique pictural. Par exemple, même si elle ne sait pas encore lire, Éloïse peut reconnaître le logo « DORA », car il se retrouve sur sa boîte à lunch, son livre préféré et même à la télévision. Cette étape concerne seulement l'activité de lecture, car cette capacité de reconnaissance globale est imparfaite pour soutenir la production graphique des mots. Par exemple, Anne, 6 ans, est capable de reconnaître son nom écrit dans le message du matin au tableau, mais ne serait pas capable d'écrire ou de lire les prénoms Annie ou Anna qui sont pourtant composés, à peu de chose près, des mêmes lettres.

Étape alphabétique : étape où l'enfant connaît et utilise la correspondance graphèmes-phonèmes.

La deuxième étape, dite **alphabétique**, *renvoie à la connaissance et à l'utilisation de la correspondance graphèmes-phonèmes*. Le passage à l'étape alphabétique aurait d'abord lieu en écriture. Pour arriver à cette étape, l'enfant doit être placé dans un contexte d'apprentissage de l'alphabet, ce qui lui permettrait de décomposer les mots en lettres

(Gombert, 1991). L'enfant peut lire des mots réguliers par correspondance graphophonologique. Pendant que l'enfant est dans l'étape alphabétique en écriture, il est toujours dans l'étape logographique en lecture. Par exemple, Évelyne, 7 ans, est capable d'écrire quelques lettres du mot « cheval », mais n'est pas capable de le lire. C'est lorsque l'enfant sera plus à l'aise avec ses stratégies alphabétiques en écriture qu'il les utilisera en lecture.

> **Étape orthographique :** étape où l'enfant peut analyser les mots en différentes unités orthographiques, et ce, sans avoir recours à une conversion phonologique.

La dernière étape nommée **orthographique** renvoie à la capacité *d'analyser les mots en différentes unités orthographiques, et ce, sans avoir recours à une conversion phonologique.* L'enfant récupère alors les mots qu'il a emmagasinés dans son lexique mental. Cette fois-ci, le passage à cette étape se fait en lecture dans un premier temps. À l'étape orthographique, l'apprenti lecteur a fait un progrès cognitif considérable, car il est capable de reconnaître des groupes de lettres et de les combiner pour former des mots. Il lui est alors possible de se représenter de façon lexicale les mots familiers, assurant ainsi une certaine automatisation et une plus grande vitesse d'exécution en lecture. Une fois que l'enfant a une bonne maîtrise de la stratégie orthographique en lecture, il la transfère vers la stratégie orthographique en production graphique. On peut voir là l'intrication entre l'apprentissage de la lecture et de l'écriture chez l'enfant.

5.4 Soutenir le développement du langage, de la lecture et de l'écriture
Pratiques éducatives et enseignantes

À l'école, l'enfant poursuit son développement du langage oral, son émergence de l'écrit et amorce son apprentissage formel de la lecture et de l'écriture dès la 1re année du primaire. L'enseignante mettra en œuvre des interventions éducatives et pédagogiques pour soutenir le développement du langage oral et écrit de ses élèves que l'éducatrice pourra soutenir au service de garde, de concert avec la première. Cultiver l'envie d'apprendre à bien communiquer, à lire et à écrire chez les élèves est un beau défi à relever, tant pour l'enseignante que pour l'éducatrice !

5.4.1 Soutenir le développement du langage
Un vrai moulin à paroles

Comme nous l'avons vu précédemment, l'enfant âgé de 6 à 9 ans apprend près d'une dizaine de nouveaux mots par jour, notamment grâce aux lectures qu'il effectue. Il est donc important que l'éducatrice ou l'enseignante offre des contextes qui permettent aux enfants de cultiver le plaisir d'apprendre de nouveaux mots. Rappelons que selon Beck et ses collaborateurs (2002), les enseignantes au préscolaire et de 1re année devraient enseigner le vocabulaire oral, tandis que celles de 2e et 3e année devraient enseigner le vocabulaire à l'oral et l'écrit. Selon Nagy (1988), pour rendre les stratégies d'enseignement du vocabulaire efficaces, trois procédés doivent être présents : 1) l'**intégration**, qui *vise à établir une relation entre les nouveaux mots et les connaissances antérieures de l'élève*; 2) l'**utilisation fonctionnelle**, qui *consiste à rendre l'élève actif dans son appropriation du nouveau mot*; et 3) la **répétition**, qui *sert à présenter le mot dans plusieurs contextes, et ce, dans le but d'amener l'élève à le reconnaître automatiquement*. Illustrons ces trois procédés par une activité impliquant la lecture d'albums de littérature de jeunesse, activité fort appréciée des enfants et grandement exploitée par les enseignantes pour accroître le vocabulaire.

> **Intégration :** *vise à établir une relation entre les nouveaux mots et les connaissances antérieures de l'élève.*
>
> **Utilisation fonctionnelle :** *consiste à rendre l'élève actif dans son appropriation du nouveau mot.*
>
> **Répétition :** *sert à présenter le mot dans plusieurs contextes, et ce, dans le but d'amener l'élève à le reconnaître automatiquement.*

Myriam est enseignante de 3e année et, dans sa classe, il y a 24 élèves. Elle commence chaque matinée par la lecture à voix haute d'un album qu'elle a sélectionné ou qu'un enfant lui a proposé. Elle invite les enfants à lever la main lorsqu'il y a un mot ou une expression dont ils ne connaissent pas la signification. Lors de la lecture de l'album *Comment je suis devenu pirate ?* (Long et Shannon, 2008), Thomas lève la main pour dire qu'il ne comprend pas le mot « pavillon » dans la phrase « Les pirates ont les dents vertes – quand ils en ont, je veux dire. Je sais de quoi je parle parce que, un jour que j'étais à la plage à construire bien tranquillement un château de sable, un bateau de pirates est apparu à l'horizon. Je l'ai reconnu à cause de son pavillon à tête de mort. ». Myriam propose à son groupe d'observer l'image afin de voir s'il est possible de trouver un indice qui permettrait de comprendre le sens du mot « pavillon ». Olivia prend la parole et affirme que ce mot est un synonyme de drapeau.

À la fin de l'histoire, Myriam propose de faire une constellation sémantique sur le thème du bateau afin d'apprendre le nom de ses différentes parties (l'intégration aux connaissances). La figure 5.1 illustre cette constellation. D'après le document *Progression des apprentissages*, l'utilisation de la constellation est en effet une intervention à exploiter dès la 3e année du primaire (MELS, 2009). Elle questionne les enfants sur ce qu'on peut retrouver sur un pavillon : l'emblème d'une équipe, d'un produit chimique, etc. (l'utilisation fonctionnelle). Dans le cadre des olympiades de l'école, Myriam a réutilisé le mot pour demander aux élèves d'élaborer un emblème qui pourrait être reproduit sur un pavillon permettant de représenter l'équipe de la classe de 3e année lors de cet événement sportif et elle l'a exploité de nouveau lors d'une dictée de phrases en classe (la répétition).

Figure 5.1
Une constellation sémantique de type regroupement sur le thème du bateau

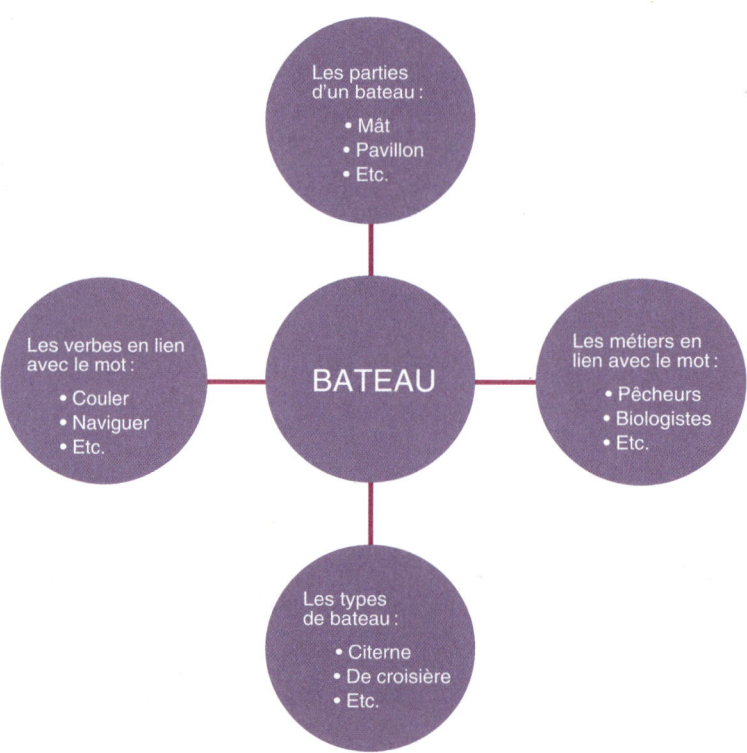

5.4.2 Soutenir le développement de la lecture
Le plaisir d'apprendre à lire

Une éducatrice ou une enseignante motivée et passionnée par la lecture et l'écriture est plus susceptible de transmettre sa passion et d'organiser des interventions éducatives contextualisées et signifiantes pour ses élèves. Dans un groupe ou une classe où la présence d'écrits est riche, les activités de lecture et d'écriture sont quotidiennes et le droit à l'erreur est permis, les élèves conserveront leur motivation dans cet apprentissage complexe qu'est la langue écrite. Le chapitre 9 examine de plus près cette question de la motivation à lire et à écrire.

Jérôme est un enseignant de 2e année qui est reconnu par ses pairs comme ayant des pratiques exemplaires en lecture et en écriture. Dans sa classe, on retrouve une bibliothèque garnie composée, entre autres, d'albums, de documentaires, de revues, de dictionnaires. Il prend soin de présenter chacun des livres qu'il place dans le coin lecture. Il en ajoute régulièrement de nouveaux et offre des livres pour différents niveaux de lecteur (Giasson, 2003), soit pour des élèves trois ans plus jeunes et trois ans plus vieux que l'âge réel des enfants de sa classe. Comme les élèves de sa classe ont 8 ans, on y retrouve des livres pour des enfants de 5 ans et de 11 ans.

En rentrant en classe, les enfants sont invités à se choisir un livre pour une période de lecture individuelle ou en compagnie d'un camarade de classe. Pendant ce temps, Jérôme organise des ateliers de lecture avec deux à quatre élèves autour d'un même livre pour travailler certaines stratégies de lecture. À la fin de cette période, sur une base volontaire, les élèves viennent présenter leur livre afin de donner le goût à d'autres de le lire.

En prévision d'un projet d'écriture « Salon du livre » où chaque enfant devra participer à l'écriture et à la présentation de son livre, Jérôme organise les différentes étapes du projet. Dans un premier temps, il questionne les enfants sur les différents écrits qu'ils connaissent: albums, documentaires, revues, bandes dessinées, pièce de théâtre, petits romans, livres de cuisine, journaux, affiches, etc., et il leur en présente des modèles. Il les questionne sur les fonctions de l'écrit et leur propose d'organiser un salon du livre où plusieurs fonctions de l'écrit seront mises à contribution.

À la suite de cette phase d'initiation, les élèves consultent différents types d'écrits, en discutent pour décider lequel ils choisiront d'écrire seul ou en équipe pour le projet d'écriture. Cette phase de recherche terminée, l'enseignant organise des périodes pour que les élèves puissent rédiger, corriger et illustrer au besoin leur texte. Pour chaque période consacrée à l'écriture, Jérôme est présent pour motiver les élèves, leur enseigner des stratégies, les guider, les corriger, etc. Pour se préparer au salon du livre, les élèves auront à préparer l'invitation qui sera lancée aux autres élèves de l'école et à leur famille.

Avant le jour J, les élèves de la classe de Jérôme se sont présentés leur livre, en le lisant à voix haute et en le plaçant dans la bibliothèque de la classe. Ils ont été invités à se donner des commentaires constructifs sur leur écrit. Enfin, ils ont organisé leur kiosque dans un local de l'école, ce qui leur a permis d'accueillir familles et camarades de l'école à ce « salon du livre ».

5.4.3 Soutenir le développement de l'écriture par les orthographes approchées
Le plaisir d'apprendre à écrire

C'est un secret de polichinelle que pour devenir bon en écriture, il faut s'exercer à écrire le plus souvent possible. Au préscolaire, les enfants de 6 ans sont encouragés à réaliser des écritures spontanées (MELS, 2001), tandis que les élèves du primaire bénéficient d'un enseignement formel de l'écrit. Qu'il s'agisse d'enfants de 6 ans ou de 9 ans, il est essentiel qu'ils soient actifs dans leur apprentissage de l'écriture et qu'ils apprennent à être réflexifs par rapport à leurs écrits. Une pratique enseignante novatrice de l'orthographe, les orthographes approchées, gagne du terrain dans les milieux scolaires, et ce, tant au préscolaire, où les enfants jouent à découvrir l'orthographe des mots, qu'au primaire, où cette pratique permet d'enseigner le système orthographique[4] aux élèves.

---
4. Consulter la section orthographe d'usage du document ministériel *Progression des apprentissages* pour les interventions à mettre en place et les attentes de fin de cycles.

Les orthographes approchées sont des situations d'écriture où les élèves sont conduits, d'une part, à écrire des mots en activant leurs savoirs ponctuels et en partageant leurs réflexions sur le fonctionnement du système alphabétique et, d'autre part, à comparer leurs hypothèses d'écriture au mot normé qui fait ultérieurement l'objet d'un enseignement explicite de l'orthographe par l'enseignant, du primaire seulement. Cet apprentissage par l'action permet aux élèves de solliciter leurs connaissances alphabétiques, même si elles sont incomplètes, pour formuler des hypothèses de correspondances et d'évaluer ces hypothèses contre un modèle pour s'approcher de la norme orthographique. Cette pratique éducative et enseignante est appuyée par une démarche didactique en six phases (Charron, 2006) expliquée dans le tableau 5.7.

Tableau 5.7
La démarche didactique des orthographes approchées

Phase	Explications
1. Le contexte d'écriture et le choix du mot	Contextualiser l'activité d'écriture à partir du mot du jour, d'un album, des mots de vocabulaire de la semaine, etc., et sélectionner le mot à écrire avec les élèves.
2. Les consignes de départ	Renseigner les élèves sur le déroulement de l'activité d'écriture, à savoir le regroupement du travail en collectif, en petits groupes ou en individuel et sur les tâches qu'ils peuvent se partager comme scripteur, porte-parole, détective, etc. Modéliser les stratégies d'écriture comme étirer les mots, couper les mots en syllabes, etc.
3. Les tentatives d'écriture et les échanges de stratégies d'écriture	Encourager les élèves à écrire un mot avec leurs idées, à se questionner, à douter, à partager leurs connaissances sur le système orthographique et leurs stratégies d'écriture.
4. Le retour collectif sur le mot	Offrir un moment où les élèves peuvent partager tous ensemble leurs idées et leurs stratégies, ce qui leur permettra de découvrir et d'acquérir de nouvelles connaissances sur l'écrit.
5. La présentation de la norme orthographique	Inviter les élèves à chercher la norme orthographique des mots au moyen d'outils tels que les dictionnaires illustrés, les dictionnaires en ligne, etc. Comparer leur tentative d'écriture à la norme et observer ce qu'ils ont acquis et ce qu'ils ont à travailler.
6. La conservation des traces et la réutilisation des mots	Conserver les traces écrites des élèves pour qu'ils puissent voir leur progression et leur offrir des contextes permettant de réutiliser les mots qu'ils ont écrits afin de consolider leurs connaissances et leurs stratégies orthographiques.

Adapté de Charron (2006).

Carolina, enseignante en 3e année, réalise des orthographes approchées avec ses élèves régulièrement. Même si sa pratique des orthographes approchées prend différentes formes comme le mot mystère du jour, l'étude de certains mots de vocabulaire ou les devinettes, cette enseignante affectionne particulièrement son activité qu'elle intitule : La nouvelle du jour! Deux matins par semaine, un élève de sa classe est responsable d'écrire au tableau une courte nouvelle d'actualité concernant la musique, le sport, la nutrition, etc., qu'il aura préalablement préparé en faisant des recherches dans des revues ou des journaux en ligne. En écrivant le texte, l'élève doit omettre quelques mots qu'il validera avant auprès de son enseignante. Ensuite, cette enseignante invite ses élèves à tenter de trouver les mots manquants à partir du contexte du texte et à les orthographier. Elle leur donne environ 10 minutes.

En début d'année, elle effectuait cette activité en collectif afin de réaliser de la modélisation de stratégies, puis après, elle a parfois proposé aux élèves de se regrouper ou d'essayer d'écrire seul les mots. Que ce soit seul ou en équipe, Carolina encourage les élèves à réfléchir aux stratégies d'écriture qu'ils utilisent, à les partager s'ils travaillent en équipe, ainsi qu'aux connaissances qu'ils maîtrisent, maîtrisent moins ou pas du tout. Le temps écoulé, elle réalise un retour collectif avec l'ensemble du groupe où elle écrit les propositions d'écriture des élèves au tableau et les questionne sur la façon dont ils s'y sont pris. L'élève qui était responsable de la nouvelle du jour dévoile la bonne orthographe. Carolina profite de ce moment pour faire un enseignement explicite[5] d'une notion orthographique ou d'une stratégie d'écriture et faire ressortir les bons coups des élèves : « Super! Vous vous êtes rappelés qu'il faut deux lettres "f" pour écrire le verbe "souffler" ». Afin de réinvestir les mots travaillés lors de l'activité « La nouvelle du jour! », cette enseignante réalise des productions écrites qu'elle intitule « Cinq lignes, zéro erreur » où l'élève doit réinvestir ses mots. Ainsi, Carolina partage le plaisir qu'elle a d'écrire avec ses élèves, élément essentiel de leur réussite en langue d'enseignement notamment.

---

5. Pour plus d'informations à ce sujet, le lecteur est invité à consulter Giasson (1990).

5.5 Approfondissement
La présentation d'albums de littérature de jeunesse

La lecture d'albums de littérature de jeunesse permet à l'enfant de s'évader, de rêvasser, de se divertir, mais aussi d'apprendre différentes notions liées au monde de la littérature. Annick, éducatrice au préscolaire et passionnée d'albums de littérature de jeunesse, commence toujours par présenter aux enfants les informations qui apparaissent sur la première de couverture. Elle attire leur attention sur l'auteur, l'illustrateur, la maison d'édition et parfois aussi la collection, le titre et l'image. Cette excellente habitude permet aux enfants de découvrir des maisons d'édition, différents auteurs et illustrateurs et d'imaginer un titre à l'album en observant l'image. Cette éducatrice prend l'habitude de présenter des albums écrits par un même auteur ou illustré par un même illustrateur.

Par exemple, elle a découvert que les enfants de son groupe adorent le travail de l'auteur Geoffroy de Pennart, car il a créé plusieurs albums autour de mêmes personnages : *Le déjeuner des loups, Le loup sentimental, Le loup est revenu, Je suis revenu, Le loup, la chèvre et les 7 chevreaux, Igor et les trois petits cochons*. Ils se régalent aussi les yeux des chefs-d'œuvre visuels de l'illustratrice Rébecca Dautremer dans *Les amoureux, Cyrano, Princesses oubliées ou inconnues et Une lettre pour Lili la licorne* et lisent sans se lasser les albums de Mélanie Watts qui est à la fois auteure et illustratrice : *Chester, Le chef-d'œuvre de Chester, Frisson l'écureuil en pleine nuit et Frisson l'écureuil à la plage*. Mentionnons que la tranche, c'est-à-dire le côté du livre, reprend le titre, l'auteur et l'illustrateur de l'album, ce qui lui permet ainsi qu'aux enfants de retrouver rapidement un livre lorsqu'il est rangé dans une bibliothèque.

En ouvrant l'album, l'éducatrice ou l'enseignante peut présenter et expliquer aux enfants ce qu'est une dédicace, c'est-à-dire que l'auteur dédie son œuvre à quelqu'un, généralement, en début de livre.

Certaines dédicaces sont simples en mentionnant le nom de une ou quelques personnes, tandis que d'autres sont amusantes, et parfois même illustrées. Annick aime particulièrement les dédicaces de Geoffroy de Pennart, car elles sont accompagnées d'une illustration fournissant des informations sur la personne à qui il rend hommage. Dans l'album *Je suis revenu*, la dédicace *Pour Balthazar* accompagnée d'une image d'un bébé loup dans un carrosse, nous amène à croire qu'il dédie son livre à un jeune bébé prénommé Balthazar. À la fin de l'histoire, l'éducatrice ou l'enseignante peut questionner les enfants sur le thème de l'album, reconstruire le schéma du récit avec eux, proposer une nouvelle fin, réécrire le livre selon le point de vue d'un autre personnage, etc. Annick propose souvent des albums mis en réseau aux enfants. Par exemple, elle met en réseau différents albums sur le petit chaperon rouge : *Le petit frère du chaperon rouge, Les vacances du petit chaperon rouge, Mademoiselle Sauve-qui-peut, Le petit chaperon vert,* etc.

Parfois, avant de faire la lecture d'un album, Annick montre même aux enfants les images afin d'échanger sur les couleurs, les textures, l'emplacement du texte par rapport à l'image, la calligraphie du texte, etc. Elle en profite pour les questionner sur les ressemblances qu'il y a entre différents albums illustrés par un même illustrateur. En lisant l'album, Annick s'assure que les enfants comprennent qu'il existe un rapport texte-image, l'image aidant à la compréhension du texte.

La quatrième de couverture, qui correspond à l'endos d'un livre, peut proposer un résumé ou un extrait du livre, présenter l'auteur avec ou sans sa photographie ou seulement exposer un petit dessin reprenant certains personnages du livre. Annick présente parfois la quatrième de couverture avant de commencer la lecture de l'album, parfois elle ne la divulgue qu'à la fin. Tout bien considéré, la littérature de jeunesse peut être au service de l'apprentissage et du développement de l'enfant.

5.6 Conclusion
J'apprends à lire et à écrire

Ce chapitre nous a permis d'illustrer le développement langagier de l'enfant de 6 à 9 ans. Nous avons d'abord situé le développement de l'enfant eu égard à son langage oral. Nous avons précisé que les connaissances et les stratégies qu'il a développées à l'oral l'aident grandement dans son apprentissage de la langue écrite. En effet, nous avons vu comment l'enfant fait ses premiers pas en lecture et en écriture dans un contexte d'enseignement formel. Il est à retenir que la lecture et l'écriture ne doivent pas s'enseigner de façon isolée, car l'une influence l'autre, comme le démontre le modèle de Frith. Des interventions éducatives ont d'ailleurs été proposées à titre indicatif pour soutenir l'enfant dans le développement de son langage oral et écrit. Enfin, nous avons expliqué comment présenter les albums de littérature de jeunesse aux élèves et suggéré des pistes d'exploitation pour les aider à faire leur entrée dans l'écrit de façon formelle.

Appliquer pour mieux comprendre
Exercices récapitulatifs

À partir des notions vues dans le présent chapitre, répondez aux questions suivantes. Vous trouverez les réponses à la fin du livre.

1. L'enseignante de Naomi, 7 ans, trouve qu'elle a une bonne conscience phonémique. Qu'est-ce que la conscience phonémique ? Donnez un exemple.

2. Geneviève et Amélie, respectivement enseignantes au préscolaire et en 1re année, veulent proposer une activité signifiante où les deux groupes d'élèves seront sensibilisés à la fonction de l'écrit *exprimer ses besoins, ses sentiments et ses goûts*. Proposez une courte activité signifiante pour des élèves de 6-7 ans.

3. Miro commence sa 1re année. Lorsqu'on lui demande d'écrire le mot « ami », il écrit la lettre *a* et la lettre *i* sur sa feuille. À quel stade se trouve Miro selon le modèle de Ferreiro ?

4. Édouard est en pleine découverte du principe alphabétique. Il est maintenant capable de lire de nouveaux mots et de comprendre de petits albums. Il doit poursuivre ses efforts pour en venir à maîtriser le code. Où se situe Édouard dans son cheminement de l'apprentissage de la lecture ?

5. Frédérique prend le temps de faire des prédictions sur sa lecture et d'activer ses connaissances antérieures lors de ses lectures. À quel moment Frédérique doit-elle utiliser ses deux stratégies : avant, pendant ou après sa lecture ?

Réfléchir pour mieux intervenir
Exercices réflexifs

Afin d'aller plus loin dans l'exercice de votre pensée, les questions suivantes vous sont posées en lien avec le contenu du chapitre. Bonne réflexion !

- Quelles sont les pratiques de lecture et d'écriture que vous privilégiez dans votre classe ou votre groupe en service de garde ?
- De quelles façons pouvez-vous organiser l'environnement de votre classe ou votre local au service de garde pour donner le goût de lire et d'écrire aux enfants ?
- En tant qu'enseignante, vos connaissances sur l'enseignement explicite de la lecture et de l'écriture sont-elles suffisantes pour soutenir les élèves dans le développement de leur langage écrit ?
- Quelles sont vos propres pratiques de lecture et d'écriture ?

Pour en savoir un peu plus
Documents complémentaires

Les documents suivants vous sont proposés afin de compléter les informations présentées dans le cadre de ce chapitre ; il peut s'agir de livres, de sites Internet ou de documents audiovisuels.

LIVRES

Doyon, M. et J. Ledoux-Major (2008). *Pour s'approprier l'écrit. Guide d'enseignement et recueil d'activités*, Montréal, CEC.

Giasson, J. (2003). *La lecture. De la théorie à la pratique* (2ᵉ éd.), Montréal, Gaëtan Morin Éditeur.

Giasson, J. (1990). *La compréhension en lecture*, Montréal, Gaëtan Morin Éditeur.

Jamison R.L. (2009). *40 mini-leçons efficaces pour enseigner l'écriture*, Montréal, Chenelière.

Montésinos-Gelet, I. et M.-F. Morin (2006). *Les orthographes approchées*, Montréal, Chenelière.

Morin, M.-F. et I. Montésinos-Gelet (2007). *Approcher l'écrit à pas de loup. La littérature de jeunesse pour apprendre à lire et à écrire au préscolaire et au primaire*, Montréal, Chenelière.

Nadon, Y. (2002). *Lire et écrire en première année… et pour le reste de sa vie*, Montréal, Chenelière/McGraw-Hill.

Prenoveau, J. (2007). *Cultiver le goût de lire et d'écrire*, Montréal, Chenelière.

Stanké, B., A.M. Jager, B.R. Foorman, I. Lundberg et T. Beeler (2000). *Conscience phonologique*, Montréal, Chenelière.

Turcotte, C. (2008). *Engager l'élève du primaire en lecture*, Montréal, Chenelière.

Turgeon, E (2006). *Quand lire rime avec plaisir. Pistes pour exploiter la littérature de jeunesse*, Montréal, Chenelière.

SITES INTERNET

Indicateurs dynamiques des savoirs essentiels en lecture, <http://www1.sites.fse.ulaval.ca/indisse>, page consultée le 29 juin 2010.

Ministère de l'Éducation, du Loisir et du Sport (2003). *Livres ouverts*, <http://www.livresouverts.qc.ca>, page consultée le 29 juin 2010.

Réseau canadien de recherche sur le langage et l'alphabétisation (2009). *Pour un enseignement efficace de la lecture et de l'écriture*, <http://foundations-forliteracy.ca/pdf/ReadWriteKit_FR09.pdf>, page consultée le 29 juin 2010.

Ressources pédagogiques en ligne du ministère de l'Éducation de l'Ontario, <http://atelier.on.ca/edu/core.cfm>, page consultée le 29 juin 2010.

Zoom Animare, *L'enseignement explicite de la stratégie survol*, <http://zoom.animare.org/zoom/medias/53>, page consultée le 29 juin 2010.

DOCUMENTS AUDIOVISUELS

Stanké, B. (2005). *Madame Mo*, Montréal, Chenelière.

Boisseau, N. (2007). *Chante-moi les sons* (38 min.), Québec, Éditions Septembre.

LE DÉVELOPPEMENT DE L'ENFANT DE 9 À 12 ANS

Je grandis en santé

LE DÉVELOPPEMENT MOTEUR ET LE DÉVELOPPEMENT PSYCHOMOTEUR DE 9 À 12 ANS

Robert Rigal, Caroline Bouchard et Nathalie Fréchette

6 Je grandis en santé

LE DÉVELOPPEMENT MOTEUR ET LE DÉVELOPPEMENT PSYCHOMOTEUR DE 9 À 12 ANS

6.1 Je grandis en santé : introduction 289
6.2 Mon corps change : croissance 289
    6.2.1 Je grandis : croissance staturale 290
    6.2.2 Je prends du poids : croissance pondérale 293
6.3 Je contrôle mes mouvements : développement moteur 295
    6.3.1 Je bats tous mes records : motricité globale 295
    6.3.2 Je jongle : motricité fine et coordination bimanuelle 298
6.4 Je me représente mon corps : schéma corporel et image corporelle 300
6.5 J'expérimente : développement psychomoteur 302
6.6 Je prends soin de ma santé : saines habitudes de vie 306
    6.6.1 Je mange bien : alimentation 306
    6.6.2 J'apprends à être en bonne condition physique :
           pratique d'activités physiques et sportives 312
    6.6.3 J'évite les blessures : éducation à la sécurité 315
6.7 Soutenir le développement moteur et le développement psychomoteur :
    pratiques éducatives et enseignantes 316
6.8 La puberté : approfondissement 320
6.9 Je grandis en santé : conclusion 326
Appliquer pour mieux comprendre : exercices récapitulatifs 327
Réfléchir pour mieux intervenir : exercices réflexifs 328
Pour en savoir un peu plus : documents complémentaires 329

6.1 Introduction
Je grandis en santé

La période qui se situe entre 9 et 12 ans termine l'enfance et précède l'adolescence. La croissance du jeune s'y poursuit, préparant la forte poussée pubertaire à venir. Le niveau de développement moteur atteint lui permet à présent de pratiquer la plupart des sports, pour le simple plaisir ou la compétition. Le jeune prend conscience de sa morphologie corporelle et de la représentation mentale qui s'en dégage, une des assises de son estime de soi. Parallèlement, il complète son développement psychomoteur. C'est aussi un moment où il peut acquérir de saines habitudes de vie, propices au maintien de sa santé, actuelle et future.

Ce chapitre, consacré au développement moteur et au développement psychomoteur des jeunes de 9 à 12 ans, traite des changements morphologiques associés à la croissance, de la consolidation de la motricité globale et fine et de celle du schéma corporel, d'une part, et, d'autre part, de l'organisation spatiale et temporelle. Puis, il aborde la question des saines habitudes de vie, par l'entremise de l'alimentation, la pratique d'activités physiques et l'éducation à la sécurité. Des pratiques éducatives et enseignantes à privilégier pour soutenir le développement moteur et le développement psychomoteur entre 9 et 12 ans sont ensuite proposées. L'approfondissement aborde enfin la question de la puberté.

6.2 Croissance
Mon corps change

La croissance se poursuit au cours de cette dernière période de l'enfance, pour la taille et pour le poids. Voyons de plus près ces changements associés à la croissance staturale et à la croissance pondérale.

Je grandis

6.2.1 Croissance staturale

Zoé, 11 ans, mesure 1,42 m alors que son amie Mylène, qui a pourtant le même âge chronologique, mesure seulement 1,28 m. La première a commencé sa poussée de croissance pubertaire, la seconde, pas encore. Vers 9 ans, les filles et les garçons sont généralement encore très semblables d'un point de vue morphologique, comme l'illustre la figure 6.1. La poussée de croissance des filles se produisant plus tôt que celle des garçons, les premières deviennent légèrement plus grandes que les seconds après l'âge de 10 ans, et ce, jusqu'à l'âge de 14-15 ans. La tendance s'inverse ensuite, après la poussée pubertaire des garçons (Bee et Boyd, 2008 ; Cloutier et Drapeau, 2008 ; Massicotte, 1990 ; Papalia, Olds et Feldman, 2010). Les gains moyens de taille avoisinent les 5 cm par an au début de cette période (voir la figure 6.1), mais augmenteront beaucoup plus par la suite comme conséquence de la puberté (Massicotte, 1990).

Figure 6.1
Évolution de la taille de la naissance à l'âge adulte

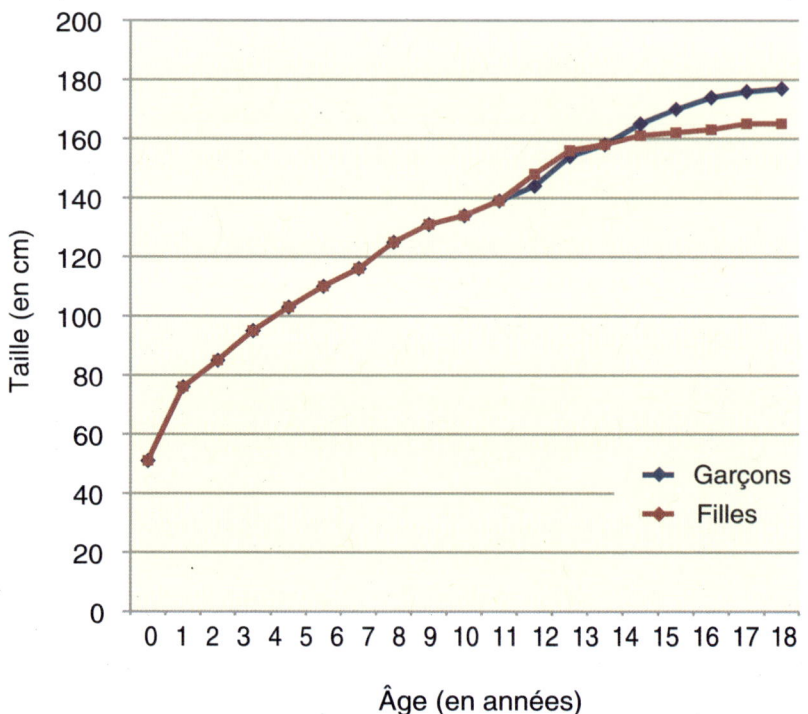

D'après Massicotte, 1990.

Les cartilages de croissance ou de conjugaison, qui contrôlent l'accroissement de la taille, sont bien actifs au cours de ces années, entre 9 et 12 ans. Ils le deviendront encore plus au moment de la poussée de croissance qui accompagne la puberté, avant de s'ossifier à la fin de l'adolescence, lorsque la taille adulte est définitivement atteinte. Le périoste restera par contre actif tout au long de la vie, permettant en particulier la réparation des os après une fracture. Tant que les cartilages de croissance sont actifs, le squelette reste fragile et déformable et les os encore très malléables. Par exemple, lorsque les dents sont écartées, on peut les rapprocher en utilisant des broches sous tension ; avant la mise au point de celles-ci, il suffisait de mettre un petit élastique pour obtenir des résultats spectaculaires en quelques semaines ! Comme les muscles se fixent en particulier sur les os, ils exercent des tractions aux endroits où ils se fixent, ce qui renforce le squelette. Toutefois, étant donné que les tractions sont d'autant plus importantes que la musculature est puissante, des douleurs peuvent alors être ressenties, comme c'est souvent le cas aux genoux ; cela se produit aussi comme conséquence d'une intense pratique sportive (Chan et Miccheli, 1998). À ce sujet, le lecteur peut consulter la capsule 6.1.

Il est à noter que lorsqu'il y a surpoids ou que l'apport en calcium ou en vitamine D est insuffisant, les os des jambes de l'enfant peuvent se courber de deux façons. Elles prennent dans certains cas la forme d'un O, déformation appelée *genu varum*. Si l'on demande à Léo de placer ses pieds l'un contre l'autre, il reste un espace plus ou moins grand entre ses genoux. Elles peuvent aussi avoir la forme d'un X, c'est

Capsule 6.1

L'impact de l'entraînement sur la croissance

Émilie adore le patinage artistique : elle patine cinq à six fois par semaine, en plus des nombreuses compétitions auxquelles elle participe. Son objectif ultime : aller aux Olympiques ! Pendant la croissance, y a-t-il des risques reliés à une pratique intensive d'activités physiques comme le fait Émilie ? Les avis sur ce sujet sont largement divergents. Rappelons-nous que les jeunes ne sont pas de petits adultes (Cook et Leit, 1995) : ils répondent différemment à l'entraînement et possèdent des zones cartilagineuses en croissance qui peuvent être abîmées (Chan et Micheli, 1998). Ce sont les tendons et les zones d'insertion musculaire sur les os qui sont le plus souvent affectés par le surentraînement. Signalons que chez les athlètes de haut niveau, notamment en gymnastique, la taille et le poids peuvent être respectivement inférieurs de près de 10 cm et 10 kg à ceux des filles du même âge chronologique (Courteix, Jaffré, Obert, et Benhamou, 2000). Les jeunes qui pratiquent des sports de haut niveau dépensent aussi beaucoup d'énergie lors des entraînements qui peuvent s'étendre sur près de vingt heures par semaine. Il est donc important que leur alimentation soit ajustée afin de s'assurer que ces jeunes obtiennent tous les nutriments nécessaires à leur croissance, particulièrement en période de puberté. La présence de plus en plus fréquente de nutritionnistes au sein des fédérations sportives permet de s'assurer d'une alimentation plus adéquate et moins dommageable pour la croissance. De plus, Sport Canada a développé un programme *Développement à long terme de l'athlète* (DLTA) qui a pour but de soutenir les jeunes athlètes afin que leur entraînement tienne compte de leur croissance (Sport Canada, 2009).

le *genu valgum*. Dans ce cas, les genoux se touchent lorsque les jambes sont serrées, mais les pieds restent écartés de quelques centimètres l'un de l'autre. Ces déformations sont le plus souvent considérées comme « normales », à l'intérieur de certaines limites par ailleurs. Lorsqu'elles sont jugées trop importantes, le médecin peut en recommander le traitement pour redresser l'axe du membre inférieur.

6.2.2 Croissance pondérale
Je prends du poids

Tout comme la taille qui se modifie, le poids augmente normalement de près de 3 kg par an entre l'âge de 9 et 12 ans, comme l'illustre la figure 6.2 (Bee et Boyd, 2008; Massicotte, 1990; Papalia *et al.*, 2010). Cette augmentation est reliée à l'accroissement en longueur et en épaisseur des os, au grossissement des muscles ainsi qu'à l'augmentation des tissus maigres composés du volume sanguin et des organes internes ainsi que des tissus gras, comme les graisses qui se retrouvent dans les tissus sous-adipeux. Les rapports entre les masses de tissus maigres et de tissus gras différencient toujours les filles des garçons. Pour des raisons génétiques, la masse des tissus maigres est plus importante chez les garçons que chez les filles, l'inverse l'étant pour les tissus gras, et ce, malgré des poids très semblables pour les deux sexes (Cloutier et Drapeau, 2008; Germain, 2009). Enfin, précisons que le poids peut aussi augmenter de façon excessive chez près de 25 % des enfants de cet âge, provoquant surpoids ou embonpoint, voire obésité (Lamontagne et Hamel, 2009; Lightstone, 2004). Il y a embonpoint lorsqu'il y a une surcharge pondérale et de l'obésité lorsqu'il y a un poids excessif dû, dans les deux cas, aux tissus adipeux (Agence de la santé publique du Canada, 2009a; Cloutier et Drapeau, 2008; OMS, 2010). Les seuils servant à distinguer le surpoids ou l'embonpoint de l'obésité se retrouvent au tableau 6.1. Nous approfondirons cette question plus loin, notamment dans l'encadré 6.3.

Pour évaluer si le poids d'une personne se situe dans les normes, ce que l'on appelle le poids santé, il existe un indice très utilisé : l'indice de masse corporelle (IMC) (Agence de la santé publique du Canada, 2009a; Dietz et Bellizzi, 1999; Cole, Bellizzi, Flegal et Dietz, 2000). Cet indice est égal au rapport entre le poids (P) exprimé en kilogrammes (kg) et le carré de la taille (T) exprimée en mètres (m) : soit P/T^2. Par

Figure 6.2
Évolution du poids de la naissance à l'âge adulte

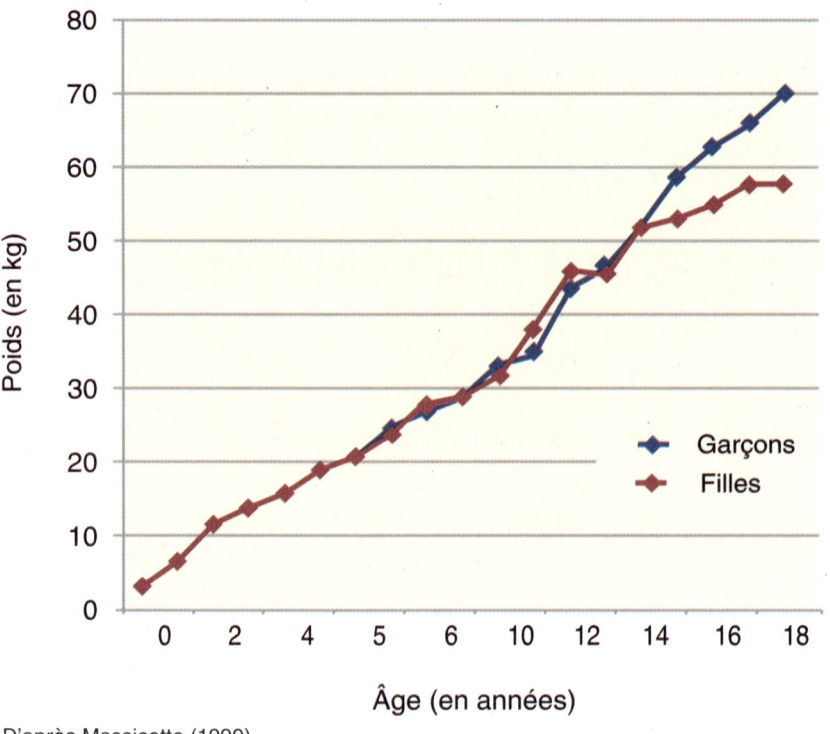

D'après Massicotte (1990)

exemple, Maxime, qui est âgé de 9 ans, a un poids de 25 kg et une taille de 1,25 m. Son IMC est donc de 16, soit $25/1,25^2$. Le tableau 6.1 présente, à titre indicatif, les valeurs limites des IMC en fonction de différentes catégories de situations pondérales et de l'âge ; ces valeurs peuvent changer légèrement en fonction des études retenues pour les établir.

Récemment, la pertinence de ce rapport a été remise en question. En effet, l'indice de masse corporelle prend en compte le poids total du corps qui inclut aussi bien les tissus maigres que les tissus gras. Or, une personne très musclée et une autre de même taille et de même poids, mais avec embonpoint, auront donc le même IMC. Les chercheurs soulignent qu'il importe de prendre également en considération le tour de taille, car la graisse abdominale constitue un facteur de risque très élevé de maladies cardiovasculaires (Lau, Douketis, Morrison, Hramiak, Sharma et Ur, 2007 ; OMS, 2003 ; Poirier, 2008 ; Yusuf *et al.*,

Tableau 6.1
Les valeurs des indices de masse corporelle (IMC) en fonction de l'âge et du sexe des enfants[1]

Situation pondérale	9 ans		12 ans	
	F	G	F	G
Maigreur	<13,1	<13,5	<14,4	<14,5
Poids idéal	14,4-18,3	14,6-17,9	16-20,8	15,8-19,9
Surpoids*	>18,4	>18	>20,9	>20
Obésité*	>21,5	>20,5	>25	>23,6

1. Tableau composé d'après les tableaux de l'Organisation mondiale de la santé en ligne à <http://www.who.int/growthref/who2007_bmi_for_age/en/index.html> et ceux de Statistique Canada, également en ligne à <http://www.statcan.gc.ca/pub/82-620-m/2005001/article/child-enfant/4144161-fra.htm>.

2005). Malgré ces remises en question, l'IMC donne une indication rapide de la constitution morphologique du jeune, ce qui peut être bien utile pour modifier son mode de vie, si cela se révélait nécessaire. De plus, l'IMC procure une mesure utile du degré d'obésité d'une population (OMS, 2003).

6.3 Développement moteur
Je contrôle mes mouvements

Le développement moteur se poursuit entre l'âge de 9 et 12 ans et les performances, de même que la qualité des gestes, s'améliorent au fur et à mesure que passent les années. C'est le cas pour toutes les activités reliées à la motricité globale et à la motricité fine ; en effet, le graphisme devient de plus en plus efficace et la coordination bimanuelle se perfectionne.

6.3.1 Motricité globale
Je bats tous mes records

Chez les jeunes âgés de 9 à 12 ans, les mouvements de motricité globale ont pratiquement terminé leur évolution qualitative. Ainsi, la manière avec laquelle ils effectuent les tâches motrices, que ce soit leur manière de courir, lancer, sauter ou frapper, ressemble largement à celles des adultes pour ces mêmes activités. Les jeunes continuent par contre à progresser largement sur le plan de leur performance motrice grâce à la combinaison de plusieurs facteurs : une coordination motrice plus efficace associée à la maturation neuromusculaire, la taille et la force qui augmentent régulièrement ainsi que la résistance et l'endurance musculaires plus élevées. Ainsi, Anaëlle peut maintenant faire de la gymnastique au sol avec de l'envolée dans ses sauts ; de son côté, Joaquin, 12 ans, peut facilement lancer la balle sur une longue distance au baseball. Le tableau 6.2 présente les performances des filles et des garçons pour la course et les sauts en hauteur et en extension. Il en ressort clairement que toutes les performances s'améliorent entre l'âge de 9 et 12 ans, pour les filles aussi bien que pour les garçons, l'écart entre les deux sexes se creusant entre ces âges surtout pour le lancer.

Alors que la force continue à augmenter pour atteindre son maximum un an environ après le pic de poussée de croissance, la souplesse maximale précède, quant à elle, ce même pic (Malina, Bouchard et Bar-Or, 2004). La souplesse articulaire dépend essentiellement de la possibilité d'étirement des muscles qui se fixent autour des articulations. Cette souplesse caractérise la flexibilité articulaire naturelle comme celle du tronc sur les jambes pour essayer, par exemple, assis au sol, jambes allongées, de toucher les orteils avec les mains en étirant, en l'occurence les muscles en arrière des cuisses, ou de faire le grand écart des jambes ou de se courber en arrière. Si elle n'est pas entretenue, elle diminue au fur et à mesure que les années passent. De façon générale, la performance motrice suit la maturation des jeunes : celui dont la maturation est plus avancée pour un même âge chronologique aura une performance supérieure à celle des autres enfants de son âge. L'équilibre, évalué par des déplacements sur des petites poutres, continue à s'améliorer, les jeunes faisant un nombre de pas plus élevé sur la poutre qu'au cours de la période précédente (Malina *et al.*, 2004).

Tableau 6.2
Performances moyennes des filles et des garçons à différentes activités sportives à 9 et 12 ans

	Filles		Garçons	
	9 ans	12 ans	9 ans	12 ans
Course	5,30 m/s	5,90 m/s	5,50 m/s	6,10 m/s
Saut en hauteur en extension	25 cm	33 cm	27,5 cm	35 cm
Saut en longueur pieds joints	130 cm	160 cm	132 cm	170 cm
Lancer de balle par-dessus l'épaule	10 m	20 m	20 m	33 m

D'après Haubenstricker et Seefeldt, 1986, ainsi que Keogh et Sudgen, 1985.

Entre l'âge de 9 et 12 ans, les performances des garçons deviennent légèrement supérieures à celles des filles, ce que montre également le tableau 6.2. En effet, comme nous l'avons vu précédemment, les garçons disposent d'une masse musculaire plus importante que celle des filles et ils ont moins de tissus adipeux qu'elles (Cloutier et Drapeau, 2008; Germain, 2009; Malina *et al.*, 2004). Cela leur donne un avantage physiologique et biomécanique dans l'accomplissement d'activités physiques requérant de la force, de la puissance, de la résistance et de l'endurance musculaires, comme pour le lancer de la balle par-dessus l'épaule ou la course. En outre, comme ils ont habituellement tendance à faire plus d'activités sportives que les filles, cela leur confère un autre avantage, en particulier dans les lancers (Malina *et al.*, 2004).

Si les valeurs des performances des filles et des garçons diffèrent, les habiletés motrices qui les sous-tendent sont néanmoins équivalentes. C'est la grande conclusion dégagée d'une large étude menée par Rarick, Dobbins et Broadhead en 1976. Ces auteurs ont trouvé que les facteurs importants dans une performance motrice, indépendamment du sexe ou de l'intelligence, sont: 1) la force; 2) la puissance musculaire et la taille; 3) les coordinations visuomanuelle globale et fine; 4) les coordinations des membres inférieurs; 5) l'équilibre; enfin, 6) la quantité de graisse. Par exemple, au soccer, Martin et Cassandra frappent le ballon avec plus de précision et l'envoient plus loin; ils dribblent aussi plus facilement et, en guidant mieux leur ballon, ils peuvent tromper leurs adversaires avec leurs feintes.

Je jongle

6.3.2 Motricité fine et coordination bimanuelle

La dextérité manuelle s'améliore entre 9 et 12 ans. La force de préhension croît ainsi que la vitesse des mouvements des doigts. Il en résulte que Magalie, 12 ans, est plus habile au clavier de son ordinateur, grâce, en plus, à une meilleure coordination visuomanuelle. Les résultats de recherches révèlent d'ailleurs que dans les activités de « *tapping* », consistant à frapper l'index sur une clé télégraphique, comme à l'ordinateur, et de pointillage, comme faire un point dans une série de cercles, les performances augmentent avec l'âge (Rigal, 1976). Étant donné les progrès notables sur les plans de la motricité globale et fine, les activités de cirque, en particulier la jonglerie avec 2 puis 3 balles, deviennent possibles et agréables à pratiquer pour les jeunes ; elles gagnent d'ailleurs en popularité dans les écoles. Ces activités renforcent les coordinations visuomanuelle, bimanuelle et spatiotemporelle, tout en favorisant la persévérance et l'estime de soi !

Dans le domaine graphique, des progrès s'observent dans la vitesse d'écriture de même que dans la qualité du tracé graphique. Les caractéristiques graphiques du style d'écriture se personnalisent eu égard à la taille et à la forme des lettres, ainsi qu'à leur inclinaison : l'élève acquiert peu à peu un style d'écriture qui se rapproche de celui qu'il aura à l'âge adulte. Il écrit de mieux en mieux sur des feuilles non lignées, en alignant le début des lignes à gauche, mais aussi en gardant l'horizontale lorsque sa main d'écriture se déplace de la gauche vers la droite. La hauteur des boucles et des jambages se régularise de part et d'autre de la ligne centrale d'écriture. Toutefois, et comme nous l'avons déjà mentionné au chapitre 2, certaines dysgraphies peuvent subsister, plus souvent chez les garçons que chez les filles (Ajuriaguerra, Auzias, Coumes, Denner, Lavondes-Monod, Perron et Stambak, 1964 ; Labes, 2009). Il peut alors être indiqué de consulter l'orthopédagogue pour une rééducation de l'écriture.

6.4 Je me représente mon corps
Schéma corporel et image corporelle

> **Schéma corporel :** conscience que nous avons de notre corps, à l'arrêt ou en mouvement, des éléments qui le composent et de leur proportion.

Les améliorations motrices et les changements de la morphologie du corps contribuent à faire évoluer le schéma corporel du jeune de 9 à 12 ans. Parler de **schéma corporel**, c'est faire appel à cette *conscience que nous avons de notre corps, à l'arrêt ou en mouvement, des éléments qui le composent et de leur proportion* (Byot, 2008 ; Papalia *et al.*, 2010 ; Rigal, 2003). Il permet notamment à Laure, âgée de 9 ans, de trouver l'interrupteur électrique de sa lampe de chevet quand elle se réveille en pleine nuit : elle sait à quelle hauteur et où il se trouve et elle dirige sa main, sans la voir, vers cette position ; en tâtonnant légèrement, elle le trouve rapidement ! Cette connaissance et utilisation du corps s'améliore, entre autres, par l'intégration dans la mémoire des sensations kinesthésiques en provenance de notre corps en mouvement, ainsi qu'à l'arrêt, et avec la pratique d'activités physiques. En effet, nous devenons plus habiles au fur et à mesure que nous nous exerçons. C'est ce qui s'est passé avec Talia dans son entraînement en danse. Au début, pour exécuter des battements de pieds, elle avait les pieds en flexion au lieu de les avoir en extension. Avec la pratique et les remarques de son professeur, elle a fait attention de les mettre en extension et, maintenant, à 10 ans, elle n'y pense plus : ses pieds sont automatiquement dans la bonne position !

Il va de soi que la croissance modifie en permanence le schéma corporel puisque corps et membres changent de longueur. Comme cela se fait lentement et graduellement, il est difficile d'en percevoir les effets sur l'adresse du jeune. Comme nous l'avons vu au chapitre 2, la possibilité de nommer les différentes parties du corps fait également partie du schéma corporel. L'acquisition de ce vocabulaire débute avec celle du langage et il est largement maîtrisé à l'âge de 9 ans (Rigal, 2003 ; Rigal, Nader, Bolduc et Chevalier, 2009). Rappelons que l'épreuve du dessin du bonhomme, décrite dans le chapitre 2, permet d'accéder à la représentation du corps par l'enfant.

En lien avec la réussite scolaire, on affirmait auparavant que si un enfant éprouvait des difficultés dans ses apprentissages scolaires, c'était parce qu'il avait un mauvais schéma corporel ! On sous-entendait par là qu'il était mal latéralisé, qu'il ne connaissait pas bien l'orientation droite-gauche, qu'il était maladroit. Il est clair aujourd'hui que cela n'explique en rien la réussite ou l'échec scolaire, que ces troubles du schéma corporel sont tout simplement concomitants qu'ils n'auraient aucun lien de cause à effet! En d'autres mots, ces différentes difficultés sont des signes distincts d'un même retard, des aires frontales par exemple. Nous savons que la connaissance de l'orientation droite-gauche relève du domaine cognitif et qu'elle est associée au développement psychomoteur, et non pas neurologique (Rigal, 2003). Il est également clair qu'une latéralité homogène associée à une prédominance hémisphérique n'existe pas, tout simplement parce que les informations sensorielles visuelles et auditives se distribuent dans les deux hémisphères cérébraux, même si chaque hémisphère contrôle la motricité de la moitié opposée du corps. La latéralité est une composante du schéma corporel et il faut la dissocier de la connaissance de l'orientation droite-gauche qui fait partie de l'organisation spatiale, comme nous en avons déjà discuté dans le chapitre 2.

L'**image corporelle** est une autre facette du schéma corporel. Elle concerne *la perception de notre morphologie corporelle et de notre apparence physique, acquise au cours de notre développement, mais aussi dans nos relations avec autrui* (Cloutier et Drapeau, 2008; Meland, Haugland et Breidablik, 2007; Papalia *et al.*, 2010). Elle s'applique à la manière dont le jeune vit son corps, s'il l'accepte ou le refuse. Cette appréciation de l'apparence physique inclut la taille, le poids, la morphologie et le volume du corps, la musculature, les cheveux, la beauté, bref tous ces aspects directement visibles par l'autre. Une étude réalisée au Québec par Ledoux, Mongeau et Rivard (2002) a établi que 55% des enfants de 9 ans étaient satisfaits de leur image corporelle. Toutefois, 34% des filles et 27% des garçons de cet âge souhaitaient une silhouette plus mince, tandis que 11% des filles et 17% des garçons désiraient une silhouette plus grosse.

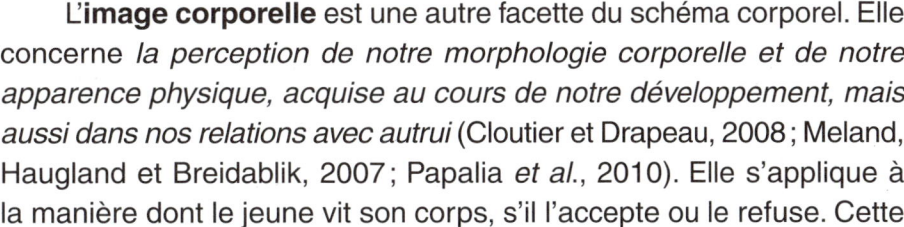

Image corporelle: *désigne la perception de notre morphologie corporelle et de notre apparence physique, acquise au cours de notre développement, mais aussi dans nos relations avec autrui.*

L'image corporelle est influencée par différents facteurs dont les changements corporels de la puberté dont nous venons de parler, mais aussi par les modèles sociaux et l'estime de soi (Réseau canadien pour la santé des femmes – RCSF, 2009). Ainsi, le culte de la minceur véhiculé par les médias influence l'image corporelle que les jeunes ont d'eux-mêmes (RCSF, 2009 ; Réseau Éducation-médias, 2009). D'ailleurs, le ministère de la Culture, des Communications et de la Condition féminine (2009) a déposé la *Charte québécoise pour une image corporelle saine et diversifiée* afin de promouvoir des modèles différents de ceux proposés par les médias. Par ailleurs, les jeunes qui ont une bonne estime de soi ont une meilleure image corporelle que ceux dont l'estime de soi est plus faible (RCSF, 2009). Le milieu scolaire peut lui aussi soutenir les jeunes dans cet aspect de leur développement. En effet, le *Programme de formation de l'école québécoise* – PFEQ (MEQ, 2001b, p. 266) comprend un volet sur l'adoption de saines habitudes de vie qui permettent notamment de développer une image corporelle saine et positive. Nous reviendrons sur certaines de ces thématiques plus loin dans ce chapitre ainsi que dans le chapitre 7.

6.5 Développement psychomoteur — *J'expérimente*

Au fur et à mesure que s'approche l'accès à la pensée formelle, qui sera détaillée dans le chapitre 8, l'importance de la manipulation par les actions motrices pour l'acquisition de concepts s'estompe chez le jeune. De plus, le langage permet de fournir et de comprendre des explications de plus en plus complexes, comme en mathématiques. Par exemple, Étienne, 12 ans, comprend bien qu'à durées égales de déplacement, la voiture qui roule plus vite parcourra une distance supérieure à celle qui roule plus lentement. Toutefois, dans d'autres domaines d'apprentissage comme celui de la science et de la technologie, les expérimentations ou manipulations fournissent encore une base concrète utile à la compréhension de phénomènes plus complexes, tels que les leviers, les effets du degré d'inclinaison de plans inclinés sur la vitesse de descente d'un mobile ou des expériences chimiques (MEQ, 2001b, p. 158).

Sur le plan de l'organisation spatiale, les progrès dans la maîtrise de plusieurs notions se poursuivent entre l'âge de 9 et 12 ans. C'est le cas de différents aspects de la structuration spatiale, en particulier ceux associés à l'espace métrique, permettant ainsi l'utilisation de la rose

des vents et de la boussole, la lecture de cartes et de plans, la compréhension des échelles ayant servi à les établir (MEQ, 2001b, p. 187). Ainsi, Laurence se rend compte que la distance entre Montréal et Québec est très courte sur une carte, mais grande sur une autre ! Pourtant, elle est la même sur le terrain ! En consultant l'échelle qui a été utilisée dans les deux cas, elle vérifie qu'effectivement la distance est la même sur les deux cartes, et ce, conformément à la réalité.

En ce qui concerne l'orientation droite-gauche, soit la capacité de s'orienter en fonction de la « droite de » ou de la « gauche de » par le transfert sur autrui de cette dimension de l'organisation spatiale, il est possible de constater une progression. En effet, si cette tâche était difficile à réaliser entre l'âge de 6 et 9 ans, comme nous l'avons vu au chapitre 2, il en est autrement entre 9 et 12 ans. Ainsi, il est maintenant possible de demander à Abderhamane, âgé de 10 ans, de « se placer à la droite de Luc pour que ce dernier soit à sa gauche à lui ». Cela est rendu possible par l'évolution de ses capacités cognitives, ce qui lui permet d'envisager d'autres points de vue que le sien et de se mettre à la place d'autrui. Dans ce cas, la réversibilité des points de vue est essentielle[1].

Sur le plan de l'organisation temporelle, la composante ordre ou succession ne pose plus de difficulté. En revanche, l'appréciation de la durée n'est pas encore tout à fait maîtrisée chez le jeune de cet âge. Comme nous l'avons vu au chapitre 2, l'évaluation de la durée dépend en effet de l'intérêt pour la tâche à accomplir et de la quantité de changements qui se produisent pendant le temps vécu. Pour Louis, ne rien faire en attendant que les autres élèves aient terminé leur travail fait paraître le temps très long! Au contraire, s'il est absorbé par une tâche très intéressante à l'ordinateur, il ne voit pas le temps passer! Pour les jeunes de 9 à 12 ans, les notions de siècles et de millénaires associés au temps deviennent plus concrètes. Toutefois, celles des ères resteront encore longtemps peu évaluables! L'utilisation de lignes du temps peut permettre d'illustrer un peu mieux, non seulement l'étendue de ces milliards d'années, mais aussi celle des siècles précédents! Il s'agit alors de porter sur une droite des points de repères à distances égales représentant des durées égales qui peuvent être des dizaines, des centaines, des milliers ou des millions d'années. Il est possible de voir un exemple de cet outil pédagogique sur le site Service national du RÉCIT de l'univers social (2009), sous le lien de *La ligne du temps*: <http://www.lignedutemps.qc.ca>.

Si la connaissance des dimensions spatiales et l'appréciation des données temporelles se complètent, leur combinaison dans les activités motrices d'organisation spatiotemporelle d'anticipation-coïncidence, dans lesquelles un objet, ou nous, est en mouvement, s'améliore grandement (Rigal, 2003). Dans ce cas, il ne s'agit pas à proprement parler de connaissances, mais plutôt d'appréciation, d'évaluation des distances ou des trajectoires en fonction du temps : il nous faut évaluer en permanence le temps et la distance nous séparant du point de rencontre, ce que nous faisons plus facilement avec l'évolution de nos perceptions et de leur traitement par le système nerveux central, mais aussi avec notre expérience.

----
1. À ce sujet, le lecteur peut aussi consulter les chapitres 4 et 8.

Ainsi, lorsque Malia s'apprête à traverser la rue pour se rendre chez elle et qu'elle aperçoit une voiture au loin, elle est capable d'ajuster sa prise de décision et de choisir la vitesse avec laquelle elle traversera la rue. C'est aussi ce qui se passe lorsque Nicolas roule à bicyclette sur une piste cyclable et qu'il doit éviter d'autres cyclistes ou personnes sur la piste. Il est aussi possible d'observer que les passes de ballon dans les sports d'équipe, comme le basketball, deviennent plus précises et les attrapers, plus fréquents. Les jeunes sautent de mieux en mieux à la corde, seuls ou en groupes de trois, deux d'entre eux faisant tourner la corde pendant que le troisième saute au centre, seul ou avec d'autres compagnons.

Ces activités se complexifient lorsque la trajectoire de la personne ou de l'objet en mouvement est variable dans le temps ou encore s'avère trop rapide. C'est le cas lorsque le joueur adverse qu'il faut surveiller, au soccer par exemple, change à chaque instant de direction de course pour échapper à notre surveillance. C'est la même chose qui se produit lorsqu'une balle de tennis rebondit sur le sol et dévie ou lorsque le piéton en face de nous s'écarte dans la même direction que nous! Lorsque l'objet se déplace trop rapidement, le temps de traitement de l'information est trop court pour que l'on puisse réagir adéquatement. Il est facile de comprendre que les jeunes réussissent mieux quand eux-mêmes et l'objet sont stables, comme lorsqu'ils frappent un ballon arrêté au sol, que lorsque tous deux sont en mouvement, comme frapper un ballon qui roule au sol en courant. De la même manière, patiner sur la glace entre des cônes stables sur une distance fixe, par exemple 30 mètres, prend moins de temps que de le faire avec le bâton et la rondelle, et ce, a fortiori si le patineur est débutant. Dans ce dernier cas, le contrôle de la rondelle en mouvement s'ajoute au contrôle de l'équilibre dynamique du patineur, ce qui complique sa tâche (Keogh et Sudgen, 1985). Le développement neurologique, que nous avons découvert au chapitre 1, associé à l'âge, et la pratique améliorent progressivement la performance des jeunes et les résultats dans les sports le prouvent bien!

6.6 Saines habitudes de vie
Je prends soin de ma santé

Santé : *état général de bien-être physique, mental et affectif et pas uniquement une absence de maladie.*

La **santé** est un *état général de bien-être physique, mental et affectif et pas uniquement une absence de maladie* (OMS, 1946). Elle reste notre bien le plus précieux et il est possible, par de bonnes habitudes de vie, de contribuer à la maintenir. Elle dépend, bien sûr, de l'absence de maladies, du milieu de vie, mais surtout de l'alimentation, de l'activité physique et de la sécurité (OMS, 2004). Il est essentiel que les jeunes reçoivent une éducation en cette matière pendant leur passage à l'école primaire, formation qui devrait être amorcée et complétée dans le milieu familial. Les prochaines sections présentent, après l'alimentation, des éléments pouvant contribuer à l'adoption de saines habitudes de vie, notamment la pratique d'activités physiques et le fait d'assurer sa sécurité et son bien-être.

6.6.1 Alimentation
Je mange bien

Métabolisme : *ensemble des transformations chimiques et physicochimiques s'accomplissant dans tous les tissus des organismes vivants.*

État nutritionnel optimal : *état métabolique qui permet à l'organisme d'assurer son fonctionnement équilibré, d'éviter les maladies associées à la nutrition et d'accroître ses résistances aux diverses agressions.*

L'alimentation constitue la pierre angulaire de la croissance, car elle apporte l'ensemble des éléments indispensables à la croissance morphologique et aux besoins énergétiques du métabolisme. Le **métabolisme** désigne l'*ensemble des transformations chimiques et physicochimiques s'accomplissant dans tous les tissus des organismes vivants*, qu'il s'agisse de leur stockage, l'anabolisme, ou de leur utilisation, le catabolisme (Malina et al., 2004). **L'état nutritionnel optimal** est l'*état métabolique qui permet à l'organisme d'assurer son fonctionnement équilibré, d'éviter les maladies associées à la nutrition et d'accroître ses résistances aux diverses agressions*, comme les infections et les maladies, *mais aussi de réguler la température* (Malina et al., 2004). Une alimentation appropriée favorise en effet l'atteinte de plusieurs objectifs : apporter les éléments nutritifs indispensables à la croissance physique, assurer un équilibre énergétique en évitant des apports caloriques supérieurs aux dépenses énergétiques, diminuer les risques de maladies chroniques, etc. (Lightstone, 2004). Parmi les éléments nutritifs se retrouvent les protéines, pour la structure et le fonctionnement des cellules, les lipides, graisses et huiles, et les glucides, sucres ou hydrates de carbone, qui fournissent l'énergie nécessaire à la croissance et aux activités de la vie quotidienne. S'y ajoutent les vitamines, les minéraux et l'eau.

Les apports énergétiques et nutritionnels quotidiens appropriés, suggérés par le *Guide alimentaire canadien* de Santé et Bien-être Social Canada (2007), doivent provenir d'aliments répartis en quatre grands groupes présentés dans la figure 6.3: les viandes-poissons-œufs et substituts, le lait et les produits laitiers, les fruits et légumes et, enfin, le pain et les céréales. Les portions recommandées sont clairement indiquées dans le *Guide alimentaire canadien* (2007) et sont reprises en fonction de l'âge dans le tableau 6.3. Il semble que ce soit dans les groupes « fruits-légumes » et « lait-produits laitiers » que se

Figure 6.3
Apports nutritionnels quotidiens recommandés dans le *Guide alimentaire canadien* (2007)

Source: Santé Canada (2007).

Tableau 6.3
Portions alimentaires quotidiennes recommandées

	4-8 ans	9-13 ans
Légumes et fruits	5	6
Produits céréaliers	4	6
Lait et substituts	2	3-4
Viandes et substituts	1	1-2

Source : Santé Canada (2007).

situent les plus grandes carences alimentaires au Canada : moins de 30 % des jeunes de 9-12 ans consomment les quantités requises (Lightstone, 2004).

Entre l'âge de 9 et 12 ans, les besoins caloriques d'un garçon passent de 1800 à 2200-2500 kilocalories (Kcal) par jour et de 1600 à 2100 Kcal par jour pour les filles. On s'assure ainsi que leur croissance se fasse dans de bonnes conditions et qu'ils disposent de l'énergie nécessaire dans la réalisation de leurs activités. Ces besoins seront satisfaits par les apports en protéines dans une proportion de 15-20 %, en lipides, 30-35 %, et en hydrates de carbone, 50 % (Lightstone, 2004 ; Mongeau, 2002). Par exemple, si Xavier qui est âgé de 10 ans apporte dans sa boîte à lunch un sandwich au thon fait avec 2 tranches de pain de blé, 2 onces de fromage, 1 berlingot de lait ou une bouteille d'eau, quelques carottes, une pomme et une orange, il a un menu équilibré qui répond en bonne partie à ses besoins nutritionnels quotidiens. Notons que certains aliments, souvent parmi les préférés des jeunes, sont dits à « calories vides ». Il ne faut pas croire qu'ils sont vides de calories pour autant ! Au contraire, ils en regorgent ; outre d'être composés de sucre ou de sel, ils n'ont aucune valeur nutritive (OMS, 2004). Entrent dans ce groupe d'aliments les croustilles, les boissons gazeuses, les bonbons, les jus sucrés, les glaces, les beignets, les aliments panés, le chocolat commercial en tablettes, etc. Consommés en trop grandes quantités, ces aliments interfèrent avec la croissance et le poids des jeunes. Évidemment, il est préférable que leur consommation ne soit qu'occasionnelle ! La capsule 6.2 nous informe d'ailleurs des effets de la malbouffe sur la santé des enfants.

Capsule 6.2

Le combat contre la malbouffe

Pour témoigner de l'importance d'une alimentation saine auprès des élèves, une expérience édifiante a été réalisée dans une classe du primaire par Marielle Ledoux, nutritionniste, pour le compte de l'émission *Enjeux* (Turcotte, Gravel et Pednault, 2006). Dans le cadre de cette expérience, deux groupes de deux souris ont reçu des régimes alimentaires différents. Le groupe A a consommé de la malbouffe, comme des croustilles et des boissons gazeuses. Le groupe B, lui, a pu recevoir une alimentation saine comme du pain de blé entier et de la farine de légumineuses. Après 6 semaines à suivre ces régimes, les souris du groupe B se sont révélées être en pleine santé, tandis que les souris du groupe A perdaient des poils et affichaient des problèmes cutanés. En supprimant en plus les roues à l'intérieur de la cage des souris du groupe A, celles-ci ont pris très rapidement du poids par manque d'exercice physique. Fait à noter, en redonnant une saine alimentation aux souris du groupe A ainsi que leurs roues, celles-ci ont retrouvé leur poids et de beaux poils après 3 semaines ! Bien que réalisée chez l'animal, cette expérience illustre parfaitement les effets conjugués et bénéfiques d'une saine alimentation et de l'exercice physique sur la santé.

Malnutrition : *alimentation mal équilibrée ; elle peut l'être en quantité, en qualité ou les deux à la fois.*

Bien que nous vivions dans une société relativement nantie, il arrive que des élèves souffrent de malnutrition. **La malnutrition** est une *alimentation mal équilibrée ; elle peut l'être en quantité, en qualité ou les deux à la fois*. La capsule 6.3 aborde le thème de l'obésité, causée généralement par une alimentation de mauvaise qualité et consommée en trop grande quantité. Nous savons maintenant que les micronutriments participent aussi bien à la croissance qu'au fonctionnement du système nerveux : il est alors facile de comprendre que leur déficit entrave le fonctionnement des neurones, à la base de tous les processus cognitifs notamment. De plus, la malnutrition peut entraîner un retard de la croissance, une baisse de l'attention, un excès de fatigue et, parfois même, une baisse du rendement scolaire (Benton, 2008a, b ; Grantham-McGregor, 2005 ; Mercier, Ionescu et Salbreux, 1999).

Au Québec, pour des raisons le plus souvent économiques, près de 30 % des enfants ne déjeunent pas ou n'ont pas un déjeuner santé avant de partir à l'école (Club des petits déjeuners, 2009). Présent dans 244 écoles au Québec, le Club des petits déjeuners offre des menus qui respectent le Guide alimentaire canadien ainsi que la politique

Capsule 6.3

Je mange bien et je m'active : halte à l'obésité !

Peu répandue il y a un quart de siècle, l'obésité a fait une entrée fracassante dans nos sociétés occidentales, mais aussi chez certains groupes africains, asiatiques et des îles du Pacifique. L'**obésité** se définit comme « *un excès de masse adipeuse répartie dans l'ensemble des parties grasses du corps pouvant engendrer des problèmes de santé* » (Agence de la santé publique du Canada, 2009a ; OMS, 2003, p. 7). Elle semble être une conséquence manifeste et indéniable des changements de régimes alimentaires reliés, en particulier, à l'augmentation de la consommation de sucre et de graisses, ainsi qu'à des loisirs sédentaires accrus, concomitants à une baisse marquée de la pratique d'activités physiques (Rapports de l'OMS, 2004 ; Shields, 2004 ; Tremblay, 1999). La figure 6.4 illustre bien le fait que lorsque l'équilibre énergétique est rompu, le risque d'obésité cogne à la porte !

Cette tendance est planétaire : plus de 400 millions de personnes seraient obèses dans le monde et, fait alarmant, la moitié serait des enfants âgés de moins de 5 ans ! Il est estimé qu'environ 10 % à 22 % des jeunes Québécois

Obésité : *excès de masse adipeuse répartie dans l'ensemble des parties grasses du corps pouvant engendrer des problèmes de santé.*

Figure 6.4
L'équilibre énergétique

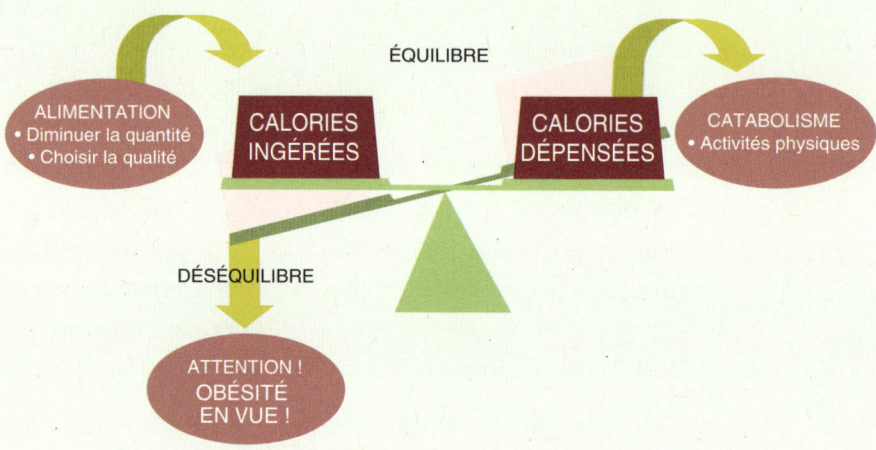

et Québécoises de 6 à 16 ans présentent de l'embonpoint et que près de 6 % à 10 % des garçons et 4 % à 9 % des filles sont considérés obèses (Lavallée et Stan, 2004; Mongeau, Audet, Aubin et Baraldi, 2005; Lamontagne et Hamel, 2009; Montpetit, 2009). Au Canada, le pourcentage d'enfants en situation de surpoids a triplé en 20 ans et touche maintenant 30 % d'entre eux (Lightstone, 2004; Shields, 2004). La prévalence de l'embonpoint serait passée de 11 % à 33 % chez les garçons et de 13 % à 27 % chez les filles. De son côté, la prévalence de l'obésité serait passée de 2 % à 10 % chez les garçons et de 2 % à 9 % chez les filles! (OMS, 2003; Shields, 2004; Tremblay, Morrisson, et Tremblay, 2006.) Les enfants obèses à 6 ans et au-delà ont plus tendance à le demeurer une fois rendus à l'âge adulte (Lamontagne et Hamel, 2009; Lightstone, 2004; Roche, 1981). La plupart des cas d'obésité (97 %) sont d'origine alimentaire ou associés à des prédispositions héréditaires, les autres provenant de troubles métaboliques ou de maladies. Dans ce dernier cas, des dysfonctions dans la régulation génétique du taux de différentes hormones, comme la leptine sécrétée par les tissus adipeux et la ghréline sécrétée par l'estomac, seraient suspectées (Altman, 2002; Lalhou, Landais, De Boissieu et Bougnères, 1997).

Pourquoi devons-nous nous préoccuper de l'augmentation fulgurante du surpoids et de l'obésité parmi les élèves de cette tranche d'âge et pourquoi est-il impérieux de l'éviter? Parce qu'il apparaît de plus en plus clair, au fur et à mesure que les données sont disponibles, qu'elle favorise l'apparition de troubles associés comme le diabète de type II, l'hypertension, les accidents cardiovasculaires et vasculaires cérébraux et le cholestérol, et qu'elle diminue par le fait même l'espérance de vie (Agence de la santé publique du Canada, 2009a; OMS, 2004). L'obésité empêche aussi d'atteindre un niveau élevé de pratiques d'activités physiques: le coût métabolique est plus élevé pour un enfant obèse compte tenu de sa corpulence et d'une exécution moins habile de l'activité, les deux engendrant une inefficacité mécanique. En veillant à une saine alimentation et en ayant recours à l'activité physique, nous pouvons agir efficacement sur notre santé.

Pour un virage Santé à l'école du MELS (2007b) (Club des petits déjeuners, 2009). Offrir chaque matin des petits-déjeuners aux élèves qui en ont besoin, comme le fait le Club des petits déjeuners dans des milieux moins nantis, s'inscrit dans cette préoccupation de fournir l'apport nutritionnel adéquat, tant pour la croissance que pour la concentration. De plus, le Club propose aussi des activités et des sorties pour favoriser l'activité physique et l'estime de soi chez les jeunes.

6.6.2 *J'apprends à être en bonne condition physique* — Pratique d'activités physiques et sportives

L'activité physique occupe une place importante dans la croissance, le maintien de la santé physique et mentale, la gestion du stress, l'acquisition de l'endurance physique, le contrôle du poids, le maintien de la concentration (MEQ, 2001b), etc. À la suite d'une pratique régulière d'activités physiques comme la marche, la course, la danse aérobie, et de sports, comme le hockey, le basketball, le soccer, plusieurs composantes physiologiques vont connaître des modifications. Il s'agira d'une diminution pour certaines, comme les fréquences cardiaque et respiratoire, les masses grasses, la pression artérielle, et d'une augmentation pour d'autres, comme le débit cardiaque, la consommation d'oxygène et les masses maigres. Toute pratique d'activités physiques et sportives sollicite inévitablement le cœur, les poumons et les muscles, sans compter les organes internes, particulièrement le foie et les reins. Il en résulte une meilleure condition physique (Barnett et Hamel, 2002). Cette efficacité accrue du système cardiovasculaire se répercute sur le fonctionnement des organes au repos; le cœur d'une personne entraînée bat de 20 % à 30 % moins vite que celui d'une personne physiquement non active, soit une différence de 10 à 20 pulsations par minute. Le calcul de cette diminution de battements de cœur sur une année vous amènera sans doute à débuter votre entraînement sur-le-champ!

La pratique régulière et quotidienne d'activités physiques favorise l'acquisition et le maintien de la santé, ceux-ci constituant des objectifs majeurs de l'éducation physique à l'école (MEQ, 2001b, p. 256). Cette pratique développe aussi la souplesse, la coordination motrice et le contrôle de l'équilibre, favorise un rapport tissus maigres/tissus gras équilibré, la forme ou la condition physique se traduisant par une résistance et endurance musculaires et des capacités cardiorespiratoires plus grandes, comme la possibilité de faire un effort physique modéré sans s'essouffler tout de suite.

Ces changements fonctionnels s'appliquent ainsi aux modifications des systèmes neuromusculaire, cardiovasculaire et respiratoire qui favoriseront l'atteinte de performances de plus en plus élevées. Ainsi, Albert peut maintenant jouer plus longtemps au soccer sans être constamment obligé de se reposer après seulement quelques minutes de course! Cela provient d'une amélioration du transport et de l'utilisation de l'oxygène par son corps, ce qui augmente sa résistance et son endurance musculaires. Lorsque nous faisons un effort progressif, la quantité d'oxygène consommé augmente linéairement avec l'augmentation de l'intensité de cet effort. En d'autres mots, plus l'effort musculaire fourni est important, plus la consommation d'oxygène augmente, avant d'atteindre un plafond. Cette quantité atteint un plateau même si l'effort augmente: c'est ce que l'on appelle la consommation maximale d'oxygène ou VO_2 max. C'est l'indice de la puissance aérobie maximale de chaque personne qui donne une indication de sa forme physique. Cette puissance dépend de l'hérédité, du sexe, de l'âge, mais aussi du rapport tissus maigres/tissus gras. Comme la puissance du cœur des enfants de 9 à 12 ans augmente ainsi que le volume de leurs poumons, et qu'ils réduisent les contractions musculaires parasites, ils deviennent aussi fonctionnellement plus efficaces (Malina *et al.*, 2004). Les jeunes, en vieillissant, vont donc courir de plus en plus longtemps, tout en ressentant moins de fatigue. Parallèlement à ces changements fonctionnels, les enfants deviennent plus efficaces d'un point de vue biomécanique avec les changements des longueurs des segments corporels. Leurs bras étant plus longs, ce bras de levier accru permet des lancers plus puissants.

Que se passe-t-il après les deux périodes hebdomadaires d'éducation physique habituellement prévues à l'école pour la pratique d'activités physiques ou sportives? La majorité des enfants, filles aussi bien que garçons, combinent, en dehors de l'école, la pratique d'activités physiques et les activités sédentaires comme lire, jouer à l'ordinateur ou regarder la télévision (ICRCP, 2005a), le pourcentage d'enfants physiquement actifs ayant diminué au cours des deux dernières décennies (Clark, 2009). La plupart des activités physiques pratiquées sont plus de nature spontanée, comme faire de la bicyclette, de la planche à roulettes, que structurée comme les sports collectifs ou la danse qui supposent des lieux de pratiques particuliers ou l'adhésion à un club. Si le hockey, le baseball, la natation intéressent moins les jeunes, le soccer par contre a beaucoup gagné en popularité, tant chez les garçons que chez les filles (Clark, 2009). Les garçons pratiquent toutefois plus de sports que les filles. En effet, à l'âge de 9 ans, 54 % des garçons déclarent pratiquer plus de 7 séances d'activité physique par semaine, en plus des cours à l'école, comparativement à 44 % de filles (Barnett et Hamel, 2002). Il est à noter que la pratique d'activités physiques pour le plaisir convient à plus de jeunes que les activités de compétition.

Quel modèle, nous, adultes, fournissons-nous aux jeunes en matière d'activités physiques et sportives ? Des chiffres montrent que près de 60 % des adultes pratiquent irrégulièrement une forme ou une autre d'activités physiques et plus de 25 % n'en pratiquent pas du tout. En plus, 40 % des parents accompagnent leur enfant à quelques reprises pour faire de l'activité physique avec eux, tandis que 20 % n'y participent jamais (Nolin, Prud'Homme, Godin et Hamel, 2002 ; ICRCP, 2005b). Est-ce suffisant pour les convaincre de la nécessité de faire de l'activité physique ? Certainement pas, lorsque nous connaissons la force de l'exemple sur l'acquisition des comportements (Bandura, 2003) ! Comme le souligne le programme *L'école en santé* (MELS, 2005), l'éducation à la santé relève de toutes les personnes œuvrant à l'école, personnel enseignant et éducateur, aussi bien que personnel administratif. Elle inclut plusieurs aspects comme l'acquisition de connaissances théoriques sur le fonctionnement de notre corps et la nécessité d'en prendre soin tout au long de la vie, les effets de l'exercice sur les fonctions physiologiques et psychologiques comme résultat de la participation active dans la pratique régulière et sécuritaire de différents sports ou d'activités physiques. Elle comporte également des aspects liés à l'alimentation et à l'organisation de la pratique d'activités physiques, comme la planification des efforts et leur répartition dans un plan hebdomadaire ou annuel (MEQ, 2001b).

Pour éduquer les jeunes à la santé, ils doivent d'abord comprendre les bienfaits de la pratique d'activités physiques et de saines habitudes de vie sur celle-ci (MEQ, 2001b ; MELS, 2005). La sédentarité est notre plus grande ennemie et en même temps elle est si facile à adopter !

Pour retirer le maximum de bénéfices de notre activité physique, il est bon de combiner les exercices de course, d'assouplissement et de musculation, en utilisant dans ce cas en tout ou en partie son corps. Les jeunes doivent connaître et respecter leurs rythmes biologiques, en reconnaissant par exemple que le matin se prête bien aux activités de type cognitif et l'après-midi, aux activités physiques (INSERM, 2001).

En somme, il va de soi que l'idéal pour conserver une bonne santé reste la combinaison d'une saine alimentation et d'une pratique quotidienne et soutenue d'activités physiques et sportives pour le plaisir de se sentir bien ! Et cet apprentissage doit commencer dès l'enfance. Pour espérer vivre vieux et en santé, il faut donc commencer jeune !

6.6.3 Éducation à la sécurité — J'évite les blessures

Comme nous venons de le voir, il importe de pratiquer des activités physiques. Toutefois, cela doit se faire en toute sécurité. **L'éducation à la sécurité** *concerne la connaissance et la mesure des risques associés à la pratique d'activités physiques et sportives et consiste à apprendre comment les diminuer ou les restreindre par des mesures préventives responsabilisant l'individu; c'est la gestion du risque* (MEQ, 2001b). La prévention est la première étape de la sécurité. Pour cela, il faut s'assurer que l'environnement est sécuritaire et que les appareils, le matériel, les installations et l'équipement, ne présentent pas de danger lors de leur utilisation. Il s'agit aussi de surveiller l'état des chaussures, surtout celui de la semelle, qui doit faire l'objet d'une attention particulière pour prévenir les glissades, les chutes ou les entorses aux chevilles. Les lacets doivent être bien noués. Les limites du terrain à ne pas dépasser ont avantage à être définies et clairement visibles, en utilisant des cônes, des bandelettes de nylon, des cordes, etc.

Mais c'est surtout la vigilance qu'il convient de renforcer chez les jeunes, en les aidant à sélectionner toutes les informations pertinentes sur le contexte dans lequel ils se déplacent : regarder devant soi, ouvrir son champ visuel au maximum, surveiller les dangers en lisant les informations disponibles sur les appareils, etc. Au fur et à mesure qu'ils vieillissent, les lieux où se produisent les accidents changent, passant logiquement de la maison à l'école et aux terrains de sport. D'ailleurs, vers l'âge de 10-11 ans, il y a deux fois plus d'accidents à l'école ou au

> **L'éducation à la sécurité :** *concerne la connaissance et la mesure des risques associés à la pratique d'activités physiques et sportives et consiste à apprendre comment les diminuer ou les restreindre par des mesures préventives responsabilisant l'individu ; c'est la gestion du risque.*

service de garde scolaire qu'à la maison. Chez les enfants de 5 à 9 ans, les blessures aux bras et aux mains représentent 32 % de l'ensemble des blessures ; ce pourcentage atteint 40 % chez les enfants de 10-11 ans auquel s'ajoutent 37 % pour les blessures aux jambes et aux pieds (Agence de la santé publique Canada, 2009b ; Butler-Jones, 2009). D'autres moyens pour prévenir les accidents seront décrits dans la prochaine section, consacrée à l'intervention.

6.7 Soutenir le développement moteur et le développement psychomoteur
Pratiques éducatives et enseignantes

Nous avons vu que de 9 à 12 ans, la croissance du jeune se poursuit et qu'elle dépend dans une large mesure de son alimentation. Le développement moteur et le développement psychomoteur se complètent aussi. En ce qui concerne le premier, la performance augmente dans toutes les activités motrices, grâce à une meilleure coordination neuro-musculaire, à l'augmentation de la force et aux changements des fonctions cardiovasculaires. Pour ce qui est du développement psychomoteur, le jeune maîtrise maintenant les différentes notions associées à l'orientation droite-gauche et devient plus habile à évaluer la durée. Dans les différents jeux de ballon qu'il peut pratiquer, il perfectionne sa coordination spatiotemporelle. L'acquisition de bonnes habitudes de vie, dès cet âge, détermine grandement l'avenir de sa santé. Ces habitudes concernent essentiellement l'alimentation et la pratique d'activités physiques (MEQ, 2001b ; MELS, 2005).

Pour le développement moteur, les activités à pratiquer pour accroître le contrôle moteur dans la motricité globale restent semblables à celles présentées dans le chapitre 2 pour les enfants de 6 à 9 ans. Avec le goût pour le sport qui se développe, l'éventail des activités possibles s'élargit, dans le cadre parascolaire et dans celui des clubs sportifs, des sports collectifs à l'escalade. Les jeunes y pratiquent leurs activités préférées dans un contexte de sécurité élevée, encadrés par des spécialistes de l'activité choisie. Ils y développent les capacités cardiorespiratoires, la coordination motrice ainsi que les facteurs d'anticipation-coïncidence. Au gymnase, il est possible de pratiquer le bowling avec des quilles et des ballons, de s'entraîner à lancer le ballon dans le panier de basket en variant les angles et les distances par rapport au panneau. Les arts martiaux, par exemple l'aïkido, le karaté, le judo et le taekwondo, développent aussi le contrôle de soi et la vitesse de réaction. Patinage et planche à neige sont à privilégier en hiver, l'un comme l'autre améliorant la coordination motrice et la force des membres inférieurs. Il peut aussi être intéressant de demander aux jeunes quelles activités ils aimeraient pratiquer pour faciliter leur adhésion à la pratique de l'activité physique ou de leur offrir de temps à autre des jeux, comme le ballon-chasseur (Nichols, 1997; Schaettel et Bertrand, 2005; Touchard, 2000).

Dans le développement psychomoteur, la manipulation est de moins en moins utilisée au profit de la démarche cognitive directe où les explications prennent une place majeure. Toutefois, en organisation spatiale, l'utilisation des termes « droite et gauche » est à favoriser en prenant autrui comme référence. Par exemple, il peut s'agir d'organiser des activités où l'on demande à Sophie de se mettre à la droite de Magalie, située en face d'elle, puis à Luc de se placer à la gauche de Magalie mais aussi à la droite de Sophie. En organisation temporelle, il peut être demandé aux jeunes d'évaluer le temps qu'ils ont mis pour parcourir quatre fois de suite le tour de la cour ou du gymnase: il faut bien sûr avoir déjà chronométré cette durée pour la comparer à leurs propres évaluations! Toutes les activités sportives avec déplacement personnel ou avec un ballon favorisent la maîtrise de la coordination spatiotemporelle avec ses facteurs d'anticipation-coïncidence.

Concernant les saines habitudes de vie et plus particulièrement l'alimentation, la majorité des enfants mangent tous les jours au service de garde de l'école et y apportent souvent leur lunch. Les parents doivent donc s'assurer que les repas sont les plus équilibrés possible, que le contenu de la boîte à lunch de leur jeune est attrayant et varié afin d'éviter la monotonie! Il est possible de leur suggérer des livres fournissant un large éventail d'idées à ce sujet (Breton et Émond, 2001; Thibodeau, 2005). Il peut d'ailleurs être judicieux qu'ils le composent avec l'aide de leur enfant. En effet, il semble que lorsque les jeunes sont impliqués dans la préparation de leur repas, ils sont plus portés à le manger. Ainsi, Édouard prépare-t-il tous les jours son lunch avec ses parents puisque cela s'inscrit dans la routine quotidienne. Ses parents s'assurent que les contenants pour transporter les aliments ne contiennent ni bisphénols ni phtalates, substances classées dangereuses pour la santé à long terme. On ne soulignera jamais assez l'importance du milieu familial dans l'acquisition de bonnes habitudes de vie par les enfants favorisant le maintien de la santé.

Les écoles, de leur côté, ont un rôle majeur à jouer dans l'éducation à une saine alimentation, complémentaire à celui des parents, en évitant entre autres d'offrir dans leurs murs des aliments à faible valeur nutritive (Lightstone, 2004). Le MELS (2005) a d'ailleurs bien détaillé cette proposition dans sa politique sur l'École en santé visant à « faciliter l'acquisition des compétences et développer les comportements favorisant la réussite éducative, la santé et le bien-être ; promouvoir un environnement scolaire et communautaire stimulant, sain et sécuritaire et créer des liens harmonieux entre l'école, la famille et la communauté » (MELS, 2005, p. 1).

De plus, les écoles doivent s'assurer que les lieux où les jeunes prennent leur repas sont sécuritaires, agréables et conviviaux. Les repas doivent être un moment agréable et plaisant (MELS, 2005). En période de croissance, veiller sur l'alimentation est primordial, d'autant plus que c'est à ce moment que les habitudes de vie s'acquièrent. Pour sa part, l'éducatrice peut profiter de l'heure de la collation pour sensibiliser les élèves à l'importance d'une saine alimentation pour leur santé. Le *Guide alimentaire canadien* (2007) constitue un document important pour la favoriser en privilégiant les aliments qui y sont recommandés.

Avec la politique *Pour un virage santé à l'école*, le MELS (2007b) a doublé le temps de pratique d'activités physiques à l'école. Ce temps d'activités peut être allongé pendant les récréations ou après l'école, grâce à la collaboration du service de garde scolaire et aux activités parascolaires offertes par l'école. Ces activités peuvent être de nature sportive, artistique, aussi bien que de découverte. Pour les premières, on peut penser au soccer et au basketball, mais aussi à des activités très appréciées par les jeunes comme le patin à roues alignées ou les activités de cirque. D'ailleurs, pourquoi ne pas consulter les jeunes à cet effet ? Tout comme pour l'alimentation, ils s'impliqueront davantage dans des activités qu'ils auront choisies. C'est ce que fait Lyne, éducatrice au service de garde. Régulièrement, elle questionne les jeunes de

son groupe afin de voir quels sont leurs intérêts. Avec leur collaboration, elle a mis sur pied une activité de danse hip-hop qui a connu un franc succès.

Santé Canada (2010) a publié plusieurs guides pédagogiques d'activités physiques que l'on retrouve sur son site web[2] pour les enfants de 6 à 9 ans et de 10 à 14 ans. Ces guides présentent des moyens d'augmenter la pratique quotidienne d'activités physiques pour diminuer la sédentarité : je bouge 30 minutes de plus par jour et je diminue de 30 minutes par jour mes activités devant un écran, comme l'ordinateur, la télé ou les jeux vidéo. Comme les jeunes aiment relever des défis à leur mesure, l'équipe-école peut également intégrer des programmes comme le *Défi santé 5/30 Équilibre*[3]. Ce programme propose la consommation quotidienne de 5 portions de fruits et légumes ainsi que la pratique de 30 minutes d'activités physiques par jour, qui

---

2. <http://www.phac-aspc.gc.ca/hp-ps/hl-mvs/pag-gap/cy-ej/index-fra.php>.

3. Adresse du site : <http://208.71.11.93/index.php/ds/Le-Defi-Sante/Reglements/Description-du-i-Defi-Sante-5-30-Equilibre-i>.

peuvent être de la marche, combinées à l'amélioration de son équilibre de vie (Acti-Menu, 2010). Les milieux scolaires peuvent donc s'en inspirer largement et inclure ces priorités dans leur projet éducatif.

6.8 Approfondissement — *La puberté*

Au cours de la période précédente située de 6 à 9 ans, la croissance des filles et celle des garçons se comparaient largement. De 9 à 12 ans, les différences de taille vont maintenant commencer à apparaître au profit des filles, et ce, après l'âge de 10 ans. Plus précisément, la puberté commence plus tôt chez les filles et elle se traduit par une augmentation plus rapide de leur taille. La **puberté** caractérise le *processus de maturation sexuelle, déclenché par le système nerveux et les hormones sexuelles, qui marque le passage de l'enfance à l'adolescence et l'acquisition de la fertilité* (Cloutier et Drapeau, 2008; Heffner, 2003; Steingraber, 2007; Papalia *et al.*, 2010). C'est une période de métamorphoses majeures sur les plans biologiques, physiques et psychologiques, métamorphoses qui apparaissent progressivement entre l'âge de 8 ans et 13 ans. Romane est âgée de 11 ans. Depuis quelques mois, son corps a changé. Elle a grandi et pris un peu de poids. Ses seins ont poussé et la morphologie de son corps s'est modifiée. Romane a débuté sa puberté.

Puberté : *processus de maturation sexuelle, déclenché par le système nerveux et les hormones sexuelles, qui marque le passage de l'enfance à l'adolescence et l'acquisition de la fertilité.*

Déterminée par des facteurs physiologiques, la puberté est également influencée par des facteurs environnementaux, par exemple les facteurs socioéconomiques ou la nutrition (Marcelli et Braconnier, 2008). Généralement, les premiers signes annonciateurs de la puberté apparaissent plus tôt chez les filles que chez les garçons, soit vers 8-10 ans pour les premières et vers 10-11 ans pour les seconds (Heffner, 2003). Entre l'apparition de ces premiers signes et l'acquisition de la fertilité, il peut s'écouler de 1,5 an à 4 années (Cloutier et Drapeau, 2008; Steingraber, 2007). Selon Germain (2009), la puberté se déroule sur deux plans que nous allons explorer dans les prochains paragraphes : la croissance corporelle et la transformation corporelle.

La période pubertaire se caractérise par une nette poussée de croissance corporelle, soit plus de 10 cm, associée notamment à une présence élevée d'hormones de croissance dans le sang. En général, cette poussée de croissance est à son apogée à l'âge de 12 ans pour les filles et à 14 ans pour les garçons (Casenave, Martin et Renondeau, 2000, dans Cloutier et Drapeau, 2008; Mimoun, 2007; Dreyfus Vanek, 2005). C'est vers l'âge de 15-16 ans que les jeunes filles atteindront leur taille adulte, alors que pour les garçons, cela se passera vers 17-18 ans (Cloutier et Drapeau, 2008). La poussée de croissance s'accompagne aussi d'une augmentation du poids. Selon Cloutier et Drapeau (2008), durant cette période, les filles prennent en moyenne près de 8 kg et les garçons, 9 kg. Mimoun (2007) indique que les jeunes acquièrent près de 50 % de leur poids adulte durant la puberté. Comme nous l'avons vu précédemment, les rapports entre les tissus maigres et les tissus gras sont différents chez les filles et les garçons. La période pubertaire accentue ces différences : les tissus adipeux augmentent chez les filles alors que la masse musculaire s'accroît chez les garçons (Calza et Contant, 2007; Cloutier et Drapeau, 2008; Mimoun, 2007; Zsakai, Bodzar, Papai et Susanne, 2006).

Les différences entre la croissance des filles et celle des garçons apparaissent nettement sur la figure 6.5. Cette figure présente les augmentations de taille et de poids entre la naissance et l'adolescence. On y voit par exemple que de 9 ans à 11 ans, la taille des filles et leur poids augmentent plus vite que chez les garçons. Ces modifications se manifestent entre 11 et 13 ans chez les garçons.

Figure 6.5
Augmentations annuelles de la taille (T) et du poids (P) de la naissance à la fin de l'adolescence

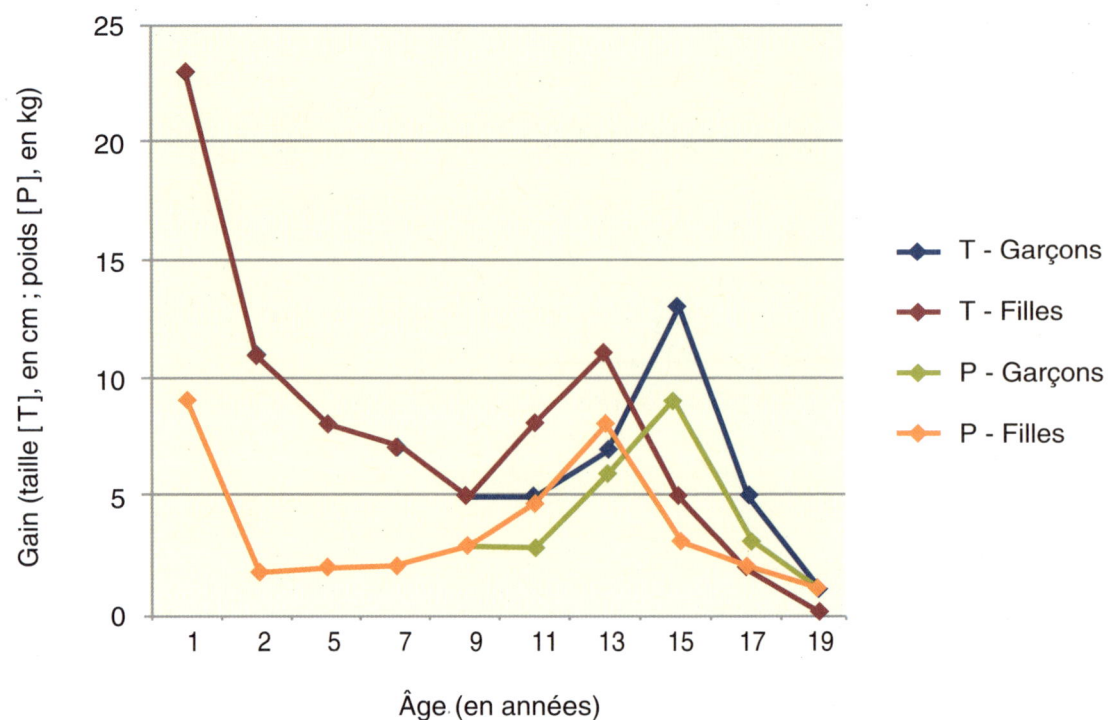

Durant la puberté, sous l'influence des hormones sexuelles, le corps se transforme ; c'est ce que Germain (2009) appelle la transformation corporelle. Les organes génitaux croissent et atteignent leur maturité. Cette croissance fait partie des caractères sexuels primaires (Bee et Boyd, 2008 ; Cloutier et Drapeau, 2008 ; Crooks et Baur, 2009 ; Germain, 2009). Cependant, la puberté débute par des changements qui ne sont pas nécessairement en lien avec les organes reproducteurs et que l'on nomme les caractères sexuels secondaires (Bee et Boyd, 2008 ; Cloutier et Drapeau, 2008 ; Papalia *et al.*, 2010). Entrent dans ce groupe la poussée des seins, les pilosités axillaire et pubienne, la mue de la voix, la prise de poids, le développement musculaire, le changement de la forme du corps comme l'élargissement du bassin chez les filles, la poussée de la barbe et des poils sur la poitrine chez les garçons. La transpiration fait aussi son apparition, donnant l'odeur corporelle, et l'acné se manifeste fréquemment. Que de changements à intégrer pour le jeune à une période où il aimerait bien de ne pas être différent des autres ! (Cloutier et Drapeau, 2008.)

Plusieurs de ces signes annonçant l'entrée du jeune dans la puberté apparaissent plus tôt qu'il y a une centaine d'années : les jeunes d'aujourd'hui ont une maturation sexuelle plus précoce et leur taille est supérieure à celle de leurs grands-parents (Cloutier et Drapeau, 2008). Ce phénomène se nomme la tendance séculaire (Bee et Boyd, 2007 ; Cloutier et Drapeau, 2008 ; Papalia *et al.*, 2010). En Amérique du Nord, 20 % des filles caucasiennes et 60 % des Afro-Américaines ont des poils pubiens vers 8-9 ans et respectivement 30 % et 60 % d'entre elles ont des bourgeons mammaires (Herman-Giddens *et al.*, 1997). Chez certains garçons, les premiers poils pubiens peuvent apparaître dès l'âge de 10 ans, constituant les premiers signes de la période pubertaire (Verlaan, Cantin et Boivin, 2001). La principale cause de ce phénomène est l'amélioration de l'alimentation et de l'hygiène (Cloutier et Drapeau, 2008 ; Steingraber, 2007). Des recherches explorent aussi d'autres pistes d'explications pour le déclenchement plus rapide de la puberté, car, selon Steingraber (2007), les conditions de vie ne peuvent expliquer à elles seules l'apparition plus précoce de la puberté. Certains prétendent que cette tendance séculaire aurait pour origine un déclenchement hormonal précoce, une faible taille à la naissance, l'obésité, des facteurs environnementaux dont l'alimentation au biberon, mais aussi les produits chimiques, comme les hormones, inclus dans les aliments, tels la viande et le lait, et l'absence d'activités physiques (Steingraber, 2007). Notons que dans les sociétés où l'alimentation est plus faible en gras et où l'on pratique plus d'activités physiques, la puberté apparaît un peu plus tard que dans les sociétés sédentaires avec une alimentation plus riche (Bee et Boyd, 2008 ; Steingraber, 2007). Bien que ces pistes s'avèrent intéressantes, elles ne sont, pour le moment, que des hypothèses de recherche.

Chez les filles, un des points marquants de la puberté est le début des menstruations. Selon Germain (2009), les réactions des jeunes filles lors de leurs premières menstruations dépendent grandement de l'information qu'elles ont reçue à ce sujet. Au Canada, les menstruations apparaissent en moyenne vers l'âge de 12,5 ans, avec une fourchette s'étendant de 10 à 16 ans, environ un an après la première poussée de croissance et l'apparition des seins (Malina *et al.*, 2004 ; Cloutier et Drapeau, 2008 ; Germain, 2009 ; Mimoun, 2007 ; Steingraber, 2007). Habituellement, les jeunes filles sont discrètes sur ce sujet et elles en parlent avec leur mère ou avec quelques amies intimes (Germain,

2009 ; Robert, 2005a ; Mimoun, 2007). Comme les premières règles sont imprévisibles et peuvent survenir à tout moment, les équipes-école doivent soutenir les élèves lorsque cela se produit à l'école.

Qu'en est-il pour les garçons ? Les premières éjaculations sont un moment important de leur puberté (Cloutier et Drapeau, 2008 ; Germain, 2009 ; Mimoun, 2007). Elles se produisent généralement entre l'âge de 11 ans et 15 ans (Cloutier et Drapeau, 2008 ; Germain, 2009 ; Robert, 2005a ; Mimoun, 2007), le plus souvent la nuit. Tout comme les filles, les garçons sont discrets eu égard à cet événement.

Une maturation précoce bloque parfois le mécanisme d'augmentation de la taille par l'ossification précoce du cartilage de croissance, avant même que celui-ci n'ait donné tout son potentiel (Ibáñez, Ferrer, Marcos, Hierro et de Zegher, 2000 ; Johansson et Ritzén, 2005). Plus fréquente chez les filles, elle doit apparaître avant l'âge de 8 ans. Chez les garçons, on parle de puberté précoce lorsqu'elle débute avant l'âge de 10 ans (Robert, 2005a ; Mimoun, 2007). La figure 6.6 présente des courbes de la croissance normale des filles en fonction de leur taille à 2 ans, ainsi que deux autres courbes, l'une en pointillés et l'autre en gras. La première, en pointillés, illustre le phénomène du rattrapage ou de la récupération d'une taille normale interrompue temporairement par une maladie, par exemple ; celle en trait gras montre les effets de règles précoces sur la croissance. Dans ce dernier cas, la courbe passe du percentile 90, où la fille a une espérance de taille plus grande que celle de 90 % des autres filles, au percentile 40, sa taille ne dépassant que celle de 40 % des autres filles de son âge.

En plus de la métamorphose physique, nettement visible, la puberté s'accompagne de changements psychologiques. Les changements physiques reliés à la puberté modifient l'image corporelle qu'ont les jeunes d'eux-mêmes (Cloutier et Drapeau, 2008 ; Deldime et Vermeulen, 2004 ; Robert, 2005a). Généralement, les filles sont plus négatives et critiques envers elles-mêmes que les garçons (Bee et Boyd, 2008 ; Cloutier et Drapeau, 2008 ; Park, 2003). Elles sont insatisfaites de leur corps et de leur poids (Cloutier et Drapeau, 2008). Il semble que les jeunes de cet âge soient influencés par les pressions sociales relatives aux standards de beauté et que les filles y soient plus sensibles que les garçons (Calza et Contant, 2007 ; Cloutier et Drapeau, 2008). Par ailleurs, les jeunes qui ont une image de soi positive seraient en meilleure santé physique et mentale (Park, 2003).

Figure 6.6
Les courbes de variation de taille pour les filles entre 2 ans et la fin de l'adolescence

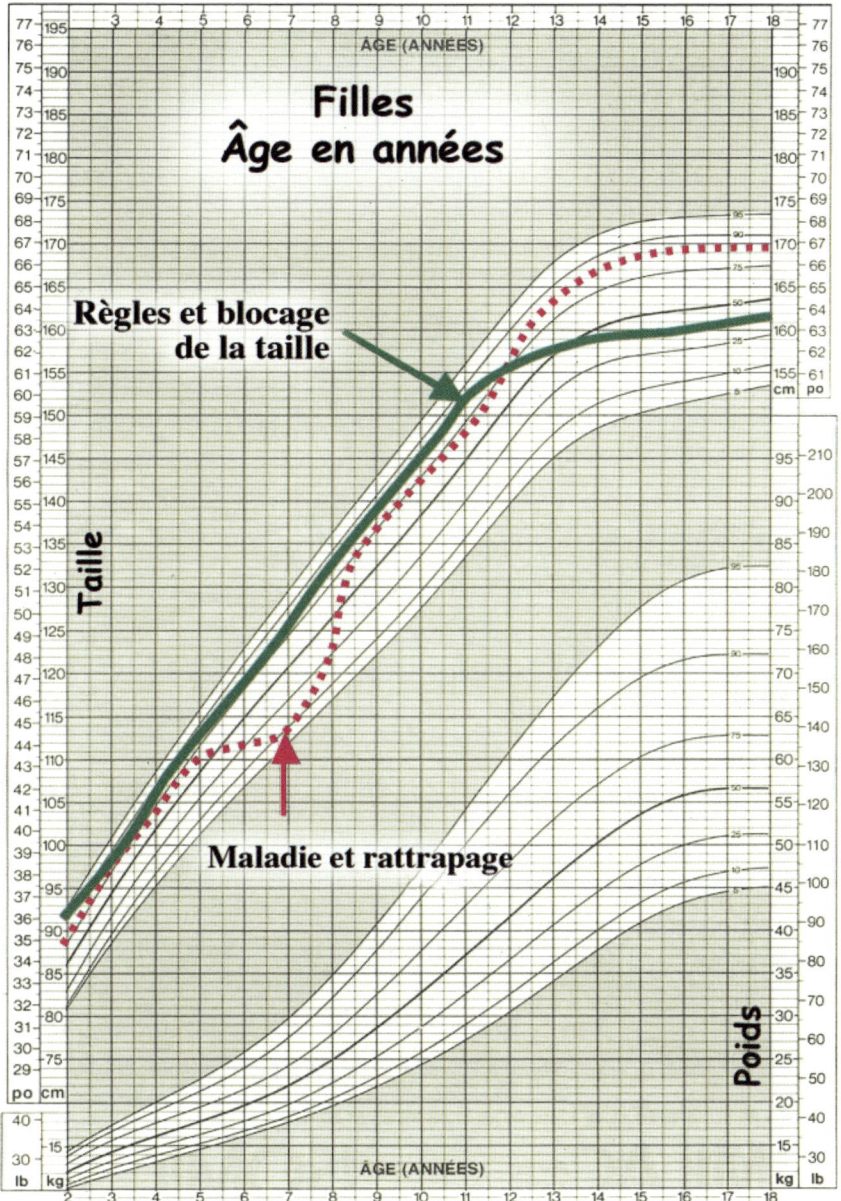

Comme nous le verrons au chapitre 7 portant sur le développement socioaffectif, l'identité est un élément central de cette période. Conjointement aux changements physiologiques, l'une des questions que peut alors se poser le jeune est : « Qui suis-je ? » L'image corporelle est l'un des éléments qui influencera la construction de son identité (Dreyfus Vanek, 2005). De plus, les changements cognitifs, qui seront approfondis au chapitre 8, permettent de mieux les comprendre et de s'intéresser aux grandes questions de la vie, de mieux les comprendre et de penser que l'on va pouvoir changer le monde.

6.9 Conclusion — *Je grandis en santé*

De 9 à 12 ans, la croissance morphologique des garçons et des filles se poursuit, leur taille augmentant en moyenne de 2,5 cm par an et leur poids, de 3 kg par an. Bien que filles et garçons aient encore approximativement la même taille au cours de cette période, les premières sont toujours plus proches de leur taille adulte que les seconds. Les premiers signes annonciateurs de la puberté surviennent également, d'abord chez les filles puis chez les garçons. Vers la fin de cette période, les règles apparaissent chez bon nombre de filles. Avec l'amélioration de la coordination motrice et de l'équilibre et surtout de la force, les performances motrices augmentent légèrement plus chez les garçons que chez les filles. Endurance et résistance musculaires s'améliorent aussi grâce à une augmentation de la puissance cardiaque et du volume respiratoire qui favorisent un meilleur transport de l'oxygène. Du côté du développement psychomoteur, les compétences spatiales et temporelles des jeunes se perfectionnent, en particulier dans la connaissance de l'orientation droite-gauche et de l'appréciation plus exacte de la durée des événements.

Dans le cadre scolaire, l'éducation physique et à la santé fournit aux élèves les éléments qui leur permettront de mener une vie saine. Par une alimentation équilibrée et une pratique quotidienne d'activités physiques, il est possible de maintenir un poids santé et d'éviter ainsi diverses maladies. Cette pratique doit toutefois se faire en toute sécurité pour prévenir les accidents et les blessures. En somme, l'acquisition de saines habitudes de vie constitue la base essentielle au maintien d'une bonne santé tout au long de la vie.

Appliquer pour mieux comprendre

Exercices récapitulatifs

À partir des notions vues dans le cadre du présent chapitre, trouvez la ou les affirmations exactes pour chaque question. À noter qu'il peut y avoir plus d'une bonne réponse par question. Vous trouverez les réponses à ces questions à la fin du livre.

1. Quels éléments relatifs à la croissance physique entre 9 et 12 ans sont exacts ?

   a) Le périoste disparaît à 12 ans.

   b) Les cartilages de conjugaison s'ossifient normalement vers la fin de l'adolescence.

   c) Entre 9 et 12 ans, la taille moyenne des filles est équivalente à celle des garçons.

   d) La forme des os dépend en partie des tractions que les muscles exercent sur eux.

2. D'après vous, qu'est-ce qui caractérise la croissance pondérale entre 9 et 12 ans ?

   a) la masse des tissus gras est plus importante chez les garçons que chez les filles ;

   b) l'IMC donne une indication rapide et assez juste de la constitution morphologique ;

   c) le surpoids et l'obésité prédisposent à des maladies comme le diabète et l'hypertension artérielle ;

   d) on peut contrôler le poids en surveillant l'alimentation et la pratique d'activité physique.

3. Selon vous, quelles affirmations s'appliquent au développement moteur ?

   a) les performances motrices augmentent grâce à la combinaison de l'augmentation de la coordination motrice, de la force et de l'endurance musculaires ;

   b) les performances des filles sont légèrement inférieures à celles des garçons ;

   c) la vitesse d'écriture augmente autant chez les filles que chez les garçons ;

   d) les garçons et les filles réagissent aussi vite les uns que les autres lorsqu'ils doivent attraper une balle qui leur est lancée.

4. Pour aider les enfants à prendre soin de leur santé, je peux :

  a) leur donner de l'information sur l'alimentation et le contenu le plus approprié des boîtes à lunch ;

  b) leur expliquer pourquoi la quantité de calories absorbées ne doit pas être largement supérieure à celle des calories dépensées ;

  c) leur recommander d'apporter des chips, barres de chocolat et boissons gazeuses à l'école ;

  d) les encourager à faire de l'activité physique trois ou quatre fois par semaine.

5. Vrai ou faux ?

  a) La puberté apparaît plus tôt chez les filles que chez les garçons.

  b) Lors de la puberté, les changements physiques sont aussi difficiles à assumer que les changements psychologiques.

  c) Il n'y a rien à faire pour contrer l'augmentation de l'obésité.

Réfléchir pour mieux intervenir
Exercices réflexifs

Afin d'aller plus loin dans l'exercice de votre pensée, les questions suivantes vous sont posées en lien avec le contenu du chapitre. Bonne réflexion !

- Prévoyez-vous des activités pour sensibiliser les jeunes à une saine alimentation et à la pratique d'activités physiques en toute sécurité ? Qu'en est-il de vos propres perceptions et habitudes ? Êtes-vous la seule personne responsable des politiques de santé et sécurité à l'école ? Quel modèle êtes-vous pour les jeunes de votre groupe ou de votre classe quant à l'alimentation et à la pratique d'activités physiques ?

- L'embonpoint et l'obésité commencent à être un fléau pour la société et un handicap pour chaque personne qui en est atteinte. Que puis-je faire pour éviter que des jeunes en souffrent ?

Documents complémentaires

Les documents suivants vous sont proposés afin de compléter les informations présentées dans le cadre de ce chapitre ; il peut s'agir de livres, de sites Internet ou de documents audiovisuels.

LIVRES

Bègue, B. (2007). *60 questions autour de la puberté,* 2ᵉ éd., Paris, De la Martinière Jeunesse.

Cyr, R. (2009). *Prévenir l'obésité chez l'enfant : une question d'équilibre*, Montréal, Éditions du CHU Sainte-Justine.

Duché, P. et E. Van Praagh (2009). *Activités physiques et développement de l'enfant*, Paris, Ellipse.

Durand, M. (2006). *L'enfant et le sport*, Paris, Presses universitaires de France.

Rigal, R.A. (2003). *Motricité humaine : fondements et applications pédagogiques, Tome 2 : Développement moteur*, Québec, Presses de l'Université du Québec.

Rigal, R., L. Abi Nader, G. Bolduc et N. Chevalier (2009). *L'éducation motrice et l'éducation psychomotrice au préscolaire et au primaire*, Québec, Presses de l'Université du Québec.

SITES INTERNET

Agence de la santé publique du Canada, *Guide d'activité physique canadien pour les enfants*, <http://www.phac-aspc.gc.ca/pau-uap/guideap/enfants_jeunes/enfants/index.html>, page consultée le 18 mars 2010.

Aubin, J., C. Lavallée, J. Camirand, N. Audet *et al.* (2002). *Enquête sociale et de santé auprès des enfants et des adolescents québécois 1999*, Québec, Institut de la statistique du Québec, <http://www.stat.gouv.qc.ca/publications/sante/enfant-ado_pdf.htm>, page consultée le 18 mars 2010.

Institut canadien de la recherche sur la condition physique et le mode de vie – ICRCP, <http://www.cflri.ca/fra/apropos/mission.php>, page consultée le 18 mars 2010.

Défi Santé 5/30 Équilibre, <http://208.71.11.93/index.php/ds/Le-Defi-Sante/Reglements/Description-du-i-Defi-Sante-5-30-Equilibre-i>, page consultée le 18 mars 2010.

Mongeau, L., N. Audet, J. Aubin et R. Baraldi, *L'excès de poids dans la population québécoise de 1987 à 2003,* Institut national de santé publique, Québec, <http://www.inspq.qc.ca/pdf/publications/420-PoidsQuebecois1987-2003.pdf>, page consultée le 18 mars 2010.

Service national du RÉCIT de l'univers social, *La ligne du temps*, <http://www.lignedutemps.qc.ca/>, page consultée le 18 mars 2010.

DOCUMENTS AUDIOVISUELS

Théôret, C. et H. Courchesne (2001). *Puberté précoce*, Société Radio-Canada, <http://www.radio-canada.ca/actualite/decouverte/reportages/2001/01-2001/puberte.html>, page consultée le 1er avril 2010.

L'obésité chez l'enfant (2003). France : Dream-Way Production et Télé Distribution Fox/Incendo, durée 23 minutes, <http://collectionvideo.qc.ca/>.

7

J'interagis avec les autres et j'apprends à me définir

LE DÉVELOPPEMENT SOCIOAFFECTIF DE 9 À 12 ANS

Nathalie Fréchette, Emmanuelle Roy et Caroline Bouchard

7 J'interagis avec les autres et j'apprends à me définir
LE DÉVELOPPEMENT SOCIOAFFECTIF DE 9 À 12 ANS

- 7.1 J'interagis avec les autres et j'apprends à me définir : introduction 333
- 7.2 Je définis graduellement ma personnalité : théorie d'Erikson 334
  - 7.2.1 Je me sens de plus en plus compétent : travail ou infériorité 334
  - 7.2.2 Tel un caméléon, je précise qui je suis : identité ou confusion de rôles 336
    - Qu'est-ce que je ferai plus tard ? : identité vocationnelle 336
    - Je veux être considéré comme un adulte : distanciation à l'égard des parents 338
- 7.3. Je me connais mieux : concept de soi 340
  - 7.3.1 Masculin et féminin ? : identité de genre 344
    - J'adopte des attitudes ou des comportements sexuels précoces : hypersexualisation 346
- 7.4 J'apprends à m'apprécier : estime de soi 351
- 7.5 Je vis en collectivité : relations avec les pairs 354
  - 7.5.1 Fais-tu partie de ma gang ? : formation des groupes de pairs 355
  - 7.5.2 Tu n'es plus notre ami(e) ! : conflits dans les groupes de pairs 358
  - 7.5.3 J'ai des relations privilégiées : amitié 363
- 7.6 Je pars pour l'école des grands : transition vers le secondaire 367
- 7.7 Soutenir le développement socioaffectif : pratiques éducatives et enseignantes 370
- 7.8 Les troubles du comportement : approfondissement 374
- 7.9 J'interagis avec les autres et j'apprends à me définir : conclusion 381
- Appliquer pour mieux comprendre : exercices récapitulatifs 382
- Réfléchir pour mieux intervenir : exercices réflexifs 383
- Pour en savoir un peu plus : documents complémentaires 383

7.1 Introduction
J'interagis avec les autres et j'apprends à me définir

Dans la cour d'école, Delphine et Simone, deux grandes amies, sont assises à l'ombre d'un arbre et parlent entre elles. Elles se racontent leurs secrets et, entre deux fous rires, jettent un coup d'œil à quelques garçons de leur classe qui jouent au ballon-poire. Juliette s'approche timidement des deux amies et tente de s'intégrer à leur conversation. Comme les deux jeunes filles ne semblent pas disposées à l'inclure, Juliette se dirige vers d'autres fillettes qui jouent au soccer plus loin dans la cour. Cet exemple illustre qu'entre 9 et 12 ans, le jeune poursuit son développement socioaffectif. Appelée préadolescence par certains auteurs, cette période développementale en est une de transition entre l'enfance et l'adolescence (Bolognini, 1994; Corsaro, 2005). Prélude aux changements qui se produiront à l'adolescence, elle est marquée par l'arrivée plus ou moins rapide de la puberté, comme mentionné dans le chapitre 6, une autonomie croissante, l'acquisition de nouvelles habiletés, tant sur le plan social que cognitif, et le début de la distanciation eu égard au milieu familial, notamment parce que les pairs prennent de plus en plus de place dans la vie du jeune (Bolognini, 1994; Cloutier, 2005a; Corsaro, 2005).

Ce chapitre porte donc sur le développement socioaffectif chez les jeunes de 9 à 12 ans. Dans un premier temps, nous verrons comment se poursuit le développement de la personnalité, en revenant brièvement sur le stade de la compétence selon Erikson et en présentant le stade suivant dont le défi est la mise en place de l'identité. Nous aborderons ensuite les notions de concept de soi et d'estime de soi et tenterons d'expliquer, entre autres, leur impact sur la réussite scolaire. Les relations avec les pairs et l'amitié, qui font partie intégrante du développement socioaffectif du jeune, seront ensuite étudiées. Puis, nous nous intéresserons à la transition primaire-secondaire, étape charnière dans la vie des élèves de cet âge, mais aussi source importante de stress. Après avoir exploré les stratégies pour soutenir le développement socioaffectif du jeune âgé entre 9 et 12 ans, nous approfondirons les troubles de comportement qui peuvent parfois apparaître dans le développement de certains jeunes et influer sur leur vie à l'école.

7.2 Je définis graduellement ma personnalité
Théorie d'Erikson

Entre 9 et 12 ans, les jeunes poursuivent le développement de leur personnalité. Selon Erikson (1980), à cet âge, les préadolescents relèvent toujours le défi du stade portant sur le travail ou l'infériorité (Cloutier, 2005b). Or, comme nous l'avons vu au chapitre 6, certains jeunes ont débuté leur puberté et, par le fait même, commencent à se questionner sur leur identité. Conséquemment, et bien que selon Erikson (1994) le stade de l'identité et la confusion de rôles ne débutent qu'à l'âge de 12 ans, nous constatons que, pour certains, ce processus identitaire émerge plutôt vers 10-11 ans. C'est pourquoi nous avons choisi de présenter en détail les défis que pose ce stade dans le cadre de ce chapitre. Rappelons qu'à chacun des stades correspond un défi développemental situé entre deux pôles, l'un positif et l'autre négatif. La résolution du conflit engendre une force adaptative qui s'inscrit dans la personnalité du jeune, prêt à franchir l'étape suivante (Cloutier, 2005b). Soulignons que les défis non relevés des stades antérieurs s'additionnent et leurs enjeux se répercutent sur les stades ultérieurs. Revenons maintenant sur le quatrième stade d'Erikson et explorons par la suite le cinquième stade.

7.2.1 Je me sens de plus en plus compétent
Travail ou infériorité

Au chapitre 3, nous avons vu qu'entre 6 et 12 ans, le jeune doit acquérir différentes habiletés scolaires et sociales afin de développer un sentiment de compétence. Que se passe-t-il plus particulièrement entre l'âge de 9 et 12 ans? Cette période permet la consolidation du sentiment de compétence ou d'infériorité qui a été mis en place entre 6 et 9 ans (Erikson, 1994). Le milieu scolaire est un agent important pour cette consolidation. En effet, il peut être une très grande source de valorisation pour les jeunes et leur offrir de multiples occasions de développer ce sentiment de compétence (Gauthier, Fortin et Jeliu, 2009; Martinot, 2001).

Bien que le sentiment de compétence soit la force adaptative que doit développer le jeune durant ce stade, il est important que ce dernier prenne conscience qu'il pourra vivre des échecs dans différents domaines (Bee et Boyd, 2008; Cloutier, 2005b; Erikson, 1994). Ces échecs lui permettront de prendre conscience de ses limites, de développer des méthodes de travail et de se questionner sur ses propres capacités (Bee et Boyd, 2008; Erikson, 1994). Selon Erikson (1980), et comme nous le verrons dans la section 7.4., le sentiment de compétence soutient une estime de soi positive (Cloutier, 2005b).

Or, le milieu scolaire est aussi un milieu marqué par la compétition où les élèves, s'ils éprouvent des difficultés sur une base récurrente, peuvent développer un sentiment d'infériorité (Gauthier *et al.*, 2009; Martinot, 2001). Lorsqu'un jeune ressent constamment ce sentiment d'infériorité, cela peut avoir une influence négative sur son estime de soi (Cloutier, 2005b). Conséquemment, il est possible de remarquer que les jeunes ne développant pas la force adaptative de ce stade sont plus à risque, entre autres, de se heurter à des difficultés dans leurs apprentissages et de voir diminuer leur motivation par rapport à l'école (Papalia, Olds et Feldman, 2010). Nous reviendrons sur la motivation et la réussite scolaire aux chapitres 8 et 9.

Bien que, selon Erikson, la période de 9 à 12 ans en soit une de consolidation du sentiment de compétence, il est toujours possible de modifier le sentiment d'infériorité développé chez certains jeunes en leur permettant de vivre des expériences positives et en soulignant leurs efforts (Cloutier, 2005b). C'est ce qui s'est passé avec Damien. Jusqu'à l'âge de 8 ans, ce dernier avait éprouvé des difficultés sur le plan scolaire et il se sentait incompétent. Dès qu'on lui posait une question, il affirmait ne pas avoir les compétences pour y répondre. En 3e année, son enseignante et l'orthopédagogue de l'école, avec la collaboration de ses parents, ont réussi à faire vivre à Damien plusieurs expériences positives. Depuis, il prend de plus en plus sa place en classe et il a graduellement développé son sentiment de compétence. Cette modification lui permettra de passer au stade suivant de façon plus saine.

7.2.2 Identité ou confusion de rôles

Tel un caméléon, je précise qui je suis

Identité : *ensemble des croyances, des sentiments et des projets rapportés à soi.*

L'arrivée de la puberté marque le début de l'adolescence. Comme nous l'avons déjà évoqué dans le chapitre 6, les changements physiques s'accompagnent de changements psychologiques. Selon Erikson (1972), entre 10-12 et 18 ans, le jeune doit relever le défi du cinquième stade de sa théorie psychosociale de la personnalité, soit celui de l'identité ou de la confusion de rôles. Ce défi consiste à développer une identité qui lui est propre (Erikson, 1972). On peut définir l'**identité** comme l'*ensemble des croyances, des sentiments et des projets rapportés à soi* (Claes, 1995 ; Cloutier et Drapeau, 2008 ; Erikson, 1972). Notons que le processus de construction de l'identité a déjà été amorcé à la petite enfance et qu'il se poursuit tout au long de l'enfance[1], influencé, entre autres, par le parcours scolaire (MEQ, 2001b). L'étape développementale qu'est le stade de l'identité ou la confusion de rôles permettra au jeune de consolider son concept de soi en un tout unifié (Bee et Boyd, 2008 ; Cloutier et Drapeau, 2008 ; Gauthier *et al.*, 2009). Or, comme elle débute autour de l'âge de 10-12 ans, les élèves du 3e cycle du primaire en vivront seulement les premiers balbutiements. Mais quelles sont les tâches qui attendent les jeunes durant ce stade ? Elles sont nombreuses ! Parmi celles-ci, notons qu'ils devront déterminer leur orientation vocationnelle, se détacher de leurs parents, tout en identifiant les valeurs qui sont importantes pour eux et confirmer leur identité de genre (Claes, 1995 ; Cloutier et Drapeau, 2008 ; Erikson, 1972 ; Gauthier *et al.*, 2009).

Identité vocationnelle

Qu'est-ce que je ferai plus tard ?

Selon Erikson (1972), le cinquième stade de sa théorie est une période d'exploration qui permet au jeune de vivre des expériences qui l'aideront à définir son identité. Ces explorations et ces questionnements font en sorte qu'il vit des moments de confusion de rôles où il explore différents comportements et attitudes (Cloutier et Drapeau, 2008 ; Erikson, 1972). Pour fixer les idées, regardons ce qui se passe sur le plan de l'identité vocationnelle, qui est l'un des aspects de l'identité devant

---

1. Pour plus de détails sur ce sujet, le lecteur est invité à consulter Fréchette et Morissette (2008).

être consolidés durant ce stade. Il peut être difficile pour un jeune de choisir une profession alors qu'il y a tant de possibilités qui s'offrent à lui (Bee et Boyd, 2008; Cloutier et Drapeau, 2008; Erikson, 1972). Ainsi, à l'âge de 12 ans, Olivier souhaite être musicien professionnel alors que quelques mois plus tôt, il disait vouloir devenir mathématicien! Il est fort probable que ce choix se modifie de nombreuses fois au cours des prochaines années. À travers diverses expériences et activités, tant scolaires que personnelles, Olivier pourra poursuivre sa réflexion vocationnelle afin de préciser progressivement le domaine dans lequel il voudra travailler.

Bien qu'au primaire l'identité vocationnelle ne soit pas finalisée, différentes activités proposées par le milieu scolaire permettront aux jeunes d'amorcer une réflexion sur ce sujet, notamment avec l'approche de l'école orientante (MEQ, 2000a). Nous reviendrons sur cet aspect dans la section 7.7 portant sur le soutien du développement socioaffectif.

Je veux être considéré comme un adulte

Distanciation à l'égard des parents

Le stade de l'identité ou de la confusion de rôles est aussi une période où le jeune remet en question les modèles et les valeurs véhiculés par les adultes qui se trouvent dans son entourage, particulièrement ceux responsables de son éducation (Bee et Boyd, 2008 ; Cloutier et Drapeau, 2008 ; Erikson, 1972 ; Marchand et Letendre, 2010 ; Reymond-River, 1997). Ce questionnement est nécessaire à la consolidation de son identité, car il lui permet notamment de se distancier des adultes qui l'entourent et de développer ainsi une plus grande autonomie (Cloutier et Drapeau, 2008 ; Erikson, 1972 ; Lemay, 2010). C'est ce qui se passe avec Marguerite, âgée de 12 ans, qui conteste régulièrement les règles de fonctionnement du service de garde scolaire. Elle questionne Susan, la responsable, sur le pourquoi et le comment des règlements qu'elle trouve dépassés. Pourquoi ne pourrait-elle pas aller jouer à l'extérieur, même si un adulte n'est pas présent pour assurer une surveillance ? Elle est bien assez grande et responsable ! Devant le refus de Susan, Marguerite rouspète un peu, puis elle finit par obtempérer.

Les préadolescents ne remettent pas seulement en question les règles de fonctionnement. En effet, la distanciation des adultes se vit aussi sur le plan vestimentaire et de l'apparence (Lemay, 2010 ; Reymond-River, 1997). À 11 ans, Miguel a décidé de se laisser pousser les cheveux alors que Juliana voudrait que ses parents lui donnent l'autorisation de se les teindre ! Sans nécessairement cautionner ces demandes ou ces comportements, il faut savoir que ce sont des moyens utilisés par les jeunes pour se distinguer des autres et se créer une identité qui leur est propre (Gallimard, 1998b ; Lemay, 2010 ; Reymond-River, 1997).

Alors que le jeune éprouve le besoin de se distancier des adultes, les parents demeurent toujours sa base de sécurité, particulièrement lorsqu'il doit prendre des décisions importantes (Claes, 1995; Cloutier et Drapeau, 2008; Gauthier *et al.*, 2009). Lorsque Satthia a dû choisir à quelle école secondaire elle irait l'an prochain, elle en a d'abord discuté avec ses amis! Toutefois, c'est avec ses parents qu'elle a pris sa décision finale. Comme le souligne Claes (1995), « parents et amis assument des rôles complémentaires dans la vie du jeune » (p. 219).

Le type d'attachement développé durant la petite enfance joue un rôle important[2] lors de la construction de l'identité. Il est à noter que les jeunes qui affichent un attachement sécurisant ont généralement de meilleures habiletés sociales que ceux présentant un attachement insécurisant (Gauthier *et al.*, 2009). Il est donc plus facile pour eux d'entrer en relation avec leurs pairs et, malgré leur besoin de se distancier des adultes, il est possible de penser que les relations avec ces

---

2. Pour plus de détails sur ce sujet, le lecteur est invité à consulter Fréchette et Morissette (2008).

derniers seront relativement harmonieuses. C'est le cas d'Héloïse qui remet en question les règles édictées par ses parents, mais qui continue à participer régulièrement aux activités familiales proposées par ceux-ci.

Par contre, les enfants qui présentent un attachement insécurisant ambivalent ont tendance à être plus dépendants des adultes, tant de leurs parents que de leurs enseignantes et éducatrices. Par exemple, Baptiste, qui est en 6ᵉ année, sollicite constamment Samya, son éducatrice. Malgré ses compétences, il lui demande régulièrement de l'aide pour effectuer la tâche qui lui a été assignée, soit nettoyer la table au repas du midi. Lorsque Samya ne répond pas à ses demandes, Baptiste a tendance à adopter un comportement perturbateur. En fait, en situation de déséquilibre, comme ils peuvent l'être lors de la période de construction de l'identité, les jeunes ayant un attachement ambivalent peuvent davantage rechercher l'attention des adultes comme base de sécurité pour se valider (Gauthier *et al.*, 2009).

Finalement, les jeunes qui ont un attachement insécurisant fuyant ont tendance à s'opposer plus fortement aux adultes de leur entourage, tant les enseignantes, les éducatrices que leurs parents, et ont moins d'intérêt pour la chose scolaire (Gauthier *et al.*, 2009). Par exemple, Nadège se retrouve très régulièrement au bureau de la direction, car elle confronte ouvertement son éducatrice et son enseignante. Elle réplique à la moindre demande avec un langage « coloré » et il lui arrive même de bousculer le matériel lorsqu'elle est contrariée. Nadège déteste l'école et a l'impression que tous les adultes qu'elle côtoie sont « sur son dos ». L'attachement insécurisant de Nadège fait en sorte qu'elle éprouve de la difficulté à établir une relation de confiance avec les intervenants scolaires. Conséquemment, cela influencera son concept de soi et même son estime d'elle-même. Ce sont d'ailleurs les thématiques des deux prochaines sections.

7.3 Concept de soi
Je me connais mieux

Comme nous l'avons constaté dans le chapitre 3, le concept de soi comprend des dimensions qui forment un tout relativement unifié (L'Écuyer, 1990; Martinot, 2001; Vallerand et Rip, 2006). Entre l'âge de 9 et 12 ans, il se confirme et connaît une certaine stabilisation, bien qu'il ne soit pas définitif (L'Écuyer, 1994). Par la suite, lors de l'adolescence et en lien avec la construction de l'identité, il continuera à s'élaborer, pour progressivement se cristalliser à l'âge adulte (L'Écuyer, 1994 ; Viau, 2006). Ainsi, lorsque Mourad, qui est âgé de 11 ans, parle de lui-même, il se décrit en tenant compte de toutes les dimensions qui le définissent comme individu. Il fait référence au concept de genre en disant qu'il est un garçon. Lorsqu'il mentionne qu'il est sensible et qu'il adore faire des blagues, il parle de son moi émotionnel. En parlant de ses possessions comme son lecteur MP3 ou son nouveau manteau, Mourad évoque son moi matériel. Finalement, lorsqu'il parle de sa place dans son groupe d'amis et des relations qu'il a avec eux, c'est son moi social qui s'affiche. Selon Vallerand et Rip (2006), il ne peut y avoir que des conséquences positives lorsqu'une personne a une connaissance riche et détaillée d'elle-même. Cela lui permet de vivre une meilleure adaptation et un développement plus harmonieux.

Jusqu'à maintenant, les différents exemples utilisés pour illustrer le concept de soi, tant dans le chapitre 3 que dans celui-ci, sont des conceptions de soi actuelles, qui s'inscrivent dans le moment présent. En vieillissant, les jeunes commencent à se projeter dans le temps et à développer des conceptions futures d'eux-mêmes (Vallerand et Rip, 2006). L'accession à la pensée formelle, concept qui sera abordé au chapitre 8, facilite cette projection dans le temps. Lorsque Laurence, en 6e année, pense à ce qu'elle sera comme élève en 1re secondaire, qu'elle s'imagine comment elle s'adaptera à sa nouvelle école, les amis qu'elle se fera et les réussites qu'elle vivra, elle se fait une conception d'elle-même dans le futur.

Tout au long du parcours scolaire, une autre dimension du concept de soi prendra son essor : le concept de soi scolaire (Douraï, 1988 ; Guay et Talbot, 2010 ; Gueyaud et Dassa, 1998 ; Martinot, 2001 ; Viau, 2006). Influencé par les autres dimensions du concept de soi, notamment le moi social, le concept de soi scolaire comprend, entre autres, l'importance accordée à l'éducation, les expériences scolaires, les intérêts par rapport aux différents contenus académiques, les besoins des élèves, les réactions des parents et du personnel éducateur, etc. (Douraï, 1988 ; Guay et Talbot, 2010 ; Gueyaud et Dassa, 1998 ; Martinot, 2001). Par exemple, Yoav a un concept de soi scolaire positif. Il adore l'école, car il considère qu'elle lui permettra d'exercer la profession de ses rêves : astronaute ! Tout en étant conscients qu'il changera éventuellement son choix de profession, ses parents le soutiennent dans ses efforts : ils l'encouragent dans ses projets. Ils lui ont d'ailleurs offert un séjour au Camp spatial. Toutefois, ils invitent aussi Yoav à vivre des expériences dans d'autres champs d'intérêt, comme les arts ou les sports, afin qu'il puisse faire un choix éclairé.

Les recherches tendent à démontrer qu'il existe un lien entre le concept de soi scolaire et le rendement scolaire du jeune (Guay et Talbot, 2010 ; Viau, 1994). Gilly (1968, cité par Douraï, 1988) rapporte que les élèves possédant un concept scolaire positif obtiennent de meilleurs résultats que les élèves ayant une moins bonne représentation d'eux-mêmes sur le plan scolaire. De leur côté, Materska, Garot et Ehrlich (1987) ont remarqué que les élèves ayant un concept de soi scolaire négatif ont plus de difficulté à comprendre les consignes des enseignantes, augmentant ainsi les risques d'échec scolaire et, par le fait même, confirmant la représentation négative qu'ils ont d'eux-mêmes (Douraï, 1988). Dans le même ordre d'idées, une conception de soi positive sur le plan de la réussite scolaire accentue le sentiment d'auto-efficacité de l'individu et le motive à déployer les efforts voulus pour atteindre ses objectifs (Barbeau, Montini et Roy, 1997 ; Cloutier, 2005e, Martinot, 2001 ; Vallerand et Rip, 2006 ; Viau, 1994). Soulignons toutefois que les matières scolaires n'ont pas tous le même impact sur le concept de soi scolaire (Gueyaud et Dassa, 1998 ; Viau, 1994). Chaque jeune étant unique, avec son histoire, ses habiletés, ses besoins et ses intérêts propres, les thématiques abordées lors du parcours scolaire du jeune influencent différemment l'élaboration de son concept de soi scolaire (Gueyaud et Dassa, 1998 ; Martinot, 2001 ; Vallerand et Rip, 2006). C'est le cas de Justin qui accorde plus d'importance aux arts plastiques qu'à l'éducation physique. Il est donc moins affecté lorsqu'il performe moins bien dans cette matière.

Tout comme les autres dimensions du concept de soi, le concept de soi scolaire se construit grâce aux expériences vécues par les jeunes (Martinot, 2001 ; Ruel, 1987 ; Shavelson, Hubner et Stanton, 1976, rapportés par Gueyaud et Dassa, 1998). La répétition de certaines d'entre elles vient confirmer la conception de soi sur le plan scolaire d'un point de vue global ou dans certains domaines en particulier (Gueyaud et Dassa, 1998 ; Martinot, 2001 ; Ruel, 1987 ; Vallerand et Rip, 2006). Lorsque Jeanne reçoit des rétroactions positives de la part de son enseignante ainsi que de ses pairs après une communication orale, cela signifie qu'elle est une personne ayant des habiletés pour la communication. De plus, si pour chacune de ses communications, Jeanne effectue une préparation élaborée, elle intégrera des éléments de persévérance et de travail bien fait dans son concept d'elle-même. Ainsi, son concept de soi scolaire global sera positif.

Étant de plus en plus conscient du regard des autres, le jeune portera une attention particulière à ses façons d'agir et de se présenter, ce qui amène plusieurs chercheurs à proposer qu'il y aurait un soi privé et un soi public (Carver, 2003 ; Carver et Scheier, 1998, dans Vallerand et Rip, 2006). Ainsi, il garderait certains aspects de lui-même inaccessibles aux autres, soit sa vie intérieure, ce qui constitue le soi privé, tandis que ce qu'il présente aux autres relèverait du soi public (De Vito, Chassé et Vezeau, 2008). À titre d'exemple, la façon dont Fabrice s'exprime et s'habille constitue une manière pour ce dernier d'afficher son soi public. Les sentiments qu'il ressent lorsqu'il vit une difficulté et qu'il garde pour lui-même font partie de son soi privé.

Rappelons que le concept de soi scolaire des jeunes s'élabore aussi par comparaison sociale (Olds et Papalia, 2005; Ruel, 1987; Vallerand et Rip, 2006). C'est ce que fait Jeanne en écoutant les communications orales de ses compagnons de classe. En se comparant avec les autres personnes présentes dans son environnement, elle cerne graduellement ses forces et ses faiblesses, mais aussi s'évalue. L'aspect « évaluation » du concept de soi sera exposé dans la section suivante portant sur l'estime de soi.

7.3.1 Identité de genre — *Masculin et féminin ?*

Schème de genre: *fait de catégoriser les activités et rôles selon leur appartenance au domaine féminin ou masculin.*

Le développement de l'identité de genre qui a été amorcé durant la petite enfance (Bouchard et Fréchette, 2008b) et au début de l'enfance se poursuit entre 9 et 12 ans. De manière plus précise, les recherches de Bem (1974, 1977) montrent que le **schème de genre** touchant au *fait de catégoriser les activités et rôles selon leur appartenance au domaine féminin ou masculin* évolue encore à cet âge (Bee et Boyd, 2008; Cloutier et Drapeau, 2008; Papalia *et al.*, 2010). Ce schème, qui s'est élaboré au fil des ans, est influencé par les expériences vécues par le jeune, ainsi que par les modèles qui lui ont été proposés (Cloutier et Drapeau, 2008; Papalia *et al.*, 2010; Rubble, Martin et Berenbaum, 2006). Dafflon Novelle (2006) souligne que, généralement, le jeune développe un schème de genre plus détaillé par rapport à son propre sexe que par rapport à celui du sexe opposé, notamment parce qu'il a plus d'interactions avec des pairs de même sexe. Néanmoins, on sent chez certains jeunes poindre un intérêt pour l'autre sexe, voire les premiers sentiments amoureux. Ces premières relations amoureuses, thème de la capsule 7.1, ont une signification particulière pour le jeune de cet âge et contribuent à marquer l'identité de genre.

Alors qu'avant l'âge de 7 ans, le jeune est rigide dans sa conception des rôles masculins et féminins, il est possible d'observer une plus grande flexibilité après cet âge (Dafflon Novelle, 2006; Robert, 2005a). En effet, entre 9 et 12 ans, il est moins stéréotypé dans sa conception

Capsule 7.1

« Je t'aime ! » Les premières amours

Annie-Claude et Sophie parlent tout le temps des garçons de leur classe et particulièrement de Jean-François qu'elles trouvent beau et gentil. Elles s'écrivent des petits mots et échangent des photos de lui qu'elles ont prises lors d'une activité scolaire. Jean-François n'a aucunement conscience de l'émoi qu'il provoque chez ses compagnes de classe.

Il est indéniable qu'il existe une curiosité envers la sexualité à cet âge, cela n'impliquant pas pour autant que les jeunes vivent une sexualité telle que la conçoivent les adultes (Robert, 2005a). En effet, bien qu'à cet âge les comportements d'exploration sexuelle soient présents, ils sont toutefois limités. Période des premiers amours et des premiers baisers, la découverte de l'autre sexe est une étape importante de la construction de l'identité de genre qui se poursuivra durant l'adolescence (Bee et Boyd, 2008 ; Lemay, 2010 ; Lush, Bradley et Orford, 2001 ; Robert, 2005a).

En plus de la découverte de l'autre, les premières amours sont une composante importante du développement socioaffectif. Cyrulnik, Delage, Blein, Bourcet et Dupays (2007) indiquent qu'elles peuvent même influencer positivement le type d'attachement développé durant l'enfance, particulièrement chez les jeunes qui ont un attachement insécurisant. Ces relations leur offriraient notamment une opportunité de développer un attachement sécurisant (Cyrulnik *et al.*, 2007).

En terminant, il faut comprendre que ces premières relations amoureuses sont très significatives pour les jeunes (Robert, 2005a, 2005b). Les sentiments éprouvés sont intenses et il est possible de vivre une peine d'amour lorsque ceux-ci ne sont pas réciproques ou encore lorsque la relation se termine (Robert, 2005b). Il est important que les adultes ne minimisent pas l'importance des sentiments que les jeunes ressentent et qu'ils les accompagnent dans ce « deuil » lorsqu'il survient, en étant à l'écoute de leurs besoins. Rappelons-nous que « le cœur a ses raisons que la raison ne connaît pas » !

des rôles sexuels et tient compte de l'unicité de chacun (Bee et Boyd, 2008 ; Dafflon Novelle, 2006 ; Robert, 2005a). Selon Martin et Rubble (2004), cela s'explique par la complexification du concept de genre et la capacité de concilier des informations contradictoires sur ce concept (Papalia *et al.*, 2010). Ainsi, une fille ou un garçon de cet âge accepteront qu'un garçon ait les cheveux longs ou qu'une fille joue au hockey en fonction de ses intérêts ou de ses goûts particuliers.

Comme nous l'avons relevé dans la section portant sur le développement de la personnalité, vers 10-12 ans s'amorce la construction de l'identité, notamment par l'entremise de la confirmation de l'identité de genre (Erikson, 1972). Or, chez certains jeunes, les changements et les questionnements de l'adolescence favorisent une plus grande rigidité du schème de genre (Dafflon Novelle, 2006). De plus, les pressions extérieures, tant par les pairs que par les modèles auxquels les jeunes s'identifient, contribuent à modifier le schème de genre au cours de cette période (Cloutier et Drapeau, 2008). Conséquemment et comme nous l'avons aussi mentionné au chapitre 3, la socialisation amène parfois les préadolescents à développer des stéréotypes par rapport aux rôles sociaux de sexe prévalant dans la société, soit des représentations en fonction de ce que l'on attend d'eux en tant que fille ou en tant que garçon (Bouchard, Cloutier et Gravel, 2006a; Bouchard, Gravel et Cloutier, 2006b; Cloutier et Drapeau, 2008). Ces stéréotypes sexuels véhiculés ne seraient pas sans influencer les rapports entre les garçons et les filles (Cloutier et Drapeau, 2008; Robert, 2005a). En effet, ces pressions différentielles de genre influeraient sur le fonctionnement psychologique du jeune, de telle sorte qu'il en viendrait à privilégier des comportements et attitudes qui sont conformes à son rôle social de sexe (Bouchard *et al.*, 2006b). Parfois, ces stéréotypes influencent même le jeune dans ses comportements et attitudes, allant jusqu'à le sexualiser à outrance, qu'il s'agisse d'une fille ou d'un garçon. Examinons donc de plus près le phénomène de l'hypersexualisation relié au développement de l'identité de genre.

J'adopte des attitudes ou des comportements sexuels précoces
Hypersexualisation

Jeanne, 9 ans, arrive au service de garde avec une petite culotte string (« *G-string* ») visible à l'arrière de son pantalon et un chandail affichant le message « J'aime ça! ». Francis, qui fait maintenant partie des plus vieux de son école primaire, aime bien prendre des airs de « macho » et impressionner ses amis par ses connaissances et expériences sexuelles. Devons-nous craindre les répercussions de tels comportements chez les jeunes d'âge scolaire, entre autres, sur le concept et l'estime de soi? Comment intervenir en milieu éducatif? Voilà des questions que l'on peut se poser.

Comme nous l'avons vu au chapitre 6, les premiers signes de la puberté apparaissent vers 8-10 ans chez les filles. En vieillissant, elles doivent apprivoiser les changements physiologiques qui y sont associés, tout en développant un rapport sain avec leur corps. Chez les garçons, nous avons vu dans le même chapitre que les changements corporels arrivent généralement deux ans plus tard. Ce rapport que les jeunes entretiennent à leur propre égard est en partie influencé par les différents agents de socialisation qui les entourent. Récemment, le ministère de la Santé et des Services sociaux du Québec (MSSS) s'est fixé comme objectif de « promouvoir une sexualité saine et responsable par l'entremise d'activités d'éducation à la sexualité visant à contrer le phénomène de l'hypersexualisation en milieu scolaire » (MSSS, 2009, cité dans Duquet et Quéniart, 2009, p. 20). Bien que l'hypersexualisation chez les jeunes fasse les manchettes des journaux, il s'agit d'un phénomène encore très peu documenté (Bauserman et Davis, 1996, cités dans Duquet et Quéniart, 2009). Mais qu'est-ce au juste que l'hypersexualisation ?

Hypersexualisation : *phénomène de société où des jeunes adoptent des attitudes et des comportements sexuels jugés trop précoces.*

L'**hypersexualisation** est considérée comme un *phénomène de société où des jeunes adoptent des attitudes et des comportements sexuels jugés trop précoces* (Office québécois de la langue française, 2007). Dans le récent rapport québécois de recherche *Outiller les jeunes face à l'hypersexualisation* (Duquet et Quéniart, 2009), l'hypersexualisation est définie de façon plus concrète. Elle renvoie à un ensemble de pratiques, de situations et d'attitudes allant de l'hypersexualisation du vêtement, en passant par la séduction fortement sexualisée et la consommation de cyberpornographie jusqu'au souci prononcé de performance et de savoir-faire sexuels. Lorsqu'une jeune fille de 9 ans comme Jeanne porte un string et un chandail au message suggestif, il s'agit bel et bien d'un exemple d'hypersexualisation du vêtement. Dans le cas de Francis, qui aime partager ses connaissances et expériences sexuelles avec ses pairs malgré son jeune âge, on peut penser au souci de performance et savoir-faire sexuels aussi liés à l'hypersexualisation. Notons que l'hypersexualisation du vêtement touche davantage les filles que les garçons (Duquet et Quéniart, 2009). D'ailleurs, même si les garçons ressentent aussi les effets de l'hypersexualisation, la situation des filles a davantage capté l'attention des chercheurs et des intervenants scolaires.

L'Association américaine de psychologie (APA) utilise plutôt le terme sexualisation pour parler d'hypersexualisation, par opposition à celui d'une sexualité saine. Lorsqu'une personne est jugée en fonction de standards qui réduisent l'attirance physique au fait d'être « sexy » ou lorsque la sexualité est imposée de façon inappropriée à une personne telle qu'un jeune, il s'agit de sexualisation (APA, 2007). Bouchard et Bouchard (2004) parlent pour leur part de sexualisation précoce quand on induit, chez les filles de 8 à 13 ans, des attitudes et des comportements de « petites femmes sexy ». Il est important de souligner que les comportements d'exploration ou de curiosité sexuelle entre jeunes ne sont pas considérés comme de la sexualisation, car ce sont des comportements normaux qui font partie de leur développement (Crooks et Baur, 2009 ; Langis et Germain, 2009). Cependant, lorsqu'une sexualité adulte est attribuée aux jeunes et que ceux-ci sont exposés à de l'information ou à des images sexuelles ne convenant pas à leur âge, comme celles que l'on retrouve dans de nombreux vidéoclips, il s'agit alors de sexualisation (APA, 2007).

En effet, les messages qui contribuent à l'hypersexualisation[3] des filles proviennent non seulement des médias, mais aussi de leurs relations interpersonnelles avec leurs parents, leurs professeurs et leurs pairs (Brown et Gilligan, 1992). La production de vêtements « sexy » destinés aux jeunes est un phénomène récent (APA, 2007). Des fillettes sont invitées de plus en plus tôt à porter des vêtements qui mettent en valeur des atouts de la femme adulte, pourtant encore inexistants chez elles (APA, 2007 ; Poulin et Laprade, 2006). Cependant, elles n'ont encore que peu de connaissances sur la sexualité et elles ne sont pas conscientes de l'image qu'elles projettent ou du message qu'elles envoient par leur tenue vestimentaire (Collard, 2009 ; Tolman, 2002). De plus, certains parents manquent de repères et peuvent trouver difficile d'établir des limites avec leur fille concernant les vêtements qu'ils jugent acceptables pour elle (Comité aviseur sur les conditions de vie des femmes, 2005 ; Duquet et Quéniart, 2009).

....
3. Nous optons ici pour le terme « hypersexualisation » souvent utilisé en milieu scolaire.

À l'âge scolaire, comme nous l'avons indiqué au chapitre 3, le jeune accorde plus d'importance à la popularité et à l'acceptation par son groupe de pairs. Suivre la mode peut être une façon pour le jeune d'être accepté par les autres. L'opinion de ses pairs peut, entre autres, influencer son estime de soi (Olds et Papalia, 2005). Une jeune fille de 9 ans comme Jeanne qui porte un string à l'école peut le faire pour être acceptée d'un groupe de filles de l'école qui portent aussi ce genre de vêtements.

Au cours de leur développement, les jeunes sont influencés par différents modèles auxquels ils s'identifient et qu'ils cherchent à imiter (Bandura, 1986, cité dans Olds et Papalia, 2005). Comme nous l'avons vu précédemment, les filles développent leur identité en observant les modèles féminins qui les entourent. Il peut s'agir de chanteuses populaires qui adoptent une attitude et des comportements hypersexualisés ou encore de modèles aperçus dans les médias qui sont une source importante de socialisation et auxquels les enfants consacrent une bonne partie de leur temps (Roberts, Foehr et Rideout, 2005, cités dans APA, 2007). De manière plus précise, il semble que dans les émissions de télévision, la publicité, les vidéoclips et les magazines, les filles et les femmes sont souvent présentées de manière sexualisée et stéréotypée (APA, 2007; Conseil du statut de la femme, 2008b). Certains magazines destinés aux filles les encouragent à s'habiller de façon suggestive afin d'augmenter leur pouvoir de séduction et d'attirer l'attention des garçons (Duffy et Gotcher, 1996, cités dans APA, 2007). Le développement cognitif des jeunes affecte par ailleurs leur capacité à poser un regard critique sur les messages qu'ils reçoivent (APA, 2007). En effet, comme nous le verrons au chapitre 8 sur le développement cognitif, les jeunes de 9-12 ans n'ont pas encore développé toutes les habiletés liées à la pensée abstraite et ils ont de la difficulté à avoir un regard critique sur différents sujets. Par conséquent, la compréhension de la sexualité et des modèles de beauté présentés n'est pas la même chez les jeunes que chez une personne adulte (APA, 2007).

Tout comme pour les autres domaines du développement, les adultes qui entourent les jeunes ont un rôle important à jouer au regard de la sensibilisation à l'hypersexualisation. Ils doivent notamment prendre en considération l'âge du jeune, mais également le contexte dans lequel ces vêtements plus « osés » sont portés. Les codes vestimentaires adoptés dans la majorité des écoles permettent justement de faire connaître aux jeunes et à leurs parents les tenues qui ne sont pas tolérées dans un contexte d'apprentissage comme le milieu scolaire. Par exemple, il peut être non approprié pour une fille de 7 ans de porter un short à l'école. Cependant, une adolescente de 17 ans qui s'habille ainsi pour une sortie avec des amis n'est pas nécessairement jugée de la même façon.

Chez les adolescentes, plusieurs impacts de l'hypersexualisation ont été identifiés dont une baisse d'estime de soi, la présence de troubles alimentaires et de symptômes dépressifs (APA, 2007). Puisque l'estime de soi comprend l'évaluation que la personne fait de l'écart entre ce qu'elle aimerait être (son idéal) et la façon dont elle se perçoit (Harter, 1990, cité par Bee et Boyd, 2003), il est fort possible que l'hypersexualisation affecte aussi l'estime de soi des filles plus jeunes. Fredrickson et ses collaborateurs (1998) soulignent qu'en accordant trop d'importance à leur apparence, les adolescentes ont moins de ressources à consacrer à leurs autres activités mentales ou physiques, ce qui peut affecter leur rendement scolaire (APA, 2007). Il se peut aussi que ce phénomène soit présent chez les plus jeunes filles, voire celles de 9-12 ans, puisque l'image projetée occupe une place prépondérante dans leur concept de soi. De plus, l'exposition à des idéaux de beauté dans les médias est associée, tant chez les femmes que chez les jeunes filles, à davantage d'insatisfaction au sujet de leur propre corps (Groesz, Levine, et Murnen, 2002, cités dans APA, 2007). Au Québec, la *Charte pour une image corporelle saine et diversifiée* a été mise en ligne afin de promouvoir, entre autres, une diversité dans les images corporelles et des habitudes de vie saines.

En terminant, plusieurs intervenants scolaires se montrent inquiets pour les jeunes puisque l'hypersexualisation peut accroître la vulnérabilité des filles par rapport à la violence dans leur relation avec les garçons (Bouchard et Bouchard, 2004) et être liée à diverses formes d'exploitation sexuelle (Lamb, 2001; Poulin et Laprade, 2006). Pour cette raison, il est important de sensibiliser les jeunes à l'importance du respect de soi et des autres, préservant ainsi leur estime de soi.

7.4 Estime de soi
J'apprends à m'apprécier

Dans le cadre de ce chapitre, nous poursuivons notre étude en abordant les différentes formes que peut prendre l'estime de soi : l'estime de soi personnelle, l'estime de soi collective et l'estime de soi scolaire. En premier lieu, Luthanen et Crocker (1992), rapportés par Vallerand et Rip (2006), distinguent l'estime de soi personnelle de l'estime de soi collective. Telle qu'elle a été définie au chapitre 3, l'estime de soi *relève des attributs qui sont propres aux jeunes ainsi que de la valeur qu'ils s'attribuent* (Harter, 1978, 1985, 1990 ; Martinot, 2001). Selon Vallerand et Rip (2006), cette définition de l'estime de soi relève de l'estime de soi personnelle. Marie, 11 ans, aime globalement ce qu'elle est comme personne. Elle reconnaît ses qualités, ses compétences et les points qu'elles souhaitent améliorer. Par conséquent, Marie affiche une bonne estime de soi personnelle.

En deuxième lieu, liée intimement à l'estime de soi personnelle, l'estime de soi collective en est néanmoins distincte (Luthanen et Crocker, 1992 ; Zhang, 2005, rapportés dans Vallerand et Rip, 2006). En effet, selon Vallerand et Rip (2006), l'**estime de soi collective** concerne plutôt les *évaluations que fait le jeune par rapport à son groupe d'appartenance ou au groupe auquel il s'identifie* (Luthanen et Crocker, 1992). Selon Jetten, Branscombe et Spears, (2002), l'acception par un groupe de pairs contribue à une estime de soi collective positive (Vallerand et Rip, 2006). Conséquemment, comme le groupe de pairs joue un rôle de plus en plus important à cet âge, l'estime de soi collective prend une place particulière durant cette étape du développement du jeune (Gallimard, 1998a ; Panier Bagat, 1995). Marc-Antoine est souvent avec trois autres garçons de sa classe. Ensemble à la récréation et au service de garde, ils sont très populaires auprès des autres élèves. Serviables et polis avec le personnel de l'école, ils reçoivent régulièrement des compliments et des bons mots dans leur agenda scolaire. Il est fort probable que Marc-Antoine ait une estime de soi collective positive.

En troisième lieu, alors que les jeunes ont une estime de soi globale relativement bonne, il arrive qu'ils se sentent incompétents dans certains domaines ou situations, comme dans le domaine scolaire

---

Estime de soi collective : *évaluations que fait le jeune par rapport à son groupe d'appartenance ou au groupe auquel il s'identifie.*

(Harter, 1986, dans Martinot, 2001 ; Vallerand et Rip, 2006). Ainsi, Sandrine se sent très compétente en histoire, mais il en va autrement en anglais langue seconde. Elle éprouve de la difficulté avec la prononciation de certains sons. L'exemple de Sandrine touche à l'estime de soi scolaire (Cloutier, 2005e ; Martinot, 2001 ; Vallerand et Rip, 2006 ; Viau, 1994). En guise de complément, la capsule 7.2 s'attarde au lien entre l'estime de soi sous ses différentes formes et la réussite scolaire.

L'estime de soi est-elle stable ou fluctue-t-elle à travers le temps ? Au-delà de l'estime de soi personnelle et collective, Vallerand et Rip (2006) distinguent l'estime de soi dispositionnelle de l'estime de soi situationnelle. En quatrième lieu, l'**estime de soi dispositionnelle** est la *façon habituelle qu'a l'individu de s'évaluer, même si dans certaines circonstances, cette évaluation peut fluctuer* (Vallerand et Rip, 2006). C'est ce que, en cinquième lieu, Heatherton et Polivy (1991) qualifient d'**estime de soi situationnelle** (Vallerand et Rip, 2006). Par exemple, lorsque Simon-Olivier a de la difficulté à résoudre un conflit qu'il vit avec son ami Victor, son estime de soi peut baisser momentanément, le temps qu'il y trouve une solution. Puis, une fois la situation réglée, l'estime de soi de Simon-Olivier revient à son niveau initial. Dans le

Estime de soi dispositionnelle : *façon habituelle qu'a l'individu de s'évaluer.*

Estime de soi situationnelle : *évaluation personnelle qui fluctue dans certaines circonstances.*

Capsule 7.2

Quand estime de soi rime avec réussite scolaire

Comme l'affirme Cloutier (2005e) en citant différents auteurs, l'estime de soi est étroitement reliée à la réussite scolaire, notamment parce qu'elle influe sur la motivation du jeune (Guay, Marsh et Boivin, 2003 ; Marsh, 1993 ; Marsh et Craven, 1997 ; Martinot, 2001). À partir de Chapman, Tumer et Prochnow (2000), cet auteur précise que l'estime de soi scolaire déterminerait la quantité d'efforts fournis et la persistance à la tâche du jeune, et ce, dans tous les domaines scolaires. De plus, Martinot (2001) souligne que les élèves ayant une bonne estime d'eux-mêmes poursuivent plus longtemps leurs études. En effet, on peut penser que le jeune affichant une bonne estime de lui-même croit en ses compétences et en son pouvoir de réussir (Cloutier, 2005e ; Martinot, 2001). Si les expériences scolaires s'avèrent difficiles et que le jeune vit constamment des situations d'échec, cela peut être en lien avec une moins bonne estime de soi (Cloutier, 2005e). Comme quoi l'estime de soi peut rimer avec réussite scolaire ! Étant donné leur importance, nous reviendrons sur la motivation et la réussite scolaires dans le chapitre 8.

même ordre d'idées, Marina peut voir son estime d'elle-même augmenter, de façon momentanée, après avoir reçu son bulletin scolaire dont elle est très fière !

Comment peut-on aider un jeune à préserver son estime de lui-même lorsqu'il vit des situations difficiles ? Différentes stratégies peuvent être utilisées pour maintenir un bon niveau d'estime de soi, notamment les attributions causales. Selon Weiner et Graham (1999), une **attribution causale** est une *inférence qui tente d'expliquer un événement ou un comportement* (Parent et Cloutier, 2009 ; Vallerand, 2006). Une attribution est dite interne lorsque l'individu s'attribue la responsabilité des événements ou de ses comportements et elle s'avère externe lorsqu'il fait porter par les autres la responsabilité de ces derniers (Martinot, 2001 ; Parent et Cloutier, 2009 ; Vallerand, 2006 ; Viau, 1994).

Ainsi, lorsque Léo explique ses succès en éducation physique par ses aptitudes physiques, il renvoie à une attribution interne. Par contre, lorsqu'il soutient que son échec en sciences est la faute de son enseignant qui corrige trop sévèrement les devoirs, il fait une attribution externe. Plusieurs auteurs mentionnent que l'utilisation excessive des attributions externes déresponsabilise le jeune et fait en sorte qu'il ne se remet pas en question et qu'ainsi il ne peut pas modifier ce qui a provoqué la situation problématique (Martinot, 2001 ; Vallerand, 2006). En effet, si Léo explique toujours ses échecs en rejetant le blâme sur ses enseignants, il ne révisera pas ses méthodes de travail et ses stratégies d'étude. Ce faisant, ses difficultés sur le plan scolaire sont susceptibles de persister et, à long terme, cela pourrait affecter négativement son estime de soi (Vallerand, 2006 ; Viau, 1994).

Une autre stratégie qui peut être privilégiée par le jeune pour maintenir son estime de soi est la comparaison sociale. Or, Vallerand et Rip (2006) soulignent que pour garder une estime de soi positive, le jeune choisira des éléments de comparaison qui lui seront favorables (Gibbons, Lane, Reis-Bergan, Lantrup, Pexa et Blanton, 2002 ; Lockwood, 2002 ; Wood, Michela et Giordano, 2002). Par exemple, Agathe, qui rencontre des embûches en volleyball, choisira de se comparer à des compagnons de classe qui sont moins performants qu'elle. Ainsi, elle

Attribution causale : *inférence qui tente d'expliquer un événement ou un comportement.*

maintiendra son estime d'elle-même à un niveau satisfaisant et préservera son équilibre personnel. Bien que cette stratégie soit largement utilisée par tous, à long terme, elle peut avoir un impact négatif si elle est utilisée de façon excessive (Martinot, 2001 ; Vallerand et Rip, 2006). En effet, la comparaison sociale avec des personnes que l'on évalue comme moins performantes ne favorise pas le dépassement ou l'amélioration de soi (Martinot, 2001). C'est pourquoi Agathe devra se trouver d'autres modèles de comparaison afin qu'elle soit tentée de se surpasser (Seta, 1982, rapporté par Vallerand et Rip, 2006).

En ce sens, il est important d'aider le jeune à développer graduellement un sentiment d'efficacité personnelle et à se valoriser en établissant des liens entre les attitudes qu'il privilégie, comme sa capacité d'attention, sa détermination, sa motivation et son autonomie, les stratégies qu'il utilise, comme les moyens ou les façons de parvenir à son but, et le succès obtenu ou non (Duclos, 2004 ; Martinot, 2001). L'estime de soi est donc la clé du développement et de l'accomplissement de la personne, toute la vie durant et sur tous les plans : personnel, familial, scolaire, etc. !

7.5 Relations avec les pairs
Je vis en collectivité

Alors que les relations avec les adultes sont des relations verticales, hiérarchiques ou asymétriques, les relations entre les jeunes sont des relations dites horizontales, égalitaires ou symétriques (Cloutier et Drapeau, 2008 ; Strayer, Noël, Tessier et Puentes-Neuman, 1989). En plus de favoriser le développement de leurs habiletés sociales, les relations entre les pairs permettent d'explorer différents rôles sociaux et sont une source de validation et de comparaison pour les jeunes de 9 à 12 ans (Bee et Boyd, 2008 ; Cloutier et Drapeau, 2008). À cette période apparaît effectivement une tendance qui se maintiendra tout au long de l'adolescence : le jeune passe de plus en plus de temps avec ses pairs (Claes, 1995). Ainsi, vers l'âge de 9-10 ans, près de 30 % des relations sociales des jeunes se font avec leurs pairs (Gifford-Smith et Brownell, 2003).

Les groupes de pairs jouent un rôle tout aussi important que l'amitié dans le développement socioaffectif des jeunes. Alors que les relations d'amitié sont plus souvent dyadiques, les relations avec les pairs se forment dans des groupes composés de trois à dix jeunes (Browne et Klute, 2003, rapportés dans Cloutier et Drapeau, 2008). Les groupes de pairs leur offrent donc l'occasion d'expérimenter divers rôles sur le plan de l'identité et de changer de statut social en fonction du groupe dans lequel ils se retrouvent (Claes, 1995 ; Cloutier et Drapeau, 2008 ; Corsaro, 2005).

7.5.1 Formation des groupes de pairs
Fais-tu partie de ma gang ?

Comment se forment les groupes de pairs ? Selon Cairns, Xie et Leung (1998), le principal facteur de regroupement des pairs est la proximité (Gifford-Smith et Brownell, 2003). Pour les jeunes, il est beaucoup plus facile de créer des liens avec des individus qu'ils côtoient sur une base régulière, comme leurs camarades de classe. De plus, il semble que la taille et l'organisation de la classe soient des facteurs qui contribuent à la création des groupes de pairs et influencent le nombre de jeunes qui les composent. En effet, selon Hallinan et Smith (1989), plus il y a d'élèves dans la classe, plus les groupes de pairs sont grands (Gifford-Smith et Brownell, 2003). Ces classes sont composées d'une plus grande variété d'individus présentant des caractéristiques différentes, ce qui permet aux jeunes de constituer des groupes avec un plus grand nombre de pairs (Parker, Rubin, Erath, Wojslawowicz et Buskirk, 2006).

La familiarité est un autre élément déterminant dans la formation des groupes de pairs. Nash (1973) croit que la familiarité est particulièrement importante lors des moments de transition, comme le passage d'un niveau scolaire à un autre ou encore la transition vers l'école secondaire (Gifford-Smith et Brownell, 2003). Dans des situations semblables, les jeunes s'affilieront à des groupes constitués de pairs qui leur sont familiers. C'est ce qu'a fait Fabrice lorsqu'il est arrivé dans sa classe de 6e année à la rentrée. Rapidement, il s'est rapproché de Julio qui était dans sa classe de 5e année, et ce, même s'il ne le connaissait pas beaucoup. Au fur et à mesure que l'année a avancé, Fabrice s'est lié d'amitié avec à de nouveaux élèves.

Pour leur part, Cairns et collaborateurs (1998) soulignent que la similarité, sur différents plans, joue un rôle important dans la formation des groupes de pairs (Cloutier et Drapeau, 2008; Gifford-Smith et Brownell, 2003). Évidemment, les préadolescents recherchent d'abord et avant tout d'autres jeunes qui partagent leurs intérêts et leurs activités, en plus de présenter des qualités semblables aux leurs (Bukowski, Motzoi et Meyer, 2004; Cairns *et al*, 1998, rapportés par Gifford-Smith et Brownell, 2003; Corsaro, 2005). Dans le groupe de Nadine, éducatrice en 4e année, il est possible d'observer qu'un groupe de pairs s'est formé autour des joueurs de hockey et un autre avec des jeunes qui adorent la lecture. D'emblée, ces deux groupes interagissent peu ensemble, n'appréciant pas nécessairement les intérêts de l'autre groupe.

Les groupes de pairs se constituent aussi sur la base d'autres points de similarité, comme l'âge et le genre (Cairns *et al.*, 1998, rapportés par Gifford-Smith et Brownell, 2003). Comme nous l'avons vu au chapitre 3, il est possible d'observer de la ségrégation sexuelle dans les jeux jusqu'à l'âge de 11 ans environ. Inévitablement, cela aura un impact sur la composition des groupes de pairs entre 9 et 12 ans (Parker *et al.*, 2006). Les recherches de Hartup (1983) et de Thorne (1986) indiquent que les garçons ont des groupes de pairs plus grands que les filles (Gifford-Smith et Brownell, 2003). Ces auteurs croient que ces différences s'expliquent notamment par le type de jeux des garçons et des filles. En effet, les garçons préfèrent des jeux plus organisés et de groupe, comme le ballon-chasseur par exemple. Les filles, quant à elles, ont tendance à choisir des activités plus calmes et intimes (Gifford-Smith et Brownell, 2003). De plus, chez les groupes de filles de 9 à 12 ans, les caractéristiques biophysiques comme la maturation pubertaire et l'apparence physique jouent un rôle important dans la formation des groupes (Cairns *et al.*, 1998, rapportés par Gifford-Smith et Brownell, 2003). Ainsi, les filles qui ont déjà débuté leur puberté ont tendance à se regrouper entre elles, car elles se sentent différentes des autres filles de leur âge qui n'ont pas encore atteint ce stade.

Bien que la ségrégation sexuelle soit une caractéristique de cette période, il arrive que les jeunes de cet âge interagissent avec des pairs de l'autre sexe. Selon Parker *et al.* (2006), certains d'entre eux semblent être des jeunes qui sont moins populaires auprès des pairs du même sexe, soit qu'ils ne partagent pas les mêmes intérêts ou qu'ils affichent

des comportements atypiques. Comme nous l'avons signalé au chapitre 3, la popularité est un phénomène complexe et qui influence l'adaptation. Or, lorsque les jeunes sont rejetés par certains pairs, ils se tournent vers d'autres qui sont plus soutenants. Bagwell et ses collaborateurs (1998) observent que les jeunes rejetés par une clique restent généralement en périphérie et tentent par divers moyens de l'intégrer (Gifford-Smith et Brownell, 2003). Pour ce faire, ils peuvent, par exemple, modifier leur comportement ou leur habillement. C'est ce qu'a fait Félix pour être accepté par un groupe à son école. Il a changé sa façon de parler en adoptant les expressions utilisées par ce groupe et porte maintenant des vêtements plus stylisés. Depuis, il a été intégré dans ce groupe.

Finalement, les jeunes vont aussi choisir leur groupe de pairs en fonction des similarités sur le plan comportemental (Gifford-Smith et Brownell, 2003). Ainsi, les jeunes qui utilisent les comportements d'agression, comme nous l'avons vu dans le chapitre 3, pourront rechercher d'autres jeunes recourant au même type de comportement (Gifford-Smith et Brownell, 2003). De même, les jeunes qui présentent des habiletés sociales auront tendance à se regrouper entre eux (Gifford-Smith et Brownell, 2003). C'est notamment le cas de Chloé, Joanie, Élisabeth, Léa-Marie et Anne-Julie qui ont des relations harmonieuses entre elles.

7.5.2 Conflits dans les groupes de pairs
Tu n'es plus notre ami(e) !

Entre 9 et 12 ans, les groupes de pairs sont de moins en moins supervisés par les adultes (Gifford-Smith et Brownell, 2003), entre autres, parce qu'une partie de leurs interactions se déroulent en l'absence de ceux-ci. Comme le soulignent Rubin, Bukowski et Parker (1998), les groupes de pairs se rencontrent souvent dans des contextes différents de la maison ou de la classe (Gifford-Smith et Brownell, 2003). Par exemple, bien qu'à la récréation ou sur l'heure du repas il y ait supervision par des adultes, ces derniers ne peuvent assurer une surveillance continue des jeunes. De plus, en dehors des heures de classe, les jeunes peuvent se retrouver au parc de leur quartier ou faire de la bicyclette sans la surveillance d'un adulte. Ce changement dans la supervision modifie les relations interpersonnelles des préadolescents et fait en sorte que les conflits se vivent différemment.

Comme nous l'avons relevé dans le chapitre 3, ces relations entre pairs sont un prédicteur de l'adaptation sociale et scolaire, tant présente que future (Beck, 2006 ; Gifford-Smith et Brownell, 2003 ; Pepler et Craig, 1998). Bukowski et collaborateurs (2004) soutiennent que lorsque les relations avec les pairs sont positives, elles peuvent devenir un facteur de protection pour les jeunes, notamment ceux vivant dans des milieux plus vulnérables. Par contre, si elles s'avèrent négatives, elles peuvent devenir un facteur de risque sur le plan de l'adaptation (Bukowski *et al.*, 2004). Malheureusement, selon Newcomb et Bagwell (1995), les relations entre les membres d'un groupe de pairs sont généralement moins positives que les relations d'amitié (Gifford-Smith et Brownell, 2003). En effet, il est possible d'observer plus de dominance et moins de rapports égalitaires dans les relations entre les pairs qu'entre les amis (Newcomb et Bagwell, 1995, rapportés dans Gifford-Smith et Brownell, 2003).

Eder et Enke (1991) indiquent que le commérage est l'un des comportements qui peut favoriser les conflits interpersonnels (Parker *et al.*, 2006). En augmentation chez les jeunes de 9 à 12 ans, particulièrement chez les filles, il consiste à avoir des conversations qui font référence aux qualités ou aux comportements des autres lorsque ceux-ci sont absents (Parker *et al.*, 2006). Bien que les commérages exacerbent généralement les conflits, Parker et Seal (1996) affirment qu'ils peuvent aussi jouer un rôle de consolidation du groupe (Parker *et al.*, 2006). En effet, Gottman (1983) croit qu'en participant au commérage, il est possible pour une jeune fille de partager de l'information et d'être ainsi intégrée dans une clique (Parker *et al.*, 2006). À titre indicatif, Marika rapporte à une clique, dont elle veut faire partie, les allées et venues de Sandrine. De plus, lorsqu'elle déclare qu'elle a vu Sandrine en compagnie d'un des garçons de la classe en précisant qu'elle lui tenait la main, ce qui est faux, Marika devient un membre à part entière de la clique. Généralement, tout cela se passe à l'insu des intervenantes éducatives, qui ne peuvent agir que si elles sont mises au courant de la situation par une des jeunes impliquées.

Alors que les enfants de 6 à 9 ans se préoccupent de la véracité de ces commérages, les jeunes âgés de 10 à 12 ans ne s'en soucient guère (Kuttler, Parker et LaGreca, 2002, rapportés par Parker *et al.*, 2006). Eder et Enke (1991) croient que ce n'est pas le contenu du commérage qui est important, mais son impact sur le jeune qui le véhicule (Parker *et al.*, 2006). Le commérage devient donc un outil d'inclusion ou d'exclusion du groupe de pairs et un moyen d'obtenir un statut social au sein de ce groupe (Eder et Enke, 1991, cités par Parker *et al.*, 2006).

Entre 9 et 12 ans, Alder et Alder (1995) ont remarqué qu'il se crée une hiérarchie au sein même des cliques, et ce, particulièrement chez les filles (Cloutier et Drapeau, 2008). Cette hiérarchie crée des conflits liés aux statuts sociaux, notamment parce que les leaders du groupe invitent certains jeunes à en faire partie et en excluent d'autres (Cloutier et Drapeau, 2008; Parker *et al.*, 2006). Madeleine est la meneuse d'une clique de filles de 11 ans. C'est elle qui décide qui fait partie du groupe ou pas. Lorsque Ophélie se met à fréquenter Stéphanie avec qui elle partage une passion pour le dessin, Madeleine réagit fortement. Elle n'aime pas Stéphanie avec qui elle a vécu un conflit récemment. Elle somme Ophélie de choisir: « C'est le groupe ou Stéphanie ! » Cet ultimatum fait vivre un conflit à l'ensemble de la clique, chacune devant se positionner, car Madeleine exerce de la pression en menaçant d'exclure celles qui appuieront Ophélie.

La résolution des conflits dans les groupes de pairs est différente de celle que l'on peut observer dans les amitiés. En effet, lorsque des conflits surgissent dans les groupes de pairs, Newcomb et Bagwell (1995) relèvent que les jeunes mettent moins d'efforts dans leur résolution que s'ils surgissent dans une relation d'amitié (Gifford-Smith et Brownell, 2003). Ces auteurs croient que cela pourrait s'expliquer par l'intimité et la proximité plus marquées dans les relations d'amitié et qui ne se retrouvent pas nécessairement dans les groupes de pairs (Newcomb et Bagwell, 1995, rapportés par Gifford-Smith et Brownell, 2003).

À partir de plusieurs études, Rose-Krasnor (1997) a conclu que les enfants présentant des problèmes relationnels avec leurs pairs sont plus susceptibles d'afficher des problèmes de comportement externalisés, comme les troubles de la conduite, ou internalisés, comme le retrait social et la dépression (Hartup, 1992; Kupersmidt, Coie et Dodge, 1990; Newcomb, Bukowski et Pattee, 1993; Parker et Asher, 1987). Nous approfondirons cette thématique à la section 7.8. Ces mêmes études ont permis à Rose-Krasnor d'établir un lien entre les difficultés avec les pairs et l'ajustement social, émotionnel et scolaire de l'enfant.

Enfin, l'utilisation des nouvelles technologies et des nouveaux médias, notamment la messagerie instantanée et le clavardage qui augmentent le nombre d'interactions que les jeunes ont entre eux,

Capsule 7.3

Lol ☺ XD, MDR : le clavardage chez les préadolescents

Dès qu'il rentre de l'école, Louis se précipite vers l'ordinateur pour se brancher sur *MSN*. Il souhaite entrer en contact avec ses amis qu'il vient pourtant tout juste de quitter ! Si ses parents n'intervenaient pas, Louis passerait des heures à clavarder avec eux. Le **clavardage** est un *échange social entre des personnes qui utilisent des logiciels de messagerie instantanée disponibles dans Internet* (Douaire, 2008). Quelle est la place du clavardage dans la vie sociale des préadolescents ? L'utilisation du clavardage fait maintenant partie intégrante de la vie des préadolescents. Selon Steeves (2005), près de 36 % des jeunes de 9 à 12 ans communiquent avec leurs amis par messagerie instantanée. La recherche *Jeunes Canadiens dans un monde branché (2001)* indique que vers l'âge de 11 ans, les jeunes se mettent à faire une utilisation plus soutenue du clavardage (Douaire, 2008). Les élèves de 5ᵉ et 6ᵉ année passeraient environ 45 minutes par jour sur la messagerie instantanée (Steeves, 2005).

Comme dans bien d'autres domaines, les adultes et les jeunes ont une vision différente de la place que les nouvelles technologies devraient prendre dans la vie de ces derniers (Steeves, 2005). Généralement, les adultes considèrent qu'Internet est un outil de travail qui devrait être utilisé surtout pour contribuer à la réussite scolaire (Douaire, 2008 ; Steeves, 2005). De plus, lorsque Internet n'est pas utilisé dans un cadre scolaire, les adultes retiennent davantage les aspects négatifs de cette technologie, notamment la pédophilie et la cyber-intimidation (Douaire, 2008). Paradoxalement, alors que plusieurs parents s'inquiètent de l'utilisation d'Internet faite par leurs jeunes, Gifford-Smith et Brownell (2003) notent qu'ils la supervisent plus ou moins.

Les préadolescents ont, en revanche, une conception tout à fait différente d'Internet. Ils considèrent que c'est un lieu de socialisation qu'ils utilisent pour communiquer avec leurs amis et leurs pairs (Douaire, 2008 ; Steeves, 2005). D'ailleurs, ils l'emploient pour déterminer leur statut social et leur popularité auprès de leurs pairs, notamment par le nombre de contacts qu'ils ont dans leur carnet d'adresses (Steeves, 2005) ! Les filles et les garçons ne font pas la même utilisation d'Internet. En effet, les filles sont deux fois plus susceptibles que les garçons de se tourner vers la messagerie instantanée quand elles ont un peu de temps libre. Dès l'âge de 11 ans, elles préfèrent le clavardage à toute autre activité en ligne (Steeves, 2005). Les garçons, quant à eux, vont plus souvent jouer à des jeux en ligne avec des coéquipiers qui se trouvent partout dans le monde (Douaire, 2008).

> **Clavardage :** *échange social entre des personnes qui utilisent des logiciels de messagerie instantanée disponibles dans Internet.*

Capsule 7.3 (suite)

Cette utilisation de l'Internet est-elle susceptible de modifier les habiletés sociales des jeunes? Alors que l'on aurait tendance à penser que cette technologie pourrait avoir un impact négatif sur les habiletés sociales, Suler (2005) affirme qu'au contraire, le clavardage peut soutenir le développement des habiletés sociales (Douaire, 2008). Dans sa recherche, Douaire (2008) constate que les habiletés sociales utilisées dans le clavardage ressemblent à celles observées dans la vie réelle. Suler (2005) croit même qu'il est possible que les habiletés utilisées lors du clavardage se transfèrent dans la vie quotidienne et vice versa (Douaire, 2008). Il semble que pour la majorité des jeunes, le clavardage contribue à leur intégration sociale (Steeves, 2005).

Néanmoins, certains questionnements subsistent. Entre autres, Lafortune et Laflamme (2006) observent que l'utilisation des nouvelles technologies de l'information modifie les interactions entre les individus, le clavardage remplaçant les relations en face à face. Or, les relations directes offrent aux interlocuteurs la possibilité d'ajuster leurs interactions en fonction, entre autres, des signes non verbaux (De Vito, Chassé et Vezeau, 2008; Douaire, 2008). Dans un contexte virtuel, cet ajustement est plus difficile, et ce, même s'il existe des émotions pour soutenir le message écrit (Douaire, 2008). De plus, dans le cadre du clavardage, les échanges se font par écrit et rapidement. Un message pourrait être envoyé au mauvais destinataire ou, encore, le message personnel de l'un peut être transféré directement à d'autres jeunes qui ne devaient pas le voir. Il arrive aussi que les messages soient mal formulés ou imprécis, créant ainsi des erreurs d'interprétation et, par le fait même, une situation propice aux conflits interpersonnels (De Vito *et al.*, 2008; Douaire, 2008). Enfin, comme il peut y avoir plus d'un interlocuteur à la fois dans le clavardage, les communications se complexifient.

Quoi qu'il en soit, et au-delà du clavardage, les nouvelles technologies de l'information peuvent ouvrir la voie à plusieurs utilisations pédagogiques. Il peut s'agir là de collaborer à une vidéoconférence avec des élèves d'autres provinces ou pays dans le cadre d'une activité particulière lorsque cela le permet. Le site du Réseau pour le développement des compétences par l'intégration des technologies (RÉCIT) dans les écoles du Québec peut être fort intéressant à consulter: <http://www.recit.qc.ca>.

entraîne une évolution dans les modes d'interaction entre les pairs (Gifford-Smith et Brownell, 2003). Ces interactions virtuelles, compte tenu de leurs caractéristiques, peuvent rapidement devenir une source de conflit (Lafortune et Laflamme, 2006). La capsule 7.3 explore d'ailleurs la place du clavardage dans les relations interpersonnelles des jeunes.

7.5.3 Amitié — *J'ai des relations privilégiées*

Le chapitre 3 nous a permis de cerner le rôle important que joue l'amitié dans le développement socioaffectif de l'enfant de 6 à 9 ans. Nous y avons présenté les trois premiers stades de la théorie de Selman : le stade de la camaraderie temporaire, celui de l'aide à sens unique et le stade de la collaboration réciproque. Poursuivons les explications concernant cette théorie et abordons les deux derniers stades présentés dans le tableau 7.1 et qui la complètent : les relations intimes réciproques et l'autonomie et interdépendance.

Entre l'âge de 9 et 15 ans apparaît le stade de la collaboration réciproque, où l'amitié devient exclusive (Selman, 1980). À partir de cet âge et jusqu'à la fin de l'adolescence, d'autres motivations que celles que nous avons vue précédemment (voir le chapitre 3) s'ajoutent à l'établissement des relations d'amitié. Parmi celles-ci, notons le fait d'avoir des choses en commun : intérêts, idées, valeurs, etc. La confiance et la nature de l'amitié se déterminent par l'intimité qui est partagée : plus celle-ci est grande, plus l'amitié est profonde. Il se crée donc une distinction entre les différentes relations que le jeune développe et ses comportements varieront selon la nature de ces dernières (Bee

Tableau 7.1
Les stades de l'amitié selon Selman et Selman (1979) dès l'âge de 9 ans

Âges	Stades	Exemples
9-15 ans	La collaboration réciproque	« C'est mon ami parce que nous aimons tous les deux faire du *skate*. »
12 ans et +	L'autonomie et l'interdépendance	« C'est mon amie, car avec elle, je me sens bien. Nous nous acceptons telles que nous sommes et partageons de nombreux points en commun. »

Tiré de Olds et Papalia (2005).

et Boyd, 2008 ; Gallimard, 1998b ; Parker *et al.*, 2006). Émilie est la meilleure amie de Chloé. Toutes deux partagent une passion pour la vie marine, n'aiment pas les conflits et sont des jeunes filles qui aiment les projets. Dès que cela est possible, elles en profitent pour faire des activités ensemble : elles font leur travaux scolaires en équipe, mangent à la même table au service de garde et passent le temps de la récréation à se confier leurs secrets. Elles s'apprécient telles qu'elles sont et se font confiance. Bien que Chloé et Émilie soient inséparables, elles ont aussi des relations avec d'autres jeunes filles de leur groupe. Toutefois, ces relations sont moins importantes. Ainsi, lorsque Chloé est avec Justine, elle ne lui fait pas de confidences, car elle lui fait moins confiance : Justine a tendance à bavarder.

Entre 9 et 15 ans, le jeune est très protecteur de sa relation d'amitié et il ne veut surtout pas qu'un élément extérieur vienne la perturber (Gallimard, 1998b ; Selman, 1980). Cela peut expliquer le fait qu'il arrive souvent que la relation soit exclusive et possessive, particulièrement chez les filles (Selman, 1980; Selman et Schultz, 1990). D'ailleurs, il existe des différences entre les amitiés des garçons et celles des filles. En effet, les filles rapportent se confier davantage et vivre plus d'intimité dans leurs relations d'amitié que les garçons (Parker *et al.*, 2006). Elles disent aussi penser plus souvent à leurs amies, lorsque ces dernières sont absentes, que les garçons (Parker *et al.*, 2006). Par contre, tant les filles que les garçons affirment que la loyauté, les intérêts communs et la proximité constituent des éléments importants pour maintenir une relation d'amitié (Parker *et al.*, 2006; Selman, 1980; Selman et Schultz, 1990). Lorsque les valeurs ou les intérêts changent, il arrive que les amitiés se modifient et deviennent moins intimes (Gallimard, 1998b; Selman, 1980; Selman et Schultz, 1990). C'est ce qui est arrivé à Lambert et Francis. Tous deux étaient passionnés de hockey : en plus d'être dans la même classe, ils jouaient dans la même équipe de leur municipalité. Puis, Lambert a délaissé le hockey pour se consacrer au soccer. Par conséquent, Francis et lui se voyaient moins régulièrement. Peu à peu, leur amitié est devenue moins intime et chacun de leur côté, ils ont développé de nouvelles relations avec d'autres jeunes.

Durant le stade de la collaboration réciproque, la vision des conflits interpersonnels se modifie. Le jeune est alors en mesure de comprendre qu'il y a des conflits mineurs qui peuvent même servir à renforcer la relation. C'est ce qui se passe lorsque Pascal et Xavier ne s'entendent pas sur la façon de procéder pour réaliser un travail d'équipe dans le cadre de leur cours de mathématiques. Après avoir tenté de réaliser le devoir chacun de leur côté, ils ont pris conscience qu'il serait plus facile de le faire ensemble et que chacun avait des forces qui complétaient celles de l'autre. Il arrive cependant que les jeunes vivent des conflits plus importants qui peuvent mettre leur relation d'amitié en péril. Comme l'honnêteté est habituellement une qualité très importante à cet âge, ces conflits surviennent généralement lorsqu'il y a une déloyauté entre les deux jeunes, comme la révélation d'une confidence (Bee et Boyd, 2008; Gallimard, 1998b; Selman, 1980). Lorsque Roxanne a raconté à Faroud que son amie Clémentine était amoureuse de lui, cette dernière n'a pas du tout apprécié. Elle avait fait promettre à Roxanne de ne pas en parler! Comme le lien de confiance a été brisé, les deux filles ne se parlent plus. De leur côté, Arielle et Maria se connaissent depuis la maternelle. Elles sont restées amies tout ce temps, malgré les conflits qu'elles ont vécus. Bien qu'elles passent beaucoup de temps ensemble, elles ont aussi développé d'autres relations d'amitié à l'extérieur de leur dyade. Ces relations ne les inquiètent pas, bien au contraire! Elles se font confiance et comprennent qu'il est important de pouvoir développer d'autres relations pour s'épanouir.

Vers l'âge de 12 ans, le stade de l'autonomie et de l'interdépendance permet aux jeunes d'établir un engagement mutuel entre eux, tout en laissant à l'autre la possibilité de développer des relations à l'extérieur de cette leur propre relation (Gallimard, 1998b; Selman, 1980; Selman et Schultz, 1990). L'amitié repose donc ici sur des rapports égalitaires et de coopération (Fiske et Leymans, 2004). C'est d'ailleurs durant cette période de leur vie que les jeunes auront le plus grand nombre de relations d'amitié (Claes, 1995). Par la suite, il y aura une diminution du nombre de relations d'amitié, notamment avec l'apparition des relations amoureuses (Papalia *et al.*, 2010). Durant le stade de l'autonomie et de l'interdépendance, l'amitié est maintenant envisagée selon un processus à travers lequel le jeune apprend à se connaître et à connaître l'autre (Selman, 1980; Selman et Schultz, 1990). Bien qu'intime, l'amitié ne présente plus le caractère possessif du stade précédent (Selman, 1980; Selman et Schultz, 1990).

Une fois de plus, la perception quant aux conflits se modifie. Au stade de l'autonomie et de l'interdépendance, lorsqu'un conflit surgit, le jeune comprend que pour le résoudre, il doit faire preuve d'introspection et regarder son propre comportement (Selman et Schultz, 1990). Qu'a-t-il fait pour que la situation dégénère et que peut-il faire pour la rétablir? Ce sont les questions que se posent Philippe et Mathieu à la suite d'un conflit qu'ils ont vécu. Philippe prend conscience qu'il a blessé Mathieu en ayant des paroles dures à l'égard de son jeune frère qui les taquinait lors de leur dernière rencontre. Afin de réparer son tort, Philippe décide donc de présenter ses excuses à Mathieu et à son frère. De son côté, Mathieu reconnaît qu'il s'est emporté et qu'il aurait pu intervenir auprès de son frère au lieu de laisser la situation s'envenimer.

L'acquisition de la pensée formelle soutiendra le jeune dans la résolution de ses conflits interpersonnels. Comme nous le verrons au chapitre 8, la capacité d'imaginer toutes les possibilités pour résoudre une situation problématique se met progressivement en place entre 9 et 12 ans. Généralement, si une amitié se termine durant ce stade, c'est qu'une des personnes évolue, change d'intérêts ou de priorité.

Elle se tournera alors vers d'autres amitiés qui répondront davantage à ses besoins (Selman et Schultz, 1990). C'est ce qui se passe parfois lors de la transition vers l'école secondaire. Regardons de plus près ce moment charnière dans la vie scolaire des jeunes.

7.6 Transition vers le secondaire
Je pars pour l'école des grands

La transition vers le secondaire constitue une étape importante dans la vie scolaire des jeunes (Denoncourt, Bouffard, Dubois et McIntyre, 2004 ; Schramek, 2008 ; Wan, 2008). Leur statut social se modifie alors : au primaire, ils étaient les plus vieux et les plus expérimentés de leur école. En arrivant à l'école secondaire, ils sont maintenant les plus jeunes et les moins expérimentés (Schramek, 2008). De plus, avec la diversité des programmes d'études offerts, ils ne fréquentent pas tous

la même institution scolaire. Comme à cet âge, la proximité et la fréquence des contacts influencent leurs liens d'amitié, les jeunes ont pleinement conscience qu'ils devront reconstruire des liens avec de nouvelles personnes et refaire leur place parmi un groupe de pairs (Poncelet et Born, 2008).

En général, les élèves de 6e année vivent des anticipations mixtes par rapport à l'école secondaire (Denoncourt *et al.*, 2004). C'est ce que vit Ilan depuis quelques semaines. Il a bien hâte de débuter son programme de *Sciences-études* à sa nouvelle école secondaire: il a choisi ce programme en fonction de ses intérêts et il sait qu'il fera un tas de projets plus motivants les uns que les autres. Cependant, il trouve que le nombre d'élèves est impressionnant et il a peur de ne pas trouver ses locaux de classe. Il est normal que les jeunes éprouvent quelques appréhensions négatives par rapport à ce changement. L'important est qu'une grande partie d'entre elles soient positives, ce qui est d'ailleurs le cas pour la majorité des préadolescents (Denoncourt *et al.*, 2004). Par contre, pour une minorité de jeunes qui ont un faible sentiment d'auto-efficacité personnelle ou encore une faible estime de soi, la transition vers l'école secondaire suscite plus d'anticipations négatives (Denoncourt *et al.*, 2004). La nature des anticipations influent le niveau de stress qu'ils vivront lors de cette transition (Denoncourt *et al.*, 2004; Lupien, 2009; Trépanier, 2009). La capsule 7.4 traite de ce sujet et propose une stratégie pour atténuer le stress lié à cette étape significative dans la vie des préadolescents.

Selon Anderson, Jacob, Schramm et Splittberger (2000), tous les jeunes sont touchés d'une manière quelconque par la transition primaire-secondaire (Poncelet et Born, 2008). Selon Turgeon (rapporté par Marin, 2008), les manifestations du stress varieront d'un jeune à l'autre. Chez certains, il y aura davantage de manifestations physiques, par exemple des problèmes de sommeil ou des maux de ventre (Marin, 2008). Chez d'autres, il peut s'agir d'une baisse momentanée de l'estime de soi ou de la motivation scolaire, associée à des réactions négatives envers les enseignants (Denoncourt *et al.*, 2004; Poncelet et Born, 2008). Chouinard et collaborateurs (2005) mentionnent que l'adaptation sociale à l'école est liée à la réussite scolaire. Il est donc important que les jeunes vivent cette transition le plus harmonieusement possible. Nous verrons dans la prochaine section ce qui peut être fait pour les soutenir dans cette phase de leur vie scolaire.

Capsule 7.4

DéStresse et Progresse : recherche sur la gestion du stress en milieu scolaire

Bien que certaines sources de stress soient liées à des facteurs externes comme un bruit strident, d'autres sont davantage de nature interne tel que le niveau d'anxiété chez un individu. Ainsi, la *façon dont un individu réagit à une situation peut l'amener à générer son propre stress*. C'est ce qu'on appelle le **stress relatif** (Bee et Boyd, 2008 ; Parent et Cloutier ; 2009). L'interprétation d'une situation potentiellement stressante se fait en examinant quatre éléments en lien avec celle-ci : le sens du contrôle (C), l'imprévisibilité (I), la nouveauté (N) et la menace pour notre personnalité ou égo (É), ou le *CINÉ* (Lupien, 2009 ; Lupien et Wan, 2006 ; Schramek, 2008). Les situations potentiellement stressantes peuvent contenir un ou plusieurs des éléments mentionnés (Lupien, 2009 ; Schramek, 2008). Toutefois, l'élément déterminant le fait qu'un individu perçoive une situation comme stressante ou non est la menace pour l'égo (Lupien, 2009 ; Schramek, 2008).

> **Stress relatif :** *façon dont un individu réagit à une situation qui peut l'amener à générer son propre stress.*

Comme nous venons de le mentionner, l'entrée au secondaire constitue un moment de transition qui peut engendrer beaucoup de stress chez le jeune, car tous les éléments du *CINÉ* sont présents. Comment l'aider à vivre cette transition ? Plusieurs actions sont possibles ! Aller visiter l'école afin de connaître les lieux, vérifier si des jeunes du voisinage fréquenteront la même école que lui, sont des moyens parmi d'autres qui permettront au jeune d'avoir un sentiment de contrôle sur cette situation de transition (Schramek, 2008 ; Siag, 2009).

Lupien et son équipe se sont intéressées à la problématique de l'entrée au secondaire et ont tenté d'investiguer sur le sujet. De septembre 2008 à avril 2009, ils ont suivi 504 jeunes d'écoles de la région de Montréal qui étaient âgés de 11 à 13 ans (Lupien, 2009 ; Siag, 2009). Les jeunes ont suivi le programme *DéStresse et Progresse* qui consiste en une série de cinq ateliers d'environ 40 minutes qui leur permettent d'en apprendre davantage sur le stress, ses effets et sa gestion (Lupien et Wan, 2006 ; Trépanier, 2009). Les outils de gestion du stress utilisés dans le cadre de cette recherche font appel à la pensée et aux compétences du lobe frontal, que nous avons vues dans le chapitre 1. Les jeunes doivent analyser les situations qu'ils considèrent comme stressantes et les « déconstruire » en utilisant les éléments du *CINÉ*. L'objectif est de trouver des solutions à appliquer aux situations afin qu'elles soient vécues de façon moins stressante. Notons cependant que les jeunes ayant participé à l'étude ont dit « avoir appris et se rappeler le modèle *CINÉ*, les différentes stratégies d'adaptation ainsi que la différence entre support social et pression sociale » (Trépanier, 2009, p. 7). Les chercheurs compilent actuellement leurs résultats. Il sera intéressant de voir si ce programme aura eu un impact significatif sur le stress vécu par ces jeunes !

7.7 Soutenir le développement socioaffectif
Pratiques éducatives et enseignantes

Comment les éducatrices et les enseignantes peuvent-elles soutenir le développement socioaffectif des jeunes de 9-12 ans ? Différentes stratégies s'offrent à elles. Examinons-en quelques-unes pour nous situer.

Afin de soutenir les jeunes dans leur réflexion sur leur identité vocationnelle, le ministère de l'Éducation (2002) propose que dès le primaire, les écoles adoptent une démarche orientante. En insérant cette thématique dans leur projet éducatif et en proposant des activités qui permettent aux jeunes d'acquérir des connaissances sur les métiers, les professions et le monde du travail, les écoles contribuent au développement vocationnel des élèves (MEQ, 2001b). À l'école Les Hirondelles, l'équipe-école a choisi d'organiser une semaine thématique sur les métiers et les professions. Durant les heures de classe, différents invités, dont des parents, viendront parler de leur travail. Au service de garde, une journée *Ville et professions* a été prévue : les jeunes « exerceront » ainsi différentes professions nécessaires au fonctionnement d'une communauté.

Dans l'esprit de développer un concept de soi riche et détaillé, il est important de permettre aux jeunes de vivre une variété d'expériences et d'activités qui leur permettront de mieux se connaître et de développer des compétences dans différents domaines (Lush, Bradley et Orford, 2001). Les services de garde en milieu scolaire soutiennent activement cet aspect du développement socioaffectif en planifiant des activités variées, tant dans leurs activités quotidiennes que lors des journées pédagogiques (MEQ, 2004). Que ce soit par la danse, des sports comme le soccer, l'aide aux devoirs ou encore la préparation de collations-santé, ces activités constituent des moyens qui aident les jeunes à avoir une meilleure connaissance d'eux-mêmes.

Le *Programme de formation de l'école québécoise* (MEQ, 2001b) œuvre aussi en ce sens. Le domaine général de formation portant sur la santé et le bien-être mentionne « qu'au primaire, l'accent portera sur la conscience de soi, sur l'expression de ses besoins et de ses émotions et sur les conséquences de ses choix personnels » (MEQ, 2001b, p. 44). En classe ou dans le groupe au service de garde, ce soutien peut prendre différentes formes. Tout comme pour les autres aspects du développement, il est important que les enseignantes et les éducatrices mettent d'abord l'accent sur les forces du jeune (Gueyaud et Dassa, 1998; Martinot, 2001). De plus, l'utilisation du renforcement positif favorise, entre autres, la curiosité intellectuelle et l'estime de soi, agissant ainsi sur la manière dont le jeune se perçoit (Bee et Boyd, 2008; Gueyaud et Dassa, 1998). Lorsque Marjolaine, qui est enseignante de 4e année, souligne régulièrement les efforts de chacun de ses élèves, que ce soit dans une matière scolaire ou dans une autre sphère de leur vie scolaire comme la collaboration au travail en équipe, elle contribue à accroître leur connaissance de soi.

Une autre façon de soutenir le concept de soi, mais aussi l'estime de soi des préadolescents, est d'avoir des attentes réalistes à leur égard, et cela vaut autant pour les parents que pour le personnel éducateur et enseignant (Gueyaud et Dassa, 1998). Il importe donc que les enseignantes et les éducatrices tiennent compte de l'unicité de chacun des élèves et s'ajustent à leurs besoins (Bouchard et Fréchette, 2008a). L'utilisation de l'étayage, concept défini au chapitre 4, peut aider les intervenantes à soutenir les jeunes en ce sens.

Le style démocratique et la communication ouverte semblent être des éléments qui favorisent une estime de soi positive chez les jeunes (Cloutier et Drapeau, 2008; Jiménez, Lehalle, Murgui et Musitu, 2007). Bouchard et Fréchette (2008a) affirment que le style démocratique permet un partage du pouvoir entre l'enseignante ou l'éducatrice et les jeunes. Lorsque Josiane, qui est éducatrice avec des élèves du 3e cycle, les implique dans l'établissement des règles de fonctionnement sur l'heure des repas, elle intervient de façon démocratique. Si un élève propose une règle complètement loufoque, comme manger par terre à tous les repas, Josiane intervient en signalant que cette suggestion n'est pas recevable. Comme le rappellent Cloutier et Drapeau (2008), dans le style d'intervention démocratique, l'adulte « conserve le pouvoir de décider » (p. 175). En procédant ainsi, Josiane permet aux jeunes de son groupe d'exprimer leur opinion, de prendre des décisions et de faire des choix (Bouchard et Fréchette, 2008a). Ce sont tous là des éléments qui soutiennent le développement de l'estime de soi (Bouchard et Fréchette, 2008a; Cloutier et Drapeau, 2008; Jiménez *et al.*, 2007).

Pour contribuer au développement d'une estime de soi positive, les éducatrices et les enseignantes doivent donner au jeune une rétroaction la plus objective possible sur ses performances et ses comportements (Martinot, 2001). De cette façon, celui-ci pourra faire une évaluation plus juste de lui-même. François, qui est éducateur au service de garde, remercie Jeremiah pour son aide lors du rangement du local et lui signale que cela lui permet d'amorcer rapidement l'activité suivante. Ainsi, Jeremiah aide son éducateur et sait que ce comportement est apprécié. Il se sent fier et cela contribue à son estime de soi.

Le personnel éducateur de l'école peut aussi contribuer de différentes façons à développer, chez les jeunes, une meilleure conscience de l'hypersexualisation et les aider à résister aux influences négatives des médias ou de leurs pairs (APA, 2007). D'ailleurs, le domaine général de formation du PFEQ concernant la santé et la sécurité propose « d'amener l'élève à adopter une démarche réflexive dans le développement de saines habitudes de vie », notamment sur le plan du bien-être et de la sexualité (MELS, 2001b, p. 44). Il est donc possible pour l'ensemble de la communauté scolaire de s'impliquer dans cette réflexion.

Tout d'abord, il ne faut pas se contenter d'imposer un code vestimentaire à l'école, mais profiter de l'occasion pour éduquer au respect de soi et des autres (RQASF, 2007). Il importe de développer l'esprit critique chez les filles et les garçons et de recadrer les images stéréotypées projetées par tous et chacun dans la société, les médias, les vidéoclips, les messages publicitaires et les images des magazines (Comité aviseur sur les conditions de vie des femmes, 2005 ; Duquet et Quéniart, 2009 ; Gagnon et Demczuk, 2007). Par exemple, ce sujet pourrait être traité dans le cadre du cours d'Éthique et culture religieuse. Outre de faire réfléchir sur des questions d'éthique, cette thématique favorise le développement de compétences d'ordre intellectuel, notamment celle portant sur le jugement critique (MELS, 2006).

De plus, comme le service de garde a, entre autres, comme objectif de favoriser le respect, d'assurer le bien-être et de soutenir le développement global de l'enfant, il est possible de planifier des activités qui constitueront un prolongement des réflexions entreprises durant les heures de classe (MEQ, 2004). C'est ce que fait Guylaine, responsable du service de garde de l'école Les Découvreurs. En collaboration avec l'équipe pédagogique et en lien avec le projet éducatif de l'école, elle a planifié avec son équipe d'éducatrices une activité sur l'image corporelle. S'inspirant de la *Charte québécoise pour une image corporelle saine et diversifiée* (MCCCF, 2009), elles ont demandé aux élèves de concevoir des affiches « publicitaires » dénonçant l'hypersexualisation et proposant des modèles alternatifs. Ces affiches ont par la suite été exposées dans l'école et les autres élèves ont été invités à leurs présentations officielles.

Afin de développer une relation de confiance avec les jeunes et de bien les orienter, il convient de répondre honnêtement à leurs questions sur la sexualité, en adaptant notre réponse à leur âge (Gagnon et Demczuk, 2007). Dans un souci de prévention, il faut aussi inciter les jeunes à mieux protéger leur intimité et à agir avec prudence (Duquet et Quéniart, 2009). Il est important de les guider et de les outiller, sans les juger, afin qu'ils respectent leur rythme, qu'ils prennent le temps de vivre les différentes étapes de leur développement. Finalement, en tant qu'intervenant auprès des jeunes, le personnel éducateur doit aussi être un modèle positif et inspirant, autant dans sa manière d'être que dans ses propos et ses rapports avec les autres. Il doit aider les jeunes à mieux se connaître, à s'apprécier en les valorisant pour leurs efforts, leurs réussites, leurs forces et non pour leur apparence physique.

Finalement, afin de soutenir la transition entre le primaire et le secondaire, il est possible de suggérer aux élèves de 6ᵉ année de visiter les écoles secondaires qui offrent des programmes qui les intéressent. Ces visites leur permettent de se familiariser avec leur nouvel environnement et de rencontrer leurs futurs enseignants (Turgeon, rapporté par Marin, 2008). Les jeunes peuvent alors poser leurs questions et très souvent rencontrer des élèves qui fréquentent déjà l'école. Il est également possible d'inviter d'anciens élèves de l'école primaire afin qu'ils viennent parler de ce qu'ils ont vécu lors de leur transition. Ces exemples montrent que l'on peut aider les jeunes à se sentir relativement en contrôle lors de cette transition, la rendant un peu moins nouvelle et imprévisible (Lupien, 2009).

Loin d'être exhaustives, ces différentes stratégies ont pour objectif d'inspirer les éducatrices et les enseignantes dans leurs interventions pédagogiques. Ainsi, elles pourront soutenir le développement des jeunes de 9 à 12 ans et favoriser la prévention de l'apparition de problèmes ou de troubles du comportement, sujet de la prochaine section.

7.8 Les troubles du comportement
Approfondissement

Au moment de la récréation, Bruno s'est battu avec un autre élève de l'école. Lorsque l'enseignante, qui assurait la surveillance, lui a demandé ce qui s'était passé, Bruno a répondu que ce n'était pas sa faute. Il soutenait que c'était l'autre élève qui avait commencé en lui volant ses affaires. Pourtant, ce n'est pas le cas. En fait, ces situations de violence qui se répètent ne sont, selon le point de vue de Bruno, jamais de sa faute. D'ailleurs, il est prêt à inventer toutes sortes d'histoires pour justifier ses gestes et même à envoyer promener ou à menacer l'adulte qui ose le réprimander. Bruno qui se bat avec ses pairs et qui confronte l'autorité à l'école affiche un trouble du **comportement externalisé** (Vitaro et Gagnon, 2000b). Cette *sur-réactivité envers les autres peut se manifester par de l'impulsivité, de l'agressivité, de l'inattention ou de l'hyperactivité* (Desbiens, 2010; Tremblay et Royer, 1992). Dans ces cas, le jeune peut agresser les autres, mentir, enfreindre les règles ou perturber le déroulement des activités (Desbiens, 2010; Tremblay et Royer, 1992).

Comportement externalisé: *sur-réactivité envers les autres qui peut se manifester par de l'impulsivité, de l'agressivité, de l'inattention ou de l'hyperactivité.*

Comportement internalisé : *type de comportement observé chez l'enfant qui est sous-réactif par rapport à lui-même et qui vit en retrait des autres.*

Sa classe compte aussi des élèves comme Bianca qui, bien qu'elle ne dérange jamais, présente tout de même certains problèmes. Silencieusement assise au fond de la classe, elle n'a pas vraiment d'amis et ne communique pas beaucoup, ni ne sourit. Josée, son enseignante, la trouve très discrète. Bianca présente un trouble du comportement internalisé. Ces **comportements internalisés** s'observent chez *l'enfant qui est sous-réactif par rapport à lui-même et qui vit en retrait des autres* (Desbiens, 2010 ; Olds et Papalia, 2005 ; Vitaro et Gagnon, 2000a). Il s'agit souvent d'élèves timides et inhibés, qui expriment peu leurs sentiments et qui manque de confiance en eux, comme c'est le cas pour Bianca, qui passe presque inaperçue en dépit de ses problèmes d'adaptation. Dans cette catégorie, on retrouve les jeunes dépressifs, suicidaires et anxieux. Cependant, il faut demeurer prudent et ne pas conclure qu'un jeune plus solitaire souffre nécessairement d'un trouble du comportement internalisé (Coutu, Tardif et Pelletier, 2004). Il est en effet possible qu'un jeune soit tout simplement timide ou qu'il éprouve un problème ponctuel l'amenant à se retirer du groupe. Quoi qu'il en soit, ces situations méritent qu'on leur accorde de l'importance, même si elles sont plus difficiles à percevoir et dérangeantes pour l'environnement de la classe (Merrell, Blade, Lund et Kempf, 2003). En effet, de tels comportements influent sur l'acquisition de compétences sociales, essentielles dans une perspective de réussite scolaire (Marchant, Solano, Fisher, Caldarella, Young et Renshaw, 2007).

Enfin, il y a aussi des élèves, comme Frédérik, qui dérogent parfois aux règles. Aujourd'hui, Frédérik doit demeurer en retenue pour ne pas avoir écouté les consignes en classe et pour avoir dérangé le groupe, en dépit des avertissements répétés de Josée. Tous les jeunes qui dérangent n'ont pas nécessairement un trouble du comportement. Bien que les difficultés de comportement chez le jeune demandent aussi l'intervention de l'adulte, il est important de distinguer les problèmes de discipline ponctuels des réels troubles du comportement (Dumas, 2007; Massé, Desbiens et Lanaris, 2006; Royer et Fortin, 1997). Le cas de Frédérik est un bon exemple de difficulté comportementale où le jeune ne présente pas nécessairement de vulnérabilité, mais où il réagit plutôt à son environnement dans un contexte donné. Par exemple, Frédérik peut déranger et ne pas bien écouter son enseignante ce jour-là parce qu'il vit un conflit avec un autre élève de sa classe, qu'il trouve trop exigeant le travail demandé ou, encore, parce qu'il vit du stress dans sa famille. Il s'agit ici d'un problème disciplinaire ponctuel qui pourra se résorber, notamment lorsque la situation à l'origine de la difficulté comportementale sera réglée. À l'instar de Massé *et al.* (2006), on peut affirmer que Frédéric présente des difficultés de comportement et non un trouble du comportement.

Pour l'élève qui affiche un trouble du comportement, qu'il soit externalisé ou internalisé, les difficultés d'adaptation sont importantes (Massé *et al.*, 2006). Le jeune présente des dysfonctions non seulement à l'école, mais dans plusieurs autres sphères de sa vie, comme dans sa famille (Desbiens, 2010; Massé *et al.*, 2006). La durée, la constance, la fréquence, la gravité et la complexité du comportement permettent de différencier le problème de discipline d'un trouble du comportement (Tremblay et Royer, 1992). Dans ce dernier cas, le comportement de l'élève nuit à son développement ou à celui des autres (Tremblay et Royer, 1992). Selon le MEQ (2000), l'élève ayant des troubles du comportement doit être évalué par une équipe de professionnels afin que ses besoins soient identifiés et que des actions soient mises en place pour y répondre. À la suite de cette évaluation, un plan d'intervention personnalisé sera établi et communiqué au jeune ainsi qu'aux adultes qui gravitent autour de lui (enseignants, parents, éducatrices, etc.), afin de s'assurer de la cohérence et du suivi de l'intervention.

Il semble que les filles présenteraient davantage de troubles du comportement internalisé alors que les comportements externalisés seraient plus fréquents chez les garçons (Gagné, Desbiens et Blouin,

2004; Marcotte *et al.*, 2001). Même si les troubles internalisés et externalisés se manifestent de façon différente, il faut garder en tête qu'il est possible qu'un enfant affichant un trouble externalisé souffre aussi d'un trouble internalisé. Ainsi, il semble que la moitié des élèves ayant des problèmes externalisés ont également des problèmes internalisés, sans que ces derniers ne soient traités et considérés dans l'intervention (Massé *et al.*, 2006; Tremblay, 1998). Par exemple, on peut constater que Kevin se bat avec les autres élèves de sa classe sur l'heure du dîner et on le retrouve fréquemment au bureau du directeur de son école. Pourtant, à la maison, Kevin est laissé seul à lui-même et il a des idées noires. Alors que ce sont ses troubles du comportement qui attirent l'attention des intervenants du milieu scolaire, Kevin est aussi un enfant déprimé qui aurait besoin de soins psychologiques pour l'aider à se sentir mieux. Mais ce grand besoin plus criant passe trop souvent inaperçu…

Si les troubles du comportement externalisé du jeune peuvent nuire au climat de la classe, ils constituent, avant tout, un facteur de risque important pour son propre développement (Fortin et Strayer, 2000; Tremblay, 1998). En effet, les troubles du comportement ont une incidence sur la qualité des relations interpersonnelles (Tremblay, 1998; Tremblay et Royer, 1992). Par ses interactions négatives envers les autres, un jeune comme Bruno peut être victime de rejet[4] de la part de ses pairs et, de surcroît, ne pas être très apprécié par les adultes qui gravitent autour de lui. Le jeune hostile à l'égard des autres finit souvent par penser que c'est son entourage qui est hostile à son égard (Desbiens, 2010; Kaufman, 1989), une croyance qui ne l'aide pas à modifier son comportement et à développer des interactions positives. De son côté, l'isolement volontaire dans lequel Bianca se place en se coupant d'interactions avec les pairs de son âge n'incite pas ceux-ci à jouer avec elle. Toutefois, Bianca aurait grand besoin d'aide elle aussi, mais c'est Bruno qui capte l'attention des adultes qui l'entourent parce qu'il dérange l'environnement de la classe ou du groupe au service de garde. Pourtant, les troubles du

---

4. Pour plus de détails sur les enfants rejetés, le lecteur est invité à consulter le chapitre 3.

comportement internalisé n'ont pas moins d'impact sur le bien-être et le développement des jeunes que les troubles du comportement externalisé.

Les troubles du comportement que présente l'élève, qu'ils soient internalisés ou externalisés, peuvent aussi l'empêcher d'accomplir le travail qui lui est demandé dans le cadre scolaire (MEQ, 2000b). Il est en effet fréquent qu'un élève présentant des troubles du comportement éprouve aussi des difficultés d'apprentissage (Tremblay et Royer, 1992). Les problèmes du comportement prédisposeront donc certains élèves au décrochage scolaire ou à la délinquance (Tremblay, 1998) et auront, par conséquent, un impact sur leur adaptation sociale future en tant qu'adolescent et, éventuellement, en tant qu'adulte (Beaumont, 2010).

Bien que les jeunes qui présentent des troubles du comportement ne proviennent pas tous d'un milieu familial dysfonctionnel, cela peut être le cas pour certains d'entre eux. Pour Massé *et al.* (2006), il convient d'être sensible aux trajectoires de vie difficiles de ces jeunes qui peuvent avoir été victimes de négligence ou des mauvais traitements par exemple. De plus, même si un jeune est bien entouré par ses parents, il peut néanmoins vivre difficilement avec l'attribution de l'étiquette «trouble du comportement» et le regard de ses pairs. La façon d'intervenir de l'adulte sera donc déterminante.

L'intervention auprès des jeunes qui ont des troubles du comportement comporte un double défi: celui d'intervenir adéquatement, mais aussi de le faire sans négliger les besoins des autres jeunes du groupe. Puisque ces problèmes sont chroniques, ils semblent difficiles à corriger (Massé *et al.*, 2006; Royer et Fortin, 1997). Les intervenants doivent gérer les comportements, sans toutefois entretenir le désir irréaliste de les voir complètement disparaître (Desbiens, 2010). L'évaluation globale de l'élève en difficulté de la part des professionnels permettra de développer un plan d'intervention personnalisé, adapté à ses besoins, et d'outiller les différents intervenants, qu'ils soient enseignantes, éducatrices, parents et spécialistes, afin qu'ils puissent cibler et concerter leurs interventions autour du jeune.

Pour le jeune qui souffre d'un trouble du comportement internalisé, l'intervention se fera d'abord au niveau de la relation. Ainsi, on tentera de créer le contact, de s'intéresser à lui et de développer un lien de confiance. On pourra ensuite partager nos observations avec lui et, surtout, lui offrir de l'aide. Par exemple, Josée, l'enseignante de Bianca, pourrait lui dire : « Bianca, j'ai remarqué que cela fait trois fois que tu ne veux pas travailler en équipe avec les autres et que ton sourire a disparu ces dernières semaines. Je m'inquiète pour toi… Y a-t-il quelque chose qui ne va pas ? » Il est important de faire connaître au jeune les ressources qui sont à sa disposition dans l'école et à l'extérieur aussi : le psychologue, l'intervenante sociale, des lignes d'écoute, etc. On peut même lui offrir de l'y accompagner et de lui présenter la professionnelle de l'école, s'il le souhaite, afin de diminuer ses craintes. En cas de dépression, d'anxiété ou de tout autre problème internalisé, il est important que le jeune reçoive une aide professionnelle pour bénéficier d'un traitement adapté à son état.

Pour le jeune qui souffre d'un problème externalisé, on travaillera davantage sur la gestion du comportement problématique. Selon Desbiens (2010), une fois que les comportements problématiques ont été ciblés, il faut tenter d'identifier les besoins de l'élève et se poser les questions suivantes : à quoi sert le comportement du jeune ? Par son comportement inadéquat, quel besoin exprime-t-il ? Comment peut-on aider le jeune à répondre à son besoin de façon plus adéquate ? Comment arriver à lui donner davantage d'attention lors de la manifestation de bons comportements ? Le besoin de pouvoir, s'il existe, pourrait-il être comblé en lui donnant des choix ? Pour ce qui est d'échapper à des obligations, y a-t-il une façon de rendre celles-ci plus agréables ?

La prévention représente un premier niveau d'intervention important (Desbiens, 2010 ; Royer et Fortin, 1997). Il est parfois possible d'agir sur les causes d'un comportement perturbateur en organisant physiquement la classe ou le local du service de garde pour le diminuer. Par exemple, en sachant que la présence de Pascal à ses côtés rend Bruno nerveux et plus impulsif, Sandrine, qui est leur éducatrice au service de garde, s'organisera pour ne pas les asseoir à la même table à l'heure du dîner. En créant un climat de classe sain et en établissant des règles claires et constantes avec des conséquences en cas de désobéissance, l'enseignante établit un cadre de vie stable, prévisible et sécurisant, où les limites sont donc connues de tous. C'est ce que fait Josée : elle a inscrit les cinq règles les plus importantes à respecter dans sa classe ainsi que les conséquences qui seront imposées si on les enfreint.

Par ailleurs, la punition comme unique moyen d'intervention est inefficace (Royer et Fortin, 1997). Par exemple, si Josée ne fait que mettre Bruno en retrait chaque fois qu'il déroge aux règles, sans veiller à le féliciter lorsque celui-ci les a respectées tout l'avant-midi, Bruno pourra se décourager de voir que ses efforts ne sont pas reconnus et continuer d'utiliser des comportements inadéquats pour recevoir de l'attention de son enseignante. Il faut favoriser les conséquences logiques, le plus souvent possible en lien avec le comportement du jeune. C'est d'ailleurs ce que préconise le style d'intervention démocratique afin de favoriser le développement harmonieux des jeunes (Bouchard et Fréchette, 2008a). Le retrait peut demeurer un moyen adéquat s'il est combiné, par la suite, à des renforcements rapides de la bonne conduite de l'élève (Royer et Fortin, 1997), car les bons comportements des jeunes qui présentent des troubles du comportement passent trop souvent inaperçus.

Afin d'aider les jeunes à gérer leurs comportements difficiles et à développer de meilleures relations avec leur entourage, il faut tout d'abord les convaincre de la nécessité de modifier leur manière d'agir et leur faire prendre conscience des signaux précurseurs de leur crise (Desbiens, 2010). Par exemple, avant de lever les poings, Bruno sent son cœur battre plus vite et la tension monter en lui. Patrice, qui est l'éducateur spécialisé de l'école, aide Bruno à reconnaître ces signes lorsqu'ils se manifestent. De cette façon, il pourra prendre des moyens concrets pour les gérer dès leur apparition. Par exemple, Bruno pourra se retirer de lui-même sans être dérangé dans un coin de la classe destiné à se calmer et prendre le temps de respirer profondément. Par ailleurs, plusieurs techniques peuvent être enseignées aux jeunes pour les soutenir dans la modification de leurs comportements. Cela va de l'automotivation, en passant par la résolution de problèmes, l'autocontrôle et la relaxation, jusqu'à l'entraînement aux habiletés sociales. Des résultats intéressants ont également été observés chez des élèves qui ont été formés pour devenir des pairs aidants (Beaumont, 2010).

Enfin, comme le rappelle Desbiens (2010), l'outil le plus important dont dispose chaque intervenant pour soutenir les enfants qui ont un trouble du comportement est lui-même. Par ses attitudes positives, ses interventions constantes et cohérentes, l'intervenant pourra établir, au fil du temps, une relation de confiance avec l'élève sur la base de laquelle il pourra ensuite se construire. C'est la force de ce lien qui sera déterminante pour l'efficacité d'une intervention. Quand un moyen est appliqué de façon univoque, sans conviction, on ne doit pas se questionner sur l'efficacité de ce moyen, mais davantage sur son attitude, sur sa façon de l'appliquer. Il faut prendre conscience de ses propres réactions, soit celles suscitées par la relation que nous entretenons avec le jeune. Il faut être soi-même un modèle et intervenir de façon proactive et non pas toujours en réaction à un mauvais comportement (Royer et Fortin, 1997). La prévention a toujours meilleur goût !

7.9 Conclusion

J'interagis avec les autres et j'apprends à me définir

Ce chapitre nous a permis de comprendre que chez les jeunes âgés entre 9 et 12 ans, les relations avec les pairs prennent une place de plus en plus importante. Bien que les adultes, notamment les parents, soient toujours une base de sécurité pour eux, les pairs ont une influence certaine sur le développement de leur personnalité, leur concept de soi et leur estime de soi. De plus, comme les préadolescents éprouvent le besoin de se distancier des adultes afin de construire graduellement leur identité propre, les pairs deviennent un point de référence leur permettant de développer leurs habiletés sociales et d'exercer différents rôles sociaux.

Nous avons aussi pu y explorer comment les jeunes interagissent entre eux dans leur groupe de pairs. Puis, nous avons présenté l'évolution des relations d'amitié entre 9 et 12 ans, pour constater qu'elles deviennent de plus en plus semblables aux relations d'amitié vécues entre adultes. La transition entre le primaire et le secondaire a été présentée afin de trouver des moyens d'atténuer le stress vécu durant cette étape charnière de la vie scolaire du jeune.

Nous avons dévoilé différentes stratégies à privilégier afin de soutenir le développement socioaffectif des jeunes de 9 à 12 ans. Finalement, les troubles du comportement, qui influencent le parcours scolaire des jeunes, ont été abordés en guise d'approfondissement.

Appliquer pour mieux comprendre
Exercices récapitulatifs

Répondez aux questions suivantes en tenant compte des notions vues dans ce chapitre. Vous trouverez les réponses à ces questions à la fin de l'ouvrage.

1. Guylaine, qui est éducatrice au service de garde, trouve que Murielle, une jeune de son groupe, a changé. Auparavant, elle respectait les consignes et était très conciliante. Depuis quelque temps, elle remet les règles en question et réplique aux interventions faites par les adultes. À partir de la théorie relative au développement de la personnalité d'Erikson, expliquez les changements observés chez Murielle.

2. Valérie est une élève de 4ᵉ année qui est dans la classe d'Annie. Lorsqu'on lui demande de parler de son expérience scolaire, Valérie est évasive. Elle finit par dire qu'elle ne se trouve pas très bonne à l'école et se compare constamment à des élèves qui sont premiers de classe. Annie trouve qu'elle est de plus en plus en retrait et s'engage de moins en moins dans ses études. Que pourrait-elle faire pour soutenir Valérie afin de lui permettre de développer une estime de soi scolaire positive ?

3. Chaker et Alexis, âgés de 11 ans, sont de grands amis. Depuis la maternelle, ils ont eu la chance d'être dans la même classe. Ils partagent une passion pour le ski alpin et l'époque médiévale. Bien qu'ils aient d'autres amis qu'ils fréquentent tant à l'école qu'à l'extérieur, les fins de semaine, ils se retrouvent régulièrement pour partager des confidences et jouer à des jeux de société comme *Carcassonne*. Selon la théorie de Selman, à quel stade se situe l'amitié de Chaker et Alexis ?

4. Au service de garde scolaire, Arthur est un jeune garçon très actif. Marie, son éducatrice, ne sait plus où donner de la tête. Il est constamment en conflit avec les autres jeunes du groupe, adopte des comportements inadéquats, tant avec ses pairs qu'avec les adultes. Lorsqu'il a un moment plus calme, Arthur est isolé et semble triste. Que pourrait faire Marie pour le soutenir ?

Réfléchir pour mieux intervenir
Exercices réflexifs

Afin d'aller plus loin dans l'exercice de votre pensée, les questions suivantes vous sont posées en lien avec le contenu du chapitre. Bonne réflexion!

- Lorsque certains jeunes de votre groupe remettent en cause vos consignes et votre façon d'intervenir, comment réagissez-vous?

- Comme adulte, quelle est votre position par rapport au phénomène de l'hypersexualisation? Comment intervenez-vous devant des jeunes qui agissent de façon très stéréotypée?

- Quelles interventions pédagogiques utilisez-vous afin que les jeunes de votre groupe ou de votre classe développent un concept de soi riche et détaillé?

- Quel type de soutien offrez-vous aux jeunes lorsqu'ils vivent des conflits interpersonnels?

- Comment vous sentez-vous devant des jeunes qui présentent des troubles du comportement? Quelles sont les interventions que vous pouvez faire? Quelles sont les limites de ces dernières?

Pour en savoir un peu plus
Documents complémentaires

Les documents suivants vous sont proposés afin de compléter les informations présentées dans le cadre de ce chapitre; il peut s'agir de livres, de sites Internet ou de documents audiovisuels.

LIVRES

Béliveau, M.C. (2002). *J'ai mal à l'école: troubles affectifs et difficultés scolaires*, Montréal, Éditions du CHU Sainte-Justine.

Bouchard, P. et I. Boily. (2005). *Hé! Les filles! Qui aura le dernier mot?*, Québec, Université Laval, Dépliant sur l'hypersexualisation des filles, <http://www.travail.csq.qc.net/sites/1679/documents/condition/he_les_filles.pdf>.

Duclos, G. (2004). *L'estime de soi: un passeport pour la vie*, 2ᵉ éd., Montréal, Éditions du CHU Sainte-Justine.

Duclos, G., D. Laporte et J. Ross (2002). *L'estime de soi des adolescents*, Montréal, Éditions du CHU Sainte-Justine.

Massé, L., N. Desbiens et C. Lanaris (2006). *Les troubles du comportement à l'école : Prévention, évaluation et intervention*, Montréal, Gaëtan Morin Éditeur.

Tessier, R., G. Tarabulsy et M.A. Provost (1996). *Les relations sociales entre les enfants*, Québec, Presses de l'Université du Québec.

Tessier R. et G. Tarabulsy (1996). *Le développement émotionnel et social de l'enfant*, Québec, Presses de l'Université du Québec.

Y des femmes de Montréal (2009). *Trousse d'activités niveau primaire et secondaire – Jeunes et sexualisation : approches novatrices en matière d'intervention*, Montréal, Y des Femmes de Montréal.

SITES INTERNET

Beaumont, J., *Les enfants au service de garde en milieu scolaire*, CCDMD, <http://www.ccdmd.qc.ca/ri/5-12ans>, page consultée le 15 octobre 2009.

Comportement.net/Enfance-adolescence, <http://www.comportement.net>, page consultée le 1er août 2010.

Fréchette, N. et P. Morissette, *Banque de vidéos en psychologie du développement de l'enfant de 0 à 5 ans*, <http://www.ccdmd.qc.ca/ri/developpement>, page consultée le 15 octobre 2009.

Vignettes en liens avec les thématiques du chapitre :

Titre de la vignette	Numéro
L'amitié chez les filles de 10 ans	410
Concept de genre chez les enfants de 9 ans	413

Lebouc, J. et D. Néron, « Identification de l'élève en troubles de comportement », *Gestiondeclasse.net,* <http://www.csmb.qc.ca/gesclasse/html/documentation/comprendre/def_du_meq.htm>, page consultée le 1er juillet 2010.

Outiller les jeunes face à l'hypersexualisation, <http://www.hypersexualisationdesjeunes.uqam.ca/>, page consultée le 1er juillet 2010.

DOCUMENTS AUDIOVISUELS

Bissonnette, S. (2007). *Sexy inc. – Nos enfants sous influence*, Montréal, Office national du film du Canada. DVD, 35 min, 27 sec.

Bourgeault, P. (2007). *Mon corps dans ma tête*, Montréal, Nuance Bourdon et Production Swan. DVD, 45 min, 45 sec.

Rogel, J.P. et M. Choquette (2009). *Le stress et les enfants*, Montréal, Société Radio-Canada. DVD, 10 min. 56 sec.

Simard, M. (2010). *Le petit monde d'Elourdes Pierre*, Montréal, Office national du film du Canada. DVD, 1 h 24.

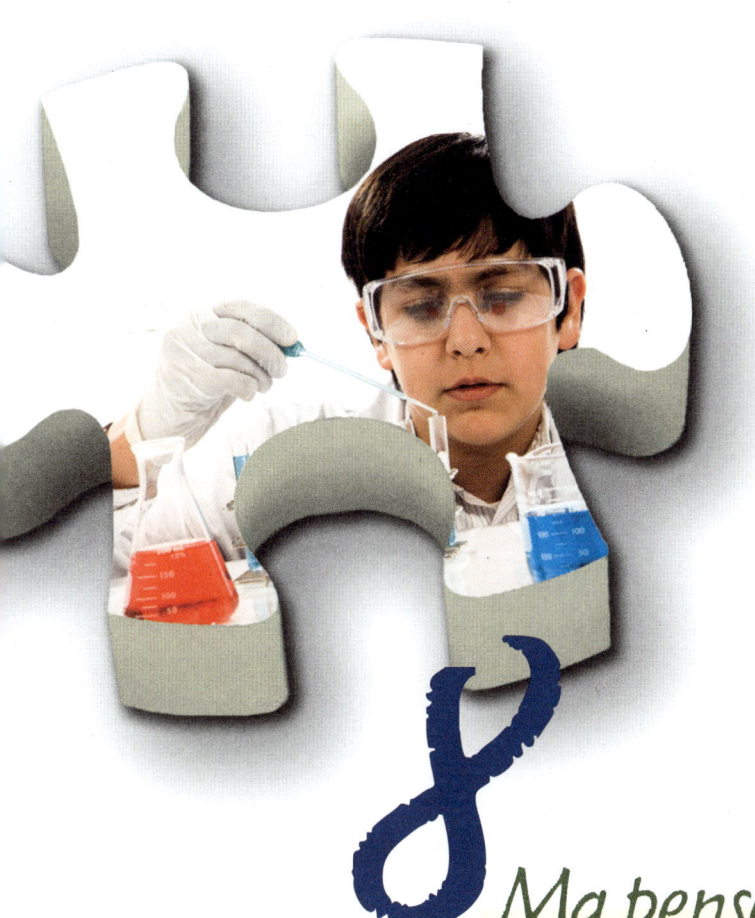

8 *Ma pensée se complexifie*

LE DÉVELOPPEMENT COGNITIF DE 9 À 12 ANS

Nathalie Fréchette et Caroline Bouchard

8 Ma pensée se complexifie

LE DÉVELOPPEMENT COGNITIF DE 9 À 12 ANS

8.1 Ma pensée se complexifie : introduction 387
8.2 Du concret à l'abstrait : théorie de Piaget 388
    8.2.1 Ma logique se raffine : pensée opératoire concrète 388
    8.2.2 Tout devient possible : pensée opératoire formelle 390
8.3 Les fonctions mentales supérieures : théorie historicoculturelle de Vygotski 394
8.4 Je manipule efficacement les informations : traitement de l'information 396
8.5 J'ai du succès dans mes études : réussite scolaire 402
8.6 J'aime l'école : motivation scolaire 406
8.7 Le bien ou le mal : développement moral 412
    8.7.1 La morale conventionnelle : développement moral selon Kohlberg 412
    8.7.2 Qu'est-ce que la morale ? : développement moral envisagé différemment 415
8.8 Soutenir le développement cognitif : pratiques éducatives et enseignantes 417
8.9 Les enfants aux potentiels cognitifs différents : approfondissement 420
    8.9.1 Tout me semble facile ! : douance 420
    8.9.2 Mon intelligence a des limites : déficience intellectuelle 425
8.10 Ma pensée se complexifie : conclusion 429

Appliquer pour mieux comprendre : exercices récapitulatifs 430
Réfléchir pour mieux intervenir : exercices réflexifs 430
Pour en savoir un peu plus : documents complémentaires 431

8.1 Introduction
Ma pensée se complexifie

Dans la première partie de l'ouvrage, portant sur le développement de 6 à 9 ans, nous avons pu constater l'évolution réalisée par l'enfant sur le plan cognitif. La capacité d'effectuer des opérations mentales lui a permis de raffiner ses compétences, notamment sur le plan du raisonnement et du traitement de l'information. Entre 9 et 12 ans, les capacités cognitives du jeune poursuivent leur évolution et se complexifient. Alors qu'entre 6 et 9 ans, l'enfant appliquait ses capacités cognitives à des réalités concrètes, il peut maintenant les transférer progressivement à des réalités abstraites, ce qui lui permet de discuter de concepts comme la liberté ou encore de trouver les différentes solutions possibles d'un problème de mathématique. Ces nouvelles habiletés influenceront sa capacité à traiter l'information ainsi que son jugement moral. En retour, ces différents progrès cognitifs influeront sur sa réussite scolaire.

Ce chapitre présente le développement cognitif de l'enfant de 9 à 12 ans. Nous poursuivrons notre explication de la théorie de Piaget entamée au chapitre 4, en complétant la période des opérations concrètes et en explorant la période des opérations formelles. Nous ajouterons brièvement des éléments portant sur la théorie historico-culturelle de Vygotski. Par la suite, nous étudierons l'évolution du traitement de l'information durant cette période ainsi que les facteurs influençant la motivation et la réussite scolaires chez les jeunes. Nous explorerons le développement moral chez le jeune. La section suivante traitera des pratiques éducatives et enseignantes à privilégier pour stimuler le développement de la pensée. En guise d'approfondissement, nous aborderons les thèmes de la douance et de la déficience intellectuelle. Le chapitre se conclut par un rappel des principales notions couvertes.

8.2 Théorie de Piaget
Du concret à l'abstrait

Entre 6-7 ans et 12 ans, le développement de la pensée du jeune se situe dans la période des opérations concrètes. Sur le plan cognitif, le préadolescent vit une période de transition et se dirige vers la période de la pensée formelle. Selon la théorie de Piaget, cette dernière sera l'étape finale de l'évolution cognitive (Legendre-Bergeron, 1980). Les prochaines sections nous permettront de mieux comprendre les changements cognitifs qui s'opèrent chez le jeune.

8.2.1 Pensée opératoire concrète
Ma logique se raffine

Au chapitre 4, nous avons vu de façon détaillée les principales acquisitions de la période opératoire concrète. Ainsi, les compétences cognitives acquises entre 6 et 9 ans offrent un base qui permet au jeune de poursuivre sa progression et de devenir de plus en plus habile dans leur utilisation (Legendre-Bergeron, 1980; Piaget et Inhelder, 1984). Examinons notamment ce qui se passe sur le plan de l'inclusion des classes. Entre 6 et 9 ans, l'enfant a compris les relations qui existaient entre les classes et les objets les composant. Il est en mesure de comprendre, entre autres, qu'un objet peut faire partie de deux classes (Bee et Boyd, 2008; Brochu, Larivée et Demers, 2007; Legendre-Bergeron, 1980). C'est ce qui permet à Éléonore de saisir que la vache fait à la fois partie de la catégorie « animale » et de la catégorie « mammifère ».

Vers 10-11 ans, la compréhension de l'inclusion des classes se peaufine. Selon Brochu *et al.* (2007), à cet âge, le jeune est en mesure de créer de nouvelles classes, de transformer les existantes et de saisir que certaines se recoupent en ayant des éléments communs entre elles. Ainsi, comme illustré à la figure 8.1, lorsqu'elle a fait une recherche sur les baleines, Éléonore a appris qu'elles étaient des mammifères, même si elles vivaient dans l'eau. Cet apprentissage lui a permis de subdiviser la classe des mammifères en deux sous-catégories de mammifères : terrestres et marins. De plus, Éléonore voit que les mammifères marins partagent des caractéristiques avec une autre classe

Figure 8.1
Exemples d'inclusion des classes et des liens existant entre les différentes catégories

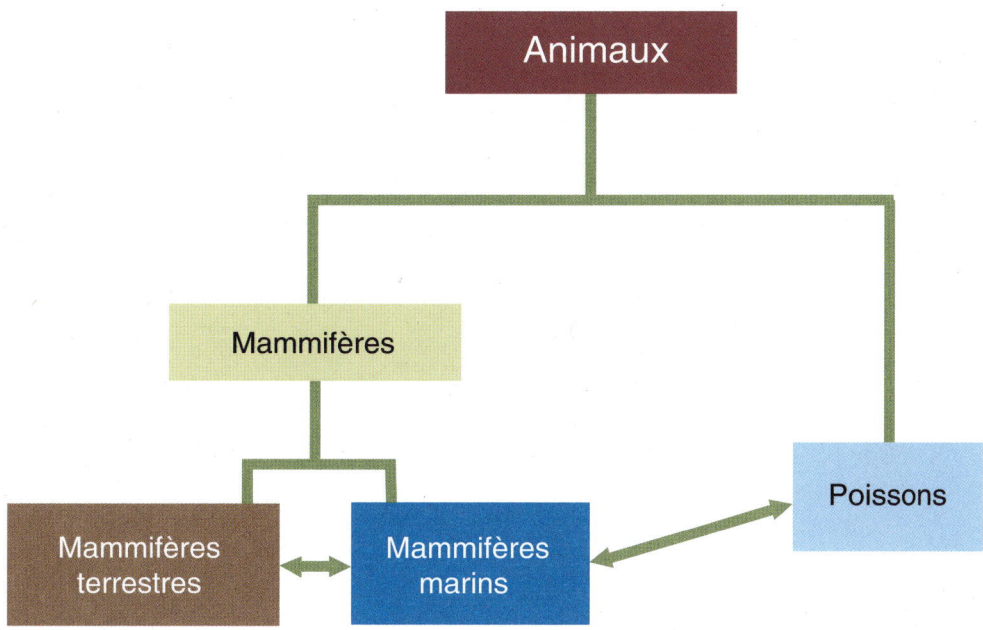

d'êtres vivant dans l'eau, notamment les poissons. En somme, il est possible de constater que la compréhension de l'inclusion des classes s'améliore au fur et à mesure que l'enfant vieillit.

Il en va de même avec le concept de conservation. Le tableau 4.3 du chapitre 4 (p. 184) nous présentait les différents types de conservation maîtrisés tout au long de la période opératoire concrète. Rappelons qu'en raison du décalage horizontal, le jeune était incapable de généraliser son raisonnement à tous les types de conservation, nommément les conservations de poids et de volume (Bee et Boyd, 2008; Cloutier et Gosselin, 2005a; Papalia, Olds et Feldman, 2010).Comme l'illustre le tableau 4.3, entre l'âge de 9 et 12 ans, deux types de conservation seront maîtrisés, soit la conservation du poids et du volume. Ainsi, Miguel, qui est âgé de 11 ans, comprend bien que lorsqu'il y a la même quantité d'eau dans deux contenants de formes différentes et qu'on y dépose un objet, comme un cylindre, la même quantité d'eau est déplacée, et ce, peu importe le niveau atteint par l'eau une fois l'objet déposé dans les contenants. Miguel maîtrise maintenant le principe de conservation du volume.

> **Raisonnement déductif :** type de raisonnement consistant à partir d'une loi générale pour en tirer des conclusions particulières.

Finalement, il est aussi possible de voir une évolution sur le plan du raisonnement. Bien que le raisonnement inductif soit celui qui est le plus utilisé par les jeunes de cet âge, on voit poindre le **raisonnement déductif**. Ce type de raisonnement, qui sera davantage étudié dans la section portant sur la pensée formelle, permet de partir *d'une loi générale pour en tirer des conclusions particulières* (Bee et Boyd, 2008 ; Bouchard, Fréchette et Gravel, 2008 ; Brochu, 2007). Examinons de plus près comment évoluent les capacités cognitives à l'aube de l'adolescence dans la section suivante.

8.2.2 Pensée opératoire formelle
Tout devient possible

La dernière étape de la théorie piagétienne débute vers 11-12 ans et se termine à l'âge adulte (Bee et Boyd, 2008 ; Cloutier et Drapeau, 2008). Qu'est-ce qui distingue la période de la pensée formelle de la précédente, que nous venons de revoir succinctement ? Une différence importante est que le jeune peut maintenant raisonner sur des concepts abstraits, verbaux ou symboliques, plutôt que sur des éléments tangibles comme à la période des opérations concrètes (Bee et Boyd, 2008 ; Cloutier et Drapeau, 2008 ; Larivée, 2007b ; Legendre-Bergeron, 1980 ; Piaget et Inhelder, 1984). Par exemple, c'est cette capacité d'abstraction qui permet à Camille de comprendre les concepts d'algèbre ou encore à Luis de discuter du concept de liberté.

De plus, grâce au processus de décentration qui a été amorcé à la période opératoire concrète et qui se poursuit durant la période opératoire formelle, le raisonnement des jeunes est maintenant indépendant du contenu (Bee et Boyd, 2008 ; Claes, 1995 ; Cloutier et Drapeau, 2008 ; Piaget et Inhelder, 1984). Cela signifie qu'ils peuvent dorénavant réfléchir sur les stratégies utilisées pour résoudre une situation problématique et les appliquer à n'importe quel contexte ou contenu. C'est ce qu'Anthony est maintenant capable de faire. Il devait résoudre un problème de mathématiques dans lequel il y avait deux inconnues. Après avoir travaillé fort, il a compris les stratégies pour y arriver et découvert la solution. Lorsque son enseignante a présenté un problème en sciences, Anthony a rapidement saisi qu'il pouvait appliquer la même stratégie utilisée en mathématiques pour le résoudre.

Vers 11-12 ans, les jeunes commencent à raisonner de façon plus organisée (Deldime et Vermeulen, 2004). Base de la pensée scientifique, le raisonnement hypothéticodéductif permet d'élaborer différentes hypothèses, d'en faire une vérification systématique afin d'en déduire une conclusion (Bee et Boyd, 2008; Claes, 1995; Cloutier et Drapeau, 2008; Larivée, 2007b). La capsule 8.1 présente l'épreuve du pendule qui est l'une des épreuves utilisées par Piaget pour vérifier l'acquisition de la pensée formelle.

Capsule 8.1

Comment expliquer que cela va plus vite ? L'expérience du pendule

L'une des expériences utilisées par Piaget pour vérifier l'acquisition de la pensée formelle est celle du pendule (Piaget et Inhelder, 1984). On demande au jeune de déterminer quels sont les facteurs qui peuvent influencer sa vitesse d'oscillation : la longueur de la corde, le poids qui est suspendu au bout de la corde et la poussée donnée pour faire osciller le pendule en sont des exemples. Les jeunes qui se situent à la période des opérations concrètes font varier plus d'un de ces facteurs à la fois. Ainsi, ils modifieront la poussée et la longueur de la corde. Ce faisant, ils n'arrivent pas à identifier le ou les facteurs qui modifient la vitesse d'oscillation du pendule.

Or, avec l'arrivée de la pensée formelle, le préadolescent procède de façon systématique. Il commencera par identifier les variables qui peuvent influencer le mouvement du pendule (Claes, 1995). Après avoir émis une hypothèse comme « je crois que l'élan que je donne pourrait influencer la vitesse du pendule », il modifiera seulement cette variable pour vérifier son hypothèse. S'il constate que son hypothèse est infirmée, il en émettra une autre qu'il validera tout aussi systématiquement (Claes, 1995). En procédant de la sorte, c'est autour de 15-16 ans que le jeune en arrivera à la conclusion que c'est la longueur du fil qui est le seul élément influençant les changements dans la vitesse du pendule (Piaget et Inhelder, 1984).

Combinatoire : *système supposant que le jeune, en plus de réfléchir sur des objets, a maintenant la possibilité de le faire sur des propositions ou des hypothèses auxquelles il ne croit même pas ou pas encore.*

Pour arriver à utiliser le raisonnement hypothéticodéductif, les jeunes doivent envisager toutes les possibilités d'une situation (Bee et Boyd, 2008 ; Cloutier et Drapeau, 2008 ; Elkind, 1998 ; Larivée, 2007b). C'est ce que Piaget et Inhelder (1957) appellent le système **combinatoire** (Cloutier et Drapeau, 2008). En fait, la combinatoire suppose que *le jeune, en plus de réfléchir sur des objets, a maintenant la possibilité de le faire sur des propositions ou des hypothèses auxquelles il ne croit même pas ou pas encore* (Deldime et Vermeulen, 2004 ; Piaget et Inhelder, 1984). Ainsi, lorsque dans le cadre de son cours de sciences, Martine propose à ses élèves des exercices qui portent sur le concept « d'année-lumière », ces derniers arrivent à les résoudre, même s'ils ne sont pas tous aptes à saisir ce que ce concept représente réellement. Cette nouvelle façon de raisonner sur des concepts abstraits donne la possibilité aux jeunes d'acquérir plus de connaissances empiriques qu'ils ne pouvaient le faire à la période précédente, ce qui contribue à la complexification de leur pensée (Boucher, 1994 ; Legendre-Bergeron, 1980).

Des recherches, dont celle de Torkia-Lagacé (1981), indiquent qu'une grande partie des adolescents ne maîtriseront pas complètement la pensée formelle. Toutefois, comme le soulignent Cloutier et Drapeau (2008), il est important de considérer la pensée formelle comme un aboutissement du développement cognitif et non quelque chose qui devrait être maîtrisé au début de la période. D'ailleurs, comme à la période opératoire concrète (voir le chapitre 4), on peut observer un décalage horizontal dans l'application de capacités cognitives de la période opératoire formelle. La capsule 8.2 donne un exemple de ce phénomène.

Capsule 8.2

Miroir, miroir… : le retour de l'égocentrisme

Les changements provoqués par la puberté et l'entrée dans la période opératoire formelle ramènent un phénomène qui a déjà été observé à la période préopératoire : l'égocentrisme. Selon Elkind (1967, 1985), il est possible de constater que le jeune se centre sur lui-même et perçoit le monde de son seul point de vue (Bee et Boyd, 2008). Il semble que les préoccupations personnelles du jeune prennent toute la place dans son analyse des différentes situations qu'il vit et cela se manifeste de différentes façons (Bee et Boyd, 2008). Parmi celles-ci, il y a ce qu'Elkind (1967, 1985) appelle le **public imaginaire** ou conscience excessive de lui-même (Bee et Boyd, 2008). Maya, qui est âgée de 11 ans, a débuté sa puberté. Depuis quelque temps, elle éprouve de légers problèmes d'acné. Cette situation la préoccupe énormément ! Elle est d'ailleurs convaincue que toutes ses amies, voire les inconnus qu'elle croise, remarque l'état de sa peau. Maya a l'*impression que les autres la regarde ou s'intéresse à elle de la même façon qu'elle est centrée sur elle-même* (Bee et Boyd, 2008 ; Papalia *et al.*, 2010).

Public imaginaire :
impression que les autres la regarde ou s'intéresse à elle de la même façon qu'elle est centrée sur elle-même.

Fable personnelle :
croyance qu'ont les jeunes que leur expérience est unique et qu'ils sont promis à un avenir exceptionnel.

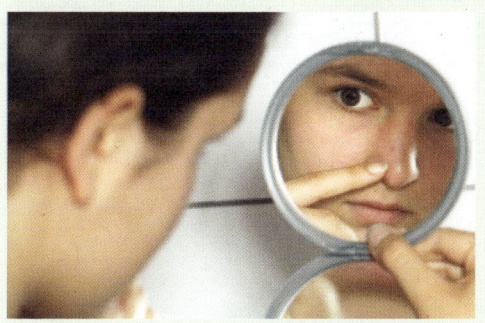

Selon Elkind (1967, 1985), une autre manifestation de l'égocentrisme est la *croyance qu'ont les jeunes que leur expérience est unique et qu'ils sont promis à un avenir exceptionnel* (Bee et Boyd, 2008 ; Papalia *et al.*, 2010). C'est la **fable personnelle** qui fait que Léa se voit première ministre de son pays, tandis que Robin croit qu'il sera un chercheur qui trouvera un remède contre le cancer. Elkind (1967, 1985) indique que l'égocentrisme disparaîtra progressivement alors que le jeune deviendra plus habile dans l'acquisition de capacités cognitives durant la période opératoire formelle (Bee et Boyd, 2008).

8.3 Les fonctions mentales supérieures — Théorie historicoculturelle de Vygotski

Dans le cadre du chapitre 4, en lien avec Vygotski, nous avons notamment vu les concepts de zone proximale de développement, d'étayage[1], de passeur culturel et de langage, essentiels au développement des fonctions mentales supérieures[2]. Pour Vygotski, le développement de la pensée est déterminé par l'histoire de l'humanité et celle de l'enfant lui-même, ainsi que par le contexte culturel dans lequel ce dernier évolue, d'où l'appellation de sa théorie. À travers les générations, c'est effectivement par l'entremise de la culture que se transmettent les outils comme le langage, nécessaires à la construction des fonctions mentales supérieures, tant chez l'enfant que chez le jeune. Par ailleurs, le développement de la pensée résulte des interactions de l'enfant avec autrui, à l'intérieur d'un contexte social donné (Bodrova et Leong, 2007). On peut voir là l'importance du rôle de l'éducatrice ou de l'enseignante comme passeuse culturelle à travers les générations qu'elles accueillent dans son groupe ou sa classe, mais également dans l'étayage, vers l'acquisition graduelle de fonctions mentales supérieures. Cette acquisition implique pour l'enfant d'intérioriser graduellement des outils de la pensée comme le langage. Pour l'adulte, il s'agit de s'ajuster constamment au niveau cognitif de l'enfant, en l'amenant à évoluer vers une pensée de plus en plus complexe (Papalia *et al.*, 2010).

Selon Vygotski, trois principes fondamentaux et interdépendants favorisent le développement des fonctions mentales supérieures que sont la mémoire, l'attention, la formation de concepts, etc. (Gilly, 1995 ; Schneuwly, 1987). Nous venons tout juste d'évoquer le premier ci-dessus, soit que les processus mentaux supérieurs sont de nature sociale, elle-même assujettie à l'héritage historicoculturelle du jeune (Gilly, 1995). D'ailleurs, Vygotski (1985, p. 39) affirme : « Les instruments psychologiques sont des élaborations artificielles ; ils sont sociaux par nature et non pas organiques ou individuels ; ils sont destinés au

---

1. Ce concept a été proposé par Jerome S. Bruner mais nous le nommons ici étant donné son lien intrinsèque avec la zone proximale de développement de Vygotski (Gilly, 1995).
2. Nous abordons ce concept ici afin d'étendre notre étude de la thèse vygotskienne, bien qu'il eût également pu être intégré au chapitre 4 auprès des enfants de 6 à 9 ans.

contrôle des processus du comportement propre ou de celui des autres, tout comme la technique est destinée au contrôle des processus de la nature » (cité dans Gilly, 1995, p. 134).

En deuxième lieu, toujours selon Vygotski, ce sont les apprentissages chez le jeune qui lui permettent de se développer, alors que pour Piaget, c'est l'inverse ; le développement précède l'apprentissage (Gilly, 1995). Par exemple, lorsque Jonas apprend à résoudre un problème de mathématiques, il se développe sur le plan cognitif entre autres. À ce sujet, Vygotski (1985, p. 114) soutient que « les processus du développement ne coïncident pas avec ceux de l'apprentissage mais suivent ces derniers… ». Pour le Bureau international de l'éducation de l'UNESCO, Ivik (1994) ajoute : « Dans un processus naturel de développement, l'apprentissage apparaît comme un moyen de renforcer ce processus naturel en mettant à sa disposition des outils créés par la culture qui élargissent les possibilités naturelles de l'individu et restructurent ses fonctions mentales » (p. 797).

En troisième lieu, nous citerons Vygotski pour soulever l'idée que les fonctions mentales supérieures vont du social à l'individuel, ce qui implique d'intérioriser les outils culturels comme le langage : « Toute fonction apparaît deux fois dans le comportement social de l'enfant ; d'abord au niveau social, entre les personnes (l'interpsychologique), ensuite à l'intérieur de l'enfant (l'intrapsychique)… Toutes les fonctions supérieures ont leurs origines dans les relations réelles entre individus humains » (Vygotski traduit par Schneuwly, 1987, p. 11, cité dans Gilly, 1995, p. 134). Par exemple, vers 3-4 ans, Jonas a eu besoin de parler à voix haute de manière à enfiler une perle pour constituer un collier. Son langage dit égocentrique lui permettait alors d'organiser son comportement et de transiter graduellement vers un langage intériorisé. Maintenant, à l'âge scolaire, il se parle dans sa tête et à l'intérieur de lui-même pour organiser sa pensée.

Pour poursuivre en ce sens, des recherches montrent l'influence de la coopération sur le développement cognitif des élèves. Le travail coopératif peut en effet susciter des conflits sociocognitifs chez le jeune prêt à apprendre, alors confronté aux points de vue d'autrui différents des siens, bons ou mauvais, qu'il tentera alors de résoudre cognitivement. Comme l'avance Roubtsov (2009) : « C'est ainsi que les fonctions psychiques supérieures chez l'enfant reposent sur l'activité en commun et se développent par interaction et qu'ensuite ces fonctions communes deviennent celles de chaque individu. De ce point de vue, l'activité en commun devient une étape nécessaire et un mécanisme intérieur de l'activité individuelle » (p. 163).

En résumé, la perspective vygotskienne continue de faire couler beaucoup d'encre dans le domaine de l'éducation et de la psychologie. Plusieurs des concepts qui y sont reliés mériteraient d'être davantage appropriés par les milieux éducatifs, et ce, même si certains d'entre eux demeurent encore complexes à cerner et à mesurer. Par exemple, comment s'effectue le processus d'intériorisation des fonctions mentales supérieures chez l'enfant? Comment mieux situer sa zone proximale de développement? Il ne fait cependant aucun doute que Vygotski aurait apporté plus de précisions à sa théorie s'il n'était pas mort prématurément de la tuberculose à l'âge de 37 ans!

8.4 Je manipule efficacement les informations
Traitement de l'information

Le chapitre 4 nous a permis de voir l'évolution des enfants sur le plan du traitement de l'information. Entre 9 et 12 ans, il est désormais possible d'observer un renforcement des capacités à traiter l'information, tant cognitives que sociales (voir la capsule 8.3) (Jayet et de Grissac-Moriez, 2009). En effet, le traitement de l'information devient de plus en plus rapide et efficace à mesure que l'enfant avance en âge (Bee et Boyd, 2008; Censabella, 2007). Cette progression s'explique en partie par la maturation du cerveau du jeune, dont celle du lobe frontal. Comme nous l'avons vu au chapitre 1, ce lobe régit, entre autres, les fonctions cognitives comme l'attention et la mémoire ainsi que les fonctions exécutives.

On peut également remarquer une augmentation de la capacité d'attention chez le jeune. La myéliénisation des neurones de la région frontale accentue sa capacité de résister à la distraction (Desmarais, Kaplan, Roussy, Dagenais, Lortie, Lepage, Spiers, Lambany, et Nolin, 2004). De plus, les apprentissages effectués entre 6 et 9 ans lui ont permis de développer des automatismes cognitifs (Demarais *et al.*, 2004; Goudreau, 2000). En effet, la maîtrise de la lecture ou des tables de mathématiques fait en sorte que le jeune leur consacre moins

Capsule 8.3

La résolution des conflits : le traitement de l'information sociale

Dans une situation de problématique sociale, comme un conflit interpersonnel, il importe que l'information soit traitée efficacement afin d'en arriver à une solution. Selon Crick et Dodge (1994), rapportés dans Normand et Schneider (2009), il est possible de transposer les concepts de la présente section sur le traitement de l'information aux contextes sociaux. Crick et Dodge (1994) proposent donc un modèle du traitement de l'information sociale se déclinant en les six étapes qui suivent (Normand et Schneider, 2009; Tsisak, Tsisak et Goldstein, 2006).

Examinons la situation suivante. Lors de la récréation, Éric joue au ballon-chasseur. Il lance le ballon et celui-ci frappe accidentellement Marie qui discute avec ses copines. Elle se retourne, furieuse, et crie après Éric. Que doit faire Éric pour résoudre cette situation ? Selon Crick et Dodge (1994), rapportés par Normand et Schneider (2009), Éric doit d'abord décoder les informations externes, comme le ton de Marie lorsqu'elle s'adresse à lui, et internes, comme l'augmentation de son rythme cardiaque. Puis, il doit les interpréter. Marie crie soit parce qu'elle est 1) fâchée, 2) blessée ou 3) surprise. Il effectue la même démarche pour expliquer l'accélération de son rythme cardiaque. Cela étant fait, Éric évalue comment il peut résoudre ou non la situation sociale conflictuelle (Normand et Schneider, 2009; Tsisak *et al.*, 2006).

S'il choisit de dénouer le conflit, Éric scrutera sa mémoire afin d'y trouver différentes pistes de solution parmi son répertoire. Dans certaines situations, il s'avérera toutefois nécessaire de trouver des stratégies de résolutions de problèmes interpersonnels inédites, alors plus adaptées à la situation (Normand et Schneider, 2009; Tsisak *et al.*, 2006). Puis, il doit choisir la solution qui lui semble la plus adéquate en fonction du contexte. Devrait-il s'excuser auprès de Marie ou bien lui répondre sur le même ton qu'elle et poursuivre son activité de ballon-chasseur ? Ce sont là des questions que se pose Éric. Finalement, il met en œuvre la stratégie qu'il juge la plus adéquate considérant tous les éléments de la situation qu'il parvient à dégager. Dans ce cas, il décide d'aller voir Marie afin de lui présenter ses excuses.

Bref, les capacités cognitives mises en œuvre pour résoudre un conflit interpersonnel ne diffèrent pas de celles impliquées de la résolution d'un problème de mathématiques, par exemple !

d'attention lors de la résolution d'un problème de mathématiques par exemple. Il s'emploie alors à identifier les éléments pertinents à la solution plutôt qu'à déchiffrer les mots (Goudreau, 2000). Avec l'accès à la pensée formelle, le jeune arrive à traiter plus d'une information à la fois, ce qui améliore ses capacités mnémoniques (Bee et Boyd, 2008; Planche, 2000). Ce faisant, il analyse plus rapidement les éléments

Flexibilité cognitive : *capacité de passer d'un type de traitement de l'information à l'autre.*

d'une situation, ce qui lui permet d'entreposer plus d'informations dans sa mémoire de travail (voir le chapitre 4), et, éventuellement, dans sa mémoire à long terme (Planche, 2000). En somme, la **flexibilité cognitive**, soit la *capacité de passer d'un type de traitement de l'information à l'autre*, s'améliore (Censabella, 2007 ; Chevalier et Blaye, 2006).

C'est vers l'âge de 10-13 ans que les fonctions exécutives atteignent un niveau de maturation ou un niveau de fonctionnement avoisinant ceux de l'adulte (Censabella, 2007 ; Van Hout, Meljac et Fischer, 2005). Bien qu'associées aux lobes préfrontaux, elles impliquent aussi d'autres aires du cerveau, dont les aires associatives (Censabella, 2007). Rappelons que ces fonctions permettent de réguler le comportement, les émotions et les fonctions cognitives (voir le chapitre 4). Compétences de haut niveau, les fonctions exécutives comprennent la conceptualisation et la planification (Censabella, 2007 ; Desmarais *et al.*, 2004). Ces dernières sont notamment nécessaires dans la résolution de problèmes et sont facilitées par l'accession à la pensée formelle (Censabella, 2007 ; Desmarais *et al.*, 2004). D'ailleurs, Censabella (2007) souligne que les jeunes qui présentent des problèmes de planification ont de la difficulté à structurer les informations qui leurs sont fournies et, par conséquent, éprouvent de la difficulté à traiter adéquatement l'information. Or, si le traitement de l'information est déficient, ces jeunes peuvent avoir des difficultés à résoudre les tâches qui leur sont données dans un cadre scolaire, par exemple (Censabella, 2007).

Métacognition : *conscience des processus cognitifs et du contrôle exercé sur ces derniers.*

Outre la maturation neurologique, la métacognition influence la progression du traitement de l'information du jeune, car elle progresse pour atteindre son plein potentiel durant l'adolescence (Bee et Boyd, 2008 ; Poissant, 2000). Selon Poissant (2000) et Saint-Pierre (1994), la **métacognition** renvoie à la *conscience des processus cognitifs et du contrôle exercé sur ces derniers*. Plus simplement, c'est une forme de langage interne qui amène le jeune à réfléchir sur ses stratégies cognitives et qui le guide quant aux étapes à franchir pour résoudre un problème par exemple (Huet, Larivée et Bouffard, 2007 ; Goudreau, 2000 ; Poissant, 2000). Lorsque Aminata note ses devoirs et ses leçons dans son agenda, elle a recours à sa métacognition. Elle sait que si elle ne les prend pas en note, elle risque de les oublier. Son agenda est donc un outil qui lui permet de pallier les limites de sa mémoire.

Capsule 8.4

Quelles sont les différentes utilités d'une cuillère ? La créativité

Inès, enseignante au 3ᵉ cycle, a demandé à ses élèves de relever un défi : trouver des utilisations inusitées pour une cuillère. C'est avec plaisir que les jeunes se sont mis à la tâche. Parmi les propositions soumises à Inès, Nathan a suggéré d'utiliser les cuillères pour faire des bijoux ou de s'en servir comme étalon afin de créer un nouveau système de mesure, non conventionnel.

Créativité : *aptitude à trouver une solution novatrice et utile à une situation.*

Nathan fait ici preuve de **créativité**, soit d'une *aptitude qui implique de trouver une solution novatrice et utile à une situation* (Huffman, Vernoy et Vernoy, 2007 ; Lubart et Georgsdottir, 2004 ; Maltin, 2001). La créativité est présente très tôt dans la vie de l'enfant et se manifeste dans différents domaines de son développement. À titre d'exemple, le langage, tant à l'oral qu'à l'écrit, sollicite la créativité, notamment lors de la formation des phrases (Bouchard, 2008 ; Bouchard et Charron, 2008). C'est aussi la créativité qui permet aux jeunes de jouer pendant des heures (voir le chapitre 4) !

Les différentes capacités intellectuelles qui se mettent en place durant la période scolaire améliorent la créativité, particulièrement lorsqu'elle est utilisée dans la résolution de problèmes (Lubart et Georgsdottir, 2004). La pensée combinatoire, qui se déploie avec l'accession à la pensée formelle, permet d'imaginer toutes sortes de possibilités pour résoudre un problème (Lubart et Georgsdottir, 2004 ; Huffman *et al.*, 2007). De plus, le raisonnement hypothéticodéductif permet une vérification systématique des différentes solutions envisagées (Lubart et Georgsdottir, 2004).

Les améliorations observées dans le traitement de l'information viennent aussi bonifier la créativité. Plus la flexibilité cognitive de l'élève est grande, plus il lui sera facile de trouver différentes solutions, car cela lui permet de tenir compte de toutes les variations possibles de la situation (Chevalier et Blayer, 2006 ; Huffman *et al.*, 2007 ; Lubart et Georgsdottir, 2004). C'est ce qui a notamment permis à Nathan de dresser une liste des utilisations possibles pour une cuillère et de proposer une idée originale à Inès.

Capsule 8.4 (suite)

En plus des capacités intellectuelles, les traits de personnalité du jeune peuvent aussi influer sur sa créativité. La prise de risques, la confiance en soi et la motivation du préadolescent sont des éléments qui alimentent son processus créatif et lui permettent d'envisager le plus de solutions possibles (Huffman *et al.*, 2007 ; Lubart et Georgsdottir, 2004). Finalement, l'environnement social et scolaire des jeunes peuvent jouer un rôle important dans le développement de leur créativité, particulièrement lorsque le milieu en permet l'expression. Lubart et Georgsdottir (2004) constatent que, trop souvent, l'école demande aux élèves de résoudre des situations problématiques où il y a seulement une seule bonne réponse, ce qui va à l'encontre de la créativité. Ils suggèrent ainsi aux enseignantes de concevoir des activités pédagogiques qui permettent plus d'une bonne réponse, ce qui soutiendra l'expression de la créativité des jeunes (Lubart et Georgsdottir, 2004). Par exemple, lorsque Danielo demande à ses élèves de former le plus de mots possibles à partir du mot « hippopotame », il soutient leur créativité[1].

---

1. Cet exemple est tiré de Huffman, Vernoy et Vernoy (2000, p. 302).

Comme la métacognition est un processus mental, elle n'est pas directement observable (Saint-Pierre, 1994). C'est donc à partir de la façon dont les jeunes résolvent des problèmes ou effectuent certaines tâches qu'il est possible d'en prendre connaissance. Ainsi, lorsque Geneviève demande à ses élèves de verbaliser la démarche utilisée dans la résolution d'un problème scientifique, elle a accès à leurs stratégies métacognitives. Par la suite, elle peut en discuter avec eux pour voir lesquelles se sont révélées les plus efficaces et lesquelles devraient être modifiées.

Le contrôle et la gestion des stratégies métacognitives se font par un processus d'autorégulation (Poissant, 2000). Pour Kluwe (1987), il existe trois composantes à l'autorégulation : 1) la planification, 2) le contrôle et 3) la régulation (Poissant, 2000). Lorsque Toufik, qui doit réaliser une recherche sur la traite des fourrures en Nouvelle-France, se fait un plan et sort tous les documents ainsi que le matériel qu'il utilisera pour la rédaction de son travail, c'est de la planification dont il est question. Une fois le travail amorcé, Toufik contrôle ses stratégies cognitives en se demandant comment il s'y prend pour le faire. Était-ce une bonne idée de commencer à rédiger alors qu'il n'a pas vraiment fait le tour de sa documentation ? Devrait-il revoir son plan de travail à la lumière de l'information qu'il vient de découvrir ? Finalement, il constate qu'il est plus efficace de prendre du temps pour lire l'ensemble des documents avant de terminer la rédaction. Ce faisant, Toufik régule ses activités cognitives.

Selon Saint-Pierre (1994), la métacognition est l'un des facteurs qui permettent de distinguer les élèves efficaces de ceux qui éprouvent des difficultés scolaires. Goupil (2007) souligne que, très souvent, ces derniers ne traitent pas l'information de façon adéquate et qu'ils n'arrivent pas à identifier les stratégies pour agir différemment. Gearheart et Gearheart (1989) relèvent que ces élèves éprouvent souvent de la difficulté à distinguer les informations pertinentes en fonction de la tâche à effectuer (cités dans Goupil, 2007). De plus, ces auteurs, rapportés par Goupil (2007), notent que ces jeunes n'arrivent pas toujours à faire les inférences entre une nouvelle connaissance et celles qu'ils possèdent déjà, soit les connaissances antérieures.

Examinons ce qui vit Claudianne en mathématiques. Elle maîtrise très bien les tables de multiplication et effectue facilement une multiplication d'un nombre de trois chiffres par un nombre à un chiffre, 354×3 par exemple. Toutefois, lorsque son enseignante complexifie la problématique en lui demandant de multiplier un nombre à trois chiffres par un nombre à deux chiffres, 354×32, elle ne voit pas les liens entre les deux tâches pourtant similaires. En somme, la métacognition est un élément qui contribue à la réussite scolaire. La prochaine section qui aborde cette thématique nous permettra d'examiner d'autres facteurs l'influençant.

8.5 Réussite scolaire
J'ai du succès dans mes études

Selon Cloutier (2003), la réussite scolaire est « un déterminant puissant de la réalisation du potentiel personnel » (p. 10). Qu'entend-on par le terme « réussite scolaire » ? Mosconi (1998) affirme qu'un élève réussit sur le plan scolaire lorsqu'il « a acquis, dans les délais prévus, les nouvelles connaissances et les nouveaux savoir-faire convenus par l'établissement d'enseignement, conformément aux programmes en vigueur » (p. 7). Bouffard, Brodeur et Vézeau (2005) signalent pour leur part que la réussite scolaire dépend de facteurs environnementaux et de facteurs intrinsèques propres à chaque élève. Ne pouvant faire l'étude exhaustive de tous les facteurs en jeu, nous avons fait le choix d'en explorer quelques-uns dans cette section.

Parmi les facteurs environnementaux qui ont un impact sur la réussite scolaire, notons le milieu socioéconomique dans lequel évolue le jeune (Cloutier, 2005e ; Duclos, 2008 ; Lessard, 2008 ; Mosconi, 1998 ; Saint-Laurent, 2000). Cette variable globale du milieu socioéconomique se compose de plusieurs autres variables interreliées, dont la scolarisation et le revenu des parents, l'importance qu'accordent les parents à l'éducation ainsi que les stimulations dont le jeune bénéficie tout au long de son développement (Cloutier, 2005e ; Saint-Laurent, 2000). Ainsi, un jeune dont les parents sont scolarisés et priorisent l'éducation, qui vit dans une famille avec un revenu satisfaisant et reçoit des stimulations adéquates, a plus de chances de réussir à l'école qu'un jeune qui ne vit pas dans ces conditions (Bouffard *et al.*, 2005 ; Cloutier, 2005e ; Duclos, 2008 ; Saint-Laurent, 2000). En effet, un faible statut socioéconomique (Zeanah, Borris et Larrieu, 1997 ; Farkas, 2006 ; Votruba-DrZal, 2003, dans Lessard, 2008) et la sous-scolarisation de la mère (Lara-Cinisomo, Pebley, Vaiana, Maggio, Berends et Lucas, 2004 ; Siddiqi, Irwin et Hertzman, 2007, dans Lessard, 2008) auraient des effets négatifs sur la réussite scolaire de l'enfant (Lemire, Cantin et Bouchard, 2009).

Duclos (2008) affirme que les enfants issus de milieux moins nantis ont des résultats scolaires inférieurs aux autres élèves, et ce, dès la 1re année. Il semble que plusieurs d'entre eux n'aient pas les acquis nécessaires lors de leur entrée à l'école (Cloutier, 2005e ; Saint-Laurent, 2000). C'est d'ailleurs ce que confirme l'*Enquête sur la maturité scolaire des enfants montréalais* (Lessard, 2008). Dans cette enquête, la maturité scolaire a été mesurée en fonction de cinq domaines : 1) la santé physique et le bien-être ; 2) la compétence sociale ; 3) la maturité affective ; 4) le développement cognitif et langagier ; 5) les habiletés de communication et connaissances générales. À Montréal, près de 17 % des enfants débutant l'école sont considérés comme vulnérables (10e percentile et moins) sur les plans cognitif et langagier (Lessard, 2008). Si ces retards ne sont pas comblés, cela augmente les risques d'échecs scolaires ultérieurs (Lessard, 2008).

Bien que pour plusieurs de ces familles, l'éducation soit une valeur importante, elles se sentent éloignées du milieu scolaire (Deniger, Anne, Dubé et Goulet, 2009) et peu outillées pour accompagner leur enfant dans sa vie scolaire (Bouffard *et al.*, 2005 ; Saint-Laurent, 2000). Or, l'engagement des parents dans la vie scolaire de leur jeune est aussi un facteur qui influence leur réussite (Deslandes et Bertrand, 2004). Cet engagement peut provenir : 1) de la maison et 2) de l'école. À la maison, cela concerne notamment la valorisation de l'éducation par les parents, les encouragements qu'ils donnent à leur enfant et la supervision des travaux scolaires (Deslandes et Bertrand, 2004 ; Saint-Laurent, 2000). Par ailleurs, l'engagement à l'école se manifeste par les interactions qu'ont les parents avec l'école, soit à travers le bénévolat ou leur présence aux réunions en soirée qui leur sont destinées (Deslandes et Bertrand, 2004). Bien que l'engagement parental soit déterminant pour la réussite scolaire de leur enfant, Deslandes et Bertrand (2001) constatent qu'il diminue au fur et à mesure que l'enfant avance dans son parcours scolaire (Deslandes et Bertrand, 2004).

De son côté, Moss (2005) s'est penché sur l'influence de la relation d'attachement[3] sur la réussite scolaire chez les préadolescents. Sa recherche longitudinale lui a permis de démontrer qu'un attachement sécurisant favorise la réussite scolaire. En revanche, les jeunes qui ont développé un attachement insécurisant ont plus de risques de développer des problèmes d'adaptation et des difficultés scolaires (Moss, 2005). Le jeune qui affiche un attachement sécurisant a appris à explorer son environnement et sait que les adultes répondent à ses

---

3. Pour plus de détails sur le concept d'attachement, le lecteur est invité à consulter Fréchette et Morissette (2008).

besoins (Moss, 2005). Ce faisant, il pourra considérer ses enseignantes et ses éducatrices comme des bases de sécurité sur lesquelles s'appuyer tout au long de son parcours scolaire.

Les styles parentaux[4] et les pratiques parentales sont deux autres facteurs qui influencent la réussite scolaire (Deslandes et Royer, 1994). Alors que les styles parentaux relèvent de l'ensemble des attitudes qui créent le climat émotif dans lequel l'enfant évolue, les pratiques parentales sont des comportements qui se manifestent dans un contexte particulier (Darling et Steinberg, 1993, rapportés dans Deslandes et Royer, 1994). Ainsi, les jeunes dont les parents présentent un style d'intervention démocratique réussissent mieux que ceux dont les parents sont permissifs ou autoritaires (Bouchard et St-Amant, 2000 ; Deslandes et Royer, 1994). De plus, les parents qui, dans leurs pratiques parentales, supervisent leur jeune, favorisent une prise de décision concertée par rapport à l'école et l'encouragent régulièrement soutiennent sa réussite scolaire (Bouchard et St-Amant, 2000 ; Deslandes et Royer, 1994 ; Saint-Laurent, 2000). Par extension, il est plausible de penser que les mêmes relations puissent s'observer en lien avec le style d'intervention démocratique de l'enseignante ou l'éducatrice.

Il est aussi possible d'observer une différence entre la réussite scolaire des garçons et celles des filles (Cloutier, 2003). Le Conseil supérieur de l'éducation ou CSE (1999) indique que lors des premières années de scolarisation, les taux de réussite entre les garçons et les filles sont semblables. Puis, comme nous l'avons vu au chapitre 3, il se crée un écart entre les filles et les garçons dans les taux de réussite dans certaines matières scolaires, notamment dans la langue d'enseignement et en mathématique (Plante, 2009). En outre, plus de garçons que de filles présentent des difficultés et des retards d'apprentissage (Goupil, 2007 ; CSE, 1999 ; Saint-Laurent, 2000). Ils sont aussi plus nombreux à redoubler et à décrocher (CSE 1999 ; Duclos, 2008 ; Goupil, 2007 ; Mosconi, 1998 ; Saint-Laurent, 2000).

Pour sa part, Bouffard *et al.* (2005) observent que plus les élèves avancent dans leur parcours scolaire, et ce, même au primaire, moins ils apprécient l'école. Tout comme nous l'avions aussi relevé au chapitre 3, il semble que ce phénomène soit plus fréquent chez les garçons que chez les filles (Bouffard *et al.*, 2005). Plusieurs auteurs affirment que

---

4. Pour plus de détails sur les styles parentaux, le lecteur est invité à consulter Bouchard et Fréchette (2008a).

ce n'est pas une question d'habiletés cognitives : garçons et filles sont égaux sur ce plan (Cloutier, 2003 ; Mosconi, 1998). Différents éléments peuvent néanmoins expliquer ces différences. Parmi ceux-ci, les styles cognitifs influencent la réussite scolaire des élèves (CSE, 1999 ; Racicot, 2008). Nous avons pu constater dans les sections précédentes que les stratégies pour traiter l'information varient d'un individu à l'autre et que certaines sont plus efficaces que d'autres. Or, comme le signale Racicot (2008), les enseignantes ont tendance à utiliser leur propre style cognitif pour transmettre l'information dans la classe, ce qui peut désavantager certains élèves. Soulignons également l'effet de la socialisation et des rôles sociaux dans la réussite scolaire (CSE, 1999 ; Mosconi, 1998). Comme nous l'avons montré au chapitre 3, les stéréotypes sociaux de sexe influencent aussi la façon dont les filles et les garçons performent à l'école (Plante, 2009). De plus, Cloutier (2003) indique que la réussite scolaire ne semble pas être un élément qui contribue à l'acceptation sociale des garçons par leurs pairs, ce qui pourrait expliquer, en partie, les différences observées entre les filles et les garçons.

Selon Pelletier (2004), les garçons et les filles ont : « des attitudes et des comportements différents par rapport à l'école et aux apprentissages » (p. 12). Gagnon (1998) précise que, généralement, les filles s'investissent davantage que les garçons dans leur vie scolaire en adoptant des comportements qui soutiennent la réussite. Par exemple, elles écoutent davantage les consignes et ont le matériel nécessaire à la réalisation des tâches pédagogiques (Gagnon, 1998). Elles prioriseraient davantage l'école que les garçons, et ce, dès le primaire (Pelletier, 2004). De plus, elles consacreraient plus de temps à leurs devoirs et leçons que les garçons, ces derniers semblant croire qu'ils peuvent réussir sur le plan scolaire sans trop y consentir d'efforts (Pelletier, 2004). Bref, en général, les filles seraient plus motivées à exercer leur « métier d'élève » (Mosconi, 1998), ce qui ne veut pas dire qu'un garçon ne puisse pas avoir le désir de réussir à l'école, bien au contraire. L'idée ici n'est pas de renforcer les stéréotypes sociaux de sexe liés au domaine scolaire, mais plutôt de relever des faits issus des recherches afin de pouvoir agir sur la situation. Regardons maintenant de plus près le concept de motivation.

8.6 Motivation scolaire

J'aime l'école

Motivation : *état dynamique qui a ses origines dans la perception qu'un élève a de lui-même et de son environnement et qui l'incite à choisir une activité, à s'y engager et à persévérer dans son accomplissement afin d'atteindre un but.*

Motivation extrinsèque : *type de motivation ayant pour source des facteurs externes.*

Motivation intrinsèque : *type de motivation qui conduit un individu à faire une activité par intérêt personnel, pour son propre plaisir.*

Outre la capacité d'apprendre, le concept et l'estime de soi, la motivation joue un rôle important dans l'adaptation et la réussite scolaires des jeunes (Bouffard *et al.*, 2005 ; Guay et Talbot, 2010 ; Viau, 1994). Viau (1994) définit **la motivation** en contexte scolaire comme étant : « *un état dynamique qui a ses origines dans la perception qu'un élève a de lui-même et de son environnement et qui l'incite à choisir une activité, à s'y engager et à persévérer dans son accomplissement afin d'atteindre un but* » (p. 7).

Selon Deci (1975), il existe deux types de motivation : la **motivation extrinsèque** et la **motivation intrinsèque** (Parent et Cloutier, 2009). Lorsque Mirabelle fait ses tâches à la maison afin d'obtenir la récompense promise par ses parents, elle est motivée extrinsèquement, car ce sont *des facteurs externes*, soit la récompense, ou l'évitement de conséquences négatives, qui la poussent à agir (Guay et Talbot, 2010 ; Parent et Cloutier, 2009). Par contre, c'est sa motivation intrinsèque qui est en action, lorsqu'elle participe avec entrain et plaisir à l'activité d'improvisation organisée par le service de garde scolaire. Elle *fait cette activité par intérêt personnel, pour son propre plaisir* (Guay et Talbot, 2010 ; Parent et Cloutier, 2009). Deci et Ryan (1985) rappellent que, la plupart du temps, les jeunes sont curieux et aiment faire des découvertes, ce qui soutient la motivation intrinsèque. Nous reviendrons sur ces deux notions au chapitre 9, lorsque nous traiterons de la motivation en lecture et en écriture.

Par ailleurs, Viau (2000) indique que bien que la « motivation scolaire soit intrinsèque à l'élève, elle est aussi influencée par l'environnement extérieur » (p. 5). Selon Barbeau, Montini et Roy (1997), cela inclut, notamment, les parents, les autres élèves et les enseignants, mais aussi le climat de la classe et les matières scolaires par exemple. Nous reviendrons aussi sur le rôle des enseignants dans la section 8.8 portant sur le soutien du développement cognitif chez le jeune de 9 à 12 ans.

Qu'est-ce qui pousse un élève à s'engager dans une activité scolaire ? Selon Barbeau *et al.* (1997), les perceptions de ce dernier y sont pour beaucoup. « À quoi ça sert ? » est l'une des premières questions que se pose un élève devant une tâche à accomplir. La perception qu'il a de la valeur de la tâche proposée est un élément important de sa motivation scolaire (Barbeau *et al.*, 1997 ; Viau, 1994, 2000, 2009). Lorsque Antoine a le sentiment que ce qu'il apprend en géographie lui sera utile pour la randonnée de vélo qu'il fera avec ses parents durant l'été, cela contribue à augmenter sa motivation par rapport à cette matière. Barbeau *et al.* (1997) croient que la meilleure façon de donner une valeur à une activité est d'aider l'élève à lui trouver un sens. Maehrs (1984) souligne que lorsqu'une tâche est signifiante pour lui, elle influence les buts qu'il se fixe et les efforts qu'il y mettra pour les atteindre (Barbeau *et al.*, 1997). En plus de se questionner

Capsule 8.5

Viens faire tes devoirs ! La place des devoirs dans la vie scolaire et familiale

Les devoirs font depuis longtemps partie de la vie scolaire des jeunes (Chouinard, Archambault et Rheault, 2006 ; CSÉ, 2010 ; Deslandes, Rousseau, Rousseau, Descôteaux et Hardy, 2008). Toutefois, lorsqu'il est question des devoirs, tous ne s'entendent pas sur leur pertinence et leur utilité. Doit-on donner des devoirs à faire à la maison ? Sont-ils essentiels à la réussite scolaire des élèves ? Malgré ces questionnements soulevés régulièrement, la très grande majorité des écoles québécoises donnent des devoirs aux élèves qui apprennent sous leur toit (CSÉ, 2010).

Devoirs : *tâches données aux élèves devant être réalisées en dehors des heures de classe et ayant pour objet d'approfondir et de consolider les apprentissages réalisés en classe et de préparer les activités pédagogiques à venir.*

Qu'est-ce qu'un **devoir** ? Selon le Conseil supérieur de l'éducation (CSÉ) (2010), les devoirs sont « *des tâches données aux élèves devant être réalisées en dehors des heures de classe et ayant pour objet d'approfondir et de consolider les apprentissages réalisés en classe et pour préparer les activités pédagogiques à venir* » (p. 3). Les devoirs peuvent prendre différentes formes, allant de la pratique, qui sert à renforcer les notions vues en classe, à l'approfondissement, qui permet aux élèves de pousser plus loin leurs apprentissages (Chouinard *et al.*, 2006 ; CSÉ, 2010 ; Deslandes *et al.*, 2008).

Les devoirs remplissent-ils réellement cette fonction ? Les recherches sur le sujet sont contradictoires et les auteurs ne s'entendent pas sur leurs effets (Chouinard *et al.*, 2006 ; CSÉ, 2010). Palardy (1995) rapporte que le temps consacré aux devoirs pourrait empêcher les jeunes de faire d'autres activités

Capsule 8.5 (suite)

importantes pour leur plein épanouissement, comme la pratique d'activités sportives (Chouinard *et al.*, 2006). De plus, il signale que lorsque les devoirs sont utilisés de façon abusive, les élèves risquent de se désintéresser et de perdre leur motivation (Palardy, 1995, rapporté par Chouinard *et al.*, 2006).

En revanche, certains auteurs considèrent que les devoirs sont bénéfiques pour les élèves, car ils auraient un effet positif sur la mémorisation et la compréhension des contenus (Chouinard *et al.*, 2006 ; Deslandes *et al.*, 2008). De plus, lorsque les enseignantes varient le type de devoirs demandés, elles permettraient aux jeunes de développer diverses stratégies de travail et d'étude (Chouinard *et al.*, 2006 ; Deslandes *et al.*, 2008). Les devoirs ne seraient pas seulement bénéfiques sur le plan scolaire. Selon Deslandes *et al.* (2008), ils soutiendraient le développement de l'autonomie et du sens des responsabilités chez les élèves. Ces auteurs rappellent aussi que la période des devoirs est une façon pour les parents de participer à la vie scolaire de leur jeune (Deslandes *et al.*, 2008).

Chouinard *et al.* (2006) précisent toutefois que pour certains, le soutien offert pendant les devoirs s'avèrent inéquitables. En effet, selon Kralovec et Buell (2001), rapportés par Chouinard *et al.* (2006), certains jeunes obtiennent davantage de soutien de leurs parents lorsqu'ils font leurs devoirs, alors que d'autres en reçoivent peu ou pas du tout. De plus, tous n'ont pas accès au matériel nécessaire ou encore n'ont pas les conditions souhaitées pour réaliser leurs travaux scolaires (Chouinard *et al.*, 2006 ; CSÉ, 2010 ; Deslandes *et al.*, 2008)

Dans le même ordre d'idées, l'attitude des parents par rapport aux devoirs influencent la perception qu'en ont les jeunes et le climat dans lequel ceux-ci se réaliseront (Chouinard *et al.*, 2006 ; Deslandes *et al.*, 2008). En effet, lorsque les parents sont positifs et encouragent leur jeune dans la réalisation de leurs travaux scolaires, ce dernier a tendance à les percevoir positivement et à les faire avec soin (Cooper, Lindsay, Nye, et Greathouse, rapportés par Deslandes *et al.*, 2008). De plus, Cooper *et al.* (1998) soutiennent que dans ces conditions, les devoirs favorisent la réussite scolaire (dans Deslandes *et al.*, 2008). Par contre, une attitude négative des parents peut avoir des effets pernicieux sur la réussite scolaire de leur jeune (Cooper *et al.*, 1998, rapportés par Deslandes *et al.*, 2008).

Or, il s'avère que plusieurs parents n'apprécient pas les devoirs. Kralovec et Buell (2001) relèvent que plusieurs d'entre eux considèrent qu'ils sont une source de conflits et de tensions avec leur jeune (Chouinard *et al.*, 2006). Qu'est-ce qui explique cette perception négative des devoirs de la part des parents? Les recherches suggèrent différentes pistes de réflexion sur le sujet, notamment les changements dans le mode de vie des familles. Ainsi, le travail des deux parents et l'accroissement du nombre de familles monoparentales font en sorte que les parents ont moins de temps à consacrer à la période des devoirs, ce qui tend à teinter négativement leurs perceptions (Chouinard *et al.*, 2006; CSÉ, 2010; Deslandes *et al.*, 2008).

La scolarisation des parents semble aussi avoir un impact sur la perception qu'ils ont des devoirs (CSÉ, 2010; Deslandes *et al.*, 2008). Ainsi, les parents moins scolarisés ne se sentiraient pas assez compétents pour soutenir leurs jeunes dans la réalisation de ses travaux scolaires et en verraient moins la pertinence (CSÉ, 2010; Deslandes *et al.*, 2008). Finalement, le fait que le jeune éprouve des difficultés scolaires influencerait aussi la perception que ses parents ont des devoirs (Chouinard *et al.*, 2006; CSÉ, 2010; Deslandes *et al.*, 2008). Deslandes *et al.* (2008) précisent effectivement que la période consacrée aux devoirs sera plus longue et plus difficile selon les embûches rencontrées par l'élève sur son parcours scolaire.

Pour toutes ses raisons, le Conseil supérieur de l'éducation (2010) recommande à chaque milieu scolaire d'entreprendre une vaste réflexion sur les devoirs donnés aux élèves, en tenant compte des particularités de leur clientèle. Il suggère aussi que les écoles offrent du soutien pour les devoirs, tant aux parents qu'aux élèves, lorsque cela s'avère nécessaire. Que ce soit la création de périodes d'aide aux devoirs ou l'utilisation de sites Internet comme *Allô prof* (<http://www.alloprof.qc.ca>), l'important est de trouver une façon de faire qui répond aux besoins des élèves et favorise leur réussite scolaire!

sur la pertinence de certaines activités pédagogiques réalisées en classe, les jeunes s'interrogent aussi sur l'utilité des devoirs. La capsule 8.5 propose une réflexion à ce sujet.

Une fois la valeur de la tâche déterminée, l'élève se questionne sur ses compétences pour l'accomplir (Bouffard *et al.*, 2005 ; Viau, 1994, 2000, 2009). « Suis-je capable de faire le mouvement demandé par mon professeur d'éducation physique ? » est la question que se pose Majda lors de son cours de badminton. Comme nous l'avons vu dans les sections précédentes, le jeune peut avoir des perceptions spécifiques de lui-même en contexte scolaire, particulièrement par rapport à certaines matières (Bouffard *et al.*, 2005 ; Fiaud-Sacchin, 2002). Selon Vianin (2008), cette perception qu'a l'élève de ses compétences par rapport à la tâche à réaliser repose notamment sur : « 1) les compétences qu'il possède déjà sur le sujet ; 2) les stratégies nécessaires pour la mener à bien ; 3) les étapes nécessaires à sa réalisation ; 4) les critères de réussite » (p. 88). Ainsi, bien que Majda n'ait jamais joué au badminton, elle a déjà pratiqué le tennis. Elle sait manipuler une raquette et comment se placer sur un terrain. Majda comprend aussi que pour bien réussir dans un sport, il faut s'exercer régulièrement et écouter les consignes données par Micheline, son enseignante. De plus, la jeune fille sait qu'elle ne doit pas hésiter à poser des questions si elle éprouve des difficultés. Finalement, comme Micheline a clairement expliqué ses attentes, Majda se sent très motivée à apprendre ce nouveau sport !

Le sentiment d'auto-efficacité serait modulé par les buts que poursuit le jeune sur le plan de ses apprentissages (Bouffard *et al.*, 2005). Veut-il performer ou veut-il simplement maîtriser ses apprentissages ? Selon Bouffard *et al.* (2005), les élèves qui poursuivent des buts de maîtrise sont plus motivés que ceux qui poursuivent des buts de performance. Pourquoi ? Parce qu'ils souhaitent acquérir de nouvelles connaissances et sont prêts à fournir l'effort nécessaire pour y arriver (Bouffard *et al.*, 2005). Ils considèrent que les erreurs font partie du cheminement normal pour faire des apprentissages. Par contre, les jeunes qui poursuivent des buts de performance considèrent les erreurs comme des obstacles qui les empêchent d'être plus compétents que les autres (Bouffard *et al.*, 2005). Ils auront donc tendance à être moins persévérants (Bouffard *et al.*, 2005).

Finalement, une autre perception qui peut modifier la motivation scolaire est la celle du contrôle perçu par l'élève dans la tâche à réaliser (Bouffard *et al.*, 2005; Viau, 1994, 2000, 2009). «Est-ce que je maîtrise la situation?», se demande Florence avant d'entreprendre l'activité de jonglerie proposée par son éducatrice, Valérie. Comme le signalent Darveau et Viau (1997), les enfants, tout comme les adultes, ont besoin de sentir qu'il maîtrise la situation pour, entre autres, bien performer. Si Florence sait que Valérie a planifié un nombre suffisant de périodes pour lui permettre d'apprendre les techniques de jonglerie et qu'elle possède les habiletés requises pour y arriver, elle se sentira en contrôle de la situation et sera motivée à s'exercer. Par contre, si Florence se sent bousculée et doute de ses compétences pour jongler, il est fort probable qu'elle sera peu motivée à participer à cette activité.

Ces trois types de perception, soit l'utilité de la tâche, les compétences pour la réaliser ainsi que le sentiment de contrôle, interagissent et fluctuent dans le cours du développement. Lorsque le niveau de l'une d'entre elle baisse, la motivation scolaire globale diminue également, et ce, même quand les deux autres sont bonnes (Viau, 1994, 2000). La motivation se modifie aussi en fonction des expériences scolaires du jeune (Viau, 2000). C'est le cas de Philippe qui, au début de son parcours scolaire a éprouvé plusieurs difficultés. Il était peu motivé et n'aimait pas beaucoup l'école. Puis, la situation a changé. Grâce à différentes interventions de l'équipe-école et de ses parents, Philippe a réussi à surmonter ses difficultés. Maintenant, il aime aller à l'école et sa motivation s'est accrue par le fait même.

Viau (2000) note que, généralement, les phénomènes de démotivation apparaissent durant le 2e cycle du primaire et ne cessent de croître jusqu'au secondaire. Dans une entrevue donnée au MELS (2008), Chouinard rapporte qu'il a observé une baisse de 25 % de la motivation scolaire entre la fin du primaire et le début de l'école secondaire. Selon ce chercheur, cela pourrait notamment s'expliquer par la perception qu'a l'élève de ses enseignants (MELS, 2008). Lorsque cette perception est positive, la motivation a tendance à demeurer élevée. Par contre, elle diminue lorsque la perception s'avère négative (MELS, 2008).

Un autre facteur qui semble contribuer à la démotivation est la faible estime de soi de certains jeunes (Darveau et Viau, 1997). Pour les garçons, il semble que la pression des pairs vienne aussi jouer un rôle négatif. Comme nous l'avons mentionné précédemment, très souvent, être engagé dans ses études n'est pas bien perçu par les groupes de garçons (Pelletier, 2004). Cette pression exercée par les pairs réduit la motivation scolaire et, à plus long terme, comme le soulignent Rousseau, Tétreault et Vézina (2009), c'est la persévérance dans le cheminement scolaire qui s'en trouve affectée. Cette section sur la motivation scolaire témoigne du lien étroit qui existe entre la dimension socioaffective et la dimension cognitive dans le développement global de l'enfant, celui-ci étant également relié au vécu et à la réussite scolaire.

8.7 Développement moral
Le bien ou le mal

Dans le chapitre 4, nous avons abordé le développement moral chez les enfants de 6 à 9 ans. Qu'en est-il de celui chez les jeunes de 9 à 12 ans ? C'est ce que nous allons voir dans ce qui suit. Mais rappelons d'abord que la moralité se développe parallèlement au développement cognitif. Or, comme nous venons de le voir, l'évolution de la cognition et l'accès progressif à la pensée formelle modifient les types de raisonnement du jeune, et parmi ceux-ci, le raisonnement moral.

8.7.1 Développement moral selon Kohlberg
La morale conventionnelle

Au chapitre 4, nous avons examiné le premier niveau de la théorie de Kohlberg, soit la morale préconventionnelle, ainsi que les deux stades qu'il comprenait : 1) l'orientation vers la punition et l'obéissance simple ; 2) l'orientation du relativisme utilitarisme (voir la figure 4.1 du chapitre 4, p. 217). Poursuivons l'étude de cette théorie que nous avons amorcée.

Le deuxième niveau de raisonnement moral nommé « morale conventionnelle » débute vers 10-13 ans et se poursuit jusqu'au début de l'âge adulte (Bee et Boyd, 2008 ; Cloutier et Drapeau, 2008 ; Papalia *et al.*, 2010). Alors qu'au premier niveau, le raisonnement moral était basé sur le contrôle extérieur, au deuxième niveau, il est *basé sur des règles édictées par le groupe d'appartenance du jeune et qui permettent de régir ses rapports interpersonnels* (Bee et

Boyd, 2008; Cloutier et Drapeau, 2008). Ce niveau comprend le troisième et le quatrième stades de la théorie, soit celui de la concordance interpersonnelle et celui de la loi et de l'ordre social

Comme nous l'avons vu au chapitre 7, les pairs prennent de plus en plus d'importance dans la vie des préadolescents. Malgré cette place des pairs de plus en plus grande, nous avons aussi souligné que la famille est toujours la base de sécurité des jeunes de cet âge. Au stade de la concordance interpersonnelle, l'approbation des autres est au centre de la moralité (Bee et Boyd, 2008; Cloutier et Drapeau, 2008). Les attentes des pairs ou encore des adultes détermineront ce qu'est une bonne ou une mauvaise action. Cloutier et Drapeau (2008) mentionnent que le besoin d'être accepté est plus grand que le jugement personnel, ce qui fait que le jeune adoptera une moralité changeante. C'est ce qui s'est passé avec Théo qui n'a pas respecté la consigne donnée par Françoise, son éducatrice. Cette dernière avait demandé aux jeunes de son groupe de mettre leur pantalon de neige pour aller à l'extérieur. Or, Yanis, l'ami de Théo, ne voulait pas mettre son pantalon de neige, parce que ce n'est pas « cool ». Il a ainsi incité Théo à désobéir à la consigne avec lui. Ce dernier a hésité puis, afin de se sentir accepté par Yanis, il a décidé d'enfreindre la règle, même si, au fond, il savait qu'il devait mettre son pantalon.

Au troisième stade, le jeune fait la distinction entre un geste intentionnel ou non (Bee et Boyd, 2008; Papalia *et al.*, 2010). Il considérera la faute plus grave si elle est intentionnelle (Bee et Boyd, 2008; Papalia *et al.*, 2010). Ainsi, dans l'exemple donné précédemment, la faute s'avère importante parce Théo et Yanis ont décidé de ne pas respecter la consigne. Par contre, si les deux garçons n'avaient pas été informés de cette règle, un préadolescent jugeant la situation aurait pu trouver ce manquement moins lourd de conséquences.

Au quatrième stade, le jugement moral est moins influencé par le groupe d'appartenance et l'opinion des autres n'est plus aussi importante. Au stade de la loi et de l'ordre social, ce sont plutôt les règles et les lois soutenues par l'ensemble de la société qui détermineront ce qui est bien ou mal (Bee et Boyd, 2008; Cloutier et Drapeau, 2008). Progressivement, le jeune intègre des principes moraux qu'il tend à respecter. De plus, peu importe le contexte dans lequel elles ont lieux, les actions qui contreviennent aux règles sont perçues comme mauvaises (Bee et Boyd, 2008; Cloutier et Drapeau, 2008; Papalia *et al.*,

2010). Imaginons la situation suivante. Deux jeunes qui fréquentent l'école Sainte-Martine se présentent à l'école un matin avec des vêtements ne respectant pas les règles du code de vie. Louane fréquente cette école depuis la maternelle alors que Clara en est à sa première journée de fréquentation. Si l'on demande à un jeune du stade 4 de poser un jugement moral sur cette situation, il ne tiendra pas compte du contexte qui est différent pour Clara, qui n'a pas encore été informée des règles du code de vie, et pour Louane, qui les connaît très bien. Ces règles ont été mises en place pour le bien de tous et c'est pourquoi on se doit de les respecter (Bee et Boyd, 2008; Cloutier et Drapeau, 2008; Papalia *et al.*, 2010).

Pour une majorité de jeunes et d'adultes, ce niveau de moralité sera le plus utilisé (Bee et Boyd, 2008; Cloutier et Drapeau, 2008). Les stades qui suivent ne sont que rarement atteint par l'ensemble de la population. La capsule 8.6 présente le niveau moral qui suit, soit la morale postconventionnelle.

Comme le soulignent Gosselin et Cloutier (2005b), le raisonnement moral n'est pas toujours en lien avec le comportement adopté. Cloutier et Drapeau (2008) rappellent que les situations proposées par Kohlberg sont théoriques et qu'il est difficile de présumer comment le jeune réagira devant une problématique morale qui se présentera dans sa vie. En fait, selon le contexte ou les situations, les jeunes peuvent se promener d'un stade de moralité à l'autre (*Le cerveau à tous les niveaux*, 2009). Pourquoi? Selon Kerbs et Denton (2005), différentes raisons peuvent expliquer cela (Cloutier et Drapeau, 2008). Comme nous l'avons mentionné au chapitre 7, les relations avec les pairs prennent de plus en plus de place dans la vie des jeunes. Or, le fait de connaître les personnes impliquées ou encore d'être touché personnellement par la problématique morale influe sur le comportement adopté (Kerbs et Denton, 2005, rapportés par Cloutier et Drapeau). De plus, dans la vie de tous les jours, les prises de décision sur le plan moral se font souvent de façon spontanée et comportent des enjeux émotifs (Kerbs et Denton, 2005, rapportés par Cloutier et Drapeau). Ces éléments peuvent expliquer les incohérences parfois observées entre le raisonnement moral et les comportements des jeunes.

Capsule 8.6

Que se passe-t-il après ?
La morale postconventionnelle

Selon Kohlberg (1969), le troisième niveau de moralité est la morale postconventionnelle qui apparaît progressivement au début de l'âge adulte. Les caractéristiques de la pensée formelle sont davantage maîtrisées et peuvent soutenir cette forme de raisonnement moral (Artaud, 1985 ; Bee et Boyd, 2008 ; Cloutier et Drapeau, 2008 ; Smetana et Turiel, 2003). En effet, la combinatoire et le raisonnement hypothéticodéductif, caractéristiques de cette forme de pensée, permettent d'envisager de multiples solutions aux problèmes moraux (Artaud, 1985). De plus, comme la pensée formelle est plus souple et plus nuancée, elle favorise la compréhension de la relativité des normes morales ainsi que des règles sociales, ce qui est au cœur des deux derniers stades de la théorie de Kohlberg (Artaud, 1985 ; Bee et Boyd, 2008 ; Cloutier et Drapeau, 2008).

En effet, dans le cinquième stade, celui du contrat social, il y a reconnaissance de la nécessité de se donner des règles afin de permettre à la société de fonctionner de façon cohérente. Toutefois, une personne se situant à ce stade de la moralité reconnaît la possibilité que ces règles soient modifiées si cela fait l'objet d'un consensus social (Bee et Boyd, 2008). La justice sociale est donc un élément important de ce stade (Cloutier et Drapeau, 2008). Selon Gibson (1990), seulement 13 % des hommes dans la quarantaine utilisent un raisonnement de ce niveau (Bee et Boyd, 2008).

Finalement, les principes d'éthiques universels forment le dernier stade de la théorie de Kohlberg. Les gens qui utilisent un raisonnement moral de ce niveau ont développé des principes moraux basés sur des principes universels, comme l'égalité ou le droit à la vie (Bee et Boyd, 2008). Bien qu'ils concèdent l'importance du respect des règles sociales, ils adhéreront à leurs principes s'ils entrent en conflit avec ces dernières (Bee et Boyd, 2008 ; Cloutier et Drapeau, 2008). Au Québec, Michel Chartrand est un exemple d'individu qui appliquait ce niveau de moralité. À plusieurs reprises, M. Chartrand a été emprisonné pour avoir transgressé des lois qui entraient en conflit avec ses principes de justice sociale. Selon Kohlberg (1969), très peu de personnes atteignent ce stade de raisonnement moral (Bee et Boyd, 2008).

8.7.2 Développement moral envisagé différemment
Qu'est-ce que la morale ?

Bien que la théorie de Kohlberg soit largement étudiée, certains chercheurs se questionnent sur sa conception de la moralité (Bee et Boyd, 2008 ; Cloutier et Drapeau, 2008). Parmi ceux-ci, Carol Gilligan reproche à Kohlberg de ne pas tenir compte des différences entre les filles et les garçons eu égard à ce sujet (Bee et Boyd, 2008; Cloutier et Drapeau, 2008). Elle croit que deux orientations morales peuvent se côtoyer : 1) la justice et 2) la bienveillance envers les autres (Gilligan, 1986, rapporté dans Bee et Boyd, 2008). Or, les principes à la base de ces orientations ne sont pas les mêmes. La justice repose sur l'équité alors que la bienveillance suppose qu'on ne doit pas laisser les autres dans le besoin (Bee et Boyd, 2008).

Bien que les garçons et les filles développent ces deux orientations morales, Gilligan (1986) croit que le processus de socialisation fait en sorte que les filles mettent plus l'accent sur l'empathie et les relations interpersonnelles, alors que les garçons vont plus vers l'équité et la différenciation de statut (Bee et Boyd, 2008; Cloutier et Drapeau, 2008). Selon Gilligan (1986), c'est ce qui pourrait expliquer que, généralement, les filles se situent au stade 3 de la théorie de Kohlberg, alors que les garçons se trouvent davantage au stade 4. Cette auteure prétend même que la théorie de Kohlberg présente un biais favorable à l'égard des hommes, car l'échantillon utilisé par ce dernier était constitué seulement de garçons (*Le cerveau à tous les niveaux*, 2009).

Gilligan n'est pas la seule à questionner la théorie de Kohlberg. Les travaux menés par Elliot Turiel jettent un regard différent sur la moralité en distinguant les normes morales des normes sociales, ce que ne fait pas Kohlberg (*Le cerveau à tous les niveaux*, 2009; Smetana et Turiel, 2003; Turiel, 2002). D'après cet auteur, les normes morales se construisent par la compréhension de grands principes de justice, droits et liberté (*Le cerveau à tous les niveaux*, 2009; Smetana et Turiel, 2003; Turiel, 2002). Le postulat derrière ces principes est qu'il ne faut pas porter directement préjudice à autrui (*Le cerveau à tous les niveaux*, 2009; Smetana et Turiel, 2003; Turiel, 2002).

Les normes sociales ne s'appuient pas sur ce postulat. Il s'agit de conventions qu'une société se donne pour que les relations entre ses membres soient harmonieuses (Smetana et Turiel, 2003; Turiel, 2002). Ces normes sont arbitraires et dépendent du contexte dans lequel l'individu se trouve (Smetana et Turiel, 2003). Ainsi, le vouvoiement dans certaines écoles et le fait d'appeler les enseignants « Madame ou Monsieur » illustrent des normes sociales en vigueur dans notre culture (*Le cerveau à tous les niveaux*, 2009).

Bien que dérangeant, une entorse aux conventions sociales n'a pas le même impact qu'un manquement aux normes morales. Dans le premier cas, c'est la relation qui est touchée alors que dans le second, c'est l'individu qui est atteint (Smetana et Turiel, 2003 ; Turiel, 2002). Lorsque Mélodie prend les effets personnels de Marilou sans son autorisation, elle enfreint une norme morale, car elle porte préjudice à son amie. En revanche, lorsqu'elle s'adresse à François, son éducateur au service de garde, sans utiliser des formules de politesse, ce sont les normes sociales qu'elle ne respecte pas. Selon Turiel (2002), l'entorse aux normes sociales est moins grave qu'un manquement aux normes morales.

En terminant, rappelons que la moralité est influencée par les progrès cognitifs qui ont été réalisés durant cette période. L'arrivée de la pensée abstraite permet, notamment, de considérer toutes les possibilités d'une situation et, par le fait même, de nuancer les raisonnements moraux portés par les jeunes.

8.8 Soutenir le développement cognitif
Pratiques éducatives et enseignantes

Plusieurs pratiques éducatives et enseignantes peuvent soutenir le développement cognitif des jeunes de 9 à 12 ans. En voici quelques-unes qui se rapportent au contenu du chapitre. Julie, enseignante de 6ᵉ année, a choisi de proposer à ses élèves une activité originale dans le cadre des périodes consacrées aux mathématiques. Elle les a séparés en équipe de deux afin de former une unité familiale avec des paramètres différents. Certaines équipes ont des enfants, d'autres pas. Tous n'ont pas le même niveau de revenu familial, car ils n'exercent pas le même emploi. Après avoir remis les informations importantes, Julie demande à chaque équipe de faire un budget pour une période d'un mois. En plus de revoir des notions d'arithmétique, cette activité sollicite la pensée formelle des élèves. Par exemple, ils utilisent la combinatoire pour envisager les différentes façons de gérer leurs dépenses. De plus, ils doivent procéder de façon systématique afin de ne rien oublier et d'équilibrer leur budget. L'utilisation de ces capacités, dès le primaire, ne peut que favoriser le développement de la pensée formelle des élèves, voire leur métacognition (Boucher, 1994).

En classe, comme au service de garde, il est important d'aider les jeunes à développer leurs capacités métacognitives. Par exemple, Charles, éducateur au service de garde, demande aux élèves de préciser les stratégies qu'ils ont utilisées pour réaliser leur maquette de pont suspendu. En posant des questions comme « Comment vous êtes-vous organisés pour réaliser ce projet ? » ou « Qu'avez-vous fait lorsque vous avez eu des difficultés ? », il soutient leur métacognition, soit leurs capacités de réfléchir sur leurs propres pensées. En même temps, il contribue à favoriser leur réussite scolaire.

Pour soutenir la réussite scolaire, tant chez les garçons que chez les filles, il importe de respecter l'unicité de chaque élève du groupe ou de la classe (Cloutier, 2003). Lorsque Jonathan permet à ses élèves de présenter leur recherche sur le système solaire selon la modalité de leur choix, il respecte leurs différents styles d'apprentissage et, ce faisant, il soutient la réussite de ce projet. Cela permet à Elliot de préparer une présentation informatisée alors que Maélie a préféré monter une pièce de théâtre avec ses pairs où chacun représentait une planète. De cette façon, Jonathan valorise l'apprentissage actif et différencié préconisé par le *Programme de formation de l'école québécoise* (MEQ, 2001b)

En facilitant la collaboration entre la famille et l'école, on contribue également à la réussite scolaire des élèves (Cloutier, 2003). Les enseignantes de 4e année, en collaboration avec leurs élèves, ont décidé d'organiser une exposition des œuvres que ces derniers ont réalisées dans le cadre d'un projet d'arts plastiques ayant pour thème « À la manière de… ». Elles ont invité tous les parents à un vernissage afin qu'ils admirent le travail des jeunes. En rencontrant les parents dans un contexte plus festif, les enseignantes souhaitent établir des liens positifs qui favoriseront la collaboration, si précieuse à l'apprentissage et au développement des jeunes.

En lien direct avec la réussite scolaire se trouve la motivation scolaire. Comment les pratiques éducatives et enseignantes peuvent-elles soutenir la motivation scolaire des jeunes ? Selon Viau (2009), il faut que les enseignantes et les éducatrices rendent les activités signifiantes pour les jeunes. Il est aussi important que les élèves aient un certain contrôle sur la tâche à effectuer (Viau, 2009). Pour y arriver, l'enseignante ou l'éducatrice peut partir des intérêts des élèves de son groupe ou de sa classe. C'est ce qu'a fait Louise, enseignante de 5e année. Afin de travailler la troisième compétence du domaine de l'univers social, s'ouvrir à la diversité des sociétés et de leur territoire (MEQ, 2001), elle a créé une activité pédagogique autour de la Coupe du monde de football (soccer). Après avoir indiqué la provenance des équipes en compétition, les élèves doivent, entre autres, « situer les sociétés et leur territoire dans l'espace et dans le temps » et « dégager les principales ressemblances et les différences entre les sociétés et les territoires » (MEQ, 2001b, p. 177), pour deux pays de leur choix qui sont en compétition. Par cette activité, Louise leur démontre l'utilité des apprentissages qu'ils effectuent en géographie pour mieux saisir la réalité d'un de leur centre d'intérêts, le soccer. De plus, elle leur laisse un certain contrôle sur la tâche à réaliser en leur permettant de choisir les pays sur lesquels ils vont travailler.

Le développement d'un sentiment d'appartenance ainsi que la création d'un climat de groupe positif favorisent la motivation scolaire (Viau, 2009). Cela permet notamment le développement d'une relation éducative signifiante entre l'élève et l'enseignante ou l'éducatrice. Selon Fallu et Janosz (2003), les enseignantes ou les éducatrices qui établissent une relation chaleureuse avec les jeunes de leur groupe contribuent à maintenir leur motivation scolaire et, par le fait même, à leur réussite scolaire. Le fait d'entretenir une relation sensible, chaleureuse, respectueuse et sécurisante constitue d'ailleurs une composante importante du style d'intervention démocratique qui favorise le développement harmonieux des jeunes (Bouchard et Fréchette, 2008a).

En terminant, sur le plan de la motivation, il importe que l'enseignante et l'éducatrice soient un modèle pour les élèves (Viau, 2009). Elles doivent elles-mêmes être motivées et démontrer de l'enthousiasme (Viau, 2009). Dominique, éducatrice au service de garde, est heureuse de venir travailler : elle trouve son travail stimulant et important. Elle est à l'écoute des jeunes de son groupe et propose des activités variées en tenant compte de leurs besoins et intérêts. Les interactions avec l'équipe d'éducatrices sont empreintes de respect et de collaboration. En agissant de la sorte, Dominique devient un modèle de motivation pour les jeunes de son groupe, l'un des éléments clés de leur réussite éducative.

8.9 Les enfants aux potentiels cognitifs différents
Approfondissement

Renaud est en 5ᵉ année. Depuis le début de son parcours scolaire, il réussit avec brio. Il apprend rapidement et sans effort. Il s'intéresse à l'actualité et aime résoudre des problèmes complexes. Son enseignante, bien consciente que Renaud est avide d'en apprendre davantage, lui propose des activités pédagogiques qui lui permettent d'approfondir ses connaissances. De plus, elle sollicite régulièrement sa collaboration pour aider ses camarades de classe. Renaud est un enfant doué. Il en va autrement d'Aurélie. Bien qu'elle soit du même âge que Renaud, son niveau scolaire se situe entre la 1ʳᵉ et la 2ᵉ année. Aurélie est sociable et aime beaucoup interagir avec les autres enfants. Toutefois, sur le plan intellectuel, le moins que l'on puisse dire, c'est que les choses ne vont pas de soi. La lecture et l'écriture ne sont pas encore complètement maîtrisées chez elle. De plus, elle a de la difficulté à se concentrer et à effectuer des tâches complexes qui nécessitent de partager son attention. Par exemple, elle n'arrive pas à écouter son enseignante et à prendre des notes en même temps. Aurélie est une élève qui présente une déficience intellectuelle.

Qu'en est-il des enfants dont les potentiels cognitifs sont différents à l'école ? Comment apprennent-ils et comment s'intègrent-ils dans leur milieu scolaire ? C'est à ces questions que nous allons tenter de répondre dans les prochaines sections.

8.9.1 Douance
Tout me semble facile !

Quels sont les critères qui nous permettent d'affirmer que Renaud est un jeune doué ? La douance est un sujet controversé et complexe (Planche, 2000). Les auteurs ne s'entendent pas sur les repères à utiliser pour décrire ce concept (Jambaqué, 2004 ; Planche 2000). Le quotient intellectuel, les aptitudes et la réussite scolaire ne sont que quelques-uns des critères utilisés pour le définir (Planche, 2000). Alors que plusieurs auteurs parlent « d'élèves doués et talentueux » (Simard, 1994b), d'autres insistent sur l'importance de distinguer le concept de douance de celui de « talent » (Gagné, 2005). Pour Gagné (2005), le talent concerne les habiletés qui sont développées systématiquement, et ce, dans n'importe quel champ d'activités humaines, alors que la douance relève des capacités intellectuelles proprement dites.

Selon Planche (2000), pour parler de précocité intellectuelle, le jeune doit être en avance par rapport à ses pairs du même âge. Il a habituellement un quotient intellectuel de 130 ou plus, une excellente mémoire et un vocabulaire ainsi que des connaissances plus riches que la moyenne des enfants de son âge (Jambaqué, 2004; Planche, 2000; Simard, 1994b). Environ 3% des jeunes présentent ces caractéristiques (de Broca, 2009). Lubart (2006) et Planche (2000) soulignent que les jeunes doués ont une meilleure capacité d'attention, notamment parce qu'ils arrivent plus facilement à inhiber les stimulations non pertinentes. En outre, Winner (1997) indiquent que ces jeunes affichent une très grande vitesse de compréhension, et ce, sans nécessairement avoir à fournir d'efforts cognitifs (Jambaqué, 2004). Leur flexibilité mentale peut expliquer ce phénomène. En effet, ces élèves peuvent tenir compte de plusieurs éléments d'une même situation à la fois et arrivent à réorganiser rapidement les stratégies cognitives qu'ils utilisent, notamment grâce à leurs capacités métacognitives très efficaces (Planche, 2000).

Les jeunes qui sont doués se démarquent par la qualité de leur raisonnement (Winner, 1997, rapporté par Jambaqué, 2004). Selon Marchand (2009) et Planche (2000), ils ont des forces, particulièrement sur le plan analogique, qui leur permettent d'établir des liens pertinents entre la problématique traitées et leurs connaissances antérieures. Cette capacité fait en sorte qu'ils traitent l'information plus rapidement et plus efficacement que les autres jeunes (Lubart, 2006; Planche, 2000). En somme, et comme le note Marchand (2009), leur intelligence est différente, tant sur le plan quantitatif que qualitatif.

Des facteurs génétiques et environnementaux seraient à la source des différences observées chez les jeunes que l'on qualifie de doués (Gagné, 2005; Jambaqué, 2004). Les recherches démontrent que leur cerveau est plus efficace et qu'il présente une plus grande plasticité que celui des autres (Jambaqué, 2004). Toutefois, selon Winner (2000), ce potentiel ne saurait se développer sans un environnement stimulant et une forte motivation (Jambaqué, 2004), d'où l'importance du soutien offert à ces jeunes en contexte de classe ou de groupe notamment.

Différents modèles tentent d'expliquer ce qu'est la douance. Parmi ceux-ci, il y a le modèle triadique de Renzulli (2002) suivant lequel il serait plus indiqué de parler de comportement talentueux que d'individu talentueux. Selon cet auteur, la douance comprend trois composantes : 1) une aptitude intellectuelle élevée, 2) de la créativité et 3) de la motivation (Lautrey, 2004 ; Renzulli, 2002). L'interaction entre ces trois composantes est essentielle afin de voir émerger les comportements de douance (Lautrey, 2004 ; Renzulli, 2002). Francoys Gagné (2005), un chercheur québécois, propose lui aussi un modèle explicatif de la douance. La capsule 8.7 nous le présente.

Capsule 8.7

Pourquoi est-il doué ? Le modèle différenciateur de douance et de talent (MDDT)

Gagné (1985) a développé le *Modèle différenciateur de douance et de talent* (MDDT) pour expliquer les interactions entre les différents facteurs expliquant la douance. La figure 8.2 illustre les différentes composantes du MDDT. Pour parler de douance, le jeune doit présenter des habiletés naturelles, comme celles que nous avons décrites précédemment. Cependant, ces dernières doivent être nourries pour pouvoir s'afficher. Selon Gagné (1985, 2005), trois types de catalyseurs alimenteront les habiletés intellectuelles naturelles du jeune, soit les catalyseurs : 1) intrapersonnels, 2) environnementaux et 3) aléatoires.

La motivation, le tempérament, les capacités d'autorégulation ou encore la persévérance font partie des catalyseurs intrapersonnels (Gagné, 1985, 2005 ; Gross, 2004 ; Saint-Père et Gagné, 2001). Pour soutenir les habiletés naturelles présentes chez les jeunes doués, il doit y avoir un environnement qui en favorise le développement. Cela va du soutien des parents, des enseignants ou des éducatrices, en passant par l'existence de ressources stimulantes jusqu'aux avantages que procure un milieu socioéconomique favorisé (Gagné, 1985, 2005 ; Gross, 2004 ; Saint-Père et Gagné, 2001). Finalement, Gagné (1985, 2005) souligne que le hasard est un autre catalyseur significatif dans l'explication de la douance. En effet, nous ne pouvons prévoir la qualité de notre bagage héréditaire ni la compétence des enseignants que nous trouverons sur notre parcours scolaire !

Capsule 8.7 (suite)

Figure 8.2
Le modèle différenciateur de douance et de talent de Gagné

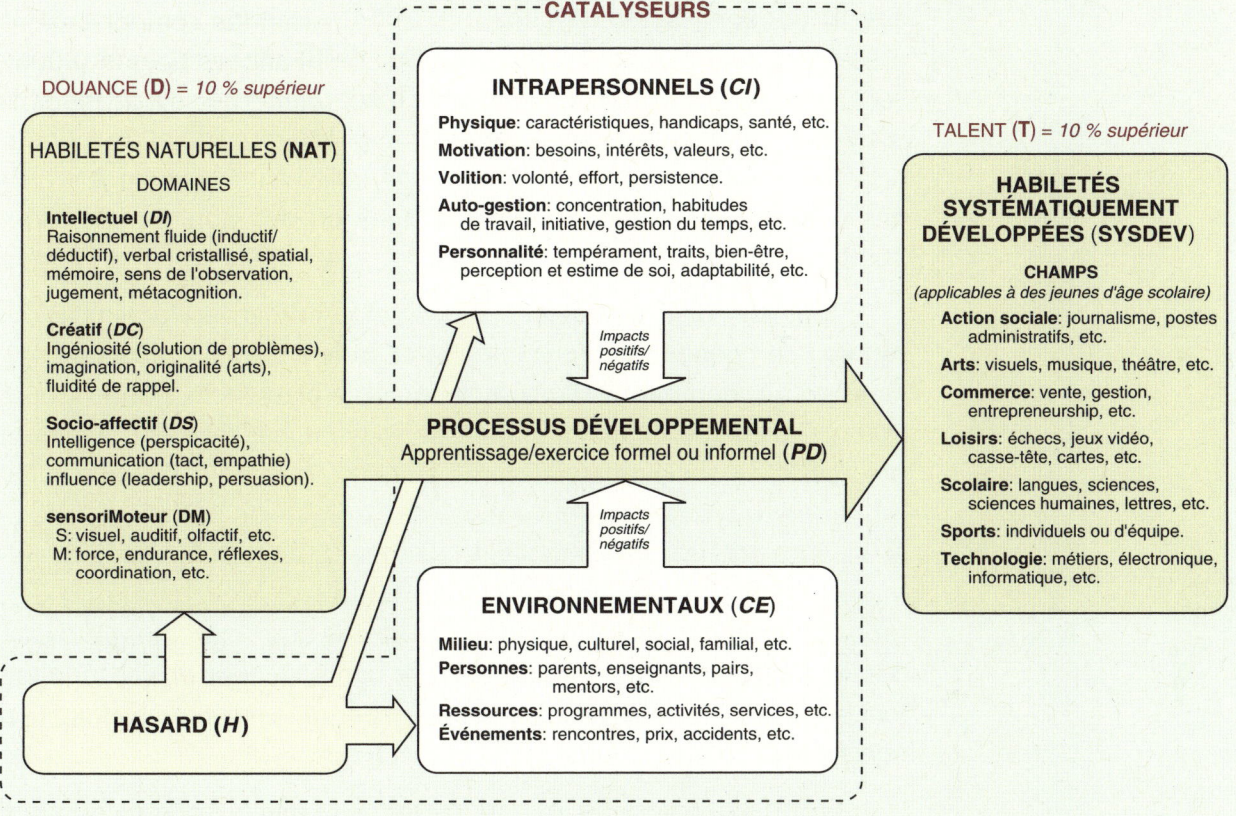

Tiré de Gagné (2005).

Ces différents catalyseurs interagissent et influencent les processus développementaux de ces jeunes. C'est ainsi qu'ils pourront développer leur talent, et ce, dans différents domaines (Gagné, 1985, 2005 ; Gross, 2004 ; Saint-Père et Gagné, 2001). Enfin, précisons que, selon Sousa (2009), des recherches en psychologie cognitive viennent soutenir le modèle de Gagné, notamment en validant les différentes composantes de la douance et du talent.

> **Dysynchronie :** *précocité observée au plan cognitif, mais pas dans les autres sphères du développement, comme la sphère socioaffective.*

Selon Terrassier (1979), il est possible d'observer de la **dysynchronie** chez la très grande majorité des jeunes doués (Jambaqué, 2004). On parle de dysynchronie lorsqu'on observe de la *précocité au plan cognitif, mais pas dans les autres sphères du développement, comme la sphère socioaffective* (Terrassier, 1979, rapporté par Jambaqué, 2004). Qu'en est-il des interactions si importantes à cet âge et qui sont, selon Mouchiroud (2004), un gage de l'adaptation présente et future de l'individu ? Gouillou (1998) affirme que ces jeunes sont isolés et éprouvent des difficultés d'adaptation sociale, qu'ils sont souvent considérés comme différents en plus d'être l'objet de moqueries. C'est notamment pour cette raison qu'ils ont tendance à établir des relations avec des jeunes plus âgés ou des adultes (Gouillou, 1998 ; Marchand, 2009).

Toutefois, d'autres chercheurs, comme Andreani et Pagnin (1993), réfutent ce concept de dysynchronie et croient que la précocité intellectuelle s'accompagne d'une avance sur le plan social (Mouchiroud, 2004). Gagné (2005) indique que très souvent, ces jeunes présentent des habiletés sociales supérieures aux autres enfants. De plus, il fait remarquer qu'ils seront souvent l'objet d'admiration par leurs pairs et qu'ils auraient un effet d'émulation (Gagné, 2005). Qu'en est-il réellement ? Comme le soulignent Gagné (2005) et Mouchiroud (2004), probablement que la vérité se situe entre ces deux extrêmes ! L'unicité des jeunes et le soutien fourni dans le cadre de leur environnement font en sorte qu'il est difficile de tracer un portrait unique de l'adaptation sociale des enfants doués.

Qu'en est-il alors de leur adaptation à la réalité scolaire ? Gagné (2005) est d'avis que les enfants doués sont « la population la plus mal servie de toutes les populations spéciales » (p. 31). De Broca (2009) estime que près de 30 % d'entre eux vivront des problèmes d'adaptation scolaire. Selon Marchand (2009), si les besoins éducatifs de ces jeunes ne sont pas comblés, cela ne peut que nuire à leur réussite scolaire, leur estime de soi et leur plein épanouissement. D'ailleurs, les recherches de Fiaud-Sacchin (2006) révèlent que près de 45 % de jeunes doués ont redoublé et 20 % d'entre eux n'ont pas terminé leur scolarité (Marchand, 2009). Parmi les explications possibles, notons les problèmes de motivation fréquemment évoqués.

Comme le rapporte Beaupré (2009), l'une des orientations du *Programme de formation de l'école québécoise* (MEQ, 2001b) est « d'offrir des pratiques pédagogiques qui permettent de répondre aux besoins particuliers des élèves, dans le respect des différences individuelles » (p. 80). Comme elles le font pour les élèves ayant des besoins particuliers, les écoles se doivent donc de prévoir des pratiques pédagogiques répondant aux besoins des élèves doués. Certaines le font et proposent, entre autres, des programmes à vocation particulière ou de l'accélération scolaire (Gagné, 2005). La prochaine section traite d'une autre catégorie d'élèves ayant besoin de mesures pédagogiques adaptées, soit les jeunes atteints de déficience intellectuelle.

8.9.2 Déficience intellectuelle
Mon intelligence a des limites

Tout comme la douance, la déficience intellectuelle est un phénomène complexe. Ici aussi, les auteurs n'arrivent pas à s'entendre sur une définition commune (Garcin, 2003). Cependant, Garcin (2003) et Goupil (2007) relèvent deux caractéristiques communes aux définitions, à savoir les limitations sur le plan intellectuel et sur celui des comportements adaptatifs. De plus, ces limitations doivent être apparues avant l'âge de 18 ans (Garcin, 2003; Goupil, 2007). C'est le cas d'Aurélie dont nous avons parlé au début de cette section. Bien qu'elle ait 11 ans, ces limitations cognitives font qu'elle fonctionne comme un enfant de 7 ou 8 ans. En outre, les limitations sur le plan intellectuel n'ont pas toute la même sévérité et elles s'étendent d'une déficience légère à une déficience profonde (Garcin, 2003; Goupil, 2007). Pour parler de déficience intellectuelle, le quotient intellectuel doit être inférieur à 70 (Dionne, Langevin, Paour et Rocque, 1999; Garcin, 2003). Le tableau 8.1 présente les différents types de déficience intellectuelle.

Au-delà de la mesure du quotient intellectuel, les jeunes présentant une déficience intellectuelle ont un fonctionnement cognitif moins efficient que les autres élèves (Dionne *et al.*, 1999). Ils ont des problèmes sur le plan de l'attention sélective et de la mémoire de travail (Dionne *et al.*, 1999). De plus, comme ils ne disposent pas de stratégies cognitives, voire de métacognition, ils éprouvent des difficultés à résoudre des situations problématiques (Dionne *et al.*, 1999). Dionne *et al.* (1999)

Tableau 8.1
Les différents degrés de déficience intellectuelle

Degré de déficience	Quotient intellectuel	Pourcentage de la population déficiente	Limitations
Légère	Entre 50 et 69	85 %	★ Forte probabilité d'observer des difficultés d'apprentissage.
Moyenne	Entre 35 et 49	10 %	★ Possibilité de développer une certaine autonomie personnelle. ★ Difficulté à traiter plusieurs informations à la fois. ★ Capacité limitée de généralisation et de transfert de connaissances. ★ Vocabulaire limité.
Sévère	Entre 20 et 34	3 % à 4 %	★ Besoin de soutien sur une base continue. ★ Difficulté à sélectionner l'information pertinente. ★ Difficulté à traiter plusieurs informations à la fois. ★ Capacité limitée de généralisation et de transfert de connaissances. ★ Phrases télégraphiques. ★ Problème de communication.
Profonde	Inférieur à 20	1 % à 2 %	★ Limitation sévère sur le plan de l'autonomie et de la mobilité. ★ Difficultés importantes de la communication : peu ou pas de langage. ★ Apprentissages limités qui se font généralement par la manipulation et l'association.

Inspiré de Garcin (2003), Goupil (2007), MELS (2007c) et Tassé et Martin (2003).

soulignent qu'il y a accroissement de ces différences au fur et à mesure que le jeune vieillit, car les autres élèves acquièrent des compétences qu'il ne développera probablement jamais.

Les comportements adaptatifs, quant à eux, concernent l'ajustement à la vie sociale et à divers aspects de la vie quotidienne (Dionne *et al.*, 1999 ; Garcin, 2003 ; Goupil, 2007). Selon l'Association américaine du retard mental ou AAMR (2003), il est possible de distinguer trois catégories de comportements adaptatifs (Goupil, 2007). La première catégorie, appelée « conceptuelle », regroupe tout ce qui a trait à l'autonomie, au concept d'argent et au langage oral et écrit (Goupil, 2007). Tout ce qui concerne les relations interpersonnelles, le respect des règles et des lois, l'estime de soi et la responsabilité relève de la catégorie « sociale » (Goupil, 2007). Finalement, les habiletés occupationnelles, le maintien d'un environnement sécuritaire et les activités de la vie quotidienne font partie de la catégorie « pratique » (Goupil, 2007).

Lors de l'évaluation des comportements adaptatifs chez une personne atteinte de déficience intellectuelle, il est primordiale de tenir compte de son âge ainsi que du contexte culturel et de l'environnement dans lesquels elle évolue (Dionne *et al.*, 1999 ; Goupil, 2007). Les limitations sur le plan adaptatif varient en fonction du degré de sévérité des limitations intellectuelles (Dionne *et al.*, 1999). Cependant, différents facteurs peuvent influencer, positivement ou négativement, le développement de comportements adaptatifs, notamment l'éducation, la motivation, les traits de personnalité ainsi que les troubles mentaux qui peuvent accompagner la déficience intellectuelle (Dionne *et al.*, 1999).

Les causes de la déficience intellectuelle sont multiples (Dionne *et al.*, 1999 ; Goupil, 2007 ; Tassé et Morin, 2003). Il peut s'agir, entre autres, de désordres génétiques ou chromosomiques, comme c'est le cas de la trisomie 21 ou du syndrome de Down (Dionne *et al.*, 1999 ; Goupil, 2007 ; Tassé et Morin, 2003). La capsule 8.8 présente d'ailleurs ce trouble. Des infections contractées durant la grossesse ou un trauma au moment de l'accouchement sont respectivement des facteurs prénataux et périnataux et parfois une cause de déficience intellectuelle (Goupil, 2007 ; Tassé et Morin, 2003). Finalement, des causes environnementales, comme l'exposition de la mère à des substances illicites, l'alcool ou des produits toxiques, durant sa grossesse, augmentent le risque de déficience intellectuelle chez l'enfant (Goupil, 2007 ; Tassé et Morin, 2003).

Comment les jeunes atteints de déficience intellectuelle s'intègrent-ils à la vie scolaire ? C'est tout un défi pour eux, leurs parents ainsi que le personnel scolaire (Goupil, 2007). Il existe différentes modalités pour la scolarisation des jeunes présentant une déficience intellectuelle. Goupil (2007) signale que la majorité des élèves ayant une déficience légère sont scolarisés dans une classe régulière. Cependant, Doré, Wagner et Brunet (2003) notent une différence dans l'intégration selon le niveau scolaire. En effet, il semble que les élèves sont davantage intégrés au préscolaire, un peu moins au primaire et encore moins au secondaire (Doré *et al.*, 2003).

Capsule 8.8

Trois gènes plutôt que deux : la trisomie

La trisomie 21 est un état qui s'explique par une anomalie chromosomique (Bee et Boyd, 2008 ; Cloutier et Gosselin, 2005b). Il est possible d'observer chez les jeunes trisomiques la présence d'un troisième chromosome sur la 21e paire (Lejeune-Phélipot, 2003, rapporté par Morissette, 2010). Cette anomalie affecte leur développement global (Bee et Boyd, 2008 ; Cloutier et Gosselin, 2005b). Physiquement, ces jeunes affichent des caractéristiques particulières : ils ont notamment les yeux bridés et un nez aplati (Cloutier et Gosselin, 2005b). Les trisomiques présentent aussi une déficience intellectuelle plus ou moins sévère (Cloutier et Gosselin, 2005b).

Cependant, il est possible d'aider ces jeunes à développer tout leur potentiel par une stimulation précoce[1] (Cloutier et Gosselin, 2005b ; Lejeune-Phélipot, 2003, rapporté par Morissette, 2010). Grâce à cette stimulation tôt dans le développement, Turkington (1987) soutient que plusieurs d'entre eux auront suffisamment d'autonomie personnelle pour prendre soin d'eux-mêmes et qu'ils développeront des compétences en écriture et en lecture.

Il faut noter que comme tous les autres enfants, chaque trisomique est unique et que son développement ne pourra être comparé à celui d'un autre trisomique ou encore au développement de jeunes ne présentant pas cette anomalie (Cloutier et Gosselin, 2005b ; Lejeune-Phélipot, 2003, rapporté par Morissette, 2010). En somme, chaque jeune est un être unique !

---
1. La trisomie 21 est abordée dans le site *Le développement de l'enfant* (<http://www.ccdmd.qc.ca/ri/developpement>). Vous trouverez la liste des vignettes vidéo dans la section Pour en savoir un peu plus qui figure à la fin du chapitre.

Pour les élèves qui présentent d'autres formes de déficience, en fonction du degré de sévérité de celle-ci, de leurs besoins et des services offerts, il sera possible de choisir une classe spéciale ou encore l'intégration dans une classe régulière (Goupil, 2007). L'intégration en classe régulière s'accompagne de mesures d'appuis pour permettre à l'élève « d'évoluer en milieu scolaire malgré ses incapacités ou limitations » (MELS, 2007c, p. 11). Les mesures peuvent prendre différentes formes. Par exemple, il peut s'agir de services éducatifs offerts par un professionnel comme l'orthophoniste ou un éducateur spécialisé, du matériel adapté ou des activités pédagogiques différenciés (MELS, 2007c). L'objectif est de répondre aux besoins de l'élève pour favoriser ses apprentissages et son développement global, et ce, de la façon la plus harmonieuse possible (Goupil, 2007 ; MELS, 2007c).

8.10 Conclusion — *Ma pensée se complexifie*

Tout au long de ce chapitre, nous avons exploré le développement cognitif des jeunes de 9 à 12 ans. Dans un premier temps, nous avons abordé les changements dans les structures de la pensée entre les périodes opératoires concrète et formelle de la théorie de Piaget. Par la suite, nous avons approfondi nos connaissances sur la théorie historicoculturelle de Vygotski afin de mieux saisir son effet sur le monde de l'éducation. Nous avons continué avec l'approche du traitement de l'information qui nous a permis de poursuivre la réflexion amorcée au chapitre 4.

Par la suite, il a été question de la réussite et de la motivation scolaire eu égard à son rôle dans l'adaptation du jeune à la vie scolaire. La conception du bien et du mal a été étudiée dans la section sur le développement moral. Nous avons aussi découvert d'autres théories qui jettent un éclairage différent sur le développement moral, entre autres, en tenant compte du genre ou en distinguant les normes morales des normes sociales. Après avoir proposé des pistes de réflexion sur les pratiques pédagogiques et éducatives, nous avons choisi de nous attarder aux enfants ayant des potentiels cognitifs différents en traitant de la douance et de la déficience intellectuelle en guise d'approfondissement. Voilà qui complète le développement cognitif de 9 à 12 ans !

Appliquer pour mieux comprendre
Exercices récapitulatifs

À partir des notions vues dans le présent chapitre, répondez de votre mieux aux questions suivantes. Vous trouverez les réponses à la fin du livre.

1. On propose le problème suivant à un groupe d'enfants : « Dans une forêt enchantée, il existe toutes sortes de créatures, dont des *triloups*, des loups à trois têtes. Si une meute de *triloups* compte seize bêtes, combien y a-t-il de têtes au total ? » Avec vos connaissances sur la théorie de Piaget, expliquez comment répondrait un jeune dont la pensée se situe au stade opératoire concret et un jeune du stade opératoire formel.

2. Mémorisez la liste de mots suivante, puis tentez de la réciter : bijou, caillou, chou, genou, hibou, joujou et pou. Mémorisez cette autre liste de mots et tentez à nouveau de la retenir : kaléidoscope, chlorophylle, margelle, baroque, placement, marron et profession. Que se passe-t-il ? À partir des notions vues sur la mémoire, expliquez pourquoi il s'avère plus difficile de mémoriser la 2e liste que la 1re, et ce, même si chacune d'elles contient le même nombre de mots.

3. En lien avec la semaine thématique de l'école, Francine, éducatrice au service de garde, souhaite concevoir une activité portant sur les Amérindiens. À partir de vos lectures sur la motivation, quels sont les éléments dont elle doit tenir compte dans la création de son activité afin de maintenir la motivation des élèves de son groupe ?

4. L'équipe pédagogique de l'école Saint-Maxime a décidé de consulter les élèves de l'école sur le code de vie et de discuter des conséquences lorsqu'il y a un manquement à l'une des règles. Comment un jeune se situant au quatrième stade du développement moral de la théorie de Kohlberg répondrait-il à cette consultation ?

Réfléchir pour mieux intervenir
Exercices réflexifs

Afin d'aller plus loin dans l'exercice de votre pensée, les questions suivantes vous sont posées en lien avec le contenu du chapitre. Bonne réflexion !

 Si l'acquisition des fonctions mentales supérieures implique pour l'enfant ou le jeune d'intérioriser des outils comme le langage, peut-on penser sans les mots ?

🌙 Comment soutenez-vous la créativité des élèves de votre classe ou de votre groupe ? Utilisez-vous la créativité dans vos pratiques éducatives ou enseignantes ?

🌙 Sur quels critères moraux vous basez-vous pour intervenir auprès des jeunes de votre groupe et appliquer les règles de fonctionnement de votre établissement scolaire ? À quel stade du développement moral vous situez-vous ?

🌙 Que feriez-vous si vous aviez à intégrer dans votre classe ou groupe un jeune avec un potentiel intellectuel différent ? Comme s'assurer que l'on tient compte de ses besoins, de son unicité, tout en respectant les besoins des autres élèves ?

Pour en savoir un peu plus

Documents complémentaires

Les documents suivants vous sont proposés afin de compléter les informations présentées dans le cadre de ce chapitre ; il peut s'agir de livres, de sites Internet ou de documents audiovisuels.

LIVRES

Gilligan, C. (2008). *Une voix différente : pour une éthique du care*, Paris, Flammarion, coll. « Champs ».

Meirieu, P. (2000). *Les devoirs à la maison*, Paris, La Découverte.

Pennac, D. (2007). *Chagrin d'école*, Paris, Gallimard.

Tassé, M.J. et D. Morin (2003). *La déficience intellectuelle*, Boucherville, Gaëtan Morin Éditeur.

Terrassier, J.C. (2009). *Les enfants surdoués, ou, la précocité embarrassante* (8e éd.), Issy-les-Moulineaux, ESF.

Vergnaud, G. (2000). *Lev Vygotski. Pédagogue et penseur de notre temps*, Paris, Hachette.

Viau, R. (2009). *La motivation à apprendre en milieu scolaire*, Montréal, Éditions du Renouveau pédagogique.

Vygotski, L. S. (1997). *Pensée et langage*, Paris, La Dispute.

Sites Internet

Beaumont, J., *Les enfants au service de garde en milieu scolaire*, CCDMD, <http://www.ccdmd.qc.ca/ri/5-12ans>, page consultée le 15 octobre 2009.

Fréchette, N. et P. Morissette, *Banque de vidéos en psychologie du développement de l'enfant de 0 à 5 ans*, <http://www.ccdmd.qc.ca/ri/developpement>, page consultée le 15 juin 2010.

Vignettes en liens avec les thématiques du chapitre :

Titre de la vignette	Numéro
Stimulation d'un enfant trisomique : Florence monte à cheval	801
Stimulation d'un enfant trisomique : Florence brosse son cheval	802
Stimulation d'un enfant trisomique : Florence utilise des sifflets	803
Stimulation sensorielle et motrice d'un enfant trisomique : Florence dans la salle Snoezelen	804
Stimulation du langage d'un enfant trisomique : Florence et les mains animées	805
Stimulation motrice d'un enfant trisomique : Florence danse	806
Stimulation du langage d'un enfant trisomique : Florence dans une tâche d'appariement	807

Documents audiovisuels

Marcoux, L. (2009). *Trisomie 21 : Défi Pérou*, Montréal, Axia Film, DVD, durée 1 h 30.

Moreau, M. (1974). *Au seuil de l'opératoire*, Montréal, Office du film du Québec.

9

Je deviens un communicateur, un lecteur et un scripteur stratégique

LE DÉVELOPPEMENT DU LANGAGE, DE LA LECTURE ET DE L'ÉCRITURE DE 9 À 12 ANS

Caroline Bégin, Caroline Bouchard et Annie Charron

9 Je deviens un communicateur, un lecteur et un scripteur stratégique

LE DÉVELOPPEMENT DU LANGAGE, DE LA LECTURE ET DE L'ÉCRITURE DE 9 À 12 ANS

9.1 Je deviens un communicateur, un lecteur et un scripteur stratégique : introduction 435

9.2 Je communique : développement du langage oral 435

9.3 Je deviens un lecteur stratégique : appropriation de la lecture 441
    9.3.1 Lire, c'est comprendre certaines marques linguistiques : anaphores et connecteurs 444
    9.3.2 Lire, c'est interpréter : production des inférences en lecture 447
    9.3.3 Lire, c'est savoir repérer ce qui ne va pas : gestion de la compréhension en lecture 449

9.4 Je deviens un scripteur stratégique : appropriation de l'écriture 452
    9.4.1 Apprendre à rédiger un texte : modèle de Hayes et Flower 452
    9.4.2 Singulier ou pluriel : tenir compte de la morphologie dans l'écriture 456

9.5 J'aime lire et écrire : motivation en lecture et en écriture 459
    9.5.1 Je lis et j'écris bien : se sentir compétent 459
    9.5.2 Je choisis de lire et d'écrire : se sentir autodéterminé 461

9.6 Soutenir le développement du langage, de la lecture et de l'écriture : pratiques éducatives et enseignantes 465
    9.6.1 Je communique : soutenir le développement du langage 465
    9.6.2 Je suis un lecteur stratégique : soutenir le développement de la lecture 469
    9.6.3 Je suis un scripteur stratégique : soutenir le développement de l'écriture 472

9.7 J'apprécie des œuvres littéraires : approfondissement 476

9.8 Je deviens un communicateur, un lecteur et un scripteur stratégique : conclusion 479

Appliquer pour mieux comprendre : exercices récapitulatifs 482

Réfléchir pour mieux intervenir : exercices réflexifs 483

Pour en savoir un peu plus : documents complémentaires 483

9.1 Introduction
Je deviens un communicateur, un lecteur et un scripteur stratégique

Dans les chapitres précédents, nous avons vu que le jeune, de 9 à 12 ans, fait de grands progrès aux plans des développements moteur, socioaffectif et cognitif. Une question demeure alors : qu'en est-il au point de vue langagier ? Dans ce chapitre, nous répondrons à cette question en considérant le jeune rendu à cette période de vie comme étant un communicateur, un lecteur et un scripteur stratégique. Ainsi, il peut utiliser le langage pour communiquer dans diverses situations et emploie plusieurs stratégies de lecture indispensables. Il est aussi en mesure d'exploiter des stratégies relatives à l'écriture de textes.

Ce chapitre vous permettra d'en apprendre davantage sur les apprentissages langagiers réalisés par l'élève de 9 à 12 ans. Dans un premier temps, nous présenterons le développement du langage oral, plus précisément celui du vocabulaire et de la compréhension d'expressions chez le jeune. Puis nous nous intéresserons au développement de la compréhension en lecture, à l'acquisition chez le jeune de compétences rédactionnelles et orthographiques, de même qu'à la motivation à lire et à écrire. En contextes éducatifs, diverses interventions pédagogiques sont suggérées pour soutenir les communicateurs, lecteurs et scripteurs stratégiques de la classe. C'est d'ailleurs ce que nous verrons dans la section portant sur les pratiques enseignantes et éducatives. Finalement, nous aborderons la compétence à apprécier des œuvres littéraires avant de conclure ce chapitre.

9.2 Développement du langage oral
Je communique

Au chapitre 5, nous avons vu que le langage se développe chez tous les enfants de façon identique, quelles que soient leur culture ou leur langue première. En effet, le bébé possède naturellement des compétences intellectuelles qui lui permettent d'apprendre la langue orale et qui sont activées au contact du langage perçu dans son environnement. Par conséquent, il apprend à parler et à comprendre la langue

orale sans avoir besoin de connaître au préalable la structure ou les règles qui l'organisent (Bouchard, 2008; Delahaie, 2004). En effet, avez-vous déjà rencontré une mère qui s'est levée un matin en ayant l'objectif de faire apprendre à son enfant au moins cinq mots différents? Non. Dès son jeune âge, l'enfant les apprend naturellement au contact des gens de son entourage qui lui parlent en utilisant des mots riches et variés.

Alors qu'il est âgé de 9 à 12 ans, le jeune a généralement une bonne maîtrise de la langue première, beaucoup d'apprentissages ayant été faits sur le plan langagier. Nous pouvons tout de même en décrire l'évolution en tenant compte des diverses composantes de la langue, dont la phonologie, la sémantique, la morphologie et la pragmatique.

Sur le plan phonologique, à moins d'avoir un trouble spécifique du langage comme la dysphasie, les jeunes, rendus à cet âge, prononcent généralement de façon adéquate tous les sons de leur langue. Leurs connaissances métaphonologiques se sont également développées, notamment grâce à l'apprentissage de la lecture, et sont utilisées en orthographe (Giasson, 2003; Paul, 2001).

Sur le plan sémantique, tout comme les élèves de 6 à 9 ans, ceux de 9 à 12 ans augmentent leur vocabulaire à raison de 2 000 à 4 000 nouveaux mots par année, soit plus de 8 mots par jour (Giasson, 2003 ; Kail et Fayol, 2000 ; Nagy et Anderson, 1984). Comment expliquer cet accroissement phénoménal ? C'est surtout grâce à la lecture, où le jeune est amené à élargir son bagage lexical en étant en contact avec un éventail de mots nouveaux qu'il n'utilise pas nécessairement à l'oral. Cependant, le nombre de mots appris par année varie beaucoup d'un élève à l'autre. Stanovich (1986) décrit ce phénomène sous le nom d'effet Matthieu, parabole tirée de l'évangile selon saint Matthieu selon laquelle les plus riches s'enrichissent et les plus pauvres s'appauvrissent. Corollairement, ce chercheur a remarqué que les meilleurs lecteurs apprennent plus de mots que les autres. Ils comprennent en conséquence mieux les textes nouveaux qu'on leur soumet, ce qui accroît leur bagage lexical, les motive à lire davantage et ainsi de suite. À l'opposé, les enfants qui ont un vocabulaire restreint ont une moins grande compréhension en lecture, ce qui fait qu'ils lisent moins. En lisant moins, ils acquièrent moins de vocabulaire et leur compréhension en lecture demeure limitée, même après quelques années. Il est important de se préoccuper de ce phénomène, car plus les élèves seront âgés, plus les textes scolaires qu'ils liront seront complexes et moins les lecteurs avec un faible niveau de vocabulaire seront en mesure d'en comprendre le contenu (Biemiller, 2007 ; National Reading Panel, 2000).

Par ailleurs, toujours en lien avec la sémantique, on peut remarquer que chaque langue a des expressions qui lui sont propres, qu'on appelle des **expressions idiomatiques**. Elles constituent des *locutions, connues comme telles et pouvant être répertoriées dans des dictionnaires, dont la signification est censée ne pas résulter de la composition des significations des mots qui les constituent* (Caillies, 2009). Par exemple, on dit en français : « J'ai un chat dans la gorge », tandis que nos voisins anglophones diront : « *I have a frog in my throat* [J'ai une grenouille dans la gorge] ». « Il pleut des cordes » en français est plutôt traduit en anglais par « *It rains cats and dogs* [Il pleut des chats et des chiens] ». Ces expressions ne doivent pas être prises au sens propre, mais bien au sens figuré, c'est-à-dire lorsqu'on passe d'une image concrète à des relations abstraites. En effet, jamais on n'a vu quelqu'un

---

Expressions idiomatiques : *locutions, connues comme telles et pouvant être répertoriées dans des dictionnaires, dont la signification est censée ne pas résulter de la composition des significations des mots qui les constituent.*

avec de si gros animaux pris dans sa gorge et jamais, à part au cinéma, on n'a vu une région où tombaient des cordes ou des animaux en guise de pluie !

Les recherches ont montré que les enfants, lorsqu'ils sont âgés de 5 ans, interprètent les expressions idiomatiques littéralement, au sens propre (Caillies et Le Sourn-Bissaoui, 2008). Progressivement, à partir de 10 ans, ils fondent plutôt leur interprétation sur les caractéristiques linguistiques de l'énoncé (Kail et Fayol, 2000 ; Levorato, Nesi et Cacciari, 2004). Mais il reste que le contexte joue un rôle important dans la compréhension des expressions idiomatiques entre 6 et 10 ans (Ackerman, 1982). Par exemple, lorsqu'on énonce une expression idiomatique comme « À en crever les yeux » sans l'inclure dans un contexte à Julia, 9 ans, elle peut difficilement la comprendre et risque de l'interpréter au sens propre. Ainsi, Julia, risque de ne pas comprendre l'expression « À en crever les yeux » si son enseignante ne l'a pas placée dans un contexte de communication précis. Dans le document ministériel *Progression des apprentissages*, on établit que l'élève, dès le 2e cycle du primaire, apprend à déduire le sens de quelques expressions en s'appuyant sur le contexte et à observer qu'un mot a un ou plusieurs sens figurés (MELS, 2009).

Sur le plan morphologique, les jeunes âgés de 9 à 12 ans font de nombreux apprentissages, toujours grâce à la lecture. Ainsi, on remarque que, en français, plusieurs mots contiennent plus d'un **morphème**, défini comme la *plus petite unité significative de la langue* (Catach, 2003). Par exemple, dans le mot *exportation*, il y a trois morphèmes : *ex-*, qui signifie « à l'extérieur de », *port-*, qui est la base du mot et qui appartient à la même famille sémantique du verbe *porter*, et *-ation*, qui renvoie à l'action. En fait, une étude a montré que 80 % des mots répertoriés dans le dictionnaire *Le Robert* contiennent au moins deux morphèmes (Rey-Debove, 1984, cité dans Kail et Fayol, 2000).

De plus, on distingue deux types de mots morphologiques, soit les mots dérivés et les mots fléchis ou grammaticaux. Les mots dérivés, constitués d'une base et d'un ou plusieurs préfixe ou suffixe, possèdent essentiellement une fonction sémantique. Par exemple, en français, le préfixe *re-* dans le mot *refaire* exprime la répétition de l'action de *faire*, tandis que le suffixe *-eur* dans le mot *plongeur* permet d'indiquer l'agent qui fait l'action de *plonger*. Les mots fléchis ou grammaticaux, constitués d'une base et d'un ou plusieurs suffixes marquent soit le genre et

Morphème : *plus petite unité significative de la langue.*

le nombre des noms et des adjectifs, soit la personne, le temps et le nombre des verbes; ils possèdent ainsi une fonction principalement syntaxique. Dans la phrase *Les enfants jouent*, le suffixe *-s* à la fin du nom *enfant* marque le pluriel et le suffixe *-nt* à la fin du verbe marque le temps et la 3e personne du pluriel. Notez que ces suffixes grammaticaux ne sont pas perceptibles à l'oral en français, hormis pour la liaison entre *Les* et *enfants*. Nombre de recherches ont montré que les connaissances morphologiques qu'acquiert l'élève contribuent de manière importante à développer ses habiletés en vocabulaire, en orthographe lexicale, en fluidité et en compréhension en lecture (Leong, 2009; Nagy, Berninger et Abbott, 2006). Dans le document ministériel *Progression des apprentissages*, on établit que l'élève, dès le 2e cycle du primaire, apprend à déduire le sens de quelques expressions en s'appuyant sur le contexte et à observer qu'un mot a un ou plusieurs sens figurés (MELS, 2009).

Sur le plan de la pragmatique, les élèves âgés de 9 à 12 ans n'ont plus, sauf exceptions, de difficultés à communiquer dans des situations ordinaires de la vie courante. Toutefois, ils doivent poursuivre l'apprentissage de toute une vie qui consiste non seulement d'apprendre à manifester oralement un désir ou une émotion, mais aussi à exposer, expliquer et convaincre un ou des interlocuteurs de plus en plus adéquatement. Par exemple, le discours argumentatif se construit au fur et à mesure que la pensée se complexifie, notamment en raison du fait qu'argumenter implique que le jeune tienne compte du point de vue d'autrui (Golder, Brassart et Gaonaéh, 1995). C'est à cette période également que les jeunes peuvent comprendre certaines blagues basées sur une ambiguïté lexicale ainsi que des énoncés qui utilisent l'**ironie**, correspondant à une *forme d'esprit consistant à se moquer en disant le contraire de ce que l'on veut faire entendre* (Kail et Fayol, 2000). Ce procédé est utilisé dans le discours pour provoquer un effet négatif (Dews, Winner, Kaplan, Rosenblatt *et al.*, 1996). Par exemple, Jade, 9 ans, est capable de comprendre que sa mère est insatisfaite lorsqu'elle s'exclame «C'est du beau travail!» à la vue de son travail scolaire bâclé. Il faudra toutefois attendre l'adolescence pour que Jade soit en mesure de comprendre tout énoncé ironique dit avec un ton sarcastique ou non (Creusere, 1999).

Comme nous l'avons vu au chapitre 5, le jeune a la capacité d'adapter son discours en fonction de l'interlocuteur à qui il s'adresse, et ce, dès l'âge de 8 ans (Golder *et al.*, 1995). C'est le cas de Philippe,

Ironie: *forme d'esprit consistant à se moquer en disant le contraire de ce que l'on veut faire entendre.*

12 ans, qui raconte différemment la même histoire à son meilleur ami, à son enseignante et à son petit frère de 4 ans (Flavell, 1968). On dit qu'il a utilisé différents registres ou niveaux de langage, constituant ainsi une sorte de classification des usages d'une langue à l'intérieur d'une communauté. Il existe ainsi trois principaux registres de langue : le registre familier, le registre courant et le registre soutenu. Le premier correspond à une parole spontanée que l'on emploie dans des situations de communication sans contraintes. « Envoye ! T'es pas smatte ! » est une remarque de Nathan, 11 ans, dite selon un registre familier. Notez la phonétique, le vocabulaire et la syntaxe employés.

Le deuxième registre, courant, est celui qu'on emploie dans des situations de la vie quotidienne en présence de personnes qu'on ne connaît pas bien ou pas du tout. Il est fondé sur un usage correct de la langue. En lien avec le même exemple, Nathan pourrait dire dans un registre courant : « Allez ! Tu n'es pas gentil ! » Enfin, le troisième registre, le registre soutenu, est associé à des situations de communication de contrainte. Il est souvent utilisé à l'écrit et dans les textes littéraires. « Allez ! Tu n'es pas obligeant ! » correspondrait à une remarque dite par Nathan selon un registre soutenu. En somme, le registre familier reflète la langue utilisée dans des situations de la vie de tous les jours, tandis que le registre courant et le registre soutenu sont utilisés dans des situations où la familiarité est absente. Il est à noter que dans la plupart des dictionnaires, on indique les différents registres des mots : familier [FAM.], courant (quand il n'y a aucune mention) et soutenu [LITT.]. Dans le document *Progression des apprentissages*, on précise que l'élève apprend à adapter sa façon de parler à ses interlocuteurs dès le 2e cycle du primaire (MELS, 2009).

En guise de résumé, le tableau 9.1 dresse une liste des apprentissages réalisés par le jeune de 9 à 12 ans au point de vue langagier. Comme nous l'avons vu dans le chapitre 5, le langage oral est intimement lié au langage écrit (Charron et Bouchard, 2008 ; Charron, Boudreault et Bouchard, 2010 ; Whitehurst et Lonigan, 2003). Dans la section suivante, nous nous attarderons justement au développement des habiletés en langage écrit chez l'élève de cet âge.

Tableau 9.1
Le développement du langage de 9 à 12 ans

Composantes	Caractéristiques	Exemples
Phonologie	Les connaissances métaphonologiques sont développées et sont utilisées en orthographe.	Certains jeunes écrivent au son les mots dont ils ne connaissent pas l'orthographe; par exemple, *sursi pour *sourcil*, *arico pour *haricot*, etc.
Morphologie	Les connaissances métamorphologiques se développent.	Les jeunes prennent conscience des familles de mots morphologiquement reliés (*galop, galoper, galopade*; *chat, chatte, chaton*, etc.).
Sémantique	Les jeunes peuvent expliquer le sens de plusieurs mots polysémiques. Ils comprennent la plupart des expressions idiomatiques.	Les jeunes comprennent que le mot « terre » peut s'employer différemment par un géographe (qui étudie le relief de la Terre), par un jardinier (qui fertilise la terre) et par un seigneur (qui était propriétaire de nombreuses terres). Ils peuvent expliquer des expressions comme « tomber dans les pommes » ou « se creuser la tête » en contexte.
Pragmatique	Les jeunes comprennent les blagues ironiques ou basées sur une ambiguïté lexicale.	Les jeunes peuvent comprendre et rire en entendant la devinette : « Qu'est-ce qui est vert et qui monte et descend ? » en répondant : « Un marin qui a le mal de mer ! »

* Ce tableau est traduit et adapté de Paul (2001).

9.3 Appropriation de la lecture
Je deviens un lecteur stratégique

Nous avons vu au chapitre 5 que la lecture comprend à la fois l'habileté à identifier les mots, soit par le décodage ou par la reconnaissance globale, et l'habileté à comprendre un texte. Ainsi, même si l'identification des mots est une habileté nécessaire pour apprendre à lire, elle n'est pas pour autant suffisante (Saint-Laurent, 2008). Par exemple, en tant que lecteur expert, vous êtes capable d'identifier dans un temps relativement court tous les mots de la phrase suivante : « *La phospholipase D est à la base de plusieurs cascades signalétiques conduisant à l'activation du neutrophile humain et à l'accomplissement de nombreuses de ses fonctions telles que la dégranulation, la production d'anion superoxide ou l'adhésion* » (El Azreq et Bourgoin, 2009). Mais avez-vous compris ce que vous venez de lire ? Le même phénomène se produit chez Florence, 10 ans, qui se soucie de lire de façon exacte et fluide tous les mots d'un texte court, mais qui est incapable de le résumer à son enseignante à la suite de sa lecture, ne l'ayant pas compris.

La **compréhension en lecture** peut être définie comme la *capacité à construire, à partir du texte et des connaissances antérieures, une représentation mentale cohérente de la situation évoquée par le texte* (Rouet, 2001). Elle est l'objectif, le but ultime, l'essence même de la lecture (Durkin, 1993; Kirby, 2007). En fait, il ne s'agit pas simplement de comprendre le sens des mots et des phrases du texte, mais de reconstituer le « film » qu'il décrit (De La Haye et Bonneton-Botté, 2009). Pour comprendre ce qu'ils lisent, les élèves ont donc besoin de connaissances sur la langue, comme le vocabulaire, la structure des textes et des phrases, le genre de textes, et des connaissances sur le

Compréhension en lecture : *capacité à construire, à partir du texte et des connaissances antérieures, une représentation mentale cohérente de la situation évoquée par le texte.*

monde qui les entoure (Giasson, 1990). Par exemple, pour comprendre le texte soumis précédemment, le lecteur doit avoir des connaissances antérieures sur des notions comme « phospholipase », « neutrophile », « anion superoxide » et « dégranulation ».

Sur le plan développemental, on sait que, vers 9-10 ans, les jeunes augmentent de façon systématique le nombre de mots contenus dans leur lexique mental en utilisant la stratégie de reconnaissance globale. Ils recourent encore aux correspondances graphème-phonème en décodant de façon efficace, hésitant et trébuchant seulement dans la lecture de graphèmes complexes présents dans les mots nouveaux ou peu fréquents, comme dans *écaille, chœur* ou *orgueil*. À 11-12 ans, le décodage est censé être automatisé et les élèves doivent normalement lire de façon fluide en identifiant de façon rapide les mots fréquemment écrits (Réseau canadien de recherche sur le langage et l'alphabétisation, 2009). Malheureusement, il n'est pas rare de rencontrer dans les classes des élèves de cet âge qui déploient encore de grands efforts cognitifs pour l'identification des mots dans un texte, n'ayant plus de ressources attentionnelles pour comprendre ce qu'ils lisent. De telles difficultés doivent être diagnostiquées le plus tôt possible et donner lieu à des interventions ciblées pour automatiser le décodage ou la reconnaissance globale des mots fréquemment rencontrés (Observatoire national de la lecture, 2000). Les recherches montrent que ce n'est que lorsque l'identification des mots écrits devient plus efficiente et plus automatique que la compréhension écrite peut s'améliorer (Kirby, 2007).

Il arrive également que d'autres élèves aient à la fois de bonnes capacités de compréhension à l'oral et de bonnes capacités à identifier les mots, mais qu'ils soient incapables de comprendre un texte en le lisant eux-mêmes. Prenons l'exemple de Benita, 10 ans, qui n'a aucune difficulté à comprendre une histoire quand on la lui lit, qui lit de façon fluide, mais qui éprouve de graves difficultés à comprendre les textes lorsqu'elle les lit seule. Que se passe-t-il alors ? Oakhill (1994) distingue trois autres types de difficultés liées à la compréhension : 1) le traitement de certaines marques linguistiques ; 2) la production des inférences en lecture et 3) la gestion de la compréhension. Dans les parties suivantes, nous verrons plus en détail ces trois difficultés.

Lire, c'est comprendre
certaines marques linguistiques

9.3.1 Anaphores et connecteurs

Un texte n'est pas seulement la simple juxtaposition de phrases isolées entre elles. Tout bon auteur de textes narratifs ou de textes courants sait créer des liens entre les phrases qu'il produit afin d'assurer la cohérence dans son texte. On distingue deux catégories de liens ou de marques linguistiques : les anaphores et les connecteurs. Le lecteur habile doit être en mesure d'identifier ces marques dans les textes qu'il lit afin d'en comprendre le sens (Observatoire de la lecture, 1998). L'incapacité des élèves de 9-12 ans à comprendre ces indices peut avoir des répercussions importantes sur leur compréhension en lecture.

« Des mots pratiques »

Anaphores

Anaphore : *mot utilisé pour en remplacer un autre.*

Qu'entend-on par anaphore ? Ce terme vient du mot grec « anaphora », qui veut dire « qui reporte en arrière ». On définit l'**anaphore** comme un *mot utilisé pour en remplacer un autre* (Observatoire national de lecture, 2000). Dans les textes, les auteurs ne répètent pas un mot à l'infini. En effet, il serait ennuyeux de lire un texte sans la présence d'anaphores. Prenons un exemple : « Julie et Thomas jouent dans la cour. Thomas court après Julie et Julie est tout essoufflée ». On pourrait aussi bien remplacer la deuxième phrase par « Il court après elle et la jeune fille est tout essoufflée. » L'interprétation des anaphores exige que le lecteur distingue ces différentes marques et les associent aux personnages déjà connus, au thème de la phrase ou de la proposition précédente, afin que la représentation mentale de la situation décrite puisse être élaborée de façon la plus précise possible (Observatoire national de la lecture, 2000).

L'anaphore la plus courante et la plus utilisée par les jeunes est le pronom personnel, comme *il* ou *elle* dans l'exemple précédent (de Weck, 1991). Elle peut aussi prendre la forme d'un synonyme ou d'un mot substitut, comme *la jeune fille* dans l'exemple cité ci-dessus. Dans plusieurs cas, comme celui de notre exemple, l'antécédent et le mot de substitution se trouvent dans des phrases qui se suivent. D'autres

fois, par contre, au moins une phrase sépare l'antécédent du mot de substitution. Ce type de situation cause problème aux mauvais « compreneurs » qui ont de la difficulté à saisir la relation entre les phrases (Giasson, 2003; Rémond, 1993). Dans le PFEQ, on mentionne que l'élève, dès le 1er cycle du primaire, doit prendre en compte les pronoms en tant qu'anaphores, alors qu'il est censé identifier les mots auxquels renvoient les synonymes au 2e cycle et les autres termes substituts au 3e cycle (MELS, 2001).

Comment soutenir l'enseignement des anaphores? Giasson (2003) suggère quelques pistes d'intervention. D'abord, l'enseignement de ces mots de substitution ne doit pas se faire par des exercices isolés, mais par l'exploitation de ces mots dans des textes que les élèves doivent lire. Ensuite, l'enseignante doit poser des questions aux élèves afin qu'ils relient le mot de substitution à l'antécédent. Par exemple, lors d'une lecture partagée d'un conte, elle peut demander aux élèves : « Qui est ce "il" dans la phrase que je viens de lire ? » Si les élèves ne peuvent répondre, elle peut préciser comment elle procède elle-même. Enfin, elle peut leur demander de changer le sexe du personnage principal d'une histoire puis de réécrire ou de raconter l'histoire avec ce changement de personnage. Si c'est un garçon, en faire une fille, et vice versa.

« Mais où est donc Carnior[1] ? »

Connecteurs

Connecteurs : *mots qui relient deux propositions élémentaires en une proposition complexe.*

Les **connecteurs**, nommés aussi marqueurs de relation, sont des *mots qui relient deux propositions élémentaires pour en faire une proposition complexe*. Par exemple, dans le texte suivant, il y a deux connecteurs :

---

1. Énoncé qui permet de mémoriser les connecteurs de la catégorie « conjonctions de coordination ».

Hélène appuya sur un bouton et les portes se fermèrent en glissant. Quelques instants plus tard, la petite fille arrivait au dernier étage, celui des jouets. Différentes catégories de mots peuvent constituer des connecteurs. Parmi eux figurent des conjonctions de coordination (*mais, ou, et, donc, car, ni, or*), de subordination (*que, si*, etc.), mais aussi des adverbes (*soudain, puis, après, ensuite*, etc.) et des locutions adverbiales (*le lendemain, huit jours plus tard*, etc.). Les connecteurs peuvent aussi être classés selon le type de relation qu'ils établissent. Certains expriment la cause (*car, parce que*, etc.), le temps (*quand, lorsque*, etc.), la séquence (*puis, après, ensuite*, etc.), le but (*pour, afin de*, etc.), la coordination (*et, ou*, etc.) et les relations adversatives (*mais, cependant*, etc.). Par relations adversatives, on entend toute proposition qui introduit une opposition.

Le connecteur « *et* », premier connecteur utilisé par les jeunes à l'oral comme à l'écrit, est le seul à figurer dans toutes les langues. Il peut exprimer différentes significations, comme l'addition (comme *aussi*), le temps (comme *puis*), la cause (comme *parce que*) et les relations adversatives (comme *mais*) (Favart et Passereault, 1999). Ensuite, les connecteurs les plus utilisés chez les jeunes sont des connecteurs temporels comme « *puis* » et « *après* ». Plus il vieillit, plus l'élève a tendance à utiliser et à comprendre un nombre varié de connecteurs, délaissant graduellement l'emploi du super-connecteur « *et* ». Selon le document ministériel *Progression des apprentissages*, l'élève doit être amené à constater le sens de certains connecteurs temporels entre 6 et 9 ans : *et, ou, puis, d'abord, ensuite, enfin, après, finalement*. De 9 à 12 ans, il doit comprendre le sens de connecteurs tels que *lorsque, parce que, puisque, ainsi, donc, c'est-à-dire, cependant, pourtant, comme*, etc. (MELS, 2009).

En guise d'intervention, Giasson (2003) suggère d'enseigner les connecteurs à mesure qu'on les rencontre dans les textes, en attirant l'attention des élèves sur ces mots, en posant des questions sur les éléments qui sont reliés par ces connecteurs et en expliquant à voix haute la façon dont ils donnent du sens à la phrase ou au texte.

9.3.2 Production des inférences en lecture

Lire, c'est interpréter

« La vieille femme prit son vieux chaudron qu'elle plaça sur le feu. Elle y versa divers ingrédients, dont certains dégageaient une odeur nauséabonde. En dernier lieu, elle ajouta un peu de bave de crapaud. Maintenant, la potion était prête… ». Dans cet extrait, de qui parle-t-on ? Vous avez sans doute deviné qu'il s'agissait d'une sorcière. Pourtant, cette information n'apparaît pas explicitement ou littéralement dans le texte. En vous fiant à vos connaissances antérieures, vous avez donc fait une inférence pour déduire la bonne réponse.

Inférences : *interprétations qui ne sont pas littéralement accessibles, mises en relation qui ne sont pas explicites.*

En lien avec la lecture, les **inférences** sont définies comme *des interprétations qui ne sont pas littéralement accessibles, des mises en relation qui ne sont pas explicites* (Fayol, 2000). Les inférences correspondent donc aux conclusions ou aux jugements constants que fait le lecteur, en complétant l'information qu'il trouve dans le texte et en la mettant en rapport avec ses connaissances antérieures (Saint-Laurent, 2008). En lien avec l'exemple cité auparavant, si un jeune n'a jamais lu de contes, il peut difficilement déduire que *vieille femme, chaudron, bave de crapaud* et *potion* riment avec sorcière et se faire une représentation mentale adéquate de la situation décrite. Le tableau 9.2 illustre les principales catégories d'inférences.

Pour évaluer si les élèves comprennent un texte, l'enseignante a tendance à poser deux types de questions : les questions littérales, dont les informations sont directement et explicitement accessibles dans le texte, et les questions inférentielles, nécessitant l'élaboration d'inférences. Cependant, les questions d'inférence sont toujours moins bien réussies par les élèves que les questions littérales, même en 5e ou 6e année du primaire (Lavigne, 2008 ; McCormick, 1992). Tout se passe comme si certains élèves s'interdisaient de combler l'implicite, comme s'ils ne s'autorisaient pas à aller au-delà du texte (De La Haye et Bonneton-Botté, 2009). De plus, comme nous l'avons expliqué au chapitre 8, ce n'est qu'avec l'arrivée de la pensée formelle qu'il sera plus facile pour les élèves d'utiliser la combinatoire et ainsi de dépasser le texte. Ainsi, on demande très peu aux élèves de faire des inférences parce qu'on juge la tâche trop difficile. En fait, les jeunes enfants sont capables d'en faire, mais ils ne sont pas organisés dans leur démarche (Giasson, 2003). Bien que cette capacité augmente avec l'âge,

Tableau 9.2
Les principales catégories d'inférences*

Objet de l'inférence	Exemples	Question menant à l'inférence
Lieu	Après l'inscription, le garçon nous aida à transporter nos bagages dans notre chambre.	Où sommes-nous ?
Agent	Le peigne dans une main et les ciseaux dans l'autre, Christian s'approcha de la chaise.	Qui est Christian ?
Temps	Lorsque la lumière du portique s'éteignit, la noirceur fut complète.	À quel moment se passe la scène ?
Action	Bernard arqua son corps et fendit l'eau d'une façon absolument impeccable.	Que fit Bernard ?
Instrument	D'une main sûre, le Dr Grenon mit l'instrument bruyant dans ma bouche.	Quel instrument le Dr Grenon utilisa-t-il ?
Cause-effet	Le matin, nous avons constaté que plusieurs arbres étaient déracinés et que d'autres avaient perdu des branches.	Qu'est-ce qui a causé cette situation ?
Problème-solution	Pierre a le côté de la figure tout enflé et sa dent le fait terriblement souffrir.	Comment Pierre pourrait-il régler son problème ?
Sentiment, attitude	Pendant que je montais sur l'estrade pour recevoir mon diplôme, mon père applaudit, les larmes aux yeux.	Quel sentiment éprouvait mon père ?

* Ce tableau est tiré de Giasson (2003).

elle se développe très tôt et peut être améliorée par l'enseignement. Ainsi, l'enseignante peut travailler les inférences lors des lectures à voix haute, et ce, dès le préscolaire (Dupin de Saint-André, Montésinos-Gelet et Morin, 2008 ; Makdissi, Boisclair et Sanchez, 2006).

Or, bien que la lecture à voix haute soit une pratique reconnue comme souhaitable dans les classes au primaire, il appert que moins d'une enseignante sur cinq de la 4e à la 6e année du primaire fait la lecture aux élèves au moins une fois par semaine (Giasson et Saint-Laurent, 1998). Pourtant, les recherches montrent que cette pratique est un moyen pertinent de développer la motivation à lire des élèves et d'augmenter leurs connaissances générales ainsi que leurs capacités rédactionnelles (Elley, 1989 ; Michener, 1989). C'est pourquoi Geneviève, éducatrice dans un service de garde scolaire d'un groupe d'élèves de 5e année, n'hésite pas à faire la lecture à voix haute en dénichant à la bibliothèque de l'école des albums de littérature de jeunesse qui intéressent les jeunes de son groupe. Au début, pendant et à la fin de sa lecture, elle prend même soin de leur poser des questions de nature inférentielle et d'en discuter avec eux. En somme, ce qu'il faut se rappeler, c'est que l'habileté à générer des inférences à l'oral est la composante qui ressort comme la plus importante dans la prédiction de la réussite aux tâches inférentielles en lecture, et ce, quel que soit le niveau scolaire des élèves (Cain et Oakhill, 1999 ; Lavigne, 2008), d'où l'importance de s'y attarder.

Comment enseigner les inférences aux élèves ? Giasson (2003) suggère aux enseignantes, comme première intervention pédagogique, de servir de modèle en expliquant à voix haute comment elles procèdent pour traiter une inférence en lisant un texte. Elles doivent mettre en évidence les indices qui leur ont permis de formuler l'inférence. Par exemple, on conseille de lire soigneusement le texte au préalable afin de repérer les indices et les bons exemples d'inférences. En guise de deuxième intervention pédagogique, il faut donner aux élèves l'occasion de traiter régulièrement d'inférences en leur posant souvent des questions inférentielles, à l'oral comme à l'écrit, comme lors de la lecture d'histoires à voix haute. Comme troisième intervention pédagogique favorisant le traitement des inférences, on conseille de faire le lien entre les questions et les réponses (LQR), procédé qui sera expliqué dans la section 9.5.

9.3.3 *Lire, c'est savoir repérer ce qui ne va pas*
Gestion de la compréhension en lecture

Gestion ou autorégulation de la compréhension : *capacité de constater qu'il y a une perte de compréhension, en identifier la source et trouver une solution pour rétablir la compréhension.*

La **gestion ou l'autorégulation de la compréhension**, soit la *capacité de constater qu'il y a une perte de compréhension, en identifier la source et trouver une solution pour rétablir la compréhension*, pose souvent problème chez les lecteurs faibles (Goigoux, 2003). Selon Saint-Laurent (2008), il arrive souvent que les élèves en difficulté ne se rendent pas compte qu'ils ne comprennent pas le sens du texte qu'ils lisent et poursuivent tout de même leur lecture. Ou, s'ils s'en aperçoivent, ils n'utilisent pas une stratégie de dépannage adéquate pour retrouver le sens du texte. Gérer sa compréhension fait appel à des processus métacognitifs, car il faut être conscient de ce que l'on fait lorsqu'on lit (Giasson, 2003). Par exemple, quand Jannie, l'enseignante de Maxim, 10 ans, lui demande : « Quand tu lis et que tu rencontres un mot que tu ne connais pas, que fais-tu ? » Maxim répond : « Je demande à quelqu'un ou je regarde dans un dictionnaire. » Laurence, une autre élève, qui éprouve des difficultés en lecture, répond : « Cela ne m'arrive jamais. » Les réponses données reflètent l'état des compétences métacognitives des élèves, soit leur capacité à réfléchir sur leur propre pensée. Les recherches montrent que les bons compreneurs ont beaucoup plus de connaissances métacognitives que les mauvais compreneurs (Gombert et Fayol, 1995). Les mauvais compreneurs n'apportent souvent qu'une seule stratégie lorsqu'on les questionne, alors que les bons compreneurs sont flexibles dans le choix des stratégies appropriées et en énumèrent plusieurs.

Annie, une autre enseignante, incite souvent ses élèves à se demander intérieurement, tout en lisant : « Ce que je lis a-t-il du sens ? Est-ce ça se dit ? Est-ce que je comprends ce qui se produit dans cette histoire ? » Si la réponse est non à une de ces questions, elle leur suggère alors d'interrompre leur lecture et d'utiliser une ou des stratégies de dépannage pour reprendre le fil (Routman, 2007). Gunning (2006) suggère d'inviter l'élève à recourir aux stratégies de dépannage suivantes :

- lire plus lentement, repérer les mots ou les passages difficiles ;
- relire la phrase ou le paragraphe ;
- dire la phrase ou le passage dans ses propres mots ;
- continuer à lire, regarder les illustrations ;
- se poser des questions ;
- faire des liens avec ses expériences personnelles ;
- demander l'aide de quelqu'un.

Selon le document *Progression des apprentissages*, l'élève doit apprendre à utiliser de façon autonome les stratégies consistant, au 1er cycle, à effectuer des retours en arrière et à ajuster sa vitesse de lecture dès la fin du 1er cycle du primaire, et, au 2e cycle, reformuler intérieurement ce qu'il a lu et à recourir à d'autres personnes (MELS, 2009).

Il faut donc amener les élèves à développer leur propre capacité à se questionner pour pouvoir choisir les stratégies appropriées, car la gestion de la compréhension entre en jeu à tout moment, avant, pendant et après la lecture (Giasson, 2003). Cela est plein de sens si l'on considère qu'on apprend à lire d'abord pour apprendre ensuite en lisant, et ce, tout au long de la vie.

Capsule 9.1

Que lit-on à 10 ans ?
Une enquête internationale sur la lecture scolaire

Le PIRLS, soit le Programme international de recherche en lecture scolaire, mène aux cinq ans une enquête dans plus de 40 pays afin de suivre l'évolution des progrès en lecture des enfants de 10 ans à travers le monde. En plus d'une épreuve en lecture, des questionnaires de perceptions et d'attitudes sont administrés aux élèves participants, à leurs parents, aux directions d'école et au personnel enseignant.

Durant l'enquête de 2006, le Canada a été représenté par cinq provinces : la Nouvelle-Écosse, le Québec, l'Ontario, l'Alberta et la Colombie-Britannique. Au Québec, 3 748 élèves de 10 ans y ont participé, provenant de 113 classes francophones et de 72 classes anglophones. Comment les élèves canadiens se sont-ils classés dans cette épreuve ? En tête de liste, soit en 8e position, bien avant les élèves provenant des États-Unis, de l'Angleterre ou de la France, par exemple (International Association for the Evaluation of Educational Achievment, 2007). Quant aux élèves québécois, ils ont fait bonne figure en se classant au 18e rang des 40 pays participants (MELS, 2007). En ce qui a trait aux perceptions et habitudes de lecture des élèves franco-québécois, les résultats de l'enquête montrent que près de la moitié d'entre eux (49 %) rapportent lire quotidiennement pour le plaisir à l'extérieur de l'école. En revanche, une proportion presque deux fois plus importante de garçons (22 %) que de filles (12 %) affirme trouver la lecture ennuyeuse. Et les élèves qui étaient d'accord avec cette dernière affirmation ont réussi moins bien que les autres au test de lecture. La motivation à lire est donc au cœur de l'apprentissage de la lecture.

En termes de goût littéraire, l'enquête révèle que les garçons québécois préfèrent lire des bandes dessinées, tandis que les filles québécoises optent pour des romans ou des revues. Par ailleurs, les élèves qui ont dit lire très souvent des bandes dessinées, des directives ou des revues ont des résultats en lecture plus faibles que ceux disant lire fréquemment des histoires et des nouvelles. Notons que cette enquête sera à nouveau menée en 2011. Les résultats sont à surveiller !

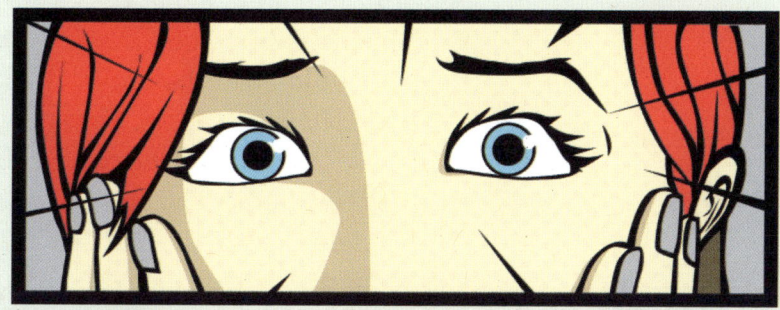

9.4 Appropriation de l'écriture
Je deviens un scripteur stratégique

Qu'est-ce que bien écrire ? Lorsqu'on pose la question à des élèves de 9 à 12 ans, certains répondent : « C'est former de belles lettres » ou « C'est écrire un texte sans faire de fautes d'orthographe ». Pourtant, au même titre que la lecture, l'écriture est une activité de construction de sens (Simard, 1995a). En effet, dans la vie courante, comme on l'a vu dans le chapitre 5, on écrit dans un but précis, soit pour exprimer ses besoins, ses sentiments ou ses goûts, pour garder en mémoire ou organiser des informations, pour informer, pour communiquer avec les autres, pour créer, pour faire agir et même pour apprendre. L'acte d'écrire est cependant plus complexe et plus difficile que celui de lire, dans la mesure où écrire oblige à penser en même temps au contenu du texte qu'on va produire et à la façon de l'écrire (Cogis, 2005 ; Ehri, 1997).

9.4.1 Modèle de Hayes et Flower
Apprendre à rédiger un texte

Imaginez maintenant que vous êtes titulaire d'une classe de 5ᵉ année du primaire et que vous devez écrire une lettre aux parents de vos élèves pour les informer de la tenue d'une activité théâtrale qui aura lieu à l'extérieur de l'école. Comment procéderez-vous ? Avant d'amorcer cette tâche, vous pensez tout d'abord au contenu de la lettre comme au type d'événement (*pièce de théâtre*), à la date (*le 16 mai*), au lieu (*Théâtre les Gros Becs*) et à son destinataire (*les parents*). Ayant déjà des connaissances sur le type de texte qu'est la lettre, vous savez par conséquent qu'il vous faudra mentionner dans le coin supérieur, la date, puis écrire un appel comme *Chers parents*, terminer par une salutation et apposer votre signature au bas. Puis, vous vous mettez sans plus tarder à écrire cette lettre en relisant quelquefois les phrases que vous avez produites. Lorsque vous en avez terminé l'écriture, vous la relisez encore, mais vous constatez que vous avez oublié d'inclure un élément important, soit l'heure à laquelle le groupe partira de l'école.

Vous ajoutez donc cette information dans le deuxième paragraphe de votre texte. Enfin, vous vous relisez une dernière fois afin de vous assurer que vous n'avez pas fait d'erreurs orthographiques ou syntaxiques dans votre texte, puis vous imprimez votre lettre.

En tant que scripteur expert, vous avez suivi les processus cognitifs activés lors d'une activité rédactionnelle tels qu'ils ont été modélisés par les chercheurs Hayes et Flower (1980). Ainsi, selon le modèle de ces chercheurs présenté à la figure 9.1, trois opérations entrent en jeu dans la démarche d'écriture : la planification, la mise en texte et la révision. D'après ce modèle, tout scripteur opère dans un environnement précis de la tâche et rédige un texte à partir de ses connaissances antérieures, emmagasinées dans sa mémoire à long terme. En 1996, Hayes a affiné ce modèle en mettant en exergue deux autres composantes : la mémoire de travail et la motivation (Hayes, 1996).

La planification comprend la récupération en mémoire des connaissances sur le thème, le type de texte à écrire, le destinataire, la génération des idées à transmettre et leur organisation, tandis que la mise en texte fait référence à la rédaction en tant que telle et à sa transcription. Enfin, la révision consiste en la relecture de ce qui a été produit, en la détection des manques et des erreurs ainsi qu'en la reprise

Figure 9.1
Le modèle du scripteur expert de Hayes et Flower

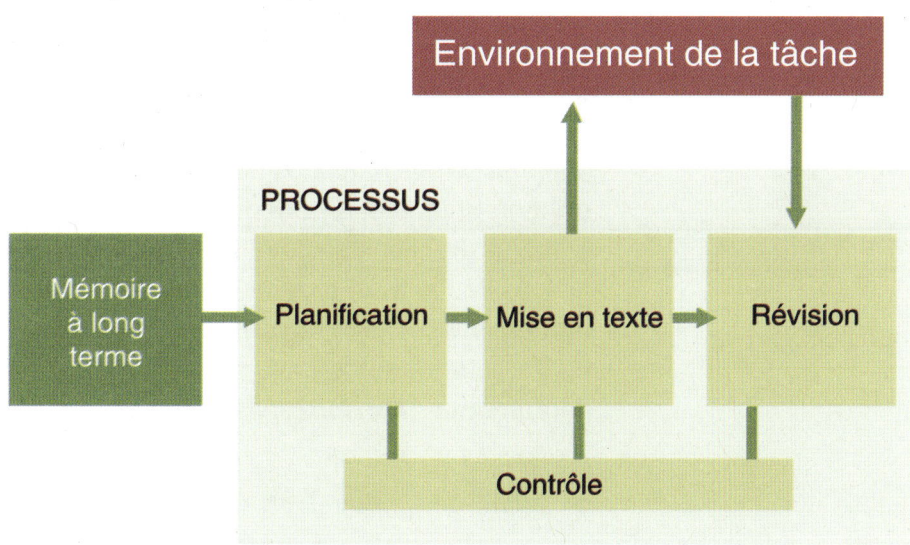

Cette figure est adaptée de Fayol (1997).

plus ou moins importante de la version précédente du texte. Il est à noter que ce modèle a été conçu pour décrire les composantes qui interviennent chez les scripteurs experts.

Chez les apprentis scripteurs, la prise en compte des processus et composantes qui entrent en jeu dans l'acte d'écrire est beaucoup moins développée (Berninger et Swanson, 1994; Kellog, 2008). Ainsi, les recherches montrent que le jeune scripteur n'est pas porté à planifier, ayant plutôt tendance à écrire tout de suite ce qui lui vient à l'esprit, sans tenir compte de ce qui est écrit et de ce qui suivra (Fayol, 1997). Selon Chanquoy et Alamargot (2003), ce n'est qu'en 6e année, soit vers 11-12 ans, que l'articulation de la planification se met vraiment en place. C'est pourquoi le PFEQ indique que c'est seulement à partir du 2e cycle que l'élève apprend à dresser un plan, un croquis ou toute autre forme de support pertinent quand vient le temps de planifier son texte à produire. C'est également à partir de ce moment qu'il est en mesure de penser à son destinataire ainsi que d'anticiper le déroulement ou l'organisation du texte (MEQ, 2001b).

Pour ce qui est de la rédaction du texte proprement dite, le rédacteur débutant se trouve souvent en situation de surcharge cognitive, toute son attention étant réservée à des activités de bas niveau comme l'orthographe des mots et leur transcription graphomotrice (Chanquoy et Alarmargot, 2003; Favart et Olive, 2005; McCutchen, 2006), par conséquent, il ne lui reste plus d'énergie cognitive pour les activités de haut niveau, comme l'élaboration des idées et la cohérence textuelle. La mise en texte chez un jeune scripteur ressemble donc à un processus d'addition de phrases successives, l'élève retournant rarement en arrière pour avoir une vue d'ensemble de ce qui a déjà été écrit (Simard, 1995a). Comme nous l'avons vu au chapitre 8, ce n'est que lorsqu'il a automatisé des habiletés de traitement de l'information, ici sur les plans orthographique et graphomoteur, soit vers 9-10 ans, qu'il aura les ressources attentionnelles nécessaires pour tenir compte des autres paramètres de l'activité rédactionnelle. Dans le document *Progression des apprentissages*, on précise que l'élève, dès la 3e année, est en mesure de produire un texte en formulant des phrases pour former un ou des paragraphes (MELS, 2009).

> **Révision :** *exercice consistant à apporter des modifications effectuées dans le contenu du texte.*
>
> **Correction :** *exercice consistant à effectuer des modifications principalement dans l'orthographe des mots et dans la syntaxe des phrases.*

En ce qui a trait à la révision, les recherches montrent que les élèves de 9-10 ans sont capables, dans une certaine mesure, de repérer des erreurs dans un texte et de les corriger (Observatoire national de lecture, 2000). Cependant, leur **révision** se limite souvent à une correction mineure, surtout au niveau orthographique (Berninger et Swanson, 1994). Durant cette opération, il est important de distinguer le processus de la révision et celui de la **correction**. Le premier renvoie aux *modifications effectuées dans le contenu du texte*, tandis que le second concerne les *modifications effectuées principalement dans l'orthographe des mots et dans la syntaxe des phrases*. Ainsi, peut-être à cause de l'insistance des enseignantes sur les erreurs d'orthographe, la révision est d'abord vue par les élèves comme une correction (Simard, 1995a). C'est pourquoi le PFEQ distingue dans le processus d'écriture cinq opérations : 1) la planification, 2) la mise en texte, 3) la révision, 4) la correction et 5) la diffusion restreinte et élargie (MEQ, 2001).

En matière de révision, on remarque que la majorité des modifications apportées au texte par les élèves âgés de 9-10 ans constituent essentiellement des ajouts. Vers 10-11 ans, ces modifications apportées au texte, d'abord essentiellement concrètes par des ajouts, des ratures, des flèches pour déplacer un mot, commencent à être intériorisées et à se réaliser dans le brouillon (Simard, 1995a). Par ailleurs, des recherches ont montré que les jeunes âgés de 9 à 12 ans sont davantage capables de réviser les textes écrits par leurs pairs que les leurs (McCutchen, 2006) et qu'ils s'acquittent mieux de cette tâche s'ils sont guidés par leur enseignante qui explique clairement ce qui est attendu durant l'opération de la révision (Chanquoy, 2001 ; Graham, MacArthur et Schwartz, 1995). Ainsi, Émilie, enseignante en 6e année, a enseigné à ses élèves comment utiliser une série de symboles, ratures et flèches pour ajouter, supprimer et déplacer du texte sur un brouillon. Les élèves modifient par la suite leurs textes, en réécrivent une autre version, et la font lire à un pair. On indique, dans le document *Progression des apprentissages*, qu'à l'étape de révision l'élève, dès la 4e année, apprend à relire son texte pour vérifier la pertinence et la suffisance des idées et pour déceler des problèmes de cohérence (MELS, 2009).

En guise de résumé, comme nous l'avons déjà souligné, l'acte d'écrire est une activité des plus complexes et sa maîtrise nécessite de nombreuses années d'apprentissage et de pratique. Cette activité

est vue comme un processus comportant différentes opérations cognitives et composantes. L'une de ces composantes, l'orthographe, fera l'objet de la partie suivante.

9.4.2 Tenir compte de la morphologie dans l'écriture
Singulier ou pluriel

Le français écrit est l'une des langues alphabétiques les plus difficiles à apprendre et à maîtriser principalement parce que certains phonèmes peuvent se transcrire de plusieurs manières. Par exemple, et comme nous l'avons vu dans le chapitre 5, le son /o/ peut s'écrire différemment dans *bateau, landau* et *loto*. En plus, le français écrit comporte des lettres muettes ou des consonnes qui sont quelquefois doublées, comme c'est le cas de *caro**tt**e,* mais pas d'*échalo**t**e*!

De plus, comme nous l'avons relevé précédemment, la langue française comporte des marques morphologiques qui ne transcrivent pas nécessairement un phonème et sont par conséquent inaudibles. Par exemple, dans les mots *lait* ou *laid*, les lettres finales *t* et *d* trouvent leur justification dans des mots morphologiquement reliés, comme dans *laiterie* et *laideur*. Ces lettres finales, *t* et *d*, sont appelées morphogrammes lexicaux, puisqu'elles sont incluses dans d'autres mots de la même famille sémantique qu'on peut obtenir par dérivation. En outre, les morphogrammes grammaticaux ou flexionnels ou du nombre, *s* pour les noms et les adjectifs de même que *nt* pour les verbes au pluriel conjugués au présent, sont également muets à l'oral. Par exemple, dans la phrase *Les rose**s** bleu**es** coûte**nt** cher*, trois morphogrammes grammaticaux, inaudibles, véhiculent le genre et le nombre des mots, ainsi que le temps verbal. L'élève qui écrit doit donc tenir compte de ces particularités, pendant qu'il réfléchit au contenu de son texte.

En ce qui a trait à l'acquisition de la morphographie dérivationnelle ou lexicale, il est normalement établi que le recours à ce type de stratégie par les élèves est assez tardif (Alegria et Mousty, 1996; Henderson et Beers, 1980; Pacton, 2003). Par exemple, Sénéchal, Basque et Leclaire (2006), en voulant vérifier si des élèves âgés de 9-10 ans étaient capables d'utiliser des stratégies morphologiques pour orthographier des mots, ont trouvé qu'une majorité des élèves de cet âge, mais pas tous, étaient aptes à utiliser ce type de stratégie. Dans une autre étude menée auprès d'enfants belges francophones de 9-10 ans, les données ont montré que ces derniers ont obtenu un score moyen de 71 % dans l'écriture de mots morphologiques, par exemple, *siamois, haut, délicat, gris* (Alegria et Mousty, 1996). Dans son étude doctorale avec 242 enfants québécois âgés entre 11 et 12 ans, Bégin (2008) a donné en dictée les mêmes mots et les élèves ont obtenu un score moyen plus élevé, soit 87 %. Ainsi, la prise en compte des morphogrammes inclus dans les mots se fait progressivement. L'enseignante a donc tout intérêt à amener ses élèves à porter graduellement attention aux règles morphologiques. Dans le document *Progression des apprentissages*, on indique que l'élève est en mesure d'associer un mot à sa famille sémantique pour justifier une lettre muette de façon autonome seulement à la fin de la 6ᵉ année du primaire (MELS, 2009).

Au point de vue de l'acquisition de la morphographie flexionnelle ou du nombre, on sait que les enfants sont capables de comprendre le sens des marques du pluriel avant de pouvoir les produire (Thenevin, Totereau, Fayol et Jarousse, 1999). Sur le plan développemental, les recherches montrent que, dans un premier temps, les élèves de 7 ans ne marquent généralement pas le pluriel, que ce soit pour les noms ou les verbes. Pourtant, ils connaissent, pour la plupart, la marque du pluriel -*s* et sont en mesure de formuler la règle : « si un nom est au pluriel, alors il faut ajouter un *s* à la fin du nom » (Totereau, Thenevin et Fayol, 1997). Alors, pourquoi ne pensent-ils pas à faire l'accord ? Fayol (2003) affirme que c'est parce que les enfants de 1ʳᵉ et 2ᵉ année du primaire ne disposent pas d'une capacité attentionnelle suffisante pour gérer l'application de l'accord, car l'essentiel de leur attention est réservée à l'orthographe du mot et à sa transcription graphique.

Dans un deuxième temps, vers 8-9 ans, les enfants utilisent le morphogramme -*s* à la fois pour signaler le pluriel des noms et le pluriel des verbes, sans égard à la catégorie du mot concerné, en tendant ainsi à surgénéraliser la règle du pluriel du nom aux verbes. Par exemple, Antoine, 9 ans, a écrit : « Mes amis *manges leur collation ». Dans un troisième temps, le pluriel des adjectifs et des verbes est maîtrisé, mais après celui des noms. Les élèves recourent aussi au sens, à la sémantique, pour justifier l'accord des noms. C'est le cas d'une élève, en 3ᵉ année, qui a écrit : « Pour mon *neuvièmes anniversaire », et qui justifie l'accord en disant que c'est parce que « ça fait beaucoup de fois que c'est son anniversaire » (Lefrançois, 2009). Enfin, certains peuvent recourir au morphogramme -*nt* tant pour les adjectifs, les noms que les verbes, notamment lorsque les noms ont un homophone verbal (Largy et Dédéyan, 2002). Par exemple, dans son texte, Amira, 9 ans, a écrit : « Les *jou*ent* du bébé sont rouges ».

En somme, l'apprentissage de la morphographie se fait progressivement et comporte des difficultés, comme l'automatisation tardive des accords et le phénomène de surgénéralisation de marques que nous venons tout juste de voir. L'enseignante est ainsi appelée à montrer explicitement les règles et les régularités morphologiques s'appliquant dans l'écriture aux jeunes âgés de 9 à 12 ans. Dans le document

Progression des apprentissages ainsi que dans le PFEQ, on précise que l'élève apprend à effectuer l'accord du déterminant et de l'adjectif avec le nom ainsi que l'accord du verbe avec le sujet à partir du 2ᵉ cycle, alors que les accords dans le groupe du nom, l'accord du verbe, de l'attribut et du participe passé avec l'auxiliaire être sont enseignés au 3ᵉ cycle du primaire (MEQ, 2001 ; MELS, 2009).

9.5 Motivation en lecture et en écriture
J'aime lire et écrire

Lorsque Marie-Pierre, enseignante en 5ᵉ année du primaire, demande à deux de ses élèves, Frédérique et Derek, pourquoi il faut écrire à l'école, elle reçoit deux réponses diamétralement opposées. Frédérique, peu encline à écrire, lui répond : « Parce que tu nous obliges à le faire ! » Derek, élève toujours motivé à écrire, affirme quant à lui : « Parce que c'est plaisant. » Nous avons vu précédemment que le modèle du processus d'écriture de Hayes (1996) incluait une composante importante dans le processus rédactionnel : la motivation. En effet, comme nous l'avons vu au chapitre 8, bien des recherches montrent que la motivation est au cœur de l'apprentissage et de la réussite scolaires, notamment de la lecture et de l'écriture (Wigfield et Guthrie, 1997 ; Vallerand, Guay et Fortier, 1997). Mais avant d'être motivé à pratiquer une activité, deux principaux besoins doivent être comblés : il s'agit du besoin de se sentir compétent et du besoin d'autodétermination.

9.5.1 Se sentir compétent
Je lis et j'écris bien

Nous avons relevé au chapitre 8 que nous aimons nous sentir compétents dans quelque chose et exercer un certain contrôle sur ce qui nous arrive. Nos performances antérieures et le jugement des autres affectent notre sentiment de compétence (Bandura, 2003). Par exemple, vous aimez pratiquer le tennis ou recevoir des amis en cuisinant votre lasagne parce que vous percevez que vous êtes compétent dans ces activités et que vos nombreuses réussites ainsi que les commentaires élogieux venant de vos proches et amis ont confirmé cette perception.

| Capsule 9.2 |

Les élèves font de plus en plus d'erreurs ?
Les capacités orthographiques des élèves dans le temps

« *Il est [...] ordinaire de trouver des écoliers [...] qui n'ont aucune conn[a]issance des règles de la langue française, et qui en écrivant pèchent contre l'orthographe dans les points les plus essentiels.* » Quand, selon vous, l'auteur de ces lignes a-t-il lancé ce cri d'alarme ? Réponse : il y a plus de 300 ans[1] !

La qualité du français écrit chez les élèves est un sujet qui suscite un grand émoi et qui fait couler régulièrement beaucoup d'encre dans les journaux. Pourtant, une étude menée en France en 1986-1987 avec plus de 3 000 élèves âgés entre 10 et 15 ans a montré que ces élèves avaient obtenu de meilleurs résultats à une dictée faite par des enfants du même âge qui ont été à l'école… 100 ans plus tôt ! (Chervel et Manesse, 1989.) Cette étude comparative de la compétence orthographique des élèves français du XIXe et du XXe siècle a été menée par deux chercheurs qui, ayant trouvé aux Archives nationales de France plusieurs boîtes contenant des milliers de dictées faites par des écoliers français entre 1873 et 1877 et recueillies par un inspecteur de l'époque, Beuvain D'Altenheim, ont décidé de faire passer la même dictée à un nombre équivalent d'élèves français (Chervel et Manesse, 1989). Après avoir corrigé des biais comme le nombre de garçons et de filles ainsi que l'âge des élèves dans les deux échantillons, les chercheurs ont relevé que les enfants du XIXe siècle commettaient plus d'erreurs phonologiques, affectant la prononciation et la compréhension des mots, tandis que les élèves du XXe siècle faisaient plus d'erreurs grammaticales comme les accords.

Presque 20 ans plus tard, la chercheuse Danièle Manesse et une collègue, Danièle Cogis, ont repris la même étude en interrogeant près de 3 000 élèves français, cette fois-ci en 2005 (Manesse et Cogis, 2007). Comment ont été les performances de ces élèves du XXIe siècle à la même dictée ? Malheureusement, les élèves de 2005 ont obtenu des scores moins élevés que ceux des élèves de 1986-1987. Les chercheuses expliquent ce résultat par le fait que les écoles actuelles accueillent davantage d'élèves en difficulté d'apprentissage dans les classes ordinaires et que le temps alloué au français a été réduit depuis 25 ans. Le prétendu âge d'or orthographique n'aura donc jamais existé !

---
1. Ce texte a été écrit par Nicolas Audry en 1689 !

Lorsqu'ils apprennent à lire et à écrire, soit vers 6 ou 7 ans, les enfants ont un sentiment de compétence élevé et n'éprouvent pas d'anxiété par rapport à l'écrit. Nous avons constaté au chapitre 7 que selon le contexte éducatif dans lequel ils évoluent, les élèves, à mesure qu'ils grandissent, sont plus soucieux de leur image et prennent au sérieux les commentaires de leurs camarades et des adultes qui les entourent, tout en devenant plus critiques envers eux-mêmes (Pajares, 2003; Simard, 1995b). Il n'est donc pas rare de rencontrer des élèves de la 2ᵉ année du primaire qui deviennent anxieux lorsque vient le temps d'écrire, ne se percevant pas compétents en écriture. Selon Schunk et Swartz (1993), qui ont mené une étude avec des élèves âgés de 9 à 11 ans, ceux qui doutent de leur capacité à écrire ne choisissent pas d'écrire durant leur temps libre, fournissent moins d'effort et sont moins persistants que les élèves qui se sentent compétents. En somme, avoir la conviction qu'on peut réussir une activité est un facteur déterminant de la motivation.

9.5.2 Se sentir autodéterminé
Je choisis de lire et d'écrire

Autodétermination : *forme d'autonomie reliée au désir de choisir librement toute action à exécuter.*

Lorsque nous choisissons nos repas, nos sorties ou nos projets de vie, nous exerçons notre liberté tout en ayant le sentiment d'être autodéterminés. L'**autodétermination** renvoie à une certaine forme d'*autonomie, au désir de choisir librement toute action à exécuter* (Vallerand, 2006). Les recherches montrent que les élèves âgés de 9 à 12 ans qui se sentent autodéterminés sont plus motivés et se sentent plus compétents que les élèves qui sentent que leur éducatrice ou leur enseignante accorde peu de place à l'autonomie (Grolnick et Ryan, 1987; Vansteenkiste, Simons, Lens, Soenens et Matos, 2005). Bref, pour être motivé à pratiquer une activité, quelle qu'elle soit, il faut avoir non seulement la conviction qu'on peut la réussir, mais également le sentiment d'être autodéterminé.

Parmi les différentes théories qui existent pour expliquer pourquoi et comment les élèves sont motivés à pratiquer les activités qu'on leur propose, l'une d'entre elles s'est révélée très pertinente dans différents contextes de vie, notamment en contexte scolaire. Selon cette théorie, qu'on appelle la théorie de l'autodétermination, il existe trois types de motivation: la motivation intrinsèque, la motivation extrinsèque, dont il a été question au chapitre 8, et l'amotivation (Deci et Ryan, 1985). Ces types de motivation sont illustrés dans la figure 9.2 et peuvent se placer sur un continuum, allant de la motivation la moins élevée, l'amotivation, à la motivation la plus élevée, soit la motivation intrinsèque. Décrivons maintenant ces types de motivation qui interviennent tous dans les apprentissages chez l'élève.

Figure 9.2
Schématisation de la théorie de l'autodétermination de Deci et Ryan (1985)

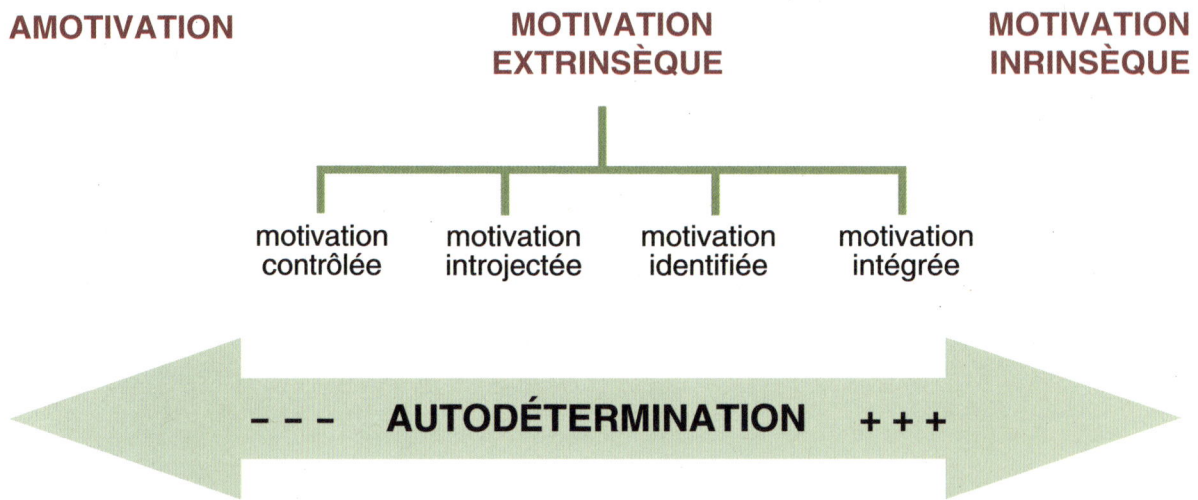

Cette figure est tirée de Bégin (2008).

Amotivation: *absence de toute forme de motivation.*

L'**amotivation,** apparaissant à gauche dans la figure 9.2, correspond à l'*absence de toute forme de motivation*. On se sent amotivé quand on ne valorise pas les activités dans lesquelles on doit s'engager, on est désabusé, on se demande pourquoi on les effectue et, éventuellement, on en abandonne la pratique (Vallerand, Blais, Brière et Pelletier, 1989). En prenant pour exemple l'étude des mots de vocabulaire, on peut dire que Jade, 12 ans, est amotivée, car elle choisit d'aller regarder la télévision au lieu de mémoriser ses mots.

La motivation extrinsèque regroupe plusieurs types de motivation pouvant se placer sur le continuum. En ordre décroissant de degré de motivation, on y distingue la motivation contrôlée, la motivation introjectée, la motivation identifiée et la motivation intégrée. Au plus bas

niveau de la motivation extrinsèque, on retrouve la **motivation contrôlée**, qui s'observe chez un individu dont le *comportement est régularisé par des sources de contrôle extérieures à lui-même, comme les récompenses matérielles ou des contraintes imposées par une autre personne* (Vallerand *et al.*, 1989). C'est le cas de Julien, 10 ans, qui étudie ses mots de vocabulaire parce qu'il y est forcé par ses parents ou parce qu'un cadeau lui est promis à la fin de l'étape.

Au deuxième niveau de la motivation extrinsèque, il y a la **motivation introjectée** *qui incite l'individu à s'obliger à faire une activité pour éviter la honte ou la culpabilité* (Deci et Ryan, 1985). La pression est telle qu'on se sent obligé de participer à une activité donnée. C'est le cas d'Émile, 11 ans, qui étudie ses mots de vocabulaire pour éviter de se sentir coupable de ne pas le faire. Au troisième niveau, la **motivation identifiée** conduit un individu à réaliser une activité par choix, car il la juge importante et la valorise, même s'il la trouve ennuyeuse

> **Motivation contrôlée :** motivation d'un individu dont le comportement est régularisé par des sources de contrôle extérieures à soi, comme les récompenses matérielles ou des contraintes imposées par une autre personne.
>
> **Motivation introjectée :** motivation d'un individu qui s'oblige à faire une activité pour éviter la honte ou la culpabilité.
>
> **Motivation identifiée :** motivation d'un individu qui réalise une activité par choix, car il la juge importante et la valorise, même s'il la trouve ennuyeuse.

(Deci et Ryan, 1985). C'est le cas de Juliette, 12 ans, qui choisit d'étudier ses mots de vocabulaire parce qu'elle considère que la maîtrise de l'orthographe est importante, même si elle trouve cette tâche monotone.

À un niveau plus élevé de la motivation extrinsèque, la **motivation** est dite **intégrée**. Ainsi, le jeune qui éprouve une telle motivation choisit délibérément d'émettre un comportement. Il se sent donc autodéterminé dans la régulation du comportement en question et cette forme d'autorégulation est compatible avec d'autres schémas de sa personne (Pelletier et Vallerand, 1993). Ce pourrait être le cas d'un élève qui abandonne la pratique de son sport préféré le jeudi soir, afin d'utiliser ce temps précieux pour l'étude de ses mots de vocabulaire. Toutefois, Ryan, Connell et Deci (1985) rapportent que ce type de motivation n'est présent que chez l'être humain ayant atteint un niveau élevé de maturité, soit à partir de la fin de l'adolescence ; il est donc rare de rencontrer des élèves âgés de 9 à 12 ans avec ce type de motivation extrinsèque.

Ultimement, la **motivation intrinsèque** est *présente chez un individu qui réalise une activité pour le plaisir et la satisfaction qu'il en retire au moment où il la pratique* (Deci, 1975). Autrement dit, une personne est intrinsèquement motivée lorsqu'elle effectue des activités volontairement et par intérêt pour l'activité elle-même. Par exemple, Jasmine, 12 ans, aime étudier ses mots de vocabulaire parce qu'elle trouve cette activité plaisante et intéressante.

Les nombreuses recherches menées avec des élèves âgés de 9 à 12 ans ont montré que les formes les plus autodéterminées de la motivation, soit la motivation intrinsèque et la motivation identifiée, sont liées à la performance scolaire, particulièrement en lecture (Gottfried, 1985 ; Wigfield et Guthrie, 1997). Dans le domaine de l'apprentissage de l'orthographe chez les élèves de 11-12 ans, une étude a révélé que la motivation autodéterminée des élèves était positivement liée à leur perception d'être compétents en orthographe et à leur réel rendement en orthographe (Bégin, 2008). Autrement dit, les élèves bons en orthographe ont un sentiment d'être compétents dans ce domaine et éprouvent davantage une motivation autodéterminée (motivation intrinsèque ou motivation identifiée) que les élèves qui sont brouillés avec l'orthographe et qui se sentent incompétents. Pour obtenir ces résultats, la chercheuse a administré à 242 élèves québécois de 6ᵉ année du primaire une échelle de motivation à l'égard de l'orthographe et une

---

Motivation intégrée : motivation qui amène un individu à se sentir autodéterminé dans la régulation d'un comportement donné, cette forme d'autorégulation étant compatible avec d'autres schémas de sa personne.

Motivation intrinsèque : motivation présente chez un individu qui réalise une activité pour le plaisir et la satisfaction qu'il en retire au moment où il la pratique.

dictée de mots. Les élèves avaient à répondre selon une échelle de Likert allant de 1 (*pas du tout d'accord*) à 4 (*tout à fait d'accord*) à des énoncés comme : « J'écris correctement mes mots pour obtenir une récompense » (motivation contrôlée), « J'ai du plaisir à orthographier des mots » (motivation intrinsèque) et « J'accorde beaucoup de valeur à ce que les mots que j'écris soient correctement orthographiés » (motivation identifiée) (voir Bégin et Guay, 2010).

En somme, la motivation est une composante importante que l'on doit prendre en considération pour favoriser l'engagement de l'élève, notamment dans les activités de lecture et d'écriture proposées en classe. Les élèves doivent se sentir capables d'accomplir une tâche de lecture et d'écriture. Ils doivent également aimer ces tâches sinon les juger utiles et pertinentes pour s'y engager, y persévérer et les réussir.

9.6 Soutenir le développement du langage, de la lecture et de l'écriture — Pratiques éducatives et enseignantes

Même chez les jeunes de 9-12 ans, il existe de nombreuses façons de soutenir le développement du langage, tant à l'oral qu'à l'écrit. Dans cette partie seront décrites des pratiques éducatives ou enseignantes permettant à ces élèves de développer leurs compétences à l'oral, en lecture et en écriture.

9.6.1 Soutenir le développement du langage — *Je communique*

Comme on le sait, le jeune de 9 à 12 ans parle généralement sa langue maternelle de façon adéquate, notamment aux niveaux phonologique et syntaxique. Alors, comment peut-on soutenir les jeunes de cet âge dans leur développement du langage oral ? Dans la mesure où l'on n'a jamais fini d'apprendre des mots dans sa langue et que la connaissance du vocabulaire contribue au développement de la lecture (National

Reading Panel, 2000), l'éducatrice ou l'enseignante a tout intérêt à enseigner le lexique à ses élèves pour qu'ils acquièrent plus de vocabulaire, élargissant par le fait même leur bagage lexical.

D'emblée, il faut mentionner que le simple fait de définir les mots et de les placer en contexte dans des phrases avec les élèves est un moyen pédagogique bien pauvre et incomplet ne permettant guère d'augmenter de façon notable leur vocabulaire (Simard, 1994). Pour enseigner le lexique de façon efficace, l'éducatrice ou l'enseignante peut envisager de sélectionner certains mots dans les lectures des élèves et recourir à des interventions permettant un traitement en profondeur de ces mots, plutôt qu'à une simple mémorisation de leur définition. Par exemple, elle peut recourir à des constellations graphiques ou cartes sémantiques qu'elle bâtit avec les élèves, comme le montre la figure 9.3

Par ailleurs, l'utilisation du dictionnaire, ressource inestimable pour connaitre la signification des mots, pose encore problème à certains élèves de cet âge et d'autres peuvent être démotivés d'avoir à chercher des mots avec cet outil chaque fois qu'ils n'en comprennent pas le sens. Selon le document *Progression des apprentissages*, ce n'est qu'à partir de la 3ᵉ année du primaire que l'élève apprend à trouver dans le dictionnaire en se référant à l'ordre alphabétique (MELS, 2009). L'éducatrice ou l'enseignante peut ainsi aider les élèves à développer une utilisation stratégique du dictionnaire en reconnaissant à quel moment cela est pertinent et à quel moment il est préférable de recourir à d'autres sources (Giasson, 1994). Par exemple, les élèves doivent réaliser que, devant un mot nouveau dans un texte, on peut d'abord utiliser les indices du contexte et la morphologie de ce mot avant d'aller en chercher la signification dans un dictionnaire.

Enfin, il faut que l'éducatrice ou l'enseignante crée un environnement susceptible de motiver les élèves à s'intéresser au sens des mots qu'ils rencontrent. Comme les élèves de cet âge aiment découvrir l'humour et le sens caché des mots, les interventions pédagogiques suivantes sont susceptibles de les intéresser :

1. Parler de l'origine des mots, ce qui permet d'aborder l'étymologie et les emprunts aux langues étrangères ; par exemple, « embrasser » vient du nom « bras » et signifiait à l'origine « prendre dans ses bras »; les mots « redingote » et « paquebot » ont été francisés par la transformation des mots anglais « riding-coat » et « packet-boat ».

2. Aider les élèves à classer et à apprendre la signification de certains préfixes et suffixes, comme les préfixes *anté-* (avant), *di-* (double) ou les suffixes *-iste* (métier), *-ette* (diminutif), etc.

3. Travailler des expressions idiomatiques comme *prendre des gants blancs, être la bête noire de quelqu'un, tomber dans les pommes*, en demandant aux élèves de choisir l'une de ces expressions et de l'illustrer dans son sens littéral;

4. Jouer avec les proverbes en créant de petites histoires (*Pierre qui roule n'amasse pas mousse; Après la pluie, le beau temps, La nuit, tous les chats sont gris*, etc.);

5. Transformer un texte écrit dans un registre familier en un texte dans un registre plus soutenu ou l'inverse.

Figure 9.3
Constellation graphique du mot « rongeur »

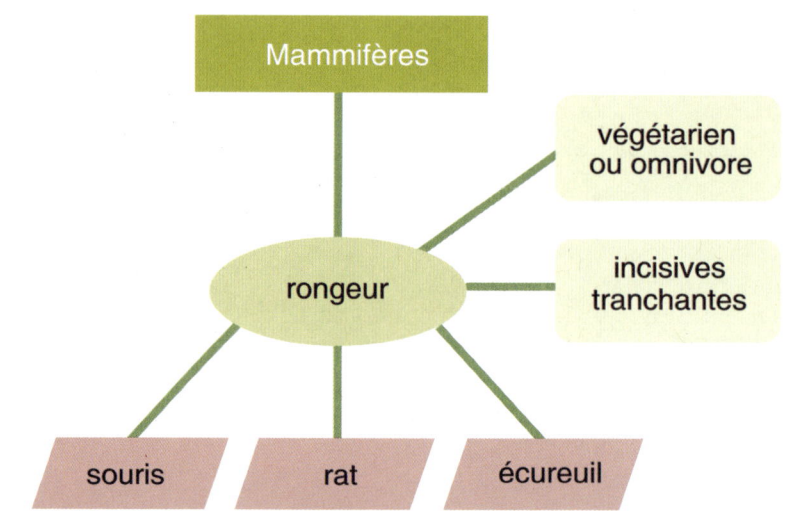

Cette figure est tirée de Giasson (1994).

9.6.2 Soutenir le développement de la lecture
Je suis un lecteur stratégique

Pour l'acquisition de la lecture, plus précisément de la compréhension de textes chez les jeunes de 9 à 12 ans, l'enseignante peut utiliser divers moyens pédagogiques. Pour travailler la compréhension d'un texte littéraire, elle peut, par exemple, exploiter les schémas de récit qui ont pour fonction de représenter la structure d'un texte. En concevant un tel visuel, les élèves sont amenés à relever les cinq temps d'un récit : la situation de départ, l'élément déclencheur, les péripéties, le dénouement et la situation finale (MEQ, 2001). Pour faire découvrir la structure d'un texte courant, Catherine, enseignante d'une classe de 5e année, aime bien exploiter avec ses élèves les constellations graphiques comme illustrées à la figure 9.3. Visuellement, le thème ou sujet principal du texte courant apparait au centre du tableau et d'autres mots associés sont encerclés de manière à former un réseau. Marie sait que la construction de tels schémas aide ses élèves non seulement à comprendre un texte, mais aussi à s'en souvenir, à organiser leurs idées et, ultimement, à en rédiger un autre (Giasson, 2003).

Malheureusement, et comme nous l'avons noté précédemment, trop souvent, les enseignantes du 2e et 3e cycle utilisent abondamment les questions littérales au détriment des questions inférentielles, installant les élèves dans la croyance que les réponses aux questions sont « dans le texte ». Rappelons que les inférences concernent les informations implicites, non présentes dans le texte, que le lecteur doit dégager pour comprendre un texte. Pour travailler les inférences avec les élèves, l'enseignante peut débuter par une lecture à voix haute d'un texte ou d'un extrait en classe, en discutant par la suite avec les élèves sur deux ou trois questions inférentielles. C'est le cas de Geneviève qui, à la suite de la lecture d'un court texte comme celui-ci : « un virus informatique a contaminé l'ordinateur de l'école. Toutes les notes des examens, que les enseignants avaient enregistrées, ont été effacées. La direction a été dans l'incapacité d'envoyer les bulletins de l'étape. Quand Émilie a appris cette nouvelle, elle a sauté de joie », demande à ses élèves : « Pourquoi Émilie a-t-elle sauté de joie ? »

En outre, l'éducatrice ou l'enseignante peut également faire l'activité qui s'intitule le lien entre les questions et les réponses (LQR). Ce procédé aide les élèves à comprendre qu'ils ont besoin à la fois du texte et de leurs connaissances antérieures pour répondre à des questions. Il consiste à amener les élèves à distinguer quatre différentes sources de réponses à des questions (voir figure 9.4) :

1. Si la réponse se trouve dans le texte, l'élève peut pointer du doigt le mot ou la phrase réponse : elle est « juste là ».
2. Si la réponse est dans le texte, mais se trouve dans plus d'un passage, l'élève « pense et cherche ».
3. Si l'élève doit faire une inférence, la réponse se construit « entre l'auteur et toi ».
4. Enfin, si la question renvoie l'élève à ses connaissances antérieures ou lui demande son avis sur une situation exposée dans le texte, la réponse concerne « toi seulement ».

Figure 9.4
Sources d'information pour répondre à une question sur le texte : lien entre la question et les réponses (LQR)

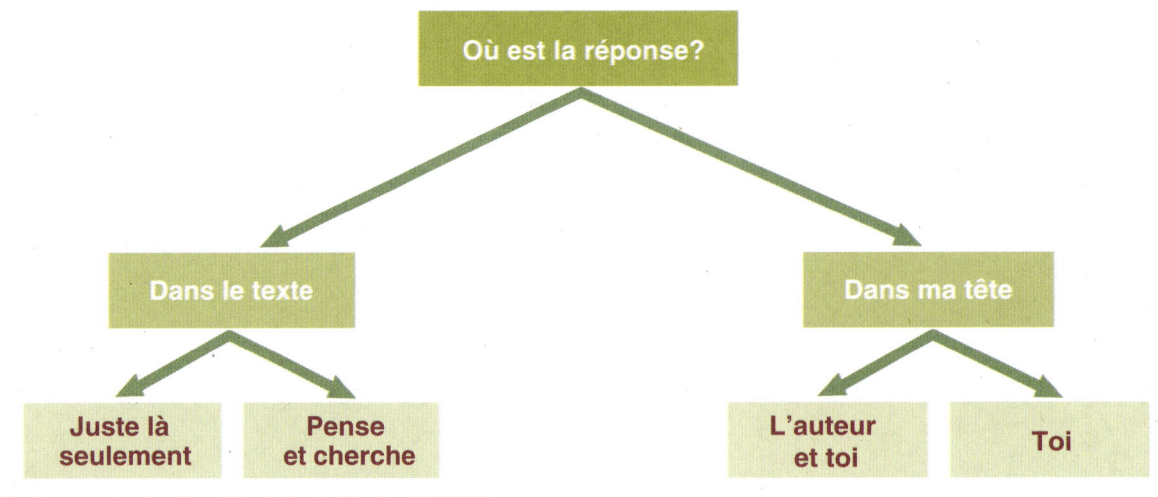

Cette figure est adaptée et traduite de Raphael (1986).

Comment enseigner cette typologie aux élèves ? L'activité peut se dérouler comme suit. L'éducatrice ou l'enseignante présente d'abord un texte et plusieurs questions à l'aide d'un rétroprojecteur. Elle modélise ensuite à voix haute comment elle trouve la réponse aux questions et justifie la source des réponses. Elle fait ensuite travailler les élèves en équipes sur la suite du texte en leur demandant d'indiquer la source de la réponse et la réponse elle-même. La recherche a démontré que ce procédé est efficace avec tout type de texte, tant avec les élèves faibles qu'avec les élèves forts, puisqu'il les entraîne à découvrir et à utiliser différentes sources d'information pour répondre à des questions sur un texte (Raphael, 1986).

Enfin, pour travailler la gestion de la compréhension avec les élèves, l'enseignante peut leur expliquer comment elle procède elle-même pour déterminer sa perte de compréhension en pratiquant un modelage des questions qu'elle se pose. Elle peut ainsi lire un texte à haute voix et expliquer au fur et à mesure ce qui se passe dans sa tête pendant qu'elle gère sa compréhension. Par exemple, elle peut dire : « Je ne connais pas ce mot, mais, d'après le reste de la phrase, je pense qu'il veut dire… » ou « C'est une histoire compliquée, j'ai besoin de résumer ce qui s'est passé jusqu'à présent dans l'histoire pour continuer ». Elle demande ensuite aux élèves de nommer les stratégies qu'elle vient d'utiliser en les inscrivant au tableau. Enfin, toujours avec les élèves, elle classe ces stratégies dans deux catégories : celles concernant la perte de sens au niveau du mot et celles concernant la perte de sens au niveau des idées. S'il s'agit de la première catégorie, elle peut leur suggérer, comme mentionné dans la partie précédente, d'utiliser les indices morphologiques et syntaxiques ou de recourir au dictionnaire. Pour la deuxième catégorie, elle peut suggérer d'utiliser diverses stratégies : relire le paragraphe, se poser des questions, redire le texte dans ses propres mots, etc.

9.6.3 Soutenir le développement de l'écriture
Je suis un scripteur stratégique

Eu égard à l'enseignement de l'écriture, il est important que l'enseignante partage avec ses élèves son amour pour les mots et l'écriture. Selon Saint-Laurent (2008), seule une personne qui aime écrire transmettra véritablement le goût de l'écriture. Elle visera également à créer dans sa classe une communauté de scripteurs dans laquelle les élèves, même les plus faibles, savent qu'elle a confiance en leurs capacités et qu'ils peuvent prendre des risques sans craindre d'être pénalisés.

Prenons pour exemple une enseignante exemplaire au plan des pratiques entourant l'écriture, Claudine, titulaire d'une classe de 24 élèves de 5ᵉ année. Cette enseignante s'assure que ses élèves écrivent tous les jours, car elle sait que, selon la recherche, la pratique quotidienne de l'écriture améliore la qualité des écrits (Graham et Harris, 2009 ; Paquette, 2009 ; Routman, 2010). Dans sa planification hebdomadaire, elle réserve donc une période d'au moins une heure par jour à l'atelier d'écriture. Son atelier commence toujours par une mini-leçon, pendant une quinzaine de minutes, période réservée à l'enseignement explicite d'une stratégie d'écriture, d'une règle orthographique, des caractéristiques d'une bonne introduction, etc. Elle sait qu'un enseignement explicite des stratégies en écriture, tout comme la modélisation et les échanges à propos de leur emploi dans l'écriture des textes, sont efficaces (Fidalgo, Torrance, et Garcia, 2008; Panagopoulou-Stamatelatou et Merrett, 2000). Aussi, grâce au modelage, elle fait prendre conscience aux élèves à quoi pense un bon scripteur quand il écrit. Comme le suggère Prenoveau (2007), elle ne prépare pas trop à l'avance les mini-leçons: leur contenu répond aux besoins de ses élèves, là où ils sont rendus dans leur démarche d'écriture.

Par la suite, les élèves appliquent la nouvelle démarche, stratégie ou règle enseignée durant la mini-leçon dans leur propre texte en continuant à l'écrire, et ce, pendant une période de trente minutes. Enfin, l'atelier se clôt par le partage de textes pour les élèves qui l'ont terminé; ces derniers sont invités à s'asseoir sur la « chaise de l'auteur » et lisent à voix haute leur production; à la fin de leur lecture, quelques élèves émettent des commentaires positifs et constructifs. Par exemple, Rose, une élève de la classe, peut dire à Jérémie, qui vient de lire son texte: « J'ai bien aimé ton histoire et ton emploi de verbes riches. Par contre, je n'ai pas compris qui était le monstre qui est apparu à la fin; tu pourrais le présenter et le décrire un peu avant. »

En outre, Claudine s'assure que les situations d'écriture proposées ne sont pas des projets « monstres », comme une recherche sur un animal, qui peuvent prendre des mois à réaliser. Elle demande plutôt à ses élèves d'écrire de courts textes sur des sujets variés, comme d'imaginer une autre fin d'une histoire qu'elle leur a lue en classe ou bien de critiquer un film qu'ils ont aimé. De plus, sa classe tient un blogue et les élèves sont invités à publier leurs textes au moyen de ce support électronique. De fait, Claudine veille à ce que chaque production écrite par ses élèves ait un destinataire autre qu'elle-même, car elle sait qu'un contexte authentique augmente la motivation à écrire des jeunes et la qualité des textes des élèves en difficulté (Gunning, 2006). Bien qu'elle leur laisse le plus souvent possible le choix du sujet, elle impose parfois le genre textuel (textes narratif, descriptif, poétique, etc.) ou le sujet du texte, et ce, pour que ses élèves apprennent à respecter les différentes composantes inhérentes à ces types de texte.

Souvent, en début de projet, durant la phase de planification, Claudine favorise un échange en grand groupe. Elle sait que cette forme de mise en situation permet de susciter l'intérêt des élèves et de les motiver à participer au projet d'écriture, tout en les amenant à se faire une idée assez nette du genre textuel visé et à se représenter quelques paramètres de la situation, comme le but, le sujet et le destinataire. Elle y fait souvent un remue-méninges ou une constellation de mots au tableau, pratiques offrant une présentation visuelle du contenu et du vocabulaire du texte en préparation. Cela est notamment utile pour Jennifer, une élève de sa classe, qui prétend souvent ne pas avoir d'idées et souffrir du syndrome de la page blanche. Claudine fournit aux élèves un plan ou un canevas adapté au genre textuel à écrire, tout en leur enseignant comment les utiliser.

Lors de la démarche de mise en texte, Claudine sait que son rôle est relativement effacé, puisque les élèves ont besoin de plus de latitude pour se concentrer et pour rédiger leur texte. Elle leur a tout de même donné quelques consignes qui apparaissent dans le tableau 9.3 ci-dessous et qui sont affichées sur un des murs de la classe. Elle profite également de ce moment pour rencontrer individuellement quelques élèves afin de voir avec eux le travail effectué jusque-là, l'étape où ils sont rendus ou elle leur fait passer une entrevue d'écriture dont quelques questions sont citées dans le tableau 9.4.

En ce qui concerne la révision, Simard (1995a) rappelle que la consigne « relis ton texte et révise-toi » ne signifie pas grand-chose pour l'élève du primaire. Ce dernier a besoin d'être initié aux multiples composantes à réviser. Nous avons vu que l'ampleur de la tâche de

Tableau 9.3
Suggestions aux élèves pour la mise en texte

- Ne t'arrête pas à chaque mot pour l'orthographe afin de ne pas perdre tes idées.
- Évite d'effacer : rature puis continue, cela prend moins de temps.
- Si tu veux ajouter un mot, ne recopie pas toute ta phrase : ajoute-le simplement au-dessus de la ligne à l'endroit approprié.
- Si tu veux déplacer un mot ou une phrase, indique-le par une flèche.
- En cours de rédaction, relis parfois ton texte depuis le début pour en avoir une vue d'ensemble et faire en sorte que toutes tes phrases se suivent bien.
- Pense à ton lecteur : en écrivant, demande-toi si tu lui donnes toute l'information pour qu'il te comprenne bien.

Ce tableau est tiré de Saint-Laurent (2008).

Tableau 9.4
Exemples de formulations de commentaires, de suggestions et de questions pour l'entrevue d'écriture

Commentaires positifs	Suggestions et questions pour améliorer le texte
⭐ J'aime que ton texte commence par… ⭐ J'aime la partie dans laquelle… ⭐ J'aime la façon dont tu expliques… ⭐ J'aime les détails que tu donnes pour décrire… ⭐ J'aime la façon dont tu utilises les dialogues pour rendre l'histoire réelle. En particulier, dans ce passage… ⭐ J'aime l'action et les mots que tu utilises dans ton texte, par exemple… ⭐ J'aime la façon dont le texte se termine parce que…	⭐ Je ne comprends pas cette partie au sujet de… ⭐ Peux-tu en dire plus dans cette partie parce que…? ⭐ Penses-tu que l'ordre serait meilleur si tu…? ⭐ Peux-tu utiliser un autre mot que… parce que…? ⭐ Penses-tu que tu pourrais enlever cette partie parce que…? ⭐ Est-ce que ce paragraphe porte sur un seul sujet? ⭐ Qu'est-ce qui arrive à la fin?

Ce tableau est tiré de Saint-Laurent (2008).

révision déborde les capacités attentionnelles réduites des jeunes scripteurs (Chanquoy et Alarmagot, 2003). Il vaut mieux sélectionner à leur intention un nombre limité de points à examiner. Avec ses élèves, Claudine peut enseigner différentes stratégies pour réviser les textes: se relire à voix haute, à l'aide d'un pair, utiliser des flèches et autres symboles pour les ajouts, les déplacements ou les suppressions au lieu de réécrire le texte, etc. Ainsi, Claudine sait aussi qu'un contexte pédagogique de l'enseignement de l'écriture qui suscite des interactions entre les élèves favorise non seulement le goût d'écrire, mais aussi la progression de la qualité des textes produits par les élèves à la fin du primaire (Paquette, 2009; Yarrow et Topping, 2001). C'est pourquoi elle regroupe souvent les élèves en équipes quand vient le temps d'écrire ou de réviser un texte.

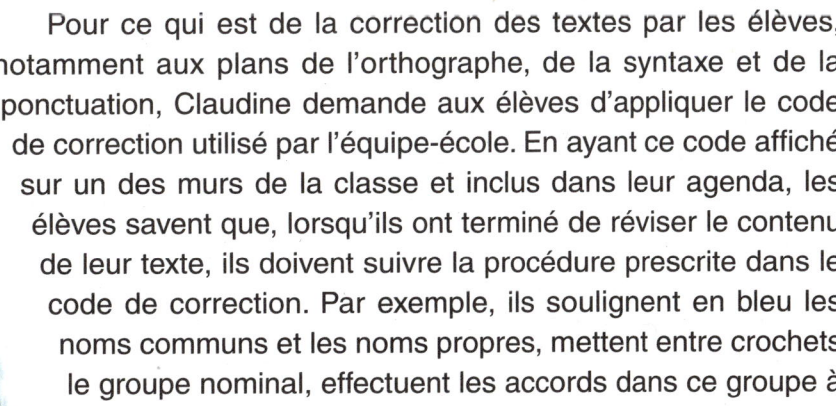

Pour ce qui est de la correction des textes par les élèves, notamment aux plans de l'orthographe, de la syntaxe et de la ponctuation, Claudine demande aux élèves d'appliquer le code de correction utilisé par l'équipe-école. En ayant ce code affiché sur un des murs de la classe et inclus dans leur agenda, les élèves savent que, lorsqu'ils ont terminé de réviser le contenu de leur texte, ils doivent suivre la procédure prescrite dans le code de correction. Par exemple, ils soulignent en bleu les noms communs et les noms propres, mettent entre crochets le groupe nominal, effectuent les accords dans ce groupe à partir du nom-donneur, soulignent en rouge le verbe, mettent un point d'interrogation au-dessus des mots dont ils ne sont pas certains de l'orthographe, etc. Sachant que tous ses élèves n'ont pas le même degré d'habileté, Claudine en profite pour faire de la différenciation pédagogique avec certains de ses élèves. Ainsi, elle ne peut demander à Jérémie, qui éprouve des difficultés en français, de tout corriger. Elle cible avec lui deux ou trois éléments qu'il doit rectifier de façon autonome, comme l'accord dans le groupe nominal, les cas simples de conjugaison, la présence d'une majuscule et du point pour délimiter ses phrases, etc.

Enfin, lorsque les élèves ont retranscrit leur texte au propre, Claudine procède à la correction des textes. Seulement les éléments étudiés en classe et pour lesquels les élèves ont pu trouver de façon autonome la solution sont évalués. Pour les autres erreurs, Claudine les corrige directement sur la copie des élèves. Claudine corrige-t-elle toutes les productions écrites ? Non, seulement celles qui sont diffusées pour des destinataires à l'extérieur de la classe.

9.7 Approfondissement — J'apprécie des œuvres littéraires

Œuvre littéraire : *tout ouvrage complet, par opposition à un extrait, présenté sous la forme écrite.*

Au Québec, depuis plus d'une vingtaine d'années, le marché de la littérature de jeunesse a explosé et on retrouve dans les librairies et les bibliothèques des œuvres littéraires québécoises pour les jeunes de grande qualité[2] présentant la même diversité de genres que la littérature destinée aux adultes, et même plus encore ! Mais qu'entend-on par œuvres littéraires ? Étymologiquement, le mot « œuvre » est issu du latin *opera*, qui veut dire « production ». Par **œuvre littéraire**, on entend donc *tout ouvrage complet, par opposition à un extrait, présenté sous la forme écrite* (MEQ, 2001). Toutefois, elle peut se présenter sous divers supports médiatiques : chansons, adaptations cinématographiques, scénarios télévisuels, etc. Par exemple, l'œuvre littéraire

---

2. Le site Internet *Livres ouverts* (<http://www.livresouverts.qc.ca>) constitue une référence indispensable pour les éducatrices et enseignantes à la recherche d'œuvres littéraires de qualité selon l'âge des enfants.

Le journal d'Aurélie Laflamme d'India Desjardins ou bien la série *Charlotte* de Dominique Demers ont toutes deux été adaptées au cinéma et constituent donc des œuvres cinématographiques.

Le recours à la littérature de jeunesse en classe et au service de garde comporte de multiples avantages. Outre de donner un contexte signifiant de lecture, il permet d'alimenter l'imaginaire de l'enfant, de stimuler sa créativité et de développer son sens critique (Morin et Montésinos-Gelet, 2007; Tauveron, 2002). Fréquenter des œuvres littéraires permet également à l'élève de comprendre les autres et le monde environnant, mais aussi de mieux se connaître (MEQ, 2001). La littérature de jeunesse contribue ainsi au développement social, affectif et cognitif du jeune. Le *Programme de formation de l'école québécoise* donne une place particulièrement significative à l'initiation à la littérature au primaire en l'ayant ajouté comme compétence charnière des trois autres compétences : Apprécier des œuvres littéraires (MEQ, 2001). Mais que veut dire « apprécier une œuvre littéraire » ? Au-delà de la compréhension du texte, de son interprétation et de la réaction qu'il suscite, l'appréciation renvoie à un jugement porté sur le texte à partir de critères esthétiques et critiques. Ainsi, c'est à la lumière de sa compréhension, de ses interprétations et de ses réactions que le lecteur devient apte à porter un jugement sur l'œuvre, en s'appuyant sur ses goûts et ses intérêts.

Capsule 9.3

Des dictées innovantes pour apprendre l'orthographe

Il existe deux nouvelles pratiques de la dictée centrées sur l'apprentissage (et non sur l'évaluation!) et amenant les élèves à réfléchir sur le fonctionnement de la langue (Cogis, 2005). Il s'agit de la dictée zéro faute et de la phrase dictée du jour.

La dictée zéro faute consiste à donner une dictée aux élèves en leur permettant de poser toutes les questions qu'ils veulent, pendant ou après celle-ci. Une seule règle est cependant imposée: il est interdit de mentionner les lettres de l'alphabet dans la question. Par exemple, Justine, enseignante d'une classe de 4e année, a donné comme dictée la phrase suivante à ses élèves: « Les belles jonquilles couvrent le sol de mon terrain ». Alex, un des élèves de sa classe, au lieu de dire « Est-ce qu'il y a un *ent* à la fin de couvrent? », pour connaître l'accord peut formuler sa question ainsi: « Est-ce que *couvrent* est au pluriel? ». Justine, ou un autre élève, est autorisée à lui répondre par l'affirmative. En ce qui concerne l'orthographe d'usage, Chloé, une autre élève, au lieu de demander « Est-ce que *sol* s'écrit s-o-l? » pourrait faire une analogie et poser comme question: « Est-ce que *sol* se termine comme *bol*? ». La dictée se termine lorsqu'il n'y a plus de questions. Justine peut ensuite demander aux élèves de recopier la phrase correctement au verso de leur feuille ou de la page de leur cahier.

Extrait d'une discussion portant sur l'accord du verbe

Les élèves dont les parents ont signé la lettre participent à l'activité.

Élève 1 : « Participent » ici appartient à quelle classe de mots ?

Élève 2 : Ben... verbe!

Enseignante : Élève 2 nous dit que c'est un verbe : prouvez-le!

Élève 3 : Il est conjugué...

Élève 4 : Je peux l'encadrer par « ne... pas »

Enseignante : Il est conjugué, on peut l'encadrer par « ne... pas ». Ici, « ne participent pas » Donc, c'est un verbe. Autre preuve?

Élève 1 : On peut mettre un pronom devant...

Élève 5 : Ils (en insistant sur le pronom) participent à l'activité...

Enseignante : Oui, on peut mettre un pronom devant. Ils (en insistant sur le pronom) participent à l'activité. Et on peut changer...

Élève 6 : Le temps! « ils participeront »...

Enseignante : Oui ! Quand j'ai un verbe et que je ne sais pas quelle est sa terminaison, qu'est-ce que je dois trouver dans la phrase ?

Élèves 4 et 7 : Le sujet.

Enseignante : Maintenant, pour trouver le sujet, qu'est-ce que je fais ?

Élève 3 : Qui est-ce qui participent ?

Élève 5 : C'est les élèves qui participent…

Enseignante : C'est les élèves qui participent. Je peux encadrer le sujet par c'est…

Élève 8 : C'est… qui.

Cet extrait est adapté de Wilkinson et Nadeau (2010)

Quant à la phrase dictée du jour, comme son nom l'indique, elle consiste en la passation d'une dictée d'une phrase par Justine aux élèves qui l'écrivent sur une feuille ou dans leur cahier. Puis, elle recueille les feuilles ou cahiers et transcrit au tableau les différentes graphies produites pour chacun des mots, les unes sous les autres. Par exemple, Justine a dicté aux élèves la phrase suivante : « On a acheté son livre hier et on est allé au marché » (exemple tiré de Cogis, 2005). Voici les différentes graphies produites par les élèves que Justine a reproduites au tableau devant la classe :

On	a	acheter	son	livre	hier	et	on	est	aller	au marché.
On n'		acheté					ont	et	allé	marcher.
Ont		achetait							allés	marchée.

Ensuite, les élèves doivent expliciter leurs choix orthographiques et Justine les laisse débattre entre eux pour pouvoir déterminer la graphie qui leur semble la plus pertinente. À mesure que les élèves écartent des graphies, elles sont effacées du tableau. À la fin, la phrase correctement orthographiée est recopiée par les élèves.

Ces activités formatives apprennent aux élèves à exprimer leurs doutes orthographiques, ce qui conduit à d'intéressantes discussions grammaticales. Les discussions qu'elles suscitent deviennent une source d'information précieuse pour l'enseignante qui peut vérifier l'habileté des élèves à reconnaître les classes de mots (Wilkinson et Nadeau, 2010). Elles leur permettent ainsi d'augmenter leurs capacités métalinguistiques. Il reste toutefois à démontrer l'efficacité de ces dictées dans l'apprentissage de l'orthographe en contexte de production écrite…

Mais l'appréciation des textes littéraires n'est pas fondée sur le seul plaisir de lire; elle dépend également de la connaissance du style de l'auteur et des moyens littéraires qu'il privilégie (Giasson, 2000). Ainsi, de 9 à 12 ans, l'élève doit être sensibilisé à l'actualité littéraire; il doit découvrir et connaître un répertoire varié d'œuvres littéraires provenant du Québec et de la francophonie. Il doit savoir comparer les œuvres qu'il a lues et établir des liens avec d'autres en faisant des mises en réseau (Tauveron, 2002). Il doit faire appel à sa pensée critique pour juger l'œuvre en indiquant les raisons pour lesquelles une œuvre est meilleure ou moins bonne qu'une autre à l'aide de critères comme l'originalité, la vraisemblance, l'intrigue, etc. (MELS, 2009). Il doit aussi être en mesure de recommander ou de déconseiller une œuvre en donnant différentes raisons et il peut revoir ou nuancer son appréciation à la suite d'échanges. Ainsi, les échanges avec les pairs sont d'une importance capitale dans le développement de la compétence à apprécier des œuvres littéraires (Turgeon, 2006).

Quel est le rôle de l'éducatrice ou de l'enseignante dans le développement de cette compétence? Des recherches montrent que la majorité des éducatrices et enseignantes du Québec ne réservent la littérature de jeunesse qu'à la lecture à voix haute d'œuvres (Giasson et Saint-Laurent, 1998). Pour assurer leur rôle, il est essentiel qu'elles se dotent d'une solide culture fondée sur les œuvres de littérature de jeunesse (Giasson, 2000). Elles doivent ainsi développer une certaine maîtrise du vocabulaire lié aux œuvres (noms d'œuvres du Québec ou d'ailleurs), à leurs caractéristiques (page couverture, page de garde, 4e de couverture, etc.) et au monde du livre (noms de différentes collections et maisons d'éditions, etc.) tout en favorisant des rencontres dans la classe de personnes associées au monde littéraire: auteurs, libraires, bibliothécaires, éditeurs, etc.

Devant favoriser les échanges autour des œuvres, elles peuvent fournir aux élèves des critères d'appréciation (esthétiques ou personnels) pour porter un jugement et favoriser la comparaison et la mise en relation des textes entre eux. Le tableau 9.5 fournit une liste de questions que l'éducatrice ou l'enseignante peut poser aux élèves pour mener à l'appréciation d'une œuvre littéraire. En conclusion, il ne s'agit pas de faire des élèves des spécialistes de la littérature, mais des lecteurs pour la vie (Nadon, 2002).

Tableau 9.5
Questions pour mener à l'appréciation d'une œuvre littéraire

Questions esthétiques

- Que penses-tu de la façon de faire de l'auteur ?
- Comment a-t-il réussi à créer cette atmosphère ?
- Que dirais-tu du langage utilisé par l'auteur ? Ressemble-t-il au tien ? En quoi est-il différent ?
- Quels mots ou expressions t'ont particulièrement plu ?
- Comment trouves-tu les illustrations ? Peux-tu les décrire et dire ce que tu en penses ?
- Est-ce que le titre est bien choisi ? Quel autre titre donnerais-tu à cette œuvre ? Pourquoi ?

Questions personnelles

- Comment as-tu trouvé ce livre ? Explique.
- Quel est ton passage préféré ? Pourquoi ?
- Recommanderais-tu ce livre à un ami ? Pourquoi ?
- As-tu déjà vécu une situation semblable ? Qu'as-tu fait alors ?
- Que penses-tu de la fin de l'histoire ? Trouves-tu qu'elle finit bien ? Quelle autre solution aurais-tu choisie ?
- Qu'as-tu ressenti au moment où… ?

Ces questions sont tirées de Boisvert (2007).

9.8 Conclusion
Je deviens un communicateur, un lecteur et un scripteur stratégique

Dans ce chapitre, nous avons abordé le développement du langage du jeune de 9 à 12 ans, notamment aux plans de l'oral et de l'écrit. Nous avons vu qu'il développe son vocabulaire grâce à la lecture et qu'il est en mesure de comprendre les expressions idiomatiques et ironiques. L'apprentissage de la lecture se poursuit et l'élève utilise des stratégies pour comprendre un texte, pour l'interpréter et pour gérer sa compréhension. En ce qui concerne l'apprentissage de l'écriture, nous avons présenté le modèle de Hayes et Flower (1980) pour comprendre les multiples composantes et opérations qui entrent en jeu dans le processus d'écriture. Nous avons également examiné le développement des compétences morphologiques des élèves rendus à cette période de vie. Nous avons ensuite présenté des interventions pédagogiques susceptibles de soutenir le développement du langage oral et celui du langage écrit. Enfin, nous avons abordé le phénomène de la motivation, qui est au cœur de l'engagement à lire et à écrire et celui de l'appréciation des œuvres littéraires. En somme, ce chapitre nous a encore une fois permis de constater les progrès considérables que l'élève réalise de 9 à 12 ans sur le plan langagier.

Appliquer pour mieux comprendre

Exercices récapitulatifs

1. Complétez le mot entrecroisé suivant à partir des notions décrites dans les énoncés de 1 à 10 et portant sur le présent chapitre.

HORIZONTAL

1. Mot qui est utilisé pour en remplacer un autre.
2. Capacité à construire, à partir du texte et des connaissances antérieures, une représentation mentale cohérente de la situation évoquée par le texte.
3. Mot qui relie deux propositions élémentaires en une proposition complexe.
4. Forme d'autonomie, désir de choisir librement toute action à exécuter.
5. Type de motivation qu'une personne ressent lorsqu'elle fait une activité pour le plaisir et la satisfaction qu'elle en retire pendant la pratique de celle-ci.

VERTICAL

6. Type de modification apportée au texte qui s'effectue principalement dans l'orthographe des mots et dans la syntaxe des phrases.
7. Composante du processus d'écriture qui comprend la récupération en mémoire des connaissances sur le thème, le type de texte à écrire, le destinataire, la génération des idées à transmettre et leur organisation.
8. Forme d'esprit qui consiste à se moquer en disant le contraire de ce que l'on veut faire entendre.
9. La plus petite unité significative de la langue.
10. Interprétation qui n'est pas littéralement accessible, mise en relation qui n'est pas explicite.

2. Répondez aux questions suivantes en tenant compte des notions vues dans ce chapitre. Vous trouverez les réponses à ces questions à la fin de l'ouvrage.

   a) Quelle activité conseilleriez-vous à Amélie, enseignante de 5e année, pour favoriser chez ses élèves une augmentation de leur vocabulaire à l'oral ?

   b) Décrivez le procédé « Liens entre les questions et les réponses » qui favorise l'apprentissage des inférences en lecture.

   c) Quelle pratique privilégieriez-vous pour favoriser le processus de planification chez vos élèves de 4e année du primaire ?

Réfléchir pour mieux intervenir
Exercices réflexifs

Afin d'aller plus loin dans l'exercice de votre pensée, les questions suivantes vous sont posées en lien avec le contenu du chapitre. Bonne réflexion !

- Quelles sont vos propres pratiques de lecture et d'écriture ? Aimez-vous lire ? Écrire ? Quels sont vos genres littéraires préférés lorsque vous lisez ? Lorsque vous écrivez ?

- Quelles interventions privilégiez-vous pour mieux soutenir le langage des jeunes de 9 à 12 ans ?

- À quoi ressemble le travail de lecture et d'écriture dans votre classe ?

Pour en savoir un peu plus
Documents complémentaires

Les documents suivants vous sont proposés afin de compléter les informations présentées dans le cadre de ce chapitre ; il peut s'agir de livres, de sites Internet ou de documents audiovisuels.

LIVRES

Anderson, K. (2008). *Donner le goût d'écrire*, Montréal, Chenelière.

Cogis, D. (2005). *Pour enseigner et apprendre l'orthographe*, Paris, Delagrave.

Giasson, J. (2003). *La lecture. De la théorie à la pratique*, 2e éd., Montréal, Gaëtan Morin Éditeur.

Kail, M. et M. Fayol (2000). *L'acquisition du langage. Le langage en développement au-delà de trois ans,* Paris, Presses universitaires de France.

Morin, M.F. et I. Montésinos-Gelet (2007). *Approcher l'écrit à pas de loup. La littérature de jeunesse pour apprendre à lire et écrire au préscolaire et au primaire*, Montréal, Chenelière.

Observatoire national de la lecture (2000). *Maîtriser la lecture*, Paris, Odile Jacob.

Ouellet, L. (2010). *Un enseignant bien outillé, des élèves motivés*, Montréal, Chenelière.

Prenoveau, J. (2007). *Cultiver le goût de lire et d'écrire : Enseigner la lecture et l'écriture par une approche équilibrée*, Montréal, Chenelière.

Routman, R. (2010). *Enseigner l'écriture : Revenir à l'essentiel*, Montréal, Chenelière.

Saada, J. et A. Fortin (2010). *Écrire avec plaisir, un trait à la fois*, Montréal, Chenelière.

Saint-Laurent, L. (2008). *Enseigner aux élèves à risque et en difficulté au primaire*, 2e éd., Montréal, Gaëtan Morin Éditeur.

Turcotte, C. (2007). *Engager l'élève du primaire en lecture*, Montréal, Chenelière.

SITES INTERNET

Allo prof, <http://www.alloprof.qc.ca>, page consultée le 14 avril 2010.

L'atelier, <http://www.atelier.on.ca>, page consultée le 14 avril 2010.
- Modules de littératie – De la 4e à la 6e année
  - Communication orale
  - Grammaire nouvelle
  - Lecture au service de l'écriture
  - Lecture guidée
  - Littératie critique

Le Scriptorium, <http://recit.org/scriptorium/wakka.php?wiki=PageAccueil>, page consultée le 14 avril 2010.

Livres ouverts, <http//:www.livresouverts.qc.ca>, page consultée le 14 avril 2010.

Observatoire national en lecture, <http://onl.inrp.fr/ONL>, page consultée le 14 avril 2010.

Réseau canadien de recherche sur le langage et l'alphabétisation, <http://www.cllrnet.ca>, page consultée le 14 avril 2010.

Zoom pédagogique, <http://zoom.animare.org>, page consultée le 14 avril 2010.
- La dictée zéro faute <http://zoom.animare.org/zoom/medias/2431>.
- La phrase dictée du jour <http://zoom.animare.org/zoom/medias/2429>.

- Enseignement explicite des stratégies de lecture <http://zoom.animare.org/zoom/medias/2429>.
- Apprentissage des mots de vocabulaire, Baseball français <http://zoom.animare.org/zoom/medias/4974>.

Documents audiovisuels

Richard, C. (2002). *Les difficultés de compréhension en lecture : mieux les comprendre pour mieux intervenir*, Conférence de Roland Goigoux, CRDP d'Aquitiane. 2 cassettes VHS, 54 et 56 min.

Vercantère, J. (2005). *Dyslexie, le mal des mots*, Télé-Québec et France5. VHS ou DVD, 53 min.

Conclusion

LE DÉVELOPPEMENT GLOBAL DE 6 À 12 ANS

Caroline Bouchard et Nathalie Fréchette

Nous venons de terminer l'étude du développement global de l'enfant âgé de 6 à 12 ans en contextes éducatifs, soit en service de garde en milieu scolaire ou en classe. Notre casse-tête du développement global est maintenant complété ! Pour ce faire, il nous a fallu parcourir chacune des dimensions de la personne séparément. Car comme le précise Pierre Pagé dans la préface, en se référant à Piaget, « la pensée a effectivement besoin de différencier avant d'intégrer. De même, la science procède souvent par réductionnisme afin de mieux comprendre un phénomène avant de le resituer dans un tout plus large ». Ainsi, nous avons considéré les dimensions neurologique, motrice et psychomotrice, socioaffective, cognitive et langagière en prenant soin d'effectuer des liens avec les autres aspects du développement. Rappelons que la dimension neurologique a été présentée en résonance avec les recherches récentes qui tendent à démontrer l'impact notable de cette dimension sur le processus de développement et d'apprentissage de l'enfant. Dans un souci de mieux refléter ce qu'est le développement global, nous avons également opté pour une étude en deux temps : la première partie de l'ouvrage a concerné les enfants de 6 à 9 ans alors que la deuxième a traité des jeunes de 9 à 12 ans.

Pour chacune de ces dimensions dévoilées, tant chez les plus jeunes (6-9 ans) que chez les préadolescents (9-12 ans), des repères développementaux marquant le parcours de la plupart des élèves ont été présentés. Il demeure néanmoins important de rappeler qu'ils ne représentent que les acquis de la moyenne des enfants du même âge pour un aspect donné du développement. Il ne faudrait donc pas s'inquiéter du fait qu'un élève de son groupe ou de sa classe s'en écarte quelque peu. Signalons encore une fois que l'important est d'observer l'enfant afin de noter sa progression ou sa stagnation dans un domaine ou l'autre de développement, ce qui, dans ce dernier cas, pourrait affecter son processus d'apprentissage. Il pourrait alors être indiqué de le référer à d'autres personnels de

l'école ou à d'autres ressources professionnelles : orthophoniste, éducatrice spécialisée, psychologue, physiothérapeute, etc. (Bouchard, 2010).

Tout au long des chapitres, des liens ont été faits avec le Programme de formation de l'école québécoise (PFEQ) (MEQ, 2001a) et le document d'information sur les services de garde en milieu scolaire (MEQ, 2004). En effet, en plus de favoriser l'acquisition d'aptitudes intellectuelles, l'école et le service de garde doivent permettre aux jeunes qui les fréquentent de développer des habiletés dans toutes les sphères du développement (MEQ, 2001a, 2004).

Quoi qu'il en soit, il convient maintenant de considérer concurremment les dimensions du développement de la personne, de manière à mieux comprendre l'enfant. Cela signifie que mieux saisir ce qu'il est et ce qu'il vit, ses besoins et ses intérêts, permet de mieux situer son niveau de développement et ainsi de favoriser ses apprentissages scolaires notamment. Par une relation chaleureuse, sécurisante et stimulante, l'éducatrice ou l'enseignante peut privilégier une approche démocratique qui favorise l'autonomie, l'estime de soi, l'initiative, la créativité et la pensée réflexive de l'enfant. De la même façon, la collaboration parents-éducatrice ou parents-enseignante est essentielle au développement harmonieux de l'enfant et de ses apprentissages. La collaboration implique que les parents et l'éducatrice ou l'enseignante agissent de concert afin de mieux soutenir l'enfant. La collaboration a des effets bénéfiques pour les jeunes certes, mais aussi pour les parents et pour le personnel éducateur ou enseignant (Cantin, 2006) tout en s'inscrivant dans les principes du PFEQ et les objectifs des services de garde en milieux scolaires (MEQ, 2001a, 2004).

En somme, par cet ouvrage, les auteures, accompagnées de collaborateurs, ont souhaité répondre aux besoins de formation du personnel éducateur en milieu scolaire et enseignant au préscolaire-primaire, en approfondissant leurs connaissances en matière de développement de l'enfant. Après tout, le but était de favoriser les apprentissages scolaires des enfants, soit de les soutenir dans leur cheminement scolaire et leur progrès. Un détour par le développement global des enfants de 6 à 12 ans s'avérait donc essentiel comme fondement des apprentissages!

Postface

Christiane Bourdages Simpson

*L*e défi était de taille! Les auteures et leurs collaborateurs ont su illustrer l'importance de tenir compte du fait que l'enfant se développe de façon graduelle et continue, et ce, dans différents contextes tout au long de sa vie. Reconnaître l'apport de la théorie et établir les liens nécessaires avec la pratique sur le terrain s'avère ici un exercice très réussi.

Bien que compartimenté pour les besoins de la rédaction, le développement global ne se divise évidemment pas. Toutefois, le fait de porter ces différents regards sur toutes les dimensions du développement de l'enfant qui s'interinfluencent ne peut qu'enrichir la qualité de l'intervention de l'adulte.

Mieux comprendre l'enfant, ce qu'il est, ce qu'il sait, ce qu'il fait, comment il agit, comment il apprend est essentiel. Ainsi, les adultes qui interviennent auprès des enfants seront mieux outillés pour leur offrir des défis à leur mesure.

Tout au long de cet ouvrage, les auteures ont aussi insisté sur un élément essentiel: la continuité éducative, tant au préscolaire qu'au primaire, sans oublier les services de garde en milieu scolaire qui jouent un rôle fort important dans la vie des enfants, des enseignants et des parents d'aujourd'hui. Ainsi, j'ai particulièrement apprécié la reconnaissance de la complémentarité des différents acteurs dans le souci constant de mieux répondre aux besoins des enfants. Il ne faut jamais perdre de vue que nous intervenons auprès des mêmes enfants, qu'ils soient en classe ou au service de garde scolaire et que la relation adultes-enfants a des répercussions sur l'apprentissage et la motivation.

Enfin, j'estime que cet ouvrage est un outil indispensable pour les éducatrices et les enseignantes qu'elles soient engagées dans une formation initiale ou continue. Je souhaite que la réflexion suscitée tout au long des différents chapitres devienne une sorte de *réflexe pédagogique* qui nous inciterait à constamment questionner notre pratique et enrichir nos connaissances, et ce, encore une fois, pour mieux répondre aux besoins des enfants qui nous sont confiés.

Réponses

RÉPONSES

Exercices récapitulatifs

Chapitre 1
Le développement neurologique de 6 à 12 ans

1. Stabilisation sélective

2. Vrai

3. Vrai. Toutefois, il faut noter que conjointement à ces influences génétiques, de plus en plus de recherches démontrent que les expériences que vit l'enfant jouent un rôle déterminant dans son développement cérébral, d'où l'importance de votre rôle auprès de l'enfant.

4. Cette partie du cerveau est le cortex préfrontal qui possède un réseau impressionnant de connexions avec les autres structures du cerveau (Petrides et Pandya, 2004). À noter que son rôle peut aussi consister à inhiber ou modifier un comportement dans des situations changeantes, comme exprimer ses émotions et sa pensée par la parole, au lieu de se mettre en colère lors d'un conflit avec un pair.

5. La plasticité cérébrale. En effet, la pratique et l'expérience qui varient d'un enfant à l'autre permettent des modifications distinctives de l'architecture du cerveau, constituant alors les bases biologiques de l'identité (Kandel, 2000). Bien que l'architecture globale du cerveau reste la même d'un enfant à l'autre, chaque enfant aura dans ses réseaux neurologiques une signature de ses acquis selon les expériences et les occasions d'apprentissage vécues.

RÉPONSES — Exercices récapitulatifs

Chapitre 2
Le développement moteur et le développement psychomoteur de 6 à 9 ans

1. c)

Les syncinésies disparaissent normalement entre 5 et 9 ans, au fur et à mesure de la maturation de l'encéphale.

2. a) et b)

La vitesse de copie d'un texte dépend en effet du niveau de lecture atteint et de l'entraînement moteur. Le niveau en lecture permet de lire plus rapidement les mots écrits tandis que l'entraînement permet d'emmagasiner en mémoire les mouvements qu'exige la formation des lettres.

3. a) et b)

Pour bien faire rebondir le ballon, il faut en effet le frapper pendant qu'il remonte ; en mettant le pied opposé à la main qui frappe en avant, l'enfant évite que le ballon touche l'autre pied, plus proche du ballon.

4. a) et b)

L'orientation spatiale est associée à la perception directe de l'espace environnant. C'est pourquoi les 2 premières réponses en font partie : je vois directement comment sont disposés les objets devant moi et je peux dire si une personne ou un objet se trouve à ma droite ou à ma gauche. Pour les 2 autres réponses, je dois d'abord analyser mes perceptions avant de pouvoir répondre : elles sollicitent la structuration spatiale.

5. a) Faux

La vitamine D est indispensable pour que l'ossification des os se produise : elle permet la fixation du calcium dans les cellules osseuses.

b) Faux

Les vitamines ont chacune des fonctions spécifiques ; elles ne peuvent donc pas se remplacer les unes les autres.

c) Vrai

Le développement moteur des filles et celui des garçons sont largement semblables d'un point de vue qualitatif, c'est-à-dire que les gestes sont très semblables.

d) Vrai

Il existe en effet de légères différences quantitatives dans les performances lors d'épreuves motrices nécessitant de la force.

e) Vrai

Oui, les activités de manipulation favorisent l'acquisition de concepts ; en manipulant activement, l'enfant profite de ses sensations pour acquérir des connaissances, première étape vers l'abstraction.

f) Vrai

La taille des filles est plus proche de leur taille adulte même si elle est pratiquement la même que celle des garçons de leur âge chronologique. Comme de façon générale leur taille adulte est moindre, au cours de l'enfance elles sont plus proches de leur taille définitive.

g) Faux

Cet enfant est un ambimane. Il ne peut pas changer de main pour faire avec l'autre ce qu'il fait avec l'une. Est ambidextre une personne qui a une performance élevée dans toutes les activités manuelles réalisées avec chacune des deux mains.

h) Faux

À cet âge, il connaît bien sa droite et sa gauche, mais il n'a pas encore atteint le stade de la réversibilité qui lui permet, par rotation mentale, d'envisager un autre point de vue que le sien.

RÉPONSES

Exercices récapitulatifs

Chapitre 3
Le développement socioaffectif de 6 à 9 ans

1. Le concept de soi renvoie à une description de soi selon diverses caractéristiques, habiletés, attitudes et valeurs définissant une personne plutôt qu'une autre. L'estime de soi est plutôt le jugement personnel qu'un enfant porte sur lui-même, à savoir l'appréciation globale et affective de sa personne. Par exemple, Émile, 7 ans, se décrit en affirmant qu'il a les cheveux bruns, les yeux bleus et qu'il aime faire du sport. Quant à son estime de soi, il y réfère en disant qu'il n'est pas très bon à l'école mais qu'il sait se faire beaucoup d'amis.

2. Rappelons que la compétence émotionnelle de l'enfant touche à quatre aspects : l'expérience des émotions, l'expression des émotions, la connaissance à propos des émotions et la régulation émotionnelle (Royer et Coutu, 2010). Ainsi, Éric, l'éducateur de Valérie, pourrait la soutenir en lien avec ces quatre composantes. Premièrement, il pourrait l'aider à vivre comme telles les émotions associées au conflit avec Emmanuelle, soit à les faire siennes. Deuxièmement, il pourrait la soutenir dans l'identification de celles-ci et lui suggérer de les verbaliser par exemple. En ce sens, Éric favoriserait, d'une part, l'expression des émotions chez Valérie en l'invitant à utiliser la parole pour s'exprimer et, d'autre part, sa connaissance à propos des émotions en l'aidant à les identifier nommément. Enfin, il aurait surtout avantage à la soutenir dans la gestion de ces émotions, en l'aidant à aller graduellement vers Emmanuelle de manière à lui exprimer ce qu'elle ressent pour éventuellement régler le conflit, par exemple. En effet, il est important de comprendre qu'il ne s'agit pas seulement pour l'adulte de montrer à l'enfant qu'il reconnaît son émotion, mais bien de l'aider à la gérer, soit à lui trouver un exutoire satisfaisant pour l'enfant.

3. Maximilien, Alexandre et Justin sont dans le jeu symbolique de type coopératif.

4. Voici le tableau que vous pourriez produire.

	Active *En réaction à une frustration ou à une menace*		Proactive *Sans élément déclencheur identifiable*	
	Physique	**Verbale**		**Physique**
Directe *Se fait en présence de la personne.*	Ilan frappe Noah parce que ce dernier a pris la petite voiture avec laquelle il jouait, sans le lui demander.	Chloé insulte Olivier, car il n'a pas attendu son tour pour avoir accès à l'ordinateur du local.	**Directe** *Se fait en présence de la personne.*	Ilan frappe Noah parce que ce dernier a pris la petite voiture avec laquelle il jouait, sans le lui demander.
Indirecte *Se fait à l'insu de la personne dans le but de l'exclure socialement, en l'humiliant ou la rabaissant.*	Parce que Juliette a obtenu un privilège qui lui avait été refusé par son enseignante, Joanie échappe le pot de colle sur Juliette devant les autres élèves.	À la suite d'un conflit à propos d'une responsabilité dans la classe, Jean-Nicolas imite Raphaël après qu'il a débarqué de l'autobus.	**Indirecte** *Se fait à l'insu de la personne dans le but de l'exclure socialement, en l'humiliant ou la rabaissant.*	Parce que Juliette a obtenu un privilège qui lui avait été refusé par son enseignante, Joanie échappe le pot de colle sur Juliette devant les autres élèves.

5. Voici un tableau que vous pourriez construire dans l'optique de sensibiliser les élèves de votre classe ou votre groupe à la problématique de l'intimidation.

Formes de violence	Définition	Exemple
Violence physique	Violence plus directe et facilement observable. Pousser, bousculer, frapper, donner un coup de pied ou de poing, faire trébucher volontairement quelqu'un. Forme d'intimidation plus présente chez les garçons.	Dans la cour d'école, Simon pousse Mirko. Dans le corridor, lorsque Mirko passe à côté de lui, Simon l'accroche de son épaule ou encore le fait trébucher en mettant son pied en travers de son chemin.
Violence psychologique de type social	Violence plus indirecte. Rumeurs qu'on fait circuler au sujet d'un enfant, à son exclusion des activités du groupe ou lorsqu'on agit comme si l'enfant n'existait tout simplement pas. Plus présente chez les filles.	Justine ne veut pas que Pascale vienne à sa fête, alors qu'elle invite toutes les autres filles de sa classe. Elle murmure aux autres que Pascale n'est qu'une voleuse et demande à ses amies de ne pas lui parler. Lorsque celle-ci s'approche d'elles, elles se taisent soudainement.
Violence psychologique de type verbal	Actions directes telles qu'injurier un autre enfant, l'insulter, lui faire des menaces ou passer des commentaires sur son apparence. Dans les écoles primaires, la violence verbale est la forme de violence la plus répandue.	Dès qu'Alexis met le pied dans la cour d'école, Noah crie aux autres enfants : « Tassez-vous ! Celui qui pue arrive ! » Il s'approche ensuite d'Alexis pour lui dire que si jamais il s'approche de lui ou de ses amis, ça se passera mal.
Taxage	Extorquer de l'argent ou des biens à un autre enfant, contre son gré, sous peine de menaces (violences verbale ou sociale) ou en recourant à la violence physique. Le taxage est considéré comme un acte grave et criminel.	Frédéric demande à Paolo de lui donner sa casquette pour entrer dans l'école, sans quoi il ne passera pas. Il lui dit aussi que demain, l'entrée sera de 5 $. Si Paolo n'apporte pas ce montant, il ne pourra entrer dans l'école et les amis de Frédéric pourraient lui tenir compagnie…

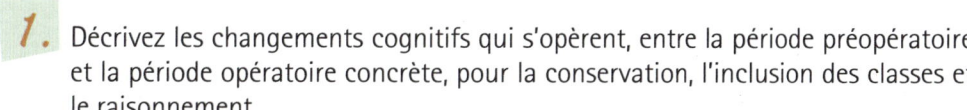

RÉPONSES
Chapitre 4
Le développement cognitif de 6 à 9 ans

Exercices récapitulatifs

1. Décrivez les changements cognitifs qui s'opèrent, entre la période préopératoire et la période opératoire concrète, pour la conservation, l'inclusion des classes et le raisonnement.

	Période préopératoire	**Période opératoire concrète**
Conservation	★ L'enfant ne maîtrise pas ce principe. ★ L'enfant fait preuve de centration en ne tenant compte que d'un seul aspect d'une situation. ★ L'enfant fait preuve d'irréversibilité, car il est incapable de faire mentalement une opération en sens inverse.	★ L'enfant maîtrise ce principe, mais fait preuve de décalage horizontal. Il a de la difficulté à généraliser son raisonnement à tous les types de conservation, particulièrement lorsque ceux-ci font appel à des concepts plus abstraits. ★ L'enfant est maintenant capable de se décentrer et de tenir compte des différents aspects d'une situation. ★ L'enfant fait preuve de réversibilité et est capable de faire mentalement une opération en sens inverse.
Inclusion des classes	L'enfant se situe à l'étape des collections non figurales. Il peut classer les objets par catégories, mais n'arrive pas à les hiérarchiser.	L'enfant se situe à l'étape de l'inclusion des classes. Il peut maintenant hiérarchiser les différentes catégories.
Raisonnement	L'enfant fait des raisonnements transductifs en faisant des liens entre des événements particuliers qui ne sont pas nécessairement reliés.	L'enfant fait des raisonnements inductifs en partant d'une série d'événements pour en tirer une théorie.

2. Il s'agit de l'étayage.

3. Distinguez les différentes formes de mémoire qui vous ont été présentées.

Il existe deux systèmes de classification de la mémoire : en fonction de la durée de rétention ou en fonction de la nature des contenus à mémoriser.

En fonction de la durée

Type de mémoire	Description
Mémoire sensorielle	★ Information retenue très brièvement. ★ Filtre les informations. ★ Permet le transfert dans la mémoire à court terme.
Mémoire à court terme	★ Retient les informations de quelques secondes à quelques minutes. ★ Contient de 5 à 9 éléments. ★ Permet le transfert dans la mémoire à long terme.
Mémoire de travail	★ Traite et rend disponibles les informations pour les tâches cognitives.
Mémoire à long terme	★ Information pouvant être retenue pour une très longue durée (vie). ★ Contient un nombre infini de contenus. ★ Responsable de l'ensemble du processus de mémorisation.

En fonction du contenu à mémoriser

Type de mémoire		Description
Déclarative	**Épisodique**	Mémoire qui s'occupe des événements qui ont été vécus par la personne.
	Sémantique	Mémoire qui s'occupe des apprentissages et des connaissances générales et académiques.
Procédurale		Mémoire des savoir-faire cognitifs et moteurs qui sont devenus des automatismes.

4. *a)* Stade 2 de la morale préconventionnelle : orientation du relativisme utilitarisme.

b) Stade 1 de la morale préconventionnelle : orientation de la punition et de l'obéissance aux règles

5. Expliquez en quoi le TDAH diffère du TDA.

Les enfants qui souffrent du TDA présentent des problèmes sur le plan de l'attention : ils ont de la difficulté à sélectionner les informations pertinentes (attention sélective) et à maintenir leur concentration dans le temps. Ce problème s'accentue lorsqu'il y a des stimulations qui les sollicitent ou que la tâche à accomplir est familière et routinière.

Les enfants qui sont touchés par le TDAH présentent les mêmes symptômes que ceux décrits précédemment. Cependant, d'autres symptômes s'ajoutent. Ces enfants présentent des symptômes d'hyperactivité et d'impulsivité. Ils ont de la difficulté à rester en place et parlent beaucoup. Ils n'arrivent pas à attendre leur tour et agissent sans réfléchir, impulsivement. Ces différents comportements font que ces enfants sont perçus comme plus perturbateurs que ceux qui souffrent de TDA.

RÉPONSES — *Exercices récapitulatifs*

Chapitre 5
Le développement du langage, de la lecture et de l'écriture de 6 à 9 ans

1. La conscience phonémique renvoie à la capacité de l'élève à manipuler consciemment les phonèmes présents dans un mot. Par exemple, Audrey affirme qu'il y a trois sons dans le mot «plat» : «p», «l» et «a».

2. Chaque élève dans les classes de Geneviève et Amélie enverra une lettre au père Noël afin de lui faire part de ses préférences quant au choix d'un cadeau.

3. Miro se trouve au stade syllabique selon le modèle de Ferreiro.

4. Édouard est un apprenti lecteur.

5. Frédérique doit utiliser ses deux stratégies avant de faire sa lecture.

RÉPONSES — *Exercices récapitulatifs*

Chapitre 6
Le développement moteur et le développement psychomoteur de 9 à 12 ans

1. *b, c, d*;
2. *b, c, d*;
3. *a, b, c, d*;
4. *a, b*;
5. *a)* Vrai
   b) Vrai
   c) Faux

RÉPONSES — Exercices récapitulatifs

Chapitre 7
Le développement socioaffectif de 9 à 12 ans

1. Murielle se situe probablement au stade de l'identité ou de la confusion de rôles, soit le 5e stade de la théorie d'Erikson. Parmi les défis qui seront relevés par Murielle durant cette étape développementale, notons qu'il y a une distanciation des adultes responsables de son éducation et une remise en question des règles établies par ces derniers. En remettant en question les règles de fonctionnement du service de garde et en répliquant aux adultes, Murielle définit progressivement ses valeurs et développe son autonomie. Notons que malgré cette remise en question, les adultes demeurent la principale base de sécurité des jeunes.

2. L'estime de soi est un élément important de l'adaptation des jeunes. Afin de soutenir Valérie dans le développement d'une estime de soi scolaire positive, Annie devrait lui permettre de vivre des expériences positives à l'école. Entre autres, elle pourrait observer Valérie afin de déterminer quelles sont ses forces et miser sur celles-ci. À titre d'exemple, si Valérie a des compétences dans le domaine de l'univers social, Annie pourrait les utiliser comme tremplin pour ses interventions. Elle pourrait faire du renforcement positif en mettant en valeur les bons travaux de ses élèves, dont ceux de Valérie. Annie aurait aussi avantage à miser sur ses qualités personnelles. Elle pourrait, par exemple, lui faire vivre une expérience de « prof en herbe » en l'envoyant dans une classe de maternelle pour aider une enseignante lors d'ateliers. Ce faisant, elle permettrait à Valérie de s'apprécier, de développer un sentiment de compétence et de voir l'école comme un milieu de vie agréable.

3. Selon la théorie de Selman, Chaker et Alexis se situent au stade de la collaboration réciproque. Ils ont des activités communes comme le ski et partagent un intérêt pour l'époque médiévale. Le fait d'avoir été dans la même classe depuis la maternelle leur a permis de développer des liens particuliers.

4. Tout d'abord, Marie devra agir à un premier niveau en prévention. Elle prendra donc le temps de bien observer Arthur afin de repérer les situations qui sont les plus problématiques et de mettre en place des moyens pour prévenir autant que possible l'apparition de ces comportements inadéquats. Par exemple, elle peut vérifier avec qui Arthur se bagarre le plus souvent et tenter de ne pas les asseoir l'un près de l'autre dans sa classe. Un bon moyen de travailler en prévention serait aussi d'édicter 5 grandes règles à suivre par tous les élèves de la classe, de même que les conséquences qui en découleront en cas de non-respect de celles-ci.

Marie agira aussi à un deuxième niveau, soit celui de l'intervention. Ainsi, elle veillera à bien appliquer les conséquences annoncées, tout en portant attention aux comportements adéquats. Marie s'assurera de renforcer Arthur dans ses améliorations et de souligner ses bons coups ! Lorsqu'elle voit Arthur seul et triste, elle peut prendre le temps d'aller le voir pour lui demander ce qui se passe, de créer un lien de confiance avec lui et tenter de lui faire connaître les différentes ressources professionnelles qui sont mises à sa disposition dans l'école. Enfin, il serait important que Marie vérifie auprès de ses collègues si les comportements inadéquats d'Arthur se manifestent aussi avec eux. Dans ce cas-ci, il se peut qu'Arthur présente un trouble du comportement qui demande un diagnostic de la part d'un professionnel et qui permettra ensuite d'établir un plan d'intervention personnalisé adapté à sa situation.

RÉPONSES

Exercices récapitulatifs

Chapitre 8
Le développement cognitif de 9 à 12 ans

1. Un jeune qui se situe dans la période opératoire formelle répondra qu'il y a 48 têtes en tout. Grâce à la combinatoire, qui lui permet d'envisager toutes les possibilités qu'elles soient réelles ou non, il sait que les *triloups* sont une abstraction et qu'ils n'existent pas. Malgré cela, il choisira de s'attarder à la tâche qui est demandée, soit une multiplication. Par contre, un jeune qui se situe au stade opératoire concret verra son raisonnement dérangé par le contexte de la problématique. Selon l'état de l'évolution de ses capacités cognitives, il pourrait s'attarder davantage à la réalité des *triloups*, plutôt que sur la multiplication à effectuer.

2. Il est plus facile de retenir l'information qui a été préalablement organisée, soit lorsque la personne elle-même lui donne du sens. Dans la 1re liste, on peut reconnaître les mots en « ou » qui prennent exceptionnellement un « x » et non un « s » comme tous les autres. Dans la 2e liste, il est difficile d'établir d'emblée des liens entre les mots, même s'ils sont en nombre équivalent à la 1re liste. Toutefois, la tâche aurait été tout autre si la liste suivante avait été fournie, des liens sémantiques pouvant alors être facilement établis : maison, paille, bois, brique, cochon, loup, marmite ! Bien entendu, vous aurez constitué l'histoire des trois petits cochons et du gros méchant loup !

3. Lors de la conception de son activité, Francine a questionné les enseignantes pour arrimer son activité avec ce qui est fait en classe. Ainsi, elle s'est assurée que les jeunes pourront lui trouver une utilité et qu'ils pourront la réinvestir dans les activités pédagogiques proposées par leur enseignant. De plus, afin de maintenir leur motivation, elle sait que son activité doit offrir un défi aux jeunes tout en respectant leur niveau développemental. Finalement, ils devront avoir un sentiment de contrôle sur le déroulement de l'activité. En tenant compte de ces différents éléments, Francine met tout en œuvre pour que les jeunes de son groupe soient motivés.

4. Un jeune qui se situe au 4e stade de la théorie de Kohlberg mettra l'accent sur le respect des règles. Le jeune considérera qu'un manquement au code de vie sera comme une action qui doit être sanctionnée, et ce, peu importe le contexte. C'est une question d'équité : les règles sont les mêmes pour tous et il est important de s'y conformer afin que le groupe fonctionne harmonieusement.

RÉPONSES — Exercices récapitulatifs

Chapitre 9
Le développement du langage, de la lecture et de l'écriture de 9 à 12 ans

1.

1. anaphore
2. comprehension
3. connecteur
4. autodetermination
5. intrinseque
6. correction
7. planification
8. interne
9. morpheme
10. inference

2. *a)* Plusieurs activités peuvent être pertinentes. Dans l'ensemble, il faut que l'enseignante sache créer un environnement susceptible de donner aux élèves « le goût des mots ». En voici des exemples.

ACTIVITÉ N° 1

Parler de l'origine des mots, ce qui permet d'aborder l'étymologie et les emprunts aux langues étrangères ; par exemple, « embrasser » vient du nom « bras » et signifiait à l'origine « prendre dans ses bras » ; les mots « redingote » et « paquebot » ont été francisés par la transformation des mots anglais « *riding-coat* » et « *packet-boat* ».

ACTIVITÉ N° 2

Aider les élèves à classer et à apprendre la signification de certains préfixes et suffixes, comme les préfixes *anté-* (avant), *di-* (double) ou les suffixes *-iste* (métier), *-ette* (diminutif), etc.

ACTIVITÉ N° 3

Travailler des expressions idiomatiques comme *prendre des gants blancs, être la bête noire de quelqu'un, tomber dans les pommes*, en demandant aux élèves de choisir une de ces expressions et de l'illustrer dans son sens littéral.

ACTIVITÉ N° 4

Jouer avec les proverbes en créant de petites histoires (*Pierre qui roule n'amasse pas mousse ; Après la pluie, le beau temps, La nuit, tous les chats sont gris*, etc.).

ACTIVITÉ N° 5

Transformer un texte écrit dans un registre familier en un texte dans un registre plus soutenu ou vice versa.

ACTIVITÉ N° 6

Dresser une liste de mots tirés des lectures des élèves et donner la signification de chacun d'eux.

ACTIVITÉ N° 7

Bâtir avec les élèves des constellations graphiques à partir des mots choisis.

b) Ce procédé aide les élèves à comprendre qu'ils ont besoin à la fois du texte et de leurs connaissances antérieures pour répondre à des questions. Il consiste à amener les élèves à distinguer quatre différentes sources de réponses à des questions : 1) si la réponse se trouve dans le texte, l'élève peut pointer du doigt le mot ou la phrase réponse : elle est « juste là » ; 2) si la réponse est dans le texte, mais se trouve dans plus d'un passage, l'élève « pense et cherche » ; 3) si l'élève doit faire une inférence, la réponse se construit « entre l'auteur et toi » ; et 4) si la question renvoie l'élève à ses connaissances antérieures ou lui demande son avis sur une situation présentée dans le texte, la réponse concerne « toi seulement ». L'éducatrice ou l'enseignante présente d'abord un texte et plusieurs questions à l'aide d'un rétroprojecteur. Elle modélise ensuite à voix haute comment elle trouve la réponse aux questions et justifie la source des réponses. Elle fait ensuite travailler les élèves en équipes sur la suite du texte en leur demandant d'indiquer la source de la réponse et la réponse elle-même.

c) On sait que le jeune scripteur n'est pas porté à planifier, ayant tendance à écrire tout de suite ce qui lui vient à l'esprit, sans tenir compte de ce qui est écrit et de ce qui suivra. Ce n'est qu'en 6e année du primaire, soit vers 11-12 ans, que l'articulation de la planification se met vraiment en place. Pour favoriser le processus de planification chez vos élèves de 4e année, au début d'un projet d'écriture, vous pourriez faire un échange en grand groupe avec eux. Cette forme de mise en situation permet de susciter l'intérêt des élèves et de les motiver à participer au projet d'écriture, tout en les amenant à se faire une idée assez nette du genre textuel visé et à se représenter quelques paramètres de la situation, comme le but, le sujet et le destinataire. Vous pouvez faire un remue-méninges ou une constellation de mots au tableau, pratiques offrant une présentation visuelle du contenu et du vocabulaire du texte en préparation. Enfin, vous pouvez fournir aux élèves un plan ou un canevas adapté au genre textuel à écrire, tout en leur enseignant comme les utiliser.

Références

Ackerly, S.S. et A.L. Benton (1948). « Report of a case of bilateral frontal lobe defect », dans *Proceedings of the Association for Research in Nervous and Mental Disease 1947, Vol. 27, The Frontal Lobes*, Baltimore, Williams and Wilkins, p. 479-504.

Ackerman, B.P. (1982). « Contextual integration and utterance interpretation : The ability of children and adults to interpret sarcastic utterances », *Child Development, 53*, p. 1075-1083.

Acti-Menu (2010). *Défi santé 5/30 Équilibre*, <http://www.defisante530.com/index.php/ds/Accueil>, consulté le 3 juillet 2010.

Agence de la santé publique du Canada (2009a). *Obésité au Canada*, Ottawa, Direction de la santé publique.

Agence de la santé publique du Canada (2009b). *Étude des blessures chez les enfants et les jeunes : pleins feux sur la sécurité des produits de consommation*, Ottawa, Direction de la santé publique.

American Association for Health, Physical Education and Recreation – AAHPER (1976). *Youth Fitness Test Manual*, Washington, Human Kinetics Publishing.

Ajuriaguerra, J. de (1977). *Manuel de psychiatrie de l'enfant* (2e éd.), Paris, Masson.

Ajuriaguerra, J. de., M. Auzias, F. Coumes, A. Denner, V. Lavondes-Monod, R. Perron et M. Stambak (1964). *L'écriture de l'enfant, L'évolution de l'écriture et ses difficultés*, Neuchâtel, Delachaux et Niestlé.

Alder, P.A. et P. Alder (1995). « Dynamic of inclusion and exclusion in preadolescent cliques », *Social Psychology Quarterly, 58*(3), p. 145-162.

Alegria, J. et P. Mousty (1996). « L'acquisition de l'orthographe et de ses troubles », dans S. Carbonnel, P. Gillet, M.D. Martory et S. Valdois (dir.), *Approche cognitive des troubles de la lecture et de l'écriture chez l'enfant et l'adulte*, Marseille, Solal.

Allen, J.P., M.R. Porter, F.C. McFarland, P. Marsh et K.B. McElhaney (2005). « The two faces of adolescents' success with peers : Adolescent popularity, social adaptation, and deviant behavior », *Child Development, 76*(3), p. 747-760.

Allen, J.S., H. Damasio et T.J. Grabowski (2002). « Normal neuroanatomical variation in the human brain : An MRI-volumetric study », *American Journal of Physical Anthropology, 118*, p. 341-358.

Allen, M. et M.M. Wellman (1980). « Hand position during writing, cerebral laterality and reading : Age and sex differences », *Neuropsychologia, 18*, p. 33-40.

Alloway, T.P., S.E. Gathercole, H. Kirkwood et J. Elliot (2009). « The cognitive and behavioral characteristic of children with low working memory », *Child Development, 80*(2), p. 606-621.

Altman, J. (2002). « Weight in the balance », *Neuroendocrinology, 76*, p. 131-136.

American Psychological Association – APA (2007). *Task Force on the Sexualization of Girls, Report of the APA*, Washington, American Psychological Association.

Amstrong, T. (2009). *Multiples Intelligence in the Classroom* (3e éd.), Alexandria, Association for Supervision and Curriculum Development.

Anderson, V. et R. Jacobs (2004). « Interruptions du développement normal chez les enfants victimes de lésions au lobes frontaux », dans P. Nolin et J.P. Laurent (dir.), *Neuropsychologie : cognition et développement de l'enfant*, Québec, Presses de l'Université du Québec, coll. « D'enfance ».

Andreani, D.O. et A. Pagnin (1993). « Moral judgment in creative and talented adolescents », *Creativity Research Journal, 6*(1-2), p. 45-63.

Andries, C., N. Magalhes et A. Valentin Lefranc (2009). « Du vécu corporel au raisonnement logique ou comment la psychomotricité vient en aide aux mathématiques », *ANAE*, nos 104-105, p. 449-457.

Arnsten, A.F. (2009). « Stress signalling pathways that impair prefrontal structure and function », *Nature Neuroscience, 10*, p. 410-422.

Artaud, G. (1985). « Une approche holistique du développement moral de l'adolescent », *Revue des sciences de l'éducation, 11*(3), p. 403-419.

Asher, S.R. et J.D. Coie (1990). *Peer Rejection in Childhood*, Cambridge, Cambridge University Press.

Association américaine du retard mental – AAMR (2003). *Retard mental, définition, classification et système de soutien*, Saint-Hyacinthe, Edisem.

Association canadienne de la santé publique (2004). *Trousse d'évaluation de l'intimidation, du harcèlement et des relations entre enfants du même âge en milieu scolaire*, Ottawa, Conseil canadien de la sécurité.

Association de psychiatrie américaine – APA (2003). *DSM-IV-TR : Manuel diagnostique et statistique des troubles mentaux* (4e éd.), Paris, Masson.

Atkinson, R.C. et R.M. Shiffrin (1968). « Human memory : A proposed system and its control process », dans K.W. Spence et J.T. Spence (dir.), *The Psychology of Learning and Motivation, Vol. 2*, New York, Academic Press.

Atlas, R.S. et D.J. Pepler (1998). « Observations of bullying in the classroom », *American Journal of Educational Research, 92*(2), p. 86-99.

Audry, N. (1689). *Réflexions sur l'usage présent de la langue française*, Paris, Laurent d'Houry.

Baddeley, A. (1986). *Working Memory*, Oxford, Clarendon Press.

Bagwell, C.L., A.F. Newcomb et W.M. Bukowski (1998). « Preadolescent friendship and peer rejection as predictors of adult adjustment », *Child Development, 69*, p. 140-153.

Baldy, R. (2008). *Dessine-moi un bonhomme : dessins d'enfants et développement cognitif*, Paris, In Press.

Bandura, A. (1986). *Social Foundations of Thought and Action : A Social Cognitive Theory*, Englewood Cliffs, Prentice-Hall.

Bandura, A. (2003). *Auto-efficacité : le sentiment d'efficacité personnelle*, Bruxelles, De Boeck.

Bara, F., É. Gentaz et P. Colé (2004). « Les effets des entraînements phonologiques et multisensoriels destinés à favoriser l'apprentissage de la lecture chez les jeunes enfants », *Enfance*, 4(56), p. 387-403.

Barabé, D., L. Labranche, J. Laflamme, C. Lavoie et L. Vautour (1999). *Élève en déficit d'attention, Guide d'intervention de l'enseignant*, Shawinigan, Commission scolaire de l'Énergie.

Barbeau, D., A. Montini et C. Roy (1997). « Comment favoriser la motivation scolaire », *Pédagogie collégiale*, 11(1), p. 9-13.

Barkley, R.A. (1997). « Behavioral inhibition, sustained attention, and executive functions : Constructing a unifying theory of ADHD », *Psychological Bulletin*, 121, p. 65-94.

Barnett, T. et L. Hamel (2002). « Activité physique », dans *Enquête sociale et de santé auprès des enfants et des adolescents québécois 1999*, Québec, Institut de la statistique du Québec.

Bar-Or, O., J. Foreyt, C. Bouchard, K.D. Brownell, W.H. Dietz, E. Ravusin, A.D. Salbe, S. Schwenger, S. St. Jeor et B. Torun (1998). « Physical activity, genetic and nutritional considerations in childhood weight management », *Medicine, Science and Sports Exercice*, 30, p. 2-10.

Barrouillet, P., V. Camos, S. Morlaix et B. Suchaut (2008). « Progressions scolaires, mémoire de travail et origine sociale : quels liens à l'école élémentaire ? », *Revue française de pédagogie : recherches en éducation*, 162 (janv.-févr.), p. 5-14.

Bauserman, R. et C. Davis (1996). « Perceptions of early sexual experiences and adult sexual adjustment », *Journal of Psychology and Human Sexuality*, 8(3), p. 37-59.

Beaumont, C. (2010). « Le développement des habiletés d'entraide et l'adaptation psychosociale des élèves présentant des problèmes de comportement », *Psychologie Québec*, 27(02), mars, p. 25-28.

Beaupré, A. (2009). « Les orientations du ministère de l'Éducation, du Loisir et du Sport pour une école adaptée à tous ses élèves », *Vie pédagogique*, 150, p. 80-83.

Beck, I.L., M.F. McKeown et L. Kucan (2002). *Bringing Words to Life : Robust Vocabulary Instruction*, New York, The Guilford Press.

Beck, L.E. (2006). *Child Development* (7e éd.), New York, Pearson.

Bédard, F., M. Bergeron, L. Desbiens, N. Desrosiers, M.E. Dufour, K. Gagnon, D. Labrie, N Lévesque et M.C. Tanguay (2005). *Communiquer au préscolaire, c'est magique*, Baie-Comeau, Commission scolaire de l'Estuaire.

Bee, H. et D. Boyd (2003). *Les âges de la vie* (2e éd.), Montréal, Éditions du Renouveau pédagogique.

Bee, H. et D. Boyd (2008). *Les âges de la vie* (3e éd.), Montréal, Éditions du Renouveau pédagogique.

Bégin, C. (2008). *Les compétences en orthographe lexicale des élèves de 6e année du primaire : Rôle des facteurs linguistiques et motivationnels*, Thèse de doctorat inédite, Québec, Université Laval.

Bégin, C. et F. Guay (sous presse). « Validation de l'Échelle de motivation à l'égard de l'orthographe », *Revue Mesure et évaluation en éducation*.

Bélanger, J., C. Gosselin, F. Bowen, N. Desbiens et M. Janosz (2006). « L'intimidation et les autres formes de violence à l'école », dans L. Massé, N. Desbiens et C. Lanaris (dir.), *Les troubles du comportement à l'école, Prévention, évaluation et intervention*, Montréal, Gaëtan Morin Éditeur.

Belleau, J. (2001). *Les formes d'intelligence de Gardner*, <http://www.clevislauzon.qc.ca/publications/intelligences%20multiples.pdf>, consulté le 20 mai 2010.

Bem, S. (1974). « The measurement of psychological androgyny », *Journal of Consulting and Clinical Psychology*, 42, p. 155-162.

Bem, S. (1977). « On the utility of alternative procedures for assessing psychological androgyny », *Journal of Consulting and Clinical Psychology*, 45, p. 196-205.

Bem, S.L. (1981). « Gender schema theory : A cognitive account of sex typing », *Psychological Review*, 88(4), p. 354-364.

Benton, D. (2008a). « The influence of children's diet on their cognition and behaviour », *European Journal of Nutrition*, 47(3), p. 25-37.

Benton, D. (2008b). « Micronutrient status, cognition and behavioral problems in childhood », *European Journal of Nutrition*, 47, Suppl. 3, p. 38-50.

Berger, D. (2010). « Si l'école accueille 500 enfants, le service de garde peut-il en faire autant ? », *Gardavue*, 25(1), p. 17-19.

Berger, K.S. (2000). *Psychologie du développement*, Montréal, Modulo.

Berk, L.E. et A. Winsler (1995). *Scaffolding Children's Learning : Vygostky and Early Childhood Education*, Washington, National Association for the Education of Young Children.

Berninger, V. et H.L. Swanson (1994). « Modifying Hayes and Flower's model of skilled writing to explain beginning and developing writing », *Advances in Cognition and Educational Practice*, 2, p. 57-81.

Bernt, T.A. et M.A. McCandless (2009). « Methods for investing children's relationships with friends », dans K.H. Rubin, W.M. Bukowski et B. Laursen (dir.), *Handbook of Peer Interactions, Relationships, and Group*, New York, Guilford Press, p. 63-81.

Biemiller, A. (2007). « L'influence du vocabulaire sur l'acquisition de la lecture », *Encyclopédie sur le développement des jeunes enfants*, Londres, Réseau canadien de recherche sur le langage et l'alphabétisation, <http://dev.literacyencyclopedia.ca/pdfs/topic.php?topId=19etfr=true>, consulté le 29 mars 2010.

Bierman, K.L., D.L. Smoot et K. Aumiller (1993). « Characteristics of aggressive-rejected, aggressive (nonrejected), and rejected (nonaggressive) boys », *Child Development*, 64(1), p. 139-151.

Bjorklund, D.F. (1997). « The role of immaturity in human development », *Psychological Bulletin*, 122(2), p. 153-169.

Bodrova, E. et D.J. Leong (2007). *Tools of the Mind: The Vygotskian Approach to Early Childhood Education* (2e éd.), Columbus, Merrill/Prentice Hall.

Bodzar, E.B., A. Zsakai, J.E.T. Papai et C. Susanne (2006). « Évolution séculaire de la croissance et de la maturation sexuelle en Hongrie », *Anthropo*, 11, p. 93-100.

Boileau, L., T. Bouffard et C. Vezeau (2000). « L'évaluation de soi, les buts d'apprentissage et leur impact sur le rendement des élèves de 6e année du primaire », *Revue canadienne des sciences du comportement, 32(1),* p. 6-17.

Boisvert, G. et J. Gagnon (2005). *Éveiller les enfants à l'écrit: de la naissance à l'école*, Montréal, Hurtubise-HMH.

Boisvert, L. (2007). *Tomber dans le plaisir, Référentiel en littérature jeunesse au primaire*, <http://ecole.csphares.qc.ca/profs/francais/_sites/francais/IMG/pdf/Referentiel_en_litterature_v1-2.pdf>, consulté le 6 avril 2010.

Bolognini, M. (1994). *Préadolescence: théorie, recherche et clinique*, Thiron, ESF.

Borg, M.G. (1999). « The extent and nature of bullying among primary and secondary school children », *Educational Research*, 41(2), p. 137-153.

Bornstein, M.H., C.-S. Hahn, N.F. Gist et O.M. Haynes (2006). « Long-term cumulative effects of childcare on children's mental development and socioemotional adjustment in a non-risk sample: The moderating effects of gender », *Early Child Development and Care*, 176, p. 129-156.

Bouchard, C., avec la collaboration (2008). *Le développement global de l'enfant de 0 à 5 ans en contextes éducatifs*, Québec, Presses de l'Université du Québec.

Bouchard, C. (2008). « Je communique : le développement du langage de 0 à 3 ans », dans C. Bouchard, avec la collaboration de N. Fréchette (dir.), *Le développement global de l'enfant de 0 à 5 ans en contextes éducatifs*, Québec, Presses de l'Université du Québec, coll. « Éducation à la petite enfance ».

Bouchard, C. (2010). « Le développement global de l'enfant au préscolaire », dans C. Raby et A. Charron (dir.), *Intervenir à l'éducation préscolaire pour favoriser le développement global*, Montréal, CEC.

Bouchard, C. et A. Charron (2008). « Je m'exprime. Le développement du langage de 3 à 5 ans », dans C. Bouchard, avec la collaboration de N. Fréchette (dir.), « *Le développement global de l'enfant de 0 à 5 ans en contextes éducatifs*, Québec, Presses de l'Université du Québec, coll. « Éducation à la petite enfance ».

Bouchard, C., R. Cloutier et F. Gravel (2006). « Différences garçons-filles en matière de prosocialité », Numéro thématique sur les concepts et les stéréotypes sexuels. *Enfance*, 4, p. 377-393.

Bouchard, C., R. Cloutier, F. Gravel et A. Sutton (2008). « The role of language skills in perceived prosociality in kindergarten boys and girls », *European Journal of Developmental Psychology*, 5(3), p. 338-357.

Bouchard, C., F. Gravel et R. Cloutier (2006). « Prosocialité des enfants à la maternelle québécoise : une explication des différences liées au genre », *Bulletin de psychologie*, 59(4), 369-379.

Bouchard, C. et N. Fréchette (2008a). « Introduction. Le développement global de 0 à 5 ans », dans C. Bouchard, en collaboration avec N. Fréchette (dir.), *Le développement global de l'enfant de 0 à 5 ans en contextes éducatifs*, Québec, Presses de l'Université du Québec, coll. « Éducation à la petite enfance ».

Bouchard, C. et N. Fréchette (2008b). « Je socialise : Le développement socioaffectif de 3 à 5 ans », dans C. Bouchard, avec la collaboration de N. Fréchette (dir.), *Le développement global de l'enfant de 0 à 5 ans en contextes éducatifs*, Québec, Presses de l'Université du Québec, coll. « Éducation à la petite enfance ».

Bouchard, C., N. Fréchette et F. Gravel (2008). « Je pense : le développement cognitif de 3 à 5 ans », dans C. Bouchard en collaboration avec N. Fréchette (dir.), *Le développement global de l'enfant de 0 à 5 ans en contextes éducatifs*, Québec, Presses de l'Université du Québec, coll. « Éducation à la petite enfance ».

Bouchard, P. et I. Boily (2005). *Hé ! Les filles ! Qui aura le dernier mot ?*, Québec, Université Laval, Dépliant sur l'hypersexualisation des filles, <http://www.travail.csq.qc.net/sites/1679/documents/condition/he_les_filles.pdf>.

Bouchard, P. et N. Bouchard (2004). *La sexualisation précoce des filles peut accroître leur vulnérabilité*, Sisyphe, <http://sisyphe.org/article.php3?id_article=917>.

Bouchard, P., N. Bouchard et I. Boily. (2005). *La sexualisation précoce des filles*, Paris, Éditions Sisyphe, coll. « Contrepoint ».

Bouchard, P. et J.-C. St-Amant (1996). *Garçons et filles, stéréotypes et réussite scolaire*, Montréal, Remue-ménage.

Bouchard, P. et J.C. St-Amant (2000). *L'axe mère-enfant de la réussite scolaire en milieu populaire*, <http://www.erudit.org/livre/sqrsf/2000/000158co.pdf>, consulté le 13 juillet 2010.

Boucher, L.P. (1994). « L'utilisation des opérations formelles et le degré de complexité intégrative de la structure conceptuelle », *Revue des sciences de l'éducation, 1*(2-3), p. 169-190.

Boudreau, M. (2005). *La littératie familiale et le développement de la conscience phonologique chez les enfants de la maternelle*, Thèse de doctorat inédite, Québec, Université Laval.

Bouffard, T., M. Brodeur et C. Vézeau (2005). *Les stratégies de motivation des enseignants et leurs relations avec le profil motivationnel d'élèves du primaire : rapport de recherche*, <http://www.fqrsc.gouv.qc.ca/upload/editeur/RF-ThereseBouffard.pdf>, consulté le 28 juin 2010.

Bourcier, S. (2008). *L'agressivité chez l'enfant*, Montréal, Éditions du CHU Sainte-Justine.

Bourgeois, J.P. (2001). « Synaptogenesis in the neocortex of the newborn : The ultimate frontier for individuation », dans C.A. Nelson et M. Luciana (dir.), *Handbook of Developmental Cognitive Neuroscience*, Cambridge, MIT Press.

Bourgeois, J.P. (2005). « Synaptogénèse et épigénèse cérébrale », *Médecine Sciences, 21*, p. 428-433.

Bourhis, R.Y. (1994). « Préjugés et discrimination », *Revue québécoise de psychologie, 13*, p. 59-157.

Bouvard, M., M.F. Le Heusey et M.C. Mouren (2006). *L'hyperactivité de l'enfance à l'âge adulte* (2e éd.), Paris, Doin.

Bowen, F. et N. Desbiens (2004). « La prévention de la violence en milieu scolaire au Québec, réflexions sur la recherche et le développement de pratiques efficaces », *Éducation et francophonie, 32*(1), printemps, p. 69-86.

Bowen, F., N. Desbiens, Rondeau et I. Ouimet (2000). « La prévention de la violence et de l'intimidation en milieu scolaire », dans F. Vitaro et C. Gagnon (dir.), *Prévention des problèmes d'adaptation chez les enfants et les adolescents – Tome II : Les problèmes externalisés*, Québec, Presses de l'Université du Québec.

Boyatzis, C.J., E. Chazan et C.Z. Ting (1993). « Preschool children's decoding of facial emotions », *Journal of Genetic Psychology, 154*, p. 375-382.

Boyd, D., S.E. Wood, E.G. Wood et F. Hétu (2009). *L'univers de la psychologie*, Montréal, Éditions du Renouveau pédagogique.

Breton, J.-J. (2004). « Liaisons néfastes à l'école : victimes et intimidateurs », *Le clinicien*, mars, p. 105-110.

Breton, M. et I. Emond (2001). *Boîte à lunch emballante*, Montréal, Flammarion Québec.

Brissiaud, R. (2007). *Premiers pas vers les maths*, Paris, Retz.

Brochu, A.C. (2007). « Les composantes de la pensée opératoire concrète », dans S. Larivée (dir.), *L'intelligence*, Tome 1, Montréal, Éditions du Renouveau pédagogique.

Brochu, A.-C., S. Larivée et C. Demers (2007). « Le développement des opérations logicomathématiques », dans S. Larivée (dir.), *L'intelligence*, Tome 1, Montréal, Éditions du Renouveau pédagogique.

Bronfenbrenner, U. (1979). *The Ecology of Human Development : Experiments by Nature and Design*, Cambridge, Harvard University Press.

Bronfenbrenner, U. (2000). « Developmental science in the 21st century : Emerging questions, theoretical models, research designs and empirical findings », *Social Development, 9*, p. 115-125.

Brown, B.B. et C. Klute (2003). « Friends, cliques, and crowds », dans G.R. Adams et M.D. Berzonsky (dir.), *Blackwell Handbook of Adolescence*, Malden, Blackwell Bryant.

Brown, L.M. et C. Gilligan (1992). *Meeting at the Crossroad : Women's Psychology and Girls' Development*, Cambridge, Harvard University Press.

Brunard, R., E. Elsensohn et R. Parada (2000). *Baseball*, Paris, Revue EPS.

Bruner, J. (1973). *Going Beyond the Information Given*, New York, Norton.

Bruner, J. (1983). *Child's Talk : Learning to Use Language*, New York, Norton.

Bruininks, R.H. et B.D. Bruininks (2005). *Bruininks-Ozeretzki Test of Motor Proficiency* (2e éd.), Circle Pines, American Guidance Service.

Bryson, S.E. et V. MacDonald (1984). « The development of writing posture in left-handed children and its relation to sex and reading skills », *Neuropsychologia, 22*, p. 91-94.

Bukowski, W.M., C. Motzoi et F. Meyer (2004). « Friendship as process, function and outcome », dans K.H. Rubin, W.M. Bukowski, B. Laursen et B.P. Laursen (dir.), *Handbook of Peer Interactions, Relationships, and Groups*, New York, Guilford Press,

Butler-Jones, D. (2009). *Étude des blessures chez les enfants et les jeunes, Édition 2009 – Pleins feux sur la sécurité des produits de consommation*, Ottawa, Agence de la santé publique, <http://www.phac-aspc.gc.ca/publicat/cyi-bej/2009/index-fra.php>, consulté le 7 juillet 2010.

Byot, A. (2008). « Schéma et image du corps », dans A. Weil-Barais et D. Cupa (dir.), *100 fiches de psychologie* (2e éd.), Paris, Bréal.

Cadoret, G., M.-E. Blanchet et C. Bouchard (2008). « J'agis. Le développement psychomoteur de 3 à 5 ans », dans C. Bouchard, en collaboration avec N. Fréchette (dir.), « *Le développement global de l'enfant de 0 à 5 ans en contextes éducatifs*, Québec, Presses de l'Université du Québec, coll. « Éducation à la petite enfance ».

Cadoret, G. et C. Bouchard (2008). « Première pièce du puzzle. Le développement neurologique de l'enfant de 0 à 5 ans », dans C. Bouchard, en collaboration avec N. Fréchette (dir.), *Le développement global de l'enfant de 0 à 5 ans en contextes éducatifs*, Québec, Presses de l'Université du Québec, coll. « Éducation à la petite enfance ».

Cadoret, G et N. Fréchette (2008). « Le développement psychomoteur de 0 à 3 ans », dans C. Bouchard, en collaboration avec N. Fréchette (dir.), « *Le développement global de l'enfant de 0 à 5 ans en contextes éducatifs*, Québec, Presses de l'Université du Québec, coll. « Éducation à la petite enfance », p. 61-96.

Cadoret, G., G.B. Pike et M. Petrides (2001). « Selective activation of the ventrolateral prefrontal cortex in the human brain during active retrieval processing », *European Journal of Neuroscience*, 14, p. 1164-1170.

Caillies, S. (2009). « Descriptions de 300 expressions idiomatiques : familiarité, connaissance de leur signification, plausibilité littérale », "décomposabilité" et "prédictibilité" », *L'Année psychologique, 109*, p. 463-508.

Caillies, S. et S. Le Sourn-Bissaoui (2008). « Children's understanding of idioms and theory of mind », *Developemental Science, 11*(5), p. 703-711.

Cain, K. et V.J. Oakhill (1999). « Inference making ability and its relation to comprehension failure in young children », *Reading and Writing: An Interdisciplinary Journal, 11,* p. 489-500.

Cairns, R.B., B.D. Cairns, H.J. Neckerman, S.D. Gest et J.-L. Gariépy (1988). « Social networks and aggressive behavior: Peer support or peer rejection ? », *Developmental Psychology, 24*(6), p. 815-823.

Cairns, R.B., H. Xie et M. Leung (1998). « The popularity of friendship and the neglect of social networks: Towarda new balance », dans W.M. Bukowski et A.H. Cillessen (dir.), *Sociometry Then and Now: Building on Six Decades of Measuring Children's Experiences with the Peer Group: No, 80 – New Directions for Child Development*, San Francisco, Jossey-Bass.

Calza, A. et M. Contant (2007). *Psychomotricité* (3e éd.), Issy-les-Moulineaux, Elsevier-Masson.

Cantell, M.H., M.M. Smyth et T.P. Ahonen (1994). « Clumsiness in adolescence: Educational, motor, and social outcomes of motor delay detected at 5 years », *Adapted Physical Activity Quarterly, 11*, p. 115-129.

Cantin, G. (2006). *Représentations de futures éducatrices en service de garde à l'enfance à l'égard de la relation avec les parents*, Thèse de doctorat inédite, Montréal, Université de Montréal.

Caroll, J.B. (1993). *Human Cognitive Abilities*, Cambridge, Cambridge University Press.

Carr, A. (2004). *Positive Psychology: The Science of Happiness and Human Strengths*, Hove, Psychology Press.

Cartledge, G. et J.F. Milburn (dir.) (1995). *Teaching Social Skills to Children and Youth: Innovative Approaches* (3e éd.), Boston, Allyn & Bacon.

Cartron, A. (1999). « Spécificité des savoirs et savoir-faire mis en œuvre dans les relations avec les pairs », dans A. Cartron et F. Winnykamen (dir.), *Les relations sociales chez l'enfant: genèse, développement, fonctions* (2e éd.), Paris, Armand Colin.

Casenave, C., J.-C. Martin et Y. Renondeau (2000). *Puberté et adolescence*, Paris, Masson.

Casey-Cannon, S., C. Hayward et K. Gowen (2001). « Middle-school girls' reports of peer victimization: Concerns, consequences, and implications », *Professional School Counselling, 5*(2), p. 138-148.

Castles, A. et M. Coltheart (2004). « Is there a causal link from phonological awareness to success in learning to read ? », *Cognition, 91*, p. 77-111.

Catach, N. (1995). *L'orthographe française* (3e éd.), Paris, Nathan.

Catach, N. (2003). *L'orthographe* (2e éd.), Paris, Presses universitaires de France, coll. « Que sais-je ? ».

Censabella, S. (2007). « Les fonctions exécutives », dans M.P. Noël (dir.), *Bilan neurologique de l'enfant*, Wavre, Mardaga.

Cerquetti-Aberkane, F. et C. Berdonneau (1994). *Enseigner la mathématique à la maternelle*, Paris, Hachette.

Chan, K.-M. et L.J. Micheli (dir.) (1998). *Sports and Children*, Hong Kong, University of Hong Kong.

Changeux, J.P. et A. Danchin (1976). « Selective stabilization of developing synapses as a mechanism for the specification of neural network », *Nature, 264*, p. 705-712.

Chanquoy, L. (2001). « How to make it easier for children to revise their writing: A study of text revision from 3rd to 5th grades », *British Journal of Educational Psychology, 71*, p. 15-41.

Chanquoy, L. et D. Alamargot (2003). « Mise en place et développement des traitements rédactionnels: le rôle de la mémoire de travail », *Le langage et l'homme, XXXVIII*(2), p. 171-190.

Chapman, J.W., W.E. Turner et J.E. Prochnow (2000). « Early reading-related skills and performance, reading self-concept and the development of academic self-concept. A longitudinal study », *Journal of Educational Psychology, 92*, p. 703-708.

Charach, A., D.J. Pepler et S. Ziegler (1995). « Bullying at school: A Canadian perspective », *Education Canada, 35*(1), p. 12-18.

Charron, A. et C. Bouchard (2008). « Réflexion sur le développement langagier et de la littératie chez les enfants en services de garde éducatifs », dans N. Bigras et G. Cantin (dir.), *Les services de garde éducatifs à la petite enfance du Québec, Recherches, réflexions et pratiques*, Québec, Presses de l'Université du Québec, coll. « Éducation à la petite enfance ».

Charron, A., M. Boudreault et C. Bouchard (2010). « Communiquer et s'éveiller à l'écrit au préscolaire », dans C. Raby et A. Charron (dir.), *Intervenir à l'éducation préscolaire. Pour favoriser le développement global*, Montréal, CEC.

Chauveau, G. (1997). *Comment l'enfant devient lecteur*, Paris, Retz.

Chauveau, G. (2000). « Des difficultés de lecture avant 6 ans », *ANAE, 57*, p. 62-63.

Chauveau, G. (2007). *Le savoir-lire aujourd'hui*, Paris, Retz.

Chervel, A. et D. Manesse (1989). *La dictée: les Français et l'orthographe 1873-1987*, Paris, Calmann-Lévy.

Chevalier, N. et A. Blaye (2006). « Le développement de la flexibilité cognitive chez l'enfant préscolaire: enjeux théoriques », *L'année psychologique, 106*, p. 569-608.

Chevalier, N., M.C. Guay, A. Achim, P. Lageix et H. Poissant (2006). *Trouble déficitaire de l'attention avec hyperactivité: Soigner, éduquer, surtout valoriser*, Québec, Presses de l'Université du Québec.

Chiland, C. (1997). « L'identité sexuée: clinique et méthodologie », dans P.G. Coslin *et al*, (dir.), *Garçons et filles, hommes et femmes – Aspects pluridisciplinaires de l'identité sexuée*, Paris, Presses universitaires de France.

Chouinard, R., A. Archambault et A. Rheault (2006). « Les devoirs, corvée inutile ou élément essentiel à la réussite scolaire », *Revue des sciences de l'éducation, 32*(2), p. 307-324.

Church, J.A., R.S. Coalson, H.M. Lugar, S.E. Petersen et B.L. Schlaggar (2008). « A developmental FMRI study of reading and repetition reveals changes in phonological and visual mechanisms over age », *Cerebral Cortex, 18*, p. 2054-2065.

Cillessen, A.H., H.W. Van IJzendoorn, C.F. Van Lieshout et W.W. Hartup (1992). « Heterogeneity among peer-rejected boys: Subtypes and stabilities », *Child Development, 63*(4), p. 893-905.

CIM-10 (1994). *Classification internationale des maladies* (10e éd.), Paris, Masson.

Cinq-Mars, C. (2005). *Étude sur l'impact du programme Prévention de la violence et philosophie pour enfants*, <http://www.latraversee-pvphie.com/index.asp?section=4_1_3etchapitre=1>, consulté le 6 janvier 2010.

Claes, M. (1995). « La psychologie de l'adolescence », dans D. Gaonac'h et C. Golder (dir.). *Profession enseignant: manuel de psychologie pour l'enseignement*, Paris, Hachette Éducation.

Clark, W. (2009). *L'activité sportive chez les enfants*, <http://www.statcan.gc.ca/pub/11-008-x/2008001/article/10573-fra.htm>, consulté le 17 mai 2010.

Cloutier, R. (2003). « La réussite scolaire des garçons: un défi à multiples facettes », *Vie pédagogique, 127* (avril-mai), p. 9-12.

Cloutier, R. (2005a). « Le développement de la personnalité », dans R. Cloutier, P. Gosselin et P. Tap (dir.), *Psychologie de l'enfant* (2e éd.), Montréal, Gaëtan Morin Éditeur.

Cloutier, R. (2005b). « Théories du développement de l'enfant », dans R. Cloutier, P. Gosselin et P. Tap (dir.), *Psychologie de l'enfant* (2e éd.), Montréal, Gaëtan Morin Éditeur.

Cloutier R. (2005c). « L'intelligence », dans R. Cloutier, P. Gosselin et P. Tap (dir.), *Psychologie de l'enfant* (2e éd.), Montréal, Gaëtan Morin Éditeur.

Cloutier R. (2005d). « Psychopathologie de l'enfant », dans R. Cloutier, P. Gosselin et P. Tap (dir.), *Psychologie de l'enfant* (2e éd.), Montréal, Gaëtan Morin Éditeur.

Cloutier R. (2005e). « L'apprentissage », dans R. Cloutier, P. Gosselin et P. Tap (dir.), *Psychologie de l'enfant* (2e éd.), Montréal, Gaëtan Morin Éditeur.

Cloutier, R. et S. Drapeau (2008). *Psychologie de l'adolescence* (3e éd.), Montréal, Gaëtan Morin Éditeur.

Cloutier R. et P. Gosselin (2005a). « Les stades du développement cognitif », dans R. Cloutier, P. Gosselin et P. Tap (dir.), *Psychologie de l'enfant* (2e éd.), Montréal, Gaëtan Morin Éditeur.

Cloutier, R. et P. Gosselin (2005b). « Fondements biologiques du comportement », dans R. Cloutier, P. Gosselin et P. Tap (dir.), *Psychologie de l'enfant* (2ᵉ éd.), Montréal, Gaëtan Morin Éditeur.

Club des petits déjeuners du Québec, <http://www.club-dejeuners.org/>, consulté le 18 mars 2010.

Cogis, D. (2005). *Pour enseigner et apprendre l'orthographe*, Paris, Delagrave.

Cohen, N.J., M. Lojkasek, Z.Y. Zadeh, M. Pugliese et H. Kiefer (2008). « Children adopted from China : A prospective study of their growth and development », *Journal of Child Psychology and Psychiatry, 49*, p. 458-468.

Coie, J.D. et K.A. Dodge (1983). « Continuities and changes in children's social status : A five-year longitudinal study », *Merrill-Palmer Quarterly, 29*(3), p. 261-282.

Coie, J.D. et K.A. Dodge (1988). « Multiple sources of data on social behavior and social status in the school : A cross-age comparison », *Child Development, 59*, p. 815-829.

Coie, J. D. et K.A. Dodge (1998). « Aggression and antisocial behaviour », dans W. Damon et N. Eisenberg (dir.), *Handbook of Child Psychology, Vol. 3 : Social, Emotional and Personality Development* (5ᵉ éd.), New York, Wiley, p. 779-862.

Coie, J.D., K.A. Dodge et H. Coppotelli (1982). « Dimensions and types of social status : A cross-age perspective », dans D.L. Costill et J.H. Wilmore (dir.), *Physiologie du sport et de l'exercice : adaptations physiologiques à l'effort* (3ᵉ éd.), Bruxelles, De Boeck.

Cole, TI., MC. Bellizzi, KM. Flegal et W.H. Dietz (2000). « Establishing a standard definition for child overweight and obesity worldwide : International survey », *BMJ 2000, 320*, p. 1-6.

Collard, N. (2009). « Une étiquette contestée », *La Presse*, 16 novembre, p. A18.

Comité aviseur sur les conditions de vie des femmes (2005). *Avis sur la sexualisation précoce des filles et ses impacts sur leur santé*, Agence de développement de réseaux locaux de services de santé et de services sociaux du Bas-St-Laurent, 20 avril, <http://www.rqasf.qc.ca/Avis_sexualisation.pdf>.

Connolly, J.A., A.B. Doyle et E. Reznick (2000). « Social pretend play and social interaction in preschoolers », *Journal of Applied Developmental Psychology, 9*(3), p. 301-313.

Connor, D.F. (2009). « Les facteurs familiaux dans l'étiologie de l'agressivité et les interventions orientées vers les familles », dans B.H. Schneider, S.M. Allès-Jardel, M.A. Provost et G.M. Tarabulsy (dir.), *Conduites agressives chez l'enfant : perspectives développementales et psychosociales*, Québec, Presses de l'Université du Québec, coll. « D'Enfance ».

Conseil du statut de la femme – CSF (2008a). *Entre le rose et le bleu : stéréotypes sexuels et constructions sociale du féminin et du masculin*, Québec, Gouvernement du Québec.

Conseil du statut de la femme – CSF (2008b). *Le sexe dans les médias : obstacle aux rapports égalitaires*, Résumé de l'avis du Conseil du statut de la femme, Québec, Gouvernement du Québec.

Conseil supérieur de l'éducation – CSÉ (1999). *Pour une meilleure réussite scolaire des garçons et des filles*, Avis présenté au ministre de l'Éducation, Québec, Gouvernement du Québec.

Conseil supérieur de l'éducation – CSÉ (2001). *Les élèves en difficulté de comportement à l'école primaire : comprendre, prévenir et intervenir*, Avis présenté au ministre de l'Éducation, Québec, Gouvernement du Québec.

Conseil supérieur de l'éducation – CSÉ (2006). *Les services de garde en milieu scolaire : Inscrire la qualité au cœur des priorités*, Québec, Gouvernement du Québec.

Conseil supérieur de l'éducation – CSÉ (2010). *Pour soutenir une réflexion sur les devoirs à l'école primaire*, Avis présenté au ministre de l'Éducation, du Loisir et du Sport, Québec, Le Conseil.

Cook, P.C. et M.E. Leit (1995). « Issues in the pediatric athlete », *The Orthopedic Clinics of North America, 26*, p. 453-464.

Cooper, H., J.J. Lindsay, B. Nye et S. Greathouse (1998). « Relationships between attitude about homework : The amount of homework assigned and completed, and student achievement », *Journal of Educational Psychology, 90*(1), p. 70-83.

Coopersmith, S. (1967). *The Antecedents of Self-Esteem*, San Francisco, Freeman.

Corsaro, W.A. (2005). *The Sociology of Childhood* (2ᵉ éd.), Thousand Oaks, Pine Forge Press.

Costermans, J. et D. Giurgea (1988). « L'influence du sens sur la segmentation syllabique chez des enfants de trois à sept ans », *Archives de psychologie, 56*, p. 137-149.

Costill, D.L. et J.H. Wilmore (2006). *Physiologie du sport et de l'exercice : Adaptations physiologiques à l'effort* (3ᵉ éd.), Bruxelles, De Boeck.

Côté, P.D. (2007). « Jeux vidéo et rôles sexuels : du virtuel à l'éducation sexuel », *Ça s'exprime, 7*.

Courteix, D., C. Jaffré, P. Obert et L. Benhamou (2000). « Développement corporel, maturation squelettique et gymnastique intensive durant l'enfance », *Science et Sports, 15*, p. 258-260.

Coutu, S. et N. Royer (2010). « L'enfant apprend à interagir de façon harmonieuse avec les autres », dans C. Raby et A. Charron (dir.), *Intervenir à l'éducation préscolaire pour favoriser le développement global*, Montréal, CEC.

Coutu, S., G. Tardif et D. Pelletier (2004). « Les problèmes de comportement chez les enfants d'âge préscolaire : quelques pistes pour l'évaluation, la prévention et l'intervention », dans N. Royer (dir.), *Le monde du préscolaire*, Montréal, Gaëtan Morin Éditeur.

Craig W. et D. Pepler (1997). *Naturalistic Observations of Bullying and Victimizing on the Playground*, LaMarsh Centre of Research on Violence and Conflict Resolution. Document inédit, Université de York, Ontario.

Craig, W. et D. Pepler (2003). « Identifying and targeting risk for involvement in bullying and victimization », *Canadian Journal of Psychiatry, 48*(9), p. 577-582.

Creusere, M.A. (1999). « Theories of adults' understanding and use of irony and sarcasm : Applications to and evidence from research with children », *Developmental Review, 19,* p. 213-262.

Crick, N.R. et K.A. Dodge (1994). « A review and reformulation of social information-processing mechanisms in children's social adjustment », *Psychological Bulletin, 115*(1), p. 74-101.

Crick, N.R. et J.K. Grotpeter (1995). « Relational aggression, gender, and social-psychological adjustment », *Child Development, 66,* p. 710-722.

Croisile, B. (2009). *Tout sur la mémoire*, Paris, Odile Jacob.

Crooks, R. et K. Baur (2009). *Nos sexualités*, Mont-Royal, Modulo.

Cy, Ji et T.J. Chen. (2008). « Secular changes in stature and body mass index for Chinese youth in sixteen major cities, 1950s-2005 », *Am J Hum Biol., 20,* p. 530-537.

Cyr, M. et J. Dion (2006). « Quand des guides d'entrevue servent à protéger la mémoire des enfants : l'exemple du protocole NICHD », *Revue québécoise de psychologie, 27*(3), p. 157-175.

Cyrulnik, B., M. Delage, M.N. Blein, S. Bourcet et A. Dupays (2007). « Modification des styles d'attachement après le premier amour » *Annales médico-psychologiques, revue psychiatrique, 15*(3), p. 154-161.

Dafflon Novelle, A. (2006). « Identité sexuée : construction et processus », dans A. Dafflon Novelle (dir.), *Filles-garçons : socialisation différenciée ?*, Grenoble, Presses universitaires de Grenoble.

Damasio, H., T. Grabowski, R. Frank, A. Galaburda et A. Damasio (1994). « The return of Phineas Gage : Clues about the brain from the skull of a famous patient », *Science, 264,* p. 1102-1105.

Dang-Vu, T.T., M. Desseilles, P. Peigneux et P. Maquet (2006). « A role for sleep in brain plasticity », *Pediatric Rehabilitation, 9*(2), p. 98-118.

Daniel, M.F. (1998). *La philosophie et les enfants*, Montréal, Les éditions Logiques.

Daniel, M.F. (2009). *La philosophie pour enfants*, <http://www.media-awareness.ca/francais/ressources/educatif/outils_de_reflexion/applications_ppe_prescolaire.cfm>, consulté le 12 décembre 2009.

Daniel, M.-F. et A.-M. Michel (2001). « Learning to think and to speak : Account of an experiment involving children aged 3 to 5 in France and Quebec », *Thinking, 15*(3), p. 17-26.

Daniels-Beirness, T. (1989). « Measuring peer status in boys and girls : A problem of apples and oranges ? », dans B.H. Schneider, G. Attili, J. Nadel et R.P. Weissberg, *Social Competence in Developmental Perspective, NATO Advanced Science Institutes series, Series D : Behavioural and Social Sciences, 51*, New York, Kluwer Academic/Plenum Publishers.

Dardier, V. (2004). *Pragmatique et pathologies, Comment étudier les troubles de l'usage du langage*, Rosny-sous-Bois : Bréal.

Darveau, P. et R. Viau (1997). *La motivation des enfants : le rôle des parents*, Montréal, Éditions du Renouveau pédagogique.

Dasen, P.R. (2000). « Développement humain et éducation informelle », dans P.R. Dasen et C. Perregaux (dir.), *Pourquoi des approches interculturelles en sciences de l'éducation ?*, Bruxelles, DeBoeck Université.

de Broca, A. (2009). *Le développement de l'enfant : aspects neuro-psycho-sensoriels*, Paris, Elsevier-Masson.

De La Haye, F. et N. Bonneton-Botté (2009). « Incidence d'un entraînement à la production d'inférences sur le niveau de compréhension en lecture », dans N. Marec-Breton *et al.*, (dir.), *L'apprentissage de la langue écrite, Approche cognitive*, Rennes, Presses universitaires de Rennes.

De Vito, J.A., G. Chassé et C. Vezeau (2008). *La communication interpersonnelle* (2e éd.), Montréal, Éditions du Renouveau pédagogique.

De Weck, G. (1991). *La cohésion dans les textes d'enfants, Étude du développement des processus anaphoriques*, Lausanne, Delachaux et Niestlé.

Deci, E.L. (1975). *Intrinsic Motivation*, New York, Plenum.

Deci, E.L. et R.M. Ryan (1985). *Intrinsic Motivation and Self-determination in Human Behaviour*, New York, Plenum.

Dehaene, S. (2007). *Les neurones de la lecture*, Paris, Odile Jacob.

Dehaene, S., H.G. Le Clec, J.B. Poline, D. Le Bihan et L. Cohen (2002). « The visual word form area : A pre-lexical representation of visual words in the fusiform gyrus », *Neuroreport, 13*(3), p. 321-325.

Dekaban, A.S. et D. Sadowsky (1978). « Changes in brain weight during the span of human life : Relation of brain weights to body heights and body weights », *Annals of Neurology, 4,* p. 345-356.

Delahaie, M. (2004). *L'évolution du langage chez l'enfant : De la difficulté au trouble*, Saint-Denis, INPE, <http://www.inpes.sante.fr/CFESBases/catalogue/pdf/719.pdf>, consulté le 31 mars 2010.

Deldime, R. et S. Vermeulen (2004). *Le développement psychologique de l'enfant* (7e éd.), Bruxelles, De Boeck.

Demers, C. et S. Larivée (2007). « L'élaboration des représentations et des opérations concrètes : un long itinéraire », dans S. Larivée (dir.), *L'intelligence*, Tome 1, Montréal, Éditions du Renouveau pédagogique.

Deneault, J. et P.L. Morin (2007). « La théorie de l'esprit : ce que l'enfant comprend de l'univers psychologique », dans S. Larivée (dir.), « *L'intelligence*, Tome 1, Montréal, Éditions du Renouveau pédagogique.

Denham, S.A., S. Caverly, M. Schmidt, K. Blair, E. DeMulder, S. Caal *et al*, (2002). « Preschool understanding of emotions : Contributions to classroom anger and aggression », *Journal of Child Psychology and Psychiatry, 43*, p. 901-916.

Denham, S.A., M. McKinley, E.A. Couchoud et R. Holt (1990). « Emotional and behavioural predictors of peer status in young preschoolers », *Child Development, 61*, p. 1145-1152.

Denham, S.A., J. Mitchell-Copeland, K. Strandberg, S. Auerbach et K. Blair (1997). « Parental contributors to preschoolers' emotional competence : Direct and indirect effects », *Motivation and Emotion, 27*, p. 65-86.

Deniger, M.A., A. Anne, S. Dubé et S. Goulet (2009). *Les représentations du système scolaire des familles issues de milieux défavorisés*, Montréal, Groupe de recherche sur l'éducation en milieu défavorisé, Département d'administration et fondements de l'éducation, Faculté des sciences de l'éducation, Université de Montréal.

Denoncourt, I., T. Bouffard, V. Dubois et M. McIntyre (2004). « Relations entre les facteurs du profil motivationnel d'élèves de sixième année du primaire et leurs anticipations envers le secondaire », *Revue des sciences de l'éducation, 30*(1), p. 71-89.

DeRosier, M.E. et J.M. Thomas (2003). « Strengthening sociometric prediction : Scientific advances in the assessment of children's peer relations », *Child Development, 75*, p. 1379-1392.

Desbiens, N. (2010). *Formation – Les troubles du comportement chez les enfants et les adolescents : État des connaissances, évaluation et intervention*, Montréal, Formation Porte-Voix.

Desbiens, N. et S. Demers (2006). « L'entraînement à l'empathie », dans L. Massé, N. Desbiens, et C. Lanaris (dir.), *Les troubles du comportement à l'école, Prévention, évaluation et intervention*, Montréal, Gaëtan Morin Éditeur.

Desbiens, N., É. Royer, R. Bertand et L. Fortin (2000). « La réputation sociale des élèves en difficulté de comportement : effet d'un programme de promotion des habiletés sociales et de coopération en classe ordinaire », *Revue québécoise de psychologie, 21*(2), p. 57-79.

Deslandes, R. et R. Bertrand (2001). *La création d'une véritable communauté éducative autour de l'élève : une intervention plus cohérente et des services mieux harmonisés*, Rapport de recension des écrits, CQRS-MEQ action concertée, Document télé-accessible à l'adresse <http://www.ulaval.ca/crires/>.

Deslandes, R. et E. Bertrand (2004). « Motivation des parents à participer au suivi scolaire de leur enfant au primaire », *Revue des sciences de l'éducation, 30*(2), p. 411-433.

Deslandes, R., N. Rousseau, M. Rousseau, G. Descôteaux et V. Hardy (2008). « Regard parental sur les devoirs et les leçons en fonction des caractéristiques parentales et du rendement de l'élève », *Canadian Journal of Education, 31*(4), p. 836-860.

Deslandes, R. et E. Royer (1994). « Style parental, participation parentale dans le suivi scolaire et la réussite scolaire », *Service social, 43*(2), p. 63-80.

Desmarais, G., E. Kaplan, E. Roussy, K. Dagenais, C. Lortie, J. Lepage, P. Spiers, M.C. Lambany et P. Nolin (2004). « Évaluation neuropsychologique pédiatrique et neurotraumatologie », dans P. Nolin et J.P. Laurent (dir.), *Neuropsychologie : cognition et développement de l'enfant*, Québec, Presses de l'Université du Québec, coll. « D'Enfance ».

DesRosier, M.E. et J.M. Thomas (2003). « Strengthening sociometric prediction : Scientific advances in the assessment of children's peer relations », *Child Development, 75*, p. 1379-1392.

Desrosiers, L. et G. Tremblay (2005). *Lettra : mon carnet d'écriture cursive*, Rimouski, Éditions l'Artichaut.

Dews, S., E. Winner, J. Kaplan, E. Rosenblatt *et al*. (1996). « Children's understanding of the meaning and functions of verbal irony », *Child Development, 67*, p. 3071-3085.

Dietz, W.H. et M.C. Bellizzi (1999). « Introduction : The use of body mass index to assess obesity in children », *American Journal of Clinical Nutrition, 70*, p. 1235-1255.

Dionne, C., J. Langevin, J.L. Paour et S. Rocque (1999). « Le retard du développement intellectuel », dans E. Habimana, L.S. Ethier, D. Petot et M. Tousignant (dir.), *Psychopathologie de l'enfant et de l'adolescent : Approche intégrative*, Montréal, Gaëtan Morin Éditeur.

Dionne, J. et G. Cadoret (2009, avril). *Development of Active Memory Retrieval in Children*, Affiche présentée à la Society for Research in Child Development Biennial Meeting, Denver, Colorado.

Dodge, K.A. (1985). « Facets of social interaction and the assessment of social competence in children », dans B. Schneider, K.H. Rubin et J.D. Ledingham (dir.), « *Children's Peer Interactions: Issues in Assessment and Intervention*, New York, Spinger-Verlag.

Doré, R., S. Wagner et J.P. Brunet (2003). « L'intégration scolaire des élèves présentant une déficience intellectuelle: une réalité systémique », dans M.J. Tassé et D. Morin (dir.), *La déficience intellectuelle*, Montréal, Gaëtan Morin Éditeur.

Douaire J. (2008). « Étude descriptive des habiletés sociales déployées lors des sessions de clavardage chez les jeunes: le cas de la tribus des scientifines », Thèse de doctorat inédite, Montréal, Université du Québec à Montréal.

Douraï, M. (1988). « Représentation de soi des élèves et niveau de rendement scolaire: une analyse de segmentation », *Revue des sciences de l'éducation, 14*(1), p. 55-68.

Doyon, D. et C. Fisher (2010a). « Repères et moyens pour développer le langage et la pensée à la maternelle » dans D. Doyon et C. Fisher (dir.), *Langage et pensée à la maternelle*, Québec, Presses de l'Université du Québec.

Doyon, D. et C. Fisher (2010b). « La causerie à la maternelle comme lieu de construction du langage et de la pensée », dans D. Doyon et C. Fisher (dir.), *Langage et pensée à la maternelle*, Québec, Presses de l'Université du Québec.

Dreikurs, R., G. Grunwald et F. Pepper (1971). *Maintaining Sanity in the Classroom: Classroom Management Techniques*, New York, HarperCollins.

Dreyfus Vanek, A. (2005). *La crise de l'adolescence*, Paris, Studyrama.

Drouin, C. et A. Huppé (2005). *Plan d'intervention pour les difficultés d'attention*, Saint-Laurent, Chenelière Éducation.

Druide Informatique Inc. (2009). *Antidote HD*, Logiciel, Montréal, Druide Informatique inc.

DSM-IV-TR (2004). *Manuel diagnostique et statistique des troubles mentaux*, Paris, Masson.

Duclos, G. (2000). *L'estime de soi: un passeport pour la vie*, Montréal, Éditions de l'Hôpital Sainte-Justine.

Duclos, G. (2004). *L'estime de soi: un passeport pour la vie* (2ᵉ éd.), Montréal, Éditions de l'Hôpital Sainte-Justine.

Duclos, G. (2005). « L'estime de soi: un passeport pour la vie », dans *Le livre d'or des parents*, Montréal, Éditions du CHU Sainte-Justine.

Duclos, G. (2008). *Aider les jeunes enfants en difficulté: prévention et intervention*, Montréal, Éditions du CHU Sainte-Justine.

Duffy, M. et J.M. Gotcher (1996). « Crucial advice on how to get the guy: The rhetorical vision of power and seduction in the teen magazine YM », *Journal of Communication Inquiry, 20*, p. 32-48.

Dumas, J.E. (2007). *Psychopathologie de l'enfant et de l'adolescent* (3ᵉ éd.), Bruxelles, De Boeck.

Dupin de Saint-André, M., I. Montésinos-Gelet et M.-F. Morin (2008). « Interventions relatives aux inférences lors de la lecture à haute voix » dans L. Lafontaine, R. Bergeron et G. Plessis-Bélair (dir.), *L'articulation oral-écrit en classe: une diversité de pratiques*, Québec, Presses de l'Université du Québec.

Dupuis, S. (2002). *Des temps de l'enfant à la construction de la notion de temps*. Acte du 75ᵉ colloque Du temps…aux temps de l'enfant de l'Association générale des enseignants des écoles et des classes maternelles publiques (AGEEM), Rouen.

Duquet, F. et A. Quéniart (2009). *Perceptions et pratiques de jeunes du secondaire face à l'hypersexualisation et à la sexualisation précoce. Rapport de recherche*, Montréal, Université du Québec à Montréal.

Durkin, D. (1993). *Teaching Them to Read*, Boston, Allyn & Bacon.

Dworczak, F. (2004). *Neurosciences de l'éducation: cerveau et apprentissages*, Paris, L'Harmattan.

Écalle, J. et A. Magnan (2002). *L'apprentissage de la lecture, Fonctionnement et développement cognitif*, Paris, Armand Colin.

Eccles, J.S., J.E. Jacobs et R.D. Harold (1990). « Gender role stereotypes, expectance effects, and parents' socialisation of gender differences », *Journal of Social Issues, 46*, p. 183-201.

Eder, D. et J.L. Enke (1991). « The structure of gossip: Opportunities and constraints on collective expression among adolescents », *American Sociological Review, 56,* p. 494-508.

Ehri, L. (1997). « Apprendre à lire et apprendre à orthographier, c'est la même chose, ou pratiquement la même chose », dans L. Rieben, M. Fayol et C.A. Perfetti (dir.), *Des orthographes et leur acquisition*, Lausanne, Delachaux et Niestlé.

Ehri, L.C., S.R. Nunes, S.A. Stahl et D.M. Willows (2001). « Systematic phonics instruction helps students learn to read: Evidence from the National Reading Panel's meta-analysis », *Review of Education, 71*(3), p. 393-447.

Eisenberg, N. et R.A. Fabes (1998). « Prosocial development », dans N. Eisenberg (dir.), *Handbook of Child Psychology: Social, Emotional, and Personality Development, Vol. 3,* New York, John Wiley, p. 701-778.

Eisenberg, N., R.A. Fabes, B. Murphy, M. Karbon, M. Smith et P. Maszk (1996). « The relations of children's dispositional empathy-related responding to their emotionality, regulation, and social functioning », *Developmental Psychology, 32*, p. 195-209.

Eisenberg, N., R.A. Fabes et T.L. Spinrad (2006). « Prosocial development », dans N. Eisenberg, W. Damon et R.M. Lerner (dir.). *Handbook of Child Psychology, Vol. 3, Social, Emotional, and Personality Development* (6ᵉ éd.), Hoboken, John Wiley & Sons Inc.

Ekman, P. (1982) *Emotion in the Human Face*, New York, Cambridge University Press.

El Azreq, M.A. et S. Bourgoin (2009). *Rôle pro-inflammatoire de la protéine Cytohesin-1 dans le neutrophile humain,* Communication présentée dans le cadre du congrès de l'ACFAS, Ottawa.

Elkind, D. (1967). « Egocentrism in adolescence », *Developmental Review, 5,* p. 218-226.

Elkind, D. (1985). « Egocentrism redux », *Child Development, 38,* p. 1025-1034.

Elkind, D. (1998). *All Growned Up and No Place to Go : Teenagers in Crisis*, New York, Perseus Book.

Elkind, D. (2007). *The Power of Play : Learning What Comes Naturally*, Philadelphie, Da Capo Lifelong Books.

Elley, W. (1989). « Vocabulary acquisition from listening to stories », *Reading Research Quarterly, 24,* p. 174-188.

Erikson, E.H. (1972). *Adolescence et crise : la quête de l'identité*, Paris, Flammarion, coll. « Champs ».

Erikson, E.H. (1980). *Identity and the Life Cycle*, New York, W.W. Norton & Co.

Erikson, E.H. (1994). *Enfance et société* (7ᵉ éd.), Neuchâtel, Delachaux et Niestlé.

Espelage, D.L., K. Bosworth et T.R. Simon (2000). « Examining the social context of bullying behaviours in early adolescence », *Journal of Counselling & Development*, (78), p. 326-333.

Fallu, J.C. et M. Janosz (2003). « La qualité des relations élève-enseignants à l'adolescence : un facteur de protection de l'échec scolaire », *Revue de psycho-éducation et d'orientation, 32*(1), p. 7-29.

Fantuzzo, J., Y. Sekino et H. Cohen (2004). « An examination of the contributions of interactive peer play to salient classroom competencies for urban Head Start children », *Psychology in the Schools, 41,* p. 323-336.

Farkas, G. (2006). « How educational inequality develops », *National Poverty Center Working Paper Series*, 06-09.

Favart, M. et T. Olive (2005). « Modèles et méthodes d'étude de la production écrite », *Psychologie française, 50,* p. 273-285.

Favart, M. et J.M. Passereault (1999). « Aspects textuels du fonctionnement et du développement des connecteurs. Approche en production », *L'Année psychologique, 99,* p. 149-173.

Fayol, M. (1997). Des *idées au texte : psychologie cognitive de la production verbale, orale et écrite*, Paris, Presses universitaires de France.

Fayol, M. (2000). *La lecture au cycle III : difficultés, prévention et remédiations*, Paris, Actes du séminaire les 9 et 10 octobre 2000, <http://media.education.gouv.fr/file/Formation_continue_enseignants/97/7/actelecture_fayol_111977.pdf>, consulté le 31 mars 2010.

Fayol, M. (2003). « L'acquisition/apprentissage de la morphologie du nombre. Bilan et perspectives », *Rééducation orthophonique, 213*, p. 151-166.

Fédération canadienne des services de garde à l'enfance et Réseau canadien de recherche sur le langage et l'alphabétisation (2007*). Langage et littératie : dès la naissance… et pour la vie*, Ottawa, FCSGE/CCCF.

Ferland, F. (2004). *Le développement de l'enfant au quotidien*, Montréal, Éditions du CHU Sainte-Justine.

Ferreiro, E. (2000). *L'écriture avant la lettre*, Paris, Hachette.

Ferreiro, E. (2002). *Culture écrite et éducation*, Paris, Éditions Retz.

Ferreiro, E. et M. Gomez Palacio (1988). *Lire-écrire comment s'y prennent-ils ?*, Lyon. Centre régional de documentation pédagogique.

Feshbach, N.D. (1997). « Empathy : The formative years – implications for clinical practice », dans A. Bohart et L. Greenberg (dir.), *Empathy Reconsidered : New Directions in Psychotherapy*, Washington, American Psychological Association, p. 33-59.

Feshbach, N.D. et S. Feshbach (1982). « Empathy training and the regulation of potentialities and limitations », *Academic Psychological Bulletin, 4*(3), p. 399-413.

Fiaud-Sacchin, J. (2002). *L'enfant surdoué : l'aider à grandir, l'aider à réussir*, Paris, Odile Jacob.

Fiaud-Sacchin, J. (2006). *Aider l'enfant en difficultés scolaires*, Paris, Odile Jacob.

Fidalgo, R., M. Torrance et J.N. Garcia (2008). « The long-term effects of strategy-focussed writing instruction for grade six students », *Contemporary Educational Psychology, 33*, p. 672-693.

Fiske, S.T. et J.P. Leymans (2004). *Psychologie sociale*, Bruxelles, De Boeck.

Flavell, J.H. (1968). *The Development of Role-taking and Communication Skills in Children*, New York, Wiley.

Flavell, J.H. (1974). « The development of inferences about others », dans T. Mischel (dir.), *Understanding-other Persons*, Oxford, Blackwell.

Flavell, J.H. (1976). « Metacognitive aspects of problem solving », dans L.B. Resnick (dir.), *The Nature of Intelligence*, Hillsdale, Erlbaum.

Flavell, J.H. (1977). *The Development of Knowledge about Visual Perception. The Nebraska Symposium on Motivation, Vol. 25*, Lincoln, University of Nebraska Press, p. 43-76.

Flavell, J.H. (1985). « Développement métacognitif », dans J. Bideau et M. Richelle (dir.), *Psychologie développementale : problèmes et réalités*, Bruxelles, Mardaga.

Flavell, J.H. (1992). « Perspectives on perspective-taking », dans H. Beilin et P.B. Pufall (dir.), *Piaget's Theory : Prospects and Possibilities*, The Jean Piaget Symposium Series, Vol. 24, Hillsdale, Erlbaum, p. 107-139.

Flavell, J.H., F.L. Green et E.R. Flavell (1990). « Developmental changes in young children knowledge about the mind », *Cognitive Development*, 5, p. 1-27.

Fortier, D. (2002). « Intimidation et réparation », Bulletin en ligne de la Fédération des comités de parents du Québec, <http://www.fcpq.qc.ca/docs/fr/reference/enfant_ado_parent/2002_02.htm>, consulté le 14 octobre 2009.

Fortin, L. et F.F. Strayer (2000). « Introduction – Caractéristiques de l'élève en troubles du comportement et contraintes sociales du contexte », *Revue des sciences de l'éducation*, 26(1), p. 3-16.

Fournier S. (2007). *Les 8 intelligences de votre enfant*, Saint-Lambert, éditions Enfants Québec.

Fraisse, P. (1967). *Psychologie du temps*, Paris, Presses universitaires de France.

Franzen, E.A. et R.E. Myers (1973). « Age effects on social behavior deficits following prefrontal lesions in monkeys », *Brain Research*, 54, p. 277-286.

Fréchette, N. et C. Bouchard (2008). « Je pense. Le développement cognitif de 3 à 5 ans », dans C. Bouchard, en collaboration avec N. Fréchette (dir.), « *Le développement global de l'enfant de 0 à 5 ans en contextes éducatifs*, Québec, Presses de l'Université du Québec, coll. « Éducation à la petite enfance ».

Fréchette, N. et P. Morissette (2006). *Banque de vidéos en psychologie du développement de l'enfant de 0 à 5 ans*, <http://www.ccdmd.qc.ca/ri/developpement>, consulté le 5 novembre 2009.

Fréchette, N. et P. Morissette (2008). « Je m'attache et je m'identifie. Le développement du socioaffectif de 0 à 3 ans », dans C. Bouchard, avec la collaboration de N. Fréchette (dir.), « *Le développement global de l'enfant de 0 à 5 ans en contextes éducatifs*, Québec, Presses de l'Université du Québec, coll. « Éducation à la petite enfance ».

Fredrickson, B.L., T. Roberts, S.M. Noll, D.M. Quinn et J.M. Twenge (1998). « That swimsuit becomes you : Sex differences in self-objectification, restrained eating, and math performance », *Journal of Personality and Social Psychology*, 75, p. 269-284.

Frith, U. (1985). « Beneath the surface of developmental dyslexia », dans K.E. Patterson, J.C. Marshall et M. Colheart (dir.), *Surface Dyslexia : Cognitive and Neuropsychological Studies of Phonological Reading*, Hillsdale, Lawrence Erlbaum.

Frost, J. (2001). « Phonemic awareness, spontaneous writing, and reading and spelling development from a preventive perspective », *Reading et Writing*, 14(5-6), p. 487-513.

Fujinaga, T., T. Kasuga, N. Uchida et H. Saiga (1990). « Long-term follow-up study of children developmentally retarded by early environmental deprivation », *Genetic, Social and General Psychology Monographs*, 116, p. 37-104.

Fuster, J. (2001). « The prefrontal cortex – an update : time is of the essence », *Neuron*, 30, p. 319-333.

Gagné, F. (1985). « Giftedness and talent : Reexamining a reexamination of the definitions », *Gifted Child Quarterly*, 29(3), p. 103-112.

Gagné, F. (2005). « Les jeunes doués et talentueux : comme les identifier ? », *Psychologie Québec*, janvier, p. 28-30.

Gagné, M.-H., N. Desbiens et K. Blouin (2004). « Trois profils-types de jeunes affichant des problèmes de comportement sérieux », *Éducation et francophonie*, 32(1), p. 276-310.

Gagnon, C. (1989). « Comportements agressifs dès le début de la fréquentation scolaire », *Apprentissage et socialisation*, 12, p. 9-18.

Gagnon, C. (1998). « La dynamique de la réussite scolaire des filles au primaire : les motivations et les enjeux des rapports sociaux de sexe », *Recherches féministes*, 11(1), p. 19-45.

Gagnon, G. et I. Demczuk (2007). *Sexy inc. – Nos enfants sous influence : Guide d'animation*, Montréal, Office national du film du Canada.

Galaburda, A.M., J. LoTurco, F. Ramus, R. Fitch et G.D. Rosen (2006). « From genes to behavior in developmental dyslexia », *Nature Neuroscience*, 9(10), p. 1213-1217.

Gallimard, P. (1998a). *6 à 11 ans, Développement de l'intelligence, maturation affective et découverte de la vie sociale*, Paris, Dunod

Gallimard, P. (1998b). *11 à 15 ans, Mutations, conflits et découvertes de l'adolescence*, Paris, Dunod

Garcin, N. (2003). « Les définitions et les systèmes de classification », dans M.J. Tassé et D. Morin (dir.), *La déficience intellectuelle*, Montréal, Gaëtan Morin Éditeur.

Gardner, H. (1996). *Les intelligences multiples : Pour changer l'école : la prise en compte des différentes formes d'intelligence*, Avon, Retz.

Gardner, H. (2009). *Les 5 formes d'intelligence pour affronter l'avenir*, Paris, Odile Jacob, coll. « Sciences ».

Gauthier, Y., G. Fortin et G. Jeliu (2009). *L'attachement, un départ pour la vie*, Montréal, Éditions du CHU Sainte-Justine.

Gaux, C. et J.E. Gombert. (1999). « La conscience syntaxique chez les préadolescents : question de méthodes », *L'année psychologique, 99*, p. 45-74.

Gavazzi, E.A. (2006). *L'écriture à l'école primaire : enjeux d'un bon apprentissage de la graphie, difficultés et remédiation*, Paris, Éditions Magnard.

Gearheart, B.R. et C.J. Gearheart (1989). *Learning Disabilities, Educational Strategies*, Colombus, Merrill.

Georgiewa, P., R. Rzanny, C. Gaser, U.J. Gerhard, U. Vieweg, D. Freesmeyer, H.J. Mentzel, W.A. Kaiser et B. Blanz (2002). « Phonological processing in dyslexic children : A study combining functional imaging and event-related potentials », *Neuroscience Letters, 318*(1), p. 5-8.

Georgiewa, P., R. Rzanny, J.M. Hopf, R. Knab, V. Glauche, W.A. Kaiser et B. Blanz (1999). « MRI during word processing in dyslexic and normal reading children », *Neuroreport, 10*(16), p. 3459-3465.

Germain, B. (2009). « La sexualité de l'adolescent », dans P. Langis et B. Germain (dir.), *La sexualité humaine*, Montréal, Éditions du Renouveau pédagogique.

Gest, S.D., S.A. Graham-Bermann et W.W. Hartup (2001). « Peer experience : Common and unique features of number of friendships, social network centrality, and sociometric status, *Social Development, 10*(1), p. 23-40.

Geuze, R.H. (2005). *Le trouble de l'acquisition de la coordination. Évaluation de la maladresse chez l'enfant*, Marseille, Solal.

Giasson, J. (1990). *La compréhension en lecture*, Montréal, Gaëtan Morin Éditeur.

Giasson, J. (1994). « La lecture et l'acquisition du vocabulaire », *Québec français, 92*, p. 37-39.

Giasson, J. (2000). *Les textes littéraires à l'école*, Montréal, Gaëtan Morin Éditeur.

Giasson, J. (2003). *La lecture, De la théorie à la pratique* (2ᵉ éd.), Montréal, Gaëtan Morin Éditeur.

Giasson, J. et L. Saint-Laurent (1998). « Lire en classe : résultats d'une enquête au primaire », *Revue canadienne de l'éducation, 24*(2), p. 197-211.

Gibbons, F.X., D.J. Lane, M. Reis-Bergan, C.L. Lantrup, N.A. Pexa et H. Blanton (2002). « Comparison-level preferences after performance : Is downward comparison theory still useful ? », *Journal of Personality and Social Psychology, 83*, p. 865-880.

Gibson, D.R. (1990). « Relation of socioeconomic status to logical and sociomoral judgment of middle-age man », *Psychology and Aging, 5,* p. 510-513.

Giedd, J.N., J. Blumenthal, N,O. Jeffries, F.X. Castellanos, H. Liu, A. Zijdenbos, T. Paus, A.C. Evans et J.L. Rapoport (1999). « Brain development during childhood and adolescence : A longitudinal MRI study », *Nature Neuroscience, 2*, p. 861-863.

Gifford-Smith, M.E. et C.A. Brownell (2003). « Childhood peer relationships : Social acceptance, friendship and peer networks », *Journal of School Psychology, 41*, p. 235-284.

Gillain Mauffette, A. (2009). « Le jeu, une espèce en voie d'extinction ? », *Revue préscolaire, 47*(1), p. 22-51.

Gilligan, C. (1986). *Une si grande différence*, Paris, Flammarion.

Gilly, M. (1968). « L'élève en fonction de sa réussite scolaire », *Enfance,* 3-4, p. 219-235.

Gilly, M. (1995). « Approches socioconstructives du développement cognitif », dans D. Gaonac'h et C. Golder (dir.), *Profession enseignant. Manuel de psychologie pour l'enseignement*, Paris, Hachette, p. 130-167.

Godfroid, J. (2008). *Psychologie : science humaine et science cognitive* (2ᵉ éd.), Bruxelles, De Boeck.

Goigoux, R. (2003). « Enseigner la compréhension : l'importance de l'autorégulation », dans D. Gaonac'h et M. Fayol (dir.), *Aider les élèves à comprendre : l'importance de l'autorégulation*, Paris, Hachette.

Golder, C., D.-G. Brassart et D. Gaonac'h (1995). « Le développement du langage », dans D. Gaonac'h et C. Golder (dir.), *Profession enseignant. Manuel de psychologie pour l'enseignement*, Paris, Hachette.

Goldman-Rakic, P.S., A. Isserof, M.L. Schwartz et N.M. Bugbee (1983). « The neurobiology of cognitive development », dans P.H. Mussen (dir.), *Handbook of Child Psychology, Vol. II, Infancy and Developmental Psychobiology,* New York, John Wiley & Sons, p. 281-344.

Goldstein, A.P. (1999). *The PREPARE Curriculum, Teaching Prosocial Competencies*, Champaign, Research Press.

Gombert, J.É. (1990). *Le développement métalinguistique*, Paris, Presses universitaires de France.

Gombert, J.-É. (1991). « Le rôle des capacités métalinguistiques dans l'acquisition de la langue écrite », *Repères, 3*, p. 143-156.

Gombert, J.-É. (2002). « Préface », dans J. Écalle et A. Magnan (dir.), *L'apprentissage de la lecture. Fonctionnement et développement cognitif,* Paris, Armand Colin.

Gombert, J.-E. et P. Colé (2000). « Activités métalinguistiques, lecture et illettrisme », dans M. Kail et M. Fayol. *L'acquisition du langage*, Paris, Presses universitaires de France.

Gombert, J.E. et M. Fayol (1995). « La lecture-compréhension : fonctionnement et apprentissage », dans D. Gaonac'h et C. Golder (dir.), *Profession enseignant. Manuel de psychologie pour l'enseignement*, Paris, Hachette.

Goodenough, F.L. (1957). *L'intelligence d'après le dessin*, Paris, Presses universitaires de France.

Gosselin, P. (1995). « Le développement de la reconnaissance des expressions faciales des émotions chez l'enfant », *Canadian Journal of Behavioral Sciences*, 27, p. 107-119.

Gosselin, P. et R. Cloutier (2005a). « Le développement de la cognition sociale », dans R. Cloutier, P. Gosselin et P. Tap (dir.),. *Psychologie de l'enfant* (2e éd.), Montréal, Gaëtan Morin Éditeur.

Gosselin, P. et R. Cloutier (2005b). « Le développement social de l'enfant », dans R. Cloutier, P. Gosselin et P. Tap (dir.), *Psychologie de l'enfant* (2e éd.), « Montréal, Gaëtan Morin Éditeur.

Gosselin, P. et J. Simard (1999). « Children's knowledge of facial expressions of emotions : Distinguishing fear and surprise », *Journal of Genetic Psychology*, 160, p. 181-193.

Gosselin, P., P. Roberge et M.-F. Lavallée (1995). « Le développement de la reconnaissance des expressions faciales émotionnelles du répertoire humain », *Enfance*, 4, p. 379-396.

Gottfried, A.E. (1985). « Academic intrinsic motivation in elementary and junior high school students », *Journal of Educational Psychology*, 77(6), p. 631-645.

Gottman, J. M. (1983). « How children become friends », *Monographs of the Society for Research in Child Development*, 48(3, Serial No. 201).

Goudreau, R. (2000). « Le développement des processus de contrôle attentionnels », *Psychologie Québec*, novembre, p. 24-27.

Gouillou, P. (1998). « Les caractéristiques de l'enfant surdoué », dans P. Gouillou et J.C. Terrassier (dir.), *Guide pratique de l'enfant surdoué*, Paris, ESF éditeur.

Goupil, G. (2007). *Les élèves en difficulté d'adaptation et d'apprentissage* (3e éd.), Montréal, Gaëtan Morin Éditeur.

Gouwens, J.A. (2009). *Education in Crisis : A Reference Handbook*, Santa Barbara, ABC-CLIO.

Graham, S. et K.R. Harris (2009). « Almost 30 years of writing research : Making sense of it all with the wrath of Khan », *Learning Disabilities Research and Practice*, 24(2), p. 58-68.

Graham, S., C.A. MacArthur et S.S. Schwartz (1995). « The effects of goal setting and procedural facilitation on the revising behaviour and writing performance of students with writing and learning problems », *Journal of Educational Psychology*, 87, p. 230-240.

Grandcoin-Joly, G. (2000). *Graphisme : maternelle grande section*, Paris, Bordas.

Grantham-McGregor, S. (2005). « Can the provision of breakfast benefit school performance ? », *Food Nutr Bull*, 26, 2 Suppl. 2, p. 144-158.

Gravel, F., P. Pagé, S. Lemay et collaboratrices (2006). *Les activités Solutou ! Trousse d'activités complémentaires à la formation ÉcoEnfant : programme d'activités de soutien au développement des habiletés relationnelles des enfants d'âge préscolaire*, Document inédit, Lévis, Université du Québec à Rimouski – Campus de Lévis.

Graves, M.F. (2000). « A vocabulary program to complement and bolster a middle-grade comprehension program », dans B.M. Taylor, M.F. Graves et P. Van des Broek (dir.), *Reading for Meaning : Fostering Comprehension in the Middle Grades*, Newark, International Reading Association.

Greenman, P.S. (2009). « L'enfant agressif et le rejet par les pairs : le paradoxe de l'œuf ou la poule », dans B.H. Schneider, S. Normand, M. Allès-Jardel, M.A. Provost et G.M. Tarabulsy (dir.), *Conduites agressives chez l'enfant : perspectives développementales et psychosociales*, Québec, Presses de l'Université du Québec, coll. « D'Enfance ».

Greenman, P.S., B.H. Schneider et G. Tomada (2009). « Stability and change in patterns of peer rejection : Implications for children's academic performance over time », *School Psychology International*, 30, p. 163-183.

Grégoire, J. (2004). *L'examen clinique de l'intelligence l'adulte*, Wavre, Margada.

Grégoire, J. (2006). *L'examen clinique de l'intelligence de l'enfant : fondements et pratiques*, Wavre, Margada.

Griffiths, M. (2000). « Excessive internet use : Implications for sexual behaviour », *CyberPsychology et Behavior*, 3, p. 537-552.

Groesz, L.M., M.P. Levine et S.K. Murnen (2002). « The effects of experimental presentation of thin media images on body satisfaction : A meta-analytic review », *International Journal of Eating Disorders*, 31, p. 1-16.

Grolnick, W.S. et R.M. Ryan (1987). « Autonomy in children's learning : An experimental and individual difference investigation », *Journal of Personality and Social Psychology*, 52(5), p. 890-898.

Gross, M.U.M. (2004). *Exceptionally Gifted Children* (2e éd.), Londres, Routledge Farmer.

Guay, F., H.W. Marsh et M. Boivin (2003). « Academic self-concept and academic achievement : Developmental perspectives on their causal ordering », *Journal of Educational Psychology*, 95, p. 124-136.

Guay, F. et D. Talbot (2010). « La motivation en première et deuxième année du primaire : une analyse en fonction du genre et du statut socioéconomique », dans *Étude longitudinale du développement des enfants du Québec* (ÉLDEQ 1998-2010) – *De la naissance à 8 ans*, Québec, Institut de la statistique du Québec, vol. 5, fascicule 3.

Guay, M.C, P. Lageix et V. Parent (2006). « Proposition d'une démarche évaluative du TDAH », dans N. Chevalier, M.C. Guay, A. Achim, P. Lageix, et H. Poissant (dir.), *Trouble déficitaire de l'attention avec hyperactivité : Soigner, éduquer, surtout valoriser*, Québec, Presses de l'Université du Québec, coll. « Santé et Société ».

Gueyaud, J.A. et C. Dassa (1998). « La configuration des corrélations entre le concept de soi et le rendement scolaire : une méta-analyse », *Revue des sciences de l'éducation*, 24(2), p. 299-322.

Guimond, S. et L. Roussell (2001). « Bragging about one's school grades : Gender stereotyping and student's perception of their abilities in science, mathematics, and language », *Social Psychology of Education*, 4, p. 275-293.

Gunning, T.G. (2006). *Assessing and Correcting Reading and Writing Difficulties* (3e éd.), Boston, Allyn & Bacon.

Halford, G. (1999). « The development of intelligence includes the capacity of processing relations of greater complexities », dans M. Anderson (dir.), *The Development of Intelligence*, Hove, Taylor & Francis.

Halford, G.S. (2002). « Information-processing models of cognitive development », dans U. Goswami (dir.), *Blackwell Handbook of Childhood Cognitive Development*, Maden, Blackwell Publishing.

Hallinan, M.T. et S. Smith (1989). « Classroom characteristics and student friendship cliques », *Social Forces*, 67, p. 898-919.

Halverson, L.E., M.A. Roberton, M.J. Safrit et T.W. Roberts (1977). « Effect of guided practice on overhand-throw ball velocities of kindergarten children », *Research Quarterly*, 48, p. 311-318.

Hart, C.H., C. Yang, L.J. Nelson, C.C. Robinson, J.A. Olsen, D.A. Nelson, C.L. Porter, S. Jin, S.F. Olsen et P. Wu (2000). « Peer acceptance in early childhood and subtypes of socially withdrawn behavior in China, Russia, and the United States », *International Journal of Behavioral Development*, 24 (1), p. 73-81.

Harter, S. (1978). « Effectance motivation reconsidered : Toward a developmental model », *Human Development*, 21(1), p. 34-64.

Harter, S. (1985). « *Manual for the Self-Perception Profile for Children*, Denver, University of Denver.

Harter, S. (1986). « Processes underlying the construction, maintenance and enhancement of the self-concept in children », dans J. Suls et A.G. Greenwald (dir.), *Psychological Perspectives on the Self*, Hillsdale, Lawrence Erlbaum, p. 137-181.

Harter, S. (1990a). « Causes, correlates, and the functional role of global self-worth : A life-span perspective », dans R.J. Sternberg, J. Robert et J. Kolligian Jr. (dir.), *Competence Considered*, New Haven, Yale University Press.

Harter, S. (1990b). « Processes underlying adolescent self-concept formation », dans R. Montemayor, G.R. Adams et T.P. Gullotta (dir.), *From Childhood to Adolescence : A Transitional Period ?*, Newbury Park, Sage.

Harter, S. (1996). « Developmental changes in self-understanding across the 5 to 7 shift », dans A.J. Sameroff et M.M. Haith (dir.), *The Five to Seven Year Shift : The Age of Reason and Responsibility*, The John D. and Catherine T. MacArthur Foundation series on Mental Health and Development, Chicago, University of Chicago Press.

Harter, S. (1999). *The Construction of the Self : A Developmental Perspective*, New York, Guilford Press.

Harter, S. (2006). « The Self », dans N. Eisenberg, W. Damon et R.M. Lerner (dir.), *Handbook of Child Psychology, Vol, 3. Social, Emotional, and Personality Development* (6e éd.), Hoboken, John Wiley & Sons.

Hartup, W.W. (1983). « Peer relations », dans P. Mussen et E.M. Hetherington, *Handbook of Child Psychology, Vol. 4. Socialization, Personality, and Social Development* (4e éd.), New York, Wiley, p. 103-198.

Hartup, W.W. (1989). « Social relationships and their developmental significance », *American Psychologist*, 44(2), p. 120-126.

Hartup, W.W. (1992). « Friendships and their developmental significance », dans H. McGurk (dir.), *Childhood Social Development : Contemporary Perspectives*, Hillsdale, Lawrence Erlbaum.

Hartup, W.W. (1996). « The company they keep : Friendships and their developmental significance », *Child Development*, 67(1), p. 1-13.

Haselager, G.J.T., W.W. Hartup, C.F.M. van Lieshout et J.M.A. Riksen-Walraven (1998). « Similarities between friends and nonfriends in middle childhood », *Child Development*, 69(4), p. 1198-1208.

Haubenstricker, J. et V. Seefeldt (1986). « Acquisition of motor skills during childhood », dans V. Seefeldt (dir.), *Physical Activity and Well Being*, Reston, Alliance for Health, Physical Education, Recreation and Dance (AAHPERD).

Hawkins, D.L., D.J. Pepler et W. Craig (2001). « Naturalistic observations of peer interventions in bullying », *Social Development*, 10(4), p. 512-572.

Hayes, J.R. (1996). « A new framework for understanding cognition and affect in writing », dans C.M. Levy et S. Randell (dir.), *The Science of Writing: Theories, Methods, Individual Differences, and Applications*, Mahwah, Lawrence Erlbaum.

Hayes, J.R. et L.S. Flower (1980). « Identifying the organization of writing processes », dans L.W. Gregg et E.R. Steinberg (dir.), *Cognitive Processes in Writing*, Hillsdale, L.E.A.

Healy, J.M., J. Liederman et N. Geschwind (1986). « Handedness is not a unidimensional trait », *Cortex*, 22, p. 33-53.

Heffner, L.J. (2003). *Reproduction humaine*, Bruxelles, De Boeck Université.

Henderson, E.H. et J.W. Beers (1980). *Developmental and Cognitive Aspects of Learning to Spell: A Reflection of Word Knowledge*, Newark, International Reading Association.

Herman-Giddens, M.E. *et al.* (1997). « Secondary sexual characteristics and menses in young girls seen in office practice: A study from the pediatrics research in office settings », *Pediatrics, 99*, p. 505-512.

Héroux, L. et M. Farrell (1985). « Le développement du concept de soi chez les enfants de 5 à 8 ans », *Revue des sciences de l'éducation*, 11, p. 103-117.

Herron, J. (1980). *Neuropsychology of Left-handedness*, New York, Raven Press.

Hildreth, G. (1950). « The development and training of hand dominance. IV: Developmental problems associated with handedness; V: Training of handedness », *The Journal of Genetic Psychology*, 76, p. 39-144.

Hodges, E.V.E. et N.A. Card (dir.) (2003). *Enemies and the Darker Side of Peer Relations*, San Francisco, Jossey-Bass.

Hohmann, M., D.P. Weikart, L. Bourgon et M. Proulx (2007). *Partager le plaisir d'apprendre : guide d'intervention éducative au préscolaire*, Montréal, Gaëtan Morin-Chenelière.

Huet, N., S. Larivée et T. Bouffard (2007). « La métacognition : modèles et techniques d'évaluation », dans S. Larivée (dir.), *L'intelligence,* Tome 1, Montréal, Éditions du Renouveau pédagogique.

Huffman, K., M. Vernoy et J. Vernoy (2000). *Psychologie en direct* (2e éd.), Mont-Royal, Modulo.

Huffman, K., Vernoy, M. et Vernoy, J. (2007). *Psychologie en direct* (3e éd.), Mont-Royal, Modulo.

Hurtig, M.C. et M.F. Pichevin (1986). *La différence des sexes: questions de psychologie*, Paris, Tierce.

Hyde, K.L., J. Lerch, A. Norton, M. Forgeard, E. Winner, A.C. Evans et G. Schlaug (2009). « The effects of musical training on structural brain development », *Annals of New York Academy of Sciences, 1169*, p. 182-186.

Ibáñez, L., A. Ferrer, M.V. Marcos, F.R. Hierro et F. de Zegher (2000). « Early puberty: Rapid progression and reduced final height in girls with low birth weight », *Pediatrics, 106*(5), p. E72.

Imbeault, P. et G. Dallaire (1997). *Trousse d'intervention TAC TIC : Trousse d'analyse et d'intervention comportementale*, Jonquière, Commission scolaire de Jonquière.

Institut canadien de la recherche sur la condition physique – ICRCP (2005a). *Préférences des enfants en matière d'activités physiques et sportives*, <http://www.cflri.ca/fra/statistiques/sondages/siap2005.php>, consulté le 10 juin 2010.

Institut canadien de la recherche sur la condition physique – ICRCP (2005b). *La participation des parents aux activités physiques de leurs enfants,* <http://www.cflri.ca/fra/statistiques/sondages/siap2005.php>, consulté le 10 juin 2010.

Institut de la statistique du Québec – ISQ (2010). *Les milieux de garde de la naissance à 8 ans : utilisation et effets sur le développement des enfants*, 5(1), p. 1-28.

Institut national de la santé et de la recherche médicale – INSERM (2001). *Rythmes de l'enfant, De l'horloge biologique aux rythmes scolaires*, Paris, INSERM.

International Association for the Evaluation of Educational Achievement – (2007). *Progress in International Reading Literacy Study*, PIRLS 2006 International Report, Boston, TIMSS et PIRLS International Study Center, <http://timss.bc.edu/PDF/PIRLS2006_international_report.pdf>, consulté le 3 mai 2010.

Ivik, I. (1994). « Lev S. Vygotsky (1896-1934) », *Revue trimestrielle d'éducation comparée, XXIV*(3-4), p. 793-820.

Jacobs, J.E., S. Lanza, D. Osgood, J.S. Eccles et A. Wigfield (2002). « Changes in children's self-competence and values: Gender and domain differences across grades one though twelve », *Child Development, 73*(2), p. 509-527.

Jaffré, J.-P. et M. Fayol (1997). « La solution alphabétique », dans J.-P. Jaffré et M. Fayol (dir.), *Orthographes, des systèmes aux usages*, Paris, Dominos Flammarion.

Jahoda, G. (1980). « Theoretical and systematic approaches in mass-cultural psychology », dans H.C. Triandis et W.W. Lambert (dir.), *Handbook of Cross-cultural Psychology*, Boston, Allyn & Bacon.

Jambaqué, I. (2004). « Contribution de la neuropsychologie développementale à l'étude des sujets à haut potentiel », dans J. Lautrey (dir.), *L'état de la recherche sur les enfants dit « surdoués »*, Paris, CNRS et Université Paris 5.

Jayet, S. et N. de Grissac-Moriez (2009). « Les fonctions exécutives et attentionnelles à l'épreuve du collège », *Épilepsie, 21*(2), p. 157-162.

Jetten, J., N.R. Branscome et R. Spears (2002). « On being peripheral : Effects of identity insecurity on personal and collective self-esteem », *European Journal of Social Psychology*, *32*, p. 105-123.

Jiménez, T.I., H. Lehalle, S. Murgui et G. Musitu (2007). « Le rôle de la communication familiale et l'estime de soi dans la délinquance adolescente », *Revue internationale de psychologie sociale, 2,* p. 5-26.

Johansson T. et E. Ritzén (2005). « Very long-term follow-up of girls with early and late menarche. Abnormalities in puberty », *Scientific and Clinical Advances, Endocr Dev*, Basel, Karger, *8,* p. 126-136.

Juel, C. (1988). « Learning to read and write : A longitudinal study of 54 children from first through fourth grades », *Journal of Educational Psychology*, *80*(4), p. 443-447.

Juel, C., P. Griffith et P. Gough (1986). « Acquisition of literacy : A longitudinal study of children in first and second year », *Journal of Educational Psychology, 78*(4), p. 243-255.

Kagan, J. (1999). *La part de l'inné*, Paris, Bayard.

Kail, M. et M. Fayol (2000). *L'acquisition du langage, Le langage en développement au-delà de trois ans*, Paris, Presses universitaires de France.

Kandel, E.R. (2000). « Cellular mechanisms of learning and the biological basis of individuality », dans E.R. Kandel, J.H. Schwartz et T.M. Jessel (dir.), *Principles of Neural Science*. New York, McGraw-Hill.

Kaufman, J.W. (1989). *Characteristics of Behaviour Disorders of Children and Youth* (4e éd.), Toronto, Merrill Publisher.

Kellogg, R.T. (2008). « Training writing skills : A cognitive developmental perspective », *Journal of Writing Research*, *1*(1), p. 1-26.

Kellya, E.J., G. Terenghid, A. Hazarid et M. Wiberga (2005). « Nerve fibre and sensory end organ density in the epidermis and papillary dermis of the human hand », *British Journal of Plastic Surgery*, *58*, p. 774-779.

Kennedy, M.J., D.A. Davis, N. Smith, A. Gaedigk, R.E. Pearce et G.L. Kearns (2008). « Six-month prospective, longitudinal, open-label caffeine and dextromethorphan phenotyping study in children with growth hormone deficiency receiving recombinant human growth hormone replacement », *Clinical Therapeutics*, *30*, p. 1687-1699.

Keogh, J. et B.A. Sudgen (1985). *Movement Skill Development*, New York, Macmillan.

King, S. et D. Laplante (2002). *Projet « Tempête de verglas », une étude sur la grossesse, le stress et les émotions*, Rapport Numéro 1, Montréal, Université McGill.

King, S. et D. Laplante (2004). *Projet « Tempête de verglas », une étude sur la grossesse, le stress et les émotions*, Rapport Numéro 2, Montréal, Université McGill.

King, S. et D. Laplante (2006a). *Projet « Tempête de verglas », une étude sur la grossesse, le stress et les émotions*, Rapport Numéro 3, Montréal, Université McGill.

King, S. et D. Laplante (2006b). « Project ice storm : A prospective study of the effects of prenatal maternal stress continued effects through age 5 1/2 years », *Schizophrenia Research*, *86*, p. S73-S73.

King, S., A. Mancini-Marie, A. Brunet, E.F. Walker, M.J. Meaney et D.P. Laplante (2009) « Prenatal maternal stress from a natural disaster predicts dermatoglyphic asymmetry in humans », *Development and Psychopathology*, *21* (2), p. 343-353.

Kirby, J.R. (2007). « La compréhension de la lecture – Sa nature et son apprentissage », *Encyclopédie sur le développement des jeunes*, London, Réseau canadien de recherche sur le langage et l'alphabétisation, p. 1-10, <http://www.literacyencyclopedia.ca/pdfs/topic.php?topId=227>, consulté le 14 février 2010.

Kluwe, R.H. (1987). « Executive decisions and regulation of problem solving behaviour », dans F.E. Weinart et R.H. Kluwe (dir.), *Metacognition, Motivation and Understanding*, Hillsdale, Lawrence Erlbaum Associates.

Kohlberg, L. (1969). « Stage and sequence : The cognitive-developmental approach to socialization », dans D.A. Golsin (dir.), *Handbook of Socialization Theory and Research*, Chicago, Rand McNally.

Kolinsky, R., L. Cary et J. Morais (1987). « Awareness of words as phonological entities : The role of literacy », *Applied Psycholinguistics*, *8*, p. 223-232.

Kovacs, D.M., J.G. Parker et L.W. Hoffman (1996). « Behavioral, affective, and social correlates of involvement in cross-sex friendship in elementary school », *Child Development*, *67*(5), p. 2268-2286.

Kralovec, E. et J. Buell (2001). « End homework now », *Educational Leadership*, *58*(7), p. 39-42.

Krebs, D.L. et K. Denton (2005). « Toward a more pragmatic approach of morality : A critical evaluation of Kohlberg's model », *Psychological Review, 112*, p. 629-649.

Kuttler, A.F., J.G. Parker et A.M. LaGreca (2002). « Developmental and gender differences in preadolescents' judgments of the veracity of gossip », *Merrill-Palmer Quarterly, 48*, p. 105-132.

Labes, G. (2009). « Évolution et croissance normales de l'écriture de l'enfant ou dysgraphie ? », *ANAE*, *104-105*, p. 376-383.

Lacourse, E., D.S. Nagin, F. Vitaro, L. Arsenault et R.E. Tremblay (2006). « Prediction of early onset deviant peer group affiliation : A 12 year longitudinal study », *Archives of General Psychiatry, 63*(5), p. 562-568.

Lafortune, L., P. Mongeau, M.-F. Daniel et R. Pallascio (2002). « Philosopher sur les mathématiques. Évolution du concept de soi et des croyances attributionnelles de contrôle », dans L. Lafortune et P. Mongeau (dir.), *L'affectivité dans l'apprentissage*, Québec, Presses de l'Université du Québec.

Lafortune, L. et A. Robinson (2000). « Une réflexion portant sur les liens entre emotions et pensée critique », dans R. Pallascio et L. Laforturne (dir.), *Pour une pensée réflexive en éducation*, Québec, Presses de l'Université du Québec.

Lafortune, S. et S. Laflamme (2006). « Utilisation d'Internet et relations sociales », *Biblid, 24*(2), p. 97-128.

Lahlou, N., P. Landais, D. De Boissieu et P.F. Bougnères (1997). « Circulating leptin in normal children and during the dynamic phase of juvenile obesity : Relation to body fatness, energy metabolism, caloric intake, and sexual dimorphism », *Diabetes, 46*, p. 989-993.

Lalonde-Graton, M. (2004). *Fondements et pratiques de l'éducation à la petite enfance*, Québec, Presses de l'Université du Québec.

Lamb, S. (2001). *The Secrets Lives of Girls – What Good Girls Really Do – Sex Play, Aggression and Their Guilt*, New York, The Free Press.

Lamontagne, P. et D. Hamel (2009). *Le poids corporel chez les enfants et les adolescents du Québec : de 1978 à 2005*, Québec, Institut national de santé publique du Québec.

Lanaris, C. (2006). « Les interventions proactives et l'encadrement pédagogique », dans L. Massé, N. Desbiens et C. Lanaris (dir.), *Les troubles du comportement à l'école : prévention, évaluation et intervention*, Montréal, Gaëtan Morin Éditeur.

Langis, P. et B. Germain (2009). *La sexualité humaine*, Montréal, Éditions du Renouveau pédagogique.

Laplante, D.P., R.G. Barr, A. Brunet, G. Galbaud du Fort, M. Meaney et J.-F. Saucier (2004). « Stress during pregnancy affects intellectual and linguistic functioning in human toddlers, *Pediatric Research, 56*, p. 400-410.

Laplante, D.P., A. Brunet, N. Schmitz, A. Ciampi et S. King (2008). « Project Ice Storm : Prenatal maternal stress affects cognitive and linguistic functioning in 5½ Year old children », *Journal of the American Academy of Child and Adolescent Psychiatry, 47*(9), p. 1063-1072.

Laplante, D.P., P.R. Zelazo, A. Brunet, R.G. Barr, G. Galbaud du Fort, M.J. Meaney, J.-F. Saucier, A. Ciampi et S. King (2007). « Functional play at 2 Years of age : Effects of prenatal maternal stress », *Infancy, 12*(1), p. 69-93.

Laporte, P. et M.C. Guay (2006). « Programme de remédiation cognitive pour le TDAH », dans N. Chevalier, M.C. Guay, A. Achim, P. Lageix et H. Poissant (dir.), *Trouble déficitaire de l'attention avec hyperactivité : Soigner, éduquer, surtout valoriser*, Québec, Presses de l'Université du Québec, coll. « Santé et société »,

Lara-Cinisomo, S., A.R. Pebley, M.E. Vaiana, E. Maggio, M. Berends et S.R. Lucas (2004). « A matter of class », *Educational Achievement Reflects Family Background more than Ethnicity or Immigration, Rand Review, 28*(3), p. 10-15.

Largy, P. et A. Dédéyan (2002). « Automatisme en détection d'erreurs d'accord sujet-verbe : étude chez l'enfant et l'adulte », *L'Année psychologique, 102*(2), p. 201-234.

Larivée, S. (2007a). « *L'intelligence, Tome 1*, Montréal, Éditions du Renouveau pédagogique.

Larivée, S. (2007b). « La période des opérations formelles : « la puberté cognitive », dans S. Larivée (dir.), *L'intelligence*, Tome 1, Montréal, Éditions du Renouveau pédagogique.

Larochelle, M. et C. Robitaille (2000). « L'attention : un phénomène aux multiples déficits », *Psychologie Québec*, nov., p. 19-22.

Lau, D., C.W. Douketis, J.D. Morrison, K.M. Hramiak, I. M. Sharma et E. Ur (2007). « 2006 Canadian clinical practice guidelines on the management and prevention of obesity in adults and children », *CMAJ, 176*(8 suppl.), p. 1-117.

Lautrey, J. (2004). « Introduction », dans J. Lautrey (dir.), *L'état de la recherche sur les enfants dits « surdoués »*, Paris, CNRS et Université Paris 5.

Lavallée, C. et S. Stan (2004). « Caractéristiques des enfants et des adolescents québécois de 6 à 16 ans », dans *Enquête sociale et de santé auprès des enfants et des adolescents québécois, Volet nutrition*. Chap. 2, Québec, Institut de la statistique du Québec.

Lavigne, J. (2008). *Les mécanismes d'inférence en lecture chez les élèves de sixième année du primaire*, Thèse de doctorat inédite, Québec, Université Laval.

Lavoie, F. (2000). « La prévention de la violence dans les relations de couple à l'adolescence », dans F. Vitaro et C. Gagnon (dir.), *Prévention des problèmes d'adaptation chez les enfants et les adolescents – Tome II : Les problèmes externalisés*, Québec, Presses de l'Université du Québec.

Lavoie, N. (1989). *L'évolution de l'écriture chez des enfants de première année du primaire*, Mémoire de maîtrise inédit, Québec, Université Laval.

Le Blanc, M. et A.-E. Deguire (2002). « Le taxage : une forme inédite de vol ? », *Criminologie, 35*(2), p. 159-178.

Le Boulch, J. (1972). *L'éducation par le mouvement*, Paris, ESF.

Le cerveau à tous les niveaux (2010). Site de l'Université McGill, <http://lecerveau.mcgill.ca/flash/index_d.html>, consulté le 10 juin 2009.

L'Écuyer, R. (1990). *Méthodologie de l'analyse développementale du contenu : méthodes GPS et concept de soi*, Québec, Presses de l'Université du Québec.

L'Écuyer, R. (1994). *Le concept de soi*, Montréal, Presses de l'Université de Montréal.

Le Mercier, F. (1999). *Baseball, Jeux de batteurs et trameurs*, Paris, Revue EPS.

Le Robert (2007). *Le petit Robert 2007/2008*, CD-ROM, Paris, Le Robert.

Leaper, C. et T.E. Smith (2004). « A meta-analytic review of gender variations in children' language use : Talkativeness, affiliative speech, and assertive speech », *Developmental Psychology*, 40(6), p. 993-1027.

Leblanc, N. (2009). « Le trouble déficitaire de l'attention avec hyperactivité (TDAH) au préscolaire : nature, évaluation et traitement », *Santé mentale au Québec*, 34(2), p. 199-216.

Lebouc, J. et D. Néron. « Identification de l'élève en troubles de comportement », *Gestiondeclasse.net*, <http://www.csmb.qc.ca/gesclasse/html/documentation/comprendre/def_du_meq.htm>, consulté le 1er juillet 2010.

Lecocq, P. (1991). *Apprentissage de la lecture et dyslexie*, Liège, Mardaga.

Lecompte, S. et H. Poissant (2006). « Facteurs de risque du TDAH », dans N. Chevalier, M.C. Guay, A. Achim, P. Lageix et H. Poissant (dir.), *Trouble déficitaire de l'attention avec hyperactivité : soigner, éduquer, surtout valoriser*, Québec, Presses de l'Université du Québec, coll. « Santé et Société ».

Lecture, écriture (2005). *Maternelle, grande section, 5-6 ans*, Paris, Hachette.

Ledoux, M., L. Mongeau et M. Rivard (2002). « Poids et image corporelle », dans *Enquête sociale et de santé auprès des enfants et des adolescents québécois 1999*, Québec, Institut de la statistique du Québec.

Lefrançois, P. (2009). « Évolution de la conception du pluriel des noms, des adjectifs et des verbes chez les élèves du primaire », *Repères, 39*, p. 187-205.

Legendre-Bergeron, M-F. (1980). *Lexique de la psychologie du développement de Jean Piaget*, Chicoutimi, Gaëtan Morin Éditeur.

Lehalle, H. et D. Mellier (2005). *Psychologie du développement : enfance et adolescence* (2e éd.), Paris, Dunod.

Lejeune-Phélipot, F. (2003). *Comment vivre avec un enfant trisomique*, Paris, Josette Lyon.

Leleux, C. (2001). *L'école revue et corrigée : une formation de base universelle et inconditionnelle*, Bruxelles, De Boeck et Belin.

Leleux, C. (2008). *La philosophie pour enfants : le modèle de Mathieu Lipman en discussion*, Bruxelles, De Boeck.

Lemaire, P. (2005). *Psychologie cognitive*, Bruxelles, De Boeck.

Lemay, M. (2010). « Il est toujours périlleux de vouloir définir l'adolescence », dans R. Lentendre et D. Marchand (dir.), *Adolescence et affiliation, Le risque de devenir soi*, Québec, Presses de l'Université du Québec, p. 9-30.

Lemire, J., G. Cantin et C. Bouchard (2009). *La préparation scolaire des jeunes enfants : survol de l'état des connaissances*, Document de recherche inédit, Montréal, Université du Québec à Montréal.

Lenroot, R.K. et J.N. Giedd (2006). « Brain development in children and adolescents : insights from anatomical magnetic resonance imaging », *Neuroscience and Biobehavioral Reviews*, 30, p. 718-729.

Lenroot, R.K., J.E. Schmitt, S.J. Ordaz, G.L. Wallace, M.C. Neale, J.P. Lerch, K.S. Kendler, A.C. Evans et J.N. Giedd (2009). « Differences in genetic and environmental influences on the human cerebral cortex associated with development during childhood and adolescence », *Human Brain Mapping*, 30, p. 163-174.

Leong, C.K. (2009). « The role of inflectional morphology in Canadian children's word reading and spelling », *The Elementary School Journal, 109*(4), p. 343-358.

Lepage, C., D. Marcotte et L. Fortin (2006). « L'intimidation et la dépression à l'école : analyse critique des écrits », *Revue des sciences de l'éducation*, 32(1), p. 27-246.

Lessard, R. (2008). *En route pour l'école : Enquête sur la maturité scolaire des enfants montréalais*, Montréal, Direction de la santé publique, Agence de la santé et des services sociaux de Montréal.

Levorato, C., B. Nesi et C. Cacciari (2004). « Reading comprehension and understanding idiomatic expressions : A developmental study », *Brain and Language, 91*(3), p. 303-314.

Leybaert, J., M. Van Reybroeck et C. Ponchaux (2004). « Dysphasie et développement de la sensibilité à la rime et au phonème », *Enfance, 1(56)*, p. 63-79.

Lightstone, T. (2004). « Recommandations concernant l'alimentation et la nutrition dans les écoles, à l'intention du ministère de l'Éducation de l'Ontario, au sujet des collations et boissons vendues dans les distributeurs automatiques. Les diététistes du Canada », <http://www.edu.gov.on.ca/extra/fre/ppm/dietcdaf.pdf>, consulté le 15 mai 2010.

Lipman, M. (1978). *La découverte d'Harry Stottlemeier*, Paris, Vrin.

Lipman, M. (2006). *À l'école de la pensée : enseigner une pensée holistique* (2e éd.), Bruxelles, De Boeck.

Lockwood, P. (2002). « Could it happen to you ? Predicting the impact of downward comparison on the self », *Journal of Personality and Social Psychology, 82*, p. 343-358.

Lubart, T. (2006). *Enfants exceptionnels : précocité intellectuelle, haut potentiel et talent*, Paris, Bréal.

Lubart, T. et A. Georgsdottir (2004). « Créativité, haut potentiel et talent », dans J. Lautrey (dir.), *L'état de la recherche sur les enfants dits « surdoués »*, Paris, CNRS et Université Paris 5.

Lupien, S.J. (2009). *DéStresse et progresse*, <http://www.hlhl.qc.ca/centre-detudes-sur-le-stress-humain/professionnels-de-la-sante-et-de-leducation/de-stresse-et-progresse.html>, consulté le 15 janvier 2010.

Lupien, S.J., B.S. McEwen, M.R. Gunnar et C. Heim (2009). « Effects of stress throughout the lifespan on the brain, behaviour and cognition », *Nature Reviews, 10*, p. 434-445.

Lupien, S.J. et N. Wan (2006). *Le programme DéStresse et progresse*, Un programme créé par les scientifiques du Centre d'étude sur le stress humain pour les enfants et les adolescents, <http://www.hlhl.qc.ca/centre-detudes-sur-le-stress-humain/professionnels-de-la-sante-et-de-leducation/de-stresse-et-progresse.html>, consulté le 15 janvier 2010.

Lurçat, L. (1985). *L'écriture et le langage écrit de l'enfant*, Paris, ESF.

Lush, D., J. Bradley et E. Orford (2001). *Comprendre votre enfant de 9 à 12 ans*, Paris, Albin Michel.

Luthanen, R. et J. Crocker (1992). « A collective self-esteem scale : Self-evaluation of one's social identity », *Personality and Social Psychological Bulletin, 2*, p. 302-318,

Maccoby, E.E. (1990). « The role of gender identity and gender constancy in sex-differentiated development, *New Directions for Child Development, 47*, p. 5-20.

Maccoby, E.E. (1998). *The Tow Sexes : Growing Up Apart, Coming Together*, Londres, The Belknap Press of Harvard University Press.

Maehrs, M.L. (1984). « Meaning and motivation : Toward a theory of personal investment », dans R. Ames et C. Ames (dir.), *Research on Motivation in Education : Student Motivation*, New York, Academic Press, p. 115-144.

Maheu, F.S. et S. Lupien (2003). « La mémoire aux prises avec les émotions et le stress : un impact nécessairement dommageable ? », *Médecine Sciences, 19*(1), p.118-124.

Makdissi, H. et A. Boisclair (2004). « Le développement de la structuration du récit chez l'enfant d'âge préscolaire, *Actes du 9e colloque de l'AIRDF*, Québec.

Makdissi, H., A. Boisclair et C. Sanchez (2006). « Les inférences en lecture. Intervenir dès le préscolaire », *Québec français, 140*, p. 64-66.

Malina, R.M., C. Bouchard et O. Bar-Or (2004). *Growth, Maturation and Physical Activity*, Champaign, Human Kinetics.

Maltais, C., Y. Herry, J. Bessette (2005). « Le développement du concept de soi », dans L. Massé, N. Desbiens et C. Lanaris (dir.), *Les troubles du comportement à l'école : prévention, évaluation et intervention*, Montréal, Gaëtan Morin Éditeur.

Manesse, D. et D. Cogis (2007). *Orthographe : À qui la faute ?*, Paris, ESF.

Marceau, C. et A. Dreyfus Vanek (2007). *L'indispensable de la psychologie*, Paris, Studyrama.

Marcelli, D. et A. Braconnier (2008). *Adolescence et psychopathologie*, Issy-les-Moulineaux, Elsevier-Masson.

Marchand, C. (2009). « Les élèves surdoués : essai de définition », *Vie pédagogique, 150*, p. 72-73.

Marchand, D. et R. Letendre (2010). « De l'affiliation et de la transmission ou les risques de devenir soi ou des risques de devenir soi », dans R. Letendre et D. Marchand (dir.), *Adolescences et affiliation : les risques de devenir soi*, Québec, Presses de l'Université du Québec, p. 1-8.

Marchant, M., B.R. Solano, A.K. Fisher, P. Caldarella, K.R. Young et T. Renshaw (2007). « Modifying socially withdrawn behavior : a playground intervention for students with internalizing behaviors », *Psychology in the Schools, 44*(8), 779-794.

Marcotte, D., L. Fortin, É. Royer, P. Potvin et D. Leclerc (2001). « L'influence du style parental, de la dépression et des troubles du comportement sur le risque d'abandon scolaire », *Revue des sciences de l'éducation, 27*(3), p. 687-712.

Marin, M.F. (2008). « Profil d'une chercheure : D^{re} Lyse Turgeon ? », *Mammouth Magazine*, <http://www.hlhl.qc.ca/documents/pdf/Recherche/CESH/Mammouth-FR-no5_final.pdf>, *5*, p. 4-5.

Marsh, H.W. (1993). « Academic self-concept : Theory measurement and research », dans J. Suls (dir.), *Psychological Perspectives on the Self*, Hillsdale, Erlbaum.

Marsh, H.W. et R. Craven (1997). « Academic self-concept : Beyond the dustbowl », dans G. Phye (dir.), *Handbook of Classroom Assessment : Learning, Achievement and Adjustment*, Orlando, Academic Press.

Martin, C.L. et D. Ruble (2004). « Children's search for gender cues : Cognitives perpectives on gender development », *Current Directions in Psychological Science, 13*, p. 67-70.

Martinot, D. (2001). « Connaissance de soi et estime de soi : ingrédients pour la réussite scolaire », *Revue des sciences de l'éducation, 27*(3), p. 483-502.

Massé, L. (1999). « Le déficit de l'attention/hyperactivité », dans E. Habimana, L.S. Éthier, D. Petot et M.Tousignant (dir.), *Psychopathologie de l'enfant et de l'adolescent: approche intégrative*, Montréal, Gaëtan Morin Éditeur.

Massé, L., N. Desbiens et C. Lanaris (2006). *Les troubles du comportement à l'école, Prévention, évaluation et intervention*, Montréal, Gaëtan Morin Éditeur.

Massé, L., C. Lanaris et C. Couture (2006). « Le trouble de déficit de l'attention/hyperactivité (TDAH) », dans L. Massé, N. Desbiens et C. Lanaris (dir.), *Les troubles du comportement à l'école, prévention, évaluation et intervention*, Montréal, Gaëtan Morin Éditeur/ Chenelière éducation.

Massicotte, D. (1990). *Partial curls-up, push-ups and multistage 20 meters shuttle run, national norms for 6 to 17 year olds*, Vanier, CAHPER.

Masten, A.S. et J.D. Coatsworth (1998). « The development of competence in favorable and unfavorable environments: Lessons from research on successful children », *American Psychologist*, 53, p. 205-220.

Materska, M., M.H. Garot et S. Ehrlich (1987). « Les désorganisations de la représentation de soi à l'entrée au collège », *European Journal of Psychology of Education*, 1(4), p. 61-77.

Matlin, M.W. (2001). *La cognition: une introduction à la psychologie cognitive* (4e éd.), Bruxelles, De Boeck.

Matteau, M., C. Abord-Hugon et C. Bourbonnais (2009). *Trousse du passeur culturel. La contribution des arts et de la culture à la construction identitaire*, Moncton, Ministère de l'Éducation du Nouveau-Brunswick.

Mazeau, M. (2005). *Neuropsychologie et troubles des apprentissages*, Paris, Masson.

McCormick, S. (1992). « Disabled readers' erroneous responses to inferential comprehension questions: Description and analysis », *Reading Research Quarterly*, 27(1), p. 55-77.

McCutchen, D. (2006). « Cognitive factors in the development of children's writing », dans C.A. MacArthur, S. Graham et J. Fitzgerald (dir.), *Handbook of Writing Research*, New York, Gilford Press.

Mead, G.H. (1934). *Mind, Self, and Society from Standpoint of a Social Behaviorist*, Chicago, University of Chicago Press.

Meland, E., S. Haugland et H.-J. Breidablik (2007). « Body image and perceived health in adolescence », *Health Education Research*, 22, p. 342-350.

Mellier, D. (2002). *Évolution de la compréhension du temps chez l'enfant*, Acte du 75e colloque « Du temps… aux temps de l'enfant » de l'Association générale des enseignants des écoles et des classes maternelles publiques (AGEEM), Rouen, France.

Mercier, M., S. Ionescu et L.S. Salbreux (1999). *Approches interculturelles en déficience mentale: L'Afrique, l'Europe, le Québec*, Namur, Presses de l'Université de Namur.

Merrell, K.W., R.L. Blade, J. Lund et K.K.G. Kempf (2003). Convergent and discriminant construct validity of the internalizing symptoms scale for children with the BASC-SRP-C, *Psychology in the Schools*, 40(2), 139-144.

Meulemans, T. (2006). « Les fonctions exécutives: une approche théorique », dans P. Pradat-Diehl, P. Azouvi et V. Brun (dir.), *Fonctions exécutives et rééducation*, Issy-les-Moulinaux, Masson.

Michener, D.M. (1989). « Reading aloud to students and written composition skills: Assessing their relationship », *English Quarterly*, 21, p. 212-223.

Miller, P.A. et N. Eisenberg (1988). « The relation of empathy to aggressive and externalizing/antisocial behavior », *Psychological Bulletin*, 103(3), p. 324-344.

Mills, D.L. et H.J. Neville (1997). « Electrophysiological studies of language and language impairment », *Seminars in Pediatric Neurology*, 4(2), p. 125-134.

Mills, D.L., K. Plunkett, C. Prat et G. Schafer (2005). « Watching the infant brain learn words: Effects of vocabulary size and experience », *Cognitive Development*, 20, p. 19-31.

Mimoun, S (dir.). (2007). *Petit Larousse de la sexualité*, Paris, Larousse.

Ministère de la Culture, la Communication et de la Condition féminine – MCCCF (2009). *Charte québécoise pour une image corporelle saine et diversifiée*, <http://www.mcccf.gouv.qc.ca/fileadmin/documents/actualites/annexe1_charte.pdf>, consulté le 22 juin 2010).

Ministère de l'Éducation – MEQ (2000a). *L'école orientante: une concept en évolution – Prendre le virage du succès*, Québec, Gouvernement du Québec.

Ministère de l'Éducation – MEQ (2000b). *Élèves handicapés ou en difficulté d'adaptation ou d'apprentissage (EHDAA) – Définitions*, Québec, Gouvernement du Québec, Direction de l'adaptation scolaire et des services complémentaires.

Ministère de l'Éducation – MEQ (2001a). *La formation à l'enseignement*, Québec, Bibliothèque nationale du Québec.

Ministère de l'Éducation – MEQ (2001b). *Programme de formation de l'école québécoise*, Québec, Gouvernement du Québec.

Ministère de l'Éducation – MEQ (2002). *À chacun son rêve: l'approche orientante*, Québec, Direction de l'adaptation scolaire et des services complémentaires.

Ministère de l'Éducation – MEQ (2004). *Les services de garde en milieu scolaire: document d'information*, Québec, Direction de la formation générale des jeunes.

Ministère de l'Éducation – MEQ (2005). *École en santé, Guide à l'intention du milieu scolaire et de ses partenaires, Pour la réussite éducative, la santé et le bien-être des jeunes*, Québec, Ministère de l'Éducation, du Loisir et du Sport.

Ministère de l'Éducation, du Loisir et du Sport – MELS (2005). *École en santé – Guide à l'intention du milieu scolaire et de ses partenaires, Pour la réussite éducative, la santé et le bien-être des jeunes*, Québec, Ministère de l'Éducation, du Loisir et du Sport.

Ministère de l'Éducation, du Loisir et du Sport – MELS (2007a). *Le Programme international de recherche en lecture scolaire (PIRLS) – Résultats obtenus par les élèves québécois de 10 ans*, Québec, Gouvernement du Québec, <http://www.mels.gouv.qc.ca/sanction/PIRLS/RapportPIRLS2006_f.pdf>, consulté le 22 février 2010.

Ministère de l'Éducation, du Loisir et du Sport – MELS (2007a). *Programme Éthique et culture religieuse*, Québec, Gouvernement du Québec.

Ministère de l'Éducation, du Loisir et du Sport – MELS (2007b). *Pour un virage santé à l'école*, Québec, Ministère de l'Éducation, du Loisir et du Sport.

Ministère de l'Éducation, du Loisir et du Sport – MELS (2007c). *L'organisation des services éducatifs aux élèves à risque et aux élèves handicapés ou en difficulté d'adaptation ou d'apprentissage*, Québec, Gouvernement du Québec.

Ministère de l'Éducation, du Loisir et du Sport – MELS (2008). « Comment accroître la motivation scolaire chez les jeunes adolescents », *Bulletin objectif persévérance et réussite*, 1(2), p. 4-5.

Ministère de l'Éducation, du Loisir et du Sport – MELS (2009). *Progression des apprentissages au primaire – Français, langue d'enseignement*, Québec, Gouvernement du Québec, <http://www.mels.gouv.qc.ca/progression/francaisEns/pdf/fraEns_SectionCom.pdf>, consulté le 16 février 2010.

Ministère de la Sécurité publique (2002). *La prévention de l'intimidation à l'école*, Ottawa, Gouvernement du Canada, <http://www.publicsafety.gc.ca/res/cp/res/bully-fra.aspx>, consulté le 13 juin 2010.

Mongeau, L. (2002). « Apports en énergie et en macronutriments », dans *Enquête sociale et de santé auprès des enfants et des adolescents québécois 1999*, Québec, Institut de la statistique du Québec.

Mongeau, L., N. Audet, J. Aubin et R. Baraldi (2005). *L'excès de poids dans la population québécoise de 1987 à 2003*, Québec, Direction Santé Québec, ISQ, Gouvernement du Québec.

Montangero, J. (1977). *La notion de durée chez l'enfant de 5 à 9 ans*, Paris, Presses universitaires de France.

Montésinos-Gelet, I. (2007). « Les préoccupations du jeune scripteur et le développement des compétences langagières à l'écrit », dans A.M. Dionne (dir.), *Les littératies : perspectives linguistique, familiale et culturelle*, Ottawa, Les Presses de l'Université d'Ottawa.

Montpetit, C. (2009). *En santé pour l'avenir, Un portrait des jeunes montréalais d'âge scolaire*, Montréal, Direction de santé publique, Agence de la santé et des services sociaux de Montréal.

Morais, J. (2004). « La science de la lecture : d'un regard sur le passé à un regard sur l'avenir », dans l'Observatoire national de la lecture, *Nouveaux regards sur la lecture*, Paris, Savoir lire.

Moreau, M. (1974). *Au seuil de l'opératoire*, Montréal, Office du film du Québec.

Morin, M.F. (2002). *Le développement des habiletés orthographiques chez des sujets francophones entre la fin de la maternelle et de la première année du primaire*. Thèse de Doctorat, Faculté d'éducation, Université Laval, Québec, Canada.

Morin, M.F. et I. Montésinos-Gelet (2007). *Approcher l'écrit à pas de loup, La littérature de jeunesse pour apprendre à lire et écrire au préscolaire et au primaire*, Montréal, Chenelière.

Morissette, P. (2010). *Vignettes sur la trisomie*, <http://www.ccdmd.qc.ca/ri/developpement>, consulté le 15 juin 2010.

Morissette P. et C. Bouchard (2008). « J'apprends à comprendre le monde : le développement cognitif de 0 à 3 ans », dans C. Bouchard, en collaboration avec N. Fréchette (dir.), *Le développement global de l'enfant de 0 à 5 ans en contextes éducatifs*, Québec, Presses de l'Université du Québec, coll. « Éducation à la petite enfance ».

Mosconi, N. (1998). « Réussite scolaire des filles et des garçons et socialisation différentielle des sexes à l'école », *Recherches féministes*, 11(10), p. 7-17.

Mosconi, N. (1999). « Les recherches sur la socialisation différentielle des sexes à l'école », dans Y. Lemel et B. Roudet (dir.), *Filles et garçons jusqu'à l'adolescence : socialisation différentielle*, Montréal, L'Harmattan.

Moss, E. (2005). *La réussite scolaire évaluée sous l'angle de l'attachement*, Montréal et Québec, Université du Québec à Montréal et Ministère de l'Éducation, du Loisir et du Sport.

Mouchiroud, C. (2004). « Haut potentiel intellectuel et développement social », dans J. Lautrey (dir.), *L'état de la recherche sur les enfants dits « surdoués »*, Paris, CNRS et Université Paris V.

Moyles, J. (2005). *The Excellence of Play*, Londres, Open University Press.

Mullis, I.V.S., M.O. Martin et O. Foy (2008). «TIMSS 2007 International Mathematics Report», *Findings from LEA's Trends in International Mathematics and Science Study at the Fourth and Eighth Grades*, Boston, TIMSS and PIRLS International Study Center.

Musson, S. (1999). *Les services de garde en milieu scolaire*, Québec, Les Presses de l'Université Laval.

Nadeau, M. et C. Fisher (2008). *La grammaire nouvelle, La comprendre et l'enseigner*, Montréal, Gaëtan Morin Éditeur.

Nadon, Y. (2002). *Lire et écrire en première année et pour le reste de sa vie*, Montréal, Chenelière.

Nagin, D.S. et R.E. Tremblay (1999). «Trajectories of boys' physical aggression, opposition, and hyperactivity on the path to physically violent and nonviolent juvenile delinquency, *Child Development, 70*, p. 1181-1196.

Nagy, W. (1988). *Teaching Vocabulary to Improve Reading Comprehension*, Newark, Delaware, International Reading Association.

Nagy, W.E. et R.C. Anderson (1984). «How many words are there in printed school English?», *Reading Research Quarterly, 19*(3), p. 304-330.

Nagy, W.E., V.W. Berninger et R.D. Abbott (2006). «Contributions of morphology beyond phonology to literacy outcomes of upper elementary and middle-school students», *Journal of Educational Psychology, 98*, p. 134-147.

Nash, R. (1973). «Clique formation among primary and secondary school children», *British Journal of Sociology, 24*, p. 303-313.

National Reading Panel (2000). *Teaching Children to Read: An Evidence-based Assessment to Scientific Research Literature on Reading and its Implications*, <http://www.nichd.nih.gov/publications/nrp/report.cfm>, consulté le 31 mars 2010.

Newcomb, A.F. et C.L. Bagwell (1995). «Children's friendship relations: A meta-analytic review», *Psychological Bulletin, 117*(2), p. 306-347.

Newcomb, A.F., W.M. Bukowski et L. Pattee (1993). «Children's peer relations: A meta-analytic review of popular, rejected, neglected, controversial, and average sociometric status», *Psychological Bulletin, 113*, p. 99-128.

Newman, S.B., C. Copple et S. Bredekamp (2000). *Learning to read and write: Developmentally Appropriate Pratices for Young Children*, Washington, NAEYC.

Nichols, B. (1994). *Moving and Learning: The Elementary School Physical Education Experience* (3e éd.), Boston, Mosby.

Nolin, B., D. Prud'homme, G. Godin et D. Hamel (2002). *Enquête québécoise sur l'activité physique et la santé 1998*, Québec, Institut de la statistique du Québec, Institut national de santé publique du Québec et Kino-Québec.

Normand, S. *et al.* (2009). «Lorsque les mots ne suffisent plus. Les difficultés langagières et l'agressivité au cours de l'enfance», dans B.H. Schneider (dir.), *Conduites agressives chez l'enfant: perspectives développementales et psychosociales*, Québec, Presses de l'Université du Québec.

Normand, S. et B.H. Schneider (2009). «Ces enfants qui font mal aux autres. Connaissances et défis scientifiques actuels», dans B.H. Schneider (dir.), *Conduites agressives chez l'enfant: perspectives développementales et psychosociales*, Québec, Presses de l'Université du Québec.

Nosek, B.A., M.R. Banaji et A.G. Greenwald (2002). «Math = male, me = female, therefore math ≠ me», *Journal of Personality and Social Psychology, 1*, p. 44-59.

Nowell, A. et L.V. Hedges (1998). «Trends in gender differences in academic achievement from 1960 to 1994: An analysis of differences in mean, variance and extreme scores», *Sex Roles, 39*, p. 21-43.

Nyssen, M.-C., S. Terwagne et A. Godenir (2001). *L'apprentissage de la lecture en Europe*, Toulouse, Presses universitaires du Mirail.

Oakhill, J. (1994). «Individual differences in children's text comprehension», dans M.A. Gernsbacher (dir.), *Handbook of Psycholinguistics*, San Diego, Academic Press.

Observatoire national de la lecture (1998). *Apprendre à lire*, Paris, Odile Jacob.

Observatoire national de la lecture (2000). *Maîtriser la lecture*, Paris, Odile Jacob.

Office québécois de la langue française (2007). <http://www.granddictionnaire.com/BTML/FRA/r_Motclef/index800_1.asp>.

Oldenburg, C. et K.A. Kerns (1997). «Associations between peer relationships and depressive symptoms: Testing moderator effects of gender and age», *Journal of Early Adolescence, 17*, p. 319-337.

Olds, S.W. et D.E. Papalia (2000). *Le développement de la personne* (5e éd.), Laval, Éditions Études Vivantes.

Olds, S.W. et D.E. Papalia (2005). *Psychologie du développement de l'enfant* (6e éd.). Laval, Beauchemin.

Olweus, D. (1991). «Bully-victim problems among schoolchildren: Basic facts and effects of a school based intervention program», dans D. Pepler et K. Rubin (dir.), *The Development and Treatment of Childhood Aggression*, Hillsdale, Erlbaum.

Organisation de coopération et de développement économiques – OCDE (2003). *Student Engagement at School: A Sense of Belonging and Participation – Results from PISA 2000*, Paris, OCDE.

Organisation de coopération et de développement économiques – OCDE (2005). *Regards sur l'éducation: les Indicateurs de l'OCDE 2005*, <http://www.sourceocde.ora/enseianement/926401 1927>, consulté le 10 mai 2010.

Organisation de coopération et de développement économiques – OCDE (2008). *Regards sur l'éducation: les Indicateurs de l'OCDE 2008*, Paris, OECD Publishing.

Organisation mondiale de la santé – OMS (1946). « La définition de la santé de l'OMS », Préambule à la Constitution de l'Organisation mondiale de la santé, tel qu'adopté par la Conférence internationale sur la santé, New York, 19-22 juin 1946 ; signé le 22 juillet 1946 par les représentants de 61 États, 1946, *Actes officiels de l'Organisation mondiale de la santé*, n° 2, p. 100 et entré en vigueur le 7 avril 1948, définition non modifiée depuis.

Organisation mondiale de la santé – OMS (2003). *Obésité: prévention et prise en charge de l'épidémie mondiale*, Genève, OMS.

Organisation mondiale de la santé – OMS (2004). *Stratégie mondiale pour l'alimentation, l'exercice physique et la santé*, Genève, OMS.

Organisation mondiale de la santé – OMS (2007). *BMI-for-age (5-19 years)*, <http://www.who.int/growthref/who2007_bmi_for_age/en/index.html>, consulté le 7 juillet 2010

Organisation mondiale de la santé – OMS (2010). *Obésité et surpoids*, <http://www.who.int/mediacentre/factsheets/fs311/fr/index.html>, consulté le 7 juillet 2010.

Ouellet, L. (2010). *Un enseignant outillé, des élèves motivés*, Montréal, Chenelière.

Paavonnen, J.E., K. Räikkönen, J. Lahti, N. Komsi, K. Heinonen, A.K. Pesonen, A.L. Järvenpää, T. Strandberg, E. Kajanti et T. Porkka-Heiskanen (2009). « Short sleep duration and behavioral symptoms of attention-deficit/hyperactivity disorder in healthy 7- to 8-Year old children », *Pediatrics*, 123(5), p, e857-e864.

Pacton, S. (2003). « Morphologie et acquisition de l'orthographe : état des recherches actuelles », *Rééducation orthophonique*, 213, p. 27-55.

Paillard, J. (1982). « The contribution of peripheral and central vision to visually guided reaching », dans D.J. Ingle, M.A. Goodale et R. Mansfield (dir.), *Advances in the Analysis of Visual Behavior*, Cambridge, MIT Press.

Pajares, F. (2003). « Self-efficacy beliefs, motivation and achievement in writing: A review of the literature », *Reading et Writing Quarterly, 19*, p. 139-158.

Palardy, M.J. (1995). « Another look at homework. Homework is one of the most haphazard teaching practice in American school today », *Principal, 74*(5), p. 32-33.

Panagopoulou-Stamatelatou, A. et F. Merrett (2000). « Promoting independence and fluent writing through behavioural self-management », *British Journal of Educational Psychology, 70*(4), p. 603-622.

Panier Bagat, M. (1995). « Le développement social et moral de l'enfant », dans D. Gaonac'h et C. Golder (dir.), *Profession enseignant : manuel de psychologie pour l'enseignement*, Paris, Hachette Éducation, p. 222-249.

Papalia, D.E, S.W. Olds et R.D. Feldman (2010). *Psychologie du développement humain* (7e éd.), Saint-Laurent, Chenelière-McGraw-Hill.

Paquette, K.R. (2009). « Integrating the 6+1 writing traits model with cross-age tutoring: An investigation of elementary students' writing development », *Literacy Research and Instruction, 48*, p. 28-38.

Paquin, M. et M. Drolet (2006). *La violence au préscolaire et au primaire : les défis et les enjeux de la collaboration entre l'école et les parents*, Québec, Presses de l'Université du Québec, coll. « Éducation-recherche ».

Parent S. et L. Caron (2007). « Les approches socio-culturelles de l'intelligence », dans S. Larivée (dir.), *L'intelligence*, Tome 1, Montréal, Éditions du Renouveau pédagogique.

Parent, G. et P. Cloutier (2009). *Initiation à la psychologie*, Saint-Laurent, Beauchemin-Chenelière Éducation.

Park, J. (2003). *L'image de soi à l'adolescent et santé à l'âge adulte*, Suppléments sur le rapport à la santé, Ottawa, Statistique Canada.

Parker, J.G. et J. Seal (1996). « Forming, losing, renewing, and replacing friendships: Applying temporal parameters to the assessment of children's friendship experiences », *Child Development, 67*, p. 2248-2268.

Parker, J.G, K.H. Rubin, S.A. Erath, J.C. Wojslawowicz et A.A. Buskirk (2006). « Peer relationships, child development and adjustment: A developmental psychopathology perspective », dans D.J. Cohen et D. Ciccheti (dir.), *Developmental Psychopathology: Theory and Methods* (2e éd.), New York, John Wiley & Sons.

Parker, J.G. et S.R. Asher (1987). « Peer relations and later personal adjustment: Are low-accepted children at risk ? », *Psychological Bulletin, 102*, p. 357-389.

Parker, J.G. et S.R. Asher (1993). « Friendship and friendship quality in middle childhood: Links with peer group acceptance and feelings of loneliness and social dissatisfaction », *Developmental Psychology, 29*(4), p. 611-621.

Parker, K.J., C.L. Buckmaster, K.R. Justus, A.F. Schatzberg et D.M. Lyons (2005). « Mild early life stress enhances prefrontal-dependent response inhibition in monkeys », *Biological Psychiatry*, 57, p. 848-855.

Parlebas, P. (1992). *Sociométrie, réseaux et communication*, Paris, Presses universitaires de France.

Parten, M. (1932). « Social participation among preschool children », *Journal of Abnormal an Social Psychology*, 27, p. 242-269.

Paul, R. (2001). *Language Disorders from Infancy Through Adolescence* (2ᵉ éd.), Mosby, St-Louis.

Paulesu, E., J.F. Demonet, F. Fazio, E. McCrory, V. Chanoine, N. Brunswick, S.F. Cappa, G. Cossu, M. Habib, C.D. Frith et U. Frith (2001). « Dyslexia : Cultural diversity and biological unity », *Science*, 291, p. 2165-2167.

Pelletier, D. (2001). *Activités projets : le développement global en action*, Montréal, Modulo.

Pelletier, L.G. et R.J. Vallerand (1993). « Une perspective humaniste de la motivation : les théories de la compétence et de l'autodétermination », dans R.J. Vallerand et E.E. Thill (dir.), *Introduction à la psychologie de la motivation*, Montréal, Chenelière.

Pelletier, M. (2004). *La réussite des garçons, des constats à mettre en perspective : rapport synthèse*, Québec, Ministère de l'Éducation.

Pepler, D.J. et W.M. Craig (1998). « Assessing Children's Peer Relationships », *Child Psychology et Psychiatry Review*, 3(4), p. 176-182.

Pepler, D.J. et W. Craig (2000). *Report #60 : Making a Difference in Bullying*, LaMarsh Centre of research on violence and conflict resolution, Document inédit, Université de York, <http://www.pbis.org/default.aspx>, consulté le 1ᵉʳ juin 2010.

Perry, D.G. et K. Bussey (1984). *Social Development*, Englewood Cliffs, Prentice-Hall.

Petrides, M. (1991). « Monitoring of selections of visual stimuli and the primate frontal cortex », *Proceedings of the Royal Society of Londres, Series B*, 246, p. 293-298.

Petrides, M. (1994). « Frontal lobes and working memory : Evidence from investigations of the effects of cortical excisions in nonhuman primates », dans F. Boller et J. Grafman (dir.), *Handbook of Neuropsychology*, Amsterdam, Elsevier, p. 59-82.

Petrides, M. et D.N. Pandya (2004). « The frontal cortex », dans G. Paxinos et J.K. Mai (dir.), *The Human Nervous System*, Amsterdam, Elsevier Academic Press.

Piaget, J. (1946). *Le développement de la notion de temps chez l'enfant*, Paris, Presses universitaires de France.

Piaget, J. et B. Inhelder (1957). *De la logique de l'enfant à la logique de l'adolescent*, Paris, Presses universitaires de France.

Piaget, J. et B. Inhelder (1984). *La psychologie de l'enfant* (11ᵉ éd.), Paris, Presses universitaires de France, coll. « Que sais-je ? ».

Piaget, J. et B. Inhelder (1948). *La représentation de l'espace chez l'enfant*, Paris, Presses universitaires de France.

Planche, P. (2000). « Le fonctionnement et le développement cognitifs des enfants intellectuellement précoce », *L'année psychologique*, 100(3), p. 503-525.

Plante, I. (2009). *Les liens entre l'adhésion aux stéréotypes de genre en mathématiques et en français, la motivation, les buts d'apprentissage, le choix de carrière envisage et le rendement*, Thèse de doctorat inédite, Montréal, Université de Montréal.

Pless, B. et W. Milar (2000). *Blessures non intentionnelles chez les enfants, Résultats d'enquêtes canadiennes sur la santé*, Ottawa, Ministère de la Santé.

Poirier, L. (2001). *Enseigner les maths au primaire*, Montréal, Éditions du Renouveau pédagogique.

Poirier, P. (2008). « Adiposité et maladies cardiovasculaires. Utilisons-nous la bonne définition pour caractériser l'obésité ? », *Médecine/Sciences*, 24, p. 1096-1098.

Poissant, H. (1999). *Comment aider votre enfant à effectuer ses tâches scolaires ? Guide à l'intention des parents d'enfants présentant un trouble déficitaire de l'attention avec ou sans hyperactivité (TDA/H)*, Montréal, Université du Québec à Montréal, Département de psychologie.

Poissant, H. (2000). « La métacognition chez les enfants présentant des troubles de l'attention avec ou sans hyperactivité », *Revue canadienne de psychoéducation*, 29(2), p. 171-184.

Poissant, H. (2006). « Métacognition et TDAH », dans N. Chevalier, M.C. Guay, A. Achim, P. Lageix et H. Poissant (dir.), *Trouble déficitaire de l'attention avec hyperactivité : soigner, éduquer, surtout valoriser*, Québec, Presses de l'Université du Québec, coll. « Santé et société ».

Polgère, A. (2003). *Lexicologie et sémantique lexicale : notions fondamentales*, Québec, Presses de l'Université du Québec.

Poncelet, D. et M. Born (2008). « La transition primaire-secondaire : un cap pas toujours facile à franchir... Étude des perceptions des parents en ce qui concerne le milieu familial, l'ajustement scolaire de l'enfant et les facteurs de risque associés au décrochage durant la transition primaire-secondaire », *Scientica Paedagogica Experimentalis*, XLV(2), 225-254.

Post, J., M. Hohmann, L. Bourgon et S. Léger (2004). *Prendre plaisir à découvrir, Guide d'intervention éducative auprès des poupons et des trottineurs*, Montréal, Gaëtan Morin Éditeur.

Poulin, F., S. Cantin, F. Vitaro et M. Boivin (2009). « Amitiés et conduites agressives à l'enfance », dans B.H. Schneider, S. Normand, M. Allès-Jardel, M.A. Provost et G.M. Tarabulsy (dir.), *Perspectives sur le développement de l'agressivité chez les enfants*, Québec, Presses de l'Université du Québec.

Poulin, R. et A. Laprade (2006). « Hypersexualisation, érotisation et pornographie chez les jeunes », <http://sisyphe.org/article.php3?id_article=2268>.

Prenoveau, J. (2007). *Cultiver le goût de lire et d'écrire : enseigner la lecture et l'écriture par une approche équilibrée*, Montréal, Chenelière.

Prud'homme, D. (2004). *La violence à l'école n'est pas un jeu d'enfants : pour intervenir dès le primaire*, Montréal, Remue-ménage.

Prud'homme, D. (2008). *Violence entre enfants : casse-tête pour les parents*, Montréal, Remue-ménage.

Pugh, K.R., W.E. Mencl, A.R. Jenner, L. Katz, S.J. Frost, J.R. Lee, S.E. Shaywitz et B.A. Shaywitz (2001). « Neurobiological studies of reading and reading disability », *Journal of Communication Disorders, 34*, p. 479-492.

Purcell-Gates, V. et K.L. Dahl (1991). « Low-SES children's success and failure at early literacy learning in skills-based classrooms », *Journal of Reading Behavior, 23*(1), p. 1-34.

Quinn, D.M. et S.J. Spencer (2001). « The interference of stereotype threat with women's generation of mathematical problem-solving strategies », *Journal of Social Issues, 57*, p. 55-71.

Racicot, J. (2008). *J'apprends à penser, je réussis mieux*, Montréal, Éditions du CHU Sainte-Justine.

Raphael, T.E. (1986). « Teaching question answer relationship : Revisited », *The Reading Teacher, 39*(6), p. 516-522.

Rarick, G.L., D.A. Dobbins et G.D. Broadhead (1976). *The Motor Domain and its Correlates in Educational Handicapped Children*, Englewood Cliffs, Prentice Hall.

Rémond, M. (1993). « Pourquoi certains enfants ne comprennent-ils pas ce qu'ils lisent ? », dans G. Chauveau, M. Rémond et É. Rogovas-Chauveau (dir.), *L'enfant apprenti lecteur*. Paris, INRP.

Renzulli, J.S. (2002). « Emerging conception of giftness : Building a bridge to the new century », *Exceptionality, 10* (2), p. 67-75.

Réseau canadien de recherche sur le langage et l'alphabétisation (2009). *Pour un enseignement efficace de la lecture et de l'écriture*, <http://foundationsforliteracy.ca/pdf/ReadWriteKit_FR09.pdf>, consulté le 29 juin 2010.

Réseau canadien pour la santé des femmes (2009). *Comment aider les filles à acquérir une image corporelle saine*, <http://www.cwhn.ca/node/40826>, consulté le 20 août 2010.

Réseau Éducation-médias (2001). *Jeunes canadiens branchés*, Montréal.

Réseau Éducation-médias (2009). *Beauté et image corporelle dans les médias*, <http://www.media-awareness.ca/francais/enjeux/stereotypes/femmes_filles/beaute_image.cfm>, consulté le 20 août 2010.

Réseau québécois d'action pour la santé des femmes – RQASF (2007). *Les actes du colloque : Le marché de la beauté… un enjeu de santé publique*, 23-24 novembre 2006.

Rest, J. (1983). « Morality », dans P.H. Mussen, J. Flavell et E. Markman (dir.), *Handbook of Child Psychology : Cognitive Development* (4e éd.), New York, Wiley, p. 556-629.

Rey-Debove, J. (1984). « Le domaine de la morphologie lexicale », *Cahiers de lexicologie, 45*, p. 3-19.

Reymond-Rivier, B. (1997). *Le développement social de l'enfant et de l'adolescent*, Wavre, Mardaga.

Rickheit, G., H. Strohner et C. Vorwerg (2008). « The concept of communicative competence », dans G. Rickheit et H. Strohner (dir.), *Handbook of Communication Competence*, Berlin, Mouton de Gruyter.

Rigal, R. (1976). *Le développement psychomoteur de l'enfant et ses relations avec les apprentissages scolaires*, Thèse de doctorat, Montréal, Université de Montréal.

Rigal, R. (1977). « Efficience manuelle et vitesse d'écriture », *Revue de neuropsychiatrie infantile et d'hygiène mentale de l'enfance, 7*, p. 391-400.

Rigal, R (1992). « Which handedness : Preference or performance ? », *Perceptual and Motor Skills, 75*, p. 851-866.

Rigal, R (1994). « Right-left orientation : Development of correct use of right and left terms », *Perceptual and Motor Skills, 79*, p. 1259-1278.

Rigal, R. (1996a). *Motricité humaine, Fondements et applications pédagogiques, Tome 3 : Actions motrices et apprentissages scolaires,* Québec, Presses de l'Université du Québec.

Rigal, R (1996b). « Right-left orientation, mental rotation, and perspective-taking : when can children imagine what people see from their own viewpoint ? », *Perceptual and Motor Skills, 83*, p. 831-842.

Rigal, R. (2002). *Motricité humaine, Fondements et applications pédagogiques, Tome 1 : Neuropsychologue perceptivo-motrice* (3e éd.), Québec, Presses de l'Université du Québec.

Rigal, R. (2003). *Motricité humaine. Fondements et applications pédagogiques. Tome 2 : Développement moteur* (3e éd.), Québec, Presses de l'Université du Québec.

Rigal, R., L.A. Nader, G. Bolduc et N. Chevalier (2009). *L'éducation motrice et l'éducation psychomotrice au préscolaire et au primaire*, Québec, Presses de l'Université du Québec.

Robert, J. (2005a). *Parlez-leur d'amour… et de sexualité*, Montréal, Les Éditions de l'Homme.

Robert, J. (2005b). « Sa première peine d'amour », *Enfants Québec, 17*(7), p. 43-44.

Roberts, D., U. Foehr et V. Rideout (2005). *Generation M : Media in the Lives of 8-18 Year Olds*, Menlo Park, Kaiser Family Foundation.

Robichaud, M.G.R. (2003). *L'enfant souffre-douleur : l'intimidation à l'école*, Montréal, Les Éditions de l'Homme.

Roche, A.E. (1981). « The adipocyte-number hypothesis », *Child Development, 52*, p. 31-43.

Rogoff, B. (1990). *Apprenticeship in Thinking : Cognitive Development in Social Context*, New York, Oxford University Press.

Rose-Krasnor, L. (1997). « The nature of social competence : A theoretical review », *Social Development, 6*(1), p. 111-135.

Rose-Krasnor, L. et S. Denham (2009). « Social-emotional competence in early childhood », dans K.H. Rubin, W.M. Bukowski et B. Laursen (dir.), *Handbook of Peer Interactions, Relationships, and Groups, Social, Emotional, and Personality Development in Context*, New York, Guilford Press.

Rosengerg, M. (1979). *Conceiving the Self*, New York, Basic Books.

Rosenthal, R. et L. Jacobson (1973). *Pygmalion in the Classroom : Teacher Expectation and Pupils' Intellectual Development*, New York, Holt, Rinehart & Winston.

Ross, J.G. et R.R. Pate (1987). « The national children and youth fitness study II », *Journal of Education, Recreation and Dance, 58*, p. 51-56.

Rossi, J.P. (2005). *Psychologie de la mémoire : de la mémoire épisodique à la mémoire sémantique*, Bruxelles, De Boeck.

Rouet, J.F. (2001). « Pourquoi "bien lire" ne suffit pas : l'acquisition des stratégies de compréhension au collège et au lycée », dans C. Golder et D. Gaonac'h (dir.), *Enseigner à des adolescents, Manuel de psychologie*, Paris, Hachette.

Rousseau, N., K. Tétrault et C. Vézina (2009). « Analyse rétrospective (1992-2004) du parcours scolaire d'élèves ayant commencé la maternelle en Mauricie », *Revue des sciences de l'éducation, 35*(1), p. 15-40.

Routman, R. (2007). *Enseigner la lecture : revenir à l'essentiel*, Montréal, Chenelière.

Routman, R. (2010). *Enseigner l'écriture : revenir à l'essentiel* (2ᵉ éd.), Montréal, Chenelière.

Royer, E. et L. Fortin (1997). « Comment enseigner à des élèves ayant des troubles de comportements ? », *Nouvelles CEQ*, mars-avril, p. 17-20.

Royer, N. et S. Coutu (2010). « Se découvrir et s'affirmer à la maternelle », dans C. Raby et A. Charron (dir.), *Intervenir à l'éducation préscolaire pour favoriser le développement global*, Montréal, CEC.

Rubble, D.N. (1980). « A developmental perspective on theories of achievement-motivation », dans L.J. Fyans (dir.), *Achievement-motivation : Recent Trends in Theory and Practice*, New York, Plenum Press.

Rubble, D.N., C.L. Martin et S.A. Berenbaum (2006). « Gender development », dans N. Eisenberg, W. Damon et R.M. Lerner (dir.), « *Handbook of Child Psychology, Social, Emotional, and Personality Development* (6ᵉ éd.), Hoboken, John Wiley & Sons.

Rubin, K.H., W.M. Bukowski et G. Parker (2006). « Peer interactions, relationships, and groups », dans N. Eisenberg, D. William et R.M. Lerner (dir.), *Handbook of Child Psychology, Vol. 3, Social, Emotional, and Personality Development* (6ᵉ éd.), Hoboken, John Wiley & Sons.

Rubin, K.H., B. Fredstrom et J. Bowker (2008). « Future directions in friendship in childhood and early adolescence », *Social Development, 17*(4), p. 1085-1096.

Rubin, K.H., S. Hymel, R.S.L. Mills et L. Rose-Krasnor (1991). « Conceptualizing different developmental pathways to and from social isolation in childhood », dans D. Cicchetti et S.L. Toth (dir.), *Internalizing and Externalizing Expression of Dysfunction : Rochester Symposium on Developmental Psychopathology*, Rochester, University of Rochester Press, p. 91-122.

Rubin, K.H. et L. Rose-Krasnor (1992). « Interpersonal problem solving », dans V.B. Van Hasselt et M. Hersen (dir.), *Handbook of Social Development*, New York, Plenum.

Ruel, P.H. (1987). « Motivation et représentation de soi », *Revue des sciences de l'éducation, 13*(2), p. 239-259.

Ryan, R.M., J.P. Connell et E.L. Deci (1985). « Amotivational analysis of self-determination and self-regulation in education », dans R. Ames et C. Ames (dir.), *Research on Motivation in Education*, Londres, Academic Press, p. 13-51.

Sage, I., P. Zesiger et C. Garitte (2009). « Processus psychomoteurs et psychologiques influençant l'écriture chez des enfants âgés de 8 à 12 ans : étude fondée sur l'Échelle d'évaluation rapide de l'écriture chez l'enfant (test BFK) », *ANAE, 104-105*, p. 384-390.

Saida, Y. et M. Miyashita (1979). « Development of fine motor skill in children : Manipulation of a pencil in young children aged 2 to 6 years old », *Journal of Human Movement Studies, 5*, p. 104-113.

Saint-Laurent, L. (2000). « Les programmes de prévention de l'échec scolaire : des développements prometteurs », dans F. Vitaro et C. Gagnon (dir.), *Prévention des problèmes d'adaptation chez les enfants et les adolescents*, Québec, Presses de l'Université du Québec.

Saint-Laurent, L. (2008). *Enseigner aux élèves à risque et en difficulté au primaire* (2e éd.), Montréal, Gaëtan Morin Éditeur.

Saint-Père, F. et F. Gagné (2001). *La motivation, la persistance et les aptitudes comme déterminants de la performance humaine*, <http://www.adaptationscolaire.org/themes/douance/documents/textes_doua_pdf_st-pere--gagne.pdf>, consulté le 1er août 2010.

Saint-Pierre, L. (1994). « La métacognition, qu'en est-il ? », *Revue des sciences de l'éducation, 20*(3), p. 529-545.

Sampaio, R.C. et C.L. Truwit (2001). « Myelinisation in the developing human brain », dans C.A. Nelson et M. Luciana (dir.), *Handbook of Developmental Cognitive Neuroscience*, Cambridge, MIT Press.

Sampei, M.A., N.F. Novo, Y. Juliano et D.M. Sigulen (2008). « Anthropometry and body composition in ethnic Japanese and Caucasian adolescent boys », *Pediatrics International, 50*, p. 679-686.

Sánchez, M.M., E.F. Hearn, D. Do, J.K. Rilling et J.G. Herndon (1988). « Differential rearing affects corpus callosum size and cognitive function of rhesus monkeys », *Brain Research, 812*, p. 38-49.

Sandstrom, M.J. et A.H.N. Cillessen (2003). « Sociometric status and children's peer experiences: Use of the daily diary method », *Merrill-Palmer Quarterly, 49*, p. 427-452.

Sandstrom, M.J. et J.D. Coie (1999). « A developmental perspective on peer rejection: Mechanisms of stability and change, *Child Development, 70*(4), p. 955-966.

Sano, A., D.S. Nguyen Trung Le, M-H. Le, M-H. Tran, H. Pham, M. Kaneda, E. Murai, H. Kamiyama, Y. Oota et S. Yamamoto (2008). « Study on factors of body image in Japanese and Vietnamese adolescents », *Journal of Nutritional Science and Vitaminology, 54*, p. 169-175.

Santé Canada. (2007). *Bien manger avec le Guide alimentaire canadien*, Ottawa, Ministère de la Santé, <http://www.hc-sc.gc.ca/fn-an/food-guide-aliment/index-fra.php>, consulté le 7 juillet 2010.

Santrock, J.W. (1997). *Life-Span Development* (6e éd.), Madison, Brown & Benchmark.

Santrock, J.W. (2004). *Life Span Development* (9e éd.), New York, McGraw-Hill.

Saracho, O.N. et B. Spodek (1998). *Multiple Perspectives on Play in Early Childhood Education*, New York, State University of New York Press.

Sasseville, M. (1999). *La pratique de la philosophie avec les enfants*, Québec, Les Presses de l'Université Laval.

Sassoon, R., I. Nimmo-Smith et A.M. Wing (1986). « An analysis of children's penholds », dans H.S.R. Kao, G.P. van Galen et R. Hoosain (dir.), *Graphonomics: Contemporary Research in Handwriting*, North Holland, Elsevier.

Savard, M. (1999). « Les principaux moments dans l'animation », dans M. Sasseville (dir.), *La pratique de la philosophie avec les enfants*, Québec, Les Presses de l'Université Laval.

Schaettel, A. et P. Bertrand (2005). *Pratiquer l'EPS de 8 à 12 ans*, Schiltigheim, Accès Éditions.

Scheffler, R.M., T.T. Brown, B.D. Fulton, S.P. Hinshaw, P. Levine et S. Stone (2009). « Positive association between attention-deficit/hyperactivity disorder medication use and academic achievement during elementary school », *Pediatrics, 123*(5), p. 1273-1279.

Schneider, W. (2002). « Memory development in childhood », dans U. Goswami (dir.), « *Blackwell Handbook of Childhood Cognitive Development*, Oxford, Blackwell Publishing.

Schneider, W., E. Roth et M. Ennemoser (2000). « Training phonological skills and letter knowledge in children at risk for dyslexia: A comparison of three kindergarten intervention programs », *Journal of Educational Psychology, 92*, p. 284-295.

Schneuwly, B. (1987). « Les capacités humaines sont des constructions sociales. Essai sur la théorie de Vygotsky », *European Journal of Psychology Education, 1*(4), p. 5-16.

Schramek, T.E. (2008). « Vos enfants se font-ils du CINÉ à la rentrée ? », *Mammouth Magazine*, <http://www.hlhl.qc.ca/documents/pdf/Recherche/CESH/Mammouth-FR-no5_final.pdf>, *5*, p. 1-3.

Schunk, D.H. et C.W. Swartz (1993). « Goals and progress feedback », *Contemporary Educational Psychology, 18*, p. 337-354.

Schunk, J. (1991). « Self-efficacy and achievement motivation ? », *Educational Psychologist, 26*, p. 207-231.

Scott-Little, C., S.L. Kagan et V.S. Frelow (2006). « Conceptualization of readiness and the content of early learning standards: The intersection of policy and research ? », *Early Childhood Research Quarterly, 21*, p. 153-173.

Scribner, S. (1977). « Modes of thinking and ways of speaking: Culture and logic reconsidered », dans P.N. Johnson-Laird et P.S. Wason (dir.), *Thinking: Reading in Cognitive Science*, Cambridge, Cambridge University Press.

Sécurité publique Canada, *La prévention de l'intimidation à l'école*, <http://www.securitepublique.gc.ca/res/cp/res/bully-fra.aspx>, consulté le 14 octobre 2009.

Seefeld, V. (dir.) (1986). *Physical Activity and Well-being*, Reston, AAHPERD.

Selman, R. (1980). *The Growth of Interpersonal Understanding*, New York, Acadamic Press.

Selman, R. et L.H. Schultz (1990). *Making Friend in Youth*, Chicago, The University of Chicago Press.

Selman, R.L. et A.P. Selman (1979). « Children's ideas about friendship : A new theory », *Psychology Today, 13*(4), p. 71-80.

Sénéchal, M., M.T. Basque et T. Leclaire (2006). « Morphological knowledge as revealed in children's spelling accuracy and reports of spelling strategies », *Journal of Experimental Child Psychology, 95*, p. 231-254.

Service national du RÉCIT de l'univers social (2009). *La ligne du temps*, <http://www.lignedutemps.qc.ca/>, consulté le 18 mars 2010.

Seta, J. (1982). « The impact of comparison process on cofactors task performance », *Journal of Personality and Social Psychology, 42*, p. 281-291.

Shamah-Levy, T., S. Villalpando-Hernández et J.A. Rivera-Dommarco (2007). *Resultados de nutrición de la ENSANUT 2006*, Cuernavaca, Instituto nacional de salud pública.

Shankland, R. (2009). *Les troubles du comportement alimentaire*, Paris, Dunod.

Sharp, A.M. (1999). « La notion de communauté de recherche », dans M. Sasseville (dir.), *La pratique de la philosophie avec les enfants*, Québec, Les Presses de l'Université Laval.

Shavelson, R., J.J. Hubner et G. Stanton (1976). « Self-concept validation of construct interpretation », *Review of Psychological Research, 46*, p. 407-441.

Shaywitz, B.A. *et al.* (1998). « Functional disruption in the organization of the brain for reading in dyslexia », *Proceedings of the National Academy of Sciences, 95*(5), p. 2636-2641.

Shaywitz, B.A., S.E. Shaywitz, B.A. Blachman, K.R. Pugh, R.K. Fulbright et P. Skudlarski (2004). « Development of left occipitotemporal systems for skilled reading in children after a phonologically-based intervention », *Biological Psychiatry, 55*, p. 926-933.

Shechtman, Z. (2002). « Cognitive and affective empathy in aggressive boys : Implications for counseling », *International Journal for the Advancement of Counseling, 24*(4), p. 211-222.

Shields, M: (2004). *L'embonpoint chez les enfants et les adolescents*, Statistique Canada, <http://www.statcan.gc.ca/pub/82-620-m/2005001/pdf/4241445-fra.pdf>, consulté le 1er juin 2010.

Shields, M. (2006). « L'embonpoint et l'obésité chez les enfants et les adolescents au Canada », *Rapports sur la santé, 17*(3), p. 27-44, <http://www.statcan.ca/francais/freepub/82-003-XIF/82-003-XIF2005003.pdf>.

Shore, R. (1997). *Rethinking the Brain : New Insights into Early Development*, New York, Families and Work Institute.

Siag, J. (2009). « Enfants stressés, la science à la rescousse », *Magazine Enfants Québec,* novembre, p. 60-64.

Siddiqi, A., L.G. Irwin et C. Hertzman (2007). *Total Environment Assessment Model for Early Child Development*, Evidence Report, <http://www.earlylearning.ubc.ca>, consulté le 22 août 2010.

Simard, C. (1994). « Pour un enseignement plus systématique du lexique », *Québec français, 92*, p. 28-33.

Simard, C. (1994b). *L'impact de l'identification par l'école élémentaire d'un enfant doué sur son cheminement scolaire : une approche qualitative*, Thèse de doctorat inédite, Montréal, Université du Québec à Montréal.

Simard, C. (1995a). « Fondements d'une didactique rénovée de l'écriture », dans L. Saint-Laurent, J. Giasson, C. Simard, J. Dionne et É. Royer (dir.), *Programme d'intervention auprès des élèves à risqué : une nouvelle option éducative*, Montréal, Gaëtan Morin Éditeur.

Simard, C. (1995b). « Éveil du goût d'écrire », dans L. Saint-Laurent, J. Giasson, C. Simard, J. Dionne et É. Royer (dir.), *Programme d'intervention auprès des élèves à risque : une nouvelle option éducative*, Montréal, Gaëtan Morin Éditeur.

Smetana, J.G. et E. Turiel (2003). « Moral development during adolescence », dans G.R. Adams et M.D. Berzonsky (dir.), *Blackwell Handbook of Adolescence*, New York, Wiley-Blackwell.

Smilansky, S. (1968). *The Effects of Sociodramatic Play on Disadvantaged Children : Preschool Children*, New York, Wiley.

Snow, C., M. Burns et P. Griffin (1998). *Preventing Reading Difficulties in Young Children*, Washington, National Academy Press, Stahl & Murray.

Sousa, D.A. (2009). *How the Gifted Brain Learns* (2e éd.), Thousand Oaks, Corwin.

Sport Canada (2009). *CS4L, Au Canada, le sport c'est pour la vie*, <http://www.canadiansportforlife.ca/default.aspx?PageID=1000etLangID=fr>, consulté le 31 mai 2010.

Sprenger-Charolles, L., D Béchennec et P. Lacert (1998). « Place et rôle de la médiation phonologique dans l'acquisition de la lecture/écriture en français », *Revue française de pédagogie, 122*, p. 51-67.

Squire, L.R. et E.R. Kandel (2002). *La mémoire*, Bruxelles, De Boeck.

Stambak, M. (1979). « Trois épreuves de rythme », dans R. Zazzo (dir.), *Manuel pour l'examen psychologique de l'enfant* (5ᵉ éd.), Paris, Delachaux et Niestlé, p. 241-259.

Stanovitch, K.E. (1986). « Matthew effects in reading : Some consequences of individual differences in the acquisition of literacy », *Reading Research Quarterly, 21*, p. 360-406.

Statistique Canada (2005). *Calcul des seuils d'embonpoint et d'obésité chez les enfants et les adolescents*, <http://www.statcan.gc.ca/pub/82-620-m/2005001/article/child-enfant/4144161-fra.htm>, consulté le 7 juillet 2010.

Steenhuis, R.E. et M.P. Bryden (1989). « Different dimensions of hand preference that relate to skilled and unskilled activities », *Cortex, 25*, p. 289-304.

Steeves, V. (2005). *Jeunes canadiens dans un monde branché, phase II : tendances et recommandations*, Montréal, Réseau Éducation-Médias.

Steingraber, S. (2007). *The Falling Age of Puberty in US Girls : What We Know, What We Need to Know*, Breast Cancer Fund, <http://www.breastcancerfund.org/assets/pdfs/publications/falling-age-of-puberty.pdf>, consulté le 31 mai 2010.

Sternberg, R.J. (2002). « Individual difference in cognitive development », dans U. Goswami (dir.), *Blackwell Handbook of Childhood Cognitive Development*, Maden, Blackwell Publishing.

St-Germain, C. (2003). *Colloque sur l'intimidation et le taxage à l'école : trois ministères en action*, Québec, Ministère de l'Éducation.

Stifter, C. et N. Fox (1986). « Preschool children's ability to identify and label emotions », *Journal of Non-Verbal Behavior, 10*, p. 255-266.

Strayer, F.F., J.M. Noël, O. Tessier et G. Puentes-Neuman (1989). « Les composantes de la pensée sociale chez l'enfant d'âge préscolaire », *European Bulletin of Cognitive Psychology, 9*(2), p. 199-221.

Stuss, D.T. et D.F. Benson (1986). *The Frontal Lobes*, New York, Raven Press.

Suen, C.Y. (1984). « Handwriting generation, perception and recognition », dans A.J.W.M Thomassen, P.J.G. Keuss et G.P. van Galen (dir.), *Motor Aspects of Handwriting*, Amsterdam, Elsevier.

Suler, J. (2005). *The Basic Psychological Features of Cyberspace : The Good, The Bad, and The Ugly*, <http://www,rider,edu/~suler/psycyber/adoles,html>, consulté le 21 août 2010.

Tangel, D.M. et B.A. Blachman (1995). « Effect of phoneme awareness instruction on the invented spelling of first grade children : A one year follow-up », *Journal of Reading Behavior, 27*, p. 153-185.

Tanner, J.M. (1964). *Éducation et croissance*, Neuchâtel, Delachaux et Niestlé.

Tap, P. (2005). « Enfance et identité sexuée », dans R. Cloutier, P. Gosselin et P. Tap (dir.), *Psychologie de l'enfant* (2ᵉ éd.), Montréal, Gaëtan Morin Éditeur.

Tassé, M.J. et D. Morin (2003). « L'étiologie », dans M.J. Tassé et D. Morin (dir.), *La déficience intellectuelle*, Montréal, Gaëtan Morin Éditeur.

Tauveron, C. (2002). *Lire la littérature à l'école, Pourquoi et comment conduire cet apprentissage spécifique ? De la GS au CM*, Paris, Haiter.

Temple, E., G.K. Deutsch, R.A. Poldrack, S.L. Miller, P. Tallal, M.M. Mezernich et J.D. Gabrieli (2003). « Neural deficits in children with dyslexia ameliorated by behavioral remediation », *Proceedings of the National Academy of Sciences, 100*(5), p. 2860-2865.

Terrassier, J.C. (1979). « Le syndrome de dysynchronie », *Neuropsychiatrie de l'enfance et de l'adolescence*, p. 10445-10450.

Thenevin, M.G., C. Totereau, M. Fayol et J.P. Jarousse (1999). « L'apprentissage/enseignement de la morphologie écrite du nombre en français », *Revue française de pédagogie, 126*, p. 39-52.

Thériault, J. (1996). *J'apprends à lire... Aidez-moi* (2ᵉ éd,), Montréal, Éditions Logiques.

Thibodeau, J. (2005). *Du nouveau dans la boîte à lunch*, Montréal, Éditions de l'Homme.

Thibodeau, J. (2007). *Fruits et légumes à croquer*, Montréal, Éditions de l'Homme.

Thomas, R.M. et Michel, C. (1994). *Théorie du développement de l'enfant : études comparatives*, Bruxelles, De Boeck

Thomas, R.M. et C. Michel (1994). *Théorie du développement de l'enfant : études comparatives*, Bruxelles, De Boeck.

Thompson, P.M. *et al.* (2001). « Genetic influences on brain structure », *Nature Neuroscience, 4*, p. 1253-1258.

Thorne, B. (1986). « Girls and boys together... but mostly apart : Gender arrangements in elementary schools », dans W. Hartup et K. Rubin (dir.), *Relationships and Development*, Hillsdale, Erlbaum, p. 167-184.

Thoulon-Page, C. (2009). *La rééducation de l'écriture de l'enfant* (2ᵉ éd.), Paris, Masson.

Toga, A.W., P.M. Thompson et E.R. Sowell (2006). « Mapping brain maturation », *Trends in Neurosciences, 29* (3), p. 148-159.

Tolman, D.L. (2002). *Dillemas of Desire : Teenage Talk About Sexuality*, Cambridge, Harvard University Press.

Torkia-Lagacé, M. (1981). *La pensée formelle chez les étudiants de collège I : objectif ou réalité ?*, Québec, Cégep de Limoilou.

Totereau, C., M.G. Thenevin et M. Fayol (1997). « Acquisition de la morphologie du nombre à l'écrit en français », dans L. Rieben, M. Fayol et C.A. Perfetti (dir.), *Des orthographes et leur acquisition*, Lausanne, Delachaux et Niestlé.

Touchard, Y (dir.) (2000). *L'éducation physique à l'école: de la maternelle au CM2*, Paris, Revue EPS.

Tremblay, A. (1999). « Influence of intense physical activity on energy balance and body fatness », *Proceedings of the Nutrition Society, 58*, p. 99-105.

Tremblay, I. et E. Royer (1995). *Enseigner aux élèves présentant des troubles de l'attention accompagnés d'hyperactivité*, Lévis, Corporation École et Comportement.

Tremblay, R. et É. Royer (1992). *L'identification des élèves qui présentent des troubles du comportement et l'évaluation de leurs besoins*, Québec, Ministère de l'Éducation, Direction de l'adaptation scolaire et des services complémentaires.

Tremblay, R. (1998). « Les élèves qui présentent une difficulté de comportement », *Revue québécoise de psychologie, 19*(2), p. 103-124.

Tremblay, R.E., J. Gervais et A. Petitclerc (2008). *Prévenir la violence par l'apprentissage à la petite enfance*, Montréal, Centre d'excellence pour le développement des jeunes enfants.

Tremblay, S., R. Morrison et M. Tremblay (2006). *Estimation de courbes de croissance de l'IMC pour les enfants canadiens*, Recueil du Symposium 2006 de Statistique Canada (No 11-522-XIF).

Trépanier, L. (2009). « Alors, qu'est-ce que les jeunes ont pensé du programme DéStresse et Progresse ? », *Mammouth magazine, 7*, p. 7-8.

Trudeau, H., C. Desrochers et J.-L. Tousignant (1997*)*, *Et si un geste simple donnait des résultats: Guide d'intervention personnalisée auprès des élèves*, Montréal, Chenelière/McGraw-Hill.

Tsisak, M.S., J. Tsisak et S.E. Goldstein (2006). « Aggression, delinquency, and morality: A social-cognitive perspective », dans M. Killen et J. Smetana (dir.), *Handbook of Moral Development*, Mahwah, Lawrence Erbaum.

Turcotte, D. et G. Lamonde (2004). « La violence à l'école primaire: les auteurs et les victimes », *Éducation et francophonie, 32*(1), p. 15-37.

Turcotte, G., A. Gravel et M.C. Pednault (2006). *Le combat de la malbouffe*, Société Radio-Canada, <http://www.radio-canada.ca/actualite/v2/enjeux/niveau2_10540.shtml>, consulté le 3 juillet 2010.

Turgeon, É. (2006). « Apprécier des œuvres littéraires: mission possible ! », *Québec français, 143*, p. 57-59.

Turiel, E. (2002). *The Culture of Morality: Social Development, Context and Conflict*, New York, Cambridge Press.

Turkeltaub, P.E., L. Gareau, D.L. Flowers, T.A. Zeffiro et G.F. Eden (2003). « Development of neural mechanisms for reading », *Nature Neuroscience, 6*, p. 767-773.

Turkington, C. (1987). « Special Talents », *Psychology Today, 21*(9), p. 42-46.

Vallerand, R.J. (2006). « Les attributions: déterminants et conséquences », dans R.J. Vallerand (dir.), *Les fondements de la psychologie sociale* (2e éd.), Montréal, Gaëtan Morin Éditeur.

Vallerand, R.J. et B. Rip (2006). « Le soi: déterminants, conséquences et processus », dans R.J. Vallerand (dir.), *Les fondements de la psychologie sociale* (2e éd.), Montréal, Gaëtan Morin Éditeur.

Vallerand, R.J., M.R. Blais, N.M. Brière et L.G. Pelletier (1989). « Construction et validation de l'échelle de motivation en éducation (EME) », *Canadian Journal Behavioural Science, 21*(3), p. 323-349.

Vallerand, R.J., F. Guay et M.S. Fortier (1997). « Self-determination and persistence in a real-life setting: Toward a motivational model of high school dropout », *Journal of Personality and Social Psychology, 72*(5), p.1161-1176.

Van Hout, A., C. Meljac et J.P. Fischer (2005). *Troubles du calcul et dyscalculie chez l'enfant*, Paris, Masson.

van Ijzendoorn, M. (2005). « Attachement à l'âge précoce (0-5 ans) », dans R.E. Tremblay *et al*, (dir.), *Encyclopédie sur le développement des jeunes enfants*, Montréal, Centre d'excellence pour le développement des jeunes enfants, p. 1-6, <http://www.excellence-jeunesenfants.ca/documents/van_IjzendoornFRxp.pdf>, consulté le 20 avril 2005.

Vansteenkiste, M., J. Simons, W. Lens, B. Soenens et L. Matos (2005). « Examining the motivational impact of intrinsic versus extrinsic goal framing and autonomy-supportive versus internally controlling communication style on early adolescents' academic achievement », *Child Development, 76*(2), p. 483-501.

Vantalon, V. (2005). *L'hyperactivité de l'enfant*, Montrouge, Éditions John Libbey Eurotext.

Varela, F. J. (2004*)*, *Quel savoir pour l'éthique?*, Paris, La Découverte.

Vergnaud, G. (2000). *Lev Vygotski: pédagogue et penseur de notre temps*, Paris, Hachette Éducation.

Verlaan, P. et T. Besnard (2006). « Les conduites agressives indirectes: développement, contexte et dynamiques relationnelles », dans P. Verlaan et M. Déry (dir.), *Les conduites antisociales des filles: comprendre pour mieux agir*, Québec, Presses de l'Université du Québec.

Verlaan, P., S. Cantin et M. Boivin (2001). « Validation de l'échelle de développement physique : Évaluation du niveau de maturation pubertaire à l'adolescence », *Canadian Journal of Behavioral Science/Revue Canadienne des Sciences du Comportement, 33*(3), p. 143-147.

Verlaan, P., M. Déry, T. Besnard, J. Toupin et R. Pauzé (2009). « Agresser sans frapper. Un regard sur les conduites d'agression indirecte », dans B.H. Schneider (dir.), *Conduites agressives chez l'enfant : perspectives développementales et psychosociales*, Québec, Presses de l'Université du Québec.

Verlaan, P., M. Déry, J. Toupin et R. Pauzé (2005). « L'agression indirecte : un indicateur d'inadaptation psychosociale chez les filles ? », *Revue de criminologie, 38*(1), p. 9-37.

Verlaan, P., F. Turmel et M.N. Charbonneau (2004). « Les conduites agressives des filles… de maux qui blessent », *La Foucade, 4*(2), p. 5-7.

Vianin, P. (2008). *La motivation : Comment susciter le désir d'apprendre ?*, Bruxelles, De Boeck.

Viau, R. (1994). *La motivation en contextes scolaires*, Montréal, Éditions du Renouveau pédagogique.

Viau, R. (2000). « La motivation en contextes scolaires : les résultats de recherche en quinze questions », *Vie pédagogique, 115*(avril-mai), p. 5-8.

Viau, R. (2006). *La motivation en contextes scolaires*, Bruxelles, DeBoeck.

Viau, R. (2009). *La motivation à apprendre en milieu scolaire*, Montréal, Éditions du Renouveau pédagogique.

Vinh-Bang (1959). *Évolution de l'écriture de l'enfant à l'âge adulte*, Neuchâtel, Delachaux et Niestlé.

Vitaro, F. et C. Gagnon (2000a). *Prévention des problèmes d'adaptation chez les enfants et les adolescents : Tome I Les problèmes internalisés*, Québec, Presses de l'Université du Québec.

Vitaro, F. et C. Gagnon (2000b). *Prévention des problèmes d'adaptation chez les enfants et les adolescents : Tome II Les problèmes externalisés*, Québec Presses de l'Université du Québec.

Votruba-DrZal, E. (2003). « Income changes and cognitive stimulation in young children's home environments, *Journal of Marriage and Family*, 65, p. 341-355.

Vygostki, L.S. (1985). « Le problème de l'enseignement et du développemental mental à l'âge scolaire », dans B. Schneuwly et J.-P. Bronckart (dir.), *Vygotsky aujourd'hui*, Neufchâtel-Paris, Delachaux et Niestlé.

Vygotski, L.S. (1997). *Pensée et langage*, Paris, La Dispute.

Vygotski, L.S. (2005). « Tool and symbol in child development, and internalization of higher psychological functions », dans J.G. Bremner et C. Lewis (dir.), *Developmental Psychology I : Perceptual and Cognitive Development*, Londres, Sage, p. 291-304.

Wan, N. (2008). « DéStresse et Progresse, dans une école près de chez vous », *Mammouth Magazine*, 5, p. 6-7, <http://www.hlhl.qc.ca/documents/pdf/Recherche/CESH/Mammouth-FR-no5_final.pdf>.

Weiner, B. et S. Graham (1999). « Attribution in personality psychology », dans L.A. Pervin et O.P. John (dir.), *Handbook of personality : Theory and research* (2ᵉ éd.), New York, Guilford Press.

Weitzman, E. (1992). *Apprendre à parler avec plaisir : Comment favoriser le développement social et langagier des enfants dans le contexte des garderies et des prématernelles*, Toronto, Le Centre Hanen.

Weitzman, E. et J. Greenberg (2002). *Learning Language and Loving It*, Toronto, The Hanen Centre.

Wellman, H.M. (2002). « Understanding the psychological world: Developing a theory of mind », dans U. Goswami (dir.), *Blackwell Handbook of Childhood Cognitive Development*, Maden, Blackwell Publishing.

Wentzel, K.R. et S.R. Asher (1995). « Academic lives of neglected, rejected, popular, and controversial children », *Child Development*, 66, p. 754-763.

Westen, D. (2000). *Psychologie : pensée, cerveau et culture* (2ᵉ éd.), Bruxelles, De Boeck.

Whitehurst, G.J. et C.J. Lonigan (2003). « Emergent literacy: Development from prereaders to readers », dans S.B. Neuman et D.D.K. (dir.), *Handbook of Early Literacy Research*, New York, Guilford Press.

Whiting, H.T.A. (1969). *Acquiring Ball Skill: A Psychological Interpretation*, Philadelphie, Lea and Febiger.

Widen, S.C. et J.A. Russell (2003). « A closer look at preschoolers' freely produced labels for facial expressions », *Developmental Psychology*, 39, p. 114-128.

Wigfield, A. et J.T. Guthrie (1997). « Relations of children's motivation for reading to the amount and breadth of their reading », *Journal of Educational Psychology, 89*(3), p. 420-432.

Wilke, M., I. Krägeloh-Mann et S.K. Holland (2007). « Global and local development of gray and white matter volume in normal children and adolescents », *Experimental Brain Research*, 178, p. 296-307.

Wilkinson, K. et M. Nadeau (2010). « La dictée 0 faute : une dictée pour apprendre », *Québec français, 156*, 7173.

Winner, E. (1997). *Surdoués : mythes et réalités*, Aubier, Mayenne.

Winner, E. (2000). « The origins and ends of giftness », *American Psychologist*, 55, p. 159-169.

Wood, J.V., J.L. Michela et C. Giordano (2002). « Downward comparison in everyday life : Reconciling self-enhacement models with the mood-cognition priming model », *Journal of Personality and Social Psychology*, *79*(40), p. 563-579.

Yakovlev, P.I. et A.R. Lecours (1967). « The myelogenetic cycles of regional maturation of the brain », dans A. Minkowski (dir.), *Regional Development of the Brain in Early Life*, Oxford, Blackwell Scientific Publications.

Yarrow, F. et K.J. Topping (2001). « Collaborative writing : The effects of metacognitive prompting and structured peer interaction », *British Journal of Educational Psychology, 7*(1), p. 261-282.

Yusuf S, S. Hawken, S. Ounpuu, L. Bautista, M.G. Franzosi, P. Commerford, C.C. Lang, Z. Rumboldt, C.L. Onen, L. Lisheng, S. Tanomsup, P. Wangai Jr, F. Razak, A.M. Sharma et S.S. Anand (2005). « Obesity and the risk of myocardial infarction in 27,000 participants from 52 countries : a case-control study », *Lancet*, *366*, p. 1640-1649.

Zakriski, A.L. et J.D. Coie (1996). « A comparison of aggressive-rejected and nonaggressive-rejected children's interpretations of self-directed and other-directed rejection », *Child Development*, *67*, p. 1048-1070.

Zaouche-Gaudron, C. (2005). *Les relations sociales du bébé à l'enfant d'âge scolaire* (2e éd.), Paris, Dunod.

Zazzo, R. (1985). « Préface », dans P. Tap (dir.), *Masculin et féminin chez l'enfant*, Toulouse, Privat.

Zazzo, R. et N. Galifret-Granjon (1979). « Manuel pour l'examen psychologique de l'enfant », Paris, Delachaux et Niestlé.

Zeanah, C.H. Jr, Borris, N. et Larrieu, J. (1997). « Infant development and developmental risk : A review of the past 10 years », *Journal of the American academy of Child and Adolescent Psychiatry*, 36, p. 165-178.

Zesiger, P. (1995). *Écrire. Approches cognitive, neuropsychologique et développementale*, Paris, Presses universitaires de France.

Zhang, L. (2005). « Prediction of Chinese life satisfaction : Contribution of collective self-esteem », *Journal of Personality*, *40*, p. 189-200.

Zigler, E.F., D.G. Singer et S.J. Bishop-Joseph (2004). *Children's Play : The Roots of Reading*, Washington, Zero to three Press.

Zsakai, A., E.B. Bodzar, J. Papai et C. Susanne (2006). « Changement de la composition corporelle durant la maturation sexuelle », *Anthropo*, *11*, p. 101-107, <http://www.didac.ehu.es/antropo/11/11-13/Zsakai.pdf>, consulté, le 31 mai 2010.

Index

A

adolescence, 15, 18, 20, 27, 28, 37, 42, 58, 59, 143, 149, 154, 180, 213, 228, 289, 291, 320, 321, 333, 336, 341, 345, 346, 354, 363, 384, 390, 398, 439, 464
âge scolaire, 3, 5, 55, 122, 124, 127, 137, 138, 141, 142, 153, 167, 228, 236, 238
agressivité, 8, 120, 122, 131, 151, 152, 172, 174, 176
aide à sens unique, 144, 145
aires, 17, 21, 24-26, 30, 36-38, 204
    associatives, 26, 204
    cérébrales, 25, 36, 38
    motrices, 17, 25
    visuelles, 25
albums de littérature de jeunesse, 9, 242, 243, 246, 273, 280, 282
alimentation, 288, 289, 292, 306, 309, 311, 314-318, 323, 326-328
amitié, 332, 333, 355, 359, 360, 363-366, 368, 381, 382, 384
anaphore, 434, 444, 445
apprenti
    lecteur, 260
    stratège, 262
apprentissage, 3-6, 8-10, 12, 14, 16, 19, 22, 24, 27, 31-34, 36, 37, 39-42, 45, 47, 56, 73, 78-80, 82-84, 88-91, 101, 106, 107, 110, 113, 115, 116, 124, 128, 135, 136, 141, 142, 163, 164, 186, 191, 192, 194, 196, 200, 203, 207, 209, 219, 223-225, 227-230, 232, 234, 236-238, 243, 246, 247, 249, 250, 253-259, 262, 264, 266, 269, 271, 272, 274, 275, 277, 278, 281-283
    actif, 89, 191, 192
attachement, 340, 403
    insécurisant, 339, 340, 345, 403
    sécurisant, 339, 345, 403
attention, 27, 31, 40, 97, 106, 112, 162, 178, 179, 196-200, 203, 204, 227-233, 235, 236, 280, 300, 309, 315, 340, 343, 349, 354, 377, 379, 380, 394, 396, 420, 421, 425, 446, 454, 457, 458
    partagée, 198
    sélective, 196, 198
attribution causale, 353
autodétermination, 459, 461, 462
autonomie, 333, 338, 354, 363, 366, 408, 426, 428, 461, 482, 490
    et interdépendance, 366
autorégulation, 400, 422, 449, 464

B

base de sécurité, 339, 340, 381, 413
bienveillance envers les autres, 416

C

camaraderie temporaire, 144
caractère sexuel
    primaire, 322
    secondaire, 322
cartilage de croissance, 291
centration, 184, 214
clavardage, 360, 361, 362
cognition sociale, 209
collaboration réciproque, 144, 145, 363, 365
communauté de recherche, 219, 220, 222, 227, 228
    philosophique, 219
comparaison sociale, 124, 127, 344, 353
comportement
    adaptatif, 425-427
    externalisé, 360, 374, 378
    internalisé, 375
compréhension en lecture, 435, 437, 439, 442, 444, 485
concept de soi, 332, 333, 336, 340, 342-344, 350, 370, 371, 381, 383
    scolaire, 342, 343, 344
concordance interpersonnelle, 413
condition physique, 288, 312, 329
confusion de rôles, 332, 334, 336, 338
connaissance métaphonologique, 436, 441
connecteur, 434, 444-446
conservation, 128, 178, 183-188, 190, 237, 278, 389
consommation maximale d'oxygène, 313
constellation
    graphique, 466, 469
    sémantique, 274
contrat social, 415
coordination bimanuelle, 288, 295, 298
corps calleux, 17
correction, 455, 475, 476
cortex
    latéral, 26
    médian, 26
    orbital, 26
créativité, 399, 400, 422, 431, 477, 490
croissance, 288-293, 296, 300, 306, 308, 309, 312, 316, 318, 320-324, 326, 327
    pondérale, 288, 293, 327
    staturale, 288-290

D

décalage horizontal, 389, 393
décentrer, 133, 188, 190, 224
décodage, 34, 37, 242, 250, 262, 263, 265, 441, 443
déductif, 223, 227
déductions, 191
déficience intellectuelle, 386, 387, 420, 425-429, 431

démotivation, 411
dessin du bonhomme, 64
développement
    du langage, 9, 11, 34, 155, 194, 241-244, 249, 272, 273, 501
    moral, 9, 10, 178, 179, 214-217, 228, 236, 238
    moteur, 287-289, 295, 316, 327, 502
    neurologique, 7, 13, 14, 16, 18, 19, 30, 39-41, 45, 47, 48, 494
    prénatal, 45, 157
    psychomoteur, 287-289, 301, 302, 316, 317, 326, 502
    socioaffectif, 326, 331-333, 338, 345, 355, 363, 370, 382, 435, 503
devoir, 365, 407
dextérité manuelle, 298
dialogue, 192, 193, 219, 220, 223, 224, 238
dictée, 457, 460, 465, 478, 479, 484
dictionnaire, 438, 450, 467, 472
distanciation avec les parents, 332, 338
dysgraphie, 299
dysynchronie, 424

E

écriture, 11, 15, 18, 24, 34, 37, 39, 40, 54, 73, 74, 76-80, 82-85, 106, 110, 112, 113, 115, 117, 208, 241-243, 245, 249, 250, 253, 257, 266-272, 275-279, 282-284, 299, 406, 420, 428, 433-435, 452, 453, 455-459, 461, 465, 472-475, 481-484, 501, 506
éducation
    à la santé, 314
    à la sécurité, 288, 289, 315
effet Pygmalion, 127
égocentrisme, 95, 180, 182, 186, 393
embonpoint, 293, 294, 311, 328
émergence de l'écrit, 243, 272
émotions, 30, 45, 60, 120, 122, 129-132, 137, 143, 144, 155, 158, 163, 173, 174, 178, 208, 210-214
empathie
    inférentielle, 212, 213
    non inférentielle, 212
endurance, 296, 297, 312, 313, 327
enfant
    controversé, 151
    négligé, 149, 150
    populaire, 147, 149
    rejeté, 150, 151, 176
équilibre, 296, 297, 305, 306, 310, 312, 320, 326, 329, 354
Erikson, E.H., 333-336, 338, 346, 382
estime de soi, 8, 10, 61, 120-122, 124, 125, 127, 133-136, 141, 147, 149, 150, 158, 160-162, 164, 168, 172-175, 222, 234, 289, 298, 301, 312, 332, 333, 335, 344, 346, 349-354, 368, 371, 372, 381-384, 406, 411, 424, 426, 490
    collective, 351
    dispositionnelle, 352
    personnelle, 351, 352
    scolaire, 351, 352, 382
état nutritionnel optimal, 306
étayage, 192, 194, 195, 220, 224-226, 236
expression, 358, 435, 437-439, 441, 468, 481
expression idiomatique, 437, 438, 441, 468, 481

F

fable personnelle, 393
flexibilité cognitive, 398, 399
fluidité, 25, 242, 262, 263, 264
fonctions
    exécutives, 396, 398
    cognitives, 8, 14-17, 21, 22, 26, 29, 41, 43, 88, 204, 231
    de l'écrit, 253, 254, 260, 275, 282
    sensorielles, 17, 22
force, 296-298, 314, 316, 317, 326, 327, 334, 335, 381

G

Gardner, 9, 179, 206-209
genu valgum, 293
genu varum, 292
gestion, 312, 315, 369, 379, 400, 434, 443, 449, 450, 471
    de la compréhension, 434, 443, 449, 450, 471
    du stress, 312, 369
Gilligan, C., 348, 415, 416, 431
graphème, 256, 259, 262, 267, 268, 270, 271

H

habileté motrice, 297
hémisphère
    droit, 17, 38
    gauche, 17, 35
hiérarchiser, 185, 224
hippocampe, 22, 42
hyperactivité, 9, 178, 179, 228, 230-232, 234-236
hypersexualisation, 332, 346-350, 372, 373, 383, 384

I

identité, 326, 332-334, 336, 338-341, 344-346, 349, 355, 370, 381
    de genre, 332, 336, 344-346
    vocationnelle, 332, 336, 338, 370
image corporelle, 288, 300, 301, 324, 326, 350, 373
IMC, *voir* indice de masse corporelle
impulsivité, 150, 228, 230-232
inattention prédominante, 230
inclusion des classes, 388, 389
indice de masse corporelle, 293-295, 327
inférence, 401, 434, 443, 447-449, 469, 483
    sans empathie, 212, 213

infériorité, 332, 334, 335
influence génétique, 23
intelligence, 10, 178-180, 194, 205-209, 236, 238
    analytique, 205, 206
    expérientielle, 205
interdépendance, 363, 366
interpersonnelle, 179, 218
intervention éducative, 40, 146, 179, 192, 272, 275, 282
ironie, 439
irréversibilité, 187

J-K

justice, 415, 416
kinesthésique, 226
Kohlberg, L., 178, 214, 216, 217, 237, 386, 412, 414-416, 430

L

langage, 9, 11, 17, 25, 34, 37, 82, 88, 125, 139, 148, 155, 169, 194, 208, 243-246, 248, 257, 263, 269, 272, 282-284, 300, 302, 340, 394, 395, 398, 399, 426, 430-436, 440, 441, 443, 465, 481, 483, 484, 506
    oral, 11, 34, 243, 244, 272, 282
langue écrite, 9, 243, 250, 251, 266, 275, 282
latéralité, 301
lecteur
    débutant, 260, 262
    en émergence, 260
    en transition, 261
lecture, 8, 11, 14, 16, 34-38, 48, 83, 84, 112, 161, 197, 202, 208, 219, 227, 241-243, 245, 249, 250, 253, 255, 256, 259-266, 269, 271-273, 275, 280-284, 501
lien entre les questions et les réponses, 449, 470
ligne du temps, 304
linguistique, 207, 248, 249
littérature de jeunesse, 449, 476, 477, 480, 484
lobe frontal, 17, 26, 28, 197, 204
lobes, 17, 26, 35
logicomathématique, 190, 207
loi, 390, 413
loi et ordre social, 413

M

malbouffe, 308, 309
malnutrition, 309
matière
    blanche, 20, 22, 24
    grise, 20-22, 48
maturation, 6, 15, 24, 33, 34, 36, 37, 84, 110, 196, 197, 202, 204, 216
maturation
    neurologique, 24, 197, 202

mémoire, 17, 22, 25, 29, 31-33, 63, 84, 178, 179, 196, 198-204, 225, 227, 229, 234, 236, 237, 245, 254, 262, 300, 394, 396-398, 421, 425, 430, 452, 453, 482
    à court terme, 32, 199, 200
    à long terme, 32, 199, 200, 203, 453
    déclarative, 200, 201
    de travail, 200, 203, 204, 229, 398, 425, 453
    épisodique, 201
    procédurale, 201, 202
    sémantique, 201
    sensorielle, 199
menstruation, 323
métabolisme, 306
métacognition, 398, 400, 401, 417, 418, 425
mise en texte, 453-455, 474
moi
    émotionnel, 120, 126, 129, 132
    sexué, 120, 126-128
    social, 120, 126, 129
morale
    conventionnelle, 386, 412
    postconventionnelle, 414, 415
    préconventionnelle, 412
morphogrammes
    grammaticaux, 257
    lexicaux, 257
morphographie, 457, 458
morphologique, 290, 295, 306, 326, 327, 438
motivation, 335, 343, 352, 354, 368, 386, 387, 400, 405-408, 411, 412, 418, 419, 421, 422, 424, 427, 429-431, 434, 435, 448, 451, 453, 459, 461-465, 473, 481, 482, 492
    extrinsèque, 406, 461-464
    intrinsèque, 406, 461, 464
    scolaire, xxii, 368, 386, 406, 407, 411, 412, 418, 419, 429
motricité
    fine, 288, 298
    globale, 288, 289, 295, 298, 316
musicale, 15, 200, 208, 209
myélinisation, 396

N

niveau de développement, 4, 5, 9, 22, 27, 29, 41, 107, 125, 141, 214, 224, 253
norme
    morale, 415-417, 429
    sociale, 416, 417, 429

O

obésité, 60, 293, 295, 309-311, 323, 327-330
opérations
    concrètes, 181, 210
    mentales, 20, 179, 181, 184, 185, 187

organisation
   spatiale, 289, 301-303, 317
   spatiotemporelle, 304
   temporelle, 289, 304, 317
orientation
   droite-gauche, 300, 303, 316, 326
   du relativisme utilitarisme, 218, 412
   vers la punition et l'obéissance simple, 218, 412
orthographe, 199, 245, 259, 269, 277-279

P

pairs, 10, 28, 45, 120, 122, 127, 131-133, 135-137, 142-147, 149-151, 153, 156, 159-162, 166-168, 172, 192, 222, 232, 275
pariétaux, 26
passeur culturel, 195
pensée
   formelle, 302, 342, 366, 388, 390, 391, 393, 397-399, 412, 415, 417, 447
   intuitive, 178, 180, 181, 182, 183
   opératoire concrète, 386, 388
   opératoire formelle, 386, 390
   préconceptuelle, 180
   sociale, xx, 9, 178, 209, 236
   symbolique, 180
performance motrice, 296, 297
période
   des opérations concrètes, 89, 180, 188, 190
   opératoire concrète, 179, 183, 185, 187-189, 202, 237
   préopératoire, 179, 180, 183, 187, 189, 190, 236, 237
   pubertaire, 320, 323
phonème, 268
Piaget, J., 94, 178, 179, 180, 183, 186, 189, 192, 194, 196, 214-216, 236, 239, 386-388, 390-392, 395, 429, 430, 488
planification, 398, 400, 453-455, 472, 473, 483
poids santé, 293, 326
pragmatique, 436, 439
pratique d'activités physiques, 288, 289, 300, 306, 310, 312-316, 318, 328
préadolescence, 333
préhension, 21, 39
principes
   alphabétiques, 242, 255, 256, 260, 262, 268, 270, 283
   d'éthique universels, 415
processus métacognitif, 449
prosocialité, 131, 148
puberté, 288-292, 301, 320-324, 326, 328, 329, 333, 334, 336, 347, 356, 393
public imaginaire, 393

R

raisonnement, 41, 88, 90, 101, 163, 178-180, 182, 183, 187, 189-191, 214-219, 223, 227, 236, 237
   déductif, 390
   inductif, 178, 190, 191, ,223, 227, 390
   moral, 163, 179, 214-218
reconnaissance, 34, 35, 37, 84, 115, 178, 208, 211, 212, 262, 263, 265, 271
   globale, 441, 443
régulation des émotions, 131
relation interpersonnelle, 348, 358, 363, 377, 416, 426
remédiation phonologique, 38
résistance musculaire, 326
réussite scolaire, 3, 41, 129, 161, 250, 300, 333, 335, 343, 352, 361, 368, 386, 387, 401-407, 409, 412, 418-420, 424, 459
révision, 453, 455, 474

S

santé, 287-289, 293, 295, 301, 306, 308-312, 314, 316, 318, 319, 324, 326, 328-330, 347, 370, 372, 403
schéma corporel, 288, 300, 301
schème de genre, 344, 346
scripteurs, 11, 83, 259, 267, 270, 271, 278
sériation, 190, 224
socialisation, 128, 129, 144, 148, 167
soi
   privé, 343
   public, 343
sommeil, 33, 198, 231
souplesse, 296, 312
spatiale, 8, 10, 22, 54, 56, 83, 93, 94, 103-105, 107, 112-115, 141
stade de l'amitié, 363
Sternberg, R.J., 9, 179, 205-207, 209
stratégie de dépannage, 449
stress, 8, 14, 16, 41-45, 48, 49, 61, 161, 168, 198, 204
stress relatif, 369
styles éducatifs, 159, 160
succession, 304
surpoids, 292, 293, 311, 327
synapse,
synaptogénèse,
système combinatoire, 392

T

TDA, 228, 230, 232, 233, 235, 237
temporaux, 26, 35, 38
théorie
    de l'esprit, 209
    des intelligences multiples, 206, 207, 209, 236
    historicoculturelle, 178, 179, 192, 220
    triarchique, 9, 179, 205, 236
traitement de l'information, 9, 10, 38, 178, 179, 196, 202, 236, 305, 386, 387, 396-399, 429, 454
transductif, 182, 191
transition vers le secondaire, xxii, 332, 367
travail, 304, 332, 334, 335, 343, 353, 361, 365, 370, 371, 376, 378, 383, 395, 401, 408, 409, 418, 419, 439, 474, 483
travail ou infériorité, 123
trisomie 21, 427, 428
trouble
    avec inattention prédominante, 230
    de l'attention, 9, 179, 228, 229, 235
    d'inattention avec hyperactivité-impulsivité prédominantes, 230
    du comportement, 332, 374, 376-378, 380, 382-384
    mixte, 230, 232
types de jeux, 138, 141

U–V

unimanuel, 85
violence, 120, 165-168, 170, 171, 175, 176, 222
    psychologique, 166, 167
vitesse d'écriture, 299, 327
VO_2 max, 313
vocabulaire, 300, 421, 435, 437, 439, 440, 442, 462-466, 474, 480, 481, 483, 485
Vygotski, L.S., 178, 179, 192, 194, 196, 220, 239, 386, 387, 394-396, 429, 431

Auteurs

Le préfacier

Pierre Pagé

Pierre Pagé, Ph. D. en psychologie du développement de l'enfant, est actuellement vice-doyen aux études supérieures, à la recherche et à la formation continue à la Faculté des sciences de l'éducation de l'Université Laval. Comme professeur-chercheur, il y a notamment enseigné pendant plusieurs années les cours de développement humain et apprentissage des enfants de 0 à 12 ans dans le cadre du baccalauréat en éducation au préscolaire et en enseignement au primaire. Ses champs d'intérêts de recherche portent sur l'émergence des cognitions sociales des enfants, situées en fonction des différents contextes socio-écologiques les entourant (famille, CPE, école, groupe de pairs). Il a développé en partenariat, notamment au sein du Groupe de recherche en écologie sociale du développement, des programmes d'éducation sociocognitive pour les jeunes enfants grâce à des recherches collaboratives avec les milieux éducatifs financées par des fonds provenant notamment du FQRSC, du CRSH et du DRHC. Dans le cadre de ces projets impliquant à la fois des éléments de recherche et de formation des éducatrices et des enseignantes, il a ainsi accumulé une expérience de partage et de transfert des connaissances avec les milieux d'éducation préscolaire (CPE 4-5 ans et maternelles 5 ans) des régions de Québec et de Chaudière-Appalaches.

Université Laval
pierre.page@fse.ulaval.ca

Les auteures, directrices de l'ouvrage

Caroline Bouchard et Nathalie Fréchette

Caroline Bouchard, Ph. D., psychologue du développement de l'enfant, est professeure agrégée et chercheuse au Département d'études sur l'enseignement et l'apprentissage de la Faculté des sciences de l'éducation de l'Université Laval. Elle y donne les cours portant sur l'éducation préscolaire dans le baccalauréat en éducation au préscolaire et en enseignement au primaire, bien qu'elle ait déjà cumulé de l'expérience dans le cadre de la formation initiale et continue auprès d'éducatrices, de personnel responsable de la pédagogie ou de gestionnaires en services de garde éducatifs pendant cinq ans à l'Université du Québec à Montréal. Elle détient une maîtrise et un doctorat en psychologie du développement de l'enfant de l'Université Laval ainsi qu'un postdoctorat en orthophonie de l'Université de Montréal. Elle s'intéresse globalement au développement de l'enfant circonscrit en contextes éducatifs. Ses recherches portent sur la prosocialité et le langage des enfants en situation de résolution de problèmes interpersonnels. En ce qui a trait au langage, ses travaux visent l'étude de la pragmatique, soit la capacité de l'enfant à communiquer efficacement avec autrui. Dans ces champs particuliers, tout comme dans le développement global de l'enfant, elle s'intéresse aux différences entre les genres. Elle est enfin l'auteure du livre *Le développement de l'enfant de 0 à 5 ans en contextes éducatifs*, rédigé en collaboration avec Nathalie Fréchette, à la base du présent ouvrage.

Université Laval
caroline.bouchard@fse.ulaval.ca

Nathalie Fréchette, M. Ps., est professeure au Département de psychologie du Collège Édouard-Montpetit depuis 20 ans. Elle détient une maîtrise en psychologie de l'éducation ainsi qu'un certificat de perfectionnement en enseignement. Elle s'intéresse au développement de l'enfant et donne les cours de psychologie offerts dans le programme de Techniques d'éducation à l'enfance. Elle a été chargée de cours à la formation initiale et continue dans les programmes en éducation à la petite enfance de l'Université du Québec à Montréal. Elle a aussi fait de la formation auprès des éducatrices du Regroupement des centres de la petite enfance de la Montérégie (RCPEM) et de l'Association des services de garde en milieux scolaires (ASGEMSQ). De plus, elle a participé, à titre d'experte de contenu, au projet *Eurêka* de l'Association des centres de la petite enfance du Québec (AQCPE), un site de ressources d'apprentissage en ligne pour les éducatrices. Elle a aussi collaboré à la conception et à la rédaction du livre *Le développement de l'enfant de 0 à 5 ans en contextes éducatifs*, ainsi que du site *Le développement de l'enfant de 0 à 5 ans* (<http://www.ccdmd.qc.ca/ri/developpement>) présentant des vignettes vidéo et illustrant les différentes étapes du développement global de l'enfant. Signalons enfin qu'elle a une expérience comme éducatrice en centre de la petite enfance et qu'elle est mère de deux adolescents.

Collège Édouard-Montpetit
nathalie.frechette@college-em.qc.ca

Les auteurs, collaborateurs à l'ouvrage

Caroline Bégin, Geneviève Cadoret, Annie Charron, Robert Rigal et Emmanuelle Roy

Caroline Bégin, Ph. D., a étudié à la Faculté des sciences de l'éducation à l'Université Laval. Elle a reçu le prix pour la meilleure thèse en éducation du Québec de l'Association des doyens, doyennes et directeurs pour l'enseignement et la recherche en éducation du Québec (ADÉREQ) en 2008. Elle a ensuite effectué un stage postdoctoral en didactique du français à l'Université de Sorbonne Nouvelle à Paris. Elle est maintenant agente de recherche pour le ministère de l'Éducation, du Loisir et du Sport où elle est responsable d'un programme de recherche portant sur l'enseignement-apprentissage de l'écriture chez les élèves.

Ministère de l'Éducation, du Loisir et du Sport
caroline.begin@mels.gouv.qc.ca

Geneviève Cadoret, Ph. D., est professeure-chercheuse au Département de kinanthropologie de l'Université du Québec à Montréal. Elle détient un doctorat en neurophysiologie ainsi qu'un postdoctorat en neurosciences cognitives. Ses activités de recherche concernent les bases neurologiques du développement moteur et cognitif des enfants. Ses intérêts portent sur la réadaptation des jeunes enfants ayant des besoins particuliers. Elle donne les cours d'éducation motrice aux futurs enseignants au préscolaire et au primaire.

Université du Québec à Montréal
cadoret.genevieve@uqam.ca

Annie Charron, Ph. D., est professeure-chercheuse en didactique des premiers apprentissages au préscolaire à l'Université du Québec à Montréal. Elle détient une maîtrise et un doctorat en didactique du français de l'Université de Montréal et elle a réalisé un stage postdoctoral en éducation à l'Université de Toulouse-Le Mirail en France. Ses travaux de recherche sont centrés sur les pratiques enseignantes en écriture, notamment la démarche didactique des orthographes approchées, et sur les apprentissages des jeunes élèves en lecture et écriture. Elle est cochercheuse au sein de l'équipe Qualité éducative des services de garde et petite enfance. Elle est activement engagée dans de nombreuses activités de formation continue en enseignement.

Université du Québec à Montréal
charron.annie@uqam.ca

Détenteur d'un Ph.D. en orthopédagogie, **Robert Rigal** a été professeur au Département de kinanthropologie de l'Université du Québec à Montréal pendant plusieurs années. Spécialisé en développement moteur et en psychomotricité, il a contribué à la formation des maîtres au préscolaire et au primaire, en adaptation scolaire et en éducation physique. Il est l'auteur de la série *Motricité humaine*, série abordant la neurophysiologie perceptivomotrice, le développement moteur et l'apprentissage moteur, les actions motrices et les apprentissages scolaires. Il vient de publier, en collaboration avec L.A. Nader, G. Bolduc et N. Chevalier, *L'éducation motrice et l'éducation psychomotrice au préscolaire et au primaire* chez le présent éditeur. Plusieurs de ses livres ont été traduits en espagnol.

Université du Québec à Montréal
rigal.robert@uqam.ca

Emmanuelle Roy, Ph. D., est psychologue et professeure au Département de psychologie du Collège Édouard-Montpetit. Elle y donne notamment les cours d'Initiation à la psychologie et de Psychologie de la sexualité. Elle détient un doctorat en psychologie communautaire et ses travaux de recherche ont porté sur le bien-être des frères et sœurs dans le contexte de la maladie chronique d'un enfant. Elle a travaillé pendant dix ans à Tel-jeunes à titre d'intervenante, de superviseure et de directrice, et s'intéresse donc de près aux problématiques qui touchent les jeunes. Elle a participé au développement du site web de Tel-jeunes ainsi qu'à son programme d'entraide par les pairs.

Collège Édouard-Montpetit
emmanuelle.roy@college-em.qc.ca

La postfacière

Christiane Bourdages Simpson

Christiane Bourdages Simpson est actuellement responsable du programme d'éducation préscolaire et du dossier des services de garde en milieu scolaire à la direction des programmes au ministère de l'Éducation, du Loisir et du Sport (MELS). Pendant plusieurs années, elle a agi à titre d'enseignante à l'éducation préscolaire. Elle a aussi été chargée de cours à la formation initiale au baccalauréat en éducation préscolaire et primaire de l'Université du Québec en Outaouais ainsi qu'à la formation continue dans le cadre d'un programme de 2e cycle en éducation préscolaire de l'Université de Sherbrooke. Il est à noter qu'elle est auteure de plusieurs articles et guides d'animation de vidéos en lien avec l'éducation préscolaire, l'intervention pédagogique et la réforme de l'école québécoise. Enfin, elle a été lauréate du prix d'excellence en enseignement pour les personnes chargées de cours de l'Université du Québec en Outaouais (UQO) en 2006 et du prix Monique-Vaillancourt-Antippa remis par l'Association d'éducation préscolaire du Québec (AÉPQ) en 2004. Ce prix est décerné annuellement à un ou une pédagogue qui, d'une façon exceptionnelle, contribue au perfectionnement de l'éducation pour le mieux-être des enfants des classes de la maternelle.

Ministère de l'Éducation, du Loisir et du Sport
christiane.bourdages-simpson@mels.gouv.qc.ca

Collection ÉDUCATION À LA PETITE ENFANCE

dirigée par Pierre Toussaint, Nathalie Bigras et Caroline Bouchard

Le projet 1,2,3 GO! Place au dialogue
Quinze ans de mobilisation autour des tout-petits et de leur famille
Sous la direction de Manon Théolis, Nathalie Bigras, Mireille Desrochers, Liesette Brunson, Mario Régis et Pierre Prévost
2010, ISBN 978-2-7605-2637-2, 304 pages

Services de garde éducatifs et soutien à la parentalité
La coéducation est-elle possible?
Sous la direction de Gilles Cantin, Nathalie Bigras et Liesette Brunson
2010, ISBN 978-2-7605-2527-6, 276 pages

Langage et littératie chez l'enfant en service de garde éducatif
Sous la direction de Annie Charron, Caroline Bouchard et Gilles Cantin
2009, ISBN 978-2-7605-2350-0, 222 pages

Le développement global de l'enfant de 0 à 5 ans en contextes éducatifs
Caroline Bouchard
2008, ISBN 978-2-7605-1550-5, 486 pages

Les services de garde éducatifs à la petite enfance du Québec
Recherches, réflexions et pratiques
Sous la direction de Nathalie Bigras et Gilles Cantin
2008, ISBN 978-2-7605-1548-2, 254 pages

La qualité dans nos services de garde éducatifs à la petite enfance
La définir – La comprendre – La soutenir
Sous la direction de Nathalie Bigras et Christa Japel
2007, ISBN 978-2-7605-1495-9, 210 pages

Fondements et pratiques de l'éducation à la petite enfance
Micheline Lalonde-Graton
2003, ISBN 2-7605-1264-1, 246 pages

Marquis imprimeur inc.

Québec, Canada
2011